1. Basım

ÇOCUK VE ERGENLERLE PSİKOLOJİK DANIŞMA

Editör: Doç. Dr. Seda Donat Bacıoğlu

nobel

ÇOCUK VE ERGENLERLE PSİKOLOJİK DANIŞMA

Editör: Doç. Dr. Seda Donat Bacıoğlu

Yayın No.: 4884
Psikoloji-PDR No.: 446
ISBN: 978-625-397-354-4
E-ISBN: 978-625-397-355-1
Basım Sayısı: 1. Basım, Ekim 2023

Genel Yayın Yönetmeni: Nevzat Argun -nargun@nobelyayin.com-
Genel Yayın Koordinatörü: Gülfem Dursun -gulfem@nobelyayin.com-

Sayfa Tasarım: Hamide Yalçın Karakaya -hamide@nobelyayin.com-
Redaksiyon: Bahar Yanbolulu -baharyanbolulu@nobelyayin.com-
Kapak Tasarım: Mehtap Bayraktar Asiltürk -mehtap@nobelyayin.com-
Görsel Tasarım Uzmanı: Mehtap Bayraktar Asiltürk -mehtap@nobelyayin.com-

Kütüphane Bilgi Kartı

Donat Bacıoğlu, Seda.
ÇOCUK VE ERGENLERLE PSİKOLOJİK DANIŞMA / Seda Donat Bacıoğlu
1. Basım, VI + 406 s., 16,5x24 cm. Kaynakça var, dizin yok.
ISBN: 978-625-397-354-4
E-ISBN: 978-625-397-355-1
1. Çocuk 2. Ergen 3. Psikolojik Danışma

Genel Dağıtım

ATLAS AKADEMİK BASIM YAYIN DAĞITIM TİC. LTD. ŞTİ.
Adres: Bahçekapı Mh. 2465 Sk. Oto Sanayi Sitesi No.: 7 Bodrum Kat, Şaşmaz/ANKARA
Telefon: +90 312 278 50 77 - **Faks:** 0 312 278 21 65
Sipariş: siparis@nobelyayin.com- **E-Satış:** www.nobelkitap.com - esatis@nobelkitap.com
www.atlaskitap.com - info@atlaskitap.com

Dağıtım ve Satış Noktaları: Alfa, Kırmızı Kedi, Arkadaş, D&R, Dost, Kika, Kitapsan, Nezih, Odak, Pandora, Prefix, Remzi Kitabevleri, Yeryüzü Dağıtım

Baskı ve Cilt: Meteksan Matbaacılık ve Teknik Sanayi Tic. Anonim Şirketi / Sertifika No.: 46519
Beytepe Köy Yolu No.: 3 06800 Bilkent-Çankaya/ANKARA

YAZARLAR LİSTESİ

BÖLÜM 1 ÇOCUK VE ERGENLERLE PSİKOLOJİK DANIŞMANIN TARİHSEL GELİŞİMİ
Doç. Dr. Seda Donat Bacıoğlu

BÖLÜM 2 ERGENLERLE PSİKOLOJİK DANIŞMADA GELİŞİMSEL YAKLAŞIM
Dr. Psikolojik Danışman Ezgi Denizel Güven

BÖLÜM 3 ÇOCUK VE ERGENLERLE PSİKOLOJİK DANIŞMADA ETİK
Prof. Dr. Fatma Ebru İkiz

BÖLÜM 4 PSİKOLOJİK DANIŞMA SÜRECİNİ YAPILANDIRMA
Doç. Dr. Tuğba Türk Kurtça

BÖLÜM 5 ÇOCUK VE ERGENLERLE PSİKOLOJİK DANIŞMA YAKLAŞIMLARI
Doç. Dr. Zöhre Kaya
Uzm. Psk. Danışman Ferdi Yağan

BÖLÜM 6 YARATICILIK, SANAT VE OYUN TEMELLİ YAKLAŞIMLAR
Doç. Dr. Esra Asıcı

BÖLÜM 7 TİPİK GELİŞİM GÖSTEREN ÇOCUK VE ERGENLERDE EN SIK GÖRÜLEN DAVRANIŞ SORUNLARI VE YAKLAŞIMLAR
Dr. Öğrt. Üyesi Dilaram Billur Örnek

BÖLÜM 8 GELİŞİMSEL FARKLILIKLARI OLAN ÇOCUKLARDA DAVRANIŞ SORUNLARI VE YAKLAŞIM
Dr. Öğrt. Üyesi Dilber Tezel

BÖLÜM 9 TRAVMA VE STRESLİ YAŞAM DENEYİMLERİNE SAHİP ÇOCUK VE ERGENLERE YAKLAŞIM
Dr. Öğrt. Üyesi Berke Kırıkkanat

ÖN SÖZ

İnsanoğlunun yaşamında çocukluk, öylesine saf ve temiz, öylesine kendine has ve mutlu olduğu zamanlar ki... Bir çocuk gözünden dünya; ön yargılardan uzak, her şeyin olduğu gibi kabul gördüğü, kötülüklerden uzak, masalsı bir yer. Bu dünyada çocuklar, üstünün başının kirleneceğini düşünmeden dokunurlar, hayatı oyundan ibaret sanırlar, azıcık bilgisi ve görgüsüyle kocaman hayaller kurarlar, küçük şeylerle mutlu olurlar, "Ben seviyorsam herkes seviyordur." diye düşünürler ve her şeye rağmen "gökyüzü kadar çoook" sevmeye devam ederler.

Yetişkin dünyasında "çocukla çocuk olma" diye bir laf vardır. Ama çocuk dünyasını anlamak için bazen yetişkinlerin çocuk olması gerekir. Kovboyculuk oynarken bir babanın at olması komik ve eğlenceli görünse de aslında bu yolla baba-çocuk arasında iyi bir ilişki kurulur. Çocuklarla çalışan bir psikolojik danışman ya da bir terapist için de çocukla iyi bir ilişki kurmanın yolu çocuk dünyasından geçer. Bu illa ki oyun oynamak olmayabilir; öyküler, masallar, kitaplar, filmler, müzik, resim, dans, drama gibi birçok etkileşime dayalı yaratıcı tekniklere başvurmak, psikolojik danışmada çocuğa ulaşmanın daha kolay ve güvenilir bir yoludur.

Çocuk ve Ergenlerle Psikolojik Danışma kitabı ile psikolojik danışma alanında çocuklar ve ergenlerle yürütülen danışma sürecine odaklanmak, psikolojik danışman eğitiminde çocuk ve ergenlere yönelik danışmanlık bilgi, beceri ve yeterliklerini artırmak üzere alana katkı sağlamak amaçlanmıştır. Bu kapsamda kitabın içeriğinde, yetişkinlerden farklı bir alan olarak çocuk ruh sağlığının geçmişten günümüze nasıl gelişerek geldiğini tarihsel süreçten başlayarak anlatan; çocuk ve ergenlerle psikolojik danışmada gelişimsel yaklaşım, etik, psikolojik danışma sürecini yapılandırma, psikolojik danışma kuramları, yaratıcılık, sanat ve oyun temelli yaklaşımlar, çocuk ve ergenlerde sık görülen davranış sorunları ve yaklaşımları, travma ve stres yaşantısına sahip çocuklara yaklaşım, bireysel ve grupla psikolojik danışma ve psikoeğitsel müdahaleler, çok kültürlü yaklaşım, aile danışmanlığı yaklaşımları ile çocuk ve ergenlerle psikolojik danışmada geleceğe ilişkin yönelimler örnek uygulamaları ile birlikte yer almaktadır.

Çocuk ve Ergenlerle Psikolojik Danışma kitabını yazma sürecinde her bir bölüm için emek veren bölüm yazarlarımıza değerli katkıları için çok teşekkür ediyorum. Akademik hayatım öncesinde ülkemin farklı il ve ilçelerinde çeşitli kademelerde çalıştığım okullardaki çocuklarıma, akademik hayatla birlikte büyüttüğüm çocuklarım Başar Alp ve Ege Deniz'e, ama çocuk büyütürken ama çocuklarla çalışırken her bir aşamada dönüp baktığım kendi çocukluğum için aileme teşekkür ediyorum. Bugünkü bilgi, birikim ve deneyimlerimde hepsinin payı büyüktür. Kitabın, okullarda ve çeşitli kurumlarda görev yapan psikolojik danışmanlar, üniversitelerin psikolojik danışma ve rehberlik lisans ve lisansüstü programlarında okuyan öğrenciler ve akademisyenlerine başta olmak üzere çocuk ve ergen ruh sağlığı alanında çalışan tüm uzmanlara ulaşması ve yararlı olması dileklerimizle…

Editör

Doç. Dr. Seda Donat Bacıoğlu

Mayıs 2023

İÇİNDEKİLER

BÖLÜM 1

ÇOCUK VE ERGENLERLE PSİKOLOJİK DANIŞMANIN TARİHSEL GELİŞİMİ

Seda Donat Bacıoğlu

İçerik

Çocuk ve Ergenlerle Psikolojik Danışmanın Tarihsel Gelişimi

Ruh sağlığı hizmetleri içinde çocuk ve ergenlere yönelik sunulan ruh sağlığı hizmetlerinin tarihsel gelişimi eski bir geçmişe dayanmaktadır. Duygusal sorunları, davranış bozuklukları olan çocukların anlaşılması, bakımı ve tedavisine artan ilgi olmasına rağmen bunlar, ruh sağlığı alanında nispeten yeni bir olaydır. Yetişkin ruh sağlığı tedavi literatürü, eski uygarlıklarda Trepanasyon (baş delgi ameliyatı) ve şeytan çıkarma gibi tedavi uygulamaların dayanan oldukça geniş bir literatüre sahipken, çocuk ruh sağlığı tedavisi literatürü ancak 20. yüzyılın başlarına dayanmaktadır (Achenbach, 1974; Kanner, 1948). Oysaki çocuk ruh sağlığı tedavisi literatüründeki önemli gelişmeler şöyle sıralanmaktadır: Fransız Jean Marc Gaspard Itard'ın 1799'da başlayan "*Aveyron'un Vahşi Çocuğu*"nu tedavi etme girişimleri, Amerikalı Clifford Whittingham Beers'in zihin sağlığı ile ilgili olarak Ulusal Zihinsel Hijyen Hareketi'nin öncülüğünü yapması ve çocuk kliniklerinin kurulması, Fransız Alfred Binet'in zekâ testi geliştirmeyle ilgili çalışmalarının zihinsel yetersizliği olan çocuklar için bireyselleştirilmiş öğretim ve özel eğitim sınıfları sağlamak üzere öncü bir hareket olması ve son olarak Anna Freud ve Melanie Klein'ın Freudyen psikanalizin çocuklara uygulanmasına ilişkin çalışmalarıdır (Morris ve Kratochwill, 2007).

Aveyron'un Vahşi Çocuğu Kimdir? (Çağlar, 1976)

İlk olarak 1799 yılında Paris yakınlarındaki bir ormanlık alanda köylüler tarafından insana benzeyen ancak dört ayaküstünde yürüyen koşan, meşe palamudu yiyen bir canlı bulunmuştur. Yakalanıp hastaneye getirilen bu canlının yapılan tetkikler sonucu 12 yaşında olduğu saptanmıştır. Paris Averon ormanlarının vahşi çocuğu olarak bilinen bu çocuğa Jean Marc Gaspard Itard adında bir doktor Viktor adını vererek eğitimini üstlenmiştir. Dr. Itard, Viktor'un eğitiminde deneysel psikoloji yöntemlerinden de faydalanarak özellikle sosyalleştirmeye, öz bakım becerileri kazandırmaya, duyu eğitimine ve konuşma öğretimine önem vermiştir. Söz konusu vaka, özel eğitim alanındaki ilk çalışma olarak kabul edilmiştir. Bu gerçek hayat hikâyesi, 1970 yılında "The Wild Child (Vahşi Çocuk)" adında Fransız yapımı bir film olarak beyaz perdeye de aktarılmıştır.

Amerika Birleşik Devletleri'nde 1896 yılında ilk psikoloji kliniğini açan Lightner Witmer, devlet okulu öğretmenlerine yönelik o dönemde bazı dersler vermektedir. Öğretmenlerden birisi olan Margaret Maguire'nin, 14 yaşında öğrenme güçlüğü çeken bir öğrencisiyle ilgili bir problemden ötürü Witmer'a başvurmasıyla birlikte psikoloji biliminin bu çocuğa yardımcı olabileceği düşüncesi ile geçici bir klinik organize eden Witmer'in ömür boyu süren çalışmaları da başlamıştır. Witmer daha sonra 1892'de Stanley Hall ile birlikte Amerikan Psikologlar Derneğini (APA) kurmuştur (Schultz ve Schultz, 2007).

Çocuk ruh sağlığı alanında, psikiyatri tarihinin en ünlü vaka çalışması kuşkusuz Freud'un "*Beş Yaşındaki Bir Çocukta Fobi Analizi*", daha iyi bilinen adıyla "*Küçük Hans*" tır. Bu vaka çalışması 1909'da yayınlanmış ancak psikanalitik kuramın önemli yönlerini formüle etmede küçük Hans'ın rolü Freud'la sınırlı kalmamıştır (Midgley, 2006). Freud'un öncülüğünü takiben, Freud sonrası birçok psikanalitik yenilikçi (ör.; Melanie Klein, John Bowbly ve Jacques Lacan), Küçük Hans vakasını yeniden okumak yoluyla psikopatolojinin kökenine ve zihnin doğasına ilişkin kendi anlayışlarını sunmuşlardır. Bu şekilde, her yeni nesil psikanalist, aynı birincil verileri kullanarak ancak farklı unsurları vurgulayarak ve önemli anları yeniden yorumlayarak güncel meşguliyetleri ışığında vaka çalışmasını yeniden gözden geçirebilmiştir.

Küçük Hans Vakası (Midgley, 2006)

7 Ocak 1908'de Herbert Graf adında dört yaşında bir çocuk, bakıcısı ile Viyana merkezinde yer alan Stadtpark'ta yürüyüşe çıktığında sokakta ağlamaya başlar. O günden sonra annesinden hiç ayrılmak istemeyen küçük çocuk, neden ağladığı sorulduğunda "Bir atın beni ısırmasından korktum." demiştir. Literatürde "Küçük Hans" olarak bilinen bu çocuk ile Freud doğrudan hiç çalışmamıştır ancak Herbert'ın babası ile çocuğun ne yaşadığını anlamak ve at fobisini çözmek üzere ayrıntılı yazışmaları mevcuttur. 1909 yılında Freud, "Beş Yaşında Bir Çocukta Fobinin Analizi" adlı yazısını yayımlamıştır. Küçük Hans vakası, "ilk çocuk psikanalizi" olarak psikanaliz tarihinde anılmaktadır.

Aynı yıllarda öncü bir psikiyatrist ve kriminolog olan William Healy, 1909 Şikago'da Amerika Birleşik Devletleri'ndeki ilk çocuk rehberliği kliniğini olan Juvenile Psikopatik Enstitüsünü kurmuştur. Healy, tedavi ve araştırmalarda hem "ekip yaklaşımının" hem de "çocuğun kendi hikâyesinin" erken savunucularından biriydi. Psikoterapötik yöntemleri psikanalitik kavramlarla bütünleştirmiş, sadece suçlu bireylerin beyin işleyişinin ve IQ'sunun biyolojik yönlerini değil aynı zamanda sosyal faktörlerini, tutumlarını ve motivasyonlarını da incelemek üzere görev yapmıştır (Healy & Bronner, 1948). Amerikan Ortopsikiyatri Derneğinin kurucularından biri ve ilk başkanı olan Healy, Freudyen düşüncenin Amerika Birleşik Devletleri'ne tanıtılmasına yardımcı olmuştur. Çocuk suçluluğunun önlenmesi amacıyla toplum odaklı çocuk merkezlerinin giderek yaygınlaşmasıyla klinik tablo yıkıcı çocuklardan kaygı belirtileri olan çocuklara kaymıştır ve çocuk rehberlik merkezleri birincil tedavi ve mesleki eğitim merkezleri hâline gelmiştir. Çocuğun psikodinamik oyun odaklı terapi aldığı ve annenin ayrı bireysel tedavi gördüğü bir model ortaya çıkmıştır.

Tarihsel gelişimde, Birinci Dünya Savaşı ve onu takip eden yirmi yıl özellikle çocuk ruh sağlığı alanı çalışmalarında ön plana çıkmaktadır. Savaş sonrası yeniden yapılanmada, bir dizi siyasi ve sosyal değişiklikler, yirminci yüzyıl çocuğunu çalışmanın merkezine getirdi. Birinci Dünya Savaşı, birçok genç erkeğin ölümü ve sonrasında nüfusta azalmaya neden olmuştur. Bu da çocuk bakımı (ebeveyn yaşam tarzı ve çocuk yönetimi de dâhil olmak üzere), beslenme, hastalık gibi çocuk çalışmalarına bir ivme kazandırmıştır. Çünkü çocuk bakımında yetersiz kalan ailelerin çocuklarında gelişimsel sorunlar ve davranış sorunları artan düzeyde görülmekteydi. Söz konusu sorunların ortaya çıkışı, daha büyük problemleri önlemek üzere 1920'de ilaçla tedavinin haricinde aile ve doktor ilişkisini merkeze alan toplum temelli tıbbi hizmetler modelinin benimsenmesine katkı sağlamıştır. Ancak ailelerle birlikte çalışma zorunluluğunun doğmasının yanı sıra okullarda da okul çalışanları ve öğretmenlerin başa çıkmak da zorlandıkları birtakım uyum ve davranış sorunları çocuklarda görülmeye başlamıştır. Çocuğun sağlığı dışında, sosyal uyumu ve ahlaki gelişimini de sağlamaya yönelik aile müdahaleleri ile ilgili çalışmak, bu alandaki profesyonelleri bir araya getirmek üzere sosyal hizmetler, psikiyatri ve psikoloji dallarını gerekli kılmıştır.

1918 yılında eğitim alanında, çok büyük değişimlere neden olacak kararlar uygulamaya konulmuştur. Çağdaş eğitim yaklaşımı ile "progressive/ilerlemeci" eğitimciler yuva/kreş eğitiminde Montessori metodu kullanmaya başlamıştır. Prusya ve Alman geleneksel tarzı, katı ve otokratik öğretim yöntemlerinden uzaklaşılarak entelektüel gelişimin yanı sıra duygusal gelişimi de destekleyecek ortamlar sağlamak öncelikli olmuştur. Yeni ilerlemecilerin çoğu psikanalitik varsayımlardan yararlanmıştır. Bu hareketin bir etkisi, psikanalizin "çocuk merkezli" uygulamalarının potansiyeline dikkati çekmektir. Psikanalizin ötesinde modern davranışçı terapiler ise koşullandırma stratejilerini kullanarak korku temelli davranışlar geliştiren Watson ve Raynor'ın (1920) "Küçük Albert" (Little Albert) ile yaptığı deneylere dayanmaktadır. Daha sonra, Mary Cover Jones (1924), bugün duyarsızlaştırma olarak adlandırılan bir yöntemi kullanarak korkuları ortadan kaldırmayı başarmıştır. Bu çalışmalar her ne kadar korku üzerine laboratuvarda yapılan çalışmalar olarak ifade edilse de muhtemelen çocuk davranış terapisindeki ampirik sonuç araştırmalarının ilk kayıtlarını temsil etmektedir (Midgley, 2006).

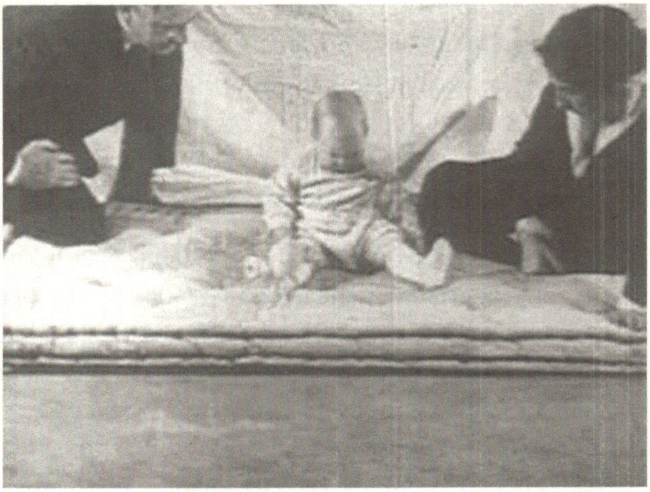

Şekil 1. Küçük Albert Deneyi (1920)

Kaynak: https://commons.wikimedia.org/wiki/File:Little_Albert_experiment_%281920%29.webm

Birinci Dünya Savaşı'nın toplumda neden olduğu savaş bunalımını tedavi etme deneyimlerini takiben Hugh Crichton-Miller adında bir psikiyatrist, ilk olarak 1920'de İngiltere'de Tavistock Kliniğini kurmuştur. Bu kliniğe başvuralar arasında antisosyal davranışlar gösteren çocuklar da vardı. Miller, bir psikiyatrist, bir bilim adamı olarak zihin ve beden arasındaki bağlantılara ilgi duymuştur. Freud'un doktirinlerinin çok güçlü olduğu bu dönemde klasik psikanalize nazaran daha eklektik bir görüşe sahip olarak insanların biyolojik, psikolojik ve sosyal yönlerini bütünleştirmek istemiştir.

Çocuk psikolojisi ve psikoterapisinin öncüsü olan Dr. Margaret Lowenfeld, Birinci Dünya Savaşı'ndan sonra atalarının Polonyasında yardım çalışmalarına katılmıştır. Lowenfeld, bazı çocukların travmatik deneyimlerine rağmen hayatta kalmalarını ve gelişmelerini sağlayan şeyin ne olduğunu merak etmiştir. Ancak psikanalitik gelenekteki konuşma terapisinin sınırlamalarından duyduğu hayal kırıklığı nedeniyle 1920'lerin sonlarında, genellikle "kum oyunu" olarak adlandırılan Dünya Tekniği'ni geliştirmiştir. Dünya Tekniği adını vermesinin sebebi "Dünya" kelimesinin bir çocuğun kum ve oyuncaklarla yaptıklarını tanımlamak için kullanmasındandır. Lowenfeld Dünya Tekniği, kumla dolu tepsiler ve oyuncak hayvanlar, insanlar, araçlar, binalar vb. koleksiyonları kullanır. Nesnelerin günlük yaşamlarından ve hayallerinden alınan bu minyatür temsilleri, çocukların iç dünyalarını tasvir etmelerini sağlar. Ayrıca kürek, huni ve elek gibi aletler de duyu bütünleme için kullanılmaktaydı. Lowenfeld, çocukların iç dünyalarıyla bağlantı kurmanın ve genellikle kelimelerle iletemedikleri fikirleri, hisleri ve duyguları anlamanın bir yolunu bulmak istiyordu. Bu nedenle çocukların düşüncelerini ve duygularını kelimelere başvurmadan iletmelerini sağlayan sözel olmayan teknikleri geliştirmiştir. Bir çocuğun zayıflıklarını veya patolojisini teşhis etmektense güçlü yönlerini keşfetmek ve yönlendirmekle her zaman daha fazla ilgilenmiştir. 1920'lerin sonlarında Dr. Lowenfeld, Londra Notting Hill'de İngiltere'deki ilk çocuk rehberlik kliniklerinden birini kurmuştur.

1920'li yılların ortalarında İngiliz psikanalistlerden Melanie Klein ve pediatrist Donald Winnicott ve Freud'un kızı Anna Freud, çocuk psikolojisi alanına önemli katkılar sağlamışlardır. Klein, tedaviyi çocuğun evinden danışma odasına taşıyarak, çocuğa ait olmayan ancak ifade gerektiren çatışmaları ortaya çıkarmak üzere oyun temalarını canlandırmaya hizmet edebilecek oyuncakları tanıtarak, seans içinde oyunun sembolik işlevinin takdirini genişleterek, terapötik ilişki içinde yorumlamanın kullanımını detaylandırarak ve tedavi sürecinde aktarımın rolünü fark ederek önemli katkılar sağlamıştır. Anna Freud ise, iyi bir tedavi için terapötik ittifakın önemini vurgulamıştır. Psikanaliz öncesi preanalitik aşamada terapötik ittifakı kurmak için klinik materyal üretimini kolaylaştırmak için çizimler ve rüya tabirleri gibi tekniklerin kullanılması ve ebeveyn rehberliğinin ve bakıcılarla çocuğun psikososyal gelişimi için ekstra analitik temasların öneminden bahsetmiştir (Koocher ve D'Angelo, 1992). 1927 yılında Anna Freud, *Çocuk Analizi Tekniğine Giriş* adlı eserini yayınlamıştır. Anna Freud ve Melanie Klein'ın çalışmaları, kişisel ve teorik farklılıklarına rağmen çağdaş psikodinamik çocuk psikoterapisinin temelini oluşturmaktadır. Psikodinamik psikoterapinin kökenleri Freud'un (1856 ila 1939) çalışmalarıdır ancak çocuklar ve ergenler için psikodinamik psikoterapi uygulaması, Anna Freud ve Melanie Klein'ın teorik ilgi ve uygulamalarıyla ivme kazanmıştır (Daws, 1987).

1920-1930 yılları, Britanya'da psikanalitik gelenek daha sağlam bir şekilde yerleştikçe, Tavistock ve diğer çocuk rehberlik merkezleri genişledikçe, Lowenfeld'in kliniği hem halk desteği sağlamada hem de çocukların tedavisinde olumlu etkilerini göstermede başarılı oldukça 1931'de Çocuk Psikolojisi Enstitüsü kurulmuştur. Lowenfeld ve meslektaşları, ilk çocuk psikoterapi eğitimleri açtılar. Genel olarak; 1930'larda klinisyenler tedavide iyileştirici bir güç olarak terapiste giderek daha fazla odaklanmaya başladılar ve oyunun çocuk üzerindeki etkisini genişlettiler. Dikkat ayrıca terapistin ötesindeki faktörlere, özellikle de çocuğun yaşadığı çevreye odaklanmaya başlamıştır (Hellersberg, 1955). Aichorn (1925/1935), çocuk psikanalizini başlıca sosyal kaygılara, özellikle de suça, aktarımın rolünün detaylandırılmasına ve iyileştirici duygusal deneyime odaklanarak uygulamaya çalışmıştır.

Terapide oyunun kullanımı, ilk olarak çocuk psikoterapisinin öncüleri olan Anna Freud (1928, 1964, 1965), Margaret Lowenfeld (1935, 1970) ve Melanie Klein (1961, 1987) tarafından ortaya atılmıştır. Ancak 1940'larda Carl Rogers'ın (1951, 1955) "birey merkezli terapi" adında yeni bir psikoterapi modeli oluşturmasıyla, bu modelden büyük ölçüde etkilenen Virginia Axline, 1940'lı yılların sonunda danışan merkezli terapinin prensiplerini oyun terapisine uyarlamıştır. Böylelikle çocuk merkezli oyun terapisinin temelleri atılmıştır. Terapötik ittifak, içgörü odaklı çalışmalar çocuğun işlevselliği üzerinden doğrudan etkili uygulamalara evrilmiştir (Greenspan & Wieder, 1984). Amerikan psikolojisinde hümanistik psikolojinin kurulmasında etkili olan Clark Moustakas (1974, 1997), çocuklarla ilk çalışmasına 1947'de bir anaokulunda başlamıştır (Moustakas, 1997). Clark'a göre oyun, benzersiz ve eşsiz bir çocuk olmanın, ilişki kurmanın ve yaşamın zorluklarıyla yüzleşmenin kaynağı ve stratejisiydi (Moustakas, 1959). Clark ayrıca oyun terapisinde çocukların ebeveynleriyle çalışmak hakkında ilk yazanlar arasındadır ve yazıları ebeveynlerle yaptığı görüşmelerin dökümlerini içeriyordu. 1950'lerin başında sadece küçük bir grup psikolog oyun terapisi uyguluyordu. Clark'ın öncü yazıları, oyun terapisi alanını genişletmede en önemlileri arasında kabul edilmektedir (Blau vd., 2013). Oyun terapisinin babası sayılan Charles Schaefer ise uluslararası Oyun Terapisi Derneğini kurmuştur ve ilgili konularda 50'den fazla kitap yayınlayarak oyun terapisi alanında yaşayan en üretken yazar olarak günümüzde nitelendirilmektedir (Kaduson ve Schaefer, 2006).

Bugün dünyanın pek çok yerinde yaygın olarak kullanılan Kum Oyunu Terapisi, 1950'li yıllarda Jung'un öğrencilerinden Dora Kallf tarafından geliştirilmiştir. Kallf, Lowenfeld'in "Dünya Tekniği"ni sentezleyerek geliştirdiği kum oyununu (Sandplay) çocuk psikoterapisinde kullanmıştır.1985 yılında Kallf eşliğinde Uluslararası Kum Oyunu Terapisi Derneği, 1988 yılında da Amerikan Kum Terapistleri Derneği kurulmuştur. 1991 yılında ise ilk Kum Oyunu Terapi Dergisi yayınlanmıştır (Delevi ve Bugay, 2011)

İkinci Dünya Savaşı sonrasında yukarıda bahsedilen gelişmeler yaşanırken 1946 yılında bağlanma kuramını geliştiren pediatrist-psikiyatrist John Bowly ve bebek gözlemi programını geliştiren Ester Bick, Tavistock Kliniğine katılarak meslektaş eğitimleri vermeye başlamışlardır. Bowlby ayrıca Tıbbi Araştırma Konseyinden sağlanan fonlarla uluslararası kabul görmüş araştırma projeleri yürütmüştür (Dicks, 1970). 1959 yılında Anna Freud'un, Hampstead Çocuk Terapi Eğitimi ve Kliniğini açmasıyla birlikte devletin de finanse ettiği Hampstead Çocuk Terapi Kliniğinde ve Tavistock Kliniğinde psikanaliz yönelimli çocuk psikoterapileri eğitimleri hız kazanmaya başlamıştır. Anne Freud'un 1982'deki ölümünden sonra kurmuş olduğu Hampstead Çocuk Terapi Kliniği, Anna Freud Merkezi adıyla günümüzde araştırma, eğitim ve tedavi konularında hizmet vermeye hâlen devam etmektedir.

İkinci Dünya Savaşı, çocuk ruh sağlığı alanında bir dizi teorik ve sosyal değişikliklere neden olmuştur. Bunlardan ilki aile terapisinin gelişmesidir. Anne dışında diğer aile üyelerinin katılımının, özellikle babanın çocuğun tanılanmasındaki rolünün, mevcut sorunları anlamada ve tedavisini başarmada önemli ölçüde etkili olabileceği görüşü daha fazla kabul görmeye başlamıştır (Ackerman, 1972). İkincisi, 1950'lerin ikinci yarısında davranışsal müdahalelerin çocuk klinik psikolojisinde önemli bir rol oynamaya başlamasıdır. Daha önceki tarihlerde davranış değişikliğinin belirli örneklerine sıklıkla değinilse de (ör., Watson'ın korku ve koşullandırma üzerine çalışması veya Mowrers'ın enürezis tedavisi), çocuklarla yaygın davranış terapisi uygulamaları 1950'lerde başlamıştır (O'Leary ve O'Leary, 1977; Ullmann ve Krasner, 1965). Craighead, Kazdin ve Mahoney'nin (1981) belirttiği gibi davranış terapisi klinik uygulamaya en az iki temel varsayım getirmiştir: (1) Test edilebilir klinik prosedürler geliştirmek için hem deneysel psikoloji hem de klinik uygulamadan elde edilen bulguları kullanan terapidir; (2) kullanılan klinik müdahalelerin, etkinliği kanıtlanmış olanlar olması gerektiği varsayımıdır. 1940-1950 yıllarında öğrenme teorisine dayanan deneysel psikolojiden türetilen klinik uygulamalar yerine, 1950-1960 yıllarında klasik ve edimsel koşullandırma ilkelerine dayanan davranış terapisi büyük ilgiyi görmüş ve uygulamalı davranış analizi olarak etiketlenmiştir (Craighead, Meyers ve Craighead, 1985). Klasik koşullandırma terapileri, fobisi olan çocukların sistematik duyarsızlaştırılmasını vurgularken, edimsel koşullandırma terapileri, otizmden günlük "normal" sorunlara, basit motor becerilerin rehabilitasyonuna kadar bir dizi sorunu ele almıştır (Bijou, 2001). Üçüncü olarak, 1960'larda toplum ruh sağlığı merkezi hareketinin hızlı büyümesi, sosyal ve önleyici müdahalelerin giderek benimsenmesidir. Dördüncüsü, psikoterapi için sağlık sigortası kapsamının ortaya çıkmasıyla halkın tedavi masraflarının karşılanması daha fazla fırsat sağlamasıdır. Dördüncüsü, psikoterapi hizmetinin sağlık sigortası kapsamına alınmasıyla halkın tedavi masraflarının karşılanmasının daha fazla fırsat sağlamasıdır.

1960-1970 yılları arasında davranış terapisinden hareketle bilişsel terapi ortaya çıkmıştır. 1980'li yıllarda davranışçı terapistlerin büyük bir kısmı da bilişsel kuramı benimseyerek Bilişsel Davranışçı Terapi (BDT) adı altında tedavi yaklaşımı benimsemişlerdir. Bu yaklaşım tarihsel olarak yetişkinler için geliştirilmiş ve geleneksel olarak yetişkinleri tedavi etmek için kullanılmış olsa da BDT yaklaşımlarının çocukluktaki psikolojik bozuklukların tedavisinde kullanılması için daha fazla ampirik desteğe ihtiyaç duyulduğu konusunda genel bir fikir birliği vardır (Weisz ve Kazdin, 2010). Çocuklar ve ergenlerde BDT yaklaşımı ile çalışılması 1990'lı yıllardan sonra başlamıştır. BDT'nin düşüncenin farkına varılmasını sağlayan ve akılcı analiz tekniklerini içeren yaklaşımı nedeniyle çocuklara göre olmadığı fikri uzunca bir süre tartışılmıştır (Süler, 2017). Çocuklara yönelik BDT yaklaşımlarının gelişimsel sorunları dikkate alması gerektiği söylenmiştir (Scarpa ve Lorenzi, 2013). Achenbach (1982), çocuk psikopatolojisine yönelik gelişimsel bir yönelimin en sesli savunucuları arasında yer almıştır. Çocuk psikopatolojisi üzerine mevcut teori ve araştırmaların çoğunun, genellikle ampirik bir temel olmaksızın yetişkin psikopatoloji modellerinden etkilendiğini savunmuştur.

Geleneksel davranış terapisi, zamanla çocukları etkileyen çevresel değişkenlerin kapsamının artmasıyla ortaya çıkan sorunlarla başa çıkmada, çocukların bilişsel ve sosyal gelişimi, sosyal psikoloji, aile terapisi ve toplum psikolojisi araştırmalarından elde edilen bulguları bütünleştiren daha çağdaş bir yaklaşımı benimsemeye başlamıştır (Craighead, Meyers ve Craighead, 1985). Bu entegrasyon, Bronfenbrenner'ın (1979) insan gelişiminin ekolojisi gibi mevcut çocuk gelişimi modellerinin ve Henggeler'in (1982) aile-ekolojik sistemler yaklaşımı gibi çocuk psikopatolojisine ilişkin son teorilerin bir yansımasıdır. Bu modeller, çocuğu bir dizi sosyal sistemin içine gömülü ve karşılıklı bir şekilde etkileşimde bulunan bir varlık olarak görürler. Çocuk değerlendirme ve müdahalesindeki önemli sosyal sistemler arasında ebeveynler (anne-çocuk, baba-çocuk ve anne-baba ilişkileri), kardeşler, geniş aile, akranlar, okul, mahalle ve grup geleneklerini kapsayan daha geniş sosyal sistemler ve değerler yer almaktadır. Etkileşimsel bir bakış açısı, birbirine bağlı diğer sistemlere genişletilebilir. Ebeveyn istihdamı, toplum kaynakları ve devlet, çocuk ve aile refah kurumlarının faaliyetlerinin tümü, çocuk üzerinde bir etkiye sahip olabilir (Craighead, Meyers ve Craighead, 1985).

1990'lara gelindiğinde bütünleştirici yaklaşımlar, çocuk psikoterapisi üzerinde önemli bir etki yaratmıştır. Bunlar, yasal düzenlemeler (ör., çocuk istismarı raporlaması, boşanma davalarında velayet değerlendirmeleri, ciddi şekilde duygusal olarak rahatsız çocuklar için bakım hizmetleri); toplumsal ve sağlıkla ilgili kaygılarla bağlantılı ruh sağlığı hizmetlerinin genişletilmesi (ör.; boşanma, şiddet, travma, sosyal ayrımcılığın etkisine odaklanmak), sağlık bakım maliyetlerinin artması ve bunları azaltmanın yollarını aramakla ilgili endişeler, sağlık hizmetlerinde hesap verebilirlik için artan talep, sonuç değerlendirmesine odaklanmayı teşvik etmek ve kanıta dayalı uygulamaların ortaya çıkmasıdır.

Çocuk Ruh Sağlığının Tarihsel Gelişim Sürecinde Okul Psikolojik Danışmanlığı

Bugün bildiğimiz şekliyle okul psikolojik danışmanlığı, 1900'lerin başında mesleki rehberlik olarak başlamıştır. Amerika Birleşik Devletleri'nde rehberlik ve psikolojik danışmanlığın gelişmesine yol açan faktörler, 1890'larda sosyal reform hareketiyle başladı. Kentsel varoşlarda yaşayan insanların yaşadığı zorluklar ve çocuk işçiliğinin yaygın kullanımı pek çok kişiyi öfkelendirdi. Bunun sonuçlarından biri, zorunlu eğitim hareketi ve kısa bir süre sonra, insanları toplumun üretken üyeleri olmaları için iş gücüne yönlendirmekle ilgilenen mesleki rehberlik hareketi olmuştur. Sosyal ve politik reformcu Frank Parsons, genellikle mesleki rehberlik hareketinin babası olarak kabul edilir. Sivil Hizmet Evi ile yaptığı çalışma, Boston Meslek Bürosunun gelişmesine yol açmıştır. 1909'da Boston Meslek Bürosu, Boston devlet okullarında bir mesleki rehberlik sisteminin ana hatlarını çizmeye yardımcı olmuştur. Büronun çalışması, hem Amerika Birleşik Devletleri'nde hem de diğer ülkelerde mesleki rehberliğe olan ihtiyacı ve kullanımını etkilemiştir.

1920-1930 yılları, danışmanlık rollerinde yalnızca mesleki kaygılarla çalışmanın ötesinde bir genişleme görüldü. 1920'lerde okul danışmanlığı, zihinsel hijyen, psikometrik ve çocuk çalışması hareketleriyle şekillenerek değişmeye başlamış ve daha klinik odaklı bir yaklaşım ortaya çıkmıştır. Bu durum, kişisel uyum için danışmanlığa vurgu yaparak ekonomik sorunlardan psikolojik sorunlara doğru bir kaymanın işaretiydi. 1930'larda okul danışmanlığından sorumlu çeşitli personel, yaptıkları görevler, seçim ve eğitimleri hakkında tartışmalar yaşanmıştır. 1930-1938 yılları arasında "Büyük Buhran", danışmanlık programları için fonların kısıtlanmasına yol açmıştır.

1940-1950 yılları, okullarda rehberlik ve psikolojik danışmanlığın yaygınlaştığı yıllardır. 1941-1945 yılları arasındaki literatür, savaş çabalarına yapılan katkılara odaklanarak 1945'ten sonra, okullarda rehberlik ihtiyacına ve sağlanan hizmetlerin iyileştirilmesine dikkat çekildi. Okul psikolojik danışmanlarının seçimi ve eğitimi, Amerika'da 1946 Mesleki Eğitim Yasası ve 1958 Ulusal Savunma Eğitim Yasası'nın (NDEA) kabul edilmesiyle de dikkat ve destek gördü. Ayrıca 1952'de Amerikan Okul Psikolojik Danışmanları Derneği kuruldu. 1960-1970 yıllarında tartışılan önemli bir konu, okul danışmanlığının doğasıyla ilgiliydi. "Danışmanlığı bir müdahale olarak kullanmak doğası gereği daha psikolojik miydi?" yoksa "Danışmanlık ve aynı zamanda bilgi, değerlendirme, yerleştirme ve takip faaliyetleri de dâhil olmak üzere daha geniş bir müdahale dizisi içeren doğası gereği daha eğitici miydi?". İlköğretim düzeyinde okul psikolojik danışmanlığı daha önce tartışılmış olsa da 1960'lara kadar gerçek olmadı. 1960'larda değiştirilen NDEA, ilkokul psikolojik danışmanlığını ortaokul psikolojik danışmanlığından ayıran eğitim uygulamalarını ve prosedürlerini teşvik etmiştir. 1960'lar ve 1970'ler ayrıca okulun hizmet modeli hakkında kaygılara da sahipti.

İkinci Dünya Savaşı'ndan sonra, testten uzak güçlü bir eğilim ortaya çıktı. Bu değişimden dolaylı olarak sorumlu olan başlıca kişilerden biri, Amerikalı psikolog Carl Rogers'tır. Danışmanlık alanındaki pek çok kişi, onun "yönelimsiz" (Daha sonra "birey merkezli" olarak anılacaktır.) danışmanlığa yaptığı vurguyu benimsemiştir. Rogers, 1942'de *Psikolojik Danışmanlık ve Psikoterapi*'yi ve 1951'de *Danışan Merkezli Terapi*'yi yayınladı. Bu iki çalışma, psikoloji ve psikolojik danışmanlık alanındaki önceki teorilerin tam tersine yeni bir danışmanlık teorisi tanımlamıştır. Bu yeni teori, psikolojik danışmanın tavsiye vermesini en aza indirdi ve danışanın danışmanlık içeriği üzerinde daha fazla kontrol sahibi olmasını sağlayan koşulların yaratılmasını vurguladı.

1950'lerde okul psikolojik danışmanının profesyonel kimliğini geliştiren Amerikan Okul Psikolojik Danışmanları Derneği (ASCA) kuruldu. C. Gilbert Wrenn'in 1962 tarihli *The Counselor in a Changing World (Değişen Dünyada Psikolojik Danışman)* kitabı da dâhil olmak üzere çalışmaları, okul psikolojik danışmanlarının daha fazla kültürel duyarlılığa ihtiyaç duyduğunu ortaya çıkardı. 1960'lar ayrıca Frederick Perls'ün Gestalt Terapisi, William Glasser'ın Gerçeklik Terapisi, Abraham Maslow ve Rollo May'in Varoluşçu Yaklaşımı ve John Krumboltz'un Davranışsal Danışmanlık Yaklaşımı dâhil olmak üzere alana daha birçok danışmanlık teorisi getirdi. Bu süre zarfında, yasal destek ve NDEA'da yapılan bir değişiklik, temel bir vurgu ile okul psikolojik danışmanlarının eğitimi ve işe alınması için fon sağlamıştır.

1970'lerde okul psikolojik danışmanı, programın tamamı yerine daha büyük bir programın parçası olarak tanımlanmaya başlamıştı. Bir öğrencinin yaşamının sosyal, kişisel ve eğitsel yönlerine de dikkat edilmesi gerekiyordu. Öğrenci kişilik hizmetleri adı verilen yeni bir organizasyon yapısının oluşturulmasıyla önemli bir dönüm noktası meydana geldi. Bu yapı içerisinde rehberlik hizmetleri kavramı ortaya çıkmıştır. Okul psikolojik danışmanlığı alanı, öğrenci kişilik hizmetlerinin genel yapısı altında rehberlik hizmetleri olarak yerini almıştır. Ayrıca okul psikolojik danışmanları tarafından sağlanan hizmetlerin hesap verebilirliğine ve yapılandırılmış değerlendirmelerle elde edilebilecek faydalara vurgu yapılmıştır. 1980'ler, okul psikolojik danışmanlığı için eğitim standartları ve kriterlerinin gelişimini görmüştür.

Çocuk ve Ergenlerle Psikolojik Danışmanın Hedefleri

Çocuklara tıpkı yetişkinlere danışmanlık yaptığımız gibi psikolojik danışma hizmeti sunamayacağımız oldukça aşikârdır. Yetişkinleri bizimle konuşmaya davet etmek yeterli iken aynı stratejiyi çocuklarla da kullanmak, sadece doğrudan soruları yanıtlamasına ve bir süre sonra sıkılıp dikkatinin dağılmasına sebep olabilir. Çocuklar konuşsalar bile muhtemelen önemli konulardan uzaklaşacaklardır. Psikolojik danışmanlar, sözel becerileri farklı yaklaşımların tekniklerinden yararlanarak bütünleştirerek çocuğun terapötik açıdan yararlı bir danışma sürecini deneyimlemesini sağlarlar. Çocuklara sunulan psikolojik danışma hizmetinin küresel düzeyde geçerli olduğu hedefleri vardır (Geldard vd., 2013). Bunlar:

1. Düzey Hedefler: Temel Hedefler

- ✓ Çocuğun acı veren duygusal sorunlarla başa çıkmasını sağlamak,
- ✓ Çocuğun düşünce, duygu ve davranışları arasında tutarlılığı sağlamak,
- ✓ Çocuğun kendini iyi hissetmesini sağlamak,
- ✓ Çocuğun sınırlarını ve güçlü yanlarını kabul etmesini ve onlar hakkında iyi hissetmesini sağlamak,
- ✓ Çocuğun olumsuz sonuçları olan davranışlarını değiştirmesini sağlamak,
- ✓ Çocuğun dış ortamda (ör., evde ve okulda) rahat ve uyumlu bir şekilde işlev görmesini sağlamak,
- ✓ Çocuğun gelişimsel dönüm noktalarını takip etme fırsatını en üst düzeye çıkarmak.

2. Düzey Hedefler: Ebeveyn Hedefleri

Bunlar, çocuklarını danışmaya getirdiklerinde ebeveynler tarafından belirlenir. Ebeveynlerin kendi gündemiyle ilgilidir ve genellikle çocuğun mevcut davranışlarına dayanır. Örneğin, bir çocuk duvara dışkı sürüyorsa ebeveynlerin amacı muhtemelen bu davranışı ortadan kaldırmak olacaktır.

3.Düzey Hedefler: Psikolojik Danışman Tarafından Formüle Edilen Hedefler

Bu hedefler, psikolojik danışmanın çocuğun neden belirli bir şekilde davrandığına dair sahip olabileceği hipotezlerin bir sonucu olarak danışman tarafından formüle edilir. Dışkı bulaştıran çocuğu örnek alırsak psikolojik danışman, bulaştırmanın çocuğun duygusal sorunlarının bir sonucu olduğuna dair bir hipoteze sahip olabilir. Bu nedenle psikolojik danışman, çocuğun duygusal sorunlarını ele alma ve çözme hedefine sahip olabilir.

4.Düzey Hedefler: Çocuğun Hedefleri

Bu hedefler danışma seansı sırasında ortaya çıkar ve çocuk genellikle bunları söze dökemeyecek olsa da etkili bir şekilde çocuğun kendi hedefleridir. Çocuğun seansa getirdiği materyale dayanırlar. Bazen bu hedefler danışmanın hedefleriyle eşleşir bazen de eşleşmez. Örneğin, bir psikolojik danışman, çocuğun güçlendirilmesi gereken 3. düzey hedefi olan bir oturuma girebilir. Oturum sırasında çocuğun acı verici bir kayıp hakkında konuşmak istediği ve yetkilendirilmeye hazır olmadığı ortaya çıkabilir. Bu durumda psikolojik danışman, 4. düzey hedefe katılarak ve yas sürecinin gerçekleşmesine izin vererek çocuğun ihtiyaçlarına cevap verebilir. Bir psikolojik danışmanın belirli bir gündemle belirli bir oturuma girerse bu gündeme bağlı kalmanın etkili ve uygun olacağı zamanlar olabilir. Bununla birlikte, genellikle önceden belirlenmiş bir gündeme sıkı sıkıya bağlı kalmanın riskleri de vardır, çocuğun kendi ihtiyaçları ele alınmaktan ziyade göz ardı edilebilir. Çocuğun gerçek ihtiyaçlarının ortaya çıkması ve terapötik olarak yeterince ele alınması için psikolojik danışman çocuğun kendi süreciyle kalmalıdır. Örneğin; şiddete başvuran bir aileden gelen çocukla çalışıyorsak, danışma için önemli bir hedefin (3. düzey hedef) çocuğun güvende kalmasının yollarını keşfetmesine yardımcı olacak stratejileri keşfetmek olduğuna düşünebiliriz. Bu kesinlikle önemli ve uzun vadede faydalı ve temel bir hedef olacaktır. Bununla birlikte, çocuk annesinin güvenliğine ilişkin korkularını keşfetmeye daha fazla ilgi duyabilir (4. düzey bir hedef). Çocuk için en öncelikli olan konular ele alınmadıkça psikolojik danışmanın başarılı bir sonuç alma olasılığı azalacaktır.

Özet

Günümüzde küresel düzeyde yaşanan zorluklar (ör.; pandemi, göç, savaşlar, afetler, ekonomik kriz, iklim değişiklikleri vs.) kadar şiddet, istismar, zorbalık gibi çocuk ve ergenleri olumsuz etkileyen olaylar neticesinde ruh sağlığına duyulan ihtiyaç giderek artmaktadır. Psikolojik danışma hizmetleri, önleyici ve müdahale edici ruh sağlığı hizmetlerinin önemli bir bileşenidir. Okullarda ve/veya kurumlarda görev yapan psikolojik danışmanlar, aldıkları lisans ve lisansüstü eğitimler, süpervizyon destekli terapi eğitimleri ile yetkin bir şekilde çocuk ve ergenlere psikolojik yardım süreci yürütürler.

Tarihsel gelişiminde tıbbi müdahale olarak başlayan ruh sağlığı hizmetleri, toplumları değiştirip dönüştüren önemli olaylar neticesinde bireylerin psikolojik ihtiyaçlarına odaklanmıştır. Yetişkinler üzerinden geliştirilen kuramlar, çocuklar düzeyinde çalışmalarını genişletmiş, çocukları iyileştirmede günümüzde bütüncül yaklaşımla çocuk ruh sağlığı hizmetleri sunulmaktadır. Çocukla ilgilenen çocuk psikiyatristleri, psikologlar, sosyal çalışmacılar, psikolojik danışmanlar arasında etkileşime dayalı bütüncül bakım çocuk ruh sağlığı için önemlidir. Çocuklar ve ergenlerle psikolojik danışmada, psikolojik danışmanlar, sözel becerileri farklı yaklaşımların tekniklerinden yararlanarak bütünleştirerek çocuğun terapötik açıdan yararlı bir danışma sürecini deneyimlemesini sağlarlar. Aileye ve okullarda öğretmenlere uzmanlıkları dâhilinde rehberlik ederler.

Kaynakça

Achenbach, T. M. (1974). *Developmental psychopathology*. Ronald Press.

Achenbach, T.M. (1982). *Assessment and taxonomy of children's behavior disorders*. In: Lahey, B.B., Kazdin, A. E. (eds) Advances in Clinical Child Psychology. Springer, Boston, MA. https://doi.org/10.1007/978-1-4613-9811-0_1

Ackerman, N. (1972/1984). Family psychotherapy theory and practice. In G.D.. Erikson & T.P. Hogan (Eds), *Family Threapy: An introduction to theory and technique* (pp.165-172). Mpnterey, CA: Brooks/Cole.

Axline, V. (1949/1976). *Play therapy*. New York: Ballantine.

Bijou, S. W. (2001). Child behavior therapy: Early history. In W. T. O'Donohue, D. A. Henderson, S. C. Hayes, J. E. Fisher, & L. J. Hayes (Eds.), *A history of the behavioral therapies: Founders' personal histories* (pp. 105–124). Context Press/New Harbinger Publications.

Blau, D., Bach, L., Scott, M., & Rubin, S. (2013). Clark Moustakas (1923-2012): Scholar, teacher, colleague and friend. *The Humanistic Psychologist,* 41(1), 97-99. https://doi.org/10.1080/08873267.2013.752695

Bowlby, J. (1944). 'Forty-four juvenile thieves: their characters and home lives', *International Journal of Psychoanalysis,* 25, 19-53, 107-128.

Bowlby, J. (1953). *Child care and the growth of love*, Harmondsworth: Penguin.

Bronfenbrenner, V. (1979). *The ecology of human development: experiments by nature and design*, Harvard University Press, Cambridge.

Child Guidance Council (1933). *Report of the Inter-Clinic Conference*, London: Child Guidance Council.

Craighead, W. E., Kazdin, A. E., & Mahoney, M. J. (1981). *Behavior modification: Principles, issues, and applications*. Boston: Houghton Mifflin Co.

Craighead, W. E., Meyers, A. W., & Craighead, L. W. (1985). A conceptual model for cognitive-behavior therapy with children. *Journal of Abnormal Child Psychology, 13*(3), 331–342. https://doi.org/10.1007/BF00912720

Çağlar, D. (1976). Öğretilebilir geri zekâlı çocukların eğitimi. *Ankara Üniversitesi Eğitim Bilimleri Fakültesi Dergisi,* 9(1), 465-485.

Daws D. (1987). *Thirty years of child psychotherapy: the psychoanalytic approach to children's problems* (Tavistock Clinic Paper, No.48). London: Tavistock Clinic.

Delevi, R. & Bugay, A. (2011). Kum oyunu terapisi: Kuramsal bilgiler ve bir olgu örneği. *Çocuk ve Gençlik Ruh Sağlığı Dergisi*, 18(2), 127-134.

Dicks, H.V. 1970. *Fifty years of the Tavistock Clinic*, London: Routledge and Kegan Paul.

Geldard, K.; Geldard, D.; & Yin Foo, R. (2013). *Goals for Counselling Children. counselling children a practical introduction.* 4 th edition SAGE Publications Inc

Greenspan, S. I., & Wieder, S. (1984). Dimensions and levels of the therapeutic process. *Psychotherapy: Theory, Research, Practice, Training, 21*(1), 5–23. https://doi.org/10.1037/h0087529

Gysbers, N.C. (2012). Embrace the past, welcome the future: a brief history of school counseling. Brief report from *Gysbers, N. C. (2010), Remembering the Past, Shaping the Future: A History of School Counseling. Alexandria, VA: American School Counselor Association.*

Healy, W., & Bronner, A. F. (1948). What Makes a Child Delinquent? *Teachers College Record*, *49*(9), 30–47. https://doi.org/10.1177/016146814804900903

Hellersberg, E.F. (1955). Child's growth in play therapy. *The American Journal of Psychotherapy*, 9(3), 484-502.

Henggeler, S. (Ed.) (1982). *Delinquency and Adolescent Psychopathology: A Family Ecological Systems Approach.* Littleton, MA: Wright-PSG.

Kaduson, H.G. , & Schaefer, C.E. (2000). *Short-term play therapy for children*. London: Guilford Press.

Kanner, L. (1948). *Child psychiatry*. (2nd ed.). Charles C. Thomas.

Koocher, G. P., & D'Angelo, E. J. (1992). Evolution of practice in child psychotherapy. In D. K. Freedheim, H. J. Freudenberger, J. W. Kessler, S. B. Messer, D. R. Peterson, H. H. Strupp, & P. L. Wachtel (Eds.), *History of psychotherapy: A century of change* (pp. 457–492). American Psychological Association. https://doi.org/10.1037/10110-012

Midgley, N. (2006). Re-reading "Little Hans": Freud's case study and the question of competing paradigms in psychoanalysis. *Journal of the American Pscyhoanalytic*, 54(2), 537-559.

Morris, R. J. & Kratochwill, T. R. (Eds). (2007). The paractice of child therapy, In *Historical context of child therapy* (ss.1-6) (4th edition). NY: Routledge

Moustakas, C. E. (1959). *Psychotherapy with children: The living relationship.* Harper.

O'Leary, K. D. & O'Leary, S. G. (1972). *Classroom management: The successful use of behavior modification.* New York: Pergamon, 664.

Scarpa, A., & Lorenzi, J. (2013). Cognitive–behavioral therapy with children and adolescents: history and principles. In A. Scarpa, S. W. White, & T. Attwood (Eds.), *CBT for children and adolescents with high-functioning autism spectrum disorders* (pp. 3–26). New York.

Schultz, D.P. & Schultz, S.E. (2011). *A history of modern psychology* (1-26), Tenth Edition. Wadsworth, Cengage Learning, USA.

Süler, M. (2017). Çocuk ve Ergenlerde Bilişsel Davranışçı Terapi Uygulamaları: Bir Gözden Geçirme. *Çocuk ve Medeniyet Dergisi.*

Ullmann L P & Krasner L, eds. Case studies in behavior modification. New York: Holt, Rinehart & Winston, 1965. 401 p. [Univ. Illinois, IL and State Univ. New York, Stony Brook, NY.

Urwin, C. (1991). Child psychotherapy in historical context: An introduction to the work of Margaret Lowenfeld. *Free Associations, 2(23), 371-394.*

Weisz, J. R., & Kazdin, A. E. (Eds.). (2010). Evidence-based psychotherapies for children and adolescents. (2nd ed.). The Guilford Press. Guilford.

BÖLÜM 2

ERGENLERLE PSİKOLOJİK DANIŞMADA GELİŞİMSEL YAKLAŞIM

Ezgi Denizel Güven (Phd)

İçerik

Giriş

Gelişim, doğum öncesi evreden başlayan, ölüme kadar devam eden; biyolojik, psikolojik ve sosyal alanlarda meydana gelen, belli bir sıra ile ortaya çıkan değişim ve olgunlaşma sürecidir. Gelişimi bütüncül bir bakış açısı ile ele almak, hangi yaşta olursa olsun insanı bütünüyle görebilmemizi sağlar. Gelişimin genel seyrinde bir alanının baskın olduğu bir zaman dilimi olsa da bu, diğer gelişim alanlarının baskın alandan etkilenmediği ya da kendi gelişimini durdurduğu anlamına gelmez. Çünkü bir insanın duyusal, fiziksel, zihinsel, duygusal, ilişkisel gelişimi eş zamanlı ve kendi içinde etkileşimlidir. Örneğin, ergenlik dönemine giren bir çocuğun baskın gelişim alanı biyolojiktir. Endokrin sistemindeki cinsiyete bağlı değişim, çocuğun fiziksel görünümünü etkiler. Boyu uzar, deride yağlanma, kiloda değişimler görülür. Kandaki hormonal değişim beyin nörokimyasını etkiler. Bu durum, gelişmekte olan ve henüz tam kapasite ile çalışma yetisine ulaşmamış olan prefrontal korteksin zaman zaman devre dışı kalmasına; çocuğun duygusal dalgalanmalar yaşamasına, riskli ilişki ve davranışlara açık hâle gelmesine neden olur. Ayrıca hızlı yaşanan bedensel değişim beden algısını da etkiler ve çocukluktan yetişkinliğe geçiş evresindeki gencin kendi bedenine yabancılaşmasına, ten kokusundan rahatsız olmasına neden olabilir. Fiziksel değişimle birlikte gelen bu psikolojik değişim ise sosyal ilişkileri etkileyebilir.

Gelişim ve büyüme birbirinden farklı kavramlardır. Büyüme, boy ve kilonun artması anlamına gelen fiziksel görünümdeki değişimdir ancak fiziksel gelişme, fiziksel büyüme ile çocukların bedenlerini kontrol ederek bazı beceriler elde etmesi anlamına gelmektedir. Fiziksel büyümede iki önemli evre vardır. 0-2 yaş arası bebekler çok hızlı büyürler ve bir yaşına geldiklerinde doğum ağırlıklarının üç ya da dört katına ulaşırlar. İkinci evre ise daha kararlı ve görece daha yavaş ilerler. Bu evre, iki yaşından ergenliğe kadar süren evredir. Bu evrede her yıl boy beş ile sekiz santim uzarken kilo ortalama üç kilogram artar (Meggitt, 2012). Fiziksel büyüme; fiziksel gelişimi, çocuğun motor koordinasyon becerilerini etkiler. Ayrıca hızlı ya da yavaş seyreden ve burada belirtilen standartlardan sapan çocukların duygusal ve sosyal gelişimlerini de etkiler. Bu yüzden fiziksel büyümeden başlayarak çocuğun yaş gelişim özelliklerini doğru bilmek, çocukla çalışan uzmanlık alanları için oldukça önemlidir.

Görüldüğü üzere bu bütünsel yaklaşım, çocuk ve ergenlerle çalışırken daha da önem kazanmaktadır. Çünkü gelişimin en kritik dönemleri, özellikle yaşamın ilk 12 yılında gözlenmektedir. Bununla birlikte bebeklikten itibaren hemen her yaşın gelişim görevi döneme özgü olarak özelleşmektedir ve çocuk ya da ergenlerle çalışan uzmanların bu özelleşmiş gelişim özellikleri ve görevlerini göz önünde bulundurarak danışanla ilişki kurması, danışanı bu bağlamda değerlendirmesi gerekmektedir. Gelişimi göz ardı eden her yaklaşım, beraberinde indirgemeci ve hatalı uygulamalar getirecektir. Bu nedenle, çocuk ve ergenlerle çalışan uzmanların gelişim dönemi özelliklerini, gelişimin normal seyrini iyi bilmesi hem bütüncül bir anlayışla çocuk ya da ergeni değerlendirmesine hem de ilişki kurarken çocuğun gelişimsel özelliklerine, bireysel farklılıklarına ve ihtiyaçlarına dikkat etmesine rehberlik edecektir. Bu yaklaşım, psikopatolojiyi ele alırken bile en doğru yaklaşım olarak kabul edilmektedir.

Bu bölümde, çocuk ve ergenlerle çalışırken dikkat etmemiz gereken gelişim özellikleri, psikopatolojilerin gelişimsel değerlendirmesini ve gelişim özellikleri bağlamında çocuklarla nasıl ilişki kuracağımız, hangi müdahale yaklaşımlarına başvuracağımız aktarılmıştır. Bölümün içeriğinde gelişimin evrimsel boyutu tartışılmış; gelişim boyutları, fiziksel (psikomotor), duyusal (sensorimotor), bilişsel (kognitif), duygusal (emosyonel), sosyal ve kültürel gelişim olarak ele alınmıştır.

> *"Bir çocuğun gözlerinin içine bak, bundan daha derin bir şey bulamazsın. Bir çocuğun gözleri dipsiz bir uçurum gibidir".*
>
> Osho

Evrimsel Açıdan Gelişimi Anlamak

Dünyaya gelen her bireyde belirli bir program bulunmaktadır. Üstelik bu program büyük oranda evrenseldir. Buna insanlığın biyolojik aktarımı ya da mirası da denilebilir. İnsan gelişimini evrimsel açıdan ele aldığımızda organizmik canlılığın sürdürülmesine katkı sunan her yapı aktarılır. Bu, biyolojik açıdan hücresel düzeyden başlayıp organizmanın bütününe doğru yayılabilir. Buradaki temel amaç, çevresel adaptasyondur. Çünkü canlılık, çevresel değişimlere uyulabildiği ölçüde sürdürülebilir bir durumdur. Bu nedenle bu programlar, evrensel olduğu kadar bulunduğu çevreye göre uyumlanabilir bir yapıdadır (Durkin, 2004, s. 26-27). Buna epigenetik denilmektedir ve artık gelişime dair ortaya çıkan pek çok farklılık epigenetik açıdan değerlendirilmektedir. Örneğin, embriyonun yapısında bir bozunum olmasa bile gebelik sırasındaki stres, beslenme yetersizlikleri, alkol/madde kullanımı gibi zararlı alışkanlıklar ya da maruz kalınan kimyasallar gelişimin seyrini etkilemektedir. Gebelik sırasındaki olumsuz çevresel koşullardan en çok etkilenen organ beyindir. Beynin biyolojik gelişimi bu çevresel faktörlerden etkilenirken düşük doğum ağırlığı ve erken doğum gibi hayati risk taşıyan durumlar da ortaya çıkmaktadır. Buna karşın gebelikteki sağlıklı çevresel koşullar ve düşük stres düzeyi, bebeğin gelişimini sadece biyolojik açıdan değil duyusal ve duygusal açıdan da destekleyecek ve doğum sonrası uyum süreçlerini kolaylaştıracaktır.

Evrimsel açıdan ele alındığında, canlılığın başlangıcı hücre düzeyinde gerçekleşir ve büyüme ya da gelişim omurgalı olma, sonra da memeli sınıfına geçmeye doğru ilerleme gösterir. Bu açıdan bakıldığında insan hücre düzeyinde tüm canlılarla benzerlik gösterir. Duygusal ve sosyal açıdan ele alındığında ise ilişki kurma ve bağlanma açısından kendi memeli sınıfı ile benzerlikler taşır. Bir bebeğin embriyodan insan yavrusuna dönüşme öyküsü de organizmik açıdan evrimin mikro düzeydeki seyrine işaret eder. Bu açıdan ele alındığında "Biyolojik gelişim evrimsel ve evrenseldir." denebilir. Benzer bir durum, yaşamsal tehdit söz konusu olduğunda da geçerlidir. Tehdit karşısındaki stres tepkileri, hücresel canlılarda don-kal, omurgalılarda don kal veya savaş-kaç, memelilerde de bu iki tepkinin yanında sosyal katılım sistemi ile tepki göster şeklinde ilerlemektedir. Sosyal katılım sistemini en işlevsel kullanan gelişmiş organizma insandır. İnsanı diğer memelilerden ayıran ise çevresel koşullara sosyal becerilerini kullanarak uyum sağlama kapasitesidir (Porges, 2022). Çevresel ve sosyal faktörler devreye girdikçe farklılaşma ortaya çıkar. Yaşam deneyimleri ve kültürel değişkenler, doğal seçilim üzerindeki etkileri yoluyla insan genomu üzerinde değişikliklere neden olmuştur. Genetik bilimi, kültürü davranışı etkileyen öğrenilmiş bilgiler olarak kabul eder. Buna inançlar, değerler, beceriler ve her türlü edinilmiş bilgi dâhildir (Aamodt ve Wang, 2018). Örneğin; insanlar, önce etle beslenmeye yönelip sonra da buğdayı bulduktan sonra beslenme alışkanlıkları değişmiş ve avcı toplayıcı yaşam tarzında işlevsel olan, halk arasında yirmi yaş dişi olarak kabul edilen üçüncü azı dişleri işlevini yitirmeye başlamışlardır. Aynı şey apandisit ve yaklaşık kırk kadar organ için de geçerlidir (Freeman ve Herron, 2001). Bununla birlikte, belirli bir gen setine sahip bir çocuğun bazı gelişim özelliklerinin yalnız belirli çevrelerde ortaya çıkıyor olmasına gen-çevre etkileşimi denilmektedir. Yani bir deneyim belirli genetik özelliklere sahip bir çocuğun gelişiminde iz bırakırken aynı deneyim farklı genetik özelliklere sahip başka bir çocuk üzerinde etkili olmamaktadır. Buna biyolojik açıdan örnek olarak tip 1 diyabet, obezite ve zekâ düzeyi, davranışsal olarak DEHB gösterilebilir (Aamodt ve Wang, 2018). İnsan genom projesi yaklaşık otuz beş yıldır devam etmektedir ve insanın biyolojik gelişimini etkileyen epigenetik yapılar farklı etik tartışmalara rağmen devam etmektedir (Collins ve Mc. Kusick, 2001).

Öte yandan, kültürel evrim ve bu değişimlerle birlikte ortaya çıkan yeni yaşam tarzları ve ebeveynlik yaklaşımları, teknolojideki hızlı ilerleme bilişsel, duygusal ve sosyal gelişim üzerinde önemli paradigma değişikliklerine neden olmaktadır. Örneğin, teknolojik gelişme olarak ekranın çocukların hayatına girmesiyle birlikte özellikle küçük yaşlardaki çocukların maruz kaldığı ışık, ses ve ekrandaki renk/görüntü geçişlerinin çocukların sinir sisteminin aşırı yüklenmesine, melatonin hormon bozukluklarına, beraberinde uyku sorunları ve dikkatte bozulmalara, hareket kısıtlığıyla birlikte koordinasyon sorunlarına, gerçeklik algısındaki bozulmalara yol açtığı artık kanıtlanmıştır (Sidar, 2019).

Bebekler için tasarlanan bazı ekran içeriklerine iki yaşından önce maruz kalmanın da beyin gelişimi açısından yarardan çok zarar getirdiği kanıtlanmıştır. Yedi ile on altı aylık bebeklerle yapılan bir araştırmada, ekran başında geçirilen süre arttıkça çocukların dil gelişimin azaldığı bulunmuştur. Günde iki saatten fazla ekran başında olan bebeklerin dil gelişiminin sosyal etkileşimde bulunan bebeklere göre altı kat daha geriden geldiği kaydedilmiştir (Aamot ve Wang, 2018, s. 181-183). Erken çocukluk dönemindeki yoğun ekran maruziyetinin bilişsel, duyuşsal, duygusal, sosyal ve psikomotor alanlarda gelişim gerilikleriyle ilişkili olduğu ortaya konmuştur (Pagani, Fitzpatrick, Barnett ve Dubow, 2010). ABD'de 2003 yılında yapılan geniş kapsamlı bir araştırmada, 0-2 yaş arası bebeklerin %68'inin günde iki saatten fazla ekran başında oldukları, %74'ünün iki yaşından önce televizyon izlemeye başladığı kaydedilmiştir (Rideot, Vandewater, ve Wartella, 2003). Ülkemizde yapılan bir çalışmada ise 48-59 aylık çocukların %27'sinin, 60-72 aylık çocukların ise %73'ünün bilgisayar oyunları oynadığı bulunmuştur (Akçay ve Özcebe, 2012). Buna karşın 60 ay 10 yaş arası günde bir saat işlevsel ekran kullanımının (kodlama, etkileşimli erken okuryazarlık prog. vb. şekilde) problem çözme, matematiksel akıl yürütme, medya okur yazarlığı, dil ve kelime hazinesi gibi bilişsel becerileri ve kendine güven duygusunu olumlu olarak etkilediğine de işaret edilmektedir (Sayan, 2016). 2019'da hayatımıza giren Covid-19 pandemisinin çocukların ve ergenlerin ekranla olan ilişkisini artırdığı bilinmektedir. Ülkemizde yapılan bir çalışmada, pandemi koşullarında 4-6 yaş arası çocuklarda dijital oyunlara yönelimin ve bağımlılık riskinin arttığı bulunmuştur. Babaların eğitim düzeyi arttıkça çocuklarını dijital oyunlara daha çok yönlendirdiği, annenin evde çalışma süresinin artmasının da dijital oyunlara bağımlılık açısından risk unsuru olduğu bulunmuştur (Güzen, 2021). Dijital oyunlara bağımlılık ve ekran süresindeki artış yaşla birlikte de artmakta ve ergenlikte bir davranış ve ilişki kurma biçimi hâline gelmektedir.

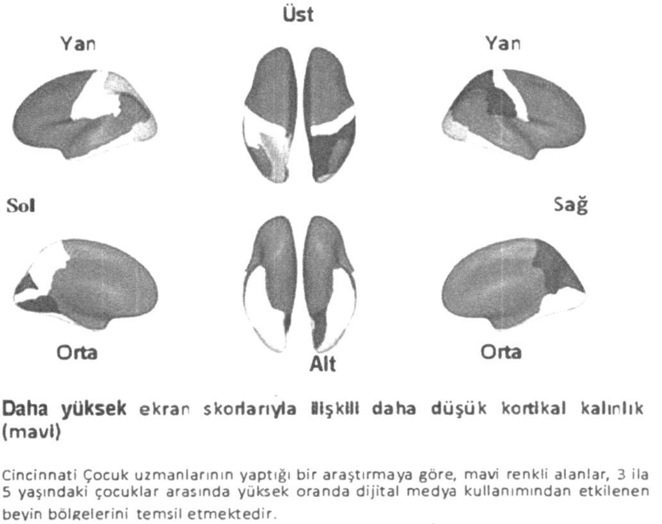

Şekil 1. Küçük Çocuklarda Ekran Maruziyetinin Beyin MR Görüntüleri[1]

[1] Bu çalışma, 9 Kasım 2022 tarihinde Scientific Report'ta yayınlanmıştır. John Hutton ve arkadaşları tarafından Cincinnati Çocuk Hastanesi Tıp Merkezinde 3-5 yaş aralığındaki 52 sağlıklı çocukla yürütülen çalışma, MR taramaları ile her çocuğun medya kullanımına göre beyin yapısını analiz etmeyi içermektedir (Kaynak: https://www.prnewswire.com/news-releases/screen-usage-linked-to-differences-in-brain-structure-in-young-children-301674781.html).

Görüldüğü üzere insanın gelişim serüveni, değişen yaşam koşullarında farklılaşarak ilerlemeye devam etmektedir. Kültürel ve sosyal değişimler, çocuk ve ergenlerin gelişimlerini döneme özgü olarak farklılaştırmaktadır. Bu nedenle, çocuk ve ergenleri gelişimsel açıdan değerlendirirken içinde bulunduğumuz dönemin sosyodemografik özelliklerini de dikkate almamız gerekmektedir.

Gelişim Açısından Sihirli Yıllar: 0-6 Yaş

Bebekler yüksek düzeyde hayatta kalma motivasyonu ile dünyaya gelirler. Ancak en büyük dezavantajları hayatta kalabilmek için bir bakım verene ihtiyaç duymalarıdır. Dünyaya geldikleri andan itibaren Freud'un deyimiyle fırlatıldıkları bu dünyada bakım verenlerinin şefkat dolu ilgisiyle kendilerini güvende hissetmeye başlarlar. Güven duygusu beraberinde merakı ve keşif ihtiyacını getirir. Kendini güvende hisseden bir bebek, dünyayı tanımaya ve zamanla kendi potansiyellerini keşfedip üç yaş civarında bakım verenlerinden ayrılmaya programlıdır. Yaşamın ilk üç yılında ebeveynler oldukça kaygılıdır ve gerek bakım verme gerekse ilişki kurma konusunda desteğe ihtiyaç duyarlar. Bu yaş aralığında uzman desteğine başvuran ebeveyn sayısı da oldukça fazladır. Gelişimin normal seyrini ve 0-3 yaş arasındaki çocukların gelişimsel ihtiyaçlarını bilmek; bu doğrultuda ebeveynlere rehberlik etmek, ebeveyni güçlendirerek sakin ve kendinden emin şekilde çocuğuna bakım vermesini sağlar. Bu nedenle bu bölümde, doğumdan üç yaşa kadar olan süreçte çocuğun nörobilişsel, duygusal, psikomotor ve sosyal gelişimi ve bu süreçte ortaya çıkabilecek özel durumlar temel hatlarıyla ele alınmıştır.

Yaşamın İlk Üç Yılında Nörobilişsel Gelişim Yaklaşımı

Önceden belirtildiği üzere bebekler, öğrenme için gerekli temel araçlarla donatılmış bir şekilde dünyaya gelir. Yaşamın ilk iki yılı nöro bilişsel gelişim açısından en kritik dönemdir. Beyin, bu yaş aralığında tüm yaşam süreci içinde en hızlı geliştiği ve değiştiği dönemdedir. İnsanlar, diğer hayvanlardan farklı olarak değişmeyen tek tip bilgi ya da beceri seti ile dünyaya gelmezler. Beynin nöro plastisite özelliği sayesinde insanoğlu, çok farklı çevresel koşullara uyum göstererek bilgi ve becerilerini çeşitlendirebilme özelliğine sahiptir. Öğrenilen her bilgi ve beceri nöron hücrelerini yeni dendirit ağlarıyla birbirine bağlar. Erken gelişim aşamasında beyin, çok seçici davranmaksızın nöronlar arasında sayısız bağlantılar üretir. Ardından yeterince sık kullanılmayanları budayarak ortadan kaldırır. Bununla birlikte retina ve omurilikteki nöron devreleri deneyimden bağımsız olarak önceden belirlenmiş bir programa göre olgunlaşırlar. Serebral korteksin bazı bölümleri ve hipokampüs gibi bölgeler ise deneyimlerle birlikte yaşam boyu değişmeye ve gelişmeye devam edecektir. Nöron devreleri farklı zamanlarda olgunlaştıkları için her biri farklı beyin işlevine denk gelen farklı kritik gelişim dönemleri vardır. Örneğin; beynin strese karşı duyarlı bölgeleri, bebekle bakım vereni arasındaki ilişkiye göre şekillenir ve yaşamın ilk 18 ayı bu açıdan kritiktir (Aamont ve Wang, 2018).

Nöro bilişsel yaklaşıma göre çocuklar, bazı yaşamsal reflekslerle dünyaya gelirler. Refleksler, bilinçli olarak değil otomatik olarak, sinir sisteminin bir ürünü olarak ortaya konur. Hemen her bebek, normal şartlarda yutma ve emme, arama, yakalama, adım atma, irkilme, asimetrik tonik boyun refleksi, düşme ve dalma refleksi ile dünyaya gelir. Bunlara kısaca değinecek olursak:

Yutma ve Emme Refleksi: Bebek, anne rahminde iken emme ve yutma refleksi gelişir ve yutma refleksi yaşam boyu devam ederken emme refleksi yaklaşık dört ay sonunda kendiliğinden kaybolur.

Arama Refleksi: Bebeğin ağzının kenarına ya da yanağına hafifçe dokunulduğunda başını o yana doğru çevirir ve emme refleksi devreye girer. Bebeğin emme eylemini gerçekleştirmesi için hayatidir ve yaklaşık üç dört aylıkken kaybolması beklenir.

Yakalama Refleksi: Bebeğin açık konumdaki avucunun içine bir nesne ya da parmak konduğunda avcunu kapatır ve çekmeye çalışıldıkça daha da fazla kapatma eğilimi gösterir. Bu refleksin de yaklaşık üç aylıkken kaybolması beklenir.

İrkilme Refleksi: Bebeğin yaygın alarm refleksidir, introsepsiyon (iç duyum) ve propriyosepsiyon (bedene ilişkin dış duyum) verilerini otomatik olarak işleyip tehlike ve tehditlerden korunmasını sağlar. Bu refleks yaklaşık üç ya da dört aylıkken azalmaya başlar. Ancak bir yetişkinde bile irkilme refleksinin varlığını sürdürdüğü bilinmektedir.

Asimetrik Tonik Boyun Refleksi: Bebeğin boyun, baş, kol ve bacaklarının başla koordineli hareketini içerir. Çoğu bebek, başı yana dönük ve kolları geriye doğru uzanmış şekilde yatma eğilimi gösterir. Anne rahminde on sekiz haftalıkken başlar ve doğumda tam gelişmiş olması beklenir. Bu refleks, sonrasında el-göz koordinasyonu ve nesne-mesafe algılamasında önemli bir role sahiptir.

Düşme Refleksi: Moro refleksi olarak da bilinir. Boynu etkileyen ani bir hareket bebeğe düşme hissi verir. Bu refleks devredeyken bebekler; kollarını uzatır, ellerini açar ve daha sonra bir şey yakalayacakmış gibi kollarını göğsüne kavuştururlar. Bu refleks de yaklaşık dört ile altı ay arasında kaybolur.

Dalma Refleksi: Bir bebek suya batırıldığında boğazın tepesindeki kapak otomatik olarak kapanır ve akciğerlere su dolmasını engeller. Bu refleks, bebek on iki ile on sekiz aylık arasındayken kapanır. Bebeklerin su altında yüzmeyi öğrenebilmesi bu reflekse bağlıdır (Meggitt, 2012).

Duyuların gelişimi nörobilişsel gelişimin bir parçasıdır ve duyusal farklılıklar parmak izi gibidir. Bebeklikten başlayıp yetişkin yaşamını da kapsayan farklılıklar kişinin çevre ile kurduğu ilişkinin temel belirleyicileri arasında yer alır. Fiziksel, bilişsel, duygusal ya da sosyal açıdan karmaşık insan davranışlarının hepsi, kaynağını erken yaşta kazanılan basit becerilerden alır. Beyindeki sinaptik bağlantıların sinir iletimi yapabilmesini sağlayan miyelinizasyon, önce duyusal motor beyin bölümlerinde başlar, gelişimle birlikte yukarı doğru ilerleyerek beynin davranışları kontrol etme, düşünce üretme, problem çözme gibi karmaşık becerileri ortaya koyan üst merkezlerine doğru ilerler (Sidar, 2019).

Williams ve Shallenberger (1994), insan sinir sistemi gelişimini bir piramit yardımı ile açıklamıştır. Bu piramitle davranışı, akademik öğrenmeyi, dikkat becerilerini ve günlük yaşam aktivitelerini bağımsız yapabilmeyi gerektiren gelişim basamakları özetlenmiştir. Öğrenme Piramidi adını verdikleri bu çalışma Şekil 2'de sunulmuştur.

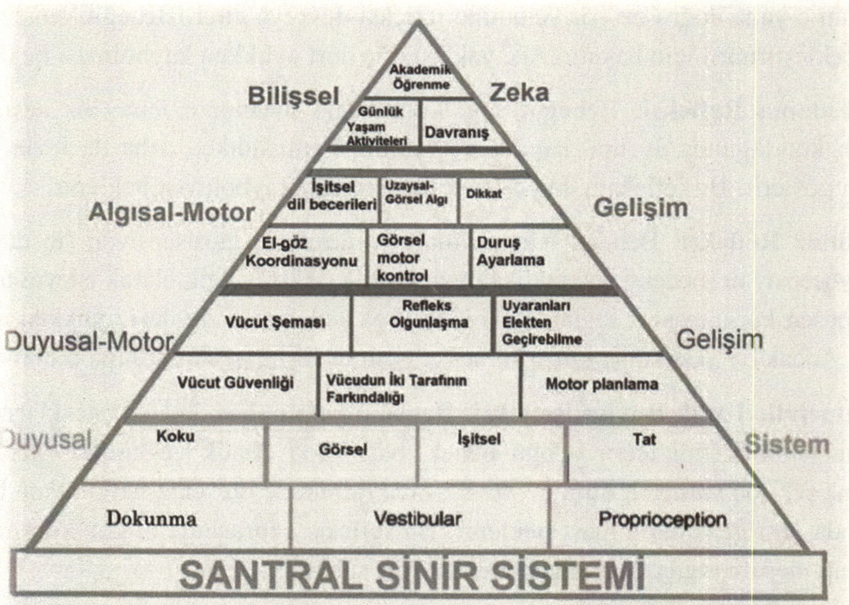

Şekil 2. Öğrenme Piramidi (Williams ve Shallenberger, 1994)

Görseli aktarılan bu çalışmada altı yaşına kadar gerçekleşen sinir sistemi gelişimi perspektifine göre gelişme bütünleşme sistemleri ile meydana gelmektedir. Basit beceriler bütünleşerek bir üst basamakta yer alan daha karmaşık becerileri oluştururlar. Tüm bu becerilerin kazanılması için zeminde bulunan duyusal sistemlerin işlevlerini sağlıklı şekilde yerine getirmesi gerekmektedir. Duyusal gelişim alanındaki farklılıklar ve hassasiyetler gerek bilişsel gerekse duygusal gelişimi doğrudan etkiler (Sidar, 2019).

Geçmişteki çalışmalar her insanın beş temel duyusunun olduğuna işaret etmekteydi. Ancak günümüzde nörobilim alanında yapılan çalışmalar, insanların altı duyu sistemine dâhil olan sekiz duyuya sahip olduğuna işaret etmektedir. Bebekler, gerek hayatta kalmak gerekse çevrelerini keşfedip diğerleriyle ilişki kurmak için tüm duyularını gelişimleri ile paralel şekilde aktif olarak kullanırlar.

Görme Duyu Sistemi: Yeni doğanlar; ışık, ses, dokunma gibi uyaranlara karşı gözünü kapatarak tepki verirler. Doğumdan itibaren ilk iki haftalık süreçte bebeğin başı bir yana döndüğünde gözler başın hareketini takip etmeden önce bir süre sabit kalır. Buna baş bebek gözü olgusu adı verilmiştir. Yeni doğanlar başlangıçta ileri derece miyopi ile dünyaya gelir ve en iyi odaklanabildikleri mesafe yirmi beş santimetredir. Bu da bakım verenin kucağındayken ona odaklanabilmesini sağlar. Bununla birlikte gözleri ile ışığı izleyebilir ve ışığa tepki verir. İki gözün birbirinden bağımsız hareket etmesi ve şaşı bakışlar yaşamın ilk haftalarında normaldir. Göz kaslarını kontrol etmeyi öğrendikçe zamanla düzelir. Yeni doğan bebeklerin renkleri ayırt etmeye başlaması da yaklaşık üç ayı bulur. Beyinde superior kollikulus adı verilen bölge; görme, dokunma ve işitme nöronlarının birleştiği yerdir. Nesnelerin üç boyutlu algılanması ve uzayın algılanması burada gerçekleşir. Bu bölge, bebek yaklaşık on beş ile on sekiz aylık olduğunda oluşur. Görme korteksi ise yaklaşık on dört ile yirmi sekiz hafta arasında şekillenir. Görme merkezi olarak bilinen oksipital lob ile temporal lob, periatal lob ve prefrontal korteks arasındaki bağlantılar görsel algı, tanıma, ayırt etme ve hafıza için gereklidir. Bu gelişim, doğumdan hemen sonra başlar ve çocuk beş ile altı yaşına ulaşana kadar devam eder (Pekçetin, 2015). Ani ışık değişimleri ve yoğun ışıklı ortamlar, bebeklerin görme duyularının aşırı uyarılmasına ve strese girmesine neden olabilir. Bu nedenle, aşırı görsel uyaranlar ve yoğun ışıklı ortamlar, bebeklerin görme duyusunun gelişimi açısından sakıncalı olabilir.

İşitme Duyu Sistemi: İşitme duyu sistemi, anne rahminde dördüncü haftadan itibaren gelişmeye başlar. Orta kulaktaki koklea on beşinci haftada şekillenir ve yirminci haftada fonksiyonellik kazanır. Koklea tam olarak şekillenmeye başlamadan önce işitme nöronları embriyonun beyin sapında ortaya çıkmaya başlar. İlk nöronlar, işitme sistemin gelişmeye başlamasından yaklaşık üç hafta sonra gözlenir. Altıncı hafta itibarıyla işitme siniri, koklear nukleus ve superior olive açık bir şekilde fark edilebilir. On üçüncü haftadan itibaren üst beyin sapındaki işitme merkezi, gebeliğin son trimestrinde kortikal nöronlar oluşmaya başlar. Serebral korteksteki temporal loba sinir iletiminin başlaması ise yirmi sekiz hafta itibarıyla başlar, yirmi dokuzuncu haftaya da uzayabilir. Bebek anne rahminde otuz haftalık olduğunda işitme sistemi karmaşık sesleri ve farklı konuşma fonemlerini ayırt etme yetisine erişmiştir (Pekçetin, 2015). Yapılan çalışmalar, yirmi beşinci haftalık bebeklerin dışarıdan gelen ani sesler karşısında irkilme refleksi sergilediklerine işaret etmektedir (Meggitt, 2012, s. 64). Otuz beşinci haftadan itibaren işitme süreci öğrenme ve hafıza formuna dönüşmeye başlayabilir. Böylece bebek normal gelişim sürecinde dünyaya geldiğinde tam bir işitme sistemi ile donanmış hâlde çevreyle iletişim kurmaya hazırdır. Bu nedenle gebelik sürecinde annenin ani ve yüksek seslere olabildiğince az maruz kalması, bebekle sakin bir sesle konuşması, sakinleştirici müzikler dinlemesi bebeğin işitsel duyu sistemini düzenleyeme yardımcı olacak ve bu durum introsepsiyon (iç duyum) sistemini de destekleyecektir.

Doğumdan sonraki süreçte de bebek, annesinin sesini tanır ve sesin geldiği yöne doğru fiziksel bir yönelim gösterir. Annenin yumuşak ses tonuyla konuşması, masal ya da hikâye anlatması, kitap okuması ve ninni gibi sakinleştirici melodiler söylemesi bebeğin işitsel algısını destekleyeceği ve serebral ile temporal korteksi geliştireceği gibi bebeğin sinir sistemi üzerinde dengeleyici etki yaparak stresini de düzenleyecektir. Bununla birlikte anne rahminde duyulan seslerin daha boğuk olduğu bilinmektedir. Bu nedenle, elektrik süpürgesinin sesi, saç kurutma makinesi, araba çalıştırma sesi gibi seslerin bazı bebeklerin stres düzenleme sürecini desteklediği gözlenmiştir. Özellikle hâlâ nedeni bilinmeyen kolik vakalarının bir kısmında ***"beyaz sesler"*** olarak sınıflanan bu boğuk elektronik seslerin sakinleştirici bir etkisi olduğu belirtilmektedir.

Somatik Duyu Sistemi: Bu sistem dokunma, basınç değerlemesi ve deri ile duyumlardan sorumludur. Somatik duyu ile ilişkili nöronlar, deriden gelen ağrı, ısı, dokunma ve basınç gibi somatik duyuları alır.

Dokunma duyusu olarak tanımlanan taktil duyu ve bedenin uzay zaman farkındalığını sağlayan, vücuda uygulanan basıncı işleyen proprioseptif duyu bu sisteme dâhildir. Bu duyular, deride ve yüzeyel fasya içerisinde bulunan serbest sinir sonlanmaları, Meissner ve Pacinian korpuskülleri gibi reseptörlerden alınır. Bunların dışında kaslarda bulunan kas iğciklerinden, tendonlarda bulunan golgi tendon organlarından, eklem kapsülünde ve derin fasyalarda bulunan reseptörlerden gelen hareket ile ilgili somatik duyular da bulunmaktadır. Dokunma ile ilgili iletiler, duyu nöronları aracılığıyla spinal korda, beyin sapı, talamus ve serebral korteksin somatosensoriel bölgesine iletir.

Duyu bütünlemeye göre dokunma sistemi davranışı belirlemekte son derece önemlidir. Dokunma, uterusta fonksiyon gören ilk iletişim sistemimizdir ve çevreyle olan ilişkimize aracılık eder. Dokunma sayesinde beslenme, sakinleşme ve birisine bağlanma gerçekleştir. Gebelik sürecinde üçüncü haftadan itibaren bebekte somatik duyu sistemi gelişmeye başlar. On ikinci haftadan itibaren tüm vücutta somatik duyu sistemi gelişir. Yirminci hafta civarında talamustaki aksonlar kortekse sinaps bağlantısı kurmaya başlar. Bu süreç fetusun duyuları deneyimlemeye başladığı üçüncü trimestere kadar sürer. Üçüncü trimesterde fetus aktif hâle gelerek tekmeler, döner ve uterusun duvarına çarpar. Böylece somatosensoriel girdi sağlar. Doğumdan sonra duyu lifleri beyin sapına ulaşır ve burada diğer duyularla entegre olur. Böylece emme refleksi gibi daha karmaşık refleksler ortaya çıkar (Pekçetin, 2015).

Gebelik sürecinde bebeğin strese maruz kalması somatik duyu sistemi üzerinde de gerginlik oluşturur. Bebeğin hareketleri yavaşlar. Stres düzeyi yüksek bebekler, somatik duyu sistemi açısından gergin olur ve dokunmaya karşı hassasiyet gösterebilirler. Bununla birlikte, 1950'lerin ortalarından 1960'lara kadar makat maymunları ile gerçekleştirilen Harlow Deneyleri göstermiştir ki sağlıklı bilişsel ve duygusal gelişme için bebeklerin sadece beslenmesi yeterli değildir. Beslenirken bakım verenle kurduğu temas ilişkisi, bebeğin çevresel uyaranlara ilişkin stresini düzenlemesine yardım etmekte ve bağlanmayı güçlendirmektedir. Bakım verenine güvenli şekilde bağlanan bebekler, kendilerini daha güvende hissetmekte ve deneyime açık olmaktadırlar. Yine prematüre bebeklerle çalışmalarda kanguru bakımı adı verilen uygulama sayesinde bebeğin bakım verenine dokunabilmesine imkân verdiği için ağlamalarının azaldığı, solunum ve dolaşım gibi fizyolojik tepkilerinin normale döndüğü, fiziksel gelişimin hızlandığı ve kafa çapının büyüdüğü gözlenmiştir (Pekçetin, 2015; Sidar, 2019).

Proprioseptif duyumuz aynı zamanda öz güven üzerinde de etkilidir. "Üç boyutlu uzayda neredeyim, ne yapıyorum, ayaklarım yere güvenle basıyor mu?" gibi sorular bu duyu aracılığı ile işlenen verilere dayanır. Sağlıklı işlenen proprioseptif girdiler, öz farkındalık açısından son derece önemlidir. Bedensel farkındalığı gelişmemiş çocuklarda öz güven sorunları gözlenebilmektedir (Sidar, 2019, s. 81- 82).

Vestibüler Duyu Sistemi: Bu duyu sistemi, başın ve vücut postürünün sürdürülerek dengenin sağlanmasından ve sabit göz hareketlerinden sorumludur. Temelde üç önemli fonksiyonu vardır: uzayda hareket ve vücut pozisyon hissinin öznel farkındalığı, postüral tonus ve denge, uzayda hareket esnasında gözlerin sabitlenmesi. Omurga ve serebellumdaki motor nöronlar görme ve dokunma duyularından gelen bilgileri koordine eder ve bütünleştirir. Vestibüler sistem aktivitelerinin çoğu, düşünme merkezi olan prefrontal kortekse ulaşmaz. Sadece bazı lifler serebral kortekse ulaşarak hareketin ve vücut pozisyonunun algılanmasını sağlar.

Gebeliğin onuncu haftasında, fetus hareket uyaranına cevap verir ve yirminci haftada özellikle iç kulakta bulunan vestibüler organlar tam boyutuna ve şekline ulaşır. Gebeliğin sekizinci ayında bebek, yukarıda açıklanan Moro refleksine sahiptir. Vestibüler sistem, bebeğin uzaydaki hareketlerini düzenleyeceği için uyumlanma ile birlikte gelen keşfedici hareketlerin başlamasını sağlar. Vücut postürü ve kaslardan alınan girdiler bu sistem aracılığıyla işlenir (Pekçetin, 2015). Yer çekimi ile doğrudan ilişkilidir ve hiç hareket olmasa bile yer çekimine ilişkin girdileri iletir. Vestibüler fonksiyonlar; motor beceriler, görsel-uzaysal, dil becerileri, el tercihi ve motor planlamanın gelişmesi açısından önemlidir. Uzamsal hafızaya yardımcı olmak için hipokampüse iletimde bulunur (Sidar, 2019). Yine bebeklerin strese karşı dengelenebilmesi için dokunma sistemiyle birlikte vestibüler uyarılmalar da sakinleşmesine yardımcı olur. Bazı bebekler sakinleşmek için hafif şekilde sallanmalara ihtiyaç duyarlar.

Koku Sistemi: Burun içinde yer alan kimyasal alıcılar sayesinde yakın çevredeki kokular hakkında bilgi sahibi oluruz. Koku duyusu diğer tüm duyulardan farklı olarak talamusta işlenmeden doğrudan beyindeki koku merkezine iletilir. Duygularımızla ilişkili limbik, hafızamızla ilişkili hipotalamus ve hormon salınımını yapan endokrin sistemimizle doğrudan ilişkilidir. Bu nedenle kokular aracılığıyla anılar tetiklenebilir ya da bazı duygular ve hormonlar aktive olabilir. Anne rahminde ilk gelişen sistemlerden biri koklamadır. Gebeliğin beşinci haftasından itibaren gelişmeye başlar, on birinci haftadan itibaren burun epiteli gelişimini tamamlar. Ancak fetüsün koku duyusunu kullanması biyokimyasal gelişimini tamamlamasına bağlıdır. Bu da yaklaşık olarak gebeliğin yirmi sekizinci haftasında gerçekleşir.

Koku duyusu bebeğin beslenmesine, bakım vereni ile bağlanmasına ve sakinleşmesine yarar. Ayrıca hayatta kalmak için koku duyusuna başvururuz. Bozulmuş bir yiyecek ya da zehirli bir kimyasalı koklama duyu sistemi aracılığıyla anlarız. Çevresel adaptasyon sürecinde ortamın kokusunu ilk başta algılar ama sonra duyarsızlaşmaya başlarız (Sidar, 2019). Yoğun kokulu ortamlarda bile bu mümkündür. Ancak bazı kişilerin kokulara karşı hassasiyetleri olabilir ve ortamdaki koku uyaranına fiziksel ve duygusal tepkiler verebilir. Bazı kişilerde ise koku sistemi yeterince gelişmemiş olabilir ve normal şartlarda algılanabilecek kokuları ayırt etmekte zorlanabilir. Her iki durumda da çocuklar kendi içinde zorlanma yaşayabilirler. Özellikle yaygın gelişimsel spektrumda olan çocukların koku hassasiyeti olduğu bilinmektedir ve bu durum aşırı uyarılmışlık yaşamalarına sebep olabilir.

Tat Sistemi: Dildeki kimyasal alıcılar aracılığıyla yiyeceklerin acı, tatlı, ekşi, tuzlu olup olmadığını ayırt eder. Tat duyusu bebek ve çocukların hayatlarında büyük bir yer tutar. Çünkü bebeğin beslenmesi tat duyusuna bağlıdır. Koku duyusuyla birlikte işlenir. Yani koklama sisteminde meydana gelen bir sorun tat sistemi üzerinde de etkilidir. Anatomik ve fonksiyonel olarak tat duyusunun gelişimi, ikinci trimestrın başlarında tamamlanır. Tat tomurcukları, inervasyonu ve papilla gelişimi gebeliğin altıncı ya da yedinci haftasında başlar ve on sekizinci haftasına kadar devam eder (Pekçetin, 2015). Çocuğun nöral uzmanlaşma ve sinaptik budama süreçleriyle birlikte tat reseptörleri zamanla olgunlaşır ve görev paylaşımı yapar. Öncelikle hayatta kalmak için görevli olan tat reseptörleri, zamanla haz merkezinin uyarılması ile damak tadı arayışına yönelir. Yine koku duyusunda olduğu gibi tat duyusu da hipotalamusla ilişkilidir ve hafızamızda tatların ayırt edilmesini sağlayan bir reseptör sistemine sahiptir. Bazı çocuklar, belli tatlara karşı hassasiyet gösterirler. Özellikle küçük çocuklar ve bebekler, acı ve ekşi tatlar çok hoşlanmazlar. Tatlı tatlara ise eğilimleri daha fazladır. Çocukların hoşlanmadıkları tatlar konusunda zorlanmaları, duygusal açıdan zorlanmalarına neden olabilir. Ek besine geçilen dönemde çocuğa farklı tatlar sunulması, ancak bu konuda esnek davranarak çocukla uyumlanılması, çocukta beden kontrolünün, öz farkındalığın ve özerkliğin gelişmesine katkı sağlamaktadır. Bu şekilde yaklaşılan çocuklar, farklı tatları demeye daha açık olmakta ve duygusal olarak sağlıklı bir beslenme ilişkisi kurabilmektedirler. Yine beslenme sırasında başka uyaranlara maruz kalmak (TV, telefon, oyuncak vb.) çocuğun yediğinin tadını duyumsamasını zorlaştırmakta, tat farkındalığını olumsuz etkilemektedir. Bu da gelecekte obezite gibi beslenme sorunlarına zemin hazırlamaktadır.

Duyusal İşlemleme

Duyusal işlemleme, dengede kalarak işlevsel tepki verilebilmesi için organizmanın içinden ve dışından gelen duyusal girdilerin duyu reseptörleri aracılığıyla alınıp merkezî sinir sistemine kaydedilmesi, uyumlanması, bütünleştirilmesi ve örgütlenmesidir. Duyusal işlemleme duyu bütünlemesine dayanır. Duyu bütünleme teorisi, temelini nöroplastisite çalışmalarına dayandırır. Duyu bütünleme teorisine göre beyin ve davranış arasındaki ilişki üç temel prensiple açıklanır:

1. Öğrenme, hareketler ve çevre yoluyla alınan duyusal girdilerin işlemlenmesine bağlıdır. Bu sayede davranışlarımızı planlar ve organize ederiz.
2. Duyusal işlemlemede meydana gelen sorunlar, öğrenme ve davranış süreçleri ile ilgili uygun yanıt üretmeyi zorlaştırır.
3. Amaca yönelik aktivite için güçlendirilmiş duyular duyusal işlemlemeyi geliştirir. Bu sayede öğrenme ve davranış duyusal girdinin gerçekliğiyle tutarlı hâle gelir (Akgöl, 2017).

Yukarıda açıklandığı üzere duyusal işlemleme anne rahminde başlar ve fetüsü doğum sonrası yaşama uyarlar. Yaşamın ilk yıllarında duyusal bütünlük hızlı şekilde gerçekleşir ve bu sayede bebek; emekleyebilir, yürüyebilir, konuşabilir, uzay zaman algısı geliştirerek kendi fiziksel varlığının farkına varabilir ve zamanla diğerleriyle kendini ayrıştırabilir. Yaşamın birinci yılında bebeğin en önemli görevi, bağımsız olarak ayağa kalkabilmek ve yürümektir. Bu beceri, önceki aylarda kaslardan, eklemlerden, yer çekiminden ve hareketlerden gelen duyusal bilgilerin bütünlenmesi sonucu ortaya çıkan bir beceridir.

Yaşamın ikinci yılında çocuk, duyusal farkındalığını ve vücut fonksiyonlarını artıran sayısız hareket deneyimler. Oyuncakları toplar, atar, iter, çeker, merdivenleri iner, çıkar, evin içindeki ve dışarıdaki dünyayı keşfeder. Çocuk, bu dönemde gürültü patırtılı oyunlardan, sallanmaktan, sırta alınmak gibi oyunlardan çok hoşlanır. Bu aktiviteler, iç kulaktaki yer çekimi reseptörleri aracılığıyla ve vücudun diğer bölümlerinden gelen birçok duyusal girdi elde edilmesini sağlar. Bu sayede çocuklar, yer çekiminin nasıl etki ettiğini, farklı vücut parçalarının birbiriyle nasıl hareket edebildiğini, hangi hareketleri yapmaması gerektiğini, hangi hareketlerin canını yaktığını ya da iyi hissettirdiğini fark ederler. Tüm bu duyusal bilgiler, çocuğun beyninde bir vücut resmi çizilmesini sağlar. Buna "vücut algısı" denir. Bu yaştaki çoğu çocuk tırmanmaktan çok hoşlanır. Tırmanma becerisi için çocuğun yer çekimi, hareket ve görsel duyuları bütünleştirebilmesi gerekir. Tırmanabildiğini deneyimleyen çocuğun kendine güveni artar, daha yeterli ve özerk hisseder. Bu da bakım verenden ayrışmayı kolaylaştırır. Bedensel algının gelişmesiyle birlikte saklambaç gibi oyunlardan zevk almaya başlar (Akgöl, 2017). Özerklik ihtiyacı artan çocuk, kendi kararlarını almak ve kendi bedeni üzerinde kontrol sahibi olmak ister. Bu süreçte çocuğun "hayırları, itirazları" artar ve bakım verenleri zorlayan bir dönem başlar. Ancak bu, tipik gelişimin bir parçasıdır ve sosyal gelişim açısından da çok önemli bir aşamadır. Bu aşamada kaygılı ve kontrol ihtiyacı yüksek ebeveynler, çocukların özerklik ihtiyacını görmezden gelebilir ve daha otoriter bir yaklaşım sergileyebilirler. Bu da ebeveyn-çocuk arasındaki ilişkiyi örseleyebileceği gibi çocuğun tipik gelişimini bozabilir.

Sonraki beş yıl boyunca duyusal motor beceriler olgunlaşır. Çocuk, artık bir yetişkinin sahip olduğu kaba motor becerilere sahiptir. Ayrıca işitsel verileri gelişmiş bir şekilde işleyebilir, konuşup iletişim kurabilir. Yüksek bilişsel işlevler yedi yaşından sonra gelişir. Bilişsel becerilerin gelişimi, bu yaşa kadar geçen süredeki duyusal motor işlevlerin gelişimine bağlıdır. Özellikle üç yedi yaş arasında beyin, yoğun şekilde duyusal girdiye maruz kalır ve bunları bütünleştirip örgütler. Tipik gelişim gösteren bir çocuk, bu süreçte koşar, atlar, zıplar, yuvarlanır, takla atar, tırmanır, tünelden geçer, kayar ve sallanır. Bu tür aktivitelerden hoşlanır ve bu aktivitelerin hepsi duyusal bütünleme sürecini destekler. Yine bu süreçte çocuklar, ev içinde gerekli görevleri yerine getirebilecek duyusal ve bilişsel becerileri öğrenir. Çatal, kaşık, bıçak, makas kullanmak; kalem tutup resim yapmak, yazı yazmaya çalışmak, iğneye iplik geçirmek, düğme iliklemek, dikmek, fermuar çekmek ve ayakkabı bağlamak gibi daha karmaşık becerileri yerine getirebilir. Sekiz yaşından itibaren tek ayak üzerinde yer çekimine karşı uzun süre dengede durabilir ve dar yüzeylerde yürüyebilir, hareketlerini planlayabilir. Bu durum, bilişsel olarak planlama becerisini olumlu olarak etkiler. Dili kendini rahatlıkla anlatabilecek düzeyde kullanarak ilgilendiği konular hakkında konuşabilir ve her türlü ihtiyacını ifade edebilecek iletişim olgunluğuna erişir.

Ancak bazı çocuklarda duyusal işlemleme süreci tipik gelişimden farklı seyredebilir. Bu da genel olarak gelişim sürecini tipik gelişimden farklılaştırır. Duyusal işlemlemede görülen farklılıklar üç kategoride sınıflanmaktadır: duyusal modülasyon farklılıkları, duyusal ayırt etme farklılıkları ve duyu temelli motor farklılıklardır. Kısaca özetleyecek olursak:

Duyusal Modülasyon Farklılıkları: Duyusal modülasyon, günlük hayatın sürekli olarak değişen duyusal girdilerine verilen cevapların uygun şekilde ayarlanabilmesi için girdiye ilişkin yanıtların yoğunluğunu ve doğasını düzenleme ve örgütleme becerisidir. Bu alanda ortaya çıkan farklılıklar ve buna bağlı zorlanmalar, çocuğun duygusal, bilişsel (dikkat) ve motor yanıtlar vermesini ve bunların sürdürülmesini zorlaştırır. Modülasyon farklılıkları; duyusal aşırı yanıtlılık, duyusal eksik yanıtlılık ve duyusal arayış şekilde üç farklı şekilde ortaya çıkabilir. Bazen bunların karışımı olan mix tip de olabilir.

Duyusal aşırı yanıtlılık hâlinde duyusal uyaranlara uyaranın doğasından daha yoğun tepkiler verilir. Duyusal uyaran, mevcut hâlinden daha yoğun, hızlı, uzun süreli algılanır ve buna bağlı olarak organizma, savaş-kaç ya da don-kal moduna girebilir. En sık gözlenen örnekleri, farklı dokunuşlu materyallere (yünlü, tüylü vb. kumaşlar gibi) ve insanların dokunuşlarına karşı beklenmedik şekilde olumsuz yanıt verme ve kaçma hâli olan dokunma savunuculuğu; değişen yer çekimi merkezine karşı (ayakların yerle temasının kesilmesi gibi) aşırı tepkisellik ve korkma hâli olan yer çekimi güvensizliği ve diğer insanları rahatsız etmeyecek düzeydeki seslerden rahatsız olma, kaçınma hâli olan işitsel savunuculuktur (Akgöl, 2017). Bu tür duyusal zorlanmaları olan çocuklar, uyaran değişimleri karşısında ağlama krizi, huzursuzluk, içe kapanma, öfke atakları gibi duygusal tepkiler gösterebilirler.

Duyusal eksik yanıtlılık hâlinde duyusal uyaran olması gerektiğinden daha az yoğunlukta, yavaş ve düşük şiddette algılanır. Ayrıca uyarana karşı gecikmiş yanıt da gözlenir. Bu tür çocuklar, daha dalgın, yorgun, isteksiz, dikkatsiz olarak görülürler. Bir işin gerektirdiği yönergeyi algılamada ve iletişimde gecikmiş yanıtlar gözlenir.

Duyusal arayış hâlinde ise yoğun bir duyusal uyaran açlığı gözlenir. Bu tür çocukların duyusal uyaranı hissedebilme eşiği çok yüksek olduğu için yüksek seslerden, baskın tatlardan, uyaranlara dokunma, hızlı geçişli uyaranlara yönelme ve hareketlilik hâli gözlenebilir. Bu tür çocukların da dikkat süresi kısadır. Ayrıca uyaran arayışı nedeniyle aktivite düzeyi düşük ortamlarda huzursuzluk yaşayabilirler ve kendi bedenleri aracılığıyla uyaran ihtiyacını karşılamaya yönelebilirler. Örneğin, sınıf ortamlarında hareketlenen, dolaşma ihtiyacı duyan, mastürbasyon yapan, arkadaşlarına yönelen çocuklarda altta yatan bir duyusal arayış olabilir.

Duyusal modülasyon farklılıkları, genetik yatkınlıkla olabileceği gibi çevresel faktörlerle ya da her iki durumun birleşimi olan epigenetik faktörlerle oluşabilir. Ebeveynlerin kontrolcü yaklaşımları nedeniyle kısıtlanmış ya da bastırılmış hareket, fazlaca yapılandırılmış bir fiziksel çevre, ebeveynlerin çocukların duyusal ihtiyaçlarını fark edememeleri, erken yaşlarda TV, bilgisayar, telefon gibi yoğun uyaran akışının olduğu teknolojik cihazlara maruziyet, çocukların el-göz koordinasyonunu geliştirmelerini sağlayan becerilerin desteklenmemesi, katı gıdaya geçişte yaşanan beslenme sorunları gibi doğum sonrası süreçler de duyusal modülasyon farklılıklarına neden olabilmektedir.

Duyusal Algı Farklılıkları (Duyusal Ayırt Etme): Duyusal ayırt etme, duyusal verilerin ayırt edilmesi sırasında yaşanan bozulmalardır. Duyusal ayırt etme aracılığıyla çevresel veriler süzülür ve sonrasında işlenir. Örneğin; dokunma alanında ayırt etme farklılıklarından kaynaklanan sorunlar yaşayan çocuklar, görme duyusunu kullanmaksızın nesneleri tanımakta zorlanabilirler. Düğmeleri bakmadan ilikleyememek ya da bir kutunun içinden görmeden aradığı nesneyi seçip bulamamak dokunma alanındaki ayırt etme sorunlarındandır. Proprioseptif alanda sorun yaşayan çocuklar, nesneyle olan ilişkilerinde ne kadar güç kullanacaklarını ayırt etmekte zorlanabilirler. Erken çocukluk döneminde bu normal kabul edilebilir ancak ilkokul çağına gelmiş bir çocuğun nesneler üzerindeki gücünü ayarlaması beklenir.

Vestibüler alan, dengede ve hayatta kalabilmek için en önemli duyusal alanlardan biridir. Vestibüler alandaki algı sorunları, çocuğun vücut postürü yer çekimine uyumlanmasını zorlaştırabilir. Bedensel farkındalığı zayıf olduğu için sık sık düşmelere maruz kalabilir. Düşeceği zaman düşme yönünü belirlemekte zorlanır ve kendini koruyacak bir pozisyon belirleyemez. Bu sorunlar nedeniyle özellikle okul ortamlarında oyun gruplarından dışlanabilirler. Bu da duygusal olarak kendilerini yetersiz ve değersiz hissetmelerine neden olabilir. İşitsel alanda sorun yaşayan çocuklar, işitsel yönergeleri ayırt etmekte, dikkat ve odaklanmada, sesleri olduğundan daha düşük ya da daha yüksek algıladıkları için sesin şiddetini ayırt etmekte zorlanabilirler. Bu durum, görsel alan farklılıklarında olduğu gibi okul ortamında çocukların zorlanmalarına neden olabilir. Görsel alandaki farklılıkları ise harf ve sembolleri fark etmekte, karmaşık görsel uyaranları ve nesneler arasındaki mesafeyi ayırt etmekte, nesnelerin büyüklük, küçüklük, hacim gibi özelliklerini ayırt etmekte zorlanabilirler. Bu durum, görsel uyaranlarla ilgili seçici dikkati bozacağı gibi okuma becerisinin kazanılması sırasında zorluk yaşamalarına neden olabilir. İntroseptif alanda yaşanan farklılıklar ise çocuğun iç organlarından gelen mesajları algılamasını zorlaştırabilir. Mide bulantısını, mesane doluluğunu ya da açlık hissini anlamakta zorlanabilirler. Bu da çocuğun en temel fiziksel ihtiyaçlarının karşılanmasını zorlaştırabilir; gelişimsel açıdan uygun olmayan alt ıslatma problemlerinin ortaya çıkmasına ya da beslenme bozukluklarına neden olabilir.

Duyu Temelli Motor Problemler: Duyusal farklılıklar nedeniyle yaşanan motor problemlerdir. Genellikle modülasyon farklılıklarıyla birlikte görülür. Postür bozuklukları ve dispraksi bu kategoride ele alınır. Dispraksi sadece motor becerilerde görülen problemler değildir. Aynı zamanda bilişsel işlemleme süreci, özellikle planlama ve organizasyon, yeni fikirler ortaya koyma (yaratıcılık) becerileri üzerinde de etkileri görülmektedir. Dispraksi şüphesi oluşturan kriterler şunlardır:

- Sakar, hantal, beceriksiz olarak tanımlanabilecek psikomotor fonksiyonlar,
- Tırmanmada zorluk,
- Yeni bir yerde yol bulma zorluğu,
- Zayıf bedensel farkındalık,
- Görevleri sıralamada zorluk,
- Yavaş psikomotor cevaplar,
- Topla oynanan oyunları oynamada zorluk,
- Yazı yazma ve diğer ince motor becerilerde zorlanma,
- Hareket zamanlamasında zorlanma,
- Çiğneme, üfleme, içme, anlaşılır konuşma gibi becerilerde oral motor kontrolde zorlanma,
- Kıyafetleri giymek, çıkarmak, katlamak ve doğru konumlandırmak gibi aktivitelerde zorlanma (Akgöl, 2017).

Altı yaşını tamamlamış bir çocuğun yukarıda sayılan alanlarda becerilerinin gelişmiş olması beklenir. Dispraksi, özellikle çocuk okul çağına geldiğinde öğrenmeyle ilişkili sorunların yaşanmasına, akran ilişkilerinde oyun gruplarından dışlanmalarına neden olmaktadır. Bu nedenle okullarda çalışan psikolojik danışmanların bu konuda dikkatli olması ve şüphelendikleri çocukları çocuk ergen psikiyatrisine yönlendirmeleri gerekmektedir. Duyusal motor temelli problemlerin çözümlenmesi bir ekip işidir. Ekipte çocuk ruh sağlığı alanında çalışan bir uzmanın, ergoterapistlerin ve özel eğitim uzmanlarının bulunması hızlı ve etkili sonuç alınması için gereklidir.

Gelişimde Bilişsel Yaklaşım

Bilişsel gelişim nörobilişsel yaklaşım kapsamında detaylıca ele alınmıştır. Yukarıda detaylı olarak aktarıldığı üzere yaşamın özellikle ilk altı yılı bilişsel gelişim açısında duyu temelli bir ilerleme göstermektedir. Şekil 2'de yer alan "Öğrenme Piramidinin" (Williams ve Shallenberger, 1994) en tepesinde bilişsel gelişim alanı yer almaktadır. Yani bilişsel becerilerin aktif şekilde kullanılabilmesi için merkezî sinir sisteminin ve duyusal motor sisteminin gelişimini büyük oranda tamamlamış ve işlevlerini yerine getiriyor olması gerekir. Bilişsel gelişim alanında yetmiş iki aya kadar kazanılması gereken beceriler 24-36, 37-48 ve 49-60 ve 61-72 aylık olmak üzere dört bölüme ayrılarak Tablo 1'de ele alınmıştır.

Tablo 1. Aylara Göre Çocuklarda Bilişsel Beceriler

24-36 Aylık Çocuklarda Bilişsel Beceriler	**37-48 Aylık Çocuklarda Bilişsel Beceriler**	**49-60 Aylık Çocuklarda Bilişsel Beceriler**	**61-72 Aylık Çocuklarda Bilişsel Beceriler**
Nesnelerin büyüklüğünü küçüklüğünü algılayıp ayırt edebilir. İki farklı nesne arasında istenileni seçer. İki değişik şekli şekil tablosuna yerleştirir (Üçgen, daire, kare gibi şekillerin aynısını bulup eşleştirebilir ya da yerleştirebilir). Ana renkleri tanıyabilir (kırmızı, mavi, sarı) "Otur, kalk, ye, koş, yürü" gibi eylem bildiren emirleri yerine getirir. Kedi, köpek, çiçek, böcek gibi nesnelerin adlarını söyleyebilir. "Ver, al, aç" gibi tek sözcükleri cümle niteliğinde kullanır. İki farklı sözcüğü birleştirerek cümle kurabilir ("Anne su.", "Baba aç", "Dede gel." gibi) Kelimeleri çoğul eki ile kullanır (kalemler, kitaplar, oyuncaklar	4 ile 8 parçalı eşleştirme kartlarını eşleştirebilir. 4 ile 6 parçalı bul-yapı tamamlayabilir. Karışık olarak sunulan üç değişik şekli (kare, üçgen, daire) ayırt edip şekil tablosuna yerleştirebilir. Günlük yaşamda kullanılan gelmek, içmek, açmak, kapamak, uyumak gibi eylem belirten resimleri isimlendirebilir. Özellikleri belirtilen nesneleri getirir ("Mutfaktaki mavi büyük bardağı getir"). İki eylem gerektiren emirlere uyar. Çevredeki nesneleri tanır ve onların isimlerini söyler. 900'e yakın kelimeyi anlayabilir. İki ayrı nesneli eylemleri yerine getirir ("Kitabı al, kitaplığa koy"). Beş kelimelik cümle	Rakamları ezberleyebilir. Orijinal resim ile gölgesini eşleştirebilir. 1'den beşe kadar nesneleri dokunarak sayabilir. 5'e kadar olan sayı kümelerini ve sayıları eşleştirebilir. 6-8 parçalı bul-yapları tamamlayabilir. Özellikleri belirtildiğinde vücudun bölümlerini gösterebilir. 3 nesneli ve davranışlı eylemleri yerine getirir. Resimleri mantıklı şekilde açıklayabilir. Tek başına 3 ya da 4 mısralı şarkıları söyleyebilir. Düzgün ve tam cümleler kurar. Geçmiş, şimdi ve gelecek zaman belirten sözcükleri doğru kullanır.	Ana ve ara renkleri tanır. 10-12 kadar rengi eşleştirebilir. Resimleri gölgesi ile eşleştirebilir. 2 değişik ses arasından aynı ve farklı olanı bulabilir. Görmeden bazı sesleri tanıyabilir (kuş sesi, araba sesi, kedi sesi vb.). Dokunarak soğuk, sıcak ve ılık nesneleri ayırt edebilir. Görmeden, dokunarak kumaşları tanıyıp ayırt edebilir (Yünlü, tüylü, pamuklu kumaşları ayırt ederek eşleştirebilir). 1'den 10'a kadar sırasıyla sayabilir. 20'ye kadar olan nesneleri sayabilir. Karışık olarak 1'den 10'a kadar verilen

gibi). Adını, soyadını bilir ve söyler. Kısa ve basit şarkıları söyler. Yeni duyduğu sözcükleri tekrar eder. Birden üçe kadar sıralı sayar.	kurar. Kişi zamiri kullanarak konuşabilir ("Ben acıktım"). Sesinin tonunu ve hızını ayarlayabilir ("Alçak sesle konuş." denildiğinde sesini alçaltabilir). Yaptığı bir resmi anlatabilir. Kendi kendine konuşur ve çok soru sorar. 18 adet nesne kartı içinden en az 10 tanesini doğru olarak söyler. 6 kelimelik bir cümle söylendiğinde tekrarlayabilir. Bir hikâye oluşturup anlatabilir (Hayali ya da işittiği bir hikâye olabilir). Var olmayan bir hikâyeyi gerçek gibi anlatabilir (Hayali konuşmalar bu yaşın gelişim özelliğidir, büyüdükçe hayali hikâyeler azalır). Olayları birbirine bağlayarak anlatabilir. Öncelik-sonralık, neden-sonuç ilişkisi kurmaya başlar. Somut olan (gözle görülen) zıt kavramları açıklayabilir (sert-yumuşak; büyük-küçük gibi). Beş parçalı nesneyi büyükten küçüğe sıralayabilir.	Yakın zamanda yaşanmış olan olayları anlatıp olaylar arasında bağlantı kurabilir ("Sabah kahvaltımı az yaptığım için acıktım"). Kaç yaşında olduğunu söyler. Ev adresini öğrenir, söyler. Neden, ne zaman, nasıl sorularını sormaktan hoşlanır. Kelimelerin anlamlarını merak eder ve sorar ("... ne demek?"). Gerçeklerle hayali olanı karıştırıp hikâye anlatır. Ana dilini konuşurken bebeksi ifadelere daha az başvurur. Yer ve mekân ilişkisi gösteren kelimeleri anlar ve eylem şeklinde gösterir ("Kitabı masanın üstüne koy, çantayı masanın yanına koy"). Resimlerdeki benzerlikleri ve farklılıkları bulabilir. Bir özelliğe göre nesneleri gruplayabilir ("Yuvarlak olan nesneleri ayır"). Zıt anlamlı kelimeleri anlar.	rakamları sıralayabilir. 1'den 10'a kadar olan rakamlarla basit toplama yapabilir. 2 yarımdan ve 4 çeyrek parçadan bir bütün oluşturabilir. Dakika belirtmeden saati söyleyebilir (tam saatleri). Bir günü sabah, öğle ve akşam olarak algılayabilir. Daire, kare, üçgen, dikdörtgen ve eşkenar dörtgeni tanıyıp isimlendirebilir. Para birimlerini tanır. Sırasıyla haftanın günlerini söyler. İşittiği bir öyküdeki detayları hatırlayabilir. Kız ve erkek oyunlarını ayırt eder ("Kızlar evcilik oynar, erkekler futbol oynar"). Telefonunu ve ev adresini söyler. Doğum tarihini söyler. 6-8 kelimelik cümleleri aynen tekrarlayabilir. Soyut kelimelerin anlamlarını merak eder ve sorar. Zıt anlamlı soyut kelimeleri söyleyebilir (ağır-hafif; gece-gündüz). Günlük yaşantısını (bir

İki ayrı renge göre nesneleri ayırabilir. Gözler kapalıyken, dokunarak nesneleri tanımlayabilir. Problem çözme ile ilgili üç sorudan en az ikisini doğru cevaplayabilir ("Acıktığımız zaman ne yaparız? Uykumuz geldiğinde nerede uyuruz?").	günde neler yaptığını) anlatabilir. Niçin sorusuna çünkü ile başlayan cümleler kurarak cevap verir. Sağ ve solu ayırt edebilir. Zıt olan resimleri eşleştirebilir. En az ve en çok ifadelerinin anlamını bilir. Nesnelerin ağırlıklarını tahmin edebilir. Örüntüdeki eksik nesneyi bulup tamamlayabilir. 2 tane üçgenden bir dörtgen meydana getirebilir. Tek ve çift olanları ayırt edebilir. Yer bildiren direktifleri algılayabilir (üst-alt, ön-arka gibi). Nesnelerin işlevlerini bilir ("Ayakkabı ne içindir? Kalemle ne yaparız?") (Bumin, 1995).

Tablo 1'de görüldüğü üzere ilk yedi yılda çocuklar, hızlı bir kavram ve dil gelişim sürecinden geçmekte, yedi yaşına ulaştığında neredeyse bir yetişkin kadar kendini iyi ifade edebilecek dil becerilerine sahip olmaktadırlar. Çocuğun dili kullanma biçimi gramere uygun ve içerik açısından zenginse bilişsel olarak gelişmiş olduğuna işaret eder. Sözel yönergeleri algılama ve uygulama becerisi de bilişsel gelişimin bir göstergesidir. Çocukların dil gelişimini en olumlu etkileyen etkinlik şüphesiz kitap okumaktır. Özellikle bebeklikten itibaren kitap okunan, masal ya da hikâyeler anlatılan çocukların işitsel algıları ve dil becerileri kitapla temas etmeyen çocuklara göre daha fazla gelişir. Bu yaş grubundaki çocuklar, aynı kitabın defalarca okunmasından ya da aynı hikâyenin birçok kez anlatılmasından keyif duyabilirler. Bazen bu durum ebeveynleri endişelendirebilir. Ancak bu durum, tipik gelişen çocuklarda sıklıkla gözlenen ve gelişimi destekleyen bir durumdur. Yetişkinler aynı hikâyeyi defalarca dinlemekten sıkılabilir ancak çocuklar hoşlarına giden hikâyeleri dinledikçe içselleştirir ve bu davranışları dil gelişimlerini olumlu olarak etkiler. Çocukların aynı hikâyeyi defalarca dinlemek istemesine ya da aynı kitabın okunmasına yönelik taleplerine karşı çıkılmamalıdır. Ana dilini etkin şekilde kullanabilen çocuklar, ikinci bir dili öğrenmeye daha yatkın hâle gelirler. Bununla birlikte çocuklarla oynanan hayali oyunlar (evcilik, bakkalcılık, öğretmencilik gibi) bilişsel gelişime katkı sunar. Kitap ve hikâyelerde olduğu gibi oyunlarda da bir tekrar söz konusu olabilir. Bu durumda tipik gelişimin bir parçasıdır ve normaldir. Çocuklar, oyunlarda genellikle yönetici konumunda olmaktan hoşlanırlar ve kendi istedikleri şekilde oynanması konusunda ısrarcı bir yaklaşım sergileyebilirler. Bu davranışları planlama ve yönetim becerilerini geliştirir. Bununla birlikte zengin uyaranlı bir çevre de çocuğun bilişsel gelişimini destekler. Sadece ev içinde değil, açık alanda oynanan oyunlar sayesinde çocuk hem psikomotor hem bilişsel hem de sosyal-duygusal açıdan gelişir. Açık hava oyunları önemli bir yaşamsal bilişsel beceri olan problem çözme becerisini en çok geliştiren aktiviteler arasında gösterilmektedir. Buna karşın erken yaşlardan itibaren sıklıkla yalnız başına ekrana maruz kalan çocukların bilişsel gelişiminin yavaşladığı, dil gelişiminin olumsuz etkilendiği pek çok araştırmada ortaya konmuştur.

Yaşamın ilk sekiz yılında bazı bilişsel becerilerin kazanılmış olması çocuğun okul yaşamını kolaylaştıracağı gibi uzun vadede başarılı ve mutlu bir hayat sürmesine kaynak teşkil etmektedir. Bu becerilere yönetici (yürütücü) işlev becerileri (excecutive functioning) adı verilmektedir. Bu bölümde yönetici işlev terimi olarak ifade edilmiştir. Yönetici işlev becerileri; çalışan bellek, benlik kontrolü (dürtü olarak da tanımlanır) ve zihinsel esneklik olmak üzere üç temel kategoride ele alınmaktadır.

Çalışan Bellek: Kısa süreli belleği kullanarak bilgileri akılda tutma ve uzun süreli belleğe transfer etme, planlama ve örgütleme becerisidir.

Benlik Kontrolü: Öncelikleri belirleyebilme, sıkıntıyla kalabilme, dürtüsel eylemleri düzenleyip çevresel koşullara uygun davranabilme becerisidir.

Zihinsel Esneklik: Farklı uyaran durumlarına maruz kalındığında dikkati sürdürebilme, seçici dikkati kullanabilme ve zihinsel olarak durumdan duruma hızlı geçiş yapabilme becerisidir.

Çocuklar bu becerilerle doğmazlar, onları geliştirme potansiyeliyle doğarlar. Bazı çocukların bu becerileri geliştirmek için diğerlerinden daha fazla desteğe ihtiyacı olabilir. Diğer durumlarda, çocuklar yetişkinlerle olan ilişkilerinden ve çevrelerindeki koşullardan ihtiyaç duyduklarını alamazlarsa veya (daha kötüsü) bu etkiler toksik stres kaynaklarıysa, beceri gelişimleri ciddi şekilde gecikebilir veya bozulabilir. İhmal, istismar ve/veya şiddetten kaynaklanan olumsuz ortamlar çocukları toksik strese maruz bırakabilir; bu durum, beyin yapısını ve yürütme işlevinin gelişimini bozabilir. Yönetici işlev becerileri, beynin prefrontal korteks gelişimiyle birlikte gelişir. Bu nedenle 3 ya da 4 yaşındaki bir çocuğun dürtülerini kontrol edemeyip oyuncakları atması, bir aktivitede on dakikadan fazla dikkatini sürdürememesi ya da oyun sırasında akranlarına fiziksel müdahalede bulunması, gelişimsel açıdan kabul edilebilir davranışlardır. Ancak benlik ve dürtü kontrolünü öğrenebilmesi için bu yaşlarda pozitif disiplin yöntemleri aracılığıyla konulacak sınırlar, çocukların kendi benlikleri ile diğerlerinin benliğini ayırt etmesini ve dürtülerini kontrol ederek fiziksel ve sosyal çevreye katılmasını kolaylaştıracaktır. Yedi yaşına gelmiş bir çocuğun artık benlik kontrolünü kazanmış olması kendi beden bütünlüğü ile diğerlerinin beden bütünlüğünü ayırt edebilmesi beklenir. Üç yaş civarında okula başlamış bir çocuğun da bilişsel esneklik alanında evde ve okulda dikkat etmesi gereken kuralları algılayabilmesi ve kendini farklı koşullara uyumlayabilmesi beklenir. Eğer çocuk farklı ortamlarda davranışlarını ayarlamakta zorlanıyorsa bu alanda desteklenmeye ihtiyacı olduğu düşünülebilir.

Yönetici işlev becerilerini doğumdan itibaren geliştirebilmek mümkündür. Planlama, örgütleme gibi çalışan bellek becerilerini geliştirmek için ebeveynlerin çocuklarıyla birlikte yapabileceği çeşitli etkinlikler ve oyunlar vardır. Üç yaşında bir çocukla birlikte çorapları eşleştirmek, bulaşık makinesini yerleştirmek, taş ya da pul koleksiyonu yapmak, fotoğraf albümünü birlikte düzenlemek, çiçeklere birlikte su vermek ve birlikte kek ya da kurabiye yapmak, organizasyon becerisini geliştirmede önemli aktiviteler arasında yer almaktadır. Beş yaşındaki bir çocukla sorumluluk kavanozu yapmak, evde gelişimine uygun görevler vermek (evcil hayvanların beslenmesi, kitaplığın düzenlenmesi, oyuncakların toplanması) hem dürtü kontrolü hem de planlama becerisi açısından geliştirici olacaktır. Yine beş altı yaşındaki bir çocukla birlikte zamana dikkat ederek birlikte fotoğraf albümü düzenlemek de benzer bir etki sağlayacaktır. Donçözül, kırmızı ışık-yeşil ışık, saklambaç, yakar top, sandalye kapmaca ve dikkat geliştiren kutu ve kart oyunları hem benlik kontrolü hem de bilişsel esnekliği geliştiren oyunlar arasındadır. Çocuklarla birlikte yapılacak bilinçli farkındalık egzersizleri de prefrontal korteksin gelişiminde oldukça etkilidir. Okul öncesi yaş grubunda üç dakikayı geçmeyen farkındalık çalışmaları (ses, beden, dokunma, nefes farkındalıkları) yaşla birlikte süresi artırılarak devam ettirildiğinde hem benlik kontrolü hem de bilişsel esneklik alanında oldukça etkili uygulamalar arasında gösterilmektedir. Dama, satranç, amiral battı, isim-şehir-hayvan, sessiz sinema gibi oyunlar ise çalışan belliği geliştiren oyunlardandır. Erken çocukluk döneminde Orff ya da Prodogies gibi müzik çalışmalarının ve gelişime uygun şekilde başlayan enstrüman öğrenmenin temel yönetici işlevler üzerinde etkili olduğu kanıtlanmıştır. Ayrıca çocuğun fiziksel gelişimine uygun seçilen sportif faaliyetlerin aynı şekilde etkili olduğu bulunmuştur (National Scientific Counsil on The Developing Child, 2011; www.developingchild.harvard.edu, 2022).

Çocuklara erken dönemden itibaren seçeceğimiz oyuncaklar da onların yönetici işlevleri üzerinde bütüncül şekilde etkili olacaktır. Özellikle yapılandırılmamış, açık uçlu oyuncaklar ve gerçek yaşamda kullanılan materyaller en geliştirici olanlardır. Tahta bloklar, karton kutular, mandallar, tahta kaşıklar, boyalar ve kâğıtlar, sünger banyo oyuncakları, ipli araba ya da kamyonlar, oyun hamuru ya da kil, toplar, iç içe geçen kaplar ya da bardaklar, hacı yatmaz, kinetik kum, tak çıkar yapbozlar, def gibi çalgılar ve renkli kitaplar, daha büyük çocuklar için kutu oyunları, hikâye kartları, yapılandırılmış oyuncaklara göre çok bütünsel gelişim açısından çok daha geliştirici olmaktadır (Meggitt, 2012).

Gelişimde Sosyal ve Duygusal Yaklaşım

Daha önce belirtildiği üzere gelişim bir bütündür ve her gelişim alanı birbirinin içine geçmiş, birbiriyle birlikte ilerlemektedir. Bu nedenle, duygusal ve sosyal gelişim alanı olarak kategorize edilmiş olsa da bu gelişim alanını diğer gelişim alanlarından ayrı düşünmek danışanı bütünsel değerlendirmeyi zorlaştıracaktır. Çünkü bütün sistem merkezî sinir sistemine bağlıdır ve duygusal sosyal gelişim sinir sisteminin olgunlaşmasıyla birlikte gelişmektedir. Anne rahminde bebek henüz embriyo aşamasındayken iki ile üç haftalık olgunlaşma sürecinde ektoderme bağlı olarak beyincik, beyin sapı ve omurga oluşmaya başlar. Bu sisteme dördüncü haftada endoderme bağlı olarak kalp dâhil olur. Dolayısıyla gelişimde ortaya çıkan ilk sistem sinir sistemidir. Temel yürütücüsü beyin olan sinir sistemi, merkezi ve periferik olmak üzere organizmadaki tüm organlarla iki şekilde bağlantılıdır ve duyular aracılığıyla hem dışarıdan gelen risk faktörlerini hem de iç organlardan gelen verileri otomatik olarak işler ve bir risk değerlemesi yapar. Tüm canlıların tek bir ortak amacı vardır. O da hayatta kalmak ve canlılığı sürdürmek. Merkezî sinir sisteminin görevi budur. Sinir sisteminin gelişimi anne rahminden çok önce başlar. Ebeveynlerin, özellikle annenin gebelik öncesi ve gebelik sırasındaki stresi plasenta aracılığıyla embriyoya ya da fetüse geçer. Araştırmalar, gebelik stresi yüksek annelerden dünyaya gelen bebeklerin dört aylık süreçte yapılan izlem çalışmalarında kanda yüksek kortizol (stres hormonu) seviyesi bulunduğuna işaret etmektedir. Yüksek kortizol seviyesi, çevreden ve iç organlardan gelen duyumların uyaranların mevcut şiddetinden daha yoğun hissedilmesine neden olur. Bu bebekler, uyaran geçişlerinde daha yoğun uyarılmışlık yaşar ve geri çekilme ya da ağlama krizine girme gibi tepkilerle rahatsızlığını ifade etmeye çalışırlar. Yaşamın ilk üç ila altı ayında ortaya çıkan ve zamanla kaybolan, nedeni belli olmayan gerginlik ve ağlama nöbetleri yaşayan bebeklerin (kolik) bir kısmında kanda yüksek kortizol düzeyine rastlanmıştır. Bu bebekler, bazı seslere ve ışık düzeyine, günün kararması gibi gün ışığı döngülerine karşı hassastırlar ve kucağa alınıp sırtına ya da karnına yumuşak masajlar, pıt pıtlar, yarım kundaklama, saç kurutma makinasının sesi, annenin ninni ya da şarkı söylemesi gibi beyaz sesler aracılığıyla sakinleşirler. Yüksek kortizol seviyesi uykuya geçişi zorlaştırabilir ve bakım verenin stresini artırabilir. Ancak bakım verenin stres düzeyinin artması bebeğin de stresini artıracağı için bu sürecin geçici olduğu, sakinleştiren ve güven veren ilişki ile zamanla kendiliğinden geçeceği bilgisinin verilmesi ebeveyni rahatlatacak, bebeğiyle daha sakin ve kontrollü şekilde ilişki kurmasını sağlayacaktır.

Bir bebeğin hayatta kalabilmesi için fark edilmesi gerekir. Ancak güvenli bağlanma için sadece fark edilmek yeterli değildir. Aynı zamanda bebeğin temel fiziksel ve duygusal ihtiyaçlarının zamanında, ilgi ve sevgiyle karşılanması gerekir. Yaşamın ilk üç yılı, özellikle de ilk on iki ayı bağlanma içi kritik öneme sahiptir. Güvenli olarak bağlanabilmiş bebeklerin kortizol seviyesi ve sinir sistemi aktivitesi duruma göre değişmekle birlikte genellikle normal değerlerde gözlenmektedir. Bağlanma motivasyonuyla dünyaya gelen bebek, ilk bir ayda bakım verenine yönelme eğilimi gösterir. Gülümser, sesini tanır ve sesin geldiği yöne doğru yönelir. Sekizinci haftadan itibaren sevgi gösterileri ve kucaklanma gibi sevgi dolu temaslara belirgin bir mutlulukla yanıt verirler. Ayrıca beslenirken bakım verenleriyle göz teması kurmaktan hoşlanırlar. Altı aylık bebekler, bakım verenlerine yönelir ve güven duyduklarını hissettiririrler, bakım verenlerinden ayrıldıklarında ya da yabancı biri ile karşılaştıklarında huzursuzluk hissederler. Beş altı aylık bebekler, karşılarındaki kişi onlara güldüğünde gülerek karşılık verirler. Ancak bu, duyguyu anlamaktan öte ayna nöronlar aracılığıyla taklit etme davranışı olarak tanımlanmaktadır. Taklit zamanla duygunun tanınması ve anlam kazanmasına öncülük eder. On iki aylık bir bebek; yüz ifadelerini, mimikleri, karma sesleri (ce ee, he yo, ho ho), pazarlık yapmayı, ortak anlamları, iş birliği yapmayı, başkalarının duygularına yönelerek onlarla ilgilenmeyi öğrenir. Bebek yaşamın ilk yıllarında kendini bakım vereninden ayrıştıramadığı için bakım verenin duygusal olgunluğu ve duygu düzenleme becerisi çocuğun duygusal iklimini ve duygu düzenleme becerisini doğrudan etkiler. Ayrıca bakım verenin yumuşak ses tonu ve mimikleri, sakin yüz ifadesi bebeğin nöro bilişsel gelişimini olumlu olarak etkiler.

On sekizinci aydan itibaren çocukların çoğu neşe, üzüntü, öfke, merak, yeterlilik ve yakınlık gibi duyguları sergiler. İki yaşından itibaren empati becerisini ortaya koyar. Bu yaş grubu bebekler, akranlarının yanında oynasa da benmerkezci davranışları sergilemeye devam ederler. Oyunlar, yan yana ama ayrı oyunların oynandığı paralel oyun şeklindedir. Fiziksel olgunlaşma ve psikomotor gelişimle birlikte hareket kabiliyeti artan çocuk çevreye daha çok yönelir ve merak duygusuyla keşfetme ihtiyacını gidermeye çalışır. Yetişkin desteğiyle sembolik oyuna geçebilir. Oyuncakları hâlâ en değerlileridir ve paylaşmayı istemeyebilirler. İki yaşındaki bir çocuğun oyuncağını kendi isteğiyle paylaşmasıyla yavaş yavaş ayrışma girişimleri görülmeye başlar. Hâlâ bakım verenine duygusal olarak bağımlı olmakla birlikte yeterlik duygusunun gelişimiyle birlikte ayrışma girişimleri artar. Kendi kararlarını alma ve uygulama konusunda motivasyonu yüksektir. Ancak bakım verenden uzun süre ayrı kalmak kaygı yaşamasına, huzursuzlanmasına neden olmaktadır. Bu nedenle uzun süreli ayrılıklar (birkaç günü bulan) bu yaş grubunu duygusal olarak olumsuz etkileyebilir. Özellikle yedi ile on sekiz ay arasında ayrılık kaygısı görülmeye başlar. Yaklaşık on beşinci ayda doruk noktasına ulaşır. Bu, gelişimin normal bir parçasıdır ve bebekle bakım veren arasındaki bağın oluştuğuna işaret eder. Çocuklar için aradaki bağı güçlendirmenin bir yolu da sürekli test etmektir. Isırma, saç çekme, sık sık yapışma gibi davranışlar ya da uyku reddi, çocukların sık yaptığı ancak bakım verenlerin duygusal olarak zorlandığı durumlardır. Özellikle rutinlerin değiştiği ya da aileye yeni bir üyenin katıldığı durumlarda ayrılık kaygısı ortaya çıkabilir. Yabancılardan korkma, gece uyandığında bakım verenlerini ağlayarak çağırma, bakım verene sıkı sıkıya yapışma, bakım veren ebeveynlerden sadece birini tercih etme ve bakım verenlerini göremediğinde ağlama, onların kucaklarında hemen sakinleşme ayrılık kaygısının belirtilerindendir. Bakım verenini görebileceği mesafelerde ayrışmak çocuk için en güvenilir ve tercih edilen yoldur. Bununla birlikte özerklik girişimleri bazen riskli olabilir ya da çocuk kararını uygulamada ısrarcı davranışlarda bulunabilir. Özellikle ilk yılın ikinci ayında katı gıdaya geçildikten sonraki süreçte bebeğin hareket kabiliyeti arttıkça yeme reddinin ortaya çıkması sıklıkla gözlenen bir durumdur. Çocuklar, yürümeye odaklandıkça yemekten uzaklaşabilir, bazı yiyecekleri tümüyle reddedebilir ya da ebeveyn beklentisini karşılayacak kadar yemek istemeyebilirler. Yemek reddi, bazı çocuklarda özerkliğin kabul edilme çabası olarak beş yaşına kadar devam eder. Bu süreçte kontrolü kaybettiğini düşünen, yetersizlik duyguları yükselen ebeveynlerin davranışları, evde bir kriz ortamının oluşmasına zemin hazırlayabilir ve yeme konusunda baskıcı bir tutum sergilemelerine neden olabilir. Buna karşın bu baskıcı tutumlar, duygu ve düşüncesini rahatlıkla ifade edecek dil olgunluğuna erişmediği için çocukta öfke taşkınları olarak kendini gösterebilir. Bu durum, bazen ebeveynlerin duygusal olarak zorlanmasına neden olabilir. Duygusal olarak gergin hisseden ebeveyn, çocuğun özerkliğinin, beden kontrolünün, çevreye keşfe yönelik merak duygusunun ve problem çözme becerisinin törpülenmesine yol açabilir (Meggitt, 2012).

Otuz altı aya kadar çocuğun tuvalet kontrolünü kazanması beklenir. Bu, sadece bir kaba motor beceri değil aynı zamanda duygusal ve sosyal bir beceridir. Çocuğun kendi içinden çıkan bir maddeyi kaybetmekten korkması, tipik gelişen çocuklar arasında gözlenen bir durumdur. Tuvalet eğitimi, hazzı ertelemeyi (uygun tuvalet bulana kadar tutma), beden kontrolünü, duygusal ve bilişsel esnekliği gerektiren bir konudur. Çocuğun sadece mesane ve makat kontrolü için biyolojik hazırbulunuşluğu yeterli değildir. Bakım vereniyle kurduğu bağlanma ilişkisinin olumlu ya da olumsuz etkileri tuvalet eğitimine yansır. Güvenli bağlanan çocuk, tuvalet eğitiminde daha esnek ve rahat olacak, bakım verenine ve kendine güven duyarak bu beceriyi kazanacaktır. Tuvalet kontrolünü sağladığı durumlarda desteklenmesi, motive edilmesi çocuğun kendine güvenli şekilde süreci tamamlamasını sağlayacaktır. Beslenme konusunda olduğu gibi bu konuda da bakım verenlerin ya da ebeveynlerin baskıcı, eleştirel ya da cezalandırıcı davranışları, çocuğun tuvalet kontrol becerisinin edinimini uzatacağı gibi duygusal olarak bir takılmaya da neden olabilmektedir.

Duygusal ve Sosyal Gelişimde Kritik Konular

Duygusal ve sosyal gelişim açısından en kritik konu, güvenli bağlanma ve güvenli ayrışmadır. Her ikisi de bireyin yaşamını ve kendisi başta olmak üzere çevresindekilerle ilişkilerini belirleyen en önemli süreçtir. Güvenli bağlanmış bir birey, kendine ve insanlara güvenebilir, dünyayı güvenilir bir yer olarak algılar ve ilişkilerle ilgili konulara daha sakin, kendinden emin bir şekilde yaklaşımda bulunur, daha az kaygı yaşar. Güvenli ayrışan biri ise kendi yeterliklerine ve diğerlerinin kapasitesine güvenir; bir problemle karşılaştığında nedenlere takılıp kalmak yerine nasıl sorusuna yönelir, üretken ve gelişmeye odaklı bir yaşam sürer. Bu nedenle bu iki konu, insan gelişiminin doğum öncesi süreçlerden başlayan ve erken çocuklukta temelleri atılan en önemli konusudur. Bununla birlikte erken çocukluk ve çocukluk döneminde diğer gelişim süreçleriyle birlikte işleyen ancak duygusal ve sosyal alanda daha görünür olan başka önemli konular vardır. Yukarıda ele alınan uyku, beslenme ve tuvalet eğitimi gibi konular haricinde duygu düzenleme becerisinin öğrenilmesi, ölüm kavramı ve korkular, cinsel kimlik gelişimi ve akran ilişkileri gibi konular gelişimsel olarak ele alınması gereken kritik hususlar arasında yer almaktadır.

Duygu Düzenleme Becerisi: Duyusal ve bilişsel gelişimle birlikte ilerleyen ve bu gelişim alanlarıyla iç içe geçmiş bir beceri setidir. Bu beceri setinin içinde duyguları fark etme, tanıma, ifade etme, yoğunluğunu tanımlayabilme ve duyguya uygun cevabı bulabilme yer alır. Erken çocukluktan ergenlik sonuna kadar geliştirilen bir beceridir ve yetişkinlikte dil öğrenmek gibi daha zor geliştirilen bir beceridir. Duygu düzenleme becerisi, yönetici işlev becerileri içinde benlik kontrolü ve bilişsel esneklik becerileriyle doğrudan ilişkilidir. Bebek, bakım vereni aracılığıyla önce stres duygusunu düzenlemeyi öğrenir. Çocuğun duygusunu düzenlemeyi öğrenmesi için uzun süre yatakta ağlayarak bekletilmesi bu süreçte yapılabilecek en büyük hatadır. Çünkü savaş-kaç tepkisi içinde olan ve sakinleşmek için bir yetişkin desteğine ihtiyaç duyan çocuk, bir süre sonra kimsenin gelmeyeceğini düşünerek geri çekilip hissizleşir. Bu sırada bebek ağlamayı durdurur ancak bu durum tekrarlanırsa bir süre sonra tepkisizleşmeye başlar ve çaresizlik duygusunu içselleştirir. Bu gerçek bir duygu düzenleme değil, patolojik bir geriye çekilme ve içe kapanma hâlidir. Çünkü duyguları düzenleyebilmek için anahtar öneme sahip prefrontal korteks henüz devrede değildir, bu nedenle bebekler kendilerini bir yetişkin yardımı olmadan sakinleştiremezler. Yetişkinin yumuşak ve şefkatli ses tonu, sakinleştirici dokunuşları bebeğin sakinleşmesine ve yüksek stres düzeyinin normalleşmesine yardımcı olur. Bebeklerin ve küçük çocukların duyguları bakım verenlerinin duygularına bağlıdır. Tronick'in 1970'lerde gerçekleştirdiği Hareketsiz Yüz (Still Face) Deneyinde gözlendiği üzere 2-12 aylık bebekler bakım verenlerinin yüz ifadelerine dikkat ederler ve eğer bakım verenleri ifadesizse bundan huzursuzluk duymaya, sosyal etkileşim yoluyla onları kendileriyle yeniden ilişki kurmaya çabalar, bu işe yaramazsa huzursuzluklarını belirtir şekilde ağlarlar, yerlerinden kalkmak isterler. Yani başka bir ifadeyle bakım verenleri kendileriyle ilişki kursun diye kendi çapında bir savaş verirler ya da geriye çekilerek bakım verenin tepkisizliğinden uzaklaşmaya çalışırlar. Tepkisiz ifadeler, aşırı tepkiler gibi küçük çocuklar için tehdit edici, başka bir ifadeyle korkutucudur. Bebek ve çocuklarla etkileşimi kesen bakım veren bebeğin organize bir sosyal ve duygusal durumu sürdürmesi için sıklıkla ihtiyaç duyduğu düzenleyici yapı iskelesini sağlamaz (Beeghly ve Tronick, 1994; Stack ve Muibir, 1990; Weinberg ve Tronick, 1996; Akt.: Weinberg, Beeghly, Olson ve Tronick, 2008). Bu nedenle bebeğin duygu düzenleme sisteminin dengede kalabilmesi için öncelikli olarak duygusal olarak dengede ve düzenlenebilmiş bir bakım veren gereklidir. Yaş büyüdükçe çocukların hareketsiz yüzlere karşı verdiği tepkiler de daha karmaşık hâle gelir. Özellikle iki buçuk yaşındakilerle yapılan deneyde çocukların sosyal ilişki ağını sürdürmeye çalıştıkları ve bunu gerçekleştirebilmek için daha kompleks bilişsel, duygusal ve sosyal beceriler sergiledikleri bulunmuştur. Ayrıca bu becerileriyle ebeveynlerinin duygusunu düzenlemeye yönelik girişimlerde bulundukları gözlenmiştir (Kagan, 1998; Kopp, 1982; Kopp ve Neufeld, 2003; Sroufe, 1996; Akt.: Weinberg, Beeghly, Olson ve Tronick, 2008).

Öfke duygusu da stres gibi sağlıklı ancak zorlayıcı bir duygu olarak bebeğin ya da çocuğun hayatını, ilişkilerini zorlaştırabilir. Özellikle bakım verenden ayrışma dönemi olan 2-4 yaş arasında özerklik girişimleri öfke nöbetleriyle sonlanabilir. Bu durum da gelişimin olağan seyrinin bir parçasıdır ve çocuğun öfke duygusunu düzenlemesini öğrenebilmesi için önemli bir fırsattır. Çocuklar, fiziksel olarak yorgun, aç, susuz, uykusuz, uyku mahmuru ya da duyusal olarak fazla yüklendiği zamanlarda denge hâlinden uzaklaşır, huzursuzlanır ve öfkeye açık hâle gelirler. Öfke patlamaları çoğu zaman önlenebilir. Bunun için öncelikli olarak çocuğun fiziksel ve duyusal ihtiyaçlarının olup olmadığını kontrol etmek önemlidir. Çünkü küçük bir çocuk, bu ihtiyaçları bir yetişkin gibi fark edip tanımlayamayabilir ancak mızmızlanma, huzursuzlanma, hareketlilik ya da dürtüsellik artışı gibi davranışsal yollarla hissettirir. Bakım verenlerin bu ipuçlarını doğru okuyabilmesi, çocuğun öfke duygusunun tetiklenmesini önler (Parker ve Nicholson, 2020). Bununla birlikte kendini yetersiz hissettiği, hayal kırıklığı yaşadığı, bir yetişkinin dikkatini çekmeyi başaramadığı, reddedildiği, özerkliğini ya da yeterliğini test etmek isterken engellendiği, sınırlarını esnetme çabası kısıtlandığı durumlarda öfke patlamaları yaşayabilir. Öfke patlamaları karşısında ebeveynler ya da bakım verenler zorlanabilirler. Böyle bir durumda en uygun yaklaşım çocuğa sakinleştirici bir fiziksel temasta bulunmak, sarılmak ve duygusunun altındaki ihtiyacı duygusuyla birlikte yansıtmaktır. Bu yaklaşım çocuğun duyguları fark etme, tanıma ve tanımlama becerisini geliştiren bir ebeveyn yaklaşımıdır ve uzun vadede çocuğun duygu düzenleme becerisini edinmesinin temelini oluşturur. Tutarlı davranmak ve çocuğun öfke nöbeti karşısında sınırları tamamen kaldırmak anlık olarak işe yaramış gibi görünse de çocuğa öfke patlamalarının isteği karşılamanın bir yolu olduğunu öğretebilir. Bu nedenle riskli ve kritik durumlar dışında sürekli kural koymak, bunları katı bir şekilde uygulamaya çalışmak ya da kuralları koyup çocuğun talepkâr davranışları karşısında yokmuş gibi davranmak, öfkenin uygun olmayan yollarla ifadesini güçlendirerek öfke ifadesini zamanla bir davranış kalıbına dönüştürebilir. Öfke patlaması yaşayan çocuk, kısa bir süre kendi hâline bırakılabilir, duygusal olarak boşalmasına izin verilebilir. Bu sayede çocuk duygusal yükünü atar ve sakinleşmeye hazır hâle gelir. Sakinleşmeye hazır hâle gelen çocukla nefes egzersizi, bedensel gevşeme egzersizi ve duygu yansıtma çalışması yapılabilir. Günümüzde mola yönteminin uygun bir davranış şekillendirme tekniği olmadığı; çocuğun bunu ceza olarak algıladığı ve duygu düzenleme becerisi üzerinde olumlu bir etkisinin olmadığı bilinmektedir. Bunun yerine evde ya da okulda sakinleşme (rahatlama) köşesi gibi çocuğun sakinleşmesine yardımcı olacak bazı materyallerin bulunduğu (tüf tüf baloncuklar, rüzgâr gülleri, hacı yatmazlar, yumuşak malzemeler, kâğıt ve boya kalemleri, kitaplar gibi) bir ortamın çocuğun kendi sakinleşme kaynaklarını keşfetmesi için daha geliştirici olduğu belirtilmektedir (Nicholson ve Parker, 2020). Bu sakinleşme köşesinde çocuk biraz sakinleştikten sonra ebeveynle birlikte aktiviteler yapabilir ve daha kısa sürede duygusunu toparlayarak gündelik hayatına dönebilir.

Beş yaşındaki çocuklar; mutluluk, neşe, üzüntü, öfke, korku, tiksinme gibi duyguları tanır, ifade eder ve karşısındaki kişilerin bu duygularda olup olmadığını anlarlar. Sekiz yaşındaki çocukların duygu repertuvarı daha geniştir. Kaygı, hayal kırıklığı, can sıkıntısı, kıskanma, utanma gibi duyguları tanıyıp ifade edebilirler. Çocuğun duygu repertuvarının gelişmesi, duygu düzenleme becerisi açısından çok önemlidir. Bu nedenle erken çocukluk döneminden itibaren gerek aile gerekse okul ortamlarında duygu eğitimlerinin verilmesi ve bu eğitimlerin ergenlik dönemi boyunca gelişime uygun şekilde sürdürülmesi duygusunu düzenleyebilen bireylerin yetişmesini sağlayacaktır.

Çocukluk çağı korkuları gelişim sürecinin doğal bir parçası olmakla birlikte tıpkı öfke gibi çocuğu ve bakım verenleri zorlayan diğer bir duygusal konudur. Korku, türün devamı için en gerekli duygudur. Bu nedenle bazı korkular genetik olarak da aktarılmıştır. Korkunun gelişimine bakıldığında, on beş ile on sekiz aylık bebeklerin yeni ve tanımadık nesnelere karşı tereddütlü bir yaklaşım sergilediği gözlenir. Bu dönemde bebeklerde yabancılardan korkma ve yükseklik korkusu görülür (Bayhan ve Artan, 2012:230). Üç, dört yaşlarında çocuklar önceki korkularının yanında hekim, diş hekimi, iğneci, karanlık, dilenci, hırsız, polis, bekçi ve öcüden korkmaya başlarlar. Bütün küçük çocuklar kulak tırmalayıcı, şiddetli ve aniden meydana gelen seslere karşı, diğer uyarıcılara karşı göstermiş oldukları tepkilerden daha fazla duyarlılık gösterirler. Bu durum çocukluğun tipik bir özelliğidir. Çocukların birçoğunda bu davranışlar, üç dört yaşına kadar sürebilir. Dört yaşından sonra köpekten, düşüp bir yerini yaralamaktan, herhangi bir yerinin kanadığını görmekten korkabilirler (Bakırcıoğlu, 2002; Köknel, 2004; Şenol, 2006; Tuncer, 1972; Akt. Bal, 2010). Robinson ve arkadaşları (1991:189) yaptıkları bir çalışmada, birçok araştırmayı tarayarak çocukların hangi yaşta hangi tür korkular geliştirdiklerini ortaya koymuşlardır. Buna göre erken çocuklukta daha çok yüksek ses, ani hareket, yabancılar gibi durumlarda korkan çocuk, büyüyüp dünyayı tanıdıkça hayvanlardan, karanlıktan, yalnızlıktan, hayali yaratıklardan korkmaya başlamaktadır. Okul döneminde doğal afetlerden, hırsızlardan, yaralanmaktan korkmaya başlayan çocuk, eğitim hayatının ilerleyen dönemlerinde kötü not almaktan, ceza almaktan korkmaya başlar. Bal (2010), ülkemizde ilköğretim birinci kademe öğrencileri (7-10 yaş) ile yaptığı geniş kapsamlı tarama çalışmasında, çocukların en sık yaşadığı korkunun anne babayı kaybetme korkusu olduğunu bulmuştur. Anne-babayı kaybetme korkusunu sırasıyla ölme, ölü insan görme, deprem, bir yakının kaybı, vahşi hayvan, mezarlık, kaybolma, haksız yere suçlanma, kaza, başarısızlık, dayak, insanlar arasında küçük duruma düşme, hata yapma, baba, kapalı yerlerde bulunma, başkalarına muhtaç olma, rüya, yüksek yerler, cezalandırılma, örümcek, hasta olma, kendisine kızan insanlar, anne, yalnız kalma, karanlık, bir meslek sahibi olamama, kötü şakalar, güçlü çocuklar, gelecek, araba, sessizlik, gece tuvalete gitme, toplum önünde konuşma, caddede karşıdan karşıya geçme, kalabalık içerisinde bulunma, insan korkusu olduğunu bulmuştur. Ergenlikle beraber korkular değişerek cinsel konular gibi ergenlik gündemine ait konulara dönüşürler (Akt.: Karateke ve Soysal Acar, 2020).

Korkuya karşı gösterilen duyarlılıktaki gelişme, duyuşsal, bilişsel ve sosyal gelişmeyle bağlantılıdır. Çocuk, hayal gücü geliştikçe hayalinde zihinsel olarak canlandırdığı tehlikeli durumlardan daha çok korkmaya başlar. Toplum içine karışmaya başladıkça ve toplumsal statü bilinci gelişmeye başladıkça toplum içerisinde gülünç duruma düşmekten korkmaya başlar. Çocuğun algı gücü gelişmeye başladıkça da bir felaketi önceden sezme ve bunu çeşitli görüntüler ve düşünce yollarıyla ifade etme yeteneği gelişir (Günçe, 1971; Karakaş, 1995; Akt. Bal, 2010). Yaşam deneyimleri ve anlatılar yoluyla öğrenme de korkuları ortaya çıkarabilir ya da çeşitlendirebilir. Örneğin, hayalet hikâyeleri anlatılan bir çocuk bu hikâyelerden sonra hayaletlerden korkmaya başlayabilir ya da sobadan elini yakan bir bebek soba gördüğünde kaçıngan yaklaşım sergileyebilir.

Çocuk ve ergenlerde korkuların farklılaşması ölüm kavramının bilişsel ve duygusal düzeyde işlenmesiyle paralellik gösterir. Bilişsel gelişim kuramı açısından Piaget'e göre işlem öncesi dönemde olan 2-6 yaş arası çocukta neden-sonuç ilişkisi ve genelleme gelişmemiştir ve bu yaş grubu çocuklar daha çok benmerkezcidir. 3-6 yaş arası bir çocukta ölüm geçici ve geri dönüşümlü olarak algılanır, hayatın tüm işlevleriyle durabileceği kavranmaz. Bu dönemde büyüsel düşünce hâkimdir ve her şey canlıdır (animistik düşünce). Ölen kişinin başka bir yerde olduğu, kendisini görebileceği ve duyabileceği düşünülür. Bu dönemde ölüm ile ilgili sorular sormak, oyunlarda ölüm teması görülebilir (Lewis & Schonfeld, 2002). 5-6 yaşlarında ölümün biyolojik bir olgu olduğu kavramı gelişmeye başlar. Somut işlem döneminde bulunan 7-11 yaş arası, okul çağı çocuklarında kontrolü kaybetme ve ölüm korkusu gelişmeye başlar. Bu gelişimsel dönemde ölümün "geri dönülmezlik", "son bulma" ve "kaçınılmazlık" gibi üç önemli ögesini kavrayabilirler. Ölümün bir kaza, yaralanma, hastalık ya da yaşlılık gibi nedenlerden kaynaklanacağına ilişkin fiziksel, biyolojik öngörüleri vardır. 9 yaşına kadar ölüm kavramına ulaşamadıkları düşünülen çocuklar, 10 yaş ve üzerinde kendilerinin de ölebileceğini düşünmeye başlarlar. Kendi ölümlülüğünü keşfeden çocuk; ruh, melek, hayalet gibi kavramlarla daha yakından ilgilenir ve ölüm korkusu bu tür ezoterik durumlardan korkmaya neden olur. 12-18 yaş arasındaki soyut işlemler döneminde ölüm kavramı artık geri dönüşümsüz bir süreç olarak algılanır. Ölüm, geçmiş deneyimlerden de yararlanılarak dinî, felsefi düşünce sistemi ile ilişkilendirilir ve çocuklar soyut anlamda ölümü anlama başlarlar. Bununla birlikte hızlı biyolojik, psikolojik, sosyal gelişim ve değişimle uyumlu olarak ergenler kayıplara yoğun, şiddetli tepkiler verebilirler. Şüphesiz ki ebeveyn kaybı, ergenlik dönemindeki "ikinci ayrılma-bireyselleşmeyi" baltalar (Mahler 1965; Akt. Ürer, 2017). Ayrıca ebeveyn kaybı çocuğun ya da ergenin yetişkin gibi sorumluluk alma eğilimini arttırabilir. Bazı aile dinamikleri ya da kültürel yapılarda çocukların yetişkin gibi davranması beklenebilir; bu durum, çocuğun ya da ergenin rol karmaşası yaşamasına neden olabilir. Bu da çocuğun korksa bile duygusunu inkâr etmesi ya da bastırmasıyla uzun vadede uzamış yas ya da komplike yas yaşamasına neden olabilir.

Görüldüğü üzere öfke, korku, kaygı gibi zorlayıcı duyguların da gelişimsel bir seyri vardır. Bakım verenlerin ve çocukla çalışan uzmanların gelişimsel süreçte ortaya çıkabilecek duygusal tepkilerin gelişim sürecinde yoğunluğunun ve şiddetinin değişebilir olduğunu bilmesi; çocuğun duygularını ifade etmesi konusunda desteklenmesi gelişimin doğal akışı içinde duygularını kabul edip işleyebilir hâle gelmesini sağlayacaktır. Yok sayılan, değersizleştirilen, bastırılan hemen her duygu önüne set çekilen debisi yüksek bir akar su gibi yoğunluğu ve şiddeti artmış şekilde taşacak ve semptomatik olarak kendini gösterecektir.

Çocuk ya da ergen; uyku, beslenme, boşaltım gibi temel fiziksel konularda zorlanıyor, ilişki kurma problemleri yaşıyor, bakım verenlerinden ayrıldığında saldırgan ya da içe kapanma gibi kaçıngan davranışlar sergiliyorsa, günlük hayatında aile bireylerine ya da akranlarına vurma, sözel saldırıda bulunma, bir nesne atma ya da nesnelere zarar verme gibi saldırganca davranışlar gösteriyorsa, okul gibi sosyal ilişki kurulan ortamlara girmekten kaçınıyor ya da akademik olarak çok zorlanıyorsa bir uzmana başvurulması ve her şeyden önce gelişimsel olarak değerlendirilmesi en uygun yaklaşım olacaktır.

Cinsiyet Farkındalığı ve Cinsel Gelişim

Çocuğun cinsiyetine ilişkin farkındalığı üç yaş civarında başlamaktadır. Ancak bu yaştan önce de cinsel farkındalığa giriş yapılır. Üç ya da dört yaşındaki çocuklar, cinsiyetle ilgili merak duyarak soru sormaya başlarlar. "Ben nereden geldim?", "Kızlarla erkekler neden farklı?" gibi sorular tipik gelişim açısından olağandır. Çocuk, bedeninde cinsiyet organlarının mahrem olduğunu algılamaya başlar. Ancak bu yaşlarda henüz bilişsel beceriler tam olarak gelişmediği için çocuğun neden-sonuç ilişkisi kurarak bedensel sınırlarını çizmesi ve diğerinin bedensel sınırına saygı göstermesi zordur.

Altı yaş civarında çocuklar, bedenlerin kendilerine özel ve cinsiyet organlarının mahremiyetinin önemini kavramaya başlarlar. Ancak gelişimsel açıdan tipik kabul edilen bir dürtüyle çocuk, kendi cinsiyet organını arkadaşlarına gösterebilir ya da arkadaşlarının cinsiyet organına bakmak isteyebilir. Yine bu yaşlardan dokuz yaşına kadar geçen zamanda çocuklar cinsel oyunlara yönelebilirler. Burada çocuk, cinsel oyun aracılığıyla hem kendi bedenini hem de yetişkin rollerini deneyimlemeye yönelir. Yetişkinler tarafından bu oyunlara yapılan ahlaki müdahaleler çocuğun cinselliğe ilişkin utanç duymasına neden olabilir. Bu yüzden çocukların utanç ya da suçluluk duymasına yol açacak yetişkin müdahaleleri, çocuğun cinsellik ile ilgili algısını olumsuz etkileyebilir. Ebeveynlerin ya da çocuğun gelişimi, eğitimi konusunda sorumluluğu olan kişilerin cinsellik ile ilgili tabuları ya da bastırılmış travmaları çocuğun cinsel gelişiminin tipik davranışlarına aşırı hassasiyet göstermesine, kaygılı yaklaşmasına neden olabilir. Kaygı ile yaklaşılan ya da aşırı hassasiyet gösterilen her durum, çocuğun dikkatini konunun önemine çeker ve çocuğun tipik gelişiminin doğal seyrine zarar verir.

Çocuklar erken yaşlardan itibaren mastürbasyon davranışı gösterebilirler. Cinselliğe ilişkin merak ve artan ilgiyle birlikte çocuk, cinsel organları aracılığıyla rahatlamayı keşfedebilir. Bu durum, çocuğun sıkıntı, gerginlik, stres, kaygı gibi duygularını düzenlemek için kullandığı bir rahatlama yöntemi olarak kabul edilir ve altta yatan duygusal ihtiyaç giderildiğinde ve mastürbasyon davranışı başka davranışa yönlendirildiğinde davranış söner. Mastürbasyon, toplumsal açıdan uygun bulunmadığı için ebeveynler tarafından genellikle kaygı ile karşılanır. Eğer çocuk, bu davranışı nedeniyle toplu ortamlarda uyarılır, utandırılır ya da cezalandırılırsa cinsel oyunda olduğu gibi cinselliğe ilişkin utanç ve suçluluk duyguları hissetmeye başlar. Ancak çocukların çoğu, gelişimsel olarak mastürbasyonu keşfeder ve deneyimler. Bu durumun gelişimsel yanını belirtmek, ebeveynlerin kaygısını düzenlemeye yardımcı olur ve çözüme odaklanmalarını kolaylaştırır.

Cinsel ve bedensel sınırlar eğitimi, bebek dünyaya geldiği andan itibaren başlamalıdır. Bakım verenin bebeğin bedenine karşı duyduğu saygı ve nezaket, bebek büyüdükçe bedeni ile ilgili kontrolün gelişimine uygun olarak sunulması ve büyüdükçe eşyaları, odası gibi çocuğa ait olan şeylere ilişkin saygı duyulması, çocuğun kendi mahremiyet bilincini kazanmasına yardımcı olacaktır. Ayrıca çocuğun dört yaş civarı "Ben nereden geldim?" sorusuna geçiştirmeden gelişimine uygun düzeyde basit, anlaşılır ve kısa cevaplar verilmesi, sekiz yaş civarı biyolojik sürecin yine aynı şekilde basitleştirilerek anlatılması, çocuğun merakını gidermesini sağlayacak ve alternatif kaynaklardan araştırmasının önüne geçecektir (Yavuzer, 2015).

Gelişimsel Psikolojik Danışma ve Terapi

Ivey (1986, 1999), Piaget'nin teorisinin ve bilişsel aşamalarının metaforik kullanımına dayalı Gelişimsel Danışmanlık ve Terapiyi geliştirmiştir. Piaget'nin dışında kendisi Kohlberg (1984), Gilligan (1982), Kegan (1982), Erikson (1963) gibi kuramcılardan, Duvall (1977) ve Haley'in (1980) sistemik stratejik aile teorileri; kültürel ve cinsel kimlik gelişimini içeren çok kültürlü teorilerden (Ivey, 1993) yararlanmıştır. Diğer yapılandırmacılara benzer şekilde Ivey (1993, 1999), gelişimsel teori ve danışmanlığın diğer modellerle rahatlıkla entegre edilebileceğini öne sürmüştür (Crespi ve Generali 1995). Ivey, bu teoriyi, danışanın bilişsel gelişimsel fonksiyonlarının ötesine taşımış ve yaşam boyu insan gelişiminin doğal işlevselliğine yönelik bilişsel-duygusal eksende sistematik bir modele dönüştürmüştür (Ivey ve Goncalves, 1987, 1988). Bu model doğrusal olarak ilerleyen dört aşamadan oluşur ve her yaş grubundan bireyi kapsar. Bu gelişim alanları sensörimotor (duyu-motor), somut işlem, soyut işlem ve diyalektik/sistemik işlem olarak sınıflandırılmıştır (Ivey, 1993). Myers'a (1998) göre bu dört alandan herhangi birinde ya da birkaçında ortaya çıkan blokajlar yaşamın genel seyri üzerinde bozulmalara neden olur. Örneğin, 7 yaş civarında yaşanan bir ebeveyn kaybı, sensörimotor alanda duygusal bir blokaja neden olabilir ve yetişkinlikte duygularını yaşama, diyalektik olarak anlamlandırma ve ifade etme konusunda zorlanabilir. Ayrıca pek çok yetişkinin soyut işlemler alanında zorlandığı; bunun önceki aşamalardan birinde yaşanan bir blokajdan kaynaklandığı ve diyalektik alanı da doğal olarak bloke ettiği görüşü kabul edilir. İlkokul dönemindeki çocuklar, genellikle somut işlemlerin ilk aşamasındadırlar. Ancak bu, birtakım soyut ve diyalektik alan becerilerini gösteremeyecekleri anlamına gelmez. Küçük desteklerle bu alanlarda açılım sağlayabilirler. Sensörimotor alanda blokaj yaşayan biri, yetişkin dahi olsa bu gelişim alanındaki duygular ve bedensel duyumsamalarda sıkışıp kalır. Bu nedenle bu tür danışanlarla çalışma planı hazırlanırken bedenle çalışmak, bedenselleşmiş duyguları açığa çıkartmak birincil öncelik olmalıdır.

Çocuklarla Gelişimsel Psikolojik Danışma Bağlamında Çalışmak

Özellikle ilkokul çağındaki çocuklar sensörimotor ve somut işlemler alanındadır ancak bu onların soyut ve diyalektik/sistemik düşünemeyecekleri anlamına gelmez. Çocuklarla çalışırken gelişimsel danışma yaklaşımı ile yeni düşünme sistemleri inşa etmeleri sağlanabilir.

Sensörimotor (Duyu-Motor) Alanda Düzenleme: Bu alanda çalışırken genellikle görme, dokunma, işitme, koklama gibi duyumsamalarla çalışılır. Çocuklar, özellikle de küçük çocuklar hareket ihtiyacını yoğun olarak hissederler. Dolayısıyla küçük çocuklarla çalışırken tıpkı oyun terapisi yaklaşımında olduğu gibi harekete izin verilmelidir. Çocuğun, olumsuz yaşamsal deneyimleri nedeniyle duyusal alanda oluşan blokajlarını kaldırmak için duyu-duygu ve beden ekseninde bir yaklaşım sergilenmelidir. Şimdi ve burada, deneyime ilişkin hisleri beden duyumları aracılığıyla açığa çıkartılmalıdır. Örneğin, arkadaşları tarafından oyuna alınmadığı için öfke duyan bir çocuğun öfkeyi bedeninin neresinde hissettiği, öfke geldiğinde bedeninde neler olduğunu tanımlaması hatta öfkeyi canlandırması istenebilir. "Öfke bedeninin neresinde? Şimdi öfkeyi bedeninde hisset, bedeninde büyüyen bu öfke sana arkadaşlarınla ilişkin hakkında ne söylüyor? Bu öfke sana ne yaptırıyor? Bunu hareketlerinle göster. Şimdi bu öfkeyi bedeninden uzaklaştırdığını hayal et. Bedeninde neler oluyor? Rahatlama hissi ile ne yapmak istiyorsun?" gibi yönergelerle çocuğun deneyimi ile duygu, beden duyumu ve davranış arasındaki bağlantıyı somut olarak kurması ve diyalektik alanda değiştirmesi amaçlanır.

Somut İşlem Alanındaki Düzenleme: Bu alanda çocuklar, "şimdi ve burada"dan ziyade geçmiştedirler. Yaşadıkları olayla ilgili duygularını geçmiş zaman kipi ile açıklama eğilimindedirler. Olayı, olaydaki kişileri ve mekânı detaylı olarak tanımlayabilirler ancak olayda kendi rollerini ve bu durumu niçin yaşadıklarını tanımlamakta zorlanabilirler. Yaşadıkları deneyimi kendi bakış açılarına göre değerlendirirken diğerlerinin bakış açısını anlamaları çoğu zaman görülmez. Genellikle dokuz yaş civarı somut deneyimler dönemidir ve çocuklar kısa cevaplarla yanıt verme eğilimindedirler. Eğer/sonra şeklindeki ifadelerle neden-sonuç ilişkisi kurmakta zorlandıkları için bu grup çocukla çalışırken nesnelerin kişiselleştirilmesi işlevsel olabilir. Bir karakter çizmesi ve resimdeki karakterin olayın içine yerleştirilerek kişiselleştirilmesi ya da bir oyuncağın kişilik özellikleri kazandırılarak olayı deneyimleyen kişi olması, çocuğun neden sonuç bağlantısını kurmasını kolaylaştırır.

Soyut İşlemler Alanının Düzenlenmesi: Çocuklar, on bir on iki yaşlarına geldiklerinde soyut düşünebilme becerisi elde etmeye başlarlar. Kendi duygularını fark edip anlamlandırabildikleri gibi diğer insanların duygularını da anlayabilirler. Olaylarla ilgili neden-sonuç bağlantısını rahatlıkla kurabilirler. Bu nedenle, bilişsel davranışçı yaklaşımda kullanılan duygu-düşünce-davranış akış şeması ve bilişsel yeniden işlemleme yaklaşımları bu yaş grubuna uygulanabilir. Örneğin, derste sınıfın düzenini bozan bir çocukla sınıfta ders esnasında hareketlenme ihtiyacının nedenleri ve sonuçları üzerine konuşulup davranışını değerlendirmesi istenebilir. Derste sıkıldığı için hareket ihtiyacı artan çocukla şöyle bir diyalog kurulabilir:

Psikolojik Danışman: Ne oluyor da ders esnasında yerinden kalkıp arkadaşlarının yanına gitmek istiyorsun?

Çocuk: Bu derste çok sıkılıyorum.

Psikolojik Danışman: Sıkılıyorsun ve sıkıldığın zaman arkadaşlarının yanına gidip rahatlamak istiyorsun.

Çocuk: Evet, bu derste çok sıkılıyorum ve ne yapacağımı tam bilmediğim için aklıma ilk gelen şeyi yapıyorum.

Psikolojik Danışman: Peki, sen dolaştığında sınıfta neler oluyor? Arkadaşların nasıl davranıyor? Öğretmenin sana ne diyor?

Çocuk: Arkadaşlarım rahatsız oluyor, öğretmenim de kızıyor.

Psikolojik Danışman: O zaman sıkıntı duygunu düzenlemekte zorlandığın için hem arkadaşların tepki gösteriyor hem de öğretmenin.

Çocuk: Evet.

Psikolojik Danışman: Peki, bu tepkileri almadan sıkıntı duygunu nasıl giderebilirsin, bu duygunu düzenleyerek sınıfta kalmanın başka bir yolu olabilir mi? Mesela, sıkıldığında seni rahatlatan neler var?

Çocuk: Derste dolaşmak yerine hem çizim yapıp hem öğretmenimi dinleyebilirim. Ama bu sefer de öğretmenim "Neden çizim yapıyorsun?" diye kızar.

Psikolojik Danışman: Bu yöntemi daha önce başka derslerde denedin mi?

Çocuk: Evet. Ama bazen öğretmenlerim görünce kızıyor.

Psikolojik Danışman: Peki, bunun kendin için işe yarar bir yöntem olduğunu öğretmeninle konuşmayı denedin mi?

Çocuk: Hayır.

Psikolojik Danışman: Bunu konuşmaya ne dersin?

Çocuk: Deneyebilirim. Belki o da beni anlar.

Görüldüğü üzere soyut dönemde çocuklar hem neden-sonuç ilişkisini daha rahat kurar hem de kendi duygusunu fark ettiği gibi diğerlerinin duygusunu da anlar ve davranışının sonuçlarını bu bağlamda değerlendirebilir. Ayrıca problem çözme becerisini kullanarak davranışının alternatiflerini üretebilirler.

Diyalektik/ Sistemik Alanın Düzenlenmesi: Küçük çocuklar, diyalektik düşünme becerisine henüz sahip olmasalar da kendi duygularını ve diğerlerinin duygularını, isteklerini, hayallerini belli düzeyde fark edebilecek yeterliliğe sahiptir ve bu konuda desteklenebilirler (Ivey, 1993; Akt. Myers, Shoffner ve Briggs, 2002). Çocuklar, yaklaşık iki yaş civarı empati becerisinin ilk sinyallerini verirler. Başkalarının üzgün olduğu durumlarda onları neşelendirmeye çalışırlar. Öfkeli birini gördüklerinde ya geri çekilir ya da onu sakinleştirmeye yönelik girişimlerde bulunurlar. Bu, onların bazı duygusal işaretleri okuyabildiği anlamına gelir. Duygusal işaretlerin bazılarını okuyabilen küçük çocuklar o ortamda yaşamlarını sürdürebilmek için birtakım davranışsal stratejiler belirler ve bu şekilde içinde bulundukları çevreyi yapılandırmaya çalışırlar. Ergenler ise her ne kadar egosantrik dönemde olsalar da ev ya da okul sisteminin kendileri üzerindeki etkilerini ve bu sistemler üzerinde kendilerinin yapılandırıcı güçlerini fark edebilirler. Örneğin; bir ergen, akademik başarısının aile sistemi ve okul sistemi üzerindeki etkilerini anlamlandırarak değişim kararı alabilir. Bu noktada bilişsel bir yeniden düzenlemeye ve davranışsal motivasyona ihtiyaç duyar. O yüzden bilişsel davranışçı, diyalektik ya da çözüm odaklı terapi modelleri, ergenin diyalektik/sistemik süreçte değişimine yardımcı olan yaklaşımlar olarak kullanılabilir.

Çocuk ve Ergenlerle Psikolojik Danışmada Dikkat Edilecek Konular

Özellikle dil becerisi yeterince gelişmemiş erken çocukluk döneminde, oyun terapisi ya da çocuk EMDR terapisi gibi oyunlaştırılan yaklaşımların etkili olduğu bilinmektedir. Oyun terapisi kendi arasında farklı türlere ayrılmaktadır. ***Dinamik Yönelimli Oyun Terapisi,*** ebeveyn-çocuk ilişkileri ve erken dönem bağlanma örüntülerine odaklanırken ***Deneyimsel Oyun Terapisi,*** çocuğun içinde bulunduğu duygu durumuna odaklanmaktadır. Deneyimsel oyun terapisi yönlendirici değildir; terapist gözlemci konumundadır ve oyuncaklar ve onlarla kurduğu davranışsal ilişki aracılığıyla çocuğun hem duygularını yansıttığı hem de sağaltım aracı olarak oyuna başvurduğu görüşüne dayanır. Eğer çocuk kendi oyunlarına terapisti dâhil etmek isterse terapist, o zaman çocukla birlikte oynamaya başlar. DOT'ta terapist, çocuğun kendine verdiği rolü yerine getirir. DOT'ta terapist, oyun içinde çocuğun gerçek hayatta yaşadığı duygulanımı canlandırır. Örneğin, çocuk ateş edip de terapisti vurduğunda terapist, "Ahh vuruldum, bacağım acıyor." şeklinde tepki verebilir. Burada terapist, çocuğa bir şekilde gerçek hayatta zarar veren bir deneyimde çocuğun yaşadığı acıyı canlandırmış ve böylece deneyimi zenginleştirmiş olur.

Carl Rogers'ın Danışan Merkezli yaklaşımından hareketle geliştirilen ***Çocuk Merkezli Oyun Terapisi*** çocuk-terapist ilişkisine odaklanır ve bu ilişkinin dönüştürücü gücü aracılığıyla çocuğun davranışlarını fark ederek kendilik kontrolünü sağlayacağı kabul edilir. Çocuk Merkezli Oyun Terapisi genel olarak 2-10 yaş arasındaki çocuklarda kullanılır. Otizm, zekâ ile ilgili sorunlar dışında depresyon, kaygı, takıntı gibi belli başlı sorunlarda etkili olduğu bilinmektedir. ÇMOT'un geliştiricisi Virginia Axline (1969), çocukla çalışırken dikkat edilmesi gereken sekiz temel prensip öne sürmüştür. Buna göre;

- Terapist, çocukla gerçekten ilgilenir ve onunla sıcak bir ilişki kurar.
- Terapist, çocuğu koşulsuz olarak kabul eder.
- Terapist, ilişkide güven ve müsamaha hissettirir. Böylece çocuk, kendini tamamen ifade etme özgürlüğüne kavuşmuş olur.
- Terapist, çocuğun duygularına karşı oldukça duyarlıdır ve çocuğun duygularını nazikçe geri ona yansıtır; böylece çocuk kendinin farkına varır.
- Terapist, çocukta sorumlu hareket etme kapasitesinin olduğuna derinden inanır. Çocuğun kişisel problemleri çözmede yeterli olduğunu bilir ve buna müsaade eder.
- Terapist, çocuğun iç yönlendirmesine güvenir, ilişkinin her alanını yönetmesine izin verir.

- Terapist, terapötik sürecin doğal ilerleyişini kabul eder ve terapi sürecini hızlandırmaya çalışmaz.
- Terapist, çocuğun kişiliğine ve ilişkilerine yardımcı olacak terapötik sınırlar koyar.

Bununla birlikte oyuncağın olmadığı, sadece dokunmaya dayalı oyunların olduğu ***Gelişimsel Oyun Terapisi,*** özellikle duyusal işleme hassasiyeti ve farklılıkları olan çocuklarda güvenin geliştirilmesinde kullanılır. Ayrıca gelişimsel oyun terapisi, çocukların dokunma yolu ile temel bakım verenleri ile yeniden güvenli bağ kurmalarına yardım etmektedir. Cinsel istismara maruz kalmış çocuklarda iyi dokunuşun ayırt edilmesi ve iyi dokunuşla sağaltımın sağlanmasında da kullanılır. Otizm gibi yaygın gelişimsel bozukluklar da ve psikotik çocuklarda da oldukça etkili bir terapi yöntemidir. Elbette bu modelde çocuğun mahremiyeti önemlidir ve erojen bölgeler dokunma oyunlarının dışında tutulur (Oyun Terapileri Enstitüsü, 2022).

Çocuğun gelişimi, oyun ihtiyacı ve buna bağlı olarak oynanan oyunun türünü değiştirir. Bu yüzden terapötik amaçlı başvurulan oyunlar ve oyuncaklar da farklılık gösterir. Örneğin, on yaşından büyük bir çocuğun bebeklerle ya da arabalarla oynamasını beklemek gerçekçi bir beklenti olmaz. On yaşın üstündeki çocuklar, bebeklerle oynamak yerine çizimler, kitaplar, film ya da dijital oyunlar aracılığıyla ilişki kurmayı tercih ederler. İlgilendikleri sporcu ya da sanatçılar hakkında konuşmaktan hoşlanırlar. Bu nedenle, oyunla ilişki kurmada çocuğun gelişimine ve ilgisine dikkat etmek önemlidir.

Gelişim Dönemlerine Göre Terapötik Oyun

Çocuk büyüdükçe oyunun özellikleri değişmektedir. Gelişim dönemlerine göre çocukların oyun aktivitelerinin sınıflandırılması aşağıda açıklanmıştır.

Bebeklik dönemi (0-1 yaş): Piaget'ye göre oyun; alıştırma oyunu, sembolik oyun ve kurallı oyun olarak üç gruptan oluşur. Alıştırma oyunu (öğrenilen motor faaliyetleri yinelemek) ilk ortaya çıkan oyundur ve yaşamın ilk 18 ayı boyunca baskındır. Bu oyun, çocuğun motor etkinliklerdeki ustalıktan elde edilen saf haz için tekrarlanmasını kapsamaktadır (Bağlı, 2004). Bu yüzden 0-1 yaş döneminde terapotik oyun kullanılamaz.

Oyun dönemi (1-3 yaş): Bu dönemde çocuğun ebeveyn ile bağının devam etmesi önemlidir. İşlemler sırasında çocuğun otonomisini geliştirmek amacıyla çocuğa seçenekler sunulmalı ve mümkün olduğunca kendi bakımına katılması sağlanmalıdır. Çocuğa dramatik oyunla kullanabileceği minyatür ev aletleri, oyuncak bebekler, çeşitli sahneler yaratabileceği araç gerecin sağlanması, sınırlarını ve sınırsızlıklarını tanıyıp, kontrol edip duygularını sınama olanağı bulmasına yardım eder (Çavuşoğlu, 2008; Mooney, 1997; Schuster, 1980; Uluğ, 1997). Yapılacak işlemin önce oyuncak bebek üzerinde yapılıp sonra çocuk üzerinde yapılması, oyuncak steteskop gibi araç gereçlerle çocuğun oyuncak bebeğine ya da kuklaya hemşireymiş ya da hekimmiş gibi müdahele etmesini sağlayan oyunlar oynaması (Kyle, 2008), minyatür bir hastaneye oyuncak bebeğini muayeneye götürmesi gibi sembolik oyunlar, çocuğun oynarken hastaneyle ve hastalıkla ilgili duygularını yansıtmasını, dolayısıyla yaşadığı stresle baş etmesini sağlar (Akt. Oyun Terapileri Enstitüsü, 2022).

Okul öncesi dönem (3-6 yaş): Bu dönemdeki çocuklar, bebek evleri ve plastik legolarla oynamayı severler. Kil, kum ve benzeri yaratıcı materyale ilgi duyarlar. Okul öncesi çocuğun hayal gücünü kullanarak bağlantılı oyunlar önerilmektedir. Örneğin, yapılacak işlemden önce büyük resimli kitaplar üzerinden çocuğun işlem hakkında korku fantezileri öğrenilebilir. Kuklalar ve gerçek tıbbi malzemeler kullanılarak planlanan terapotik oyun aracılığıyla ya da sözel olarak çocuğun işlem hakkında duygularını ifade etmesi sağlanmalıdır (Çavuşoğlu, 2008; Kyle, 2008; Wong, 1996; Akt. Oyun Terapileri Enstitüsü, 2022).

Okul dönemi (6-12 yaş): Bu dönemde çocuğun beden imajı ile ilgili kaygıları vardır. İşlem basamakları çocuk ile iş birliği içinde maket üzerinde karşılaştırmalı oyunlar ile görsel (video, poster, broşür) araçlar kullanılarak açıklanmalıdır. Anatomik olarak doğru şekilde yapılmış, ellerini kollarını çıkartabileceği kuklalarla oynaması, çocukların organlarını tanımasında yardımcı olur. Bazen küçük çocuklar bu kuklalarla konuşabilir. Böylece kendi duygularını aktarmış olurlar. Özellikle dokuz yaşından büyük çocuklar bebekle oynamayı çocuksu bulurlar.

Ergenlik dönemi (13-18 yaş): Ergenlik, beden imajında oluşabilecek değişiklikler, kontrol ve bağımsızlığı kaybetme, akran grubundan reddedilme ve ölüm korkusu olabilir. Ergen bir danışana gereksinimi olduğu kadar ve tolere edebileceği kadar bilgi verilmelidir. Bu dönemdeki çocuklar, kendi gelişim seviyelerine uygun olarak video oyunları, kitap okumak, DVD izlemek, maket yapmaktan hoşlanırlar. Öfke ve agresif davranışları azaltmak için yastığı yumruklama etkili bir yöntemdir (Oyun Terapileri Enstitüsü, 2022).

Çocuk ve ergenlerle çalışırken en önemli konu, danışanla terapistin uyumlanmasıdır. Çocuklar; sıcak, samimi bir ilgiden, açık ve net ifadelerden, odakta olmaktan hoşlanırlar. Bununla birlikte zenginleştirilmiş materyal çeşitliliği çok önemlidir. Çocuklarla çalışırken rahatlatıcı duyu oyuncakları (yumuşak malzemeler, baloncuk üfleme, rüzgârgülleri, hacı yatmaz, kum teknesi, oyun hamuru, slime, lastik bantlar), duygu/ihtiyaç posterleri, duygu kartları, duygu çıkartmaları, pelüş oyuncaklar, yapboz ve tak-çıkart oyuncaklar, küçük insan figürleri, boyalar ve kâğıt ilişki kurmak ve danışma sürecini sürdürmek için önemli aracılardır. Bu aracı materyaller, yabancı olduğu bir ortamda, tanımadığı bir yetişkinin yanında rahatlamasına ve stres düzeyini dengelemesine yardımcı olur. Psikolojik danışman, direnç gösteren ve ilişki kurmak istemeyen çocukla doğrudan iletişim kurmaya çalışmak yerine bu materyallerden birini seçip kendi başına oynamaya başlayarak çocuğun dikkatini sürece çekebilir. Bazen bir resim ya da çizim yapmaya başlanır ve çocuk çizimi tamamlaması için davet edilerek sürece dâhil edilir. Resim çocuk için bir eğlence aracıdır, bununla birlikte duygularını düzenleme ve ifade etme yoludur. Bu nedenle çoğu çocuk, resim yapmaktan ve yaptığı resmi anlatmaktan hoşlanır. Ayrıca çizime odaklanan çocuk, eğer dil gelişimini tamamladıysa bilinç düzeyindeki direnci kırıldığı için rahatlar ve kendini açmaya daha istekli olur.

Okul dönemi çocuklarıyla çalışırken onların ilgilendiği konular hakkında (izledikleri çizgi filmler, sevdikleri oyunlar/ dijital içerikler, hoşlandıkları kitaplar) bilgi sahibi olmak, çocuğun yakınlık hissini güçlendirir. Aynı durum ergenler için de geçerlidir. Onlar da ilgilendikleri konular hakkında bilgi sahibi olan yetişkinlerle ilişki kurmaya daha isteklidirler. Danışmanlık süreciyle ilgili ergenlerin en büyük endişesi eleştirilmek ve yargılanmaktır. Çünkü kendi ebeveyn-çocuk ilişkisinde genellikle eleştirilirler ya da görmezden gelinirler. Ergen danışanlar, egosantrik bir dönemde oldukları için duygusal ihtiyaçlarını okuyabilen ancak bir o kadar güçlü ve sağlıklı sınırlar koyabilen modellere ihtiyaç duyarlar. Psikolojik danışmanın ergen danışanla uyumlanabilmesi için duygusal olarak güçlü olduğunu hissettirmesi ergen danışanı güvende hissettirir. Bununla birlikte danışana duyduğu saygı ve yetişkinle ilişki kurmaya yönelmesi danışanın kendi yaşamına ilişkin sorumluluk alma ve değişim çabası gösterme motivasyonunu artırır. Ergenle kurulan ilişkide yetişkin kalıp zaman zaman şefkatli bir ebeveyn gibi yaklaşmak, zaman zaman kural koyan ve sınır çizen olmak danışma sürecini daha işlevsel kılacaktır. Ergenlik döneminde duygusal geçişler ani olmaktadır. Kendi ölümlülüğünü ve varlığını fark eden ergen, soyutlama ve analiz-sentez becerisiyle olması gerekenden fazla düşünce üretebilir. Bu durum kaygıyı beraberinde getirebilir. Sağlığı ile ilgili, kayıp yaşayacağına ilişkin, sosyal onaya, beğenilme ve sevilmeye ilişkin kaygılarla akademik beklentileri karşılamaya ilişkin kaygılar sık görülen kaygı türlerindendir. Kaygılı bireylerin ihtiyaç duyduğu duygusunu dengeleyebilen, dengeli bir yetişkin figürüdür. Hangi terapi ya da danışmanlık modeli uygulanırsa uygulansın ergen danışanın ihtiyacı ilişkinin kendisidir. Psikolojik danışman tarafından kapsandığını hisseden, duyguları geçerli kılınan ergen danışan, eş düzenlemeyle birlikte kendine ilişkin farkındalık kazanmaya başlar. Değişime ilişkin cesaret de bu farkındalığın iyi işlenmesiyle ortaya çıkar.

Ergenler genellikle mizahtan hoşlanırlar. Ancak özellikle fiziksel görünümleri, ilgileri ve arkadaşlarıyla ilgili kendilerine yapılan esprilerden rahatsız olurlar ve öyle olmasa bile kendileriyle alay ediliyormuş düşüncesine kapılabilirler. Bu yüzden mizahın keskin bir bıçak gibi olduğu söylenebilir. Doğru zamanda ve hassas bir şekilde yapıldığında bağı güçlendirirken dikkatsizce ve nezaket dışı yapıldığında öfkeyi tetikleyip ilişkinin kesilmesine neden olabilir.

Metaforlar ve anekdotlar, okul çağı çocukları ve ergenler tarafından genellikle dikkat çekici bulunur. Metafor kullanırken danışanın diliyle ve bilişsel kapasitesiyle uyumlu metaforlar, anlamı güçlendirerek danışanın konuyu anlamlandırmasına yardımcı olur. Erken çocukluk döneminde ve okul çağı çocuklarında resimli terapötik kitaplar ve çocuk edebiyatı eserleri metafor olarak kullanılabilir. Örneğin, bedensel sınırların öğreniminde "Bedenim Bana Ait", travma çalışırken "Çok Kötü Bir Şey Oldu" ya da "Boşluk", yılmazlıkla ilgili "Pes Etmek Yok" gibi kitaplardan yararlanılabilir. Kitaplar, çocukların hikâyedeki kahramanla özdeşim kurup kendi durumlarını daha rahat anlamaları ve ifade etmelerine yardımcı olur. Bu nedenle, çocuk ve ergenlerle yapılan psikolojik danışma oturumlarında ihtiyaç dâhilinde kitaplara, hikâyelere ve metaforlara yer verilmelidir.

Özet

Çocuk ve ergenlerle çalışmak, gelişimi ve gelişimle birlikte gelen ihtiyaçları bütünsel olarak ele almayı gerektirir. Çocukla ilişki kuran ve yardım sunan ruh sağlığı çalışanlarının çocuğun bilişsel, duygusal ve sosyal gelişimini doğru değerlendirmesi ve ona uygun yaklaşımı, seçtiği yaklaşım doğrultusunda kullanacağı materyalleri hassas şekilde belirlemesi uygun psikolojik müdahaleyi beraberinde getirecektir. Gelişimsel yaklaşım, ebeveynlere çocuğunun gelişimsel gerçekliği ve ihtiyaçları hakkında doğru yönlendirmeler yapmasına imkân verecektir. Gelişimsel süreçlere hâkim, bireysel farklılıkları ve ihtiyaçları gözeten psikolojik müdahale yaklaşımı, çocuk ve ergen açısından en kapsamlı ve güvenli yaklaşımlar arasında yer almaktadır.

Kaynakça

Aamot, S ve Wang, S. (2018). *Çocuğunuzun beynine hoş geldiniz: Doğum öncesi dönemden üniversite çağına kadar beyin gelişimi.* Çev: C.Duran. İndigo Kitap. İstanbul. ISBN 13: 978-6052361856

Akçay, D. ve Özcebe, H. (2012). Okul öncesi eğitim alan çocukların ve ailelerinin bilgisayar oyunu oynama alışkanlıklarının değerlendirilmesi. *Çocuk Dergisi, 12(2),* 66–71.

Akgöl, P. (2017). Duyusal İşlemleme Ölçeği Okul Öncesi Ev Formunun Türkçe uyarlamasının geçerlik ve güvenilirliği. *Yayınlanmamış Yüksek Lisans Tezi.* Hacettepe Üniversitesi Sağlık Bilimleri Enstitüsü, Ankara.

Bal, H. (2010). *İlköğretim I. kademe öğrencilerinin korkuları ve gelişimsel özellikleri. Yayınlanmamış Yüksek Lisans Tezi*, Sakarya Üniversitesi Sosyal Bilimler Enstitüsü.

Bayhan, P. ve Artan, İ. (2012). *Çocuk gelişimi ve eğitimi*. İstanbul: Morpa Yayınları.

Bumin, A. (1995). *24-72 aylıkken neler yapabilirim? Gelişim basamaklarını değerlendirme el kitabı*. Ankara: Kök Yayıncılık.

Collins F.S. ve McKusick, V. A. (2001). Implications of the human genome project for medical science. *JAMA* 285:540–4. 10.1001/jama.285.5.540

Durkin, K. (2004). *Developmental social psychology: From Infancy to Old Age*. Oxford: Blackwell, ISBN 13: 978-0631148296

Freeman, J.C. ve Harron, S. (2001). *Evolutionary analysis (2nd.Ed.)*. New York: Prentice Hall., ISBN 13: 978-0130172914

Güzen, M. (2021). Covid-19 pandemi öncesi ve pandemi sürecinde 4-6 yaş çocukların dijital oyun bağımlılık eğilimleri ve ebeveyn rehberlik stratejilerinde görülen farkların incelenmesi. *Yayınlanmamış Yüksek Lisans Tezi*. Denizli: Pamukkale Üniversitesi Eğitim Bilimleri Enstitüsü.

Karateke, B. ve Soysal Acar, Ş. (2020). Gece korkusu olgularında sanatla terapi ve yaratıcılık tekniklerinin kullanılması: bir olgu sunumu. *Cumhuriyet Üniversitesi Fen Edebiyat Fakültesi Sosyal Bilimler Dergisi, 44(2)*. ss.151-162.

Lewis, M., ve Schonfeld, D. (2002). *Dying and death in childhood and adolescence. Child and Adolescent Psychiatry: A Comprehensive Textbook*. 3rd ed. New York, NY: Lippincott Williams & Wilkins, 1239-1245.

Meggitt, C. (2012). *Çocuk Gelişimini Anlamak*. Çev. E. Kantemir. İstanbul: Optimist Kitap, ISBN 978-6055090326

Myers, J. E., Shoffner, M, & Briggs, M. (2002). Developmental counseling and therapy: An effective approach to understanding and counseling children. *Professional School Counseling, 5*, 194-202.

National Scientific Council on the Developing Child, & National Forum on Early Childhood Policy and Programs. (2011). *Building the brain's "air traffic control" system: How early experiences shape the development of executive function* (Working Paper No. 11). Harvard University, Center on the Developing Child. http://developingchild.harvard.edu/wp-content/uploads/2015/05/How-Early-Experiences-Shape-the-Development-of-Executive-Function.pdf

Oyun Terapileri Enstitüsü. (2022). *Oyun Terapisi Ekolleri*. Elde edilme tarihi: 21.09.2022 https://oyunterapileri.org/ekoller/deneyimsel-oyun-terapisi/

Pagani, L. S., Fitzpatrick, C., Barnett, T. A., & Dubow, E. (2010). Prospective associations between early childhood television exposure and academic, psychosocial, and physical well-being by middle childhood. *Archives of Pediatrics & Adolescent Medicine, 164(5)*, 425–431.

Parker, L. ve Nicholson, B. (2020). *Kalpten Bağlı*. Çev: Y. Ataman. İstanbul: Görünmez Adam Yayıncılık. ISBN-13: 978-6056998317

Pekçetin, S. (2015). Prematüre bebeklerde duyu bütünleme müdahale programının duyusal işlemleme, emosyonel ve adaptif cevaplar üzerine etkisi. *Yayınlanmamış Doktora Tezi*. Ankara: Hacettepe Üniversitesi Sağlık Bilimleri Enstitüsü.

Porges, S. (2002). Polivagal teori rehberi: Güvende hissetmenin dönüştürücü gücü. İstanbul: Psikonet. ISBN 13: 9786057496584

Rideout, V. J., Vandewater, E. A., & Wartella, E. A. (2003). *Zero to six: Electronic media in the lives of infants, toddlers and preschoolers*. California, CA: Henry J Kaiser Family Foundation.

Sayan, H. (2016). Okulöncesi eğitimde teknoloji kullanımı. *21. Yüzyılda Eğitim ve Toplum, 5(13)*, 67-83.

Sidar, E. (2019). Duyu'lmak İstiyorum. İstanbul: Sola Unitaş. ISBN 13: 978-6057628398

Ürer. E. (2017). Çocuklarda ölüm ve yas üzerine bir inceleme. *Dini Araştırmalar, 20 (52),* 131-140. https://doi.org/10.15745/da.363801

Williams, M.S., ve Shellenberger, S. (1994). *How does your engine run?* Albuquerque NM USA: Therapy Works.

Yavuzer, H. (2015). *Çocuğu tanımak ve anlamak*. İstanbul: Remzi Kitapevi. ISBN 13: 978-9751409188

BÖLÜM 3

ÇOCUK VE ERGENLERLE PSİKOLOJİK DANIŞMADA ETİK

Fatma Ebru İkiz

İçerik

Etik

Psikolojik danışman, okul psikolojik danışmanı olarak, aile psikolojik danışmanı olarak ya da pedagog olarak farklı ünvanlarla farklı kurumlarda hizmet verebilir. Özellikle 18 yaş altı reşit olmayan çocuk ve ergen bireylere ve çevrelerindeki yetişkinlere koruyucu, önleyici, gelişimsel ve iyileştirici işlevleri olan ruh sağlığı hizmetini sunar. Hangi kurumda hangi ünvanla olursa olsun aile, çocuk ve genç ile çalışacak olduğunda mesleki etik ilkelere ve yasalara uygun davranmakla yükümlüdür. Psikolojik danışmanın kendisinin ve hizmet verdiği kişilerin kendi yaşam alanlarındaki özgünlüğü göz önüne alındığında, profesyonel mesleğin sağlıklı icra edilebilmesi için ahlak, değerler ile etik ilişkisinin doğru anlaşılması gereklidir.

Ahlak, değer ve norm kavramları hem birbiriyle ilişkili hem birbirine temel oluşturan hem de birbirlerinden çok farklı, kültüre ve kişiye özel oldukça subjektif kavramlardır. *Ahlak*, kültürel değerler ve ideallerle ilgili doğruların, yanlışların ve bunlar doğrultusunda kişide huy olarak gelişen niteliklerin, içinde yaşadığı toplumda uymak zorunda bulunduğu davranış biçim ve kurallarının subjektif değerlendirilmesidir. *Değer*, bir varlığın ve bir olayın insan için önemini belirleyen inançtır ki insanlar, içinde yetiştikleri ortamlarda ve bir arada oldukları bireylerle öğrendiklerinden yola çıkarak kendilerine, diğer insanlara, olaylara, durumlara, nesnelere, süreçlere değer biçerler. Kişisel karakter ve ahlak gelişimleri süreçlerinde yaşadıklarından vardıkları çıkarımlarla kendilerine özgün değerler sistemi oluşturmaya başlarlar (Mert, 2022). Dolayısıyla değerler kişiye özgündür. Kişinin “Bu benim için önemlidir.” ya da “Ben buna katlanamam.” diye tanımladığı şey aslında ilişkili değerleridir. *Norm,* grup veya topluluk içinde yargılama ve değerlendirmenin kendisine göre yapıldığı ölçütler ve uyulması gereken yazılı olmayan kuralları kapsar (TDK, 2016). Normlar genellikle toplumsal değerlerin yansıması olup bireylerce paylaşım özelliği taşır. Böylece kolektif bir yapı oluştururlar. Bireysel ilişkilerin net olarak düzenlenmesi ve eylemlere yön vermesi, normları, toplumsal boyutta iyice öne çıkarır (Aydın, 2012). Her şeyi hemen kişisel ya da toplumsal ahlaki açıdan yargılamayıp, ahlaki olanın esasen ve evrensel olarak ne olduğunu, ahlaki eylemin bir anlamı olup olmadığını, böylesi bir eylemi nasıl temellendirebileceğini ve açıklayabileceğini soran kişi ise *etik* alana girmiş olur (Mert, 2022; Pieper, 2012).

Etik, ahlak üzerine düşünen, konuşan, tartışan ahlak felsefesidir (Bolay, 2010). Etik, Türk Dil Kurumuna (2016) göre töre bilimi, çeşitli meslek kolları arasında tarafların uyması veya kaçınması gereken davranışlar bütünü, etik bilimi ve ahlakla ilgili olarak tanımlanmıştır. Etik, meslek elemanının eylemini (pratiğini) ahlaki niteliği bakımından aydınlatmayı, eleştirel ele almayı vurgular (Mert, 2022). Etiğin amacı, Yılmaz’ın (2008) vurguladığına göre ahlaki eylemin, insanın isterse gerçekleştirebileceği, istemezse vazgeçebileceği keyfî bir eylem olmadığını insana hatırlatmaktır ve insana sevmeyi öğretebilmedir. Etik olmaktan bahsedildiğinde, kişinin ahlak kurallarının ve değerlerinin incelenmesi sonucu ortaya çıkan düşünme, muhakeme etme süreçlerinde belirlenmiş, evrensel, kriter ve standartları temel alarak, herkes için ideal olabilecek sonuca varma, karar verme ve uygulama süreçlerinde inisiyatif alma ve aksiyon alması vurgulanmaktadır. Bu anlamda etik, toplumda yaygın olan ahlak kurallarından daha özel ve felsefidir (Aydın, 2012).

Bir davranış için "Bu etik bir davranıştır." diye değerlendirirken "Bu yaptığın hiç etik değil." deyişiyle kastedilen; psikolojik danışmanın bir konuya, kişiye, olaya, vakaya yaklaşım biçimini, tavır ve tutumları etik ya da etik değil olarak değerlendirmesinde **altı nokta** çok önemlidir. Bunlar psikolojik danışmanın;

1. Kendi aile yapısında ve kültüründe edindiği dinî ya da töresel doğrularının dışında,
2. Kişisel ahlaksal yargılarının, inançlarının, değerlerinin dışında,
3. Farkında olduğu ve hatta farkında olmadığın patolojilerinin, nevrotik ihtiyaçlarını karşılama arzularının ve kişisel çıkarlarının tamamen dışında,
4. Bir başkasının ve özellikle de konumuz gereği çocuk ve ergenlerin hayatlarını tümüyle ilgilendiren hususlarda,
5. Ailenin ve çocuğun kendi kültürüne duyarlı ve onların fenomenolojik alanında gerçekçi olarak çok yönlü düşünüp davranarak,
6. Evrensel olarak belirli kriterler doğrultusunda yapılması gerekeni yapıp yapmadığı ile ilgilidir.

Kriterleri saptayarak bu kriterlere göre öncelikle hangi hedefin iyi bir hedef olarak kabul edilmesinin uyulması zorunlu olabileceğini belirtmektir (Pieper, 1999). Bu anlamda, etikte tek taraflılık vardır ve aldığı kararın sorumlusu, bireyin yani psikolojik danışmanın kendisidir (Marşap, 2006). Etik standartlar ve kriterler, çok ciddi sonuçları olabileceğini düşündüğümüz durumlarla baş eden, herhangi bir otorite tarafından değiştirilmeyen ve iyi sebeplere dayanan, bencillik gibi bireysel çıkarların üzerinde olan ve tarafsız standartlardır (Mert, 2022).

Bizim konumuzda, *"Psikolojik danışma süreçleri ve uygulamalarında çocuk ve ergenlerle çalışırken etik olan nedir? Psikolojik danışmanın hangi konuda ne yapması veya nasıl yaklaşması etiktir? Psikolojik danışmanın kaçınması gerekenler nelerdir?"* sorularına üç türlü yaklaşmalıyız. Birincisi, genel olarak psikolojik danışmanlar için belirlenmiş değerler ve etik ilkeler çerçevesine hâkim olmalıyız. İkincisi, hedef kitlemize özgün özel olarak "çocuk ve ergenlerle çalışırken gözetilmesi gereken etik ilkeler" açısından yaklaşmalıyız. Üçüncüsü, çalıştığımız kurum ya da kuruluşun yasal yükümlülüklerine uygun olanlar çerçevesinde yaklaşmalıyız. Dünyada çocuk ve ergen psikolojik danışması kapsamında (Ascherman ve Rubin, 2008) ve çocuk psikiyatrisi açısından (Conrad ve Brumbaugh, 2021) çocuğa ve aileye yönelik hizmetlerde etik hususlar ile ilgili çalışmalar bulunmaktadır. Okul ve aile danışmanlığı yapan uzmanların konuya çok yönlü bakabilmeleri ve diğer ruh sağlığı uzmanlarıyla uyumlu eş güdümlü hareket edebilmeleri için farklı yaklaşımlarla karşılaştıklarında sebebini doğru değerlendirebilmeleri amacıyla içerikte klinik terminolojiye de yer verilmektedir. Unutulmaması gereken husus şudur: Psikolojik danışman etik ve yasal çerçeveye uygun davranırsa hem danışanlar zarar görmez hem uzmanın kendisi zarar görmez hem de aileye ve topluma fayda sağlanmış olur.

Psikolojik Danışmada Temel Etik Değerler ve İlkeler

İlk olarak Psikolojik Danışma Etik Kodları genel çerçevesine bakıldığında (TPDR DER, 2022), hangi kurum ve kuruluşta ve hangi hedef kitleyle çalışılıyor olduğunu spesifik olarak ayrıştırmadan, bir meslek elemanı olarak psikolojik danışmanın sahip olması gereken değerler ve etik ilkeler vurgulanmaktadır. Bu kapsam incelendiğinde şunu anlamalıyız: Ben bir psikolojik danışman olarak bu değerleri benimsemeli ve bu etik ilkeleri bilmeliyim ki mesleğimi etik olarak icra edebileyim. Neyin etik olduğu ile neyin etik olmadığını bilmezsem karar verme süreçlerimde ben, etik olan ve aynı zamanda yasalara da uyan ve vicdanıma sinen sonuca ve uygulamalara nasıl yönelebilirim? Bu anlamda etik, psikolojik danışmanların mesleğini icra ederken kendilerini korumalarını, mesleki bütünleşmelerini sağlarken, etik uygulama yapmayanları ayırt etmelerine de yardımcı olacaktır. Etik, bir yandan da onları mesleki yozlaşma, tükenmişlik ve kötüye kullanımdan korumaktadır. Anlaşılacağı gibi *meslek etiği*, meslek elemanını koruyan, kollayan ve ideale yönlendiren, dolayısıyla içsel huzur ve mesleki tatmin yaşamasına yol açacak kodlar, prensipler, değerler ve ilkeler sunar.

Mesleki etik, bir meslekte karşılaşılan doğru ve yanlış davranışları ele alır. Mesleki etiğin temelinde insan ilişkileri vardır. Aynı meslekte bulunan bireylerin birbirleriyle ve hizmet verdikleri kişilerle ilişkilerinde belirli davranış kalıplarına uymaları, mesleki etik gereğidir (Aydın, 2006; Mert, 2022). Psikolojik danışma mesleği temel değerleri; yardımseverlik, doğruluk, saygı gösterme ve saygınlık görme, mutlu olma ve mutlu etme, yetkin olma, sabırlı, sadakatli, adaletli, sorumluluk sahibi olma nitelikleri ekseninde özerkliğe ve farklılıklara saygılı olma, herkese eşit ve doğru hizmet sunma, planlı programlı hesap verebilir olma, esnek ve sadık olma ödevlerini içerir (İkiz, Topkaya, Sağlam, 2021). Amerikan Psikolojik Danışmanlar Birliğine göre de bir psikolojik danışman, yaşam boyu insan gelişimini güçlendirme, insanların sosyal ve kültürel ortamlarındaki biricikliğini, potansiyellerini, değerliliğini, farklılıklarını kucaklayabilme, sosyal adaleti oluşturup sürdürebilme, psikolojik danışman-danışan arasındaki ilişkinin koruyucusu olma ve yetkin ve etik uygulamalar sergilemelidir (İkiz, 2022). Bu değerleri benimseyen meslek elemanının uyması gereken temel prensipler ise özerklik, bilerek zarar vermeme, iyilik, hakkaniyet, doğruluktur. Farklı pek çok ülkede ve ülkemizde vurgulanan temel değerler, ödevler ve prensipler çerçevesinde bütüncül olarak bakıldığında (İkiz, 2022; İkiz, Topkaya, Sağlam, 2021), bir psikolojik danışmanın benimsemesi gereken temel 12 etik ilke aşağıdaki şekilde listelenebilir:

1. **Özerkliğe ve özgür iradeye saygılı olma ve özerkliği güçlendirme:** Kişinin kendi bedensel ve ruhsal sağlığı, eğitim ve geleceği ile ilgili, kişiler arası ilişkilerini ve hayatını nasıl idame ettireceği ile ilgili hususlarda karar verme, iyi ve kötü olanı ayırt etme, akıl yürütme hakkına saygı göstermek ve destek olmaktır. Kişinin (bireyin, ailenin, çocuğun ya da ergenin) kendisi için işlevsel, sağlıklı olanı hayatına geçirme, danışma sürecini devam ettirme, memnun olma veya tam tersi, hayatına geçirmeme, süreci sonlandırma ve memnun olmama haklarına saygılı olmalıdır. Danışmanlar, danışanların sürece ilişkin sorumlulukları ve hakları hakkında onları bilgilendirmelidirler.

2. **Gönüllülük:** Çocuk ve ergen sıklıkla gönüllü olmadan hizmet almaya yetişkinler tarafından getirilir. Yetişkinler, sorundaki kendi paylarından haberdar olabilir ya da olmayabilir, kendisi için hizmet istiyor olabilir ya da olmayabilirler. Bütün bu dinamikler belirlenmeli; yaşam öyküsü, ihtiyacın düzeyi ve etkisi ile ilgili kapsamlı bilgi toplanmalıdır. Danışan bu içerikle bilgilendirilmeli, yaşantısında daha sağlıklı ve işlevsel hayat sürebilmesi için danışma sürecinden nasıl faydalanabileceği konusunda bilgilendirilmelidir. Terapötik teknikler ile kucaklanmalı, önemsenmeli, ihtiyacı hissedilmeli, kendisine ihtiyaç hissettirilmeli ve gönülsüz kişi gönüllü hâle getirilmelidir. Bu noktada diğer tüm ilkeler gözetilmelidir, gönüllülük sağlanmıyorsa süreç sonlandırılmalıdır, aile ya da ilgili yetişkinlere doğru ve dürüst bilgi verilmeli, gerekirse sevk edilmelidir.

3. **Bilerek zarar vermeme, zaaflardan faydalanmama ve iyilik hâlini koruma:** Danışan, özellikle de çocuk ve ergen, bilişsel, duygusal ve fiziksel gelişim düzeyi açısından hâlen gelişmekte olan taraftır, yaşantılarından travmatize olmuş bir hâlde olduğu için psikolojik danışmanların bu süreci kendi kazancı, çıkarı, reklamı, yayını açısından kişisel faydaya dönüştürmemesidir. Ayrıca kurduğu ilişki, kayıtlar, uygulanan ölçme araçları ve yorumlanmasında, bilgilerin gereken kişilerle paylaşılmasında ya da sevk edilmesinde danışanın zarar görebileceğini bilerek hareket etmemeli ve olası zararlardan maksimum düzeyde korumalıdır. Danışanın hayatındaki ihtiyacına rağmen mevcut iyilik hâlini sürdürmesine ve daha iyi, sağlıklı olmasına katkı sunmalıdır.

4. **Adaletli, hakkaniyetli ve eşit hizmet sunma:** Psikolojik danışman, aynı konuda her kim talep ederse etsin, ırk, cinsel yönelim, cinsiyet, yaş, etnik köken, dinî tercih, yaşam tercihi, eğitim düzeyi ayırımı yapmaksızın herkese eşit ve aynı kapsamda hizmet etmelidir.

5. **Yetkin olma:** Psikolojik danışman bilmediği kuram ya da teknik varsa biliyor gibi yapmamalıdır. Bilmediği konular ya da beceriler açısından kendini yetiştirmelidir. Psikolojik danışman, ihtiyaç duyduğunu fark ettiği anda danışanı doğru bilgilendirmelidir; meslektaş konsültasyonu ya da uzman süpervizyonu gerektiğinde danışanı bilgilendirme ve onayı doğrultusunda süreci belirlemelidir. Bildiği konuda, kapsamda ve yaş grubuna yönelik hizmet vermelidir.

   Psikolojik danışmanlar, yetkinliğini danışandan sakınmamalıdırlar. Danışan, çocuk ve ergen de olsa ünvanına göre uygun hitap etmesini sağlamalıdır. Okul ve aile psikolojik danışmanları kesinlikle abla/abi/teyze/amca gibi söylemleri kabul etmemeli ve danışanlarına ve ailelerine, kendilerine nasıl hitap edeceklerini ilk görüşmede öğretmelidir. Bu şekilde tarafların sorumluluklarının ve sınırlarının farkında olması sağlanabilir.

6. **Doğru hizmet sunma, doğru bilgi verme, beyanda bulunma:** Hem sözel hem yazılı hem de sosyal medyada paylaşımlarında, evraklarında, raporlarda, web sitesinde, bloglarda vb. kendini doğru tanıtmalıdır. Eğitim düzeyi, kapsamı ve belgeleri ile ilgili doğru bilgi sunmalıdır. Danışma sürecini hangi bakış açısıyla ve nasıl sürdürecekse danışana o kapsamda doğru uygulamalar yapmalıdır.

7. **Dürüst, şeffaf ve hesap verebilir olma:** Konuşma ve davranmalarında çift mesaj ve gizli mesajlar içermemelidir, içten ve saygılı iyi bir rol model olmalıdır. Konuşmalarında ve yazmalarında içerikten kişisel olarak sorumludur; yanlış anlaşılmalara yol açmamalıdır ve gerektiğinde hesabını verebilir olmalıdır. Arkasında duramayacağı, açıklayamayacağı söylemler, davranımlar, yazılar sergilememelidir.

8. **Aileye ve topluma karşı sorumluluk sahibi olma:** Her bireyin bir ailesi olduğu (bilsin bilmesin, tanısın tanımasın; neyi ya da kimi ailesi olarak tanımlıyor ise) ve toplumsal bir rolü ve yeri olduğu göz önünde tutulmalıdır. Bireye yönelik her türlü işlemde, onun ailesine ve topluma yönelik sorumlu olduğunu ve işlemlerin olumlu olumsuz sonuçlarının yansımaları olabileceğini akılda tutmalıdır. Aileye, aile bütünlüğüne, ailenin kültürel yapısına, topluma katkı sağlayıcı yaklaşımlar içinde olmalıdır. Aile veya bireysel danışma süreci esnasında ve bittikten en az 5 yıl sonra bile aile bireylerinden biriyle sosyal, romantik, cinsel ilişki kurulması, kurulmasına ortam sağlanması, danışandan olası talebi fark etmemek ya da yönetememek, hem yüz yüze ve hem sanal mecralarda kesinlikle yasaktır. 18 yaş altı bireyle çalışılırken çocuk ya da gencin kendisiyle sosyal, romantik, cinsel temas ya da ilişki kurulması, hem yüz yüze ve hem sanal mecralarda kesinlikle yasaktır. Bu hususlar süreç başında

dile getirilip bilgilendirilmiş onama dâhil edilebilir. Bu hususlar süreç esnasında oluştuğu fark edildiğinde seansta aktarım ya da direnç konusu gibi tema olarak işlenebilir. Olası zararlardan korunmak için danışan başkasına sevk edilir ve danışma süreci sonlandırılır. Nasıl yol izleyeceği psikolojik danışmanın klinik kararıdır. Bu kararı süreç başında verip sürecin başından sonuna aldığı karar doğrultusunda davranmalıdır.

9. **Gizlilik, güvenirlik, sır ve sadakat önemseme:** Özellikle çocuk ve ergenin güven duyması ve kendini sürece ait hissetmesi, süreçten yarar sağlayacağını bilmesi, emin ellerde olduğunu hissetmesi çok önemlidir. Paylaşılan içeriğin gizli tutulacağı, hangi kapsamda, ne kadar bilginin nasıl bir şekilde, ne zaman aile bireyi ile paylaşılacağı hakkında danışana bilgi verilmeli ve onayı alınmalıdır. Seans saatlerine, süresine, yerine sadık olunmalıdır. Danışana verilen sözlerde sadık olunmalıdır, tutamayacağı sözler vermemelidir. Süreçte sır hususlarının nasıl ele alınacağı hakkında baştan bilgi vermelidir. Bilgi ve belge paylaşımlarında kapalı zarf usulüne uygun davranmalı, yüzyüze olmayan çevrim içi ve telefon hattı ile hizmet verilen süreçlerde, verilerin korumasına hassas olmalı, aktarımında, paylaşılmasında ilgili kanunlara uygun davranmalıdır. Gizliliği ihlal etme kurallarını, acil durumların neler olabileceğini, yasal hususları danışanla ve aileyle ilk oturumda paylaşmalıdır. Yapabileceklerini söylemeli, tutabileceği sözler vermeli, söylediklerini yapmalı ve verdiği sözleri tutmalı, tutarlı ve bağdaşım içinde sağlıklı rol model olmalıdır.

   Gizliliğin çocuk ve ergen tarafından doğru anlaşıldığından emin olunmalıdır. Ailenin de gizlilik kapsamına hassas ve duyarlı davranmayı anladığından emin olunmalıdır. Gizliliği kendi içlerinde ihlal etmelerinin onlara ve çevrelerine yönelik olası zararları konusunda psikoeğitim verilmelidir. Gizli kalmaması gereken, mahrem kalmaması ve gizliliğin ihlal edilmesi gereken durumlarda, saklamanın ve gizli tutmanın potansiyel zararları konusunda psikoeğitim verilmelidir. Çocuk ve ergen ile çalışırken psikolojik danışmanın muhatabı yasal vasidir.

10. **Sosyal adaleti sağlama ve gerektiğinde hak savunuculuğu yapma, destek olma:** Özellikle çocuk ve ergen danışanlarla çalışırken, içinde yaşadıkları ailenin, temasta olunan aile bireylerinin, öğretmenlerin, akranların ya da toplumsal farklı bir yapının birey için tehdit oluşturması, bireyin bu konuda beyanı olması ve süregiden ölçülebilir izlenebilir zarar olması durumunda danışmanlar, danışanlarına destek olup hak savunuculuğu yapabilirler. Danışanın bilgi ve onayı doğrultusunda kararlar alabilir, görüşmeler yapabilir, psikometrik ölçümler yapabilir ve yasal işlemler başlatabilirler. Disiplin işlemleri ve

yasal süreçlerde, objektif ölçülebilir veriler dışında öznel bilgi ve gözlem paylaşamaz, taraf olamaz, karar merci olamazlar.

11. **Uygulamalarda esnek olma:** Danışanın ve ailesinin ihtiyacına göre bilgileri ve onayları dâhilinde danışman gerekirse ölçme değerlendirme yapabilir. Psikolojik danışma sürecinde ihtiyaç hâlinde karşılıklı kurulan terapötik ilişkiden, ilişki türü ve etkinliklerle ara buluculuk ve uzlaşmacılık ilişkisine dönebilir. Danışana maddi ve manevi daha faydalı olacak kuramsal oryantasyonunu değiştirebilir, tekniklerini esnetebilir. İhtiyaca göre işlemler ve uygulamalar danışma ofisi dışına taşabilir. Açık ortam etkinliklerine sanat etkinliklerine yer verilebilir. Örneğin, bilişsel davranışçı yaklaşımla başlatılan bir süreçte danışman bilinçli farkındalık veya EMDR sürecine geçilmesini gerekli gördüğünde danışanı bilgilendirip onayını alıp geçiş yapabilir. Sosyal fobisi olan ya da topluluk önünde konuşma sıkıntısı yaşayan bireyin performans sunumu gerektiği zaman ve gerektiği yerde psikolojik danışman motivasyonel çalışma yapabilir. Ev ziyaretleri ile sınav kaygısı çalışılan çocukla çalışılabilir. Buradaki dikkat edilecek husus, esnetme sürecinde esnekliğe duyulan ihtiyaç taraflarca kabul edilmiş olmalı, terapötik ilişkiye zarar verecek hususlar içermemeli, diğer etik kuralların ve yasal unsurların ihlal edilmemesi gerektiğidir.

12. **Kararlarında çok yönlü, kapsayıcı, incelikli ve hassas olma:** Psikolojik danışman etik ikilem çözme, karar verme ve problem çözme becerilerini sürece aktarır, ani ve hızlı karar vermez. Olası kararları etik ilkeler, yasal hususlar süzgecinden geçirir, konuyla ilgili konsültasyon alır, olumlu olumsuz her türlü olasılığı göz önüne alıp karar verir. Verdiği kararın hesabını verebilir olmalıdır.

Bu ilkeler, psikolojik danışma uygulamalarının 9 temel başlığı kapsamında geçerlidir. Temel 9 başlık şu şekildedir:

1- **Psikolojik danışma ilişkisi:** Tanışmayla başlayan terapötik bir süreç vardır. Bu sürecin yapılandırılması, anamnez alma, vaka formülasyonu, sonlandırma, sevk işlemlerinin nasıl yürütüleceğine dair temel başlıktır.

Örneğin; psikolojik danışman, aile bireylerine ismen hitap etmeli ve siz vurgusu yaparak saygı çerçevesini ve mesafeyi belirlemelidir. Çocuk ve ergene ise içten bir şefkat ile "Size nasıl hitap edeyim?" diye sormalı ve o ne diyorsa öyle hitap etmelidir. Çocuk ya da gencin de psikolojik danışmana nasıl hitap edeceğini belirlemelidir. İhtiyacın ne olduğu, nasıl ele alınacağı, süreçle ilgili bilgileri süreç esnasında ve ilgili kişilerle paylaşması gerektiğinde nasıl yol izleyeceğini açıklamalıdır. Doğru, dürüst, hakkaniyetli bir şekilde, yetkinliği çerçevesinde danışana, aileye, topluma zarar vermeyecek şekilde ilk ilişkiyi yapılandırmalıdır.

2- Gizlilik ve güvenirlik: Tanışmayla başlayan güven hissinin sürdürülmesi ve çerçevesinin çizilmesi başlığıdır. Gizlilik kapsamı ve gönüllülük süreci etik ilkelerle işlenir. Dikkat edilmesi gereken dört düzey belirtilmektedir (bk. https://acikders.ankara.edu.tr). Bu kapsamda bir çocuk veya genç hakkında doğru hareket edebilmek için toplanan anamnez ve vaka formülasyonu bilgileri 14 madde kapsamında detaylandırılmıştır:

1. Düzey: Birinci gizlilik düzeyindeki bilgiler, herkese açık ve herkesten toplanan ön görüşme bilgileridir. Bunlar;

- ✓ Kimlik bilgileri, sosyodemografik bilgiler,
- ✓ Görünüş, fiziksel yetkinlik ve hazırbulunuşluk düzeyi, akademik başarı bilgileri,
- ✓ Ev, kaldığı yer, aileye ilişkin demografik yasal bilgiler,
- ✓ Geliş sebebi.

2. Düzey: İkinci gizlilik düzeyindeki bilgiler ancak sorumlu kişilere verilebilecek bilgilerdir. Bunlar;

- ✓ Çocuğun özel durumu, üveylik, travma yaşantısı,
- ✓ İhtiyacın ne kadar zamandır yaşandığına ilişkin ilk bilgiler,
- ✓ Mevcut problemin tarihçesi,
- ✓ Hayatındaki yansıması, duygulanımı,
- ✓ Müdahale sonuçlarına ilişkin beklentiler.

3. Düzey: Üçüncü gizlilik düzeyindeki bilgilerin başkalarına verilebilmesi için çocuğun, gencin ya da yasal vasinin onayı gereken bilgilerdir. Bunlar;

- ✓ Standart test sonuçları,
- ✓ Danışanın psikososyal tarihi.

4. Düzey: Dördüncü gizlilik düzeyindeki bilgiler gizli tutulan bilgilerdir. Bunlar;

- ✓ Psikiyatrik inceleme sonuçları,
- ✓ Psikometrik ölçme ve değerlendirme sonuçları,
- ✓ Sosyal hizmet raporları,
- ✓ Tıbbi ya da adli tıb tahlil sonuçları.

Millî Eğitim Bakanlığı (MEB) girişleri veya dosyalama sistemi bu içeriğe göre planlanmalıdır. Millî Eğitim Bakanlığı Rehberlik ve Psikolojik Danışma Hizmetleri

Etik Yönergesi'ne göre çocuk ve ergenlerle çalışırken PDR gizlilik ilkeleri hususunda eğitim kurumları yöneticilerinin de rehberlik ve psikolojik danışma hizmetlerinin etik ilkeler doğrultusunda yürütülmesi için gerekli tüm önlemleri alması vurgulanmaktadır ve şu şekilde sıralanmaktadır: a) Tüm öğrencilerin rehberlik ve psikolojik danışma hizmetlerinden faydalanabilmesi için gerekli koşulları sağlar. b) Rehber öğretmen/psikolojik danışmanın görevini hizmetin amaçlarına ve etik ilkelere uygun olarak yerinde, zamanında ve nitelikli bir şekilde yapmasını sağlar. c) Rehberlik ve psikolojik danışma hizmetlerinden yararlanan öğrencilere ilişkin hizmetin gerektirdiği özel ve gizlilik içeren bilgi ve belgeleri rehber öğretmen/psikolojik danışmandan talep etmez. d) İhmal ve istismar vakalarını veya ihmal ve istismar şüphesi bulunan durumları Türk Ceza Kanunu'nun ilgili maddeleri doğrultusunda gerekli mercilere bildirir ve/veya süreçten ilk haberdar olan personelin gerekli mercilere bildirmesi sürecini destekler. e) İhmal ve istismar vakalarında veya ihmal ve istismar şüphesi bulunan durumlarda iş ve işlemlerin gizlilik ilkesine uygun bir şekilde yürütülmesini sağlar. f) İhmal ve istismar vakalarının veya ihmal ve istismar şüphesi bulunan durumların bildirim süreci ve sonrasında bireyin süreçten en az şekilde etkilenmesi için gerekli tedbirleri alır (bk. https://orgm.meb.gov.tr/).

Çocuk ve ergenlerle çalışırken PDR gizlilik ilkeleri hususunda sınıf rehber öğretmenleri de görevlidir: a) Öğrencilerine ilişkin özel ve gizlilik içeren bilgi ve belgeleri öğrenci ve velisinin izni olmadan adli ve idari soruşturma kapsamı haricinde paylaşmaz. Ancak bilgileri iş birliği ve yönlendirme kapsamında öğrenci ve velisinin iznini alarak ilgili uzmanlarla paylaşabilir. b) Sınıf rehberlik etkinliklerinin uygulanması sürecinde yapılan paylaşımların sınıf içinde kalmasının önemi konusunda öğrencileri bilgilendirir ve onların özel ve gizlilik içeren paylaşımlarını başka bireylerle paylaşmaz. c) İhmal ve istismar vakalarında veya ihmal ve istismar şüphesi durumlarında tutanak tutarak gerekli mercilere başvurur ve öğrencinin üstün yararını gözeterek gizlilik ilkesine uygun olarak hareket eder (bk. https://orgm.meb.gov.tr/).

Diğer öğretmenlerin de çocuk ve ergenlerle çalışırken PDR gizlilik ilkeleri hususunda dikkat etmesi gerekenler vardır: a) Öğrencilerine ilişkin özel ve gizlilik içeren bilgi ve belgeleri öğrenci ve velisinin izni olmadan adli ve idari soruşturma kapsamı haricinde paylaşmaz. Ancak bilgileri iş birliği ve yönlendirme kapsamında öğrenci ve velisinin iznini alarak ilgili uzmanlarla paylaşabilir. b) İhmal ve istismar vakalarında veya ihmal ve istismar şüphesi durumlarında tutanak tutarak gerekli mercilere başvurur ve öğrencinin üstün yararını gözeterek gizlilik ilkesine uygun olarak hareket eder. Psikolojik danışmandan öğrenciye ait özel ve gizlilik içeren bilgi talep etmez. Öğrencinin sosyal duygusal, akademik veya kariyer konularında danışma hizmeti aldığına dair genel bilgiler edinebilir (bk. https://orgm.meb.gov.tr/).

Rehberlik ve Araştırma Merkezi uzmanlarının ve müdürlerinin de çocuk ve ergenlerle çalışırken PDR gizlilik ilkeleri hususunda dikkat etmesi gerekenler vardır: Merkez çalışmalarında kullanılan psikolojik ölçme araçları, danışan dosyaları ve diğer kayıtların güvenliğini, gizliliğini korur ve standartlarına uygun kullanılmasını sağlar. (bk. https://orgm.meb.gov.tr/).

3- Yetkinlik: Psikolojik danışmanın yaş grubuna yönelik ilgili konuda gereken becerilerde ne bildiği ile ilgili konu başlığıdır. Bildiklerini doğru, dürüst, zarar vermeden, esnek olarak, gerekirse sosyal adalet yapılandırarak sürdürmelidir.

Çocukla çalışmak, kaç yaş grubu olduğuna göre farklı özellikler içerir. Örneğin; *okul öncesi dönemde çocuklar,* bilişsel ve duyuşsal açıdan işlem öncesi dönemde oldukları için çocuklar hayal ile gerçeği ayırt etmede güçlükler yaşayabilir, olayları ve kişileri tek özelliğini merkeze alarak düşünebilir, özelden özele akıl yürütebilir ve dışsal olaylardan bile kendine ilişkin çıkarımlarda bulunabilir, suçluluk duyguları geliştirebilirler (bk. Edt, Deniz, 2021). Okuma ve yazma bilmez, yer-yön kavramı yoktur, saati bilmez, mülkiyet kavramı gelişmemiştir, ahlaki olarak dışa bağlı evdedir. Dolayısıyla bu yaş grubunda çalışacak kişinin çocuk dilinden konuşabilmesi, çocuk gözünden görebilmesi, çocuk beyninden dış dünyayı ve kendini anlayabilmesi gerekir. İçgörü yoktur, önsezi vardır, iç dünyası geniştir, hassastır ve yetersizlikleri doğrultusunda yetişkine her ne yaparsa güvenme eğilimindedir. Sabır, hassasiyet ve yaratıcılık gerektiren bu süreç oyun, sanat, film analizleri, resim ve hareketli etkinlikleri ve analizlerinde yetkinlik gerektirir.

Okul çağı çocukları ise işlem öncesi dönem ile somut işlemler döneminde olduğu için her iki dönem özelliği dikkate alınarak yaklaşılmalıdır. Hem büyüyen genç hem küçük çocuk oldukları unutulmamalıdır. Okuma ve yazmayı bilen ile bibliyoterapi, günlük tutma, otobiyografi, çeşitli test ve test dışı teknikler uygulaması yapılabilirken korunum kazanmış öğrenciye metaforik ve mizahi yaklaşım uygun olur. Yine sabır, hassasiyet ve yaratıcılık gerektiren bu süreç; oyun, sanat, film analizleri, resim ve hareketli etkinlikleri ve analizlerinde yetkinlik gerektirir. Grup çalışmalarına yatkın olması ve olmamasına göre süreç farklı planlanır. Sorunun aile içinden olup olmamasına göre aile ile iletişim ve paylaşım süreçleri farklı belirlenir. Sorun aile içinden ise gizlilik kuralları ve kararlar önem taşır (bk. Edt, Deniz, 2021).

Ergenlerde ise soyut işlemler dönemindeki özellikler, olayları kişiselleştirmesi ve çözümsüzleştirme eğilimi göz önünde tutulmalıdır. Kendini olumsuz değerlendirme eğilimi, suçlama eğilimi, protesto eğilimi, sorgulama, meydan okuma, deneme, risk alma, kişisel mitler oluşturma gibi faktörler hep göz önünde tutulmalıdır. Kimlik arayışında ve özgürlük peşinde gençler sorumluluk sıkıntısı yaşar, öz düzenleme sıkıntısı yaşar, empati yoksunudur çünkü benmerkezcidirler. Arkadaş edinme ihtiyacındadır ve arkadaşlarının etkisi altındadır. Bu özel dönemde ergenle çalışmak çok özel bir durumdur, sabır ve denge ister. Psikolojik danışman; sistemli, tutarlı, gerçekçi, sabırlı, düzenli, seviyeli olmalıdır. Gizlilik tam anlamıyla açıklanmalı, ergenin zihninde pürüz olmamalıdır. Korunum edinmiş ergen ile metaforlar, mizah, hayali etkinlikler, duygularının farkında olan ile duygu odaklı yaklaşımlar, gevşeme egzersizleri, düşüncelerinin etkisindekiler ile bilişsel yaklaşımlar, travma deneyimi etkisindeyse EMDR gibi spesifik odak terapötik yaklaşımlar, yaş seviyesine uygun esnetilerek uyarlanabilir ve uygulanabilir. Tümünde mutlaka bilişsel yeniden yapılandırmaya ve gevşeme egzersizlerine yer verilmesi gerekliliği, psikolojik danışmanların çok yönlü donanımlı olması gerektiğini ortaya koymaktadır.

Öğrenme şekilleri ve stratejileri de çocuk ve ergenlerle çalışılırken göz önüne alınmalıdır: Dikkat toplama stratejileri, koşullanma ilkeleri, pekiştireç kullanımı, programlama yapma, duyarsızlaştırma, süreklilik, tekrar, algısal çağrışım yaptırma ve benzeri etkinlikler terapötik sürece yedirilmelidir (bk. İkiz, 2021). Ayrıca ailelere verilmesi gereken psikoeğitim, çocuğun yaş dönem özellikleri, öğrenme süreçleri, disiplin yöntemleri gibi gelinen sorunun ihtiyacın kapsamına göre belirlenir. Bütün bu süreçleri düzenli takip edecek, yönetecek yetkinlikteki kişiler bu hizmeti vermelidir.

4- Ölçme, değerlendirme ve yorumlama: Bireysel, Grup ya da Aile Danışmanlığında yardım alan bireylerden kime, hangi amaçla, hangi test ya da test dışı tekniklerin nasıl uygulanacağı, raporlaştırılacağı ve yorumlanacağı ile ilgili başlıktır. Yorumlamalarda tanı söylenmez, etiketleme yapılmaz, ihtiyaçlardan ve etkilerden bahsedilir. Çocuğa veya ergene söylenmeyen sonucu, ailesine söylemek uygun değildir, taraflardan bilgi saklanmaz, paylaşımlar hakkaniyete dürüstlüğe ve diğer ilkelere uygun yapılır. Bu hususta yasal vasi ile sonuçlar paylaşılıp yorumlanırken, yasal vasi çocuk ya da ergene tehdit değil ise, o yasal aile bireyi ile birlikte çocukla paylaşım yapılabilir ya da tam tersi, çocukla önce sonuçlar paylaşılabilir, birlikte yorumlanabilir ve ardından husus aileye birlikte paylaşılabilir. Ölçme ve gözlem sonuçları psikiyatri ya da özel eğitim uzmanına iletilirken, neyin iletiliyor olduğu, ne işe yarayacağı çocuğa ve aileye paylaşılır; bilgi akışı, üçüncü tarafların eline geçmemesi için, kapalı zarf usulü gizliliğe özen gösterilerek yapılır. Çevrim içi iletişimde de aynı hususlara dikkat edilir. Dolayısıyla psikiyatristler de bu gizliliğe hassasiyet göstermeli, psikolojik danışmanla uygun ilişki kurmalıdır.

5- Araştırma ve yayın yapma: Psikolojik danışman, danışmanlık sürecinde araştırma yapmak isterse, danışma sürecinde vaka ile ilgili yayın yapmak isterse ya da kendi yetkinliği kapsamında yayınlar üretmek isterse dikkat edilmesi gerekenleri kapsayan başlıktır. Etik kurul izinleri alınmalı ve katılımcıların onam formları ile gönüllülükleri ve izinleri alınmalıdır. Yasal vasinin izni olmadan çocuk ve ergenle araştırma yürütülmez, çocuk ve ergen araştırmanın vakası olamaz, vaka çalışmalarında yer alamaz, görüşleri ve ölçme araçlarının sonuçları yayınlanamaz, ilan edilemez. Dahası, yasal vasinin izni olsa bile çocuk ve ergen kendisi sürece rıza göstermezse araştırma ve yayın yapılamaz. Çocuk ve ergenden onam, rıza ve gönüllü katılım formu yazılı ve imzalı alınmalı, yasal vasiden araştırma ve uygulama ve yayın yapma izin formu yazılı ve imzalı alınmalıdır. Okulda yapılacak tez veya inceleme için araştırma süreçlerinde ise ilgili il millî eğitim müdürülüğüne yazılı etik kurul başvurusu da yapılmış olmalı ve onaylanmış olmalıdır. Yayında bütün izin bilgileri, etik kurul izin yeri, tarihi sayısı ve numarası bilgileri, yayının yöntem bölümünde verilmelidir. Tüm belgeler yasal olarak talep edilmesi hâlinde sunulmak amacıyla 5 yıl saklanmalıdır.

6- Eğitim, öğretim ve süpervizyon: Eğitsel süreçlerin nasıl ele alınacağı ile ilgili başlıktır. Psikolojik danışmanlık süreçleri dışında uzmanın vereceği eğitimler ve süpervizyonlarda tüm etik kuralları gözetmesi gerekir (bk. İkiz, Uz Baş, ve Arslan, 2022).

7- Uzaktan ve çevrim içi danışmanlık ve teknoloji kullanımı: Psikolojik danışmanın uzaktan süreçleri nasıl yöneteceği ile ilgili başlıktır. Tüm etik kurallar burada geçerlidir. Ek olarak siber güvenlik, KVKK ve çalıştığı kurumun yasa ve yönetmeliklerine de dikkat edilmesi gerekmektedir. Yüz yüze ve bir arada bulunmanın mümkün olmadığı durumlarda kullanımı uygundur; örneğin, farklı şehirlerde ya da ülkelerde olma, yatalak hastalık olması, bulaşıcı hastalık olması gibi unsurlar olabilir.

8- Çoklu ilişkiler ve sınırlar: Psikolojik danışmanların çalıştıkları iş ortamı, şehir, köy, kasaba, okul ya da kuruluşun kendi doğası gereği beklenmedik olası durumların nasıl yönetileceği ile ilgili başlıktır. Psikolojik danışmanın farklı roller üstlenmesi durumunda meydana gelebilir; örneğin, hem okul psikolojik danışmanı hem müdür yardımcısı olması gibi. Psikolojik danışmanın ve danışanların karşılaşma ihtimallerine bağlı olabilir; örneğin, danışanların apartman komşusu olması, sporda ya da dernek toplantısında denk gelme, kaza yaptığında gelen polisin danışan olması gibi. Bu gibi olasılıklar süreç başında aile ve danışanla belirlenmeli, gerçekleştiğinde nasıl davranılırsa terapötik sürece zarar vermeyeceği, gizliliği bozmayacağı, ön yargılı tutumların oluşmasına yol açmayacağı belirlenmeli ve karşılıklı taahhüt altına alınmalıdır. Danışanlar ve aile bireyleriyle sosyal, romantik, cinsel ilişki kurmak, oluşmasına zemin oluşturmak, hem yüz yüze hem uzaktan süreçlerde yasaktır (İkiz, 2022).

9- Etik sorunların çözümlenmesi: Psikolojik danışmanların kişisel ve mesleki olarak huzursuzluk hissettiği, nasıl davranacağını bilmediği, etik ikilemde kaldığı durumlarda nasıl hareket etmelerine yönelik şablon niteliğinde izlenecek yollar belirlenmiştir (İkiz, Uz Baş, ve Arslan, 2022). Çocuk ve ergenler ile çalışırken ise hedef kitleye yönelik yürütülen bu 9 başlıktaki işleyiş, yukarıda açıklanan 12 etik ilke bağlamında dikkate alınmalı ve uyarlanmalıdır. Etik ikilem karşısında karar verme durumunda acil etmemeli; yasalar, yönetmelikler, etik kurallar incelenmelidir. Gizlilik hususları, topluma karşı sorumluluk, olası kararlar ve olası sonuçları bir arada kontrol edilmelidir. Danışana fayda getirecek sonuç için sabırlı ve özenli olunmalıdır.

Psikolojik Danışmanların Yaşadıkları Etik İkilemler

Yetişkinlerle çalışırken psikolojik danışmanlar çeşitli kaygılar yaşayabilirler. Bunlar danışanın ihtiyacına ve soruna yönelik psikolojik danışmanın yetkinliğini sorgulaması ile başlayabilir. Vaka formülasyonu, kullanılacak teknikler, zaman yönetimi, ücretlendirme, olası riskler (atanma, ölüm vb), teknoloji kullanımı, kayıtlar, gizlilik, değişiklik talebi, danışanın gönderilmiş olması, yasaklanmış danışmanlık dışı roller ve ilişkiler, çoklu ilişkilerde sınırların oluşturulması, hak savunuculuğu kapsamı, yasal konular, ilişkiyi sonlandırma ve sevk hususlarında kaygılar yaşanabilir. Örneğin, bir danışanın kendisine ya da bir başkasına zarar verme potansiyeli taşımasının tespit edilmesi ve beyan edilmesi durumunun nasıl ele alınacağı sıkıntı yaratır. Örneğin, neyin kayıt altına alınacağı ve kayıtları kimlerle ne zaman paylaşması gerektiği psikolojik danışmanda endişe yaratabilir. Danışana daha iyi yardımcı olma endişesi ile kendi yeterliğini sorgulayabilir. Aile, eş, çift danışmanlığında bireyler arası ilişkilerde gizliliği yönetme, yasal süreçleri yönetme açısından endişeler duyabilir. Belirli bir durumda psikolojik danışmanın kendi içsel değerleri birbiriyle çelişebilir, kendi değerleri kültürel kabulü ile etik ilkeler birbiriyle çelişebilir, etik ilkeler kendi içinde çelişebilir ve hatta konu ile ilgili yasal uygulama ile etik ilkeler birbiriyle çelişebilir. Bu durumlar, psikolojik danışmanın *etik ikilem* yaşaması olarak adlandırılır. Dolayısıyla psikolojik danışmanların yetişkinlerle çalışırken bile çeşitli endişeleri ve etik ikilemleri olabilirken, çocuk ve ergenlerle çalışırken endişeleri ve etik ikilemleri olması daha olasıdır. Psikolojik danışmanlar ve okul psikolojik danışmanları etikle ilgili bir karar vermeleri gerektiğinde bazen yapılması gereken birden fazla durum ortaya çıkabilmektedir. Bu alternatifler de etik ikilemlerin ortaya çıkmasına sebep olmaktadır. Etik ikilem; psikolojik danışmanların kafasını karıştıran ve seçim yapılması gereken zorlayıcı bir konudur (Camadan ve İkiz, 2021).

Okul psikolojik danışmanlarıyla yapılan çalışmalar, gizlilik ve gönüllülüğün gözetilmemesi konusunda etik problemler yaşadıklarını ortaya koymaktadır (Şensoy ve İkiz, 2022). Gizlilik konusuyla ilgili yaşanan etik ikilemlerin ortadan kaldırılması için ön görüşmede, hangi bilgilerin ne zaman, nasıl ve kiminle paylaşılacağı danışana sözlü olarak açıklanmalı ve yazılı olarak bilgilendirilmiş onam alınmalıdır.

Etik ikilem yaşanan bir diğer konu; ihmal, istismar ve taciz durumlarının yaşanmasıdır. Bu durumlarda psikolojik danışman kendisinin ve danışanının zarar görmemesi için gerekli önlemleri alarak durumu yetkili kurum ve kişilere bildirmelidir. Ayrıca psikolojik danışman gereksinim ve sorunlarının farkında olmalı ve çalışmalarında kullandığı yöntem ve teknikleri danışanlarının gereksinimlerine göre uyarlamaya çalışmalıdır (İkiz, Sevinç, Kaval, Yeğintürk ve Kalen, 2017). Okul psikolojik danışmanlarının en çok ikilem yaşadığı diğer konular ise özel gereksinimli öğrencinin yönlendirilmesi, farklı okullara ve kurumlara eş zamanlı görevlendirilme sonucunda iş ve sorumluluk kapsamının genişletilmesi, okul personelinin iş birliği yapmaması, mesleki sınırların net olmamasıdır (Şensoy, 2019). Yapılan başka bir araştırmada, psikolojik danışmanların en çok etik ikilem yaşadıkları konuların sırasıyla mesleki ve bilimsel sorumluluk, yetkinlik, toplumsal sorumluluk, duyarlılık ve hoşgörü, bireysel ve kültürel farklara saygı ve dürüstlük olduğu belirlenmiştir (İkiz ve Camadan, 2021).

Psikolojik danışmanlar, gerek etik bir ikilemle karşılaşmadan önce gerekse karşılaştıktan sonra doğru karar verebilmek için psikolojik danışmanlık mesleğinin yapılma esaslarını içeren hukuki kararları bilmelidirler. Etik konularla ilişkili mevzuat, ilke ve standartlar konusunda bilgi sahibi olmak, psikolojik danışmanların etik ikilemle baş etmelerine yardımcı olur (Canter, Bennet, Jones ve Nagy, 1994). Araştırma sonuçları, okul psikolojik danışmanlarının etik problem yaşadıklarını düşündükleri durumlarda probleme yönelik yaklaşımlarının şu şekilde olduğunu göstermektedir:

1. Öğrencinin yararını gözetmek,
2. Bildirim yapılması gereken durumlar zorlayıcı nitelikler taşısa da bildirmeyi tercih etmek,
3. Gizliliğin korunmasını ve gönüllülüğü önemsemek,
4. Yetkinlik sınırları içerisinde uygulamalar yapmaya istekli olmak,
5. Mesleki rolleri ile örtüşmeyen görevlendirmeleri kabul etmemek,
6. Mesleki rolünü okul personeline ve öğrencilere tanıtmak (Şensoy, 2019).

Öğrenci velilerinin ve okul personelinin öğrencilerin gönüllüğünü ve gizliliği gözetmemesi, okul psikolojik danışmanlarının etik ikilemlerinin çözülmemesinin sebeplerinden biridir. Ayrıca hassas ve yasal durumlarda olayla ilişkili diğer paydaşlarla iş birliği kurulamaması ve okul psikolojik danışmanlarının yetki sınırlarının belirsizliği de etik problemlerin çözümünde engelleyici faktörlerdir.

Etik problemlerin çözümünde katılımcıların, konuyla ilgili resmî kurumların, okul personelinin, emniyet güçlerinin, diğer ruh sağlığı uzmanlarının, öğrenci velilerinin, öğrencilerin kendilerinin, adli mercilerin destek alınmasının, üniversitelerde konuyla ilgili uzman akademisyenlerin süpervizörlüğüne başvurulmasının ve online ya da basılı kaynaklardan bilgi edinmenin faydalı olacağı düşünülmektedir (Şensoy ve İkiz, 2022). Ayrıca ilgili mevzuatın düzenlenmesi, yöneticilere hizmet içi eğitimlerin verilmesi, etik standartların düzenlenmesi, öğretmenlere hizmet içi eğitimlerin verilmesi, meslektaşlar arası iş birliğinin artırılması, psikolojik danışmanlara hizmet içi eğitimler verilmesi, mesleki derneklerin bilgilendirme yapması ve akademik yayınların artırılması da psikolojik danışmanların etik ikilem yaşamaması ya da daha az yaşaması için önemlidir (Camadan ve İkiz, 2021).

Etik açıdan yetkin bir psikolojik danışmanın özellikleri incelendiğinde; güvenilir olma ile gizliliği gözetme, yeterlik sınırlarını bilme ve yetkin olduğunu karşı tarafa hissettirme, iş birliğine açık olma, sabırlı olma, ikna kabiliyetinin yüksek olması, yeniliklere açık olma; hak, yasa ve yönetmeliklere hâkim olma, hangi durumları kime nasıl bildireceğini bilme, koşulsuz kabulün sağlaması, nesnel ve empatik olma ile ayrımcılık yapmama ve değer aktarımından uzak durma gibi özellikler öne çıkmaktadır (Şensoy ve İkiz, 2022).

Etik ikilemle karşılaşan bir psikolojik danışmanın etik ikilem yaşadığı durumu belirlemesi, etik ikilemin kaynağını araştırması, etik ikilemi tanımlaması, danışman, danışan ve diğer insanlar üzerindeki etkisini incelemesi önemlidir. Yukarıda yer alan araştırma sonuçları incelendiğinde, psikolojik danışmanların birçok ilke ve konuda etik ikilem yaşadığı görülmektedir. Etik ikilem, psikolojik danışmanlar için ayrıntılı olarak üzerinde durulması gereken önemli bir konudur.

Bir psikolojik danışmanın vereceği hizmetle ilgili endişe duymasının sebepleri çeşitlidir. Öncelikle iyi niyetli olarak psikolojik danışmanın kendini geliştirmek, danışana zarar vermemek için mesleki gelişim motivasyonunu artırıcı ve mesleki etik ilkeler ile kişisel değerlerini bütünleştirmesi için endişe duymasına bağlı hareket planı içinde olduğu düşünülür. Böylece hem kendisi hem de danışan ve danışanın yaşam alanındaki kişilere, topluma zarar vermeyecek uygulamalar yürütmek ve kararlar almak için temkinli, çok yönlü, kendini geliştirerek sorumluluk sahibi tavırlar sergiler. Bu şekilde endişesi olması durumunda psikolojik danışman, detaylıca problem çözme ve karar verme stratejilerini adım adım uygular. *Etik karar verme stratejileri* (Camadan, 2021; Camadan ve İkiz, 2021) etik ikilemin tanımlanması, ikilemin potansiyel sorunlarının ortaya çıkarılması, etik kodların gözden geçirilmesi, ikilem ile ilgili yasa ve yönetmeliklerin incelenmesi, gerekiyorsa danışmanın diğer uzmanlarla iş birliği kurması, alınabilecek muhtemel kararlar için tüm seçenekler üzerinde durulması, uygulanması düşünülen kararların danışman, danışan ve etik problem ile ilgili diğer kişiler için sonuçlarının değerlendirilmesi aşamaları sırasıyla yerine getirilmelidir. Sorunun ve ikilemin çözümüne yönelik olarak somut bir karar verilmeli ve bu karar uygulamaya geçirilmelidir. Alınan bu kararın danışan ile danışmanın kültürel değerleri ile ve etik ilkelerle uygunluk gösterip göstermediği kontrol edilmelidir. Ayrıca uygulanması kararlaştırılan eylemin başka ek bir eylem gerektirip gerektirmediği de belirlenmelidir. Herhangi bir konu ya da sorun karşısında endişesinin ve içinde bulunduğu etik ikilemi farkında olabilen bir psikolojik danışmanın profesyonel olarak bu aşamalar ile üstesinden gelmeye çalışması en çok arzu edilen durumdur. Özellikle çocuk ve ergenlerle çalışırken bu husus daha da önem kazanmaktadır ki örnekleriyle konunun ilerleyen bölümlerinde anlatılacaktır.

Psikolojik danışmanın endişe yaşamasının diğer sebepleri arasında kişisel arzu ve fantezileri peşinde, çıkarlarını karşılayamadığı ya da nevrotik ihtiyaçlarını karşılayamadığı için endişelendiği düşünülebilir. Bu durumda aksiyon planı fevri, sorumsuzca, diğer kişilere ve hatta belki de kendine zarar verme potansiyelini içerecek şekilde ya da sinsice ve pasif agresif olacaktır. Örneğin, saygınlık peşinde bir psikolojik danışman, yetkin olmadığı konularda yetkinmiş gibi reklam ve uygulamalarda bulunabilir. Güç ve kudret peşinde bir psikolojik danışman, danışanı kendine bağımlı hâle getirecek ya da iş arkadaşı ya da danışanın çevresinden intikam arayışı içinde olacak uygulamalarda bulunabilir. Diğerlerini kendine boyun eğdirmeye çalışır, küçümser ve onurunu zedeler. Sevgi ve onaylanma ihtiyacı olan psikolojik danışman, kişisel inisiyatif almaz, sorumluluklarını ve kararlarını başkalarına yükler, diğerlerini hoş tutacak uygulamalar içinde bulunur. Her bir nevrotik ihtiyaç için örnekler çoğaltılabilir. Burada vurgulanmak istenen, psikolojik danışmanın yaşadığı endişenin kendi kişisel içsel ihtiyaçlarından kaynaklanıp kaynaklanmadığını ayırt etmesi konusunda bilgeliğidir. Her ne sebeple olursa olsun alanın etik kodlarını bilen ve gözeten bir psikolojik danışman, özellikle çocuk ve ergenlerle ve aileleriyle ve öğretmenleriyle çalışırken kendi kişisel çıkarlarını bir kenara bırakıp danışan iyiliği ve diğer bahsedilen değerler uğruna çalışmalarını yönetmelidir.

Psikolojik danışmanın endişe yaşamasının diğer sebepleri arasında bilgisizlik yatar. Psikolojik danışman, etik kodları bilmiyorsa, hangi durumda nasıl davranması gerektiğine dair kendini yetiştirmediyse hizmet verdiği kitleye ve çalıştığı kuruma zarar verme potansiyeli taşır. Örneğin, okulda bulunmamak için adını hiçbir kapıya asmıyorsa, çatışma ya da olağan dışı bir durum yaşandığında ortadan kayboluyorsa, ergenin madde kullandığı ortaya çıktığında, çocuk istismara uğradığını beyan ettiğinde kaçacak yer arıyorsa, görüşmeleri erteliyor ya da sık sık danışanları başka psikolojik danışmanlara sevk ediyorsa "Bu kişi mesleği kötüye kullanıyor ve kendini yetiştirmiyor, etik olmuyor." demektir. Özelde çalışan ve aile danışmanlığı yürüten psikolojik danışman, gelen konuyla alakalı bilgisizliği sebebiyle endişe yaşıyorsa ilk önce kendini yetiştirmekten sorumludur. Danışan; yetişkinse ona, çocuk ya da ergense yasal vasisine doğru bilgi beyan etmekle ve görevini yapmakla sorumludur. Bilgisizliğini aşamaz, yetkinliğe erişemezse o zaman danışanın bilgisi ve onayı/rızası dâhilinde konsültasyon alması ve belki de sevk ağlarını harekete geçirmesi etik olur.

Çocuk ve Ergenlerle Psikolojik Danışmada Dikkat Edilmesi Gereken Hususlar

Çocuklara ve ailelerine ruh sağlığı hizmetleri sunmanın, en azından savunmasız gençlerin yaşam kalitesini iyileştirmek gibi pek çok ödülü vardır. Yetişkinlerle çalışma esnasında ortaya çıkabilecek yukarıda sıralanan tipik etik kaygılar bir yana, çocuk ve gençlerle çalışırken uygulayıcılar farklı zorluklarla karşılaşabilmektedirler. Her ne kadar ruh sağlığı hizmetlerinde etik kurallar genel olarak kabul edilirse de ve her çalışma ortamı ve her farklı koşul için uzmanın dikkate alması gereken sorumlulukları içerse de reşit olmayanlarla çalışırken göz önünde bulundurulması gereken hususlar bulunmaktadır. Göz önünde bulundurulması gereken hususlar;

- Uzmanın yetkinliği,
- Katılımcıların rızasının alınması,
- Gizlilik hususu ve
- Çatışan ya da rekabet eden çıkarların nasıl yönetileceği gibi dört ana unsur barındırmaktadır (Koocher, 2008). Bu alanda çalışmak, hizmet ettiğimiz kişilerin haklarına ve onlara yönelik özel sorumluluklarımıza ilişkin ayrıca özel bir farkındalık gerektirir.

Çocuk haklarının gelişiminin kısa tarihi, çocuk psikolojik danışmanının bu haklara ilişkin olarak koruması gereken dört alanı tartışmak için bir bağlam sağlar: Bu alanlar:

1- Bilgilendirilmiş onam,

2- Çocuğun rızasını geri çekmesi ile psikolojik danışma sürecinde direnmesi arasında ayrım yapmak,

3- "Tedavisi zor olan durumlar" ile "tedaviye uygun olmayan" durumlar arasında doğru ayrım yapabilme ve

4- Empatik dinlemedir.

Aile işlev bozukluğu ve "yönetilen bakım", psikolojik danışma sürecinde çocuk haklarının korunmasında daha fazla zorluk teşkil etmektedir.

Roma hukukunda ebeveynler ve çocuklar arasındaki ilişki baba, -patria potestas'ta baba "aile içinde en yüksek otoriteyi temsil eder, çocukları üzerinde yaşam ve ölüm hakkına sahiptir ve onları köle olarak satma hakkına sahiptir.- ile sağlanmıştır. Bu mutlak ataerkil güç, çocuklara sistematik kötü muamelenin kabul edilmesiyle şöyle sonuçlanmıştır: terk edilme, fiziksel ve cinsel istismar, sömürü, ihmal ve bebek öldürme. Çocuk hakları kavramının yokluğunda, toplumsal ölçeğin en altındaki konumları, 4. yüzyıla kadar bebek katlinin devam etmesine olanak sağlamıştır. Ancak o zaman ebeveynler, çocuğu bir ruha sahip olarak görmeye başladılar. Sosyal olarak onaylanmış çocuk istismarı yüzyıllardır devam etti. On sekizinci yüzyıla kadar, çocuklara karşı yeni bir tutumun habercisi olan empatik bir ethos Batı toplumuna yayılmaya başlamamıştı. İlginç bir şekilde, psikolojik tedavide empatinin işlevi son zamanlarda güçlü bir terapötik faktör olarak vurgulanmıştır. Ebeveynlerin haklarını ihlal ettiği veya ihmal ettiği çocukların bakımını belirlemek için çocuğun en yüksek yararı standartlarının uygulanması 19. yüzyılla başlamıştır. Freud'un 1909'da yayınlanan beş yaşındaki Hans'ın analizi, çocuk psikanalizi ve çocuk psikolojik danışması olacak uzmanlığı doğurmuştur. Akıl sağlığı uzmanları, sonunda çocukların psikolojik gelişimi için aile tutumlarının ve ilişkilerinin önemini takdir etmeye başladılar. Anna Freud ve Melanie Klein, çocuğun zihinsel yaşamının bilinç dışı katmanlarını çözerek daha fazla kavrayışa katkıda bulundular. Bu "devrimci" fikirler, psikanaliz içinde ve ötesinde yaygın bir kabul gördü. Çocukların hakları ve iyi oluşlarına ilişkin gerek hukuki platformda gerekse psikoterapötik süreçlerde günümüze değin yapılan çalışmaların mesajlarının derin bir etkisi olmuş ve çocuklar adına savunuculuğa yönelik tutumda köklü bir değişime yol açmıştır (Halasz, 1996). Psikolojik danışmanlar da bu haklara dikkat etmekle yükümlüdürler.

İhtiyaç ve sorun, aileden birinin yardım istemesiyle ortaya çıkabileceği gibi okulda öğretmenin fark etmesiyle, bir arkadaşın annesinin önermesiyle ya da çocuğun/ergenin kendi birtakım rahatsızlık ya da ihtiyaçlarını dile getirmesiyle psikolojik danışmana ulaşabilir. Hangi yolla olursa olsun, gelen konuya yönelik izlenecek yaklaşımı belirlemede genellikle çocuk merkezli ve aile odaklı bir değerlendirme ile karar verilir. Belirsizliğin yarattığı kaçınılmaz gerilim, tüm psikolojik danışmaların bir özelliğidir. Psikodinamik bir formülasyon, "mevcut zorluk, aktarım durumu ve çocuksu ya da çocukluktaki çatışma ya da eksiklik" üçlüsü ile temel anlayış oluşmalıdır. Ardından ortam çok önemlidir ki oda, oyuncaklar, psikolojik danışmanın zihinsel alanı, çocuk/ergen ve psikolojik danışmanın benzersiz bir ilişki yarattığı "kolaylaştırıcı ortama" katkıda bulunur; psikolojik danışmanın "üçüncü kulakla" dinleme kapasitesi ise değişimi teşvik eder. Çocuk/ergen dinlemek, gözlemlemek ve "yanında olmak" ile "içeriden" duyulduğunda, duygularını özgürce ifade edebildiğini hissettiğinde, misilleme korkusu olmadan şiddetle davrandığında, terapötik ilişkide güvende olduğunda, "psikolojik danışman-ebeveyn" figürüne öfkeyle tükürebilir, travmalarını içsel çatışmalarını yansıtacak bedensel tepkiler, saç okşamaları gibi ortaya koyabilir olur. Bu paylaşımları, aile bireyleri için kabul edilebilir olmayabilir, yüzleşmek onlar için acı verici olabilir, kendi sorumluluklarını ve belki de paylarını görmek açısından çok rahatsız edici ve kabul edilemez olabilir.

Ailede işlev bozukluğunun olması; şiddet, geçimsizlik olması, çocuğun uzun süren yoğun çatışmaların ortasında kalması ya da şahit olması, çocuğun aile bireylerine yönelik güvensiz, kaotik ve panik olmasına yol açabileceği gibi insanlardan uzaklaşmasına da yol açabilmektedir. Çocuk ve ergenin getirmiş olduğu semptomlar, tavırlar ve tutumlar, bebeklik yıllarından itibaren evde şahit olduklarının mirasıdır. Ev içi dinamik, çocuğun semptomları aracılığıyla ifade edilir. Çatışmalar, terapötik ilişkinin "güvenliği" içinde yeniden canlandırıldığında, oyun, çizim, hikâye anlatma, sözlü anlatım, yorumlama teknikleri sınır oluşturma ile birleştirildiğinde çözülmemiş çatışmaları yani ilkel saldırganlığı ve düşmanlığını dışsallaştırır. Burada çok kolaymış gibi anlatılan bu süreçte alınacak kararlarda, neyin aile ile ne kadar nasıl paylaşılacağı, uygulamalara ailenin onayının olması, katılım için çocuğun rızasının olması, kayıtların tutulması ya da gerekli raporların yazılması ve uygulanan test ya da test dışı tekniklerin sonuçlarının paylaşılması hususları tamamen etik olmak durumundadır.

Psikolojik danışmanların etik uygulamaları sayesinde merkezî bir endişenin danışanın "esenliği", "kişisel uyumundaki engeller" ve "daha mutlu, daha tatmin edici, daha az engellenmiş bir yaşam sürme güdüleri" olduğu, yetişkin psikolojik danışmasının aksine çocuk psikolojik danışması dolaylı olarak yönlendirilmektedir ve benzer bir kaygıyla kişisel deneyimin bu içsel boyutunu açıklamayı da ihmal etmemelidir. Çocuklara yönelik etik ilkeler temelde, *birincisi zarar vermemek*, *ikincisi çocuğun yararına olanı yapmak*, *üçüncüsü çocuğun iletişiminin mahremiyetini korumak*, *dördüncüsü hem çocuğa hem de aileye saygı duymak* ilkelerine dayanır. Irk, din, sosyoekonomik durum, eğitim veya entelektüel seviye ne olursa olsun *beşinci olarak çocukta en yüksek düzeyde gelişme ve özerkliği teşvik etmek ve desteklemek* temel etik ilkedir (Ascherman ve Rubin, 2008).

Yetkinlik

Yetkinlik, genel olarak, bir görevi fiziksel, entelektüel, duygusal veya başka bir şekilde yerine getirmek için yeterli veya daha iyi yeteneğe sahip olma niteliğini ifade eder. *Psikolojik danışmada çocukları ve ergenleri tedavi etmek için yeterli yetkinliği ne oluşturur?* Lisanslama tüzükleri çok az rehberlik sunar ve çoğu düzenleyici makam, belirli beceriler belirtmeden uygulamaya giriş eşiğini tanır. Çoğu işveren, işe alım kararları verirken kesinlikle uygun eğitim ve deneyim aramaktadır. Bir şeyler ters gitmedikçe ve birisi bir lisans kuruluna veya etik komiteye şikâyette bulunmadıkça etik dışılık kolay tespit edilmemektedir. Hizmeti alanın ve meslektaşların çok dikkatli olması gerekir çünkü zarar potansiyeli vardır ve mesleğin kötüye kullanımı diğer meslektaşları da etkiler. Uygulayıcıların öz değerlendirmeleri veya ilgililerin eğitici yorumları, çoğu durumda uygulayıcı yeterliliklerinin değerlendirilmesini düzenleyen yegâne gücü bilinçli meslektaşlar oluşturur. Ara sıra uygulayıcılar, yeterli hazırlık yapmadan çocuk ve ergen uygulamaları alanına girerler. Örneğin, "çift ve evlilik terapisi" veya "kişisel koçluk" uygulayan bazı uzmanlar, çocuk gelişimi, çocuk psikopatolojisi veya çocuk/ergen psikolojik danışması hakkında yeterli bilgiye sahip olmamasına rağmen ebeveynlik tavsiyesi veya çocuk danışmanlığı sunmaya çok istekli görünmektedirler.

Çocuk ve ergenlere ruh sağlığı hizmeti sunmak, yetişkinlerin ve çiftlerin tedavisinden önemli ölçüde farklıdır. Bu farklılıklar, bu tür hizmeti sunacak kişilerin yeterliliklerini tesis etmek ve sürdürmek için uygun eğitim ve öğretimi almalarını gerektirir. Bununla birlikte, yasanın gözünde yetki oldukça spesifiktir ve sıkı bir şekilde düzenlenir. Örneğin, yasal yeterliliğin değerlendirilmesi, bir bireyin yasal işlemlere katılma, kişisel mali durumu yönetme, çocuklarına yeterince ebeveynlik yapma ve hatta bağlayıcı kararlar almak için yasal yetkiye sahip olmasını kapsar. Psikolojik danışmanların, çocuk ve ergenlerle çalışırken yasal sorumlulukları yasal vasilere yöneliktir.

Yeterli yetkinliğe sahip olmayan yetişkin sanıklar cezai kovuşturmadan kaçabilir, kendilerini ifade vermek için yetersiz görebilir veya imzaladıkları sözleşmeleri geçersiz kılabilir. Çocuklar bu konuda bazı benzersiz sorunlar sunarlar. Hukuk dilinde, fiili (yani fiile göre) ve hukuki (hukuka göre) yetersizlik arasında bir ayrım yapılmalıdır (Koocher ve Keith-Spiegel, 1990; akt. Koocher, 2008). Hukuk sistemi, yetişkinlerin yetkin olduğunu varsayar ancak henüz yasal reşit olma yaşına ulaşmamış kişileri hukuken yetersiz kabul eder. Bu nedenle reşit olmayanlar, yetişkin vatandaşların birçok haklarından (ör.; oy kullanma, yasal sözleşmeler yapma) yoksundurlar. Bundan dolayı çoğu durumda reşit olmayanlar, sağlıkları ve mahremiyetleri hakkında yasal olarak karar veremezler. Uluslararası platformlarda eyaletlerin yönetimleri farklılaştığında bazı eyaletler, reşit olmayanların "olgun" veya "özgür" ilan edilmesini sağlayan mekanizmalar sağlamış ve bu nedenle bazı yasal ayrıcalıklara hak kazanmalarını mümkün kılmıştır. Birçok eyalet, kamu yararına olduğu düşünülürse reşit olmayanların belirli durumlarda ebeveyn izni olmaksızın tedaviye rıza göstermelerine izin verir. Bu tür durumlar, cinsel yolla bulaşan bir hastalığı, madde bağımlılığı sorunu olabileceğine veya hamile olabileceğine inanan küçüklerin durumunu içerebilir.

Psikolojik danışma sırasında belirlenmiş hedefleri gerçekleştirmek veya psikolojik danışmayı sonlandırma kararı tipik olarak çocuk ve ergen danışanların elinde değildir. Daha sonra tartışılacağı gibi bu gerçek, genç danışanlar, ebeveynleri ve diğer yetkili kişiler arasında danışmaya rıza, gizlilik ve potansiyel çıkar çatışmaları ile ilgili belirli sorunları gündeme getirebilir. Bu durum; parlak, açık sözlü çocukların iyi bilgilendirilmiş düşünceli tercihleri ve kararları ifade etmek için gerçek bilişsel ve duygusal kapasiteye sahip oldukları ancak yasal yetkiye sahip olanlarla aynı fikirde olmadıkları zamanlarda paradoksal hâle gelebilir.

Aşağıdaki üç vaka örneğini inceleyiniz. Yetişkin danışanlarla birey ve çift olarak çalışmak üzere eğitilmiş bir psikolojik danışman; 9, 12 ve 15 yaşlarında çocukları olan bir aileyi danışma sürecine kabul eder. Başka bir psikolojik danışman, 6 ay önce trajik bir kazada iki çocuğunu kaybetmiştir ve ölen aile üyeleriyle aynı yaştaki çocukları içeren etkileşimleri duyduğunda düşüncelerini kendi kaybına odaklanmaktan alıkoyamıyordur. Son olarak, üçüncü bir psikolojik danışman, müzisyen olarak kariyerleriyle gurur duyan ebeveynleri dinler, çocuklarının müzik derslerine hatırı sayılır miktarda para harcadıktan sonra piyano çalmaya isteksiz olmalarına ilişkin öfkelerini ve hayal kırıklıklarını anlatır.

İlk durumda, mesleki yeterlilik eksikliğine kör olan bir psikolojik danışmanımız olabilir. Hem çocuk hem de aile danışmanlığı ile ilgili bazı eğitimi ve öğretimi olmadan, bu tür psikolojik danışmanlar, danışanları kendi yeterlilik alanlarının ötesinde uygulama yaparak etkisiz hizmetler veya gerçek zarar riskiyle karşı karşıya bırakırlar. İkinci durumda, psikolojik danışmanın duygusal yeterliliği, kendi hayatındaki trajik olaylar tarafından sorgulanır. Bu tür kişisel meseleler araya girerken uygulamaya devam ettiği ölçüde danışanlarını da etkisiz hizmet alma veya zarar görme riskine sokar. Üçüncü durumda, psikolojik danışman, psikolojik danışmanın ne kadar etkili olduğunu düşünmelidir. Yaşamlarında ebeveynlerin hedefleri ve çocuklarının hedefleri uyumlu değildir. Çocukların müzik kariyerlerinde onları takip etmek istemeyebileceği ihtimaline inandırıcı bir şekilde baktılar mı? Çocuğun gerçekten psikolojik danışmaya ihtiyacı var mı, yoksa ebeveynlerin kendi güdülerini ve ihtiyaçlarını keşfetmek için yardıma mı ihtiyacı var?

Gerekli empatik anlayış düzeyine ulaşmak için psikolojik danışman, önce aktarımı ilerletmeli, ardından da çözümlemelidir; yalnızca böyle bir ortam, çocuğun mevcut soruna yol açan daha derin çatışma düzeylerine ve öznel deneyimlere erişmesini ve bunları ifade etmesini kolaylaştırabilir. Psikolojik danışmanın danışan olarak çocuğun haklarına saygı gösterme yükümlülüğü kolaylaştırıcı bir ortama bağlıdır: psikolojik danışmanın empatik teması sürdürmesi; karşı aktarımı sürekli izlemek; kafa karışıklığı, saldırganlık, keder veya depresyon nedeniyle daha fazla empatik temastan kaçınmaya yol açabilecek herhangi bir savunma davranışını izlemek ve bunlara karşı koymak ve en uçta danışanın savunma sistemiyle gizli anlaşma yapmak. Aşırı mesafe veya aşırı özdeşleşme, empatik dinleme kapasitesine müdahale eder.

Psikolojik danışmanın çocuğu içeriden dinleme taahhüdü, teması sürdürme kapasitesi ile birleştiğinde empatik ilişki kurmanın incelikleri, çocuğun etkili psikolojik danışma alma hakkının ne ölçüde yerine getirildiğini belirler. "Araç olarak psikolojik danışman" çocuğun iç dünyasını izleyebilir ve uygunsa nesnelleştirebilir ve ifade edebilir, böylece bilinmeyeni bilinir hâle getirir (Halasz, 1996).

Gönüllülük ve Razı olmak

Çocuklar, nadiren kendi istekleriyle psikolojik danışmanlık hizmeti ararlar. Genellikle bir veya daha fazla yetişkin otorite figürü (ör.; ebeveynler, okul personeli, çocuk mahkemesi görevlileri) çocuğun davranışının bir şekilde değişmesi gerektiğine karar verir ve psikolojik danışmanın bunu gerçekleştirmeye yardımcı olabileceğini umar. Genç müvekkillerin rıza vermek için yasal yeterliliği olmadığında, izin (yani vekil onayı) ebeveynlerden veya yasal vasilerden gelmelidir. Bununla birlikte, psikolojik danışmanlar olarak savunmasız danışanlarımızın çıkarlarını en iyi şekilde göz önünde bulundurma sorumluluğumuz da vardır.

Bilgilendirilmiş rızanın müdahale için bir ön koşul olduğu genel ilkesi, çocuk psikolojik danışmasında de geçerlidir. Ancak bu can sıkıcı bir konudur ve iki soru ortaya çıkar: (1) bir reşit olmayanın bilgilendirilmiş onam verme yetkisi; (2) genç danışanın kararına ebeveyn vasilerininkinden daha fazla ağırlık verilmesi gereken bir yaş veya ölçülebilir bilişsel kapasite olup olmadığı. Müdahale açıkça belirtilmiş ve ebeveyn tarafından onay verilmiş olsa bile çocuğun, ebeveynin ve profesyonelin ortak rızası istenir. Bununla birlikte, değişiklik sorunuyla ilgili olarak ebeveyn ve çocuk arasında çıkar çatışmaları ortaya çıkabilir.

Örneklere bakalım. Okul psikolojik danışmanı olarak sizden okul müdürünüzün sınıfta yerinde duramayan bir çocuk için velilerden ve öğretmenlerden sakinleştirici ilaç aramanızı talep ettiğini varsayalım. Yapabilir misiniz?.. Diğer örneğe bakalım: Bir annenin, ebeveyn olarak kendilerinin onaylamadığı hatta karşı çıktığı tercihleri belirten çocuğuyla ilgili olarak sizden yardım isterken "Babası gibi bir beyin cerrahı olmak yerine bir oto tamircisi olmak istiyor." ya da "Biriyle çıkmak istiyor (Herhangi bir etnik, ırksal veya dinî grup seçin.) çocuğum! O bizim kabul edebileceğimiz tür değil." dediğini varsayalım... Bir aile danışmanlığı seansının başlangıcını düşünün: Psikolojik danışman, bir ergene ve ebeveynlerine ailedeki sorunlara ilişkin görüşlerini sorduğunda ve genç, ebeveynlerini işaret ederek: "Benim iki tane var. Problemlerim: O ve o!"... Bunlar ve benzeri durumların her biri, psikolojik danışmanın hedef belirlemesi açısından problemler içermektedir (Koocher, 1995, 2003). Tedaviyi planlamadan önce tüm danışanları ve algılanan sorunları kesinlikle dikkatlice değerlendirmek gerekir ancak çocuk ve ergen danışanlarla terapötik çalışma için önerilen (veya talep edilen) hedeflere birçok farklı ses gelebilir.

Ebeveynlerin veya velilerin çoğu, çocuklarının yüksek yararına olacak kararları özenli ve akıl yürütmeye dayalı olarak vermelidir. Bununla birlikte bazen ebeveynler, en iyi hareket tarzı konusunda birbirleriyle veya çocuklarıyla fikir ayrılığına düşebilirler. Ebeveynler, bazen kendi ön yargılarını fark etmezler veya çocuklarının hayatındaki diğer otorite figürlerinin iddialarına eleştirmeden yanıt verirler. Değişime karşı bir derece direnç evrenseldir; değişimin doğasında var olan sıkıntı, marjinal işleyişin sürdürülmesiyle ilgili olanı aşarsa sıkıntı yaşanabilir. Tedavide direnç bu sıkıntının bir yansımasıdır; genel olarak daha uyumlu bir şekilde yaşamak isteyen danışanlar, direnci değişime yönelik mücadelenin bir unsuru olarak kullanırlar.

Psikolojik danışman, dikkatli bir değerlendirme yaparak ve tüm taraflardan elde edilen verilere dayalı olarak danışma stratejileri ve hedefleri için öneriler çerçeveleyerek bu gibi durumlarda kritik bir seviyelendirme rolü oynayabilir. İdeal olarak bu, çocuk veya ergen danışanın gelişim düzeyine uygun bir şekilde katılımını içerecektir. Bazen bu, aile üyelerine zor bulacakları tavsiyeler sunmak anlamına gelebilir. Diğer zamanlarda okul veya topluluk yetkilileri ile savunuculuk gerektirebilir. Hep odak noktası, en savunmasız tarafa dikkat ederek çocuğun/gencin ihtiyaçlarına ve refahına odaklanmayı içerir.

Gizlilik ve Güvenirlik

Çocukların mahremiyetine saygı gösterilmesindeki inceliklerin kapsamı ve karmaşıklığı ele alındığında, "4 ya da 5 yaşındaki bir çocuk gizliliği kavramlaştırabilir mi veya yetişkinlerin birbirinden sır sakladığına inanabilir mi?" diye düşünmek gerekir. Gizlilik güvencesi olmadan ergen, etkili bir şekilde danışmadan yararlanabilir mi? Ebeveynlerin parasını ödedikleri tedaviye erişebilmeyi bekleme hakları var mıdır? Veya psikolojik danışma alan çocukları, kendileri veya başkaları için risk teşkil ediyorsa çevrelerini ailelerini uyarma hakları var mı? Ebeveynler, psikolojik danışmanlar ve reşit olmayanlar neyin risk oluşturduğu konusunda hemfikirler mi (ör.; tütün, marihuana ve/veya kokain içmek; risk dereceli filmler izlemek; sevişme veya daha yoğun cinsel aktivitede bulunmak gibi)? Kısacası, neyle karşılaşılacağı bilinmediği için basit bir rehber düşünülemez fakat her durumu ele alamasa da etik hususlar, profesyonel ilişkinin başlangıcında tüm tarafların beklentilerini netleştirme çabasını gerektirir.

Psikolojik danışma, danışanların hassas endişelerini gizlilik içinde ele alma konusunda psikolojik danışmanlarına güvenebildikleri zaman en iyi sonucu verir. Ebeveynlerin (veya vasilerin) de oğulları/kızları ile psikolojik danışma sürecinin nasıl ilerlediğini bilmeye meşru bir ihtiyacı vardır. *"Çocuğunuzun danışma kayıtlarının mahremiyetine saygı göstermenizi rica edeceğim, ancak çocuğunuzun ilerlemesinden sizi haberdar etmek için düzenli aile veya ebeveyn toplantıları düzenlemeyi planlayacağım. Çocuğunuzun davranışının kendisi veya başkaları için bir risk oluşturduğunu düşünürsem hemen sizinle iletişime geçeceğim. Danışma başlamadan önce, bir aile olarak belirli riskli davranış türleriyle ilgili endişeleriniz hakkında konuşmalıyız."* gibi bir başlangıç konuşması yapılmalıdır.

Sadakat ve Sır

Senaryolar kesinlikle danışanın gelişim düzeyine göre uyarlanabilir ancak ideal olarak gerçek danışma seansları başlamadan önce tartışma ve karar verme yetkisiyle (yani çocuk ve ebeveynler veya vasi birlikte) birlikte gerçekleşir (Sori, 2006; Sparta ve Koocher, 2006; akt. Koocher, 2008). Tartışma, başarılı terapötik ittifakların, kısmen hassas içeriğin gizliliği yoluyla kurulan bir dereceye kadar karşılıklı güvene bağlı olduğu fikrini içermelidir (Harbour, 2004).

Ebeveynlerin veya vasinin yasal yetkilerini, çocuğun refahı ve ilerlemesindeki meşru menfaatlerini kabul eden, tüm tarafların hem fikir olduğu bir gizlilik anlayışı aranabilir. Bu genellikle küçük çocuklar için zor olmayacaktır. Ergenler söz konusu olduğunda gençlerin genellikle akran çatışmaları, okul sorunları; sigara, alkol, seks ve ebeveynleriyle aynı anda gündeme getirmemeyi tercih edebilecekleri diğer özel konular hakkında konuşup konuşmama istekleri kesinlikle yorumlanmalıdır.

Psikolojik danışman, bazı sırlar ve ifşaların garanti altına alınabileceği noktalar (ör., kendine veya başkalarına zarar verme tehditleri) üzerinde tüm taraflarla kabul edilebilir sınırları başlangıçta müzakere edebilir. Sürecin bir parçası olarak psikolojik danışmanların, ne tür davranışların ebeveyne açıklanacak düzeye geldiğini düşünmeleri gerekecektir.

Örneğin, bir psikolojik danışma seansı sırasında 15 yaşındaki bir danışanın birkaç gün sonra bir lise sınıf arkadaşıyla cinsel aktiviteye girme niyetini bildirdiğini hayal edin. Psikolojik danışmanı olarak, genç kadının güvenli seks uygulamalarını anladığını ve kendini bu davranışa zorlanmış hissedip hissetmediğini sorguladınız ve hissetmediği sonuca vardınız. Bu bilgi saklamanız gereken bir bilgi mi ve anne babasına söylememeniz için genç size güven teşkil ediyor mu? Hedeflenen partnerin 18 yaşında, 25 yaşında veya 35 yaşında olduğunu varsayalım. Yaşın değişmesinin fikrinizi değiştirip değiştirmediğini, eğer değiştirdiyse nedenini düşünün.

Şimdi de danışanın cinsel paylaşımlarını para veya yasa dışı uyuşturucularla takas etmeyi planladığını bildirdiğini varsayalım. Psikolojik danışmanın çok sayıda unsuru düşünmesi gerekecektir. Planlanan etkinlik; makul, normatif, ergen davranışını oluşturuyor mu? Hem psikolojik danışmanın hem de danışanın hangi kültürel düşünceleri normları belirler? Danışan hangi zarar görme riskleriyle karşı karşıyadır? Neden psikolojik danışmanına bunu önceden söyledi (yani psikolojik danışmanın onu caydırmak için harekete geçmesini umuyor mu)? Psikolojik danışman, danışana en etkili şekilde fayda sağlayacak ve tedaviyi ilerletecek hangi adımları atabilir? Psikolojik danışman, danışanın ebeveynlerine hangi açılardan sorumludur?

Tabii ki hiçbir planlama sonraki olası her olayı kapsamayacaktır. En yaratıcı psikolojik danışmanlar bile ergen danışanlarıyla beklenmedik davranışsal maceralarla karşılaşacaklardır. Psikolojik danışma sürecinin başlangıcında çocuklarının gizliliğine koşulsuz saygı duymayı taahhüt eden ebeveynler, fikirlerini değiştirebilir ve psikolojik danışmandan bilgi talep edebilir veya çocuklarının kayıtlarına tam yasal yetki ile erişebilirler; psikolojik danışmanlar, danışanlarının çıkarlarını gözeten geçerli yasal standartlar hakkında rehberlik almalıdırlar.

Uyum ve işlev bozukluğu düzeyleri arasında sürekli değişen bir dengeye dayanan ebeveyn-çocuk ilişkisi, çocuğun intrapsişik gelişiminin önemli bir etkisidir. Çocuğun mizacıyla birleştiğinde, ilişki gelecekteki savunmasızlığa veya zihinsel bozukluğa karşı dirence önemli ölçüde katkıda bulunur. Akıl hastası ebeveynlerin çocukları, hem genetik hem de etkileşimsel faktörlerden kaynaklanan artan savunmasızlık nedeniyle özel risk altındadırlar. Bu çocuklar hem resmî hem de gayriresmî destek kaynaklarından izole edildiklerinden dolayı bu durum, "temel insan haklarını sağlamada başarısızlık" olarak kabul edilebilir. Akıl hastası bir ebeveyne sahip ailelerde çatışmalı gelişim kalıpları, genellikle hem ebeveyn hem de çocuk için acıya rağmen devam eder; çocuk bu acı verici etkileri içselleştirir. Çocuklar, içselleştirecekleri "yeterince iyi" bir ebeveyn deneyiminden yoksun olduklarında, duygusal bağın yokluğu durumunda uyumsuz aile ilişki kalıplarını tekrarlama eğilimindedirler. Bu durumda sorunun çocuktan kaynaklandığını düşünen bir yaklaşım, çok doğru olmamakla birlikte çocuğun haklarını ihlal eder (Halasz, 1996).

Danışma hedeflerini belirlemek de dâhil olmak üzere çocukların karar verme kapasiteleri, gelişim düzeylerinin ve yasal standartlarının bir işlevi olarak değişir. Psikolojik danışmanlar, danışma sırasında rıza ve izin alırken bu farklılıkları dikkate almalıdırlar. Yasal standartlar, genellikle çocukların ebeveynlerinden sır saklamalarına ancak ebeveynlerin izin verdiği ölçüde izin verir. Psikolojik danışmanlar, uygulanacak gizlilik parametrelerini belirlemek için psikolojik danışma ilişkisinin başlangıcında ebeveynlere ve çocuklara danışmalıdırlar.

Zorunlu Raporlama

Çocuklara ve ergenlere yönelik muamelede gizliliğin ihlal edilmesiyle ilgili en önemli yasal standart, şüpheli istismar veya ihmalin bildirilmesi için yasal zorunlulukları içermektedir (Kalichman, 1999; Koocher ve Keith-Spiegel, 2008; akt. Koocher, 2008; McCurdy ve Murray, 2003). Bu tür tüzükler tipik olarak, çocukların bakımı, eğitimi ve gözetimi ile ortak olarak ilgilenenler (ör.; eğitimciler, hemşireler, doktorlar, psikologlar ve sosyal hizmet uzmanları) dâhil olmak üzere belirli belirlenmiş profesyonellerin, "inanmak için nedenleri varsa" hükûmet yetkililerine haber vermelerini gerektiğini bildirmektedir. Reşit olma yaşının altındaki bir kişinin "istismara veya ihmale maruz kaldığına ilişkin kanıt" veya "makul şüphe" (yasal dile bağlı olarak) ya da "beyan" varsa hak savunuculuğu ile hareket edilmesi gerekmektedir.

Bazı aileler, bir şüpheye dayalı raporlamanın ailenin istikrarsızlaşmasına yol açabileceğinden ya da devletin çocuklara yönelik sağladığı refah sistemiyle ailenin zorla ilişkiye girmesine (sosyal hizmetler veya çocuk esirgeme kurumu gibi), tedavinin kesintiye uğramasına ve diğer istenmeyen sonuçlara yol açabileceğinden endişe duymaktadırlar. Aynı zamanda psikolojik danışmanlar, genellikle istismar şüphelerini araştırmak için hiçbir yetkiye veya gerçekçi yeteneğe sahip değildirler. Danışman, bildirimde bulunmamakla kötüye kullanımın devam etmesi ve bildirimde bulunmama durumunda ceza alma riskiyle karşı karşıyadır. İlginç bir şekilde bazı araştırmalar, çeşitli bağlamlarda raporlama ihtiyacına ilişkin algılarda grup farklılıkları olduğunu göstermiştir (Kalichman, 1999). Örneğin; bir araştırma, kadın psikolojik danışmanların belirsiz durumlarla karşılaştıklarında erkek meslektaşlarına göre daha düşük bir raporlama eşiğine sahip olabileceğini göstermiştir (Finlayson ve Koocher, 1991).

Bu gibi durumlarda etik davranışın anahtarı, kişinin kendi uygulama alanında geçerli yasaları bilmesini, danışanları mesleki ilişkinin başlangıcında bu gizlilik sınırlaması konusunda bilgilendirmesini ve istismar veya ihmalin davranışsal belirtilerini anlamayı içerir. Bu ilkeler, daha önce açıklanan yetkinlik (yani geçerli yasaları bilmek ve olası suistimal/ihmalin nasıl teşhis edileceğini anlamak) ve rıza (yani müşterileri gizlilik sınırları konusunda bilgilendirmek) ile ilgili temel kavramlarla bağlantılıdır.

Günümüzde uluslararası alan yazında, reşit olmayanların yaş, olgunluk, bilişsel yetenekler ve koşullar gibi çeşitli faktörler nedeniyle kendileri hakkında karar vermelerine izin verilemeyeceği, özellikle madde kullanım tedavisi ve bazı damgalanmaya neden olabilecek örneğin; yeme bozuklukları, erken gebelik gibi durumlarda ebeveynlerinin rızası olmadan klinik tedavi olup olamayacakları tartışılmaktadır. Bu koşullar arasında hamilelik, cinsel yolla bulaşan hastalık, madde kullanımı ve psikiyatrik bozukluklar yer alır ve reşit olmayanlar, 12 yaşından büyük ise ebeveynlerinin rızası olmadan bu durumlar için tedaviye rıza gösterebilirler. Burada standart ölçütler aracılığıyla gencin karar verme kapasitesi yeterli olduğu yargısına varılsa bile tedavi reddi hastalık belirtisi olarak kabul edilebilir ve kötüleşen sağlık, hastanın tedavi reddinin sonuçlarını anlamadığının bir göstergesi olarak değerlendirilir. Yetişkinlerin aksine çocuklar, sınırlı yaşam deneyimleri ve gelişim evreleri nedeniyle yeme bozukluğunun ve diğer bahsedilen sorunların uzun vadeli sonuçlarını yeterince kavrayamayabilirler. Ayrıca bu sürece aileyi katmamanın nasıl bir yararı olabileceği de hâlen tartışmalı bir konudur. Aileye ve topluma karşı sorumluluk ilkesi ile özerklik ilkesi ikilemini yansıtmaktadır. Etik ikilem çözümleme ve karar verme becerileri ile etik ilkeler doğrultusunda hareket edilmelidir.

Çatışan İdealler ve Çıkarlar

Tüm aileler, çıkarları tam bir uyum içinde uyuşmayan insanları içerir. Çoğu ebeveynin çocuklarının çıkarlarını en iyi şekilde gözetmesi umulur ancak bu her zaman gerçekleşmeyebilir. Ayrıca kendi duygusal sıkıntılarına kapılmış veya başka bir şekilde alternatif bir bakış açısına sahip olamayan birçok ebeveyn, davranışlarının çocuklarına fayda sağlamayacağını veya aslında zarar verebileceğini fark etmeyebilir. Çocuklar ve ergenlerle psikolojik danışma, bir tür zorunlu çoklu ilişki oluşturur. Psikolojik danışman, tipik olarak çocuğunu psikolojik danışmaya götürmek için baskı yapan, psikolojik danışmanın faturasını ödemekle sorumlu, sonuç hedefleri çocuktan oldukça farklı ve yasal hakları olan veya yasal hakları olmayıp talebi ve beklentisi olan, çok sayıda farklı karar alması gerekebilecek bir danışan portföyüne sahip olabilir ve olacaktır. Bu tür endişelerden daha önce ***Rıza*** başlığı altında bahsedilmişti ancak aynı zamanda rekabet eden çıkarları da göz önünde bulundurmak gerekir. Psikolojik danışmanlar; kime, hangi görevleri borçlu olduklarını iyi düşünmeli ve bunları dikkatle açıklamalıdırlar. İşte bazı tipik örnekler:

Ebeveynler, çocuğun davranışından endişe duyan okul yetkililerinin emriyle 10 yaşındaki bir çocuğu psikolojik danışmaya getirirler. Ebeveynler, psikolojik danışmandan çocuğunun okuldaki davranış sorununu çözmesine yardım etmesini ister ancak okulla iletişim konusunda katı sınırlar belirlerler.

Psikolojik danışman, tuvalet sorunları olan 4 yaşındaki bir çocuk danışanının ebeveyni ile iş birliği içerisinde çalışır. Yakın bir zamanda ebeveynin depresyonda olduğu ortaya çıkar ve psikolojik danışmanın çocuğun tuvalet sorunlarının yanı sıra ebeveynin depresyonu üzerinde de çalışmasını istiyor gibi görünür.

14 yaşında yeme sorunları olan bir danışanla çalışırken psikolojik danışman, anne babanın evliliğinin giderek kırılgan hâle geldiğinin farkına varır. Psikolojik danışman, ufukta bir ayrılık ve muhtemelen boşanma görür ve çocuğun bir velayet anlaşmazlığının odak noktası olabileceğini tahmin eder. Okul içindeki irtibat vakası, çözülmesi en kolay olanı olabilir. Psikolojik danışman, bilmesi gerekenler bazında okul personeli ile hangi bilgilerin paylaşılacağını gözden geçirmek için velilerle tartışmalara katılabilir. Bu tür bir çıkar çatışması, ortaya çıkabilecek herhangi bir gerilimin yönetilmesine ilişkin bir müzakere ile hizmet başlamadan önce bildirilmelidir. Psikolojik danışmanlar, yüksek düzeyde ebeveyn gerilimi veya açık çatışma gösteren ailelerin çocukları ile uğraşırken çiftin ilişkisinin muhtemelen çözülebileceğini ve velayet anlaşmazlığına yol açabileceğini tahmin etmelidirler.

Bir çocuk veya ergen psikolojik danışmanı olarak etkili bir şekilde performans sergilemek neredeyse her zaman ebeveynler veya velilerle iletişim ve etkileşimi içerir (Dishion ve Stormshak, 2007; akt. Koocher, 2008). Zaman zaman çocuğun "sorunu", ebeveyn psikopatolojisine bir yanıt olabilir. Özellikle küçük çocuklarla çalışırken bir aile oturumu veya ebeveyn rehberliği terapötik sürecin önemli bir parçası hâline gelir. Çocuğun psikolojik danışmanı, bir ebeveynin bireysel psikolojik sorunlarına yardım etme yeterliliğine sahip olsa bile ve hatta bir ebeveyn böyle bir bireysel yardım alma talep etse bile bunu yapmak etik olarak zor olacaktır. En iyi hareket tarzı, psikolojik danışma başlangıcında sınırlı bir amaç için bir danışan olarak ebeveyn kavramını tartışmak olabilir. Bir psikolojik danışman olarak işinizin, çocuğunun psikolojik danışmaya ilişkin duygu ve düşünceleri hakkında konuşmayı içerebileceği ebeveyne açıklanabilir. Ancak bireysel veya çift sıkıntılarında ebeveynlerin yardıma ihtiyaçları olursa onları bir profesyonele yönlendirebileceğimizi unutmamalıyız.

Kayıtları Ayrıştırma

Psikolojik danışmanlar, çocuk danışanlar için kayıtlar oluştururken, çocukla ve başkalarıyla temaslar hakkında ayrı notlar tutmak isteyebilirler. Çocuğun kayıtları veya psikolojik danışma notları, aile seanslarının notlarından veya ebeveynle yapılan toplantıların notlarından ayrı kalmalıdır. Bu uygulama, özellikle basılı kopyalarla uğraşırken önemli hâle gelmektedir.

Ebeveynlerle (veya vasilerle) istişare ederken, *"Ebeveynler, çocuk/ergen psikolojik danışmasının önemli bir parçasıdırlar ve hepinizle profesyonel bir ilişkim olacak. Çocuğunuzun psikolojik danışmanı olarak bana danışırken zaman zaman kişisel endişelerinizi dile getirebilirsiniz. Bu endişeleri memnuniyetle dinleyeceğim ve elimden geldiğince yardımcı olacağım ancak benim birincil rolüm, kızınız/oğlunuz için psikolojik danışman olmaktır. Kendi zorluklarınız için profesyonel yardıma ihtiyaç duyduğunuz bir noktada sizi uygun bir meslektaşıma yönlendireceğim."* diyerek başlangıçta sınırları çizmek uygun olur.

Psikolojik danışmanlar; kayıtları, çocuğun seanslarındaki notları, ebeveynlerle veya diğer aile üyeleriyle yapılan toplantılarda alınan notlardan kolayca ayırabilecek şekilde tutmalıdırlar. Notları ayrı dosyalarda veya belgelerde tutmak, bireysel tarafların kayıt taleplerini yerine getirmeyi kolaylaştırır.

Dava Taleplerini Karşılama

Bu noktada psikolojik danışmanlar, kendilerini danışanı oldukları bir çocuğun velayeti konusunda bir anlaşmazlığın içinde bulurlarsa neler olabileceğini hiç şüphesiz düşünmeye başlamak durumundadırlar. Ebeveynleri ayrılmış veya boşanmış bir çocuk ile psikolojik danışma süreci yürütülecekse her iki ebeveynin de rızası alınmalıdır. Çocuğunu psikolojik danışmaya getiren ebeveyn, diğer ebeveynin bunu bilmesine ve rıza göstermesine izin vermekte tereddüt ederse kabul etmemek gerekir (Diğer ebeveynin nerede olduğunun bilinmediği, ebeveynlik haklarının sona erdiği, bir yasaklama emri mevcutsa veya hapsedilmişlerse o zaman bu iddiaları dava dosyasında belgelemekte fayda vardır).

Bir çocuğun psikolojik danışmasını mahkemede veya yasal işlemlerde tartışmaya zorlamak, terapötik ilişkiyi baltalayabilir ve çocuğa zarar verebilir. *"Çocuğunuz ile yürüteceğim psikolojik danışmada, çalışmamın yasal konularla ilgili herhangi bir değerlendirme içermeyeceği konusunda hepimiz hemfikiriz. Bu formu imzalayarak, herhangi bir çocuk velayeti davasında veya diğer yasal işlemlerde beni tanık olarak çağırmayacağınızı kabul ediyorsunuz."* diye önceden hazırlanmış form, süreç başında veliye imzalatılabilir.

Çocuk psikolojik danışmanları, özellikle çocuk velayeti anlaşmazlıkları olmak üzere dava ile sonuçlanabilecek durumların farkında olmalıdırlar. Bu gibi durumlarda psikolojik danışmanlar, mesleki dürüstlüğünü korumaya ve çalışmalarının kapsamı dışında tanıklık etmekten kaçınmaya özen göstermelidirler. Psikolojik danışmanlar ayrıca, çocuk müvekkilleri içeren bir davada kanıt sağlamanın ilişkileri bozma ve terapötik süreci tehlikeye atma potansiyeline sahip olduğunu kabul etmelidirler.

Tanık olarak çağrıldıysanız veya velayet kararına varırken kullanılmak üzere çocuğun psikolojik danışma kayıtlarını elde etme girişiminde bulunulursa, hâkimden çocuğun mahremiyetini denetlemek için bir vasi tayin etmesini istemek düşünülebilir (Coates, Deutsch, Starnes, Sullivan ve Sydlik, 2004; Levick, 2000; akt. Koocher, 2008). Tanıklık etmeniz gerekiyorsa velayet değerlendirmesi yapmadığınızı ve velayet tavsiyesinde bulunmayacağınızı mahkemeye açıkça ifade ederek yorumlarınızı çocuğa yapılan muameleyle sınırlandırmanız iyi olacaktır.

Velayet anlaşmazlıkları bağlamında kendilerini etik şikâyet durumlarında bulan psikolojik danışmanlar, genellikle terapi rolünün dışına çıkarak değerlendirici olarak tanıklık etme veya bir değerlendirmenin yokluğunda önerilerde bulunma konusunda kendilerine izin vermişlerdir (Oberlander, 1995; Weithorn, 2006). Genellikle bir ebeveyn, diğer ebeveyn tarafından çocuğunun psikolojik danışmaya götürülmesine itiraz ettiğinde bu etik şikâyetler ortaya çıkar. Çocuğun psikolojik durumunun velayet anlaşmazlığında dikkate alınması gerektiğine inanan bu ebeveyne, psikolojik danışmanın önerisi bağımsız bir değerlendirici atanmasını istemektir. Daha önce ana hatlarıyla belirtilen noktalara dikkat edilmesi genellikle önemli etik sorunları önleyecektir.

Sonlandırma

Sonlandırma kararı kısmen psikolojik danışmanların sorumluluklarını kavramsallaştırmadaki titizlik derecesine ve "tedavi edilmesi zor olan durumlar" ile "tedavi için uygun olmayan" kriterleri incelemeye hazır olmalarına bağlıdır. Bir çocuğun rahatsız edici davranışı nedeniyle psikolojik danışma sürecinin sonlandırılması, özellikle ihtiyaç duyulduğunda bir hizmetin geri çekilmesine örnektir. Böyle bir senaryo, çocuğun rızası olmadan da tedavi hakkının olmasının sorgulanmasına yol açar.

Annenin ya da babanın veya aileden birinin, çocuğun /ergenin psikolojik danışmaya dönmekte isteksiz olduğunu bildirmesi durumunda, bunu çocuğun geri çekilmesini iletme yolu olarak yorumlamamak yararlı olabilir. Razı olmak mıdır burada problem, yoksa daha çok aile bireyinin (gerçekten ve psikolojik olarak) yansıttığı öfkesi ve yüzleşmekte yaşadığı zorluk mudur, ayırt edilmesi gerekir. Burada vurgulan, ailenin yüzleşmek veya başa çıkmak istemediği şeylerden kaçınmak için çocuğun gelmemesine onay vermesidir. Çünkü değişim düzenlilik, süreklilik ve cesaret ister; çocuklarda değişim de ailede ve aile düzeninde değişimi gerektirir. Doğru yorum psikolojik danışma sürecinin devamını kolaylaştırır. Tanımlanmış bir "rıza yaşı" olmadığında, çocuğun iradesine karşı devam eden danışmayı belirleme sorumluluğu ebeveynlere ve danışmana düşer.

Cinsel temasa veya sert veya kötü muameleye karşı kurallar, sınır ihlalleri olarak kodlanmıştır. Bu tür deneyimlerin çocuğun güvenini, öz saygısını ve yakın ilişkiler kapasitesini travmatize ettiği, çarpıttığı ve zedelediği kabulüne dayanır. Biyoloji ve genetik, teknoloji ve sosyal değişimlerdeki gelişmelerle birlikte yeni etik düşünceler ortaya çıkmaktadır. Psikolojik danışma uygulamasıyla ilgili birçok alan, temel "kurallarımız" kadar net değildir.

Örneğin, psikolojik danışma için telefonun kullanımı, çevrim içi hizmetlerin kullanımı, mahremiyet ile ilgili konuların dikkatli bir şekilde ele alınmasını gerektirmektedir. Bunlara karşı "tarafsız" olmak, onları ne teşvik ettiğimiz ne de kınadığımız anlamına gelir. Danışanı anlama ve onlara yardım etme çabalarımızda, bilgilendirmek için verdiğimiz tepkilerde, ebeveynler veya veliler ile olan çalışmalarımızda da dikkatli olmalıyız.

Çocuk ve ergenlerle psikolojik danışma uygulaması, danışana ve ailesine kendi tepkilerimizi ve onların bize ve danışmaya olan tepkilerini sürekli olarak izleme sorumluluğunu bize sunar. Açıkçası, her şey sadece aktarım ve karşı aktarım değildir. Saygılı olmanın yanı sıra çocuk veya ergen, psikolojik danışmayı başkaları tarafından dayatıldığı gibi deneyimlemek yerine bilinçli bir kararla sürece katıldığını hissettiğinde çocukla/ergenle çalışma ittifakı güçlenir.

Tehlikeli olduğu bilinen hastalarla çalışırken tedaviyi başka bir danışmana devretme veya tedaviyi durdurma kararları verilirken dikkat ve ihtiyat artırılmalıdır. Gizlilik ve mahremiyetin dikkate alınması gerekmekle birlikte, çocuk ve ergen psikolojik danışmanı, tehlikeli olma potansiyeli olan bir danışanla temasın zayıflaması veya kaybolması tehdidiyle karşı karşıya kaldığında da düşünceli ve dikkatli olmalıdır. Hasta, hasta ailesi ve toplum için güvenlikten yana hata yapılmaması tavsiye edilir (bk. İkiz, 2022).

Çocuk ve ergen psikolojik danışmasında uygulamalar, çeşitli hassas taraflara yönelik görevleri aynı anda dengelemeyi içerir: Psikiyatrik hastalığı olan çocuklar ve genellikle sıkıntılı aileleri söz konusu olduğunda psikiyatri desteği alınması da önerilir. Ergenlerin psikoterapötik tedavisinde özerklik ve korumayı dengelemek özellikle karmaşıktır. Çocukların tıbbi karar verme konusunda yasal hakları olup olmadığına bakılmaksızın, etik bir zorunluluk olarak, mümkün olduğunda gelişimlerine uygun kendi kaderini tayin hakkı ve mahremiyet sağlanmalıdır. Bir çocuğun veya ergenin karar verme kapasitesi, yaşı, psikososyal gelişimi, olgunluğu, entelektüel yeteneği, nöropsikiyatrik sunumu ile eldeki belirli karar (psikiyatrik ya da nörolojik tanı gibi) arasındaki çoklu, karmaşık etkileşimlere bağlıdır (Conrad ve Brumbaugh, 2021).

İstemsiz danışma zararsız değildir: Danışanlar, aileleri ve genellikle ilgili psikolojik danışmanlar ve personel için üzücü ve potansiyel olarak travmatiktir. Kısa vadeli fiziksel sağlık sonuçlarını iyileştirmede gönülsüz önlemler veya zorlama faydalı olsa bile danışan üzerindeki uzun vadeli psikolojik ve gelişimsel etki dikkate alınmalıdır. Birincisi, zorlama danışanları öfkelendirir; iyileşmeye karşı dirence ve uzun vadede danışmaya katılma isteğinin azalmasına neden olur. İkinci görüş ise başlangıçtaki olumsuzluğun yerini kabullenme, pozitiflik, istekli katılıma bırakacağı ve sonuç olarak semptomların azalmasına yol açacağıdır. Kendi tıbbi bakımlarıyla ilgili kararlara anlamlı bir şekilde katılma yeteneklerini ortadan kaldırmak, çocuk ve ergenin benlik saygısına, öz yeterliliğe ve gelecekteki tıbbi kararları yönlendirme yeteneğine zarar verebilir. Aile yaşamında paylaşılan kaynakların ve koşulların doğası, genellikle bir danışana yasal olarak bağımsız tıbbi karar verme hakkının verildiği yaşın ötesinde genç yetişkinliğe uzanır (Conrad ve Brumbaugh, 2021). Son olarak psikolojik danışmanın dikkat etmesi gereken, ebeveynlerin özerk kararlar alma hakları ile ebeveynlerin çocuklarının yüksek yararını destekleme görevini dengelemek ve en iyi karara varmaya çalışmaktır.

Özet

Etik standartlar ve kriterler, çok ciddi sonuçları olabileceğini düşündüğümüz durumlarla baş eden, herhangi bir otorite tarafından değiştirilmeyen ve iyi sebeplere dayanan, bencillik gibi bireysel çıkarların üzerinde olan ve tarafsız standartlardır. Bir davranış için "Bu etik bir davranıştır." ya da "Bu etik bir davranış değildir." şeklinde değerlendirme yapılırken bu tanım dikkate alınır. Psikolojik danışmanın bir konuya, kişiye, olaya, vakaya yaklaşım biçimini, tavır ve tutumları etik ya da etik değil olarak değerlendirirken çok önemli noktalar kavramsallaştırılmıştır. Genel olarak ilk önce psikolojik danışmanlar için belirlenmiş değerler ve etik ilkeler çerçevesine hâkim olmalıyız. İkincisi, çocuk ve ergenlerle çalışırken gözetilmesi gereken etik ilkeleri ele almalıyız. Üçüncüsü, çalıştığımız kurum ya da kuruluşun yasal yükümlülüklerine uygun olanlar çerçevesinde yaklaşmalıyız.

Bir çocuk veya ergen psikolojik danışmanı olarak etkili bir şekilde performans sergilemek, neredeyse her zaman ebeveynler veya velilerle iletişim ve etkileşimi içerir. Çocuk psikolojik danışmanları, özellikle çocuk velayeti anlaşmazlıkları olmak üzere dava ile sonuçlanabilecek durumların farkında olmalıdırlar. Çocuk ve ergenlerle psikolojik danışma uygulaması, danışana ve ailesine kendi tepkilerimizi ve onların bize ve tedavi durumuna olan tepkilerini sürekli olarak izleme sorumluluğunu bize sunar. Psikolojik danışmanın dikkat etmesi gereken ebeveynlerin özerk kararlar alma hakları ile ebeveynlerin çocuklarının yüksek yararını destekleme görevini dengelemek ve en iyi karara varmaya çalışmaktır. Her şey sadece aktarım ve karşı aktarım değildir. Saygılı olmanın yanı sıra çocuk veya ergen, psikolojik danışmayı başkaları tarafından dayatıldığı gibi deneyimlemek yerine bilinçli bir kararla sürece katıldığını hissettiğinde ergenle çalışma ittifakı güçlenir.

Unutulmaması gereken husus şudur: Psikolojik danışman etik ve yasal çerçeveye uygun davranırsa hem danışanlar zarar görmez hem uzmanın kendisi zarar görmez, hem de aileye ve topluma fayda sağlanmış olur.

Kaynakça

Aydın, İ. (2006). Eğitim ve Öğretimde Etik. Ankara: Pegem A Yayıncılık.

Aydın, İ. (2012). Yönetsel, Mesleki ve Örgütsel Etik. Ankara: Pegem Akademi.

Ascherman, L. I. & Rubin , S. (2008). Current ethical issues in child and adolescent psychotherapy. *Child and Adolescent Psychiatric Clinics of North America, 17*, 21-35.

Bolay, S. H. (2010). Felsefeye Giriş, 3. Baskı, Ankara: Akçağ Yayınları.

Camadan, F. ve İkiz, F. E. (2021). *Psikolojik danışmada etik ikilemlerin değerlendirilmesi.* Psikolojik danışma etik kodları (1. Baskı) içinde (ss.108-122). Ankara: Türk PDR Derneği Yayınları.

Canter, M. B., Bennett, B. E., Jones, S. E., & Nagy, T. F. (1994). *Ethics for psychologists: A commentary on the APA Ethics Code.* American Psychological Association.

Coates, C. A., Deutsch, R., Starnes, H. H., Sullivan, M. J., & Sydlik, B. (2004). Parenting coordination for high-conflict families. *Family Court Review, 42*, 246-262.

Conrad R., & Brumbaugh, B. (2021). Respect for Persons in the Psychiatric Treatment of *Children and Adolescents Psychiatric Clinics of North America, 44,* 613-625. https://doi.org/10.1016/j.psc.2021.08.007

Deniz., M. E. (Edt). (2021). Eğitim Psikolojisi. Ankara: Pegem Akademi Yayınevi

Finlayson, L., & Koocher, G. P. (1991). Professional judgment and reporting in child sexual abuse cases. *Professional Psychology: Research and Practice, 22*, 464–472.

Halasz, G. (1996). The Rights of the Child in Psychotherapy. *American Journal of Psychotherapy, 50(*3), 285-297.

Harbour, A. (2004). Understanding children and young people's rights to confidentiality. *Child and Adolescent Mental Health, 9*, 187-190.

İkiz, F. E., Sevinç, A., Kaval, A., Yeğintürk, G., ve Kalen, S. (2017). Okul psikolojik danışma hizmetlerinde mesleki etik ihtiyaçların belirlenmesi. *İş Ahlakı Dergisi, 10*(2), 223-245.

İkiz, F. E. (2021). Öğrenme ve etkileyen faktörler. İçinde M. E. Deniz (Edt). Eğitim Psikolojisi (ss: 198-256). Ankara: Pegem Akademi Yayınevi.

İkiz, F. E., Uz Baş, A. ve Arslan, Ü. (Edt) (2022). TPDR Etik Kodlar Kitabı, (2. Basım). Ankara: Türk PDR Derneği Yayınları.

İkiz, F. E., Topkaya, N., Sağlam, A. (2022). Temel değerler ve prensipler. İçinde İkiz, F. E., Uz Baş, A. ve Arslan, Ü. (Edt). TPDR Etik Kodlar Kitabı, 2. Basım (ss: 6-19). Ankara: Türk PDR Derneği Yayınları.

İkiz, F. E. (Edt.) (2022). Meslek etiği ve yasal konular. Ankara: Pegem Akademi Yayınevi.

Kalichman, S.C. (1999). Mandated reporting of suspected child abuse: Ethics, law, & policy (2nd ed.). Washington, DC: American Psychological Association.

Koocher, G. P. (1995). Ethics in child psychotherapy. *Child and Adolescent Psychiatric Clinics of North America, 4,* 779-791.

Koocher, G. P. (2003). Ethical issues in psychotherapy with adolescents. *Journal of Clinical Psychology, 59*, 1247-1256.

Koocher, G. P. (2008). Ethical challenges in mental health services to children and families. *Journal of Clinical Psychology: In Session, 64*(5), 601-612. Doi: 10.1002/Jclp.20476

McCurdy, K.G., & Murray, K.C. (2003). Confidentiality issues when minor children disclose family secrets in family counseling. *Family Journal: Counseling and Therapy for Couples and Families, 11*, 393-398.

Mert, A. (2022). Etik, temel kavramlar ve etik davranışların temelleri. İçinde İkiz, F. E. (Edt). Meslek Etiği ve Yasal Konular. 3. Basım (Ss: 1- 33). Ankara: Pegem Akademi Yayınevi.

Oberlander, L. B. (1995). Ethical responsibilities in child custody evaluations: Implications for evaluation methodology. *Ethics & Behavior, 5*, 311-332.

Pieper, A. (2012). Etiğe Giriş. (Çev.,Veysel Ataman ve Gönül Sezer). İstanbul: Ayrıntı Yayınları.

Şensoy, G. (2019). *Okul danışmanlarının etik problemlere yönelik yaklaşımları* (Yüksek lisans tezi). YÖKTEZ veri tabanından erişildi (No.: 563157).

Şensoy, G., & İkiz, F. E. (2022). Ethical dilemmas of school counsellors: A vignette study. *Journal of Psychologists and Counsellors in Schools*, 1-14.

Weithorn, L. A. (2006). The legal contexts of forensic assessment of children and families. In S.N. Sparta & G.P. Koocher (Eds.), Forensic mental health assessment of children and adolescents (pp. 11-29). New York: Oxford University Press.

İnternet Kaynakları

https://acikders.ankara.edu.tr › resource › view , Toplu Dosya - II Toplu Dosyada Bulunması Gereken Bilgiler

https://orgm.meb.gov.tr/alt_sayfalar/mevzuat/Milli%20E%C4%9Fitim%20Bakanl%C4%B1%C4%9F%C4%B1%20Rehberlik%20ve%20Psikolojik%20Hizmetler%20Y%C3%B6netmeli%C4%9Fi.htm

https://orgm.meb.gov.tr/meb_iys_dosyalar/2020_08/31230349_RPDH_Etik_Yonergesi_.pdf

http://www.tdk.gov.tr/index.php?option=com_gts&kelime=ETİK,

http://www.tdk.gov.tr/index.php?option=com_gts&kelime=KÜLTÜR,

http://www.tdk.gov.tr/index.php?option=com_gts&kelime=NORM

BÖLÜM 4

PSİKOLOJİK DANIŞMA SÜRECİNİ YAPILANDIRMA

Tuğba Türk Kurtça

İçerik

Çocuk ve Ergenlerle Psikolojik Danışmada Süreci Yapılandırma

Gelişim üzerinde uzun yıllardır yapılan çalışmalar, çocuk ve ergenlerin yetişkinlerden farklı olduklarını ortaya çıkarmış ve yaşa göre bu farklılaşmayı açıklayan çeşitli gelişim kuramları geliştirilmiştir. Dolayısıyla çocuk ve ergenleri içeren herhangi bir çalışma yapılırken, alan yazına hâkim olan bu araştırma ve kuramlar göz ardı edilemez. Çocuklar ve ergenler söz konusu olduklarında psikolojik danışmanlar tarafından bilişsel, duygusal, sosyal, dil gelişimi açısından yetişkinden farklı oldukları, sorunlarını yetişkinlerden farklı tepkilerle gösterebilecekleri, tipik gelişimin ne olduğu gibi konuların dikkate alınması ve gelişme duyarlı olunması gerekmektedir (Belser, 2017; Dixon vd., 2021; Paladine ve Delorenzi, 2021; Swank ve Anthony, 2021; Tucker, 2021a; 2021b). Ayrıca psikolojik danışma süreci yürütülürken, çocuğun ve ergenin kendi isteğiyle danışmanlık almaması, kendisini ifade edememesi, danışmanlık odasında olmaya karşı tepkili olması, danışmanlığın ne olduğunu bilmemesi, danışmanlık süreciyle ilgili yanlış bilgilerinin olması gibi olası durumlar da göz önünde bulundurulmalıdır (Handerson ve Thompson, 2016; Sommers-Flanagan ve Sommers-Flanagan, 2006). Tüm bunlar dikkate alındığında, çocuk ve ergenlere yönelik psikolojik danışmanın doğasının farklı olması beklenir. Bu bölümde, öncelikle çocuğa uygun danışma ortamının nasıl olması gerektiğinden, daha sonra ise ilk görüşme, ilk danışmanlık, hedef belirleme, değerlendirme ve aileyi bilgilendirme konularından bahsedilecektir.

Psikolojik Danışma Ortamı

Psikolojik danışma hizmeti vermenin ilk koşulu, danışanların kendilerini çevresel uyaranlardan uzak, rahat ve huzurlu hissedecekleri bir ortam sunmaktır. Bunun için psikolojik danışma yapılan oda, öncelikle gizlilik kriterini sağlamalı ve bu kriteri sağlayabilmesi için odanın ses yalıtımının olmasına, kapının isteyen herkes tarafından açılan bir kapı olmamasına ve güvenli bir şekilde kapanabilmesine dikkat edilmelidir. Bu tür önlemler danışana gizliliğin sağlanması konusunda olumlu mesaj verirken, bir taraftan da odanın diğer donanımları çeşitli mesajlar iletir. Örneğin, masadaki bir kutu peçete odada duyguların ifade edilebileceğini, bir saat zamanın sınırlılığını danışanın algılamasını sağlayabilir. Ayrıca bu tür mesajları vermesinin yanı sıra odada bulunan donanımlar rahat ve konforlu olmalıdır. Bu noktada ilk akla gelen donanım ise sandalye ve koltuktur. Bu tür detaylar her danışan için önemliyken çocuk ve ergen danışanlar söz konusu olduğunda psikolojik danışman, bu temel düzenlemenin üzerinde nasıl bir değişiklik yapılacağı konusunda düşünmelidir (Kirkbride, 2016). Sandalye konforlu olmasının yanı sıra çocuğun ayağının yere yetişebileceği boyutta olmalıdır. Odanın sıcak tonlarda olması, yumuşak oturakların bulunması ve yere de oturulabilecek bir zeminin olması gerekmektedir (Handerson ve Thompson, 2016).

Temel olarak sandalye veya koltuk, peçete ve saatin bulunduğu bir oda, çocuğun çok fazla göz kontağı kurmak zorunda hissetmesine ve dolayısıyla endişelenmesine yol açabilir. Bu nedenle çocuğa tanıdık gelen renkli yastıklar, puflar, oyuncaklar, üzerinde hayvan figürü olan bazı nesnelerin eklenmesi işlevsel olacaktır (Kirkbride, 2016). Oyuncakların yanı sıra kitaplar, kartlar vb. bulundurulması çocuğun daha rahat hissetmesini sağlayabilir (Sommers-Flanagan ve Sommers-Flanagan, 2006). Ek olarak; Cook-Cottone ve arkadaşları (2019), cinsiyete özgü olmayan renkler, battaniye, su, oyun hamurları, stres topları, duyusal uyarı sağlayan nesneler bulundurulmasını önermektedirler. Ancak burada dikkat edilmesi gereken nokta, oda ortamını çekici hâle getirirken karmaşık görünmemesidir (Sommers-Flanagan ve Sommers-Flanagan, 2006). Ayrıca çok fazla oyuncak olmaması, sürekli değişiklikler yapılmaması, sürekli yeni oyuncaklar eklenmemesi, çocuğun endişe duymasına neden olabilecek maske gibi oyuncakların kullanılmaması, zarar gördüğünde çok fazla maliyeti olabilecek oyuncakların bulunmaması, çok parçalı ve çok küçük oyuncakların olmaması gerekmektedir. Aşırı düzenli bir oda görünümüyle, çocukta burada oynanamaz hissi oluşturan bir düzenlemeden de kaçınılmalıdır (Cochran vd., 2010). Nesnelerin danışanın dikkatini dağıttığı fark edilirse nesneleri ortadan kaldırarak danışanın kaygısını azaltmakta fayda sağlayacağı düşünülen kil ve karalama defteri vermek fayda sağlayabilir. Danışma odasındaki nesnelerden bazılarıyla çocuğun veya ergenin ilgilenmesi psikolojik danışmana danışan hakkında ek bilgiler sağlayacaktır. Ancak bu nesnenin danışman tarafından işaret edilmeden danışan tarafından seçilmesi önemlidir (Sommers-Flanagan ve Sommers-Flanagan, 2006).

Odanın büyüklüğü, çocuğun hareket etmesine izin verecek kadar olmalıdır (Cook-Cottone vd., 2019). Ancak çocuk, bu odada sınırsız bir şekilde davranamayacağını, kuralları ihlal edemeyeceğini de hem fiziksel sınırlar hem de psikolojik danışmanın uyarılarıyla bilmelidir (VanFleet vd., 2011, s. 48). Bütün bunların yanı sıra çocuklarla yapılan görüşmelerde psikolojik danışmanla çocuk arasında masa olmamalıdır. Çünkü masanın varlığı çocuklara otorite figürünü hatırlatabilir (Handerson ve Thompson, 2016). Ayrıca psikolojik danışmanın kıyafetleri de danışanla bağlantı kurmak için kullanılabilir. Bunun için otorite algısı oluşturabilecek kravat ve gömlekle yapılan kombinler yerine danışman daha rahat kıyafetler seçebilir hatta çocukların ilgisini çeken karakter ya da renk gibi detaylar içeren kıyafet ve aksesuarlar kullanabilir. Burada da dikkat edilmesi gereken nokta, kıyafet ve/veya aksesuar kullanımı çocuğun veya ergenin kendini kolaylıkla açmasına ya da tam tersi geri çekmesinde bir etken olabileceğidir. Yetişkinler bir psikolojik danışmanın diploma ve sertifikalarından etkilenebilirken, çocuklar için bunların pek bir anlamı yoktur (Sommers-Flanagan ve Sommers-Flanagan, 2006). Bu tür belgeler daha çok bekleme odalarında ebeveynler için sergilenebilir.

Görüşme odasının çocuk ve ergenler için uygun bir hâlde olması önemliyken, aslında bekleme odaları da çocuk danışanlar için özel bir öneme sahiptir. Çünkü bekleme odası hem çocukla ilk ilişkinin kurulduğu hem de çocuğun ebeveynleri tarafından bırakılması, alınması ve ebeveynlerin bekleme alanı olması açısından işlev gösteren bir yerdir. Bekleme odasının yakınlığı, çocuğa istediği zaman ebeveynine ulaşabileceği mesajı vererek onun daha rahat hissetmesini sağlarken, ebeveynde ise danışma sürecinin bir parçası olduğu hissini oluşturacaktır. Ancak bu odanın konumunun çocuğun rahat hissedebileceği yakınlıkta olması ne kadar değerli olsa da gizliliği koruyabilecek uzaklıkta olması gerekmektedir. Öte yandan bekleme odası sadece danışan ve ebeveyni açısından işlevsel değildir; ayrıca bu oda, daha büyük çocukların ve ergenlerin ebeveynleriyle ilişkilerini gözlemlemek açısından psikolojik danışmana bir fırsat sunmaktadır. Öyle ki bazı ergenler, ebeveynlerine duyurmak istediği öfke içeren cümlelerini daha sesli ifade edebilirler. Bir başka ipucu ise ayrılma kaygısıyla ilgili olabilir. Bazı ebeveynler tüm seans boyunca bekleme odasında kalıp seansın bitmesini beklerken, bazıları da kalmayıp hatta seansın bitimine de geç kalabilirler. Bu tür davranışlar da psikolojik danışmana aile dinamikleri hakkında bilgi sağlayabilir (Kirkbride, 2016).

İlk Görüşme

Aileyle ilk görüşme genellikle telefonla başlamaktadır ve bu nedenle telefon konuşmasının bilgi verici olması önemlidir. Bu konuşma sırasında psikolojik danışma süreci hakkında aileye bilgi verilerek güven duygusu sağlamak amaçlanmalıdır (Cook-Cottone vd., 2019). Ayrıca psikolojik danışma öncesinde ebeveynden çocuk veya ergen hakkında bilgi edinmek, danışanın ve ebeveynlerinin isimlerini öğrenmesi kaynaşma (raport kurma) için önemlidir (Sommers-Flanagan ve Sommers-Flanagan, 2006). Bunun için aşağıdaki gibi bir açıklama psikolojik danışman tarafından yapılabilir (Cook-Cottone vd., 2019, s. 3).

> *"Psikolojik Danışman: İnsanlarla ilişkilerimiz bazen zor ve stresli bir hâle gelebilir. Benim işim, çocuğunuz Ali için en yararlı olanı yapmak, hepinizi anlayarak desteklemektir".*

İlk etkileşimin bekleme odasında ebeveyn ve çocuk birlikteyken olması, hem çocuğun ebeveynleri yanındayken güvende ve rahat hissetmesi hem de ebeveynlerin süreçteki rollerini anlamaları için önemlidir (Geldard vd., 2013). Danışan ve ebeveynleri psikolojik danışmaya geldiklerinde, ilk yüz yüze tanışma sırasında psikolojik danışman hem kendini hem de merkezi tanıtmalıdır. Bunun için de tuvalet, otomatlar gibi donanımların yanı sıra odada yer alan kum tepsisi, oyuncaklar, kitaplar vb. tanıtabilir, psikolojik danışman kendi eğitiminden, psikolojik danışmanın ne olduğundan ve ne olmadığından bahsedebilir, ailenin hikâyesini ve genel olarak merkeze gelme amaçlarının ne olduğunu öğrenebilir (Cook-Cottone vd., 2014). Bu etkileşimler sırasında psikolojik danışmanın hem kendisi hem de psikolojik danışma süreci hakkında ilk izlenimler oluşur; bu izlenimlerin başlangıçta nötr iken giderek olumluya dönüşmesi beklenir. Aksi durumda ise ilk izlenim aslında son izlenime dönüşmektedir. Danışmanların ilk karşılaşmada arkadaş canlısı, aktif, ilginç, çekici ve iyimser olması tüm süreç boyunca önemlidir. Ayrıca danışman sadece ebeveynle iletişim kurmamalı, çocuk veya ergeni görmezden gelmemeli ve ebeveynlerle kısaca bir konuşma yaptıktan sonra hızlı bir şekilde danışana yönelerek danışmanın ona bu danışmanlık süreci hakkında ne kadar heyecanlı ve mutlu olduğunu belli etmesi gerekmektedir (Sommers-Flanagan ve Sommers-Flanagan, 2006).

Aygölü ve Özden-Yıldırım (2020, s. 5-8), ilk görüşmede genellikle aileden alınması gereken bilgilere dair soruların neler olduğunu özetlemişlerdir (bk. Tablo 1).

Tablo 1. İlk Görüşmede Bilgi Alınabilecek Alanlara Yönelik Sorular

Alan	→	Detaylı açıklama için eklenebilecekler sorular
Sorunun niteliği ve şiddeti	→	Sorunun azaldığı veya arttığı durumlar nelerdir? Sorunu tetiklediği düşünülen olası durumlar nelerdir?
Başvuruya sebep sorunun dışındaki diğer şikâyetler	→	Fiziksel yakınmaları var mı? Varsa açıklayınız? Beslenme, uyku ve tuvalet sorunları var mı? Varsa açıklayınız? Aile ve arkadaş ilişkilerinde sorunları var mı? Varsa açıklayınız? Dikkat ve odaklanma sorunları var mı? Varsa açıklayınız? Duygusal sorunları var mı? Varsa açıklayınız? Öfke nöbeti sorunları var mı? Varsa açıklayınız? İçe kapanıklık ve depresiflik sorunları var mı? Varsa açıklayınız? Saldırganlık, çalma, yalan söyleme davranışları var mı? Varsa açıklayınız? Kendine zarar verme ve intihar eğilimi var mı? Varsa açıklayınız? Okula devam ve başarı sorunları var mı? Varsa açıklayınız? Cinsel davranış sorunları var mı? Varsa açıklayınız? Tik, kekemelik gibi sorunları var mı? Varsa açıklayınız? Kullandığı ilaçlar ve süreğen hastalıkları var mı? Varsa açıklayınız? Daha önce yardım aldı mı? Aldıysa açıklayınız?
Gelişim düzeyi	→	Ailede boşanma durumu var mı? Varsa ne kadar süre önce oldu? Çocuk hangi ebeveynle kalıyor? Dil, davranış, motor, bilişsel, sosyal-duygusal gelişimi yaşına uygun mudur?
Aile yapısı	→	Ebeveynlerin yaşı, mesleği, eğitimi nedir? Ebeveynlerde varsa psikolojik ve fiziksel sorunlar nelerdir? Ailenin yanında yaşayan diğer kişiler var mı? Varsa kimler? İlişkiler nasıl? Evin fiziksel koşulları nedir?

Ailenin işlevi	→	Ebeveynler arası ilişki çatışmalı mı? Çocukla ebeveynleri arasındaki iletişim nasıl? Ebeveynlerin çocukla zaman geçirme şekli nasıl? (Varsa çocuğun bakıcı ile iletişimi nasıl?)
Kişisel öykü	→	Nasıl tanıştınız? Anne ne zaman hamile kaldı? İstenen bir bebek miydi? Hamilelik ve doğum süresinde sorunlar yaşandı mı? Yaşandıysa nelerdi? Doğum şekli nasıldı? Doğum boyu ve kilosuna dair fiziksel ölçümler nasıldı? Anne sütü içme ve bırakma süreci nasıl gerçekleşti? Uyku düzeni nasıldı? Zor bir bebek miydi? Yürüme, oturma, tuvalet eğitimi ne zaman gerçekleşti? Geçirdiği hastalıklar, ameliyatlar, nelerdi? Hastanede yattı mı? Aileden en az bir hafta ayrı kaldı mı? Kaldıysa ne kadar süre ve nedenleri neydi? Ailedeki psikolojik ve psikiyatrik sorunlar var mı? Varsa neler?

Çocuk ve Ergenle İlk Danışma

Çocuklar, yetişkinlerden farklı olarak psikolojik danışma hizmeti alma konusunda kendi kendine karar verme veya birinin tavsiyesi üzerine başlama konusunda söz hakkı bulunmayan kişilerdir (Aktan, 2022). Dolayısıyla yardım arayan kişi değil de yardım alması gerektiği düşünülen kişi olarak psikolojik danışma hizmeti alırlar (Yavuz Güler, 2022). Oysaki çocukların kendilerine ait duyguları, davranışları, beklentileri, algıları vardır; bunlar bazen hatalı ve/veya eksik olabilirler. Çocuklar, psikolojik danışmaya gelme nedenlerini bilmeyebilirler, yanlış veya eksik bilgilendirilmiş olabilirler veya psikolojik danışmaya gelme nedenlerini "yanlış bir şey yapma" ile ilişkilendirebilirler. Bütün bunların yanı sıra psikolojik danışmanı doktor sanabilir; annebabasının ya da öğretmeninin onun sorunlu olduğunu düşündüğüne inanabilirler. Ayrıca söylediklerinin gizli kalıp kalmayacağı ve ailesi hakkında kötü şeyler söyleyip söyleyemeyeceği hakkında aklında sorular olabilir, tüm bu süreçten korkabilirler (Handerson ve Thompson, 2016; Sommers-Flanagan ve Sommers-Flanagan, 2006).

Hatta daha küçük yaştaki danışanlar, neden psikolojik danışma hizmeti alacaklarını açıklayamayabilir, sessiz kalabilirler. Öte yandan ergen danışanlar, gelme nedenleri olarak başkalarını suçlayabilirler veya danışmaya karşı olabilirler (Sommers-Flanagan ve Sommers-Flanagan, 2006), amacın yetişkinler tarafından belirleneceği ihtimaline tepki gösterebilirler (Everall vd., 2002). Bu aşamada hem psikolojik danışmanın ne olduğu hem de kurallar ve sınırlar net bir şekilde çocuğa anlatılmalıdır (Handerson ve Thompson, 2016). Psikolojik danışman, bütün bu belirsizlik, bilinmezlik ve yanlış anlamaları gidererek danışanla güvene dayalı bir ilişki kurmalıdır. Danışmanın rolünün ve çocuğun beklentilerinin tanımlanması, çocuğun dünyası ile danışma odası arasında köprüler kurulması gerekir. Yetkin görünen arkadaş canlısı, kendine güvenen psikolojik danışmanlar, çocukların yeni danışma ortamında kendilerini güvende ve emin hissetmelerine yardımcı olurlar.

Psikolojik danışman eğlenceli aktivitelerle ilk seansa rahat bir başlangıç yapabilir ve eğer danışanı ebeveyninden ayrılma konusunda endişeli hisseden bir çocuksa ebeveyni de aktiviteye dâhil edebilir. Yabancılarla konuşmamaları söylenen bazı çocuklara ebeveynleri, psikolojik danışmana güvenilebileceği ve onunla konuşmasının doğru olduğu konusunda güvence verebilir. Okuma yazma bilen çocuklar için psikolojik danışmanlar, psikolojik danışma sürecini anlatan, birlikte inceleyebilecekleri bir broşürü hazırlayabilirler. Psikolojik danışman, çocuğa genel ve gündelik hayatına ilişkin sorular yönelterek de iletişimi başlatabilir ya da doğrudan psikolojik danışmaya gelme nedeninin ne olabileceğini de sorabilir. (Handerson ve Thompson, 2016). İlk iletişimde psikolojik danışman; örneğin, bir ortaokul öğrencisine -daha küçük yaşlardaki çocuklar için daha basit cümlelerle ve daha somut ifadelerle- şu şekilde açıklama yapabilir (Handerson ve Thompson, 2016, s. 80-81):

> *"Psikolojik Danışman: Psikolojik danışmanın ne olduğunu biliyor musun?*
>
> *Çocuk: Hayır (Çocuk evet yanıtını verirse danışman, 'Psikolojik danışmanın ne olduğu hakkında bana düşüncelerini söyler misin?' diyebilir).*
>
> *Psikolojik Danışman: Hayatımızın bir döneminde çoğumuzun bizi endişelendiren ya da üzen, birileriyle konuşmak istediği şeyler vardır. Konuşmak istediklerimiz; arkadaşlarımız, ebeveynlerimiz, kardeşlerimizle ilgili bir sorun veya bir kafa karışıklığı olabilir. Psikolojik danışman, sizin rahatsız olduğunuz her şeyi dikkatlice dinleyerek sorunlarınızı çözmenin yollarını bulmana yardımcı olmaya çalışır".*

Okulda psikolojik danışman hizmeti almaya yönlendirilen çocuklar için psikolojik danışman, *"Öğretmenin, son zamanlarda çok öfkeli göründüğünü ve bu konuda be-*

nimle konuşmak isteyebileceğini söyledi." diyerek sorunun ne olduğunu anlatması için çocuğa süre verebilir. Böylelikle psikolojik danışman, çocuğun sorununun farkında olduğunu belirtmiş olur. *"Öğretmenin benimle konuşmak isteyebileceğini söyledi."* ifadesi az yönlendiricidir ve çocuğun sorununu açıklamasına izin verir. Bazen de *"Öğretmeninin neden benimle görüşmeni istediğini sana anlatmak istiyorum."* diyerek yetişkin tarafından yönlendirilen çocukla görüşmeye başlayabilir. Ancak çocuğun yönlendirilme sebebinin cezalandırmak amaçlı olmadığını açıklamak üzere *"Öğretmenin, senin son zamanlardaki davranışların nedeniyle derslerinde başarısız olman hakkında endişeleniyor."* gibi bir cümle kurabilir (Handerson ve Thompson, 2016). Bu noktada en başından itibaren psikolojik danışmanların gelişime duyarlı bir şekilde davranması gerekmektedir.

Psikolojik danışmanların ilk görüşmede, farklı yaşlardaki danışanlarla kullanabilecekleri becerilere sahip olmaları beklenir (bk. Tablo 2) (Sherman, 2015; Swank ve Anthony, 2021; Tucker, 2021a; 2021b):

Tablo 2. Yaşlara Göre Psikolojik Danışman Becerileri

Yaş	Beceriler
5- 9 yaş	✓ Yumuşak bir göz kontağı, gülümseme ve güven verme ✓ Alçak bir sandalye veya mindere oturarak fiziksel olarak çocuğun seviyesinde olma ✓ Kendini tanıtma ve danışmanın ne iş yaptığını ve psikolojik danışmanlık hizmetinin ne olduğunu anlatma ✓ Küçük çocukların psikolojik yardım ihtiyacını küçümsememe ✓ Sadece konuşmaya dayalı bir psikolojik danışma yapmama ✓ Benlik saygısı üzerinde durma ✓ Sınırları ve danışmanlığın kurallarını anlatma; ör., her hafta ne kadar süre seansta olacakları, seans bitiminde onu kimin alacağı, bilgilerin paylaşımının etik kurallar çerçevesinde nasıl olacağı (bk. Bölüm 3) çocuğa anlatılmalıdır.
10-13 yaş	✓ Öz bilinç düzeyleri nedeniyle oluşan utanma duygularını yönetme ve mahremiyet ihtiyaçlarını dikkate alma ✓ Geçiş konuları, yeni okul, yetişkinlik sürecinde çocuk, çocukluğun kaybı, bedensel değişimler, akran grubunun önemi ve ebeveynler/öğretmenlerle, otorite figürü olan kişilerle başlayan yeni anlaşmazlıklar gibi konuları anlamasına yardımcı olma

	✓ Yaptığı seçimlerinin olası istenmeyen sonuçlarının farkına varmasını sağlayarak yeni deneyimler kazanması konusunda cesaretlendirme ✓ Danışma odasında net sınırlar belirlenerek danışanın saygı duymasını sağlama
14-18 yaş	✓ Ergenin bağımsızlık, daha fazla uyku ihtiyacının yanı sıra cinselliği ve yetişkin yaşamının sorumluluklarını keşfetme çabasını kabul etmek ✓ Beliren yetişkinliğin getirdiği sorumluluklar, sınavlar, maddi durum, kariyer ve eğitim hakkında açıkça konuşmak ✓ Danışanın yaşadığı dönemsel zorluklara karşı empati kurarak saygı göstermek ✓ Tutumları mantıksız gelse bile küçümsememe ✓ Yetişkinlere yönelik davranışlarında alternatifler sunmak ✓ Eşit bir ilişki oluşturarak model olmak

Hedef Belirleme

"Bir sorunum var." düşüncesi ile kendileri isteyerek psikolojik danışma hizmeti almaya gelmeyen çocukların sorununu tanımlamak ve amaç oluşturmak, yetişkinlerden farklı bir yaklaşım gerektirir (Clarizio ve McCoy, 1983; Akt., Prout ve Brown, 2012). En başta aileleri ve çevrelerine güçlük çıkaran çocuklar, sorunlarının farkında bile olmayabilirler (Aygölü ve Özden-Yıldırım, 2020). Çocuk danışan söz konusu olduğunda, psikolojik danışmada hedefin danışan mı yoksa ebeveynleri tarafından mı belirlenmesi gerektiğine ilişkin bir kafa karışıklığı olabilir (Geldard vd., 2013). Bu konuyu aydınlatmak üzere Geldard ve arkadaşları (2013), psikolojik danışma hedeflerinin **dört düzeyde** belirlenebileceğini belirtmişlerdir. Bunlar;

- Birinci seviye hedefler: Temel hedefler,
- İkinci seviye hedefler: Ebeveynlerin hedefleri,
- Üçüncü seviye hedefler: Psikolojik danışman tarafından formüle edilen hedefler,
- Dördüncü seviye hedefler: Çocuğun hedefleridir.

Tüm düzeydeki hedefler önemlidir ve terapötik süreçte dikkate alınmalıdır. Ancak bazen bahsedilen hedeflerin biri diğerine tercih edilebilir ve bu tercih tamamen psikolojik danışmanın sorumluluğundadır.

Temel düzeydeki hedefler, evrensel olarak geçerliliği olan hedeflerdir. Bunlar; çocuğun iyi oluşunu, uyum sağlamasını, duygusal sorunlarla başa çıkmasını, gelişimini en iyi şekilde desteklemek gibi hedeflerdir (Geldard vd., 2013). Örneğin, ergenler ve ebeveynleri ile yapılan görüşmelerde hem aralarındaki güven ve bağlılığı besleyecek hem de ergenlerin özerkliğine ve olgunluğuna saygı duyulan bir danışma süreci yürütülmelidir. Ergenlerin bağlılık-bağımsızlık dengesini oluşturmaya çalıştığı bu dönemde eğitim, partner seçimi gibi yaşam boyu etkisi olan kararlar alınmadan önce gerekli desteğin sağlanması önemlidir. Hedef belirlerken bir anda ergenden birçok alanda değişim beklemeden, öncelikle ergenin risk alma davranışına, dolayısıyla güvenliğine odaklanılmalıdır (Loar, 2001).

İkinci seviye hedefler olan ebeveynlerin hedefleri ise çocukların davranışları ve kendi gündemleri ile ilgilidir. Örneğin, çocuk eğer bir sorun davranış gösteriyorsa ebeveyn için hedef bu davranışı ortadan kaldırmaktır Bu kısımda ebeveynler amaçlar listesiyle gelirken çocukların tek hedefi, hızlı bir şekilde psikolojik danışma hizmeti almayı bırakmaktır. Bu nedenle öncelikli olarak çocuklara psikolojik danışma süreciyle ilgili kişisel hedefleri sorulmalı, hem ebeveynlerin hem de çocuklarının psikolojik danışma hizmeti ile ilgili endişeleri ve beklentileri, istekleri bilinmelidir. Bu şekilde bir sıralama, çocukların ebeveynlerinin beklentilerinden etkilenmesinin, ebeveynlerin de çocuklarının isteklerinden tamamen bağımsız istek listeleri oluşturmalarının önüne geçebilir.

Üçüncü seviyede yer alan ve psikolojik danışman tarafından formüle edilen hedefler hipotezlere dayanmaktadır. Psikolojik danışman, çocuğun davranışlarının nedenlerine ilişkin hipotezler kurabilir. Bu hipotezleri kurarken kendi bilgilerinden, teorik anlayışından, mevcut araştırma sonuçlarından ve alan yazından faydalanmalıdır. Dördüncü seviyedeki çocuğun hedefleri ise danışma seansında ortaya çıkar. Bunlar, psikolojik danışmanın formüle ettiği hedeflerle örtüşebilir veya örtüşmeyebilir. Bu noktada, psikolojik danışman kendi hedeflerine sıkı sıkıya bağlı kalmak yerine çocuğun ihtiyaçlarına odaklanmalıdır (Geldard vd., 2013). Çocuk veya ergenin ihtiyacını belirleyebilmek için problemi tanılama ve hedef belirleme ile ilgili psikolojik danışman aşağıdaki gibi bir açıklama yapabilir (Sommers-Flanagan ve Sommers-Flanagan, 2006, s. 34):

> *"Senin psikolojik danışmaya gelme nedenini senden öğrenmek istiyorum. Genellikle ebeveynlerin danışma ilgili net fikirleri varken çocukların olmayabilir. Önce sana, sonra da ebeveynlerine psikolojik danışmadan beklentilerini, danışma süreci sonunda nelerin değiştirmek istediklerini soracağım".*

Bu soruya bazı çocuklar net bir şekilde anlayarak yanıt veriyor olsalar da bazı potansiyel sorunlar da ortaya çıkabilir. Bunlar; çocuğun soruyu anlayamaması, aile dinamikleri nedeniyle cevap vermek istememesi, ebeveynlerinden daha önce bu sorunla ilgili duydukları nedeniyle öğrenme sonucu oluşan yanıtlar vermesidir (Sommers-Flanagan ve Sommers-Flanagan, 2006). Konuşmayı reddetme, önemli şeyleri ve problemleri konuşmamama, ilgisiz konulardan bahsetme, göz kontağı kurmama, koltuğun arkasına saklanma, ellerini bağlayarak oturma, sürekli yere bakma, düşmanlık içeren yorumlarda bulunma gibi direnç davranışları gösterebilirler (Handerson ve Thompson, 2016). Bunun için psikolojik danışman şu şekilde bir açıklamayla danışanla bir anlaşma yapabilir (Sommers-Flanagan ve Sommers-Flanagan, 2006, s. 39):

> *"Senin neden benimle konuşmak istemediğini anlayabiliyorum ve bu konuda seni suçlamıyorum. Benimle dört oturum görüşme yapmayı denemek sence nasıl olur? Eğer bu dört oturum sonunda istemezsen devam etmeyebilirsin".*

Çocuklar direnç gösterdiğinde etkinlik veya oyunların uygulanması yoluyla çocukla etkileşime geçmek, bu sırada sorular sormak ve çocuk yanıt vermek istemiyorsa sabırlı davranmak gerekmektedir. Bu tarz bir yaklaşım, çocuğun rahatlamasını, psikolojik danışmanın ise çocuk hakkında geçici bilgi edinmesini sağlamaktadır. Ergenler çocuklara göre daha isteksiz ve savunmacı bir şekilde psikolojik danışmaya geldiklerinden kil, stres topları gibi manülatif nesnelerin odada bulunması rahatlatıcı olabilir. Ayrıca psikolojik danışman, ergen danışanla empati kurarak onun psikolojik danışma hizmeti alma konusundaki isteksizliğinin kaynağını anlamalıdır. Psikolojik danışma oturumu boyunca sessiz kalarak psikolojik danışmanın sabrını sınayabilen danışanlara psikolojik danışman, orada kalmak zorunda olduklarını hissettirmeye çalışabilir. Bu noktada ergenin daha özgür hissedebilmesi adına psikolojik danışman, onu konuşmaya zorlamayacağını ancak konuşmaya başladığı takdirde daha az seans gelebileceğini söylemesi etkili olabilir veya sessizlik kabul edilir (Vernon, 2002).

Değerlendirme

Çocukla ve/veya ergenle psikolojik danışmada, dikkatli ve doğru, çocuğun hızında ve güvene dayalı ilerleyen bir ön değerlendirme yapmak; çocukla ilk bağ kurma, ebeveynle görüşme, çocuğun hayatındaki diğer kişilerden bilgi alma ve gerekirse psikometrik bir değerlendirme yapma aşamalarının izlenmesi önemlidir (Aktan, 2022). Dolayısıyla değerlendirme süreci; görüşme, gözlem ve gerekirse çocuğa uygun, geçerli ve güvenilir psikolojik testlerin uygulanması yoluyla çoklu kaynaklardan veri toplanmasını içermektedir. Farklı kaynaklardan farklı tekniklerle elde edilen bilgilerin sistematik bir şekilde bütünleştirilerek yorumlanması gerekir. Bu konuda alan yazın çocuğun yönlendirilmesiyle başlayan değerlendirme sürecinin, ebeveynlerin psikolojik danışma sonucunda ulaşmaya çalıştıkları hedefleri ile uygunluğunu belirlemeyi sağladığına işaret etmektedir (Geldard vd., 2013; Kirkbride, 2016). Bu aşamada, psikolojik danışmanın çocuk ve çocuğun sorunları hakkında topladığı bilgiler, psikolojik danışma sürecinden maksimum faydayı sağlamak açısından önemlidir. Ancak psikolojik danışman, yönlendiren kişiden elde edilen bilgilerin çarpıtılmış ve yanlış olabileceği olasılığını da hesaba katmalıdır (Geldard vd., 2013). Ayrıca psikolojik danışmanın, çocuğun sorun olarak nitelendirilen davranışının ebeveynlerinin kişisel sorunlarının bir ifadesi olabileceğinden kaynaklı ilk yanıtlanması gereken soru şudur: "*Çocuğun gerçekten bir müdahaleye ihtiyacı var mı?, Eğer varsa bu müdahalenin psikolojik bir müdahale mi olması gerekmektedir?*" (Andronikof ve Fontan, 2014). Ancak psikolojik değerlendirme bu soruyla sınırlı değildir; sistematik bir şekilde, etkileşimli ve senkronize ilerleyen aşamalardan oluşmaktadır. Bu bağlamda psikolojik değerlendirmenin karmaşık ve dinamik bir süreç olarak göründüğü söylenebilir. Groth-Marnat ve Wright (2016) tarafından psikolojik değerlendirmenin aşamaları şöyledir:

1. Aşama: Yönlendirme Sorusunun Değerlendirilmesi

Psikolojik değerlendirmede en önemli adım, yönlendirme sorununun uygun bir şekilde değerlendirilmesidir. Bu konuda psikolojik danışmanlar, psikolojik testlerin özelliklerini ve sınırlılıklarını bildikleri için hem yönlendirme sorusunun psikolojik değerlendirmeye uygunluğundan hem de yönlendirme konusu için gerekli psikolojik değerlendirme yetkinliğine sahip olduklarından emin olmalıdırlar. Ayrıca değerlendirme aşamasının farklı zamanlarında, yönlendirme yapan kişi ile iletişime geçerek yönlendirme sorusunun değiştirilmesi veya daha açık bir şekilde ifade edilmesi istenilebilir. Örneğin; bir çocuğun sınıfta gözlemlenmesi istenerek akademik eğitimiyle ilgili bir soru ile ilgili değişiklikler yapılabilir (Groth-Marnat ve Wright, 2016). Ayrıca çocuğun veya ergenin psikolojik danışma hizmeti alması için nasıl bir yönlendirme sürecinin olduğunun bilinmesi, sorunun doğası ve işlevinin yanı sıra ailenin bilgisi, tutumu ve uygulamaları hakkındaki bilgiler psikolojik danışmana veri sağlayacaktır. Bunun için psikolojik danışmanın, çocuğun kim tarafından yönlendirildiği, neden yönlendirildiği, neden şimdi yönlendirildiği, yönlendirme için yazılı bir dokümanın olup olmadığı ve varsa soruna ilişkin kullanılan anahtar kelimelerin neler olduğu, yönlendirme gerekçesi, daha önceden herhangi bir değerlendirmenin yapılıp yapılmadığı ile ilgili soruların cevaplarını bilmesi gerekir (Srinath vd., 2019). Danışan hakkında yönlendirme bilgisi şu şekilde kullanılabilir (Sommers-Flanagan ve Sommers-Flanagan, 2006).

Vaka Örneği

Bir psikolojik danışman, 14 yaşındaki ergen bir erkekle ilk görüşmesini yapmaktadır. Bu görüşmede kendisini tanıtarak danışmanlık süreci ve etik ilkeler hakkında konuştuktan sonra "Benimle görüşmeye gelmeden önce ebeveynlerinin seninle bu konu hakkında konuştuklarını düşünüyo-

rum. Bundan dolayı senin hakkında bana söylenenleri seninle paylaşmak istiyorum. Bu sayfada bana anlatılanların bir özeti var (Danışman kâğıdı tutar). Tüm bunları seninle paylaşsam sorun olur mu?". Danışanın onayını aldıktan sonra danışanın sınırlarına saygı duymaya özen göstererek yönlendirme bilgilerini birlikte okuyabilecekleri bir konuma gelirler. Danışman bu noktada hem danışanla ilgili olumlu yönleri hem de danışanın son zamanlarda sergilediği davranışsal sorunları okumasını sağlar. Daha sonra buradaki bilgilerin doğru olup olmadığını danışana sorar. Örneğin; "Burada öfke patlaması yaşayarak, odandaki dolabın aynasını kırdığın yazıyor, bu doğru mu?". "Senin derslerinle ilgili tüm sorumluluklarını yerine getirdiğin yazıyor, bu doğru mu, gerçekten sorumluluklarını yerine getiriyor musun?" (Sommers-Flanagan ve Sommers-Flanagan, 2006, s. 32).

2. Aşama: Bilgi Toplama ve Yorumlama

Yönlendirme sorusu netleştirildikten sonra danışan hakkında bilgi toplanmaya başlanmaktadır. Bu bilgiler; gözlem, görüşme, önceki kayıtlar (güvenirliğine ve zaman etkisine dikkat edilmeli), psikolojik testler gibi farklı kaynaklara dayanmaktadır. Bu noktada Srinath vd. (2019), danışanın öyküsünün alınmasının gerekliliğini vurgulamışlardır. Örneğin, ailenin ve çocuğun demografik bilgilerini öğrenmek, aileyi tanımak ve kaynaşmak (raport kurmak) açısından önemli olmasının yanı sıra ailenin geçmişi, eğitimi, meslekleri gibi konuları bilmek, sorunun bağlamını anlamak için bir referans çerçevesi sağlamaktadır. Ayrıca alınan öykü, gelişimsel bir sorun ve buna bağlı problemler arasında ayrım yapılmasının önüne geçmektedir. Bütün bunların yanı sıra ebeveynler aslında sorunun kaynağı olabilirler ve bunun anlaşılması açısından ebeveynlerle görüşerek bilgi edinmek oldukça kıymetlidir (Yavuz Güler, 2022). Bunun için psikolojik danışman, ebeveynlere şu soruları sorabilir (Groth-Marnat ve Wright, 2016; Srinath vd., 2019):

- "Çocuğunuzun davranışları ve psikolojik durumu ile ilgili endişeleriniz nelerdir?
- "Çocuğunuzun davranışlarında ne tür güçlük(ler) fark ettiniz? Ne zaman fark ettiniz?"
- "Çocuğunuz ile ilgili yardım isteme nedeniniz nedir?"
- "Bu sorunla başa çıkmak için neler yaptınız?"
- "Şimdi, çocuk için yardım istemeniz konusunda özel bir nedeniniz var mı?"
- "Daha önce ne tür destekler aldınız? Kronolojik sırayla anlatınız".
- "Çocuğunuzun gelişimi ile ilgili ne tür endişeleriniz var?"

Sorunun başlangıç zamanı, sıklığı, şiddeti, seyri, hızlandırıcı faktörler gibi sorunun doğasına ilişkin bilgilerin öğrenilmesi değerlendirmede önem taşımaktadır. Çünkü bazen çocukta var olan sorun başka bir sorun gibi görünebilir, dolayısıyla sorun maskelenebilir. Bazen de danışmaya birden fazla sorunla gelebilmesi durumunda sorunun ardışık sırasının bilinmesi, altta yatan nedeni anlamak açısından değer kazanmaktadır. Ayrıca ebeveynlerin de soruna ilişkin açıklamaları öğrenilmelidir. Tüm bunların yanı sıra ebeveynlere, çocuğun güçlü yönlerini, ilgilerini, yeteneklerini öğrenmeye yönelik sorular sorulabilir. Edinilen bilgiler, çocukla görüşme sırasında yakınlaşmak amaçlı kullanılabilir. Bu tavır psikolojik danışmanın sadece sorunla ilgilenmediğini ve çocukla sorunu ayıran bir yaklaşım içinde olduğunu göstermektedir (Groth-Marnat ve Wright, 2016). Dolayısıyla danışan ilk geldiği andan itibaren onu değerlendirmede ve olumlu etkileşime katkı sağlamada en önemli araç psikolojik danışmanın kendisidir.

Bilgi toplama sadece görüşme yoluyla gerçekleşmez; farklı yollarla da birden fazla kaynaktan bilgi toplanabilir. Bilgi toplama aşamasında sıklıkla kullanılan test dışı teknik gözlem tekniğidir. Gözlem, hem doğrudan bireyi tanımak hem de diğer tekniklerle elde edilen bilgilere ek bilgi sağlamak açısından oldukça faydalı bir tekniktir (Dürüst vd., 2020). Gözlem yapılırken hiçbir müdahalede bulunulmadan, neyi, ne zaman, niçin gözlemleneceği bilinerek veriler toplanmaktadır (Özgüven, 2021). Psikolojik danışman, ebeveynle kurduğu ilk iletişimden itibaren ebeveynlerin duygu ve tepkilerine, ilk görüşmeden itibaren ise aile içi iletişim ve örüntülerine dair ipuçlarını yakalama fırsatına sahip olmaktadır. Ailenin genel görünümü ile ilgili özelliklere dikkat edilebilir. Çocuğun veya ergenin ortama kolay uyum sağlayıp sağlayamadığı, ebeveyninden ayrılmaya verdiği tepki, kimin yanında oturduğu, aile içi yakınlıklar, koalisyonlar, çocuğun mizacına (ör., saldırganlık, çekingenlik gibi) dair gözlemlerde bulunulabilir. Aşağıda psikolojik danışmanların gözlem yaparken nelere dikkat edilmesi gerektiği anlatılmıştır (bk. Tablo 3) (Aygölü ve Özden-Yıldırım, 2020, s. 9-10).

Tablo 3. Gözlemde Dikkat Edilebilecek Unsurlar

Danışanın genel görünümü	- Giyim - Uykulu-uyanık görünme - Görülebilen fiziksel rahatsızlık
Danışanın davranışları	- Dürtüsellik - Saldırganlık-sakinlik - Sınırları bilme

	- Aile ile öykü anlatımın tutarlılığı - Dikkat dağınıklığı - Psikolojik danışmanla etkileşim kurma şekli
Danışanın duyguları	- Üzgün-neşeli görünüm - Duygularının yaşantısı ile tutarlılığı - Şimdi ve burada duyguları
Bilişsel süreçleri	- Zaman, mekân, kişi uyumu - Zihinsel gelişimi - Öğrenme güçlüğü veya özgül öğrenme güçlüğünün varlığı
Dil gelişimi	- Gelişim düzeyi - Kelime ve cümle yapıları - İletişim kurma becerisi - Beden dili kullanımı - Göz kontağı kurma - Mutizm, kekemelik vs. dil sorunları - İfade edici dilin yaşa uygunluğu
Motor becerileri	- Kaba ve ince motor beceriler - Fiziksel güçlükler

Gözlem ve görüşme danışan hakkında birçok bilgi sağlayabilir. Ancak gözlem ve görüşmeyle elde edilemeyecek bilgilere ulaşmak için standardize edilmiş ölçme araçları bulunmaktadır. Çocuk ve ergenleri değerlendirmek için de pek çok ölçme araçları kullanılmaktadır. Psikolojik danışmanın ölçme araçlarını bilmesi, uygulayabilmesi ve yorumlayabilmesi gerekmektedir. Psikolojik danışmada sıklıkla kullanılan psikolojik testler ise şunlardır (bk. Cashell, 2002):

- Wechsler Çocuklar İçin Zekâ Testi (Wechsler, 1949)
- Çocuk Davranış Kontrol Listesi (Achenbach, 1991)
- Beier Cümle Tamamlama Testi
- Conners' Ebeveyn ve Öğretmen Derecelendirme Ölçeği (Conners, 1989)

- Öğretmen Bildirim Formu (Achenbach, 1991).
- Bir İnsan Çiz (Harris, 1963)
- Bender–Gestalt Test (Bneder, 1938)
- Ev-Ağaç-İnsan Çiz Tekniği (Buck, 1950)
- Vineland Uyum Davranış Ölçeği (Sparrow ve Cicchetti, 1989).
- Çocuk Depresyon Envanteri (Finch vd., 1965)
- Kinetik Aile Çizim Testi (Burns ve Kaufman, 1970).
- Peabody Resim Kelime Testi-3 (Dunn ve Dunn, 1997).
- Tematik Algı Testi (Murray, 1943).
- Stanford–Binet Zekâ Testi (Terman ve Merrill, 1960).
- Piers–Harris Çocuk Benlik Kavramı Ölçeği (Piers, 1963)

Psikolojik danışman, psikolojik testlerin kullanımına başvuruyorsa verileri yorumlanırken ölçme araçlarının sınırlılıklarını dikkate almalı, teste göre çocuğun ya da ergenin etiketlenmesi yerine davranışlarının daha derin ve doğru anlaşılması üzerinde durmalıdır (Cashell, 2002). Ayrıca bahsedilen test ve test dışı teknikler bilgi toplamak için birer araçtır. Süreç bilgi toplamakla kalmamakta, toplanan bilgilerin değerlendirilmesi aşaması da psikolojik danışmanın özel dikkatini gerektirmektedir. De Los Reyes ve arkadaşları (2017), araştırma sonuçlarından yola çıkarak psikolojik danışmanda çocuk ve ergenlerin değerlendirilmesi ile ilgili **beş ilke** ortaya koymuşlardır. Her ilke kendinden önceki ilkeye dayanmaktadır. Bu ilkeler arasında kavramsal bağlantı kurarak üç tavsiyede bulunmuşlardır. Bu ilkeler aşağıda sıralanmıştır:

1. Çocukların ruh sağlığını etkileyen karmaşık faktörler dikkate alındığında, çocuk ruh sağlığını ölçmek için ***"altın standart"*** olan bir ölçü olmadığı hatırlanmalıdır.

2. Psikolojik danışma sayesinde çocukta meydana gelen değişimi değerlendirmek, birden fazla bilgi kaynağının ve ölçme yönteminin kullanılmasının yanı sıra birden fazla kez ölçümü ve psikometrik açıdan uygun bir değerlendirme planını içerir.

3. Her ne kadar tutarlı sonuçları yorumlamak görece daha kolay olsa da birden fazla bilgi kaynağı ve çok yöntemli değerlendirmeler sıklıkla farklı bulgular verir ve bu nadir bir durum değildir.

4. Öğretmen ve ebeveyn gibi farklı kaynaklardan elde edilen farklı bulgular, değerlendirme aracının özellikleri, değerlendirilen durumun doğası gibi danışanların sorunlarına anlamlı bir şekilde karşılık gelen sistematik nedenlerle ortaya çıkabilir.
5. Farklı kaynaklardan farklı yöntemlerle elde edilen sonuçlardan birine öncelik vermeyi planlamak burada bahsedilen ilk dört ilkeyi göz ardı etmektir.

Bunlara çözüm olarak ise;

- ✓ Psikolojik danışmaya bağlı olarak gerçekleşebilecek değişimi kaçırmamak için farklı bulgular elde edilebilecek bilgi kaynaklarını ve yöntemleri seçin.
- ✓ Sonuç değerlendirmenizdeki ölçümler arasında tutarlı ve çelişkili bulguların nasıl göründüğüne ve ne anlama geldiklerine ilişkin tahminlerde bulunun.
- ✓ Tutarlı ve tutarsız bulgular için hipotezler üreterek, kanıta dayalı müdahale programları oluşturun.

Anlaşılacağı üzere değerlendirme noktasında birden fazla kaynaktan bilgi toplayarak bunları yapılandırmak, söz konusu sorunu kendi bağlamında değerlendirmek ve çok disiplinli bir ekip içerisinde sorunu tartışmak şeklinde bir yol izlenebilir. Bu durumda çocuğun bakım ortamının dikkate alınması, ebeveynlerin hem değerlendirme sürecinin hem de müdahale programının bir parçası olarak sürece dâhil edilmesini gerektirmektedir. Ayrıntılı bir öykünün alınması ve değerlendirmenin yapılması, semptomların tanımlanması ve sorunun varlığının veya yokluğunun belirlenmesi açısından önem taşımaktadır. Ayrıca sorunun ortaya çıkması ve sürdürülmesine neden olabilecek psikososyal arka planın incelenmesi gerekmektedir. Öte yandan çocuk ve ebeveynlerden tutarlı, süreklilik gösteren ve doğrulayıcı bilgileri almak genellikle zor olduğundan, terapötik ittifakın kurulması burada hayati bir rol oynamaktadır. Çünkü psikolojik danışma sürecine ilişkin hem ebeveynlerin hem de çocuğun ortak bir yarar sağlanacağına dair inançları, değerlendirmenin daha doğru ve güvenilir bir şekilde yapılmasını sağlayarak problemi tanılama ve hedefleri belirlemeyi kolaylaştıracaktır. Dolayısıyla psikolojik değerlendirme aşaması birçok açıdan fayda sağlamaktadır. Çocuklar ve ergenlerle hızlı bir ilişki kurmak, danışanların sorunlarını ortaya çıkarmak ve müdahalede bulunmaya kolaylık sağlamanın yanı sıra ebeveynlere yeni bir bakış açısı sağlanabilir (Handler, 2007).

Aileyi Bilgilendirme

Aileyi bilgilendirme etik kurallar çerçevesinde (bk. Bölüm 3) olmalıdır. Psikolojik danışma sürecinin en başında hem çocuğa hem de aileye gizlilikle ilgili kurallar anlatılmalıdır. Sommers-Flanagan ve Sommers-Flanagan (2006, s.30-31) aşağıdaki şekilde bir açıklamayı önermişlerdir:

> *"Daha önce gizlilik ilkesini duymuş veya okumuş olabilirsin. Ben yine de sana gizlilik hakkında bilgi vermek istiyorum. Gizlilik, burada söylediklerinin burada kalması anlamına gelir. Seninle ilgili tuttuğum her kayıt kilitli bir dolapta tutulur. Yasal ve etik açıdan istismar, intihar, suç konularında bir şey öğrenirsem bunu saklayamam ama bu konularda sana yardımcı olurum. Gizlilik hakkında herhangi bir sorun var mı? Buradaki endişelerinden biri konuştuklarımızı anne ve babana anlatıp anlatmayacağım olabilir. (Ebeveynlere bakarak) Çocuğunuzun bana güvenebilmesi için ben size özel konuşmalarımızı anlatamam, size vereceğim her türlü bilgi, genel ilerleme raporuyla sınırlı olacaktır. Sadece daha önce bahsettiğim yasal ve etik açıdan sorun oluşturan bir konu varsa bunu mutlaka çocuğunuzun da olduğu bir randevu ayarlayarak sizinle paylaşacağım".*

VAKA ÖRNEĞİ*

Biyolojik annesi ve üvey babası ile yaşayan 13 yaşındaki ergen bir kız, orta düzeyde ebeveyn-çocuk çatışması nedeniyle yardım almak üzere psikolojik danışmana getirilmiştir. Ayrıca danışan, akran ilişkilerinde sorunlar, öfke kontrolünde güçlükler ve biyolojik babası ile ilgili ilişkilerinde zorluklar yaşamaktadır. Psikolojik danışma sürecinin en başında kendisine gizlilikle ilgili gerekli açıklamalar yapılmış, psikolojik danışmanın ne olduğu anlatılmıştır. Çocuk ile ilgili başvuru öyküsü şöyledir:

"Ergen kız biyolojik babasını ziyaret ettiğinde babasının evde olmadığı bir zamanda erkek arkadaşını eve çağırmıştır. 15 yaşındaki erkek arkadaşı eve gelirken alkollü içecek getirmiştir, hem alkollü içeceği birlikte denemişler hem de korunmasız bir cinsel ilişki yaşamışlardır".

Danışan bu yaşadıklarını psikolojik danışman dışında kimseye anlatmamıştır. Eğer anlatırsa annesinin, biyolojik babasını onu ihmal etmekle suçlayarak onu görmesini yasaklayacağından endişe etmektedir. Psikolojik danışman her ne kadar bu yaşadıklarını anlatması konusunda ergen kızı cesaretlendirmeye çalışsa da bir türlü danışan anlatmak istemez. Danışanın annesi ise bir şeylerden şüphelenerek psikolojik danışmanla konuşmak ister.

VAKANIN TARTIŞMASI

Bahsedilen bu vakada, psikolojik danışman oldukça zor durumda kalarak kendini bir ikilemde hissedecektir. 13 yaşındaki bir çocuk için tehlike olabilecek bir durumu ebeveynlerine söylemek, danışanın güvenliği ve iyi oluşu açısından önemli olmakla birlikte, bu bilgiyi ebeveyne aktarmak, çocukla başlangıçta konuşulan intihar, istismar, cinayet gibi gizlilik sınırı dışındaki konulardan farklı olduğu için çocuk bunu ihanete uğramak olarak görebilir. Öte yandan gizli tutulduğunda, ebeveyn farklı bir kaynaktan öğrenebilir ve onlar da bu bilginin kendilerinden gizlenmesini anlamlandıramayabilirler. Dolayısıyla bu durumda danışmanın verdiği karar bir şekilde psikolojik danışma sürecini etkileyeceğinden, etik ilkeler çerçevesinde neler yapılmalıdır?

Bu etik ikilemi çözmek noktasında Uluslararası Evlilik ve Aile Danışmanları Birliği (IAMFC) etik kılavuzunda (2002) A.3 bölümünde, *"bir aile üyesinin bireysel danışma görüşmesi sırasında danışmana yaptığı açıklamalar gizli tutulacak ve bireyin izni olmadan diğer aile üyelerine açıklanmayacağı"* belirtilmektedir. Ancak bedensel bir zarar söz konusuysa bu gizlilik esasına uyulup uyulmayacağı konusunda karar verirken, mesleki muhakeme ve takdir yetkisinin kullanılabileceği belirtilirken bu fiziksel zararın bir tanımlaması yapılmamıştır.

*Bu vaka örneği, McCurdy ve Murray'ın (2003: 396) "Confidentiality issues when minor children disclose family secrets in family counseling" adlı makalesinden uyarlanmıştır.

Tartışma**

Aşağıdaki vakayı etik kurallar çerçevesinde tartışınız.

10 yaşında bir kız çocuğu olan Leyla, notlarının düşmesi ve öfke patlamaları nedeniyle sınıf öğretmeni tarafından psikolojik danışman olarak size yönlendirilmiştir. Leyla, bu tür davranışları göstermeden önce notları yüksek, sorumluluklarını yerine getiren, iletişim becerisi güçlü bir çocuktur. Leyla, sizinle birkaç kez görüştükten sonra annesinin tıbbi tedavi görmek için hastaneye yatırıldığından bahsetmiştir. Leyla'nın babası ise sizin Leyla ile bir süredir görüştüğünüzü öğrenmiştir. Aile içi meselelerin ev dışında konuşulmasından hoşlanmayan Leyla'nın babası, sizden neler konuştuğunuzu öğrenmek ve notlarınızın bir kopyasını almak istemektedir. Bunun için de bir randevu talep etmiştir. Bu durumda Leyla'nın babası ile görüşür müydünüz? Eğer görüşürseniz ona ne söylersiniz? Ona notlarınızı verir misiniz?

**Bu tartışma sorusu, Hall ve Ratliff (2017:134) "Legal and ethical implications" adlı kitap bölümünden uyarlanmıştır.

Özet

Özetle; çocuk ve ergenle psikolojik danışma, bu konuda yetkinlik ve yeterliliğe sahip psikolojik danışmanlar tarafından gerekli donanımlara sahip danışma ortamında yetişkin olmayan danışanlara verilen bir psikolojik danışma hizmetidir. Danışma ortamının, hem gizliliği sağlayacak görüşme odasına hem de danışanlar ve ebeveynleri için bir bekleme odasına sahip olması beklenmektedir. Ayrıca odada kil, oyuncak, kitap gibi donanımlar, çocuğun boyutuna uygun sandalye ve çocuğun hareket edebileceği bir alan olması gerekmektedir. Psikolojik danışmanın görevi, psikolojik danışmanın ne olduğunu, süreçte danışan ve danışman rol ve sorumluluklarını, etik ilkeleri çocuk ve ergenlerin anlayabileceği bir şekilde açıklamaktır. Çocuk ve ergenlerle psikolojik danışmada hedef belirlerken de iyi bir değerlendirme yapılması gerekmektedir. Psikolojik değerlendirmede çeşitli test teknikleri ve test dışı teknikler kullanılmaktadır. Her ne kullanılırsa kullanılsın elde edilen verilerin yorumlanmasında kullanılan tekniklerin sınırlılıklarına dikkat edilerek bir değerlendirme yapılmalıdır.

Kaynakça

Achenbach, T. M. (1991). *Manual for the Child Behavior Checklist/4–18 and 1991 Profile*. University of Vermont, Department of Psychiatry.

Aktan, D. (2022). Çocuk ve ergenlerde klinik ön değerlendirme. D. Aktan (Ed.), *Çocuk ve ergenlerde psikolojik değerlendirme kılavuzu-I* içinde (ss. 3-42). Nobel Akademik Yayıncılık.

Andronikof, A., & Fontan, P. (2014). L'examen psychologique de l'enfant : pratique et déontologie. *Neuropsychiatrie de l'Enfance et de l'Adolescence, 62*(7), 403-407. http://dx.doi.org/10.1016/j.neurenf.2013.11.004 [Translated from the French by Anne Andronikof]

Aygölü, F. ve Özden-Yıldırım, M.S. (2020). *Klinik psikolojide bebek, çocuk ve ergen vakalarda ilk görüşmeler* (2. bs.). Nobel Akademik Yayıncılık.

Belser, C. T. (2017). Introduction to Counseling Children and Adolescents. In J. Ziomek-Daigle (Ed.), *Counseling children and adolescents: Working in school and clinical mental health settings* (pp. 3–20). Routledge/Taylor & Francis Group. https://doi.org/10.4324/9781315466736-2

Bender, L. (1938). A visual motor Gestalt test and its clinical use. *Research Monographs, American Orthopsychiatric Association, 3,* xi + 176.

Buck, J. N. (1950). *Richmond workshop materials on the House-Tree-Person (H-T-P).* Beverly Hills.

Burns, R. C., & Kaufman, S. H. (1970). *Kinetic family drawings (K-F-D): An introduction to understanding children through kinetic drawings.* Brunner/Mazel.

Cochran, N. H., Nordling, W. J., & Cochran, J. L. (2010). *Child-centered play therapy: A practical guide to developing therapeutic relationships with children.* John Wiley & Sons Inc.

Cook-Cottone, C. P., Anderson, L. M., & Kane, L. S. (2019). *The elements of counseling children and adolescents.* (2th edition). Springer Publishing Company.

Conners, C. K. (1989). *Manual for Conners' Rating Scales.* Multi-Health Systems.

Cashel, M. L. (2002). Child and adolescent psychological assessment: Current clinical practices and the impact of managed care. *Professional Psychology: Research and Practice, 33*(5), 446-453. https://psycnet.apa.org/doi/10.1037/0735-7028.33.5.446

De Los Reyes, A., Augenstein, T. M., & Aldao, A. (2017). Assessment issues in child and adolescent psychotherapy. In J. R. Weisz & A. E. Kazdin (Eds.). *Evidence-base psychotherapies for children and adolescents.* (3 th edition). (pp. 537-554). Guilford Publications.

Dixon, A. l., Rice, R.E. & Rumsey A. (2021). 12-14 yaş arasındaki çocuklarla ve aileleriyle psikolojik danışma. S. Smith-Adcock & C. Tucker (Eds). *Çocuk ve ergenlerde psikolojik danışma: Kuram, gelişim ve farklılıklar arasında bağlantı kurma* (T. Mutlu-Çaykuş & D. M. Siyez) içinde (ss. 320-342). Nobel Akademik Yayıncılık.

Dunn, L. M., & Dunn, L. M. (1997). *Peabody Picture Vocabulary Test (3rd ed.).* American Guidance Service.

Dürüst, Ç., Uşaklı, H. ve Yılmaz, M. T. (2020). *Eğitim sisteminde bireyi tanıma ve test dışı teknikler.* Eğiten Kitap.

Everall, R. D. & Paulson, B. L. (2002). The therapeutic alliance: Adolescent perspectives, *Counselling and Psychotherapy Research, 2* (2), 78-87. http://dx.doi.org/10.1080/14733140212331384857

Finch, A. J., Saylor, C. F., & Edwards, G. L. (1985). Children's Depression Inventory: Sex and grade norms for normal children. *Journal of Consulting and Clinical Psychology, 53*(3), 424 425. https://doi.org/10.1037/0022-006X.53.3.424

Geldard, K., Geldard, D., & Foo, R. Y. (2013). *Counselling children: A practical introduction.* (4th edition). Sage.

Geldard, K. & Geldard, D. (2012). *Ergenler ve gençlerle psikolojik danışma: Proaktif yaklaşım.* (M. Pişkin, çev.ed.). Nobel Akademik Yayıncılık.

Groth-Marnat, G. (2016). *Handbook of psychological assessment* (6th edition). John Wiley & Sons.

Hall, K., & Ratliff, L. (2017). Legal and Ethical Implications. In Counseling Children and Adolescents (pp. 122-142). Routledge.

Harris, D. (1963). *Children's drawings as measures of intellectual maturity; a revision and extension of the Goodenough Draw-a-Man Test.* Harcourt, Brace & World.

Handler, L. (2007). The use of therapeutic assessment with children and adolescents. In S. R. Smith & L. Handler (Eds). T*he clinical assessment of children and adolescents: A practitioner's handbook.* Routledge.

Henderson, D. A., & Thompson, C. L. (2016). *Counseling children.* (9th edition). Cengage Learning.

International Association of Marriage and Family Counselors. (2002). *The code of ethics.* https://www.iamfconline.org/public/IAMFC-Ethical-Code-Final.pdf

Ingram, S., & Robson, M. (2014). 12 Therapeutic skills. In M. Robson & S. Pattison (Eds) *The handbook of counselling children & young people.* (ss. 183-195). Sage Publications Ltd.

Kirkbride, R. (2016). *Counselling children and young people in private practice: A practical guide.* Routledge.

Loar, L. (2001). Eliciting cooperation from teenagers and their parents. *Journal of Systemic Therapies, 20*(1), 59-77. https://doi.org/10.1521/jsyt.20.1.59.19409

McCurdy, K. G., & Murray, K. C. (2003). Confidentiality issues when minor children disclose family secrets in family counseling. *The Family Journal, 11*(4), 393-398. https://doi.org/10.1177%2F1066480703255468

Murray, H. A. (1943). *Thematic Apperception Test manual*. Harvard University Press.

Özgüven, İ. (2021). *Bireyi tanıma teknikleri*. (13. bs.). PDREM Yayınları.

Paladino, D. & Leigh, D. (2021). 15-19 yaş arasındaki çocuklarla ve aileleriyle psikolojik danışma. S. Smith-Adcock & C. Tucker (Eds.). *Çocuk ve ergenlerde psikolojik danışma: Kuram, gelişim ve farklılıklar arasında bağlantı kurma* (T. Mutlu-Çaykuş & D. M. Siyez) içinde (ss.343-372). Nobel Akademik Yayıncılık.

Piers, E. V. (1963) Unpublished factor analysis data for the Piers-Harris Children's Self-concept

Scale. In E. V. Piers (1984). *Piers-Horris Children's Self-concept Scale* (Rev, morzual).(pp. 45-46). Western Psychological Services.

Sherman, L. (2015). *Skills in counselling and psychotherapy with children and young people*. Sage.

Sommers-Flanagan, J., & Sommers-Flanagan, R. (2006). *Tough kids, cool counseling: User-friendly approaches with challenging youth*. John Wiley & Sons Inc.

Sparrow, S. S., & Cicchetti, D. V. (1989). *The Vineland Adaptive Behavior Scales*. Allyn & Bacon.

Srinath, S., Jacob, P., Sharma, E., & Gautam, A. (2019). Clinical practice guidelines for assessment of children and adolescents. *Indian Journal of Psychiatry, 6(*2), 158–175. https://doi.org/10.4103/psychiatry.IndianJPsychiatry_580_18

Swank, J. & Anthony, C. (2021). 9-11 yaş arasındaki çocuklarla ve aileleriyle psikolojik danışma. S. Smith-Adcock & C. Tucker (Eds.). *Çocuk ve ergenlerde psikolojik danışma: kuram, gelişim ve farklılıklar arasında bağlantı kurma* (T. Mutlu-Çaykuş & D. M. Siyez) içinde (ss. 295-319). Nobel Akademik Yayıncılık.

Terman, L. M., & Merrill, M. A. (1960). *Stanford-Binet Intelligence Scale: Manual for the third revision, Form L-M*. Houghton Mifflin.

Tucker, C. (2021a). 0-4 yaş arasındaki çocuklarla ve aileleriyle psikolojik danışma. S. Smith-Adcock& C. Tucker (Eds). *Çocuk ve ergenlerde psikolojik danışma: kuram, gelişim ve farklılıklar arasında bağlantı kurma* (T. Mutlu-Çaykuş & D. M. Siyez) içinde (ss. 247-269). Nobel Akademik Yayıncılık.

Tucker, C. (2021b). 5-8 yaş arasındaki çocuklarla ve aileleriyle psikolojik danışma. S.Smith-Adcock& C. (Eds). Tucker *Çocuk ve ergenlerde psikolojik danışma: kuram, gelişim ve farklılıklar arasında bağlantı kurma* (T. Mutlu-Çaykuş & D. M. Siyez, çev.) içinde (ss. 270-294). Nobel AkademikYayıncılık.

VanFleet, R., Sywulak, A. E., & Sniscak, C. C. (2011). *Child-centered play therapy*. Guilford Press.

Vernon, A. (2002). *What works when with children and adolescents: A handbook of individual counseling techniques*. Research Press.

Wechsler, D. (1949). *Wechsler Intelligence Scale for Children; manual*. The Psychological Corp.

Yavuz Güler, Ç. (2022). Çocuklarla psikolojik danışma süreci. M. Aslan Göresli ve D. B. Örnek (Ed), *Çocuklarla psikolojik danışma ve psikoterapi yaygın sorunlar ve müdahaleler* içinde (ss. 3-26). Nobel Akademik Yayıncılık.

BÖLÜM 5

ÇOCUK VE ERGENLERLE PSİKOLOJİK DANIŞMA YAKLAŞIMLARI

Zöhre Kaya

Ferdi Yağan

İçerik

Giriş

Tarihsel sürecinde ilk psikolojik danışma kuramları daha çok yetişkinler esas alınarak geliştirilmiş ve yetişkin sağaltımında kullanılmıştır. Bu durum, kuramların ve kuramlara ilişkin tekniklerin, çocuk ve ergenlere uyarlanmasını geciktirmeyle birlikte nasıl uygulanacağı konusunda tartışmaların da uzun süre devam etmesine neden olmuştur. Çocuk ve ergenler, gerek gelişimsel gerekse kişisel ve sosyal gereksinimleri açısından toplumdaki diğer bireylerden farklılık göstermektedirler. Dolayısıyla çocuk ve ergenlere yönelik yapılacak psikolojik danışma hizmetleri, kendine özgü birtakım beceri ve yeterlilikleri gerektirmektedir. Çocuk ve ergenlerle çalışacak olan ruh sağlığı uzmanlarının bu süreci yürütürken psikolojik danışma kuramlarını ve bu kuramlara ait temel kavramları, teknikleri ve uygulamaları iyi bilmeleri, danışanlarına daha yararlı olmaları açısından oldukça önem taşımaktadır.

Bu bölümde, psikolojik danışma yaklaşımlarının temel kavramları, yöntem ve teknikleri ile çocuk ve ergenlerde kullanımına yönelik bilgiler verilmiştir.

Psikanalitik Yaklaşımlar

Psikanalitik Kuram

Modern psikoterapinin başlangıcının, Sigmund Freud'un (1856-1939) geliştirdiği psikanalitik kurama dayandığı varsayılır. Psikanalitik kuramın, kişilik gelişiminde erken çocukluk dönemine ilişkin görüşleri önemli görülmektedir. Freud, kişiliğin şekillenmesinde yaşamın ilk altı yılına ait bilinç dışı motivasyonları, psikoseksüel süreçleri, biyolojik ve içgüdüsel dürtüleri ele alan ilk kuramcı olarak bilinmektedir (Corey, 2013). Bu bağlamda Freud, erken yaşam deneyimlerinin yaşam boyu davranışı etkileyen bir gücü olduğunu öne sürmüştür (Tucker ve Wittman, 2021). Freud'un da dâhil olduğu bağlanma kuramcıları, çocuğun uygun bakım almaması sonucunda yaşayabileceği travmanın çocuğun organizasyonunda ya da yetişkinlikte duygu ve davranışlarında bozulmalara neden olabileceğini belirtmiştir. Bu nedenle, ebeveynlerin gelecekte çocuklarının sağlıklı kişilik geliştirebilmeleri için yaşamın ilk yıllarındaki saldırganlık ve cinsellik dürtülerini nasıl yönetmeleri gerektiği konusuna dikkat çekilmektedir (Cottone, 2012).

Özellikle Freud'un çocuksu cinsellik davranışlarına yönelik görüşleri hem alanda büyük değişimlere neden olmuş hem de çok fazla eleştirilen konulardan biri hâline gelmiştir (Özşahin, 2019). Freud, bu eleştirilere yanıt olarak çocuğun da bir insan olduğunu, dürtülerinin olabileceğini ve bu dürtülerle hareket edebileceğini belirtmiştir (Freud, 1964). Freud'un görüşlerinden bazıları hâlen günümüzde çocuk ve ergenlerle yapılan çalışmalarda doğrudan kullanılmaktadır (Geldard vd., 2019). Psikanalitik kuramın erken çocukluk deneyimlerine ve psikoseksüel gelişime verdiği önem nedeniyle, çocuk ve ergenlerle çalışacak uzmanların psikanalitik kuramın temel ilkeleri ve psikoseksüel gelişim evrelerini bilmeleri önemlidir.

Psikanalitik kuramın insan doğasına bakış açısı deterministtir. Determinizme göre hiçbir şey şans eseri oluşmaz, her olayın altında yatan bir neden bulunmaktadır (Yıldırım ve Kumcağız, 2022). Psikanalitik yaklaşımda kişiliğin, özellikle ilk altı yaşa kadar geçirilen psikoseksüel gelişimle tamamlandığı görüşü hâkimdir. Psikoseksüel gelişimin yanında bilinç dışı motivasyonlar ve içgüdüsel dürtüler, kişiliğin gelişimine etki eden diğer faktörlerdir. Freud'a (1905) göre insanlar, evrimsel mirastan kaynaklı doğuştan getirilen içgüdülere sahiptirler. Cinsel dürtülerden kaynaklı psişik enerji ise libido olarak adlandırılmıştır. Freud libidoyu tüm yaşam içgüdüleri ile ilişkilendirmiş, libidonun acıdan kaçma ve haz alma ilkesine göre hareket etmekte olduğunu belirtmiştir (Sharf, 2014). Ona göre libidinal enerji her gelişim evresinde sürekli hareket hâlinde bir arayış içerisindedir.

Freud ilk çalışmalarında kişiliği "*Topografik Modele*" ait bilinç, bilinç dışı ve bilinç öncesi kavramlarıyla açıklamaya çalışmıştır. Ancak daha sonra yapmış olduğu çalışmalarda kişiliğin yapısını açıklamada topografik modelin eksik kaldığını görerek "*Yapısal Modele*" ait id, ego ve süperego kavramları ile açıklamıştır (Gündüz ve Kurt, 2021). Bu üç yapı, kişiliği ayrı ayrı yönlendiren yapılardan ziyade bir bütün olarak işlevini yerine getirmektedir. İd, biyolojik; ego, psikolojik ve süperego ise sosyal bileşendir (Corey, 2013). İd, insanın doğuştan gelen ilkel yönü olup mantık dışı istek ve arzular, içsel dürtüler doğrultusunda hareket eder. Ego, kişilik yapısının gerçeklik ilkesine göre hareket eden kısmıdır. Yaşamın ilk altı ile sekiz aylık dönemlerinde id'den evrimleşerek ortaya çıkar. Egonun temel görevi, id'in dürtülerini tatmin etmede içinde bulunulan durumun gerçekliğini de göz önünde bulundurmasıdır. Ego, hazzı erteleme, gerçekçi düşünme, akıl yürütme ve problem çözme gibi düşüncelere hâkimdir. Süperego ise ortalama beş yaşlarında oluşmaya başlar ve kişiliğin toplumsal yanını teşkil eder. Vicdan ilkesine göre çalışan süperego, kişiliğin ahlaki yönünü temsil eder. Özellikle id'in saldırganlık ve cinsellik isteklerini ahlaka uygunluk açısından denetler (Yıldırım ve Kumcağız, 2022). Süperegonun diğer bir görevi ise egoya emir vererek egoyu kontrol etmeye çalışmasıdır (Gündüz ve Kurt, 2021).

Anksiyete (Kaygı) ve Savunma Mekanizmaları

Freud (1964), anksiyeteyi cinsellik, açlık ve hareket etme gibi davranışları motive eden bir gerilim durumu olarak açıklamıştır. Anksiyete; id, ego ve süperego arasında psişik enerji kontrolü ile gerçekleşen çatışmalarda ortaya çıkar ve olası bir tehlikeye karşı organizmayı uyarır. Freud kuramında üç tür anksiyeteden bahsetmiştir:

1. *Gerçeklik Anksiyetesi:* Dış dünyadan gelen tehlikelere karşı gösterilen korku tepkisidir. Anksiyete düzeyi, gerçek tehdidin düzeyi ile orantılıdır.

2. *Nevrotik Anksiyete:* Kişinin kontrolünü içgüdülerin alacağı ve organizmanın kontrolsüzce yapacağı davranışlardan dolayı cezalandırılacağına dair duyulan kaygıdır.

3. *Ahlaki Anksiyete:* Bireyin kendi vicdanına karşı duyduğu kaygı türüdür.

Ego Savunma Mekanizmaları: Freud, savunma mekanizmalarının bilinç dışı olduğunu ve temel görevinin ise id ile süperego arasında yaşanan gerilimi dengeleyerek kaygıyı azaltmaya çalıştığını belirtmiştir. Savunma mekanizmalarını, patolojik olmaktan çok normal davranışlar olarak açıklamıştır (Yıldırım ve Kumcağız, 2022). Çocuk ve ergenler tarafından kullanılan savunma mekanizmalarının ne amaçla kullanıldığının bilinmesi önemlidir. Savunma mekanizmaları bireyin gelişim ve kaygı düzeyine bağlı olarak değişiklik göstermektedir. Küçük yaş grubundaki çocuklarda savunma mekanizmalarının kullanımı normaldir. Yaşça daha büyük çocuk ve ergenlerde ise aşırı kullanılmaması kaydıyla çevre ile daha kolay ilişki ve duygusal denge kurulmasına yardımcı olabilmektedir. Ancak çocuk ve ergenlerde savunma mekanizmalarının aşırı kullanımı yaşa uygun yeteneklerin kazanılması ve sağlıklı ilişkilerin kurulmasını zorlaştırmaktadır (Geldard vd., 2017). Savunma mekanizmaları gerçekle yüzleşmeyi önleyen bir yaşam tarzı hâline gelmedikçe uyum sağlamayı artırmaktadır. Savunma mekanizmalarında gerçekler çarptırılabilir ve bilinç dışı düzeyde işlev görebilir (Corey, 2013). Birey, acıdan kurtulmak amacıyla ya da kaygı seviyesinin yüksek olmasından kaynaklı savunma mekanizmalarını kullanabilir. Çocuk ve ergenler tarafından yaygın olarak kullanılan savunma mekanizmaları Tablo 1'deki gibi sıralanabilir.

Tablo 1. Ego Savunma Mekanizmaları

Bastırma (Repression): Tehdit edici ya da acı veren durumların bilinç dışına atılarak hatırlanmamasıdır. Freud'a göre yaşamın ilk altı yılına ait acı veren olayların birçoğu bilinç dışına atılır ve bu bilinç dışı süreçler bireyin davranışlarını etkiler. Bastırılan bu tür duygu, düşünce ve geçmiş yaşantılar bazen simgesel olarak rüyalar ya da dil sürçmeleriyle kendini gösterebilmektedir.
Karşıt Tepki Geliştirme (Reaction Formation): Bireyin, duygu ve düşüncelerinin tam tersi davranış sergilemesidir. Kardeşini kıskanan bir çocuğun başkalarının yanında kardeşine sarılıp, oyunlar oynarken kimsenin olmadığı durumlarda kardeşine zarar vermeye çalışması örnek verilebilir.
Yer Değiştirme (Displacement): Asıl kaygı mekanizması ile baş edilememesi ile daha güvenli bir hedefe yönelme durumudur. Babası tarafından azarlanan bir ergenin hıncını küçük kardeşinden alması örnek verilebilir.
Mantığa Bürünme (Rasyonalizasyon): Düş kırıklıklarına bağlı olumsuz durumlar belli bir mantık çerçevesinde olumlu olarak değerlendirilerek hayal kırıklığının azaltılmasıdır. Akademik başarısı düşük bir öğrencinin tüm arkadaşlarının başarısının da düşük olduğunu ifade etmesi buna örnek verilebilir.
Yadsıma/ İnkâr (Denial): Çok zor ya da tehdit edici durumların kabul edilmemesidir. Babası ölen bir çocuğun öğretmenlerine ve arkadaşlarına babasının ölmediğini, uzak bir yerde olduğunu söylemesi gibi örnekler verilebilir.
Yansıtma (Projeksiyon): Bireyin kendisine ait kusurları başkalarına yüklemesidir. Derslerinde başarısız olan bir ergenin, başarısızlığının nedeni olarak öğretmenlerini yetersiz olarak görmesi gibi.
Yüceltme (Sublimation): Sosyal yönden kabul edilmeyen özellikle cinsellik ve saldırganlık gibi davranışların, toplum tarafından daha kabul edilebilir sanatsal, sportif ve yaratıcı faaliyetler gibi alanlara yönlendirilmesidir. Tüm başarılı savunma mekanizmaları yüceltme başlığı altında toplanabilir. Resim, şiir, heykel gibi sanatların yaratıcı kaynağı olarak görülmektedir.
Gerileme (Regression): Ciddi stres durumları karşısında bireyin bir önceki gelişim evresindeki davranışlarını sergilemesidir. Travmaya maruz kalan bir çocuğun ağlaması, parmak emmesi, tekrardan anne babaya bağımlı olması, saklanması gibi çocuksu davranışlar örnek verilebilir.
Özdeşleşme (Identification): Hem bir savunma mekanizması hem de çocukların cinsiyet rollerini öğrendikleri gelişim sürecinin bir parçasıdır. Okul öncesi dönemden itibaren gelişmeye başlayan özdeşleşmede çocuk, ebe-

veynlerine ait tutum ve davranışları taklit etmeye başlar. Sonrasında çocuk kendisinden daha güçlü bir kişi, kurum ya da grup ile özdeşim kurarak kendini değerli hisseder. Kız öğrencinin kendini ünlü bir pop star ya da erkek bir öğrencinin kendisini ünlü bir futbolcu olarak özdeştirerek onun gibi davranmaya çalışması bu duruma bir örnek olarak verilebilir.

Telafi Etme: Zayıf bir alandaki eksikliğin daha güçlü bir alanla telafi edilmesidir. Örneğin, akademik başarısı düşük bir öğrencinin bu eksikliği sportif ya da sanatsal etkinliklere daha fazla çalışarak bu alanlarda başarılı olması örnek verilebilir.

Fantezi Kurma: Hayal ve fanteziler kurularak içinde bulunulan durumun kaygısı azaltılarak rahatlamaya çalışılır. Fakir bir çocuğun kendisini zengin biri olarak hayal etmesi örnek verilebilir.

Psikoseksüel Gelişim Kuramı

Freud, psikoseksüel gelişim dönemlerini oral, anal, fallik, latent ve genital olmak üzere beş evreye ayırmıştır. Freud'a göre birey, belli bir miktarda libidinal enerji ile dünyaya gelir ve bu libidinal enerji, psikoseksüel gelişim dönemlerinde belli bir bölgede yoğunlaşır. Bireyin bu dönemlerde yerine getirmesi gereken bazı gelişim görevleri bulunmaktadır. Bu gelişim dönemlerinin sağlıklı atlatılmaması, birtakım zorluklar ve krizlerin oluşumuna neden olabilmektedir. Bu durum, fiksasyon (saplantı) olarak tanımlanmıştır (Geldard vd., 2019). Psikoseksel gelişim dönemlerinde fiksasyonların olması, geri dönülmesi zor hataların oluşmasına neden olduğu düşünülmektedir. Bu nedenle, çocuk ve ergenlerle çalışacak uzmanların psikoseksüel gelişim dönemlerine ait gelişimsel özellikleri bilmeleri önem taşımaktadır.

Erik Erikson'un Psikososyal Gelişim Evreleri

Erikson (1902-1994), kişiliğin gelişiminde erken çocukluk dönemine değinmekle birlikte, kişiliğin sürekli gelişim içinde olduğunu belirterek psikoseksüel ve kişiliğin sosyal yönü olan psikososyal gelişimi birlikte ele almıştır. Erikson, psikososyal gelişimin doğumdan ölüme kadar devam eden ve aşamalı oluşum ilkesi olarak adlandırılan epigenetik ilkeye göre sekiz aşamadan oluştuğunu belirtmektedir. Bu sekiz evreden her biri kendisinden önceki ve sonraki evre ile bağlantılıdır (Tucker ve Wittman, 2021). Erikson'a göre gelişimin her evresinde çözülmesi gereken belli krizler bulunmakta ve her evrede birey kendisi ile çevresi arasında denge kurma çabası içerisindedir. Birey, bu krizleri sağlıklı atlatamaz ise yaşam boyunca bu durumdan olumsuz olarak etkilenir (Erikson, 1963). Bu düzen, tıpkı bir gülün yetişmesine benzetilebilir. Her bir gül yaprağı belli bir düzen içerisinde ve sırayla açar. Herhangi bir evrede yanlış yapılan bir müdahale, gülün tüm gelişimini olumsuz etkileyebilir (Saygın, 2021). Bu sekiz evre içerisinde çocukluk ve ergenlik dönemlerini oldukça önemli gören Erikson, kuramında küçük çocukların egosunun nasıl güçlendirilebileceği üzerine çalışmıştır. Egonun işleyişinin birçok yönünün bilinç dışı olduğunu kabul etmesine rağmen asıl işlevinin tutarlı davranışlara yol açan genel birleştirici bir unsur olduğunu savunmuştur (Saygın, 2021).

Psikanalitik Kuramın Çocuk ve Ergenlerde Kullanımı

Freud'un en bilinen "Küçük Hans" vakasına ilişkin yazınları, psikanalitik kuramcılara referans niteliğindedir. Kızı Anna Freud'un psikanalitik kuram bağlamında çocuk ve ergenlerle yapmış olduğu çalışmalar önemli görülmektedir (Tucker ve Witman, 2021). Anna Freud, meslek hayatının büyük bir bölümünde psikanalitik kuramı çocuk ve ergenlere uygun hâle getirmeye çalışmıştır. 20. yüzyıla kadar psikoterapistler, çocukların davranışlarını gözlemleyerek ailelere konsültasyon yapma yoluyla yardımcı olmaya çalışmışlardır. Anna Freud ise yapmış olduğu çalışmalarda babasına ait görüşleri geliştirerek çocuk egosunun irrasyonel dürtüleri kontrol etmek için nasıl geliştirilebileceği üzerine odaklanmıştır.

Anna Freud'a göre çocuk psikanalizini yetişkin psikanalizden ayıran bazı özellikler bulunmaktadır. Çocuklar, kendi başlarına yardım isteyemez ve geçmişlerini hesaba katamazlar. Dolayısıyla çocuklarla yapılacak terapilerden önce uzun bir hazırlık aşamasına ihtiyaç duyulmaktadır. Normal çocukların yanında savaş mağduru, bedensel engelli ve ebeveynsiz çocuklar gibi farklı çocuk gruplarıyla başarılı çalışmalar yürüten Anna Freud (Saygın, 2021), psikanalitik tekniklerden olan serbest çağırışım ve rüya yorumlama tekniklerini, uygulamalarında oyuncaklar, resim ve sanatı da kullanarak çocuklara uygun hâle getirecek şekilde düzenlemiştir. Ayrıca Anna Freud, çocuklarla yapılacak psikanalitik terapilerde başarılı olunabilmesi için danışman ile çocuk arasında güçlü bir bağ kurulması ve ilişkinin sıcak, davetkâr olması gerektiğini belirtmiştir (Geldard vd., 2019). Çocuğun ancak sevdiği kişiye inanabileceğini, dolayısıyla terapist ile çocuk arasındaki olumlu aktarım ve şefkatli bağlanmayı çalışmaların ön koşulu olarak görmekteydi.

Anna Freud'a göre kıskançlık, merak ve açgözlülük çocukluk döneminin doğal ve evrensel özellikleridir. Bu tür duyguları birer içgüdü olarak görmekte ve her normal çocukta olması gerektiğini savunmaktadır. Anna Freud'a göre terapistin, terapilerde çocuğa ait travma, fiksasyon ya da aile krizleriyle ilgilenmekten çok çocuğun mevcut yaşantısını içeren değişkenlerle nasıl çalışabileceği üzerine odaklanması gerektiğini düşünmektedir (Saygın, 2021). Terapist, terapide destekleyici, koruyucu ve eğitici tutumları temel almalıdır. Klasik psikanalizden farklı olarak dört yaş ve üzeri çocuklara uygulanabilecek bir analiz yöntemi kullanmıştır. Ona göre çocuk ile terapist arasındaki ilişki çok önemlidir. Ancak terapist, ebeveyn rolüne kendini kaptırarak çocuğa ebeveyni gibi davranmamalı, çocuk ile aile arasına girmemelidir. Yine Anna Freud'a göre klasik psikanalitik kuramın aksine terapist, bir otorite figürü gibi davranmamalı, çocukla uygun bir dilde buluşmalıdır. Bunu gerçekleştirmenin en iyi yolu ise çocuğa karşı yapmacık olmayan ve doğal bir şekilde davranılarak yapılabileceğini belirtmektedir (Saygın, 2021).

Anna Freud'a göre çocuklarla çalışmanın temel sorunlarından biri, çocukların yetişkinler kadar duygusal sorunlarını aktarmada iyi olmadıklarıdır. Bunu aşmak için resim, hikâye ya da çeşitli oyunlar kullanılarak çocuğa ait duygular alınabilir. Ayrıca çocukların çevresel faktörlerden çok çabuk etkilendiklerini ancak yetişkinlere nazaran yıkıcı durumlarla baş etmede oldukça güçlü olduklarını savunmuştur (Sharf, 2014).

Çocuk ve ergenlerle çalışmalarında özellikle egonun ruhsal dinamikler içindeki yerini açıklamaya çalışan Anna Freud, ergenliği fiziksel ve cinsel dürtülerdeki değişim ile açıklamıştır. Ergenlik döneminde id ile ego arasında bir dengesizlik ortaya çıktığını (Saygın, 2021) belirten Anna Freud, ergenlerin öngörülemeyen ve tutarsız davranışlarını normal olarak kabul etmektedir. Çünkü ona göre ergenlik, barışçıl büyüme içerisindeki kesinti dönemidir. Freud, Erikson ve Anna Freud'a ait kuramların karşılaştırılması Tablo 2'de verilmiştir.

Tablo 2. Sigmund Freud, Erik Erikson ve Anna Freud'a Ait Gelişimsel Kuramların Karşılaştırılması

Freud: Psikoseksüel	Erikson: Psikosoyal	Anna Freud: Bağımlılık ve Duygusal Bağımlılık
1. **Oral Dönem (0-1 Yaş):** Bebeğin doğumu ile birlikte cinsel açıdan duyarlı bölgeler ağız ve çevresidir. Bebek, yaşamını sürdürmek için ağız yoluyla emme davranışını sergilemekte, bu davranış bebeğe haz vermektedir (Freud, 1905). Oral ihtiyaçların düzenli karşılanması, anneye ve sonrasında dış dünyaya karşı güven oluşmasını sağlamaktadır. İhtiyaçların gereğinden az ya da fazla karşılanması, fiksasyon oluşmasına ve yetişkinlik döneminde oral kişiliğin gelişmesine neden olmaktadır. Yetişkinlikte yaşanan bağımlılık (sigara, uyuşturucu, alkol) ve açgözlülük gibi bozukluklar, oral dönemde yaşanan fiksasyondan kaynaklanmaktadır.	**Temel Güvene Karşı Güvensizlik (0-1,5 Yaş):** Anne ya da bakım veren kişi tarafından bebeğin fiziksel ve duygusal temel ihtiyaçları karşılandığında bebekte temel güven duygusu gelişir. Bu temel ihtiyaçların sağlıklı bir şekilde karşılanmaması durumunda bebekte dış dünyaya karşı güvensizlik oluşur.	**0 ile 7 Ay:** Bebek ile anne arasında biyolojik bir bağ bulunmaktadır. Bebek anneyi kendisinin bir parçası olarak görürken, anne ise bebeği kendisine ait bir psikolojik bağ olarak görmektedir. **7 ile 15 Ay:** Bebekte temel ihtiyaçların (yeme, içme, altının temizlenmesi gibi) karşılanması hâlinde bakım veren kişiye ihtiyaç azalır. Bakım veren kişinin ihtiyaçları karşılama düzeyi bebekte bu kişiye karşı içselleştirme düzeyini belirler. Bu evrede annenin başarısızlığı, bireyselleşme problemlerine neden olmaktadır.
2. **Anal Dönem (1-3 Yaş):** Tuvalet eğitiminin başladığı dönemdir.	**Özerkliğe Karşı Utanç ve Suçluluk (1-3 Yaş):** Özerkliğin kazanıl-	**15 ile 30 Ay:** Nesnelerin sürekliliğinin fark edildiği evredir. Çocuk bu

Tuvalet eğitiminde ebeveynlerin aşırı baskıcı, titiz ya da tam tersi fazla rahat davranıp tuvalet eğitimini takip etmemeleri, çocukta iki farklı probleme neden olabilmektedir. Birinci tipte çocuk dışkısını tutmaya çalışabilir, bu da çocukta inatçılık, aşırı düzensizlik, cimrilik, istifçilik ya da aşırı titiz olma gibi problemlerin çıkmasına neden olmaktadır. İkinci tipte ise çocuk dışkısını uygun olmayan yer ve zamanlarda bırakır. Bu da çocukta dağınıklık, savurganlık, düzensizlik, yıkıcılık gibi davranış problemlerinin oluşmasına neden olmaktadır (Gündüz ve Kurt, 2021).	dığı dönemdir. Çocuk, sınırlarını kontrol etmeye çalışarak kendi iradesini kullanmaktadır. Çocuğun özerkliğinin engellenmesi hâlinde gelecekte çocukta utanç ve yetersizlik hisleri oluşabilmektedir.	evrede hayal kırıklıkları ve engellemelerden kurtulabileceği ilişkileri kurabilmektedir.
3. **Fallik Dönem (3-6 Yaş):** Cinselliğe karşı ilgi artmakla birlikte, cinsiyet farklılıkları öğrenilmekte ve cinsiyet rolleri benimsenmeye başlanmaktadır. Freud (1905), bu dönemde çocuğun karşı cins ebeveyne karşı ilgisinin artmakta olduğunu, aynı cins ebeveynini de kıskanmaya başladığını açıklamaktadır. Bu durum, erkek çocuklar için oedipus, kız çocukları için ise elektra karmaşası olarak ifade edilmiştir. Bu evrenin sağlıklı atlatılamaması durumunda yetişkinlik döneminde cinsel bozukluklar, kendi cinsiyetini kabul etmeme, eş seçme ve evlilikte ilişkinin sürdürülmesinde zorluklar yaşanabileceği belirtilmiştir.	**Girişimciliğe Karşı Suçluluk (3-5 Yaş):** Bu dönemin temel görevi, girişimcilik ve yeterlilik duygularının gelişmesidir. Çocuğun dil ve motor becerilerinin gelişmesiyle kendisi için anlamlı girişimlerde bulunmaktadır. Bu girişimlerde çocuk özgür bırakıldığında kendisine karşı olumlu görüş ve sorumluluk geliştirmektedir. Bu girişimler engellendiğinde ise gelecekte başkalarının kendisi için tercihte bulunmasına izin verebilmektedir.	**30 Ay ile 4 Yaş:** İki yaş krizi olarak da bilinen bu evrede çocuk, hem anneden bağımsız olmak ister hem de kendisinin bırakılmasını istememektedir. Çocuk, olumlu ve olumsuz duyguları arasında dengelemede tutarsızlıklar yaşamaktadır. Bu da agresif davranışlara neden olabilmektedir. **4 ile 7 Yaş:** Fallik-oedipal evresini içerdiğinden dolayı çocuk, karşı cins ebeveyne karşı hayranlık duyarken, aynı cinsteki ebeveyni de kıskanmaktadır.
4. **Latent (Gizil) Dönem (6-12 Yaş):** Bu evrede cinselliğe yönelik merak azalmakta, yerini daha çok fiziksel enerji, oyun ve eğitsel faaliyetler almaktadır. Çocuk, sosyal yaşama önem vermeye başlamakta ve kendi cinsleri ile sosyalleşmeye çalışmaktadır. Bu evrede cinsel açıdan birinci derecede duyarlı bir bölge bulunma-	**Üretkenliğe Karşı Aşağılık Duygusu (5-11 Yaş):** Bu evrede çocuk, hem cinsiyet rolüne uygun kimlik gelişimini sürdürmekte hem de okulda başarılı olmak için temel becerileri öğrenmeye çalışmaktadır. Dolayısıyla öğrenme ve üretme sürecinin olduğu dönemdir. Temel görev ise kişisel hedeflerin olması ve bu hedeflere ulaşmak için	**7 ile 11 Yaş:** Bir önceki evredeki cinsel merak azalmakta, yerini arkadaşlık, sosyalleşme ve oyunların aldığı evredir.

dığından, döneme ait bir fiksasyon da bulunmamaktadır (Gündüz ve Kurt, 2021). Bu dönemin temel ilkesi ise çocuğun kendi cinsiyetini ve toplumsal cinsiyet rollerini fark etmesidir.	üretkenliğin olmasıdır. Başarısız olunması durumunda yetersizlik duygusu gelişebilmektedir.	
5. **Genital Dönem (12 Yaş ve Sonrası):** Bu evrede cinsel enerji, cinsel organlarda toplanarak birinci derecede duyarlı bölge hâline gelmektedir. Kendi cinsi ile arkadaşlıklar kurulurken aynı zamanda karşı cinsle yakın ilişkiye önem verilmektedir.	**Kimliğe Karşı Kimlik Karmaşası (12-19 Yaş):** Ergenlik ile birlikte kimlik kazanma çabası ve sınırları deneme dönemidir. Duygusal ve fiziksel değişimlerin hızlı olduğu bir evredir. Ergen kendisini toplumun üretken bir üyesi olarak görmeye başlar. Ergenin mesleki kimliğini bulmaması ve kültürel olarak da anlamlı bir yer edinmemesi rol karmaşasına neden olabilmektedir.	**11 ile 13 Yaş:** Ergen isyanına hazırlık evresi olarak da isimlendirilmiştir. Kimlik arayışının başladığı asi ve zorlukların olduğu evredir. **13 ile 18 Yaş:** Ergenliğin başlamasıyla, cinsellik ve saldırganlık dürtülerine ait taşkınlıklar baskılanmaya çalışılır. Duygusal ilişkiler, aileden daha çok dışarıda aranmaya başlanmaktadır.

Melanie Klein ve Nesne İlişkileri Kuramı

Freudyen görüşün savunucularından bir diğeri olan A. Melanie Klein (1882-1960), çocuklarla danışmada nesne ilişkileri kuramı kapsamında çalışmalar yapmıştır. Klein (1975), çocukların bakım veren kişiye bağlandıkları gibi nesnelere de bağlanabileceklerini savunmuştur. Örneğin, anne yerine başka biri ya da başka bir nesne ile oynayan çocuğun zamanla annesine karşı olan duygularını bu kişi ya da nesneye aktarabileceğini belirtmektedir. Bu geçişteki kişi ya da nesne, geçiş nesnesi olarak görülmektedir. Klein, Freud'un aksine insan davranışlarının temel nedeni olarak cinsellik hazzından ziyade, insanlarla teması ve ilişkileri görmektedir. Freud, kişiliğin oluşumunda yaşamın dört ile altı yıllarına değinirken, Klein yaşamın ilk 4 ile 6 ayına vurgu yapmaktadır (Yavuzer, 2021).

Klein, yetişkinlik dönemindeki psikolojik rahatsızlıkların nedenini erken yaşam dönemlerinde yaşanan travma deneyimlerine bağlamıştır. Klein, travmatik anılara ait bilinç dışı materyallerin keşfedilmesi ve ortaya çıkarılmasının çocuğu iyileştirebileceğini savunmuştur. Çocuktaki bilinç dışı materyallerin en iyi oyunlar yoluyla ortaya çıkabileceğini belirtmekte ve ona göre yetişkinlerde kullanılan serbest çağrışım, rüya analizi ve hipnozun işlevini çocuklarda oyun yerine getirmektedir. Terapi seanslarında oyunların önemine vurgu yapan Klein'e (1975) göre oyun teknikleri çocuğun bilinç dışı ihtiyaçları ve arzularını ortaya çıkarmayı ve katarsizi kolaylaştırmayı sağlamaktadır. Klein, Anna Freud'un aksine danışman-çocuk arasındaki sıcak ilişkiyi pek önemsememiş, nesne ilişkileri bağlamında kendisini bir geçiş nesnesi olarak kullanarak çocukla iletişim kurmaya çalışmıştır. Çocuktaki bilinç dışı ihtiyaçlar ve içsel çatışmaları çocuklara özgün oyunlar aracılığıyla çözmeye çalışmıştır (Shraf, 2014).

Son dönemlerde, psikanalitik yaklaşımlarda çocuktaki içsel çatışmaları ortaya çıkarmak amacıyla çocuk yönlendirmeli oyunların kullanımı artmaktadır. Oyun sürecinde terapist, oyunun anlamı ile ilgili yorumlar yaparak çocuğun içsel çatışmalarına ilişkin farkındalık kazanması amaçlanır. Böylece çocuktaki içşel çatışmaları ortaya çıkarmak adına oyunlar faydalı bir araç hâline getirilmektedir.

Psikanalitik Yaklaşımın Uygulama ve Teknikleri

Psikanalitik kuramda terapinin iki temel amacı bulunmaktadır: Bunlardan ilki, bilinç dışı materyallerin bilinç düzeyine çıkarılması; diğeri ise içgüdüsel tutkular ve gereksiz suçluluk duygusundan kurtularak egonun güçlendirilmesini sağlamaktır. Bu amaçlara ulaşabilmek için danışman ile danışan arasında istikrarlı bir ilişkinin kurulması önemlidir. Terapi oturumlarında düzen ve süreklilik önemsenmekte, oturumların belirlenen zamanda başlaması ve belirlenen zamanda bitmesine özen gösterilmektedir (Corey, 2013). Psikanalitik terapilerde pek çok teknik ve yöntem kullanılmaktadır. Aşağıda bu temel tekniklerin çocuk ve ergenlerle kullanımına yönelik özet bilgiler verilmiştir.

Direnç ve Serbest Çağrışım: Serbest çağrışım; danışanın terapinin amacını, uygunluğunu ve bağlantısını düşünmeden, aklına gelen düşünceleri ve imgeleri serbest bir şekilde bir konudan diğerine doğru ilerleyerek ifade etmesi olarak tanımlanabilir. Danışanın düşünce ve duyguları saçma, mantıksız, önemsiz, utandırıcı ya da acı verici olabilir. Danışman, danışanın düşüncelerini serbest bir şekilde ifade edebilmesi için danışanı olduğu gibi kabullenmekte ve gerektiğinde cesaretlendirmektedir. Danışanın duygu ve düşüncelerini sansürlemeden aktarması önemlidir, bunun için gerekirse danışan rahatlatılmaya çalışılmaktadır. Ancak bazı duygu ve düşünceler genellikle direnç ya da savunma mekanizmalarının araya girmesiyle engellenebilmekte, danışan bunlar hakkında konuşmayı reddedebilmektedir (Cottone, 2012). Direnç, kaygıyı artıran konularda konuşmayı, ya da acı verici yaşantıların hatırlanmasını engelleyen bir durum olarak ifade edilmektedir. Direnç, bilinç dışı malzemenin bilinç düzeyine çıkmasını engellemeye yönelik danışanda oluşan isteksizliktir. Değişim yolunu engelleyen ve danışanın bilinçli ya da bilinçsiz olarak sahip olduğu düşünce, duygu ya da tutum olabilir (Corey, 2013). Danışman, savunma mekanizmaları ya da direnç nedeniyle engellenen noktaları ortaya çıkarıp, yorumlamaya ve danışana içgörü kazandırmaya çalışmaktadır. Çocuk ve ergenlerle psikanalitik kuram bağlamında çalışacak bir psikolojik danışman, serbest çağrışım tekniğini sadece sözel davranışlarla değil, hayali ya da imgesel oyunlar gibi yönlendirici olmayan oyunlarla da uygulayabilir. Yine çocuklarla yapılacak danışmanlıkta oyun, öykü, resim, hamur işi ya da el becerisine yönelik etkinliklerde ortaya çıkan ve tekrarlayan temaları yorumlayarak çocuğa içgörü kazandırılmaya çalışılır (Geldard vd., 2019).

Yorumlama: Psikanalitik terapilerde kullanılan önemli araçlarından biri de yorumdur. Danışan konuştukça danışman, diğer tekniklerle birlikte yorumlamalarda bulunur. Danışan konuştukça duyguları da ortaya çıkarak rahatlar, bazı konularda içgörü kazanır (Gündüz ve Kurt, 2021). Yorumlama tekniğinin kullanımında son derece dikkatli olmak gerekir. Zamansız ve bilinçsizce yapılan yorumlamalar, danışanı olumsuz olarak etkileyebilmektedir.

Rüya Analizi: Freud, rüyaları "bilinçaltına giden kraliyet yolu" olarak tanımlamıştır (Freud, 1991). Ona göre rüyalar, danışanların en derindeki çatışmalarına, arzularına ve dürtülerine giden direkt yollardır. Uyku anında bilinç dışı materyaller, bazen gerçek ya da sembolik olarak rüyalarla ortaya çıkabilmektedir. Çocuk ve ergenlerle çalışmakta olan bir psikolojik danışman, danışanından gördüğü rüyanın ana hatlarıyla resmini çizmesini isteyerek somutlaştırılabilir. Ardından rüyada gördükleriyle ilgili konuşarak süreç ilerletilebilir. Yine danışman, rüyaları kuklalar yardımıyla ya da benzer figürler yoluyla açığa çıkarmaya çalışabilir. Ergenlerle çalışmalarda ise gördükleri rüyaları not etmeleri, rüyaların birbiriyle ilişkisini bulmak adına süreci kolaylaştırabilir (Tucker ve Wittman, 2021).

Transferans Analizi: Danışanın, danışmanla kurduğu ilişki ve danışmana karşı olan duyguları terapide ilerlemeyi sağlayan en önemli unsurlardandır. Danışan, kendisi için önemli olan kişilerle ilgili çelişkili duygularını danışmana aktarabilmektedir. Danışman bazen aşırı koruyucu bir annenin veya rekabet içindeki bir kardeşin yerini alabilmekte bazen de anne ya da babaya duyulan düşmanca duyguların aktarıldığı bir obje olabilmektedir. Danışana ait geçmiş yaşantılar canlandıkça; danışman, bu anılardaki biri ile ilişkilendirilerek bazen kötü biri bazen de kendisine yardım eden bir dost olarak görülebilmektedir. Böylece danışan, belli bir kişiye gösterdiği tepkinin benzerini danışmana da göstermeye başlar. Psikanalitik teoride önemli bir terapötik girişim olarak değerlendirilen transferans, danışanın geçmiş duygularının yeniden canlandırılarak çözümlenmesi adına önemli bir fırsat olarak görülmektedir (Cottone, 2012).

Carl Gustav Jung ve Analitik Psikoloji

Jung (1875-1961) ve Freud bir dönem birlikte çalışmış olsalar da Jung'un geliştirdiği analitik kuram, Freud'un görüşlerinden önemli ölçüde farklılıklar göstermektedir. Freud'un cinsellik ve saldırganlık üzerindeki katı determinist düşüncelerinin aksine yaşamın anlamını bulma konusunda manevi özellikleri içeren kendi kuramını geliştirmiştir. Jung, kuramını tarih, din, felsefe, antropoloji ve mitoloji gibi çeşitli bilimlerle de ilişkilendirerek açıklamaya çalışmıştır (Murdock, 2012). Kişiliğin kökenini, evrensel olduğuna inandığı psişik enerjiye bağlamıştır. Freud'un bilinç ve bilinç dışı kavramlarını kabul etmekle birlikte bunlara kollektif bilinç dışı kavramını da eklemiştir. Kollektif bilinç dışı, tüm insan ırkına ait geçmiş atalardan miras edinilen gizli ve ortak bir hafıza deposudur (Jung, 1964).

Jung, insan davranışlarını açıklamada sadece geçmiş yaşantılara bağlı kalınmayacağını savunmaktadır. Jung'a göre insan, doğası gereği sürekli bir büyüme ve gelişim süreci içerisindedir. Kişiliğin, bireyin kim ve ne olduğu ile birlikte nasıl biri olmayı arzuladığı ile de şekillendiğini belirtmiştir (Green, 2021). Jung, insanların yeteneklerini kullanma ve yaşama geçirme eğiliminde olduklarını düşünmektedir. İnsanların hem yıkıcı hem de yapıcı güçlere sahip olduğunu belirten Jung (1989), bütünleşmek için ise açgözlülük ve bencillik gibi ilkel dürtülerin karanlık yüzünün kabul edilmesi gerektiğini ifade etmiştir.

Jung'a göre çocuklar dünyaya boş bir levha olarak gelmezler, kolektif bilinç dışı ve ailenin tarihsel kökenindeki birçok ürün ile dünyaya gelirler. Çocuklardaki problem davranışları, kolektif bilinç dışı ve ebeveynlerinin gölgeleri ile ilişkilendirmiştir. Jung (1989), terapinin temel amacını bireyleşme yani bütün olma, psikolojik birey olma süreci olarak açıklamıştır. Bireyleşme, parçadan bütüne doğru ilerleme ve bireyin yaşadığı zıtlıkların uzlaşma süreci olarak görülmektedir. Çocuk ve ergenlerdeki bireyleşme süreci, imgelerin oluşturduğu analitik tutum geliştirmek ve sürdürmek olarak kavramlaştırılabilir. Çocuktaki bilinç dışı süreçlerin bilince getirilmesiyle çocuktaki enerji dengelenmekte ve dürtü kontrolleri kolay olmaktadır (Green, 2021). Terapilerde çocuk ve ergenlerle derin ilişkiler kurularak kendilerini keşfetmeleri amaçlanır. Analitik terapistler çocukları iyi gözlemler ve süreç içerisinde sabırlıdırlar.

Jung Kum Oyunu: Dora M. Kalff (2003) tarafından Jung'un analitik psikolojisi ve Doğu felsefesi birleştirilerek 1950 ve 1960'lı yıllarda "Kum Oyunu" adlı bir teknik geliştirmiştir. Kum tepsisi olarak da bilinen düz bir zemine küçük figürler (insan, hayvan, bitki, doğa, yapı, taş, ev araç gereçleri, hayali ve diğer nesneler vb.) yerleştirilerek çocuktan bir öykü yaratması istenilir. Çocuk istediği miktarda da su alarak kumu kendi isteğine göre şekillendirmektedir. Öykü ilerledikçe kollektif bilinç dışından gelen arketipler açığa çıkarılmaya çalışılır (Kalf, 2003). Kullanılan figürler yardımıyla çocuktaki duygu, düşünce ve davranışlarına ait ipuçları yakalanmaya çalışılarak yorumlanır (Fakirullahoğlu, 2022). Uzmanların bu tekniği kullanabilmesi için ilgili eğitimi ve süpervizyonu almaları önerilmektedir. Ancak kum oyunu terapisi her ne kadar Jung'un terapisi esas alınarak ortaya çıkmış olsa da uzmanlar uygulama yaparken bu terapi tekniğini belli bir modele dayandırmak zorunda değildir. Kum oyunu terapisi, herhangi bir psikolojik danışma kuramına bağlı olarak da uygulanabilir (Develi ve Bugay, 2011).

Günümüzde kum oyunu, çocuk ve ergenlerin duygusal ve davranışsal problemlerini tanıma ve iyileştirme sürecinde pek çok farklı alanda kullanılabilmektedir. Ayrımcılık ve şiddetin ortaya çıkartılması, mülteci çocuklarda görülen duygusal problemler ve travmaya maruz kalmış yaşça küçük çocukların travma sonrasında oluşan duygusal sorunlarının çözümlenmesi gibi çeşitli alanlarda kullanılmaktadır. Yine cinsel tacize maruz kalmış çocuklarla çalışmalarda etkili olduğuna yönelik çalışma bulguları mevcuttur (Zoja, 2011).

Mandala Sanat Terapisi: Mandala; daire, yuvarlak, bütünlük, tamamlama gibi anlamları taşıyan geometrik ve dairesel örüntüdür. Mandala, özellikle Doğu kültürlerinde olmak üzere pek çok din ve kültürde kullanılmaktadır. Jung'a (1989) göre mandalalar, benlik hakkında fikir veren bütünlüğü ve bütünleşmeyi temsil eden şifrelerdir. Jung, çocukların ilk çizimleri olan daire şeklindeki çizimlerini mandala ile ilişkilendirilmiş, bu bağlamda mandalanın bilinç dışı malzemenin bilince taşınmasına yardımcı olabileceğini belirtmiştir. Jung, mandalaları bilinçsiz benliğin temsili olarak yorumlamış ve danışanlarına sık sık mandala çizdirmiş ve yorumlamaya çalışmıştır (Öz Çelikbaş, 2022). Jung, mandala çiziminin birey üzerindeki pek çok olumlu yönüne değinmektedir. Ona göre çizimlerde zihin belli düşüncelerden arınır, danışan duygusal ve bilişsel olarak kendisini merkeze alarak iç dünyasının keşfine çıkar (Green, 2021).

Aşağıda öğretmeni tarafından davranışsal ve ailesel sorunlarından dolayı okul psikolojik danışmanına yönlendirilen 10 yaşındaki çocuğun çizdiği mandala ve Jung'un mandala çizim örneği Şekil 1'de verilmiştir (Fakirullahoğlu, 2022).

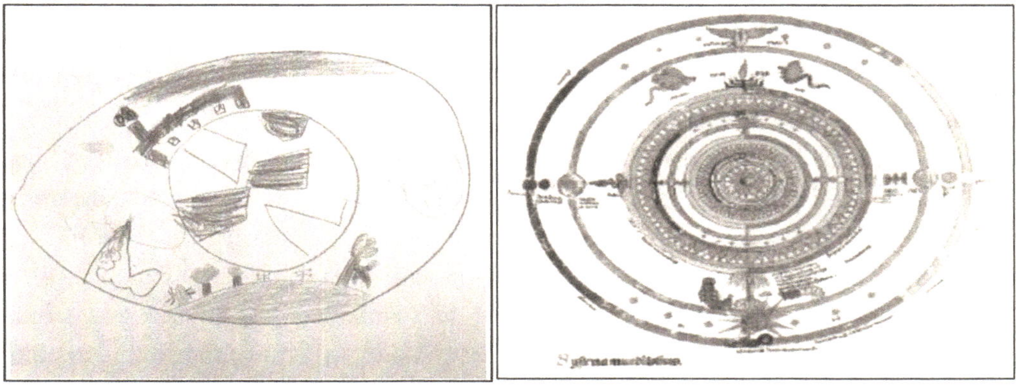

Şekil 1. Mandala Örnekleri

Alfred Adler ve Bireysel Psikoloji

Alfred Adler (1870-1937), bireysel psikoloji kuramını doğrudan çocuklarla olan çalışmalara dayalı olarak geliştirmiştir. Freud ve Jung'un bilinç altı düşüncelerin insan davranışlarını etkilediğine yönelik görüşlerine katılmakla birlikte, insan davranışlarını açıklamada sosyalleşmenin önemine ve üstünlük çabasına değinmektedir (Adler, 1964). Adler'e göre aile bütünlüğü, doğum sırası ve ilk anılar, bireyin kişiliğinin şekillenmesinde önemli rol oynamaktadır. Böylece bireyin yaşam tarzı oluşmakta, bu da onun dünyada nasıl davranacağını belirlemektedir. Adler, klasik psikanalitik kuramların aksine danışanları aileleri ile birlikte terapilere almış, anne-baba, çocuk ve öğretmenlere yönelik birçok rehberlik merkezi açmıştır (Özdoğan, 2019). Meslektaşı Rudolph Dreikurs ile birlikte okullarla iş birliği yaparak öğretmen ve eğitimcilere konsültasyon ve danışmanlık hizmetleri sunmuş ve bu hizmetlerde çocuk ve ergenlere yönelik olarak birçok teknik geliştirmişlerdir (Murdock, 2012). Adler'e ait psikolojik danışma kuramı, günümüzde de okullarda etkili kullanılmakta ve hem önleyici hem de akademik danışmanlık gibi çeşitli alanlara katkı sağlamaktadır. Adler; aşağılık duygusu, üstünlük çabası, kardeş kıskançlığı, doğum sırası, empatik anlayış, ödünleyici davranış gibi pek çok kavramın psikoloji literatürüne girmesine katkıda bulunmuştur (Kottman, 2001).

Davranışların çıkış nedeninin çevrede aranması gerektiğini belirten Adler'e göre bireyin çevreyi algılama ve yorumlama biçimi davranışların oluşumunda etkilidir (Özdoğan, 2019). Bu nedenle, Adler'in bireysel psikoloji kuramının kısmen sosyal psikolojiyi de içerdiği söylenebilir. Adleryan bireysel terapide, danışan ile danışman arasında karşılıklı saygı ve anlayışın önemine değinilmektedir. Çocuk ya da ergende anlaşıldığı ve duyulduğuna yönelik bir ortam oluşturulmaya çalışılır (Murdock, 2012). Bu amaçla, ilk oturumdan itibaren yansıtıcı dinleme ve çocuğun öyküsündeki ayrıntılara dikkat çekilir. Terapötik ilişki kurulduktan sonra aile bütünlüğü, yaşam tarzı ve olumsuz davranışların arkasındaki motivasyona ait değerlendirme sürecine geçilir.

Adleryan Oyun Terapisi: Oyun terapisi alanında çalışmak isteyen uzmanlar için kapsamlı bir araştırma ve uygulama alanı sunmaktadır. Oyun terapisi kuramcılarının çoğu, oyunu çocuğun doğal dili olarak görmektedir. Terapinin oyun aracılığıyla yapılması, çocukta daha az endişe yaratacağından dolayı çocuk kendisini daha rahat ifade edebilmektedir. Adleryan oyun terapisinde, bireysel psikoloji kuramının fikirleri ilk olarak Terry Kottman (2001) tarafından oyun terapisi yoluyla ele alınmıştır. Adleryan oyun terapistleri, Adler'in görüşlerine paralel olarak çocuğun duyulduğu ve anlaşıldığı hissini vermeye çalışmaktadırlar. Ayrıca Adleryan oyun terapisinde karşılıklı saygı ve anlayışa büyük önem verilmektedir.

Adleryan oyun terapistleri, terapötik ilişkide çocuğun ve ailesinin yaşam bütünlüğünün geniş bir değerlendirmesini yaparlar. Adleryan oyun terapileri, yapılandırılmış oyunlar, rol alma, hayali oyunlar, görsel sanat ya da yaratıcı yazma teknikleri, aile oturumları ve ev ödevlerinden oluşan geniş kapsamlı teknikleri içerir. Ergenlerde ise sanat etkinlikleri ve oyun teknikleri daha rahat bir şekilde uygulanabilmektedir

(Tucker ve Wittman 2021). Adleryan oyun terapisi zorbalık, öfke kontrolü, yas ve kayıp, boşanma, düşük benlik algısı, düşük sosyal algı, ailesel ve çevresel pek çok problemi çözmede kullanılabilmektedir (Kottman, 2001).

Davranışçı ve Bilişsel Yaklaşımlar

Ivan Petroviç Pavlov ve John Broadus Watson

Davranışçı yaklaşımlar, psikanalitik kuramın aksine insan davranışlarının içsel yaşantılar ya da geçmiş deneyimlerle açıklanamayacağını, dolayısıyla insan davranışlarının açıklanabilmesi için gözlenebilen davranışlara odaklanılması gerektiğini savunmaktadır (Geldard vd., 2019). Amprik (deneysel) olarak açıklanamayan pek çok Freudyen varsayımı reddeden davranışçı yaklaşımcılar, insan davranışlarını klasik koşullanma, edimsel koşullanma ve sosyal öğrenme gibi farklı modellerle açıklamaya çalışmışlardır.

Davranışçı terapilerin kökeni, Rus fizyolog Pavlov'un (1849-1936) köpekler üzerinde yaptığı klasik koşullanma deneyine dayanır. Köpeklerin yeme davranışlarını inceleyen Pavlov, belli bir dönem boyunca her yemekten önce zil çalmış ve ardından köpeklere et vermiştir. Zamanla köpeklerin zil sesine klasik koşullanarak zil çaldığında salya akıtmaya başladıklarını gözlemlemiştir. Klasik koşullanma olarak isimlendirdiği bu keşifle birlikte davranış ve öğrenme üzerine ilk defa bir deneysel çalışma yapılmış oldu (Türkçapar ve Sargın, 2012).

Pavlov'un bu deneylerinden sonra Amerika'da yaşayan Watson (1878-1958), klasik koşullanma yöntemini insan davranışları ile açıklamaya çalışmıştır. Watson, 1913 yılında yayınlamış olduğu ve aynı zamanda davranışçı kuramların manifestosu olarak da adlandırılabilecek *"Davranışçıların Gözüyle Psikoloji"* başlıklı çalışmasında, psikoloji biliminin içe bakış ve zihinsel fenomenler gibi gözlenemeyen olaylara yer vermemesi gerektiğini, psikolojinin doğal bilimlerin saf deneysel bir dalı olması gerektiğini savunmuştur. Watson, psikoloji biliminin ölçülebilir ve gözlenebilir özelliklere dayanan nesnel bir bilim dalı olduğunu, bu bağlamda psikolojinin konusunu açık davranış olarak açıklamıştır (Smith-Bonahue ve Tiplady, 2021). Açık davranışları ise bilim insanları tarafından gözlenebilen, kontrol edilebilen ve tahmin edilebilen davranışlar olarak açıklamıştır. Watson, bilişsel yapıların davranışa etkisini reddederek davranışları çevresel faktörlere bağlamış, insan davranışlarını etkileyen en önemli unsurun çevre olduğunu savunmuştur. Konu ile ilgili olarak söylediği *"Bana bir düzine sağlıklı ve iyi yapılı bebek verin. Kendi özel davranışçı yöntemlerimle onları yetiştirerek, başka bir şeye gereksinim duymaksızın onlardan rastgele seçtiğim birini doktor, avukat, sanatçı, esnaf, amir hatta dilenci veya hırsız olarak eğiteceğimi garanti ederim."* sözü, çevresel faktörlerin davranış üzerindeki etkisinin önemine dikkat çekmektedir (Watson ve Rayner, 1920). Yine Watson, insanı doğuştan şekilsiz bir çamura benzeterek bu çamura çevrenin şekil verdiğini ifade etmektedir. Bundan anlaşılacağı üzere davranışçı kuramcılara göre insan davranışlarını şekillendiren temel gücün deneyim ve öğrenme olduğu söylenebilir (Smith-Bonahue ve Tiplady, 2021). Whatson ve Rayner (1920), Pavlov'un klasik koşullanmasının insan davranışları için de geçerli olabileceğini belirtmiş ve bunu ispatlamak için "Küçük Albert" deneyi olarak bilinen araştırmayı yapmışlardır.

Küçük Albert Deneyi

Watson, 1920 yılında yardımcısı Rosalie Rayner ile birlikte korkuların sonradan öğrenildiğini ispatlamak amacıyla 8 aylık Albert ile bir deney yapmıştır. Deneyin birinci aşamasında, Albert bebeğe koşulsuz (doğal) tepkiler verdiği beyaz fare, tavşan, peruk, maske gibi nesneler gösterilmiş ve Albert'in tüm bu nesnelere gülerek doğal tepki verdiği gözlemlenmiştir. Ardından deneyin ikinci aşamasında, Albert kimsenin olmadığı bir odaya alınmış ve bu nesneler tekrar Albert'e gösterilmiştir. Albert, nesneye her dokunduğunda odaya gürültücü bir ses verilmiş ve Albert'in bu nesnelere karşı verdiği tepkisi incelenmiştir. Başta bu nesnelerden korkmayan Albert'in deneyin ikinci aşamasından birkaç gün sonra bu nesneleri gördüğünde gürültücü ses olmamasına rağmen korkarak ağlamaya başladığı görülmüştür.

Burrhus Frederick Skinner ve Edimsel Koşullanma

Davranışçı yaklaşımı bütüncül bir kuram hâlinde sistemleştiren ilk kişi Skinner (1904-1990) olarak bilinmektedir. Skinner aynı zamanda davranışçı kuramın radikal babası olarak da bilinmektedir. Skinner (1953), çevresel etkenlerin bireyin davranışları üzerinde nasıl bir etki yaratmakta olduğunu göstermek amacıyla edimsel/operant koşullanma kuramını geliştirmiştir. Skinner, insan iradesinin özgür olduğunu kabul eder ve kendi davranışlarımızın içsel nedenlerini gözlemleyebileceğimizi öne sürer (Kathryn, 2019). Edimsel koşullanma, herhangi bir pekiştirecin belli bir davranışı pekiştirmek ya da söndürmek amacıyla kullanılmasıdır. Ceza ve ödül, istenilen davranışın ortaya çıkarılması ve istenmeyen davranışların ise azaltılmasına yönelik pekiştirme aracı olarak kullanılmaktadır. Pekiştireçler, olumlu ve olumsuz pekiştireç olmak üzere ikiye ayrılmaktadır. Olumlu pekiştireçler ortama farklı bir değişkenin sokulması (sevilen bir yiyecek, içecek, bir etkinlik için zaman ve imkân vermek gibi), olumsuz pekiştireç ise önceden ortamda olan ve istenilmeyen bir uyarıcının (gürültülü bir ses, aşırı sıcak, sevilmeyen bir nesne gibi) ortamdan alınmasıdır (Skinner, 1953). Skinner, doğrudan çocuklarla çalışmamış olmasına rağmen çalışmaları çocuklara yönelik öğretim tasarımı üzerinde güçlü bir etki yaratmıştır (Murdock, 2012). Edimsel koşullanmanın birçok ortama ve duruma kolayca uyarlanabilir olmasından dolayı günümüz eğitim ortamlarında hâlen popüler bir şekilde kullanılmaktadır (Smith-Bonahue ve Tiplady, 2021).

Hem klasik hem de edimsel koşullanma bireyin gözlemlenebilir davranışlarına odaklanmaktadır. Davranışçı kuramcılara göre temel sorundan ziyade, davranıştaki bozukluk öğrenme kavram ve süreçleriyle ortadan kalkarsa problemin çözülmüş olduğu kabul edilir. Dolayısıyla diğer kuramların aksine davranışçı psikoterapistler, sınırlı ve gayet iyi belirlenmiş davranış sorunlarını psikoterapinin amacı olarak belirlerler. Davranışçı kuramlar, insan doğasına nötr bakılmasını tercih etmektedir. Genetik faktörlerin etkilerine karşın davranışın çevresel faktörlere bağlı olarak oluştuğunu, dolayısıyla insanı doğuştan iyi ya da kötü olarak değerlendirmenin yanlış olduğu görüşünü savunmaktadırlar (Murdock, 2012). Davranışçılar, insanın çevreye uyum sağlamaya güdülenmiş olduğunu belirtmektedirler. Uyumu da hayatta kalma olarak gördüklerinden dolayı insan davranışlarının hayatta kalmaya yardım edecek şeyleri sağlamaya yönelik olduğunu düşünürler. Öğrenilen davranış pekiştirildikçe devam ettirilir, pekiştirilmeyen davranışlar ise zamanla sönerek ortadan kaybolur. Davranışçı psikoterapilerde birey, hem çevrenin bir ürünü hem de bir üreticisi olarak görülmektedir (Schultz ve Schultz, 2016).

Albert Bandura ve Sosyal Bilişsel Kuram

Sosyal öğrenme kuramının kurucusu olarak bilinen Bandura (1925-2021), öğrenme kuramcısı olmasına rağmen klasik öğrenme süreçlerine, beklentilerin önemi ve davranış değişimindeki içsel süreçleri dâhil etmiştir. Klasik öğrenmeye bilişsel süreçleri dâhil etmesiyle birlikte kuramını sosyal bilişsel kuram olarak yeniden isimlendirmiştir (Türkçapar ve Sargın, 2012). Bundan dolayıdır ki Bandura'nın kuramı davranışçı ve bilişsel psikoloji arasında bir köprü olarak görülmektedir. Sosyal bilişsel kuramda, bireyin çevresini gözlemlemesiyle öğrenmeyi açıklamaya çalışmış, öğrenmenin sosyal bağlamda etkileşim, gözlem, model alma ve taklit yoluyla gerçekleşen bir süreç olduğunu belirtmiştir (Schultz ve Schultz, 2016). Bandura, pekiştirmenin davranış değiştirmede ve kişiliğin gelişiminde yetersiz kaldığını ve pekiştirecin ancak geleceğe ilişkin değişiklik yaratması hâlinde etkili olabileceğini belirtmektedir (Bandura, 1986). Öğrenmenin ve davranış değişikliğinin sosyal ve bilişsel süreçlere bağlı olarak model alma ya da gözlem yoluyla gerçekleştiğini savunmuştur (Sharf, 2014). Yine öğrenmede gözlemleri ve anıları kaydeden bilişsel süreçlerin en az davranışsal süreçler kadar önemli olduğunu vurgulamıştır.

Gözlemsel Öğrenme: Bandura'ya göre bir çocuğun, hayvanlardan farklı olarak sadece pekiştirme ile öğrenemeyeceğini, çocuğun sosyal yaşamda çevresini gözlemleyerek ve model alarak da öğrenebileceğini belirtmektedir. Örneğin, bir çocuğa ayakkabı bağını bağlamasının öğretilmesi için ödül ve ceza sistemi yerine birkaç defa ayakkabı bağlama örneği gösterilerek daha hızlı öğrenmesi sağlanabilir. Gözlemsel öğrenmede insanlar, başkalarının yapmış olduğu davranışların sonuçlarını gözlemleyerek çıkarımda bulunup davranış değişikliğinde bulunabilirler (Bandura, 1986). Örneğin, ödevini vaktinde ve düzenli yaptığı için öğretmeninden takdir alan bir öğrenciyi gözlemleyen diğer sınıf arkadaşları, ödevlerini vaktinde ve düzenli yapmaya özen göstereceklerdir.

Bandura, çalışmalarında saldırganlığa ayrıca yer vermiş, saldırganlığın insan davranışları içerisinde en fazla kaygı yaratan unsur olduğunu belirtmiştir. Saldırganlığın nedenini ise genetik faktörlerden daha çok çevresel faktörlere bağlamıştır. Nasıl ki saldırganlık çevreden öğreniliyorsa aynı zamanda değiştirilebilir ve söndürülebilir olduğunu belirtmiştir. Bu durumu ispatlamak adına "Bobo Doll" olarak adlandırdığı deneyi gerçekleştirmiştir (Bandura vd., 1963).

Bobo Doll Deneyi

Bandura,1961 yılında saldırganlığın model alınarak öğrenildiğini ispatlamak amacıyla yaptığı deneysel bir çalışmada Bobo Doll olarak isimlendirdiği oyuncak bir bebeği kullanmıştır. Yaşları 3-6 arasında olan 36 kız ve 36 erkek çocuk üç gruba ayrılmıştır. İlk gruba bir yetişkinin sürekli Bobo'ya şiddet uyguladığı film izletilmiş. İkinci gruba ise bebeğe yumuşak davranılan bir film izletilmiş ve üçüncü gruba ise herhangi bir film izletilmemiş. Ardından bu çocukların Bobo ile oynamalarına izin verilmiştir. İlk gruptaki çocukların filmdeki modele benzer olarak Bobo'ya şiddet uyguladıkları, diğer grupların ise normal davrandıkları görülmüştür.

Deneyin ikinci aşamasında ise Bobo'ya şiddet uygulayan modelin ceza aldığı, yumuşak davrananın ödüllendirildiği ve davranışlara herhangi bir geri bildirimin verilmediği filmler farklı gruplara izletilmiştir. Ardından bu çocuklar, Bobo ile baş başa bırakıldıklarında ceza filmini izleyen çocukların davranışlarının değiştiği görülmüştür. Deneyin sonraki aşamalarında şiddetin yoğunluğu, modelin canlı, cansız, film ya da çizgi film karakteri olması gibi nedenlere bakılmaksızın deney grubunun saldırganlık düzeylerinin aynı seviyede olduğu görülmüştür.

Bilişsel Terapilerin Ortaya Çıkması

Davranışçı kuramların bazı deneysel ve klinik çalışmaları açıklamada yetersiz kalması bilişsel terapilerin doğmasının önünü açmıştır. 1960'lı yıllarda davranışçı kuramlar egemen paradigma iken 1970'lı yıllara gelindiğinde yerini bilişsel kuramlara bırakmıştır (Türkçapar ve Sargın, 2012). Hem bilişsel hem de davranışçı yaklaşımların birleşimiyle oluşan psikoloji kuramı ise bilişsel davranışçı kuram (BDT) olarak adlandırılmaktadır. BDT, psikopatolojide genetik faktör ya da geçmiş yaşantılardan ziyade; duygu, düşünce ve davranışlara odaklanmaktadır (Smith-Bonahue ve Tiplady, 2021). Müdahale çalışmalarında bilişleri oluşturan şemalar, yapılar ve süreçler dikkate alınmaktadır.

Bilişsel terapilerin pek çok öncüsü olmasına rağmen George Kelley (1905-1967), doğrudan davranışı etkileyen bilişsel yapıları vurgulaması nedeniyle ayrıca önemlidir. Kelley, "*Kişisel Yapılar Kuramı*" olarak adlandırdığı kuramda, beklenti ve öngörünün insan zihninin temel özelliğini oluşturduğunu belirtmiştir. Her bir bireyin tıpkı bir bilim insanı gibi çevresini ve ilişkileri nasıl işlediğine yönelik olarak kuramlar ve modeller geliştirdiğini ve bu kuramlar aracılığıyla öngörüde bulunduğunu belirtmektedir (Türkçapar ve Sargın, 2012). Buna örnek olarak ağlamakta olan bir bebeğin annesinin onu kucağına alması ile bebekte *"Demek ki ağlarsam annem beni kucaklar."* diye bir kuram gelişmeye başlar. Bebek büyüdükçe bebeğe ait kuramlar da çeşitlenerek gelişir. Her insanın başkaları hakkında çeşitli ve farklı kuramlar geliştirdiği ve bu geliştirmiş olduğu kuramlar ile de diğer insanların davranışlarını tahmin ederek onları kontrol etmeye çalıştığını belirtmektedir.

Albert Ellis ve Akılcı Duygusal Davranışçı Kuram

Başlangıçta tutarlı bir psikanaliz terapisti olan Ellis (1913-2007), danışanları ile yapmış olduğu çalışmalarda danışanlarının çok iyi içgörü kazanmalarına rağmen kendilerinde çok fazla değişiklik izleyememiştir. Ellis, yapmış olduğu çalışmalarının neticesinde psikanalitik terapilerde insani bir özellik olan bilişlerin eksikliğini fark etmiştir (Kalodner, 2011). Ellis, psikanalitik kuramın özünde klasik davranışçılık ile benzer olduğunu savunmaktadır. Bir çocuğun bir şeye karşı koşullandırılmasının bu çocuğun büyüdüğünde de farkında olmadan bu koşullanma tepkisinin tekrar edebileceğini belirtmektedir (Shraf, 2014). Örneğin; dolap, koltuk, masa gibi sürekli yüksek yerlere çıkan bir bebeğin ebeveynleri tarafından yüksek yerlere çıkmaması için korkutulması bir çözüm olarak düşünülebilir. Ancak bebek büyüdüğünde yükseklik korkusu devam edecektir. Bu korkunun giderilebilmesi için bireye korkunun sebepsiz olduğu, korkmasına gerek kalmadığı gösterilirse bireydeki bu şartlı tepki yani nevroz ortadan kalkabilir. Ellis, bu gibi durumların her zaman psikanalitik terapilerle iyileşme sağlamadığını görmüştür. Bunun nedeni olarak, insan ve hayvan davranışlarının birbirinden farklı olduğunu, insanların deneyimleri üzerine düşünme ve yorum yapma gibi öznel nedenlerden dolayı yaşantıların etkisi azalıp ya da artabilmektedir. Sonuç olarak, terapilerde danışanın düşünce ve inançlarına odaklanılması gerektiğini belirtmiştir (Ellis,1994).

Ellis, danışma sürecinde danışanlarına ait inançları, mantıksal ve sistematik sorgulamalar yaparak çözmeye çalışmıştır. Bu yöntem, daha sonra "Akılcı Duygusal Davranışçı Terapi (ADDT)" tekniğinin doğmasını sağlamıştır. ADDT, her yaş düzeyinde kullanılmaktadır. ADDT, anlaşılması basit ve kolay öğrenilebilen bir model olduğundan çocuk ve ergenlerle rahatlıkla kullanılabilmektedir. Ann Vernon (2009), Ellis'in görüşlerini çocuk ve ergenlerle çalışılabilecek şekilde kapsamlı hâle getirmiştir. Anlaşılmasını kolaylaştırmak amacıyla çocuk ve ergenlere yönelik dışa vurumcu ve yaratıcı etkinlikler kullanmıştır (Vernon, 2009).

Aaron Temkin Beck ve Bilişsel Davranışçı Terapi

Beck (1921-2021), ilk olarak psikanalitik kuramla çalışmalarına başlamış olmasına rağmen psikanalitik kuramın yavaş ilerlemesinden dolayı danışanlarına ait akılcı olmayan düşünceleri ortadan kaldırmaya yönelik bir yaklaşım olarak bilişsel terapiyi geliştirmiştir (Beck, 1976). Beck, terapilerde danışanlarına ait olumsuz düşüncelerin bilgiyi işleme biçimini değiştirmeyi amaçlıyordu. Bilişsel terapide, bireyin amaç ve düşüncelerinin davranışı etkilediği, bu nedenle uygun olmayan davranışların bireye ait akılcı olmayan düşüncelerin bir sonucu olduğu düşünülmektedir. Davranış değişikliği yaratmak için bireyin uygunsuz düşünce ve inançlarının değişmesi gerektiğine inanılır (Beck, 1976).

Bilişsel terapiler, çocuk ve ergenlerle başta depresyon olmak üzere kaygı bozuklukları, fobiler, beslenme bozuklukları, panik atak, beceri eğitimi gibi pek çok problemin ele alınmasında kullanılabilmektedir (Corey, 2013; Schultz ve Schultz, 2016). Yine bilişsel terapi, gençlere yönelik olarak anksiyete ve depresyon olmak üzere travma ve otizm gibi pek çok problemin ele alınmasında kullanılmaktadır (Smith-Bonahue ve Tiplady, 2021).

Davranışçı ve Bilişsel Yaklaşımların Çocuk ve Ergenlerde Kullanımına Yönelik Teknikler

Yetişkinlerle yapılan çalışmalarda davranışçı ve bilişsel psikoterapilerin etkili olduğu bilinmektedir. Çocuk ve ergenlerle yapılan çalışmalarda da davranışçı ve bilişsel psikoterapilerin etkili olduğuna yönelik pek çok çalışma bulgusu bulunmaktadır (Knell, 2011; Smith-Bonahue ve Tiplady, 2021). Ergenlerle yapılan terapilerde korku, kaygı, depresyon, düşük benlik algısı, şiddet, sosyal beceri eksikliği ve öz denetim gibi pek çok konuda olumlu gelişmelerin kaydedildiği görülmüştür (Geldard ve Geldard, 2017). Davranışçı ve bilişsel temelli psikolojik danışmada genel amaç, öğrenmeyi sağlamak ve danışanın kişisel tercihlerini artırmak için yeni koşulların geliştirilmesidir. Davranışçı kuramlara göre duygu, düşünce ve davranışlar arasında nedensel ilişkiler bulunmaktadır. Öğrenmede ise bilişsel süreçler aracılık eder (Knell, 2011). Bilişsel davranışçı terapilerde de danışman, bilişsel çarpıtmaları, uyumsuz davranış ve beceri eksikliklerini bir uzman, eğitmen ve tanı koyma rollerini kullanarak iyileştirmeye yardımcı olur. Bilişsel davranışçı yaklaşım, gözlenebilir davranış değişikliklerine ve bilişsel süreçlere odaklandığından özellikle okullarda çalışan psikolojik danışmanlar tarafından kullanımı tercih edilmektedir. Psikolojik danışma oturumlarının başında amaçların belirlenmesi ve oturumların belirlenen amaçlara göre ilerlemesi gibi pek çok farklı nedenden dolayı çocuk ve ergenlerle sıklıkla kullanılmaktadır (Smith-Bonahue ve Tiplady, 2021). Bilişsel davranışçı uygulamalar eylem odaklıdır ve danışanların problemlerini çözmelerinde eylemsel süreçlere önem verilmektedir. Danışmanlar, hedef belirlerken süreç içerisinde aktiftirler. Gerektiğinde kural koyar ve danışanı yönlendirirler. Bunun yaş itibarıyla çocuklarla çalışırken kolaylıklar sağladığı söylenebilir. Ayrıca davranışçı ve bilişsel yaklaşımlara dayalı psikolojik danışma uygulamaları ekonomik, anlaşılabilir ve kolay uygulanabilir olmasından dolayı okullarda kullanımı psikolojik danışmanlar tarafından oldukça sık tercih edilmektedir (Kalodner, 2011).

Davranışçı ve bilişsel yaklaşımda pek çok teknik kullanılmaktadır. Bu tekniklerin bazıları gözlenebilir somut davranışlara ve bazıları ise bilişsel süreçlere odaklanmaktadır. Tekniklerin bazıları danışman tarafından uygulanırken, bazıları ise danışana öğretilerek ev ödevi ya da sosyal ortamlarda kendi başına uygulaması sağlanır. Aşağıda çocuk ve ergenlerde çalışılabilecek bazı teknikler açıklanmaya çalışılmıştır.

1. **Gevşeme Eğitimi:** Gevşeme eğitimindeki temel amaç, danışandaki mevcut gerilimi ve kaygıyı azaltmaktır. Kaygı ile birlikte oluşan kas gerginliği azaltılmaya çalışılır. Gevşeme eğitimlerine başlamadan önce çocuk ya da ergene işlem basamakları açıklanmalıdır.

2. **Sistematik Duyarsızlaştırma:** Davranışçı ilkeleri tedavi ortamına taşıyan ve fobilerin tedavisinde önemli etkisi olan sistematik duyarsızlaştırma tekniği Joseph Wolpe (1915-1997) tarafından geliştirilmiştir. Bu teknikte birey korktuğu ya da kaçındığı uyaran ile aşamalı bir şekilde karşılaştırılarak uyarıcının yarattığı olumsuz etkinin ortadan kaybolması amaçlanmaktadır (Türkçapar ve Sargın, 2012). Sistematik duyarsızlaştırma tekniği üç basamaklı bir süreç içerir: Birinci adımda danışman ile danışan, danışana ait kaygı hiyerarşisinin en yüksekten en aza göre bir listesini oluştururlar. İkinci adımda, danışana yoğun bir şekilde kas gevşeme egzersizleri verilir. Buradaki amaç, danışanın tam rahatlamasını sağlamaktır. Üçüncü adımda ise kaygı hiyerarşisinden en alt basamaktan başlanılarak danışan ile kaygı sistematik bir şekilde karşı karşıya getirilir. Yaşça küçük çocuklarla gevşeme egzersizleri oyun etkinlikleri ya da sakinleştirici sahnelerin hayal edilmesiyle yapılandırılabilmektedir (Knell, 2011).

3. **Olumlu Pekiştirme:** Olumlu pekiştirme yönteminde belirli bir hedef davranış ve pekiştireç belirlenir. Çocukta amaçlanan davranışın olması hâlinde pekiştireç verilir. Pekiştireç maddi, sembolik (gülen yüz, yıldız) ya da sosyal (övgü) olabilmektedir (Kalodner, 2011). Dikkat edilmesi gereken husus, pekiştirecin çocuk ya da ergenin yaşına uygun olarak verilmesi ve doğal ortamda uygun davranışın oluşması hâlinde pekiştireç ebeveyn ya da diğer kişiler tarafından da verilebilir.

4. **Söndürme:** Bazen istenmeyen davranış bir şekilde pekiştirildiği için çocuk ya da ergen bunu hâlâ sergiliyor olabilir. Bu davranışın sönmesi için pekiştirecin ortadan kaldırılması gerekir. Ancak söndürme, istenilen davranışın ortaya konulmasında tek başına yeterli değildir. Söndürmeyle birlikte istenilen davranışın oluşabilmesi için de ayrımsal pekiştirilmenin kullanılması gerekir (Knell, 2011).
5. **Sokratik Sorgulamalar (Yönlendirilmiş Keşif):** Sokratik sorgulamalar, soyut düşünebilme becerisi içerdiğinden çocuklardan daha çok ergenlerle kullanımı uygundur. Yaşça daha küçük çocuklarda kullanımı gerekirse somutlaştırmanın yapılması gerekir. Sokratik sorgulamalarda bilginin soru sorularak öğretilmeye çalışılması amaçlanır. Bilişsel yaklaşıma dayalı psikolojik danışmada ise temel amaç, aslında danışanın bilebileceği ancak henüz farkında olmadığı bilginin farkına varmasını sağlamaktır.
6. **Felaketsizleştirme:** Çocuk ya da ergene ait problemin olası en kötü senaryosunun olması hâlinde nelerin olabileceği üzerine konuşulduğu bir tekniktir.
7. **Yeniden Düzenleme (Çerçeveleme):** Mevcut probleme farklı açılardan bakılarak yeni bakış açısı kazandırılması sağlanır.
8. **Sosyal Beceri Eğitimi:** Özellikle sosyalleşme konusunda sorun yaşayan ya da çekingen çocuk ve ergenlerle yönelik yapılan bir tekniktir. Toplam dört aşamadan oluşan sosyal beceri eğitiminde öncelikle öğretilecek yeni davranış tanımlanır. Ardından yeni sosyal davranış öğretilir. Üçüncü aşamada davranış uygulaması yapılarak geri bildirim verilir. Son aşamada ise davranış doğal çevrede uygulanır.
9. **Duygu Tanıma:** Duygu tanıma tekniğinin kullanımı genellikle okul öncesi dönemde uygundur. Ancak ilkokul düzeyinde de kullanılabilir. Yaşça küçük çocuklar duygularını anlamlandırma ve tanıma konusunda zorluk çekebilmektedirler. Bu nedenle görsel olarak duyguları ifade eden kartlar ya da duygu tahmini oyunları kullanılabilir.
10. **Oyunlar:** Çocuk ve ergenlere yönelik olarak öfke kontrolü, sosyal beceri geliştirme ve duygu düzenleme gibi konularla ilgili birçok farklı oyun tekniği bulunmaktadır (Knell, 2011).
11. **Hikâye Anlatma:** Çocuk ve ergenin mevcut probleminin metaforlar aracılığıyla hikâyeleştirilerek anlatılması ile olaya farklı açılardan bakılması sağlanabilir.
12. **Drama ve Kukla Oyunları**: Sosyal model alma yoluyla yeni davranışların uygulanması için drama ve kukla oyunları kullanılabilmektedir. Drama oyunları,

sosyal öğrenmeyi kolaylaştırmanın yanında sosyal becerileri de desteklemektedir (Kalodner, 2011).

13. **Ev Ödevleri:** Danışanlara yeni becerilerin öğretilmesinde ve yaygınlaştırılmasında ev ödevleri kullanılmaktadır. Ev ödevlerinde amaç, davranış değişikliğini farklı ortamlarda da denemesiyle öğrenmenin kalıcılığını sağlamaktır.

Hümanistik Yaklaşım

Hümanistik yaklaşımlar, II. Dünya Savaşı'nın sona ermesiyle önem kazanmaya başlamıştır. 1960'lı yıllarda psikoterapide önemli iki güç olan Freud ve takipçilerinin psikodinamik teorileri ile Skinner'in katı davranışçı kuramının sıradan insanların sorunlarına çözüm bulamaması ve bu terapi yaklaşımlarının uzun ve maliyetli olmasından dolayı kuramcıları psikolojide "*üçüncü güç*" olarak adlandırılmaya başlayan hümanistik yaklaşıma yönlendirmiştir (Tucker ve Smith-Adcock, 2021). Hümanistik yaklaşımlara önemli katkılarda bulunan kişiler olarak Carl Rogers, Fritz Perls, Albert Ellis, William Glasser ve Irvin Yalom gibi kuramcılar sıralanabilir. Çocuklarla yapılan çalışmalarda ise Virginia Axline ve Violet Oaklander ismi öne çıkmıştır (Geldard vd., 2019).

Hümanistik kuramcılar, insanı "*kendini gerçekleştirme*" gücü yüksek olan bir varlık olarak kabul etmektedirler. Çocuk ve ergenlere yönelik hümanistik yaklaşımlarda kişisel gelişim, bütünsel yaşam deneyimi olarak ele alınmaktadır. Hümanistik kuramcılardan biri olan Carl Rogers (1961), çocukların büyümeleri ve başarıya ulaşmaları için *olumlu saygı* ve *öz değer* olmak üzere iki temel ihtiyaca sahip olduklarını belirtir. Hümanistik yaklaşımlar, çocuk ve ergenin büyüyebileceği ve kendisini yetenekli bir bütün olarak deneyimleyebileceği bir yer edinmeleri gerektiğini vurgulamaktadır. Hümanist kuramcılara göre değişimin özü, bireyin güçlendirilmesi ve takdir edilmesi ile oluşur (Corey, 2013). Hümanistik kuramcılar, bireye ve bireysel sorunlara en iyi ne şekilde yardımcı olabilecekleri üzerine odaklanmaktadırlar. Günümüzde hâlâ popülerliğini koruyan hümanistik kuramlar tüm dünyada yaygın olarak kullanılmaktadır (Sharf, 2014).

Hümanistik kuramların yapısı gereği (kuramların doğası, kullanım amacı, uygulayıcı kitlesi ve uygulama ortamları gibi nedenler) diğer psikolojik danışma kuramlarına nazaran çocuk ve ergenlerle çalışılması daha sınırlıdır (Geldard vd., 2019). Özellikle günümüz kanıta dayalı uygulamalar için hümanistik yaklaşımlar daha çok felsefi açıdan ele alındığından ve bunun da çocuk ve ergenler tarafından anlaşılması zor olduğundan daha az kullanılmaktadır. Tüm bu sınırlılıklara rağmen hümanistik kuramcıların oyun terapisi, sanat terapisi ve birey merkezli çalışmalarla çocuk ve ergenlere yönelik oldukça etkili çalışabildikleri vurgulanmıştır (Woldt ve Tomas, 2005).

Carl Rogers ve Birey Merkezli Kuram

Carl Rogers (1902-1987), birey merkezli psikolojik danışma kuramının kurucusu olarak bilinir. Rogers (1959), bir çocuğun uygun şartlarda büyüyebilmesi için kendisine özgünlük sağlayacak bir ortam, koşulsuz olumlu saygı ve empatiye ihtiyacı olduğunu belirtmektedir. Virginia Axline, Rogers'a ait yaklaşımı çocuklara oyun şeklinde uyarlamıştır (Axline, 1969). Rogers (1961), psikolojik danışmada değişim için üç temel koşulun sağlanmış olması gerektiğini belirtmektedir: a) terapistin danışanına karşı koşulsuz olumlu saygısı, b) empatik anlayış ve c) terapistin kendi içinde uyumunun olması olarak sıralamıştır (Corey, 2013).

Rogers'a göre uyum, yargılanmadan ve farkında olunarak kendini kabul etme durumudur. Diğer bir ifadeyle uyum, bireyin kendi olması ve olduğu hâli ile kendini kabul etmesi durumudur (Tucker ve Smith-Adcock, 2021). Rogers (1961), acı çekmenin başlıca nedenini uyumdan uzaklaşma olarak görmektedir. Bireyin gerçek benlik ile ideal benliği arasındaki uyumsuzluğu, bireyde depresyon, kaygı gibi durumlara neden olabilmektedir. Rogers'ın açıkladığı diğer bir kavram olan değersizlik ise bireyin çevresi tarafından değerli olmaya dair koşulların olması olarak tanımlanmıştır (Rogers, 1961). Çocuklar için değerli olma koşulu yetişkinlerin sözlerini dinlemek, okul ve ders başarısını artırmak gibi etkenler olarak sıralanabilir. İnsan ilişkilerinde koşulsuz olumlu saygı yerine değerli olma koşulu olduğunda, bireyin nasıl biri olduğu ve nasıl davranacağı arasında uyumsuzluk yaşanabilir.

Rogers'a (1961) göre potansiyelinin tam kullanılması birey için statik bir durumdan ziyade devam eden bir büyüme ve gelişim sürecidir. İnsan gelişiminin nihai hedeflerinden biri, bireyin kendi içinde uyumlu olarak potansiyelinin kabul edilmesidir. Yine Rogers'a göre potansiyelini tam kullanan insan, iyi yaşam olarak adlandırdığı duruma ulaşabilir. Bunu da deneyime açık olma, anı tam anlamıyla yaşama, doğru şeyleri yapma adına kendine güvenme, eylem ve ifade etme özgürlüğü, yaratıcılık, güvenirlilik, yapıcı olma, dolu ve zengin bir yaşam olarak sıralamıştır (Schultz ve Schultz, 2016). Rogers, danışanın "*iyi yaşama doğru*" yönlendirilebilmesi için danışmanın aktif dinleme ile danışanın dünya ile ilişkili inançlarıyla ilgili iyi zamanlanmış sorular sorması gerektiğini belirtmektedir. Psikolojik danışma sürecinde çocuk ve ergende gerçek benliği ile ideal benliği arasındaki uyumun oluşabilmesi için danışma sürecinde aktif katılımın olması gerekir (Rogers, 1980).

Her ne kadar Rogers yetişkinlere yönelik çalışmalar yapsa da psikoterapiye katkıları her yaştaki danışanlara uymaktadır. Özellikle koşulsuz kabul, etkin dinleme, içtenlik, danışana olumlu saygı gibi terapötik beceriler, çocuk ve ergen danışanlarla çalışırken her uzmanın kullanması gereken becerilerdir. Rogers'ın fikirleri eğitim öğretim ortamları, grup çalışmaları ve konsültasyon olmak üzere birçok alana uyarlanabilmiştir. Axline (1969) tarafından oluşturulan oyun terapisi modeli, günümüzde genellikle çocuk merkezli oyun terapisi olarak adlandırılmaktadır. Çocuk merkezli oyun terapisi çocuklarla bireysel görüşmelerde, küçük gruplarla ya da ebeveyn aile çocuk oyun alanlarında kullanılmaktadır (Tucker ve Smith-Adcock, 2021).

Gestalt Terapi

Hümanistik yaklaşıma bağlı diğer bir psikoterapi modeli olan gestalt terapi Frederick (Fritz) Perls (1893-1970) ve eşi Laura Perls (1905-1990) tarafından geliştirilmiştir. Diğer hümanistik kuramcılara benzer olarak Gestalt kuramcıları, insanların doğru ortamlarda bulunmaları hâlinde kendi problemleriyle baş edebilecek düzeyde olduklarına inanmaktadır. Perls'e göre doğru ortam ise duyguları ile *temasta olma*, *anda olma* ve *özgün olma hâli* olarak ifade edilmiştir (Wold ve Toman, 2005). Gestalt için temas oldukça önemlidir. İnsanın temasta olması beş duyu organı ile iç ve dış dünyada var olması anlamına gelmektedir. Perls, temas hâlinde olmanın bireyin kendi motivasyon ve davranışlarını inceleme ve anlamlandırma fırsatını sağlamakta olduğu görüşündedir. Gestalt'a göre problemlerin diğer nedenleri ise bitirilmemiş işler ve çözülememiş çatışmaların olduğu yönündedir. Perls (1969), bireyin çevresel olayları tam anlamlandırabilmesinin dünya ile temas hâlinde olması ve bitirilmemiş işler üzerine odaklanması ile mümkün olabileceğini savunmaktadır. Alışkanlıklar yerine nasıl ve ne zaman hareket edilebileceğinin bilinmesinin temas oluşumu için önemli bir etken olduğu görüşündedirler (Corey, 2013).

Gestalt terapide terapötik ilişkinin önemine değinilir. Danışan ve danışman arasında samimi ve saygılı bir ilişkinin olması gerektiği vurgulanmaktadır. Danışan ile ilişki kurulduktan sonra, danışanın dünya ile daha fazla temasta olması ve bitirilmemiş işlerin çözümlenmesi gerekir (Woldt ve Toman, 2005). Bu bağlamda "boş sandalye tekniği" Gestaltta hem temasta olunma hem de bitirilmemiş işlere odaklanılması adına kullanılabilecek güzel bir tekniktir. Boş sandalye tekniği ile danışan daha önce çatışma yaşadığı biri ile konuşturulur. Böylece hem temas artar hem de bitirilmemiş işleri çözülmeye çalışılır. Ayrıca "şimdi ve burada"ya odaklanması ile anda kalma ve duygusal deneyimleri vurgulama önemli birer olgu olarak görülmektedir.

Gestalt terapi, çocuk ve ergenlere yönelik birçok teknik ve yöntem sunmaktadır. Gestalt terapistleri, gençlere yönelik olarak çeşitli sanat araçları, hareket, dans, kukla oyunları, doğa yöntemleri ve kum terapisi gibi çeşitli teknikleri kullanmaktadırlar (Tucker ve Smith-Adcock, 2021). Her ne kadar Gestalt terapi yetişkinlere yönelik geliştirilmiş olsa da Violet Oaklander çocuklarla yapmış olduğu çalışmalarda Gestaltın çocuklarla ne kadar etkili çalışabileceğini göstermiştir. Oaklander, terapilerde çocukların çok fazla hayalperest olduklarını bildiğinden terapi seanslarında hayal ve fantezileri kullanmıştır (Geldard vd., 2019).

Varoluşçu Terapi

Varoluşçu psikoterapi daha çok seçim, özgürlük, ölüm gibi soyut ve felsefi konulara ağırlık verse de ergenlerle çalışılabilir bir psikolojik danışma yaklaşımı olduğu belirtilmiştir (Carlson, 2003). Varoluşçu danışma sürecinde danışan; kendisini, çevresini keşfetmesi ve kişisel eylemlerini gerçekleştirmesi için teşvik edilir.

Irvin Yalom, günümüz varoluşçu kuramın önemli temsilcilerinden biri olarak kabul edilmektedir (Geldard ve Geldard 2017). Yalom, insanların temel kimliklerini ve yaşam nedenlerini sık sık sorgulamakta olduklarını ifade etmektedir. Varoluşsal krizler olarak adlandırdığı bu durumun, ergenlik döneminden itibaren çıkmaya başladığını ve yaşamın her döneminde bireyi rahatsız etmekte olduğunu belirtmektedir (Yalom, 2020). Yine erken yaşlarda ölüm gerçeği ile yüzleşen küçük bir çocuk, varoluşsal krizleri (aileden birinin ya da evcil hayvanın ölmesi gibi) deneyimleyebilmektedir. Çocuk ve ergenlerde yaşanabilecek travma deneyimleri, erken yaşta yaşanmış varoluşsal krizlerin nedenleri olarak görülebilir (Yalom, 2020).

Varoluşçu psikoterapistler, danışman ve danışan arasındaki sözlü diyalogun gücünün, tekniklerden daha etkili olduğunu savunmaktadır. Ayrıca varoluşçular, danışma esnasında danışana ait rüya ve hayalleri de önemli birer olgu olarak görmektedirler. Çocuk ve ergenlere yönelik yapılacak psikolojik danışmanlıklarda çocuğun duygu ve düşüncelerini rahat bir şekilde ifade edebilmesi ve ifade özgürlüğüne müdahalenin olmaması gibi konulara önem verilmektedir (Homeyer ve Sweeney, 2017).

Hümanistik Yaklaşımın Çocuk ve Ergenlerle Çalışılması

Genel olarak hümanistik kuramcılar, çocuk ve ergenlerle çalışmada şu ilkeleri esas almaktadırlar (Landreth, 2012):

1. Çocuk, doğuştan iyi ve yeteneklidir.
2. Çocuk, gelişimsel olarak kendini yönetebilir ve seçimler yapabilir.
3. Çocuk, içgörü yeteneğine sahiptir.
4. Çocuk, kendini toparlayabilme potansiyeline sahiptir.
5. Çocuk, kabul görmeyi ve sevgiyi hak etmektedir.
6. Çocuk, çevre ile ilişkiler içinde büyür ve gelişir.

Hümanistik danışma kuramları, bireyin farkındalığı, deneyimi, seçimi ve sorumluluğunu keşfetmesini amaçlar. Danışanın olduğu hâli ile kabul edilmesi, danışana duyulduğunu ve değer verildiği hissini vermek gerektiği belirtilmektedir. Dolayısıyla bu yaklaşımda odak nokta danışman değil danışandır. "Çocuk veya ergene nasıl yardımcı olabilirim, ona neler katabilirim?" diye sorulmaz. Bunun yerine danışanın kendi durumu hakkında ne anladığı üzerinde durulmaktadır (Tucker ve Smith-Adcock, 2021). Çocuk ve ergenlerle hümanistik yaklaşıma dayalı yapılacak psikolojik danışma uygulamalarında danışanın deneyimlerinin odak hâline getirilmesi ve ilişkiyi güçlendirmek adına çeşitli teknikler kullanılmaktadır. Bu bağlamda yansıtıcı dinleme ve duygu yansıtma kullanılan tekniklerdendir. Yansıtıcı düşünme, psikolojik danışmanın danışanın deneyimleri hakkında ne anladığını kontrol etmeye yöneliktir. Rogers yansıtıcı düşünmeyi, anlamı test etme ya da danışan ile danışman arasında anlam ve deneyimin müzakere edilmesi olarak açıklamıştır (Rogers, 1980).

Hümanistik kuram ve müdahale yaklaşımları okullarda çocuk ve ergenlerle yaygın olarak kullanılmaktadır (Carlson, 2003). Rogers (1961), birey merkezli yaklaşımın bireysel psikoterapi oturumlarının dışında eğitim ortamlarında da kullanımını savunmuştur. Günümüzde hümanistik yaklaşım kapsamında okullarda bireysel ve grup çalışmalarında sosyal beceri eğitimleri, öğrenci-öğretmen ilişkisi geliştirme ve zorbalığı önleme gibi pek çok konu hakkında yaygın olarak kullanılmaktadır (Bowers ve Lemberge, 2016). Ayrıca Hümanistik yaklaşıma dayalı psikolojik danışma, anne-baba-çocuk ilişkilerini güçlendirmek adına da kullanılmaktadır. Burada ailelere çocuk merkezli beceriler öğretilmektedir. Hümanistik kurama dayalı psikolojik danışmanın çocukların durumlarında iyileşme sağladığı ve ebeveynlerde stresi azalttığı bulunmuştur (Ray, 2008). Hümanistik yaklaşımlarda duygusal deneyim ve kendini ifade etme konusundaki vurgulamalarından dolayı müzik, dans, sanat ve drama gibi yaratıcı sanat ve oyunlarda çocuk ve ergenlerle kullanılabilmektedir.

Hümanistik Yaklaşımın Çocuk ve Ergenlerde Kullanımına Yönelik Teknikler

Gerçek ve İdeal Olanı Ayırma: Rogers tarafından bireyin gerçek benliği ile ideal benliği arasındaki farkı fark ettirmesi amacıyla geliştirilmiş bir tekniktir. Beş yaş üstü her bireyle kolayca çalışılabilecek bir tekniktir. Danışman, danışana resim çizebileceği beyaz büyük bir kâğıt ile farklı çeşit ve renklerden oluşan boyaları vermektedir. Danışandan kâğıdın ön yüzüne kendi hayatını olabildiğince ayrıntılı çizmesi istenilir. Resmin yaratıcı olması için farklı figürler ve çeşitli boyalar kullanılabilir. Ardından kâğıdın arka tarafına danışanın olmasını istediği ideal hayatını çizmesi istenilir. Çizimler bittikten sonra resimler arasındaki fark danışan ile tartışılır. Danışana iki resim arasındaki temel farklılıkların ne olduğu, gerçek hayattan ideal hayata doğru bir adım daha gidebilmek için neler yapılması gerektiği ve ideal tarafa geçişi engelleyen etmenlerin neler olduğu gibi çeşitli sorularla danışanda farkındalık kazandırılmaya çalışılır.

Gül Ağacı Stratejisi: Gül ağacı stratejisi beş yaş üstü çocuklardan itibaren, ergen ve gençlere kadar geniş bir kitle ile çalışılabilecek bir tekniktir. Temel strateji olarak çocuğun kendini bir gül ağacı olarak resimlendirmesi istenilir. Etkinliğe başlamadan önce danışman çocukla gevşeme egzersizi yapar. Buradaki amaç, çocuğun etkinliğe odaklanmasını sağlamak için ara düşüncelerin temizlenmesidir. Çocuk etkinliğe hazır olduğunda danışman çocuğa gözlerini kapatmasını ve söylediklerini hayal etmesini ister. Danışman çocuğa kendisini bir gül ağacı olarak hayal etmesini ister. Ardından gül ağacını detaylandırmak için danışman çocuğa *"Ne tür bir gül ağacı; küçük mü büyük mü? Çiçekleri var mı yok mu? Gül ağacının sapları ve dalları nasıl, dikenli mi dikensiz mi? Kökleri nasıl, sağlam mı, ne kadar derinlikte? Ağaç bahçeli bir alanda mı, bir parkta mı, yoksa saksı da mı? Ağaç yalnız mı, yalnız değilse çevresinde neler var? Ağaç bakım alıyor mu, sulanıyor mu, bakım alıyorsa kim bakım veriyor? Hava açık mı yoksa kapalı mı?"* gibi sorularla gül ağacını hayal etmesini ister (Ray vd, 2004). Ardından çocuğun hayal ettiği gül ağacını çizmesi için tercihen beyaz bir kâğıt ve çeşitli boya ve kalemler verilir. Gül ağacı metaforu ile çocuğun iç dünyası ortaya çıkarılmaya çalışılır. Bunu ortaya çıkartmak için de gül ağacı ile ilgili daha ayrıntılı sorular sorulabilir. Gül ağacının dalları, yaprakları ve çiçeklerinin nasıl olduğu, ağacın nerede yaşadığı, kimin ağaç ile ilgilendiği, ya da gül ağacı olmanın nasıl bir duygu olduğu, gül ağacı olmaktan memnun olup olmadığı gibi sorularla çocuktan kendi iç dünyası ile ilgili dolaylı yollardan bilgiler alınabilir (Ray vd., 2004).

Kum Tepsisi Terapisi: Kum tepsisi terapisi, hümanistik kuramcılardan olan Homeyer ve Sweeney (2017) tarafından geliştirilmiş bir modeldir. Kum tepsisi terapisi; çocuk, ergen ve gençlerle rahatça yapılabilecek bir tekniktir. Temel amaç, tercihen 20x30x3 boyutlarında içinde kum ve çeşitli figürlerin (insan, hayvan, doğa, ulaşım, fantezi, maneviyat vb.) olduğu bir tepsiyi kullanarak çocuktan kendi dünyasını yaratması istenir. Homeyer ve Sweeney (2017), her bir figürün üç boyutta olduğu (küçük, orta, büyük) yaklaşık 300 minyatür figürün kullanılmasını önermektedir. Farklı boyutların kullanılmasındaki amaç, çocuğun kendisini, ebeveynlerini ya da başkalarını büyük, küçük ya da orta figürlerle tasvir edebilmesini sağlamaktır. Kum tepsisi metaforunda dünyayı yaratma süreci yönlendirici (aile, okul, arkadaşları ile olan dünyası gibi) ya da yönlendirici olmayan (bir dünya da bir sahne inşası gibi) olarak farklı çeşitlerde kullanılabilir. Süreç içerisinde danışman; çocuğu gözlemler, yaratmış olduğu dünyadaki nesneler ve nesneler arasındaki ilişkiler hakkında bilgi alır.

Dünya inşa edildikçe danışman, çocuktan yaratmış olduğu dünya ya da sahneye bir başlık vermesini ister. Dünyanın nasıl bir hikâyesinin olduğu, dünyanın bölümlerinin nasıl tarif edildiği, dünya ya da sahnede konuşanların neler söylediği, büyük figürlerin küçük figürlerle olan konuşmaları, dünyanın en güvenli yerinin neresi olduğu, kimin daha güçlü kimin zayıf olduğu gibi çeşitli sorularla çocuğun iç dünyasına ait bilgiler dolaylı yoldan alınmaya çalışılır (Homeyer ve Sweeney, 2017).

Sosyal Yapılandırmacı Yaklaşımlar

Çocuk ve ergenlerde sosyal yapılandırmacılık yaklaşımının anlaşılabilmesi için sosyal yapılandırmacılık kuramının temel felsefesinin bilinmesi önemlidir. Postmodern/çağdaş kuramlar, nesnel ve doğrudan gözlenen gerçekleri reddederek, ortama bağlı, dinamik ve değişen bir düşünce tarzını benimsemektedir. Sosyal yapılandırmacılık ise postmodernist düşünceye bağlı terapötik bir süreçtir. Sosyal yapılandırmacılık kuramı, objektif sosyal bir gerçeğin olamayacağını ve dolayısıyla danışanın sosyal ve öznel olarak ele alınması gerektiğini savunur (Cottone, 2012). Sosyal yapılandırma, bireyi sosyal etkileşime dayalı ve çevresiyle kurduğu sosyal etkileşim sonucu oluşan özgün gerçeklerin önemine vurgu yapmaktadır. Bu bağlamda öznel gelişim, kültürel ve sosyal çevre ile oluşmakta, birey ve toplum ayrılmaz bir bütün olarak görülmektedir (Işık Terzi ve Ergüner Tekinalp, 2013).

Sosyal yapılandırmacı kurama ilk ciddi katkılar sağlayan George Kelley, her insanın kendi deneyimi ve beklentilerine göre kendi gerçekliğini oluşturduğunu ifade etmektedir. Sosyal yapılandırmacı kuram, gerçeğin nasıl bulunduğu ve insanların gerçeklik algılarının nasıl şekillendiği üzerinde durmaktadır. Dolayısıyla sosyal yapılandırmacılar, sosyal bağlamlarla ilişkili fenomenlerin gelişimine odaklanmışlardır. Bilişsel ve davranışçı terapileri, bireylerin düşünce ve davranışlarında sosyal bağlam üzerinde odaklanmadıklarından dolayı eleştirmişlerdir. Sosyal yapılandırmacılar, bireyin tam anlamıyla anlaşılabilmesi için düşünce, davranış ve sosyal bağlamın birlikte ele alınması gerektiğini savunmaktadırlar (Kalodner, 2011).

Maturana (1978), insana özgü çalışmaları ile sosyal yapılandırma kuramının kapsamını daha da genişletmiştir. Maturana'ya (1978) göre insanın duyu organlarının algılama düzeyinin sanılanın aksine uyarıcı-tepki ilişkisine alınacak kadar basit olamayacağını, duyu organlarının gelen uyarıcılarla daha geniş ve kapsamlı algılama yaptıklarını savunmaktadır. Buna okuldan eve gelirken burnuna güzel yemek kokusu gelen bir çocuk örneği verilebilir. Çocuk burnuna güzel yemek kokularının gelmesiyle mutlu olmaktadır. Ancak buradaki mutluluk sadece yemeklerin güzel kokması ile sınırlandırılamaz. Çocukta şu algı da oluşur: "Ailemin ekonomik olarak güzel yemek yapabilecek kadar gücü vardır".

Sosyal yapılandırmacı kuramlar, klasik kuramların aksine sadece danışan tarafından getirilen soruna odaklanmaz. Danışanı gelişimsel, kültürel ve tarihsel bağlamları bakımından da dikkate almaktadır. Temel amaç, danışanın deneyimlerine ait kişisel anlamların keşfedilmesi ile bu anlamların farklı şekilde algılanmasını sağlamaktır. Diğer bir deyişle anlam yaratma ve psikolojik birleşmeyi sağlamak amaç edinilmektedir. Sosyal yapılandırmada danışman, uzman rolünü reddetmekte, kendisini daha çok iş birliğine dayalı biri olarak görmektedir. Danışanlar ise kendi hayatlarının uzmanı olarak görülmektedir (Corey, 2013). Danışma oturumlarında teknik ya da değerlendirmelerden daha çok iş birliğine ve empatiye daha fazla önem verilmektedir.

Çözüm Odaklı Kısa Süreli Terapi

Çözüm odaklı kısa süreli terapi, 1970'li yıllarda Steve de Shazer ve Insoo Kim Berg tarafından geliştirilen postmodern kuramlardan biridir. Bu yaklaşım, 1980'li yıllarda Milton H. Erickson'un Milwaukee Wisconsin'deki kısa süreli aile terapi merkezinde geliştirilmiştir (Meydan, 2013). Temel felsefe olarak problem ve problemin tarihçesine odaklanmak yerine çözüm yollarını bulmaya çalışan sistematik bir yaklaşımdır. Gelecek ve amaç odaklı bir yaklaşımdır. Terapi sürecinde danışanın sorunlarını konuşmak yerine çözümlerin konuşulması ile problemin olmadığı anlar yeniden çerçevelenir (Sklare, 1997). Problemlerin geçmişine uzun uzadıya değinmenin sorunu çözmede yetersiz kalacağı görüşündedirler. Değişimin sürekli ve kaçınılmaz olduğuna inanıldığından şu an ve gelecek, geçmişten daha değerli görülmektedir (George, 2008). Geçmiş yaşantılarda danışanın güçlü yönleri, başarıları ve problemin olmadığı istisnai anlara değinilir (O'connel ve Palmer, 2004). Çözüm odaklı kısa süreli terapilerde danışman, danışana patolojik bir tanı koymak yerine, süreç içerisinde aktif iş birliği içerisinde çalışarak problemi çözümlemeye çalışır (Murdock, 2012).

Çözüm odaklı kısa süreli terapi, süre açısından oldukça elverişli bir modeldir. Seanslar genellikle dört-beş oturum ile bitirilir. Büyük çoğunluğu on oturumdan kısa bir sürede bitmektedir. Hatta sadece bir oturum şeklinde sonuçlanabilen seansları da mevcuttur (Murdock, 2012). Bu bakımdan okullarda çalışan psikolojik danışmanlar tarafından oldukça sık tercih edilen bir yaklaşım hâline gelmiştir. Geçmişten daha çok gelecek odaklı olması, problemden daha çok çözüm yollarına odaklanması gibi nedenlerden dolayı okullarda çalışan psikolojik danışmanlar tarafından kullanımı tercih edilmektedir (Sklare, 1997).

Çözüm odaklı kısa süreli terapi, her bireyin kendi gerçeğini kendisinin oluşturduğu varsayımına dayanır. Dolayısıyla her problemi de danışanın kendi kaynaklarıyla çözebilecek güce sahip olduğu görüşündedirler. Bu nedenle, terapide danışanın güçlü yanlarına odaklanılır, problemin yapıcı bir şekilde çözümlenmesi için danışan cesaretlendirilir.

Çözüm odaklı kısa süreli terapinin üç temel felsefesi bulunmaktadır:

1. **Bozulmadıysa tamir etme**: Danışanın yaşantısında sorun olarak algılamadığı şeye odaklanılmamalı, danışan yaşamında sorun olarak gördüğü alanları kendisi belirlemeli,
2. **İşleyen çözüm yollarını uygula**: Danışanın başarılı olduğu anları bulması ve başarılı davranışların tekrar edilmesi,
3. **İşlemeyen çözüm yollarına başvurmada ısrarcı olma**: Danışanın denemekte olduğu yol başarıya götürmemişse, o yolda ısrar edilmemeli, farklı çözüm yolları bulması için danışan cesaretlendirilmeli.

Çözüm Odaklı Kısa Süreli Terapinin Çocuk ve Ergenlere Yönelik Kullanımı

Çözüm odaklı kısa süreli terapinin çocuk ve ergenlerde etkili kullanımına yönelik pek çok çalışma bulgusu mevcuttur (Meydan, 2013; Sklare, 1997). Özellikle oturum sürelerinin kısa olması, kalabalık okullarda çalışan psikolojik danışmanlar için tercih edilebilir bir danışma yaklaşımı olduğunu göstermektedir. Yine danışanın güçlü yanlarına değinilmesi, geçmişten daha çok geleceğe ve değişime odaklanması gibi nedenlerden dolayı çocuk ve ergenlerle rahatça çalışılabilir bir danışma yaklaşımı olduğu söylenebilir. Çözüm odaklı kısa süreli terapinin, yapılandırılmış oturumlara sahip olması da göreve yeni başlayan psikolojik danışmanlar için bir rehber niteliğinde yol gösterici olması ayrıca bir tercih nedenidir. Yine kısa bir zaman içerisinde küçük ve somut değişimlerin istenildiği okul ortamlarında kullanılması (Corey, 2003) ve okul grupları içerisinde çocukların kendi sorunlarına nasıl çözüm bulabileceklerine yardımcı olması gibi nedenler yaklaşımın kullanışlılığını artırmaktadır.

Çözüm odaklı kısa süreli terapi, diğer kuramların aksine terapi sürecinde sorunu anlamaya ve sorun üzerinde konuşmaya odaklanmaz. Bunun yerine çözüme yönelik gelecekte işleyebilecek yollar üzerine konuşulması tercih edilmektedir. Bu amaçla çözüm odaklı kısa süreli terapide, danışanın duruma ilişkin bakış açısının değiştirilmesi ve problem olarak algılanan duruma ilişkin mevcut kaynaklar, güçlü yanlar ve çözüm yolları ele alınır (Sklare, 1997). Çözüm odaklı terapilerde danışman ve danışan arasında kurulan terapötik iletişim terapi sonuçları üzerinde belirleyici bir rol oynar. Terapi sürecinde danışana güven duygusu verilmelidir. Danışmanlar, istisnalar ve çözümlerle ilgili yapılandırılmış formlar da kullanmaktadırlar (George, 2008).

Psikolojik Danışma Süreci

Çözüm odaklı kısa süreli psikolojik danışmada genellikle bir ekiple çalışılmaktadır. Psikolojik danışma oturumu, aynalı oda olarak bilinen odada yapılır. Ayna tek taraflı görmeyi sağlar. Grubun diğer çalışanları, aynalı tarafta danışma oturumunu izlemektedirler. Ayna tek taraflı olduğundan danışan ve danışman diğer ekip üyelerini görmezler. Ayrıca video ile kaydedilir. Oturumun sonlarına doğru danışman, diğer çalışma arkadaşlarına başvurmak için ara verir. Ekip ile görüştükten sonra danışma odasına geri döner, önce danışana bazı iltifatlarda bulunur, ardından bir sonraki oturuma kadar bir ev ödevi verilir.

İlk Oturum: İlk oturum, oldukça yoğun ve etkili bir oturumdur. Hatta çoğu danışma tek oturumda bile sonlanabilmektedir. Bu yüzden ilk oturuma oldukça önem verilir. İlk oturuma danışman tarafından amaç oluşturularak başlanılır. Çözüm odaklı kısa süreli psikolojik danışmada amacın belirlenmesi ve açık bir şekilde ortaya konulmasına oldukça önem verilir. Çünkü tüm sürecin temelini amaç oluşturmaktadır (Nims, 2011). Amacın belirlenmesinde çocuk ya da ergenin yaşına ve bireysel ihtiyaçlarına uygun, somut, yapılabilir ve olumsuz bir davranışın yokluğundan ziyade olumlu bir davranışa odaklanılması gerekmektedir (Sklare, 1997). Amaç ne kadar somut, ölçülebilir ve davranışsal olursa çözüm yolunda ilerleme ise bir o kadar fazla olur (O'Connell ve Palmer, 2004). Örneğin, anne babası boşanmış bir çocuk, anne babasının tekrar bir araya gelmesini amaç edinebilir. Danışmanın bu amacı olumlu bir davranışsal amaca çevirmesi gerekecektir. Amaçtan sonra mucize soru, istisnai anlar ve derecelendirme soruları gelir. İlk oturum danışana övgülerle birlikte ev ödevi verilerek sonlandırılır.

Mucize Soru: Mucize soru, çözüm odaklı kısa süreli psikolojik danışmanın temel sorularından biridir. Çocuk ve ergenin belirlenen amaca yönelik resmi zihinde canlandırılabilmelerine yardımcı olabilmek için mucize soru sorulur (Nims, 2011). Danışman, danışana su soruyu sorar: "*Bugün eve gidip akşam uyuyorsun. Sen gece uykudayken bir mucize oluyor. Mucize, seni buraya getiren sorunu çözüyor. Ancak sen uykuda olduğun için mucizenin olduğunu bilmiyorsun. Sabah uyandığında mucizenin gerçekleştiğini nasıl anlarsın, neler farklı olurdu?*". Bazen çocuklar, gerçekleşmesi mümkün olmayan bir mucize dileğinde bulunabilirler; örneğin; ölen yakınlarından birinin geri gelmesi gibi. Burada mucize soru, çocuk ya da ergenin kendisini daha iyi hissettiği ya da daha az üzgün olduğunda farklı olarak neler yapıyor olabileceği amacı ile ilişkilendirilebilir. Amaç, çocuğun yeni davranışlarını gözünde canlandırmasını sağlamaktır.

Bazen de yaşça küçük çocuklar, mucize soruyu anlamlandırmada zorlanabilmektedirler. Bu durumda çocuğun daha iyi anlayabilmesi için mucize soru yavaş ve tüm adımları tane tane olarak söylenmeli ya da mucize yerine çocuğa, "*Bir sihirli değneğinin ya da lambasının olduğu ve bu sihirli değneğin/lambanın başının üzerinde salladığında problemin kaybolsaydı neler farklı olacaktı?*" gibi farklı bir türden de mucize soru sorulabilir (Sklare, 1997).

Mucize soruda, ilişkili sorularla mucizenin ayrıntıları olabildiğince somutlaştırılmaya çalışılır. Çocuk ya da ergene mucize gerçekleştikten sonra, "*Daha farklı ne olurdu? Annen, baban, öğretmenin sana nasıl farklı davranırlardı? Daha iyi olduğuna yönelik başka ne tür işaretler olurdu?*" gibi mucize soru ile ilgili olabildiğince detay alınması gerekir (O'Connell ve Palmer, 2004). Danışan olumlu değişimleri gözünde ne kadar ayrıntılı canlandırırsa değişimin gerçekleşme ihtimali de o oranda artar.

İstisnai Anlar: İstisnai anlarda, çocuk ve ergenin geçmişte sürekli problemi yaşamadığı, problemin hayatında olmadığı, mucizenin birazcık da olsa gerçekleştiği anlar bulunmaya çalışılır. Ardından bu istisnai anlarda nasıl baş ettiği değerlendirilir. Amaç, çocuk ya da ergenin daha önce kullanmış olduğu çözüm yollarının hatırlatılması ve şu an ve gelecekte tekrardan kullanmasını sağlamaktır (Nims, 2011). Psikolojik danışman çocuğa istisnai anların daha sık yaşanabilmesi için kendisinin neler yapması gerektiğini sorar. Böylece değişim konuşulmaya başlanılır. Çocuklar genellikle geçmiş başarılarını nasıl takdir edeceklerini bilmezler. Önceki başarıları ne olursa olsun bu başarıları başkalarına atfedebilmektedirler; örneğin, başarının öğretmeni, anne-babası sayesinde olduğuna inanılması gibi. Bu gibi durumlarda her başarının dışsal kaynaklardan dolayı olmadığı, çocuk ya da ergenin başarısındaki bireysel rolü kendisine hatırlatılması gerekir.

Derecelendirme Sorusu: Derecelendirme tekniğinde çocuk ya da ergenin kendi başarılarına ilişkin bir ölçüm sunulması amaçlanır. Terapist danışana şu soruyu sorar: "*Sıfır ile on arasında bir derecelendirme ölçeği düşün, bu derecelendirme ölçeğinde sıfır seni buraya getiren sorunun en kötü olduğu durumu, on ise problemin tamamen çözüldüğü mucize durum olarak değerlendirelim. Şu anki mevcut durumunda kendine kaç puan verirsin?*". Burada danışan kendisine kaç puan verse dahi sırasıyla bu puana ulaşmayı nasıl başardığı ve bir puan daha yukarı çıkabilmek için neler yapması gerektiği sorulur (Corey, 2013). Daha küçük danışanlarla yapılacak derecelendirme sorusunda birden ona kadar sayıların yanında on adet yüz ifadesinin olduğu çizimler kullanılabilir. Yüz ifadeleri kızgın yüz ifadesinden mutlu yüz ifadesine doğru sıralı şekilde çocuğa gösterilerek somutlaştırılabilir (Sklare, 1997).

Şekil 2. Çocuk Danışanlarla Yapılacak Derecelendirme Ölçeği

İlk Oturumun Sonlandırılması ve Mesaj: İlk oturum, çocuk ya da ergenin geçmiş başarılarının hatırlatılması, bu noktaya kadar getirmiş olduğu çabasının takdir edilmesi ve derecelendirme ölçeğinden bir puan daha yükselebilmesi için neler yapması gerektiği ile ilgili ev ödevi verilerek bitirilir (O'Connell ve Palmer, 2004). Ayrıca ilk oturumun sonunda danışana hatırlatıcı olabilmesi adına bir çözüm mesajı verilir. Çocuklara yönelik yapılan danışmanlıklarda hatırlatıcının yazılı ve somut olması daha faydalı olabilmektedir. Verilen iltifat-övgüler resimlerle desteklenebilir. Çocuktan bu çözüm mesajını odasında görebileceği bir yerlere asması istenebilir. Ev ödevinde ise önce iltifatlarda bulunulur, ardından iltifatlar ile verilecek görevler arasında bir köprü kurulur, son olarak çocuk ya da ergene diğer oturuma kadar yapması gereken görevler verilir.

Yaşça küçük danışanlarla çalışmalarda mesajın danışman ve danışan tarafından birlikte yazılmasında fayda vardır. Çocuktan görüşmelerden neler öğrendiğine dair gözden geçirmesi adına mucizelerinin çizilmesi istenebilir. Danışman ve öğrenci resim hakkında konuşarak masajdan önce danışmanın çocuk üzerindeki etkisi pekiştirilir (Sklare, 1997).

Bir Mesaj Örneği

Övgü	Kardeşin ile olan ilişkilerinde dürüstlüğe bu kadar değer vermen gerçekten beni çok etkiledi. Onun kalbini kırmak istememen ve ev ödevlerinde ona yardımcı olmak istemen, ona ne kadar çok değer verdiğini gösteriyor. Kardeşinle ilişkilerinde daha iş birlikçi olduğunda, tartışmak yerine birbirinizi anlayarak daha fazla zaman geçirdiğinizde ilişkilerinizin geliştiğini ve senin de bunu çok istediğinin farkındayım. İlişkilerinizin daha iyi olabilmesi için neler yapman gerektiğini biliyorsun ve şimdiden yapmaya başlaman çok güzel.
Köprü	Kardeşinle daha iyi şeyler yapmaya söz vermiş olman nedeniyle;
Ev ödevi	Bir sonraki oturumumuza kadar işe yarayan davranışları yapmaya devam etmeni ve derecelendirme ölçeğinden bir adım yukarıya çıkabilmen için neler yapman gerektiğini düşünmeni ve yazmanı öneririm.

Diğer Oturumlar: Diğer oturumlara, ilk oturumda verilen amaç hatırlatılarak başlanılır. Ardından bir önceki oturumda verilen ev ödevi incelenir ve bir oturum öncesinden bu yana yaşanan olumlu değişimlere değinilir. Derecelendirme ölçeğinden bir adım daha yukarı çıkılması için neler yapılması gerektiği değerlendirilir (O'Connell ve Palmer, 2004). Dereceleme ölçeğindeki ilerlemelerin somutlaştırılması için olumlu gelişmelerin çizilmesi, canlandırılması istenebilir (Nims, 2011).

Öyküsel Terapi

Postmodern yaklaşımlardan biri olan öyküsel terapi, 1980'li yıllarda David Epston (1944-) ve Michael Kingsley White (1948-2008) tarafından geliştirilmiştir. Epston'a göre her insan yazılmış öykülerle dünyaya gelmektedir. Ancak çok az kişi bu öykülerin farkına varmaktadır. Bireyin içinde doğduğu öyküler ile kendi yaşantısından oluşturduğu öyküler birbirine benzer niteliktedir. İnsanlar, hayatları boyunca yaşadıkları olayları belli bir düzene sokarak anlam yüklemektedirler. Bu süreçte cinsiyet, ırk, sınıf, kültür gibi faktörler öykülerin oluşmasında güçlü bir etkiye sahiptir. Dolayısıyla bireyin içinde bulunduğu kültür aynı zamanda kendi öyküsünün de bir yansımasıdır. Hatta kişisel öykülerin üzerinde sosyal baskının hâkim olduğu savunulmaktadır (Işık Terzi ve Ergüner Tekinalp, 2013)

Öyküsel terapide temel amaç, baskın öykülerin keşfedilmesi ve yeni öykülerin oluşturulmasını sağlamaktır. Bu amaca ulaşmak için danışan merkeze alınmakla birlikte çok fazla yöntem ve teknik kullanılmamaktadır. Bunun yerine terapistin yaklaşımı; düşünce, değer ve tutumlarının farkında olarak danışanın bakış açısını değiştirmeyi amaçlar. Danışanın değişen ve çeşitlenen ihtiyaçları doğrultusunda kendi dili ile öykülerini oluşturması sağlanmaktadır (White ve Morgan, 2006). Öyküsel terapide olumlu sonuç elde etmek için belirli bir tarif, gündem ya da formül bulunmamaktadır. Eğer terapist belirli bir yöntem ile hareket ederse danışan kendi adına bir şeylerin yapılması beklentisine girecek ve konuşma sürecine kendini yeterince katmayacaktır (White ve Epston, 1990).

Öyküsel terapiye göre her birey kendi dünyasını bireysel öykülerine göre anlamlandırmaktadır. Geleneksel danışma kuramlarının benzer sorulara benzer çözüm yollarını önerme fikrine karşı çıkmaktadırlar. Öyküsel terapiye göre insanlar, benzer olaylara karşı farklı problemler yaşayabilirler. Ayrıca problemleri çözmede inançlar, değerler ve toplumsal etkenlerin de büyük öneminin olduğu vurgulanmaktadır (Morgan, 2000). Öyküsel terapide her birey kendi yaşamının uzmanı olarak görülmekte, dolayısıyla problemlerin çözümünde bireysel yetenekler, değerler ve inançların etkisi olmaktadır. Birey, yaşadığı olayları birbirine bağlar ve bu olaylardan bir anlam çıkararak öyküler oluşturur. Bu öyküler bireyin kendi varoluşuna anlam kattığından birey için doğru olarak kabul edilmektedir. Bu öykülerde kim olduğu, nereden geldiği ve ne yaptığı ile ilgili düşünceler bulunmaktadır (Corey, 2013). Yine öyküsel terapide farklı olay ve duygulara karşı öykülerin değiştiği, geliştiği ve hatta zıtlaşmakta olduğu ifade edilmektedir.

Yapının Yıkılması

White ve Epston'a (1990) göre yapının yıkılması, kabul edilen gerçek ve uygulamaların yıkılması olarak tanımlanmıştır. Danışma sürecinde yapının yıkılması ile öyküdeki boşluklar ve ayrılıklar görülebilir. Danışma sürecinde mevcut yapı yıkılarak, yeni öyküler yeni anlamlar içererek daha tatmin edici hâle gelir. Terapi sürecinde terapist iş birliğine dayalı ilişki kuran bir rehber, danışan ise kendi yaşamının tek uzmanı olarak kabul edilmektedir. Terapist, danışanın kaynaklarını ve güçlü yönlerini keşfederek cesaretlendirmektedir. Danışanı içten dinleyerek bilgisine değer verir. Katılımını artırmak ve öyküler arası bağlantı kurması için sorular sorar (Işık Terzi ve Ergüner Tekinalp, 2013). Terapistin danışanı etkin dinlemesindeki asıl amaç, sorunun tanımlanması ya da olası çözüm yollarının bulunmasından ziyade danışanın öyküsünü daha iyi anlamaktır (White, 1997).

Öyküsel Terapinin Çocuk ve Ergenlerle Kullanımına Yönelik Teknikler

Öyküsel terapinin yapısı gereği yönlendirmesiz olması, öykülerin çeşitli teknik ve yöntemlerle kullanılması, çocuk ve ergenlerle çalışmayı kolaylaştıran unsurlardandır. Örneğin, bir çocuk ile çalışan psikolojik danışman; oyun, resim, müzik, drama gibi çeşitli yöntemleri öyküsel terapi kapsamında kullanabilir. Bu tür araç ve yöntemlerin kullanılması çocuk için daha yaratıcı bir ortam sunmaktadır (Morgan, 2000).

Öyküsel terapide dil kullanımı önemli bir faktör olarak görülmektedir. Çocuk ya da ergenin problemine ilişkin verilen öyküler, sorunlar ön plana çıkartılmadan yeniden şekillendirilerek alternatif bir öykü oluşturulur (Geldard vd., 2019). Öyküsel terapide en temel amaç, sorunun dışsallaştırılarak çocuk ya da ergenden ayrı tutulmasıdır. Yani sorunlu çocuk yerine, sorunla problemleri olan çocuk algısının oluşturulması gerekir. Dolayısıyla sorunun dışsallaştırılmasına yönelik oluşturulacak alternatif öykülerde, sorunun çocuğun ya da ergenin yaşamını nasıl kısıtladığını farklı açılardan izlenmesi sağlanır. Yeni öykü oluşturma sürecinde, farklı bir açıya odaklanılarak yaşanan sorunun çocuğu ve yaşamını etkilediği zaman araştırılır. Yeni öykünün yazılabilmesi için danışanın sorunu iyice bilmesi ve dışsallaştırması gerekir. Ancak alternatif hikâyenin oluşturulması yeterli değildir, hikâyeyi destekleyecek sosyal kaynakların da olması gerekir. Bu bağlamda alternatif öykü gerçek ya da hayali dinleyiciler (sınıf arkadaşı, öğretmen, anne-baba gibi) tarafından desteklenmelidir. Böylece çocuk ya da ergen danışma sürecinden sonra da öyküyü yaşatma gereği duyacaktır.

1. Sorunun Dışsallaştırılması: Sorunun dışsallaştırılmasındaki temel amaç, çocuk ya da ergenin kendisini problemli biri olarak görmesinden ziyade, problem durumunun çocuktan ayrı tutularak kişiselleştirilmesidir. Böylece çocuk ya da ergen problemli olmadığını, kendisini problemle problemi olan biri olarak görmesi sağlanır (White ve

Morgan, 2006). White öncelikle sorunu ve sorundan etkilenen kişiyi birbirinden ayırt etmeyi amaçlamaya çalışmıştır (White ve Epston, 1990). Örneğin; okulda ve evde çok düzensiz olan bir öğrencinin kendini düzensiz, tertipsiz biri olarak görmesi yerine, düzensizliği kendisinin düşmanı ya da kavga ettiği bir şey olarak görmesi ve kendisini düzensizlik ile problemleri olan biri olarak görmesi sağlanabilir. Çocuk kendisini sorundan ayırabildiğinde, sorunun kendisinde yarattığı etkileri kendi değer ve beklentileriyle nasıl çakıştığını fark edebilir (Özdoğan, 2019).

Öfke problemleri yaşayan bir çocuğa psikolojik danışman şu soruları sorarak sorunu dışsallaştırmaya çalışabilir: "Öfkenin amacı nedir ve bu öfke nasıl oluyor da seni bu amaca götürüyor? Öfkeye nasıl teslim oluyorsun? Öfke seni nasıl böyle tuzağa düşürüyor? Öfkenin senden beklentileri nelerdir, bu beklentilere yanıt verdiğinde sende neler oluyor?" gibi sorular sorarak öfkenin çocuktan farklı bir nesne olarak görmesini sağlamaya çalışır.

2. Soru Sorma: Soru sorma, öyküsel terapideki en önemli araçlardandır. Danışanlar, genellikle işe yaramayan ve sorunlarla sarmalanmış bir hikâyeye saplanmışlardır. Danışman, bu mevcut hikâyede danışana ait bakış açısını, kaynaklarını ve deneyimlerini tekrar hareket ettirebilecek sorular sorar. Bu teknikle, çocuk ya da ergenin problemi anlamlandırması ve çözüme yönelik bakış açısının değiştirilmesi amaçlanır. Soru sorma tekniği ile psikolojik danışman çocuk ya da ergenin problemle ilgili deneyimleri, problemin kültürel etkenlerini ve problemi ne şekilde çözmeye çalıştığını anlamlandırmaya çalışır (Işık Terzi ve Ergüner Tekinalp, 2013). Danışmanın soru sormadaki amacı bilgi kazanmak değil, danışanın katılımını artırmak ve araştırma yapmasını sağlamaktır. Soru sorma tekniğiyle ayrıca sorun da dışsallaştırılmaya çalışılır. Danışana teşhis konulması, etkilemeye çalışılması ya da yorum ve soruna dayalı bir tanı koymaktan özellikle kaçınılır (Corey, 2013). Sözel dil algıları gelişmemiş çocuklarla çalışmalarda problem durumu resim ya da hikâyeleştirilerek anlatılması istenebilir. Böylece çocuğun çizdiği resim ya da oluşturduğu hikâye üzerine soru sorularak problemin anlamlandırılması sağlanabilir.

3. Oyun Terapisi ve Hikâye Anlatma: Çocuklarla yapılan danışmanlıklarda oyun terapisi, çocuğun duygu ve düşüncelerini ifade etmede etkili yollardan biridir (Landreth, 2012). Oyun terapisi ile çocuk öykülerini yeniden biçimlendirerek aktarmaları sağlanabilir. Yine oyun terapisi içerisinde çocuk ya da ergenin hikâye anlatarak kendi hayat hikâyesiyle bağ kurması sağlanabilir. Psikolojik danışman ise çocuk ya da ergene ait hikâyeleri karakter ve ortamların aynı kalması şartıyla daha sağlıklı çözümler geliştirerek uyarlamaya yardımcı olur. Hikâyenin çocuk tarafından daha iyi anlamlandırılabilmesi için çocuğun kendi kelimeleri, karakterleri ve sembolleri kullanılarak alternatif hikâye pekiştirebilir.

4. Problemi Haritalama: Problemin haritalandırılmasında probleme ait zengin bir öyküleme elde edilmeye çalışılır. "Danışan problemi ilk ne zaman fark etti? Problem, danışanın yaşamını nasıl etkilemektedir? Problem, danışanın ailesini, arkadaşlarını, okulunu nasıl etkiliyor?" gibi soru çeşitleriyle olabildiğince problem ayrıntılandırılır. Yine yaş itibarıyla küçük çocuklar için problemin olduğu ve problemin olmadığı anlar resimlendirilerek çalışma desteklenebilir.

5. Özgün Sonuçları Elde Etme Çabası: Öyküsel terapideki özgün sonuçlar, geçmişte ve şu an problemin olmadığı, problemi çözümleyebildiği istisnai anlar (Corey, 2013) ya da gelecekte problemi çözebilme varsayımları olarak görülebilir. Özgün sonuçlarda amaç, çocuğun ya da ergenin sahip olduğu ancak farkında olmadığı becerilerin ortaya çıkarılması ve bu becerilerin farklı problem çözme durumlarına da genellenmesini sağlamaktır. Bazen özgün sonuçlara geçmeden önce prova edilmesi danışanda güven yaratabilmektedir. Bu bakımdan ergenlerle yapılacak özgün çalışmalar için günlük tutma ya da yazma etkinlikleri yapılabilir. Küçük yaştaki çocuklarda ise rol çalışması ya da sahneleme çalışmaları yapılabilir (White ve Morgan, 2006).

Buna örnek olarak da yukarıda öfke problemleri olan çocukla çalışan psikolojik danışman, "Daha önce öfkeye teslim olabilecekken buna karşı koyduğun bir anın oldu mu? Ne oldu da öfke ile baş edebildin, farklı olarak neler yaptın?" gibi sorularla sorunla başarılı bir şekilde çıkabildiği istisnai anları bulmaya çalışır.

Gelecekte de özgün sonuçlar elde etme amacıyla psikolojik danışman, çocuğa "Öfkeye teslim olmamak için neler yapmalısın?" gibi sorularla değişimin olanaklı olduğunu göstermeye çalışabilir.

Özgün sonuçlar elde edilebilmesi için White ve Epston'nun (1992) döngüsel sorular olarak adlandırdığı şu sorular sorulabilir.

- Yaşamında bu noktaya ulaştığına göre bu durumu başka kimler bilse iyi olur?
- Seninle aynı nedenlerden dolayı danışmaya gelecek kişiler olursa senin yaptığın keşifleri onlarla paylaşabilir miyim?
- Nasıl bir insan olduğun hakkında geçerli olmayan bir bakış açısına sahip bir sürü insan bulunmaktadır. Bu bakış açılarını değiştirebilmek için neler yapmalısın?

6. Alternatif Öyküler ve Yeniden Yazma: Yeni öykülerin yapılandırılması için eski yapıların yıkılması önemli dönüm noktasıdır. Bu bağlamda yeni öykünün başlangıç anı önemsenmektedir. Burada danışman, danışana "*Kendin hakkında öğrendiklerini ele alırsak bundan sonraki süreçte nasıl bir yol alacaksın? Tercih ettiğin bu kimlikle hareket edebilmen için hangi eylemleri yapman gerekir?*" gibi sorular yönelterek danışanın bundan sonraki adımlarının neler olabileceğine yönelik düşünmesini sağlayacaktır.

7. Kanıtın Kayıt Altına Alınması: Öyküsel terapide yeni öyküleri destekleyecek ya da takdir edecek bir grubun olması hâlinde yerleşik hâl alabileceğine inanılmaktadır. Dolayısıyla yeni öyküleri takdir edebilecek bir grubun bilinçli olarak aranması söz konusudur. Diğer bir kayıt yöntemi ise danışmanın oturumlar arası danışana yolladığı mektuplardır. Danışman mektuplarda oturumlar arası farkları kayıt altına alır. Mektupta bir taraftan danışanın katettiği gelişmelere değinilirken aynı zamanda danışanın bunu görmesi de fark ettirilir. Danışanın sorunla baş etmedeki gücünün kanıtını gösterir (White, 1997).

Özet

Çocuk ve ergenler, gelişimin doğası gereği yetişkinlerden farklılık göstermektedirler. Dolayısıyla çocuk ve ergenlere yönelik yapılacak psikolojik danışma hizmetleri, kendine özgü birtakım beceri ve yeterlilikleri gerektirmektedir. Çocuk ve ergenlerle psikolojik danışma hizmeti yürütürken, psikolojik danışma kuramlarını ve bu kuramlara ait temel kavramları, çocuk ve ergenlerle kullanılan teknikleri ve uygulamaları iyi bilmek, danışanlara daha yararlı olmak açısından oldukça önem taşımaktadır. Geleneksel ve modern kuramlara dayalı bir psikolojik danışma bir psikolojik danışma süreci yürütmek için iyi bir eğitim ve süpervizyon desteği almak, psikolojik danışman yetkinliği açısından gereklidir. Çocuk ve ergenlerin yaşadıkları sorunlara profesyonel yaklaşım, danışanla kurulan terapötik ilişki etrafında terapötik koşulları oluşturmak, temel psikolojik danışma becerilerine sahip olmak, kurama dayalı teknik kullanmak ile gerçekleşmektedir.

Kaynakça

Adler, A. (1964). *Socialinterest: A challenge to mankind.* Capricorn.

Axline, V. (1969). *Play therapy.* Houghton Mifflin.

Bandura, A. (1986). *Social foundations of thought and action: A social cognitive theory.* EnglewoodCliffs.

Bandura, A., Ross, D., & Ross, S. A. (1963). Imitation of film-mediated aggressive models. *The Journal of Abnormal and Social Psychology, 66*(1), 3-11. https://doi.org/10.1037/h0048687

Beck, A. T. (1976). *Cognitive therapy and emotional disorders.* Penguin.

Bowers, H., & Lemberger, M. E. (2016). A person-centered humanistic approach to performing evidence-based school counseling research. *Person-Centered & Experiential Psychotherapies, 15*(1), 55-66.https://doi.org/10.1080/14779757.2016.1139502

Carlson, L. A. (2003). Existential theory: Helping school counselors attend to youth at risk forviolence. *Professional School Counseling, 6*(5), 310-315. http://www.jstor.org/stable/42732448

Corey, G. (2013). *Theory and practice of counseling & psychotherapy* (9th ed.). BrooksCole.

Cottone, R. R. (2012). *Paradigms of counseling and psychotherapy*, Cottleville.

Develi, R. ve Bugay, A. (2011). Kum oyunu terapisi: Kuramsal bilgiler ve bir olgu örneği. *Çocuk ve Gençlik Ruh Sağlığı Dergisi, 18 (2)*, 127-134.

Ellis, A. (1994). *Reason and emotion in psychotherapy: Acomprehensive method of treating human disturbances. Revised and updated.* BirchLane.

Erikson, E. H. (1963). *Childhood and society.* (2nd ed.). Norton & Company.

Fakirullahoğlu, M. M. (2022). Jungian analitik oyun terapisi. R. Akay (Ed), *Oyun terapisi: Teori teknik ve kültüre has vaka örnekleri*. Efe Akademi.

Freud, S. (1964). *New introductorylectures on psychoanalysis*. Standart Edition.

Freud, S. (1905). *Three essays on thetheory of sexuality*. Standart Edition.

Freud, S. (1991). *Düşlerin Yorumu II.* E. Kapkın (Çev.). Payel Yayınları.

Geldard, K. ve Geldard, D. (2017). *Ergenlerle ve gençlerle psikolojik danışma: Proaktif yaklaşım*. M. Pişkin (Çev. Ed.). Nobel.

Geldard, K., Geldard, D.ve Foo, R. Y. (2019). *Çocuk psikoterapisi: Giriş niteliğinde uygulamalı bir rehber*. G. Erden ve Ç. Kudiaki(Çev. Ed.). Nobel.

George, C. M. (2008). Solution-focused therapy: Strength-based counseling for children with socialphobia. *The Journal of Humanistic Counseling, Education and Development, 47*(2), 144-156.https://doi.org/10.1002/j.2161-1939.2008.tb00054.x

Green, E. J. (2021). *Çocuklar ve ergenlerle jungcu oyun terapisi el kitabı*. H. Hemirci (Çev. Ed.). Nobel.

Gündüz, B. ve Kurt, A. A. (2021). Psikanalitik kuram. B. Çapri (Ed.), *Geçmişten günümüze kişilik kuramları*. (2. baskı). Nobel.

Homeyer, L. E., & Sweeney, D. S. (2017). *Sandtray therapy. A Practical Manual* (3rd. ed.). Routledge.

Işık Terzi, Ş. ve Ergünar Tekinalp, B (2013). *Psikolojik danışmada güncel kuramlar*. Pegem Akademi.

Jung, C. C. (1964). *Man and his symbols*. AnchorPress.

Jung, C. C. (1989). *Memories, dreams, reflections*. Vintage.

Kalff, D. M. (2003). *Sandplay: A psycho therapeutic approach to the psyche.* In B. A. Turner (Eds.), TemenosPress. Sigopress.

Kalodner, C. R. (2011). Cognitive-behavioral theories. In D. Capuzzi & D. R. Gross (Eds.), *Counseling and psycho therapy*. American Counseling Association.

Kathryn, Geldard, D. ve Foo, R. Y. (2019). *Çocuk psikoterapisi*. G. Erden ve Ç. Kudaki (Çev. Ed.), (5. baskı). Nobel Akademi.

Klein, M. A. (1975). *The psychoanalysis of children*. Hardcover.

Knell, S. M. (2011). Cognitive behavioral playtherapy. InC. E. Schaefer (Ed.), *Foundations of playtherapy* (2nd ed.). John Wiley & Sons.

Kottman, T. (2001). Adlerian playtherapy. *International Journal of Play Therapy, 10*(2), 1–12. https://doi.org/10.1037/h0089476

Landreth, G. L. (2012). *Play therapy: The art of relationship* (2nd ed.). Brunger Routledge.

Maturana, H. R. (1978). Biology of language: The epistemology of reality. In Miller George A. and E.Lenneberg (Eds.), *Psychology and biology of language and thought*. Academic Press.

Meydan, B. (2013). Çözüm odaklı kısa süreli psikolojik danışma: Okullardaki etkililiği üzerine bir inceleme. *Turkish Psychological Counseling & Guidance Journal*, *4*(39), 120-129.

Morgan, A. (2000). *What is narrative therapy?*. DulwichCentre Publications.

Murdock, N. L. (2012). *Psikolojik danışma ve psikoterapi kuramları*. F. Akkoyunlu (Çev. Ed.), Nobel Yayıncılık.

Nims, D. R. (2011). Solution focused playtherapy: Helping children and families find solutions. InC. E. Schaefer (Eds.), *Foundations of playtherapy* (2nd ed.). John Wiley & Sons.

O'Connell, B., & Palmer, S. (2004). *Handbook of solutions-focused therapy: brief therapies series*. SAGE Publications.

Öz Çelikbaş, E. (2022). Mandala terapisi ile şifalanma: Jung ve çok kültürlü bir sanat terapisi yaklaşımı. *Ankara Üniversitesi Güzel Sanatlar Fakültesi Dergisi*, *4*(1), 181-195. https://dergipark.org.tr/en/pub/augsfd/issue/71079/1102782

Özdoğan, B. (2019). *Çocuk ve oyun: Çocuğa oyunla yardım*. (5. Baskı). Anı Yayıncılık.

Özşahin, S. (2019). Bir freud masalı: çocuk masumluğu. *Yaşam Becerileri Psikoloji Dergisi*, *3*(6),129-137.https://doi.org/10.31461/ybpd.592021

Ray, D. C., Perkins, S. R., & Oden, K. (2004). Rose bush fantasy technique with elementary school students. *Professional School Counseling*, *7*(4), 277–282. http://www.jstor.org/stable/42732592

Ray, D. C. (2008). Impact of playtherapy on parent–child relationship stress at a mental health training setting. *British Journal of Guidance & Counselling*, *36*(2), 165-187. https://doi.org/10.1080/03069880801926434

Rogers, C. (1959). A theory of therapy, personality and interpersonal relationships as developed in the client-centered framework. In S. Koch (Eds.), *Psychology: A study of a science. Vol. 3: Formulations of the person and the social context*. McGrawHill.

Rogers, C. R. (1961). *On becoming a person: A therapist'sview of psychotherapy*. Constable.

Rogers, C. R. (1980). *A way of being*. Houghton Mifflin.

Saygın, Y. (2021). Ego analitik psikoloji kuramı. B. Çapri (Çev. Ed.),*Geçmişten günümüze kişilik kuramları* (2. baskı). Nobel.

Schultz, D. P., & Schultz, S. E. (2016). *Theories of personality* (9th ed.). Cengage Learning.

Sharf, R. S. (2014). *Psikoterapi ve psikolojik danışma kuramları*. N. Voltan Acar (Çev. Ed.), Nobel Yayıncılık.

Skinner, B. F. (1953). *Science and human behavior*. MacMillan.

Sklare, G. B. (1997). *Brief counseling thatworks: A solution-focused approach forschool counselors*. SagePublication.

Smith-Bonahue, T. ve Tiplady, K. (2021). Bilişsel davranışçı yaklaşımlar. S. Smith-Adcock ve C. Tucker (Ed.), T. M. Çaykuş ve D. M. Siyez (Çev. Ed.), *Çocuk ve ergenlerle psikolojik danışma: Kuram, gelişim ve farklılıklar arası bağlantı kurma*. Nobel.

Tucker, C. ve Smith-Adcock, S. (2021). İnsancıl yaklaşımlar. S. Smith-Adcock ve C. Tucker (Ed.), T. M. Çaykuş ve D. M. Siyez (Çev. Ed.), *Çocuk ve ergenlerle psikolojik danışma: Kuram, gelişim ve farklılıklar arası bağlantı kurma*. Nobel.

Tucker, C. ve Wittman, E. (2021). Psikodinamik yaklaşımlar. S. Smith-Adcock ve C. Tucker (Ed.), T. M. Çaykuş ve D. M. Siyez (Çev. Ed.), *Çocuk ve ergenlerle psikolojik danışma: Kuram, gelişim ve farklılıklar arası bağlantı kurma*. Nobel.

Türkçapar, M. H. ve Sargın, A. E. (2012). Bilişsel davranışçı psikoterapiler: tarihçe ve gelişim. *Bilişsel Davranışçı Psikoterapi ve Araştırmalar Dergisi, 1*(1), 7-14.

Watson, J. B., & Rayner, R. (1920). Conditionedemotionalreactions. *Journal of ExperimentalPsychology, 3*(1), 1–14. https://doi.org/10.1037/h0069608

Vernon, A. (2009). *More what works when with children and adolescents: A handbook of individual counseling techniques*. Research Press.

White, M. & Epston, D. (1990). *Narrative means to therapeutic ends*. Norton.

White, M. (1997). *Narrative of therapists, lives*. Dulwich Centre.

White, M. K., & Morgan, A. (2006). *Narrative therapy with children and their families*. Adelaide: Dulwich Centre Publications.

Woldt, A. L., & Toman, S. M. (2005). *Gestalt therapy: History, theory, and practice.* Sage Publications.

Yalom, I. D. (2020). *Existential psychotherapy*. Hachette.

Yavuzer, Y. (2021). Nesne ilişkileri kuramı. B. Çapri (Ed.), *Geçmişten günümüze kişilik kuramları*. (2. baskı). Nobel.

Yıldırım, O. ve Kumcağız, H. (2022). Psikodinamik yaklaşıma göre insan davranışının incelenmesi. *Adıyaman Üniversitesi Sosyal Bilimler Enstitüsü Dergisi* (40), 103-132. https://doi.org/10.14520/ adyusbd.1052683

Zoja, E. P. (2011). *Sandplaytherapy in vulnerable communities: A Jungian approach*. Routledge.

BÖLÜM 6

YARATICILIK, SANAT VE OYUN TEMELLİ YAKLAŞIMLAR

Esra Asıcı

İçerik

Yaratıcılık

Yaratıcılık sözcüğü, Latince "creare" kelimesinden türetilmiştir. "Creare"; yapmak, inşa etmek, biçimlendirmek gibi anlamlara gelmektedir (Holm-Hadulla ve Hofmann, 2012). En basit şekilde yaratıcılık; bir şeyi yapmayı, şekillendirmeyi ya da var etmeyi anlatır. Yaratıcılık, yeni ve uygun bir ürün (düşünce ya da iş) ortaya koyma yeteneğidir. Bu bağlamda yaratıcılığın iki ana bileşeni vardır: (1) ***yenilik*** ve (2) ***uygunluk***. Yenilik orijinal, beklenmedik ya da şaşırtıcı olmayı; uygunluk ise işlevsel, yararlı ya da değerli bir ürün ortaya koymayı ifade etmektedir (Fisher, 2004; Gladding, 2011; Kaufman, 2016; Sternberg ve Lubart, 1999). Yaratıcılık, doğuştan gelen bir yetenek olmaktan ziyade sonradan edinilen bir davranış örüntüsü olarak kabul edilir. Dolayısıyla yaratıcılık öğrenilebilir ve öğretilebilir bir yetenektir (Balkin, 1990).

Yaratıcı kişilerin özellikleri aşağıdaki şekilde sıralanabilir (Balkin, 1990; Fisher, 2004; Gladding, 2011):

- Yenilikçi, esnek ve yeni fikirlere açık,
- Belirsizliğe tahammül etme kapasitesi yüksek,
- Öngörülemez,
- Alışılmışın dışında, alışkanlıkları yıkan,
- Zengin hayal gücüne sahip,
- Fikirler arasında bağlantı kurabilen,
- Estetik bir anlayışa sahip,
- Meraklı, hevesli ve enerjik,
- Farkındalık düzeyi yüksek (başkalarının fark edemediği şeyleri fark edebilen),
- Benzerlikleri ve farklılıkları görebilen,
- Şüpheci, bir şeyi yapmanın kabul gören yollarını sorgulayan,
- Kendinden emin,
- Çalışkan ve azimli,
- Bir konu hakkında sıradan insanlardan daha çok fikir üretebilen.

Yaratıcılığın iki türünden bahsedilebilir. Bunlardan biri sıra dışı yaratıcılık (Big-C), diğeri ise günlük yaratıcılıktır (little-c). ***Sıra dışı yaratıcılık***; belirli bir alana büyük katkılar sağlayan yaratıcı davranışları ya da ürünleri tanımlar. Örneğin, Mozart ya da Einstein tarafından ortaya konulan ürünler sıra dışı olarak tanımlanabilir. ***Günlük yaratıcılık*** ise sadece kişinin kendisi ya da yakın çevresi için önemli olan günlük yaşamdaki yaratıcı ürünleri ve davranışları ifade eder. İlginç yemekler pişirmek, geri dönüşüm ürünleri yapmak ya da uydurma hikâyeler anlatmak gibi davranışlar bu grupta yer alabilir (Beghetto ve Kaufman, 2007; Kaufman, 2016).

Psikolojik Danışma ve Yaratıcılık

Yeni ve işlevsel bir ürün ortaya koymayı içeren yaratıcılık, psikolojik danışma sürecinin önemli bir parçasıdır (Özü Gökçe, 2019). Psikolojik yardım alma talebi, çoğunlukla kişilerin yaşadıkları güçlüklerin üstesinden gelmek için kullandıkları stratejiler işe yaramadığında ve yeni yollar bulma ihtiyacı hissettiklerinde ortaya çıkar (Rouse, Armstrong ve McLeod, 2015). Psikolojik yardım almaya gelen kişiler, sıklıkla bir ebeveyn, evlilik, çocuk, fiziksel hastalık, yaşlanma, emeklilik, sevilen birinin ölümü, kariyer, arkadaşlar ya da diğer yaşam olayları nedeniyle acı dolu duygulara katlanıyorlardır. Bu kişilerin var olmanın yeni bir yolunu yaratmayı denemeleri gerekir (Cole ve Sarnoff, 1980). Psikolojik danışma, iki ya da daha fazla sayıda insanın bir araya gelerek kendi içinde yaratıcı bir eylem olan yeni bir gerçekliği inşa ettikleri; deneyimlerini, davranış örüntülerini, inançlarını, psikodinamik ve varoluşsal çatışmalarını yeni ve yararlı yollarla birleştirdikleri gelişimsel bir süreçtir (Holm-Hadulla ve Hofmann, 2012). Dolayısıyla psikolojik danışma sürecinin doğası gereği yaratıcı olması gerektiği söylenebilir. Nitekim birey merkezli olması, danışanın biricikliğine önem vermesi, neşe dolu, şakacı ve mizahi yönler içermesi, danışan ve danışman arasında iş birliğini ve eşit sorumluluğu gerektirmesi, sözel ve sözel olmayan iletişime dayanması, kültüre duyarlı ve kapsayıcı olması, psikolojik danışmayı yaratıcı bir süreç kılmaktadır (Gladding, 2011).

Yaratıcılık, psikolojik danışma sürecinde aranan, geliştirilmesi ve teşvik edilmesi gereken bir niteliktir (Gladding, 2008). Çünkü yaratıcılıktan yoksun bir danışma sürecinde danışanların ilerleme kaydetmeleri mümkün değildir (Gladding, 2011). Psikolojik problemler ya da bozukluklar, engellenen yaratıcılığın bir sonucu olarak düşünülebilir. Bu bağlamda psikolojik danışma süreci, yaşamın üretken bir şekilde ilerlemesini engelleyen faktörlerin üstesinden gelebilmesi için danışanın yaratıcı potansiyelini yeniden etkinleştirmesine yardımcı olabilir (Holm-Hadulla ve Hofmann, 2012). Dolayısıyla psikolojik danışmanın hedeflerinden biri, danışanların yaratıcılığını artırmak olmalıdır (Cole ve Sarnoff, 1980). Psikolojik danışma süreci açısından önemli olan, danışmanın ve danışanın günlük yaratıcılığa hangi düzeyde sahip olduğunu keşfetmek ve bunu yararlı bir şekilde kullanabilmektir. Küçük bir miktar yaratıcılık bile değişimleri oluşturmak için yeterli olabilir (Gladding, 2011).

Psikolojik danışma sürecinde yaratıcılığı kullanmak pek çok açıdan fayda sağlar. Yaratıcı teknik ve yaklaşımlar, danışanların kendilerinin daha çok farkında olmalarına ve kendileriyle bütünleşmelerine yardımcı olur. Yaratıcı uygulamalar, danışanların aktif katılımını, duygu ve düşünce üretimini gerektirdiği için danışanlara enerji verir, danışanların yaratma eylemini tecrübe etmesi için fırsat sağlar. Deneyim güçlü bir öğretmen olduğu için yaratıcı uygulamalar öğrenmeyi artırabilir. Yaratıcı teknik ve yaklaşımlar danışanların duygularına daha kolay, çabuk ve güvenilir bir yolla ulaşmalarını sağlayabilir. Yaratıcı uygulamalar sayesinde danışanlar, kendilerini danışma sürecine daha çok verebilir, böylece hedeflerine daha iyi odaklanabilirler. Yaratıcılık, dile getirilen soruların ya da endişelerin somutlaşmasını sağlar. Sorunların somut hâle gelmesi danışanların, sorunların üzerinde daha aktif olarak çalışmalarına yardımcı olur. Yaratıcı yaklaşımlar danışanlar için eğlenceli, beklenmedik ve şaşırtıcıdır. Aşina olmadıkları bu yaklaşım, danışanların daha açık olmalarını sağlayabilir. Ayrıca yaratıcılık çok kültürlü bir doğaya sahiptir. Farklı arka planları olan danışanlara yaratıcı uygulamalar aracılığıyla daha kolay ve güvenli bir yolla ulaşılabilir (Gladding, 1992; Smith, 2011).

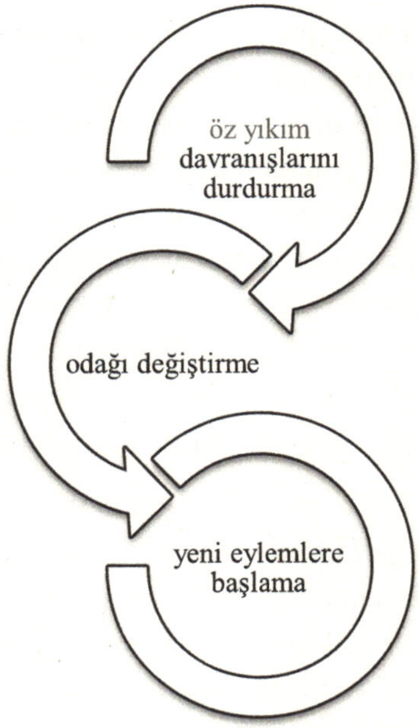

Şekil 1. Psikolojik Danışma Sürecinde Yaratıcılığın Üç Evresi

Psikolojik danışma sürecinde yaratıcılık üç evrede ortaya çıkar. Birinci adım, danışanın yaşamında baskın bir şekilde gözlemlenen öz yıkıcı (kendi kendine zarar veren) davranışlara son vermesidir. Olumlu değişimlerin ortaya çıkması için danışanlar, belirli bir şekilde düşünmeyi, hissetmeyi ve davranmayı bırakmalıdırlar. İkinci evre odağı değiştirmedir. Bu evre; duyguların, düşüncelerin ve davranışların değiştirilmesi ya da düzenlenmesini içermektedir. Odağı değiştirmede danışanlar, dünyayı algılamanın ya da olayları sınıflandırmanın yeni bir yolunu aramaktırlar. Danışanlar, odaklarını değiştirdiklerinde üçüncü evreye geçerek daha yaratıcı olmaya başlarlar. Bu, yeni adımların atılmaya başladığı evredir (Gladding, 2011).

Çocuk ve Ergenlerle Psikolojik Danışmada Yaratıcılık

Psikolojik danışma sürecinde bir teknik ya da yaklaşım olarak yaratıcılığın iyileştirici gücünden uzun yıllardır yararlanılmaktadır. Yaratıcı sanat uygulamaları, içsel duygu ve çatışmaların semboller aracılığıyla ortaya konulmasını sağlayarak en derindeki ve en gizli kalmış duyguların keşfedilmesine yardımcı olmaktadır. Yaratıcı sanatlar aracılığıyla içsel duygular ve bilinç dışı ögeler somut olarak ele alınabilmektedir. Bu nedenle, yaratıcı psikolojik danışma uygulamaları, danışanların kendilerini keşfetmeleri ve açmaları için geleneksel konuşma terapilerinin izin verdiğinden daha çok imkân sunmaktadır (Degges-White, 2011).

Çocuklar kendilerini sözel olarak ifade etme konusunda henüz yeterince iyi olmadıklarından sadece konuşmaya dayalı bir psikolojik danışma sürecinden fayda görmeleri mümkün değildir. Yaratıcı sanat uygulamaları, çocukların sıkıntılarını, kayıplarını ya da travmatik yaşantılarını ele almak için değerli ve yararlı yöntemlerdir. Şiddet ya da istismar mağduru çocuklar için yaratıcı sanatlar, kelimeler olmadan duyguları ve deneyimleriyle iletişime geçmenin bir yoludur. Psikolojik danışma sürecinde kullanılan yaratıcı sanat uygulamaları çocukların anksiyetesini azaltarak daha rahat hissetmelerini sağlayabilir. Hikâye anlatma, rol oynama ya da çeşitli aktivitelerle meşgul olma psikolojik danışma sürecinde konuşmaya dirençli çocukların konuşmasını kolaylaştıran araçlar olabilir. Pek çok çocuk sanatsal eserlerin ne anlama geldiğini bilmez ancak danışmanlarının yardımıyla duyguları, algıları ve dünya görüşleri hakkında çok şey ortaya koyan bir çizim veya resmin unsurları hakkında yaratıcı anlatılar geliştirebilirler (Malchiodi, 2003).

Okul ortamında çocuk ve gençlerle gerçekleştirilen psikolojik danışma uygulamalarında yaratıcı sanat tekniklerini kullanmanın yararları aşağıdaki şekilde sıralanabilir (Ural, 2021):

- Geleneksel psikolojik danışma uygulamalarının aksine yaratıcı sanat teknikleri gençlerin sürece daha etkin katılımını sağlayacağı için bu tür yaklaşımlar gençlere daha çok hitap edebilir ve daha çok yarar görebilirler.
- Okullardaki öğrenciler farklı gelişim düzeylerine sahiptirler. Psikolojik danışmanlar, okullarda çok çeşitli problem ya da ihtiyaç alanlarıyla karşılaşırlar. Bu nedenle, psikolojik danışmanların çok çeşitli müdahale yöntemleri bilmeleri önemlidir. Bu noktada yaratıcı sanatlar geniş çaplı müdahale alanı oluşturabilmektedir.
- Danışma sürecinde yaratıcı sanat tekniklerini kullanmak, psikolojik danışmanın becerilerinin gelişmesine yardımcı olur.
- Okul ortamında yaratıcı sanat tekniklerini kullanmak, öğrencilerin sözlü olarak ifade edemedikleri duygularını ifade etmelerini kolaylaştıran bir yoldur.
- Okul ortamında yaratıcı sanatların kullanımı, utanç verici ve zorlayıcı yaşam olayları yaşayan öğrencilerin kendilerini somut bir şekilde ifade etmelerine yardımcı olur.
- Psikolojik danışmada yaratıcı sanat tekniklerinin kullanımı, öğrencilerin dikkatinin yoğunlaşmasını, böylece kendi iç dünyalarına ve danışma sürecine daha iyi yoğunlaşmalarına katkı sağlar.

Çocuk ve Ergenlerle Psikolojik Danışmada Kullanılan Yaratıcı Sanat Türleri

Psikolojik danışma sürecinde yaratıcılık; müziğin, dans ve hareketin, görsel sanatların (çizim, boyama, fotoğraf vb. gibi), oyun ve oyuncakların, dramanın ya da edebiyatın (şiir, roman, öykü vb. gibi) kullanımı şeklinde karşımıza çıkabilir (Degges-White, 2011).

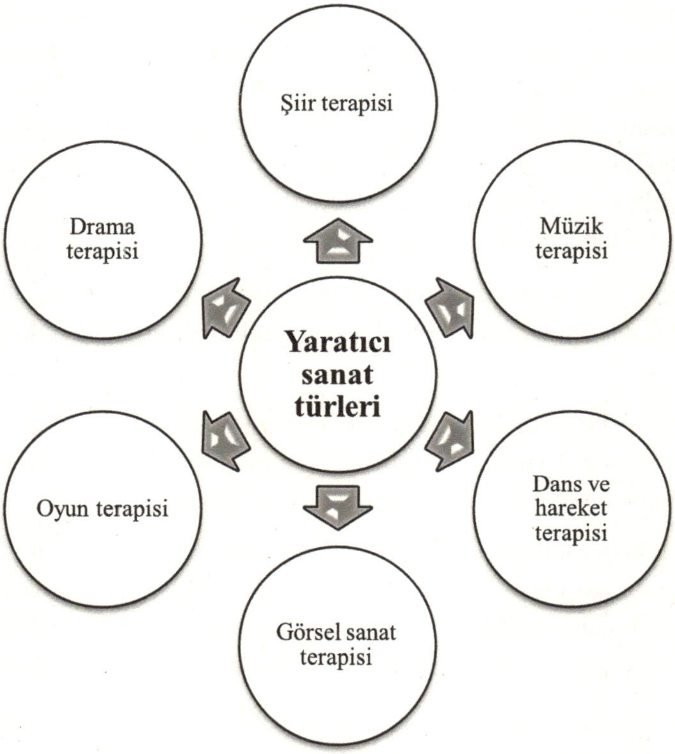

Şekil 2. Psikolojik Danışmada Kullanılan Yaratıcı Sanat Türleri

Müzik Terapisi

Müzik dinlemenin insan psikolojisi üzerinde etkileri olduğu eskiden beri vurgulanmakta ve müzik çeşitli ruhsal problemlerin tedavisinde kullanılmaktadır (Sezer, 2011). Psikolojik danışma sürecinde müzikten farklı kuramsal yönelimlere yardımcı olan bir teknik ya da bir terapi yaklaşımı olarak yararlanmak mümkündür. ***Müzik terapisi***, bir müzik terapi eğitim programını tamamlayan profesyoneller tarafından terapötik bir ilişki içinde bireyselleştirilmiş hedeflere ulaşmak için klinik ve kanıta dayalı müzik müdahalelerinin kullanımını anlatmaktadır. Müzik terapi müdahaleleri; iyi oluşun geliştirilmesi, stresin yönetilmesi, acının hafifletilmesi, duyguların açıklanması, hafızanın güçlendirilmesi, iletişimin geliştirilmesi ve fiziksel rehabilitasyonun desteklenmesi gibi çeşitli eğitimsel ya da sağlıkla ilgili hedefleri içermektedir (The American Music Therapy Association, 2022).

Müzik terapistleri, müziği danışanların fiziksel, duygusal, bilişsel ve sosyal ihtiyaçlarıyla ilgilenmek için terapötik bir ilişki içinde kullanmaktadırlar. Sıklıkla kullanılan müzik temelli müdahaleler; müzik eşliğinde gevşeme, doğaçlama müzik yapma, şarkı yazma, şarkı sözü analizi, müzikle hareket etmedir. Bu müdahaleler genellikle mizah, yeniden yönlendirme, pekiştirme, empati ve olumlama gibi terapötik tekniklerle eşleştirilerek kullanılmaktadır (Yinger ve Gooding, 2014). Müzik terapisinin aktif müzik terapisi ve pasif müzik terapisi olmak üzere iki türü vardır. Aktif müzik terapisinde danışan bir müzik aletini çalmakta ya da terapistle birlikte şarkı söylemektedir. Pasif müzik terapisinde ise danışan terapist tarafından seçilen müziği dinlemektedir (Aldridge, 1994).

Müzik terapisi, özellikle duygusal olayları sözlü olarak ifade etmeye direnç gösteren, bir diğer deyişle sözlü dil aracılığıyla erişilemeyen danışanlarda etkili sonuçlar ortaya çıkarmaktadır (Freitas, Fernández-Company, Pita ve García-Rodríguez, 2022). Müzik terapisinin müdahale etmeyen ve yargılamayan ortamı, diğer durumlarda gizli kalan kapasitelerini gösterme fırsatı sağladığından dolayı çocuklar için yararlı olabilir. Aktif müzik terapisi uygulamaları, gelişimsel ya da davranışsal bozuklukları olan çocukların odaklanmalarına ve dikkatlerini sürdürmelerine yardım edebilmektedir (Gold, Voracek ve Wigram, 2004). Ayrıca ergenlerin yaşamında müziğin önemli bir yeri vardır. Ergenler, sıklıkla rahatlamak için, duygusal destek sağlamak için ya da eğlenceli bir deneyim yaşamak için müzik dinlemeyi tercih etmektedirler (Ishak, Herrera, Martin ve Jeffrey, 2021). Dolayısıyla müzik ergen gruplarında fiziksel, ruhsal ve sosyal iyi oluşu ortaya çıkarmak için değerli bir araçtır (Freitas ve ark., 2022). Ergen problemlerinin tedavisinde müzik terapisi yaklaşımı, grupla müzik terapisi şeklinde de etkili olarak kullanılabilmektedir (Aldridge, 1994).

Müzik terapisi öğrenme güçlükleri, duygusal ve davranışsal problemler, fiziksel engeller, duyusal bozukluklar, otizm ve diğer ruh sağlığı problemleri gibi pek çok konuda çocuk ve ergenlerle kullanılabilmektedir (Bunt, 2003). Çocuk ve ergenlerle gerçekleştirilen etkili müzik terapisi uygulamaları genel olarak aşağıdaki özellikleri içermektedir (Gold, Wigram ve Voracek, 2007):

- Müzik terapisinin en önemli ögesi doğaçlamadır. Doğaçlama, çocuk ve ergen danışanların açıklayamadıkları duygularını keşfetmelerine ve ifade etmelerine, bölünmüş duygularına erişmelerine, temas ve iletişim olanağı bulmalarına ve ilişkiler kurmalarına yardımcı olmaktadır.
- Müzik terapisi uygulamalarında önceden bestelenmiş müzikler ve şarkılar, oyun şarkıları ya da doğaçlama şarkılar ve diğer müzik aktiviteleri güvenli, tanıdık bir

ortam yaratmak ve ifade edilmesi zor olan kişisel sorunları ifade etmenin bir yolu olarak kullanılmaktadır.

- Müzik terapisi uygulamalarında kullanılan alıcı teknikler (müzik dinlemek), danışanlara içgörü kazandırmak açısından değerlidir.
- Müzik terapisi uygulamalarında müzik aktivitesi esnasında deneyimlenen ve keşfedilen konuların sözlü olarak tartışılması ve sembolik anlamın yorumlanması sürecin temel unsurlarıdır.
- Birincil olarak müzik içermeyen diğer yaratıcı medya ve oyun aktivitelerini müzik terapisine dâhil etmek mümkündür. Bunlar, danışanların kendilerini ifade etmelerine, keşfetmelerine, denemelerine yardımcı olan değerli alternatifler olarak görülür.

Yinger ve Gooding (2014), çocuk ve ergenlerle müzik terapisi uygulamalarında aşağıdaki ilkelerin dikkate alınmasını önermektedir:

- Yüksek kaliteli ve danışanın tercih ettiği müzikleri kullanın. Danışanlara hangi tür müzikten hoşlandıklarını sorun ve mümkün olabildiğince onların tercihlerine yakın olan müzikleri getirin.
- Danışanların kendi müziklerini getirmelerine izin verin (ancak grup için çalmadan önce içeriğin uygunluğu açısından müziği siz dinleyin) ya da onlara farklı sanatçıları ya da türleri seçenek olarak sunun.
- Müzik yapma konusunda rahat hissetmiyorsanız profesyonel kayıtlar kullanın.

Okulda müzik terapisi uygulamaları yapan danışmanlar, terapinin eğlenceli hâle geldiğini, çocukların terapide ilerleme kaydettiğini ve bu ilerlemeyi diğer ortamlara da genelleme eğiliminde olduklarını dile getirmektedirler. Ayrıca müzik terapisi uygulamaları okul psikolojik danışmanlarının kendilerini takımın bir parçası gibi hissetmelerine ve diğer personel ile iyi iletişim kurmalarına da katkı sağlamaktadır (Bunt, 2003). Okul ortamında uygulanan müzik terapisi, öğrencilerde empatinin, olumlu sosyal davranışların, güvengenliğin ve performansın gelişmesine yardımcı olurken yıkıcı ve saldırgan davranışların azalmasını sağlamaktadır (Wölfl, 2019). Müzik temelli müdahaleler, çocuk ve ergenlerde görülen depresyon (Geipel ve ark., 2018; Ishak ve ark., 2021) ve anksiyete (Geipel ve ark., 2018) semptomlarının azalmasında, benlik saygının (Porter ve ark., 2016) artmasında etkili sonuçlar ortaya koymaktadır. Ayrıca araştırmalar, bilişsel davranışçı terapi (BDT) temelli müzik terapisinin lise öğrencilerinin sınav kaygısının (Ugwuanyi ve ark., 2020) ve sosyal kaygısının (Egenti ve ark., 2019) azalmasında etkili olduğunu göstermektedir.

Dans ve Hareket Terapisi

Dans ve hareket terapisi; temelinde yaratıcılığı barındıran, beden hareketleri ve dansı terapötik araç olarak kullanan bir psikoterapi yaklaşımıdır (Çolak, 2018). 1940'lı yılların başlarında ortaya çıkan dans ve hareket terapisinde hareket, bireyin duygusal, sosyal, bilişsel ve fiziksel bütünleşmesini sağlamak için psikoterapötik araç olarak kullanılmakta ve böylece bireyde iyi oluşu ve sağlığı geliştirmek hedeflenmektedir (ADTA, American Dance Therapy Association, 2022). Dansın/hareketin terapötik bir araç olarak kullanımı, beden ve zihnin birbirinden ayrılamayacağı fikrine dayanmaktadır. Beden hareketleri içsel duygu durumlarını yansıtmaktadır ve hareketlerde meydana gelen değişimler, ruhsal durumda da değişikliğe yol açarak iyi oluş ve sağlık üretebilir. Bu bağlamda dans ve hareket terapisinin temel hedefi beden, zihin ve ruhun bütünleştirilmesidir (Levy, 1988).

Dans ve hareket terapisinin temel sayıltıları şunlardır (ADTA, 2022):

- Hareket insanların ilk dilidir. Sözsüz ve hareketle iletişim anne karnında başlar ve yaşam boyu devam eder. Dans ve hareket terapistleri, sözel olmayan dilin sözel dil kadar önemli olduğuna inanır ve terapötik süreçte iletişimin her iki biçimini de kullanırlar.
- Beden, zihin ve ruh birbiriyle bağlantılıdır.
- Hareket; işlevsel, iletişimsel, gelişimsel ve dışa vurumcu olabilir. Dans ve hareket terapistleri, davranışları oturumda terapötik bir ilişki içinde ortaya çıktığında bu mercekler aracılığıyla gözlemler, değerlendirir ve müdahale ederler.
- Hareket hem bir değerlendirme aracı hem de temel bir müdahale biçimidir.

Dans ve hareket terapisi beden ve zihnin bütünleşmesini sağladığı için yararlı olmaktadır (Degges-White, 2011). Dans ve hareket terapisinde danışanlar, o andaki duygularını ve duyumlarını tanımlayıp bedenlerinin belirli bir bölümü ile ilişkilendirmekte ve deneyimlerini paylaşmaktadırlar. Böylece zihin ile beden arasında bir bağlantı kurulmaktadır. Ayrıca dans ve hareket terapisinde danışanların yeni bir şey yaratıyor olması da terapötik açıdan yararlıdır. Yeni bir şey yaratmak deneyimi, danışanlara güç duygusu vermekte ve tedavi hedeflerine ulaşmaları için onları motive etmektedir (Anderson ve ark., 2014). Danışanların kendilerini sözel olarak ifade etmekte güçlük yaşadıkları durumlarda dans ve hareket terapisi, danışanlara kendilerini ifade etme imkânı sunmaktadır (Levy, 1988). Psikolojik danışmada beden üzerinde çalışmak, özellikle sınırlar ve kişiler arası ilişkilerin farkındalığı açısından önemlidir (Özü Gökçe, 2019).

Çocuklarla Dans ve Hareket Terapisi Aktivitelerine Örnekler (Gladding, 1992)

Yürüme: Bu aktivitede çocuklar, bir daire içinde normal hızda düzenli olarak yürürler. Nasıl yürüdüklerini hissettikten sonra çocuklardan normalden daha hızlı ve sonrasında da normalden daha yavaş yürümeleri istenir. Ardından duygular ile yürüme ilişkilendirilir ve çocuklardan mutlu, üzgün ya da yorgunmuş gibi farklı duygular içinde yürümeleri istenir. Bu deneyimden sonra çocuklara çöl, dağ, çamur, buz, su ve hatta fıstık ezmesi, kremşanti, yoğurt ya da mısır gevreği gibi çeşitli şeyler dâhil olmak üzere farklı arazilerin üzerinde ya da içinde yürüyormuş gibi davranmaları talimatı verilir. Yürüyüş tamamlandıktan sonra (genellikle çimenli bir çayırda yürüyormuş gibi yaparak), çocuklar ve liderleri deneyimlerin nasıl olduğu hakkında konuşurlar.

Hareket etme: Bu egzersizin amacı, çocukların bir yerden başka bir yere gitmek için yapabilecekleri atlama, koşma ya da sıçrama gibi birçok farklı hareketi görmelerini sağlamaktır. Çocuklar, hareketleri birleştirebilir ya da aynı hareketi bir eş ile birlikte yapabilirler. Sonrasında bu hareketlerle ilgili duygular tartışılır.

Robot: Bu aktivitede çocuklar, sadece bir robot gibi hareket eder ya da konuşurlar. Böylece sert uzuvlu olur ve monoton bir şekilde konuşurlar. Aktivitenin yarısında yeniden insan gibi hareket ederler. Aktivitenin sonunda robot-insan olma deneyimleri hakkında konuşurlar.

Çocuklar, enerjik olduklarından dolayı dans ve hareket etmeyi kolaylıkla kabul ederler (Gladding, 1992). Sözel iletişim becerileri henüz yeteri kadar gelişmemiş olan çocuklarda dans ve hareket terapisi yararlı sonuçlar ortaya çıkarabilir (Goodill, 1987). Çocuklar, dünyayı genellikle duygusal, sosyal, fiziksel, iletişimsel ve bilişsel gelişimlerini belirleyen vücut deneyimleri yoluyla öğrenirler. Dans ve hareket terapisi çocukların kendilerini, diğer insanları ve çevrelerini anlamlı bir şekilde keşfetmelerini sağlayan bir süreçtir (Erfer ve Ziv, 2006).

Ergenlerle çalışırken dans ve hareket terapisi hem önleyici hem de terapötik bir değere sahip olabilir (Gladding, 1992). Önleyici dans ve hareket terapisi, ergenlerin beden imajları ve beden farkındalıklarındaki radikal değişimlere ve bunun yarattığı geçici duyarsızlaşma duygularını keşfetmelerine yardımcı olmaya odaklanır (Emunah, 1990). Terapötik olarak dans ve hareket terapisi, ergenlerin çatışmalarını aktif ve davranışsal bir formda dile getirmelerini sağlar. Öfkeli ya da kafası karışık olan bir ergen, duygularını güvenli bir yolla ifade etme imkânı bulmuş olur (Gladding, 1992). Duygusal ve davranışsal problemleri olan ergenler, genellikle iç dünyalarındaki duygu ve düşüncelerin farkında değildirler ve onları düzenleyemezler. Depresif, kaygılı, öfkeli ya da aşırı kontrolcü bir gence yardımcı olmanın ilk adımı, onun içsel durumunu yararlı bir şekilde tanımlamasını ve açıklamasını sağlamaktır. Dans ve hareket terapisi ergenlerin içsel durumlarını daha iyi fark etmelerine yardım ederek onların belirli duygularını düzenlemesi için potansiyel bir strateji olarak hizmet edebilir (Anderson ve ark., 2014). Yapılandırılmış bir dans ve hareket terapisi ergenlere bedenleri aracılığıyla duygusal deneyimlerini paylaşırken kendilerini güvende hissetmeleri için ihtiyaç duydukları sınırı sağlar. Diğer taraftan serbest dans ve hareket etme, ergenlerin duygularında seçemedikleri ve kontrol edemedikleri alanlar açabilir ve henüz anlayamadıkları ya da yüzleşmek için duygusal mekanizmalara sahip olmadıkları içsel yaşantıların ortaya çıkmasını sağlayabilir (Engelhard, 2014).

Dans ve hareket terapisi kanser hastası çocuk ve ergenler (Cohen ve Walco, 1999), deprem travması yaşayan çocuklar (Lee ve ark., 2013), mülteci çocuklar (Bareka, Panhofer ve Cigaran, 2019) ve otizmli çocuklar (Aithal ve ark., 2021; Scharoun ve ark., 2014) ile etkili olarak kullanılabilmektedir. Dans ve hareket terapisinin grup formatında (Erfer ve Ziv, 2006) ve ebeveyn-çocuk dans ve hareket terapisi (Kedem, Regev ve Guttmann, 2021) şeklinde uygulanması da mümkündür.

Görsel Sanat Terapisi

Görsel sanat terapisi, psikolojik danışma sürecinde gerçekliği görsel olarak temsil etmeye odaklanan resim, çizim, fotoğraf ya da heykel gibi sanat türlerinden yararlanmayı ifade etmektedir (Gladding, 1992). Psikolojik danışma sürecinde boyama, çizim yapma, resim yapma, hazır resimlerden yararlanma (kartpostallar, tablolar, internet resimleri, fotoğraflar gibi), çamur ve heykel çalışmaları yapma, fotoğraf çekme, kolaj yapma ve kişisel dergiler tasarlama gibi çeşitli görsel sanat teknikleri kullanılabilmektedir (Joscho ve ark., 2022; Özü Gökçe, 2019, Stevens ve Spears, 2009).

Psikolojik danışma sürecinde görsel sanatların kullanılması bilinç dışının ortaya çıkmasını sağlamakta ve insanların gizli çatışmalarını ifade etmelerine yardımcı olmaktadır. Görsel sanatlar aracılığıyla insanlar, kendi içlerinde yaşadıkları çok sayıdaki duyguyu fark ve kabul etmektedirler (Gladding, 1992). Dolayısıyla görsel sanatlar danışanlarda öz farkındalık sürecini kolaylaştırmaktadır (Rao ve ark., 2009). Sanat, iletişim için tehdit içermeyen bir ortam yaratarak danışanların kendilerini açmasını sağlamakta ve duygusal iyileşmeyi kolaylaştırmaktadır (Ahmed ve Siddiqi, 2006).

Sanat, danışanlar için problemleri dışsallaştırılmanın bir yolu olarak hizmet etmekte, kontrol duygusunu artırmakta (Whisenhunt ve Kress, 2013) ve danışanlarda umut yaratmaktadır (Gladding, 1992). Görsel sanatların kullanımıyla artan kontrol duygusu; danışanların benlik saygısı ve öz değer duygularının artışına da katkı sağlayabilmektedir (Edgar-Bailey ve Kress, 2010).

Şekil 3. Psikolojik Danışmada Sanat Kullanımının Üç Aşamalı Modeli (Kahn, 1999)

Kahn (1999), psikolojik danışma sürecine sanatın nasıl dâhil edilebileceğine ilişkin bir model önermektedir. Bu model giriş, keşif ve eyleme geçme olmak üzere üç aşamadan oluşmakta ve her bir aşama aşağıda ayrıntılı olarak açıklanmaktadır.

Giriş aşaması: Danışma sürecinin başlangıcında odaklanılan konu güvenin inşa edilmesidir. Giriş aşamasında sanatı kullanmanın amacı; terapötik bir ilişki kurmak ve danışanı sanat eserlerinin iletişim için bir araç olduğu düşüncesiyle tanıştırmak olmalıdır. Danışmanın danışana kabul edici, yargılamayan ve hoşgörülü bir ortam sağlaması önemlidir. Danışan sanatı kabullendikçe bu atmosfer, danışmanın sanatı ele alma ve sanat eserlerini saklama biçimine de yansımalıdır. Giriş aşamasında danışana verilen sanat yönergeleri açık uçlu olmalıdır. Bu, danışanı kendini sanat aracılığıyla tanımaya teşvik eder. Bu aşamada verilebilecek örnek yönergeler, "Kim olduğunla ilgili bir kolaj yapmanı istiyorum.", "Mahalleni çiz ve istediğin değişiklikleri yap." şeklinde olabilir. Bu aşamada danışmanın eseri yorumlama girişimleri güvenin inşa edilmesini engelleyici olabilir. "Yaptığın kolajı bana anlatmanı istiyorum." şeklinde bir yorum yeterli olacaktır.

Keşif aşaması: Keşif aşamasında sanatı kullanmadaki amaç, danışanın problemlerini keşfederken kendini açma davranışının aşamalı olarak artmasıdır. Sanat aracılığıyla danışmanın rehberliğinde danışan; duygularını, düşüncelerini ve davranışlarını keşfetmeye başlayabilir. Bu aşamada danışman, danışanın gelişim düzeyini, savunma stillerini ve problem davranışının yoğunluğunu değerlendirdiği için yönergeler daha çok güçlük yaşanan alanlara odaklanır. Danışman, danışanı önceki oturumda üretilen çalışmalara dayanan sanat yönergelerini uygulayarak örüntüleri keşfetmeye ve kendini açmayı genişletmeye teşvik etmelidir. Keşif aşamasında kullanılabilecek yönerge örnekleri, "Psikolojik danışmaya neden geldiğine ilişkin anlayışını anlatan bir kolaj yap.", "Hayat hikâyenin bir taslağını hazırla.", "Arkadaş grubunun içinde ve bireysel olarak kendini nasıl gördüğüne ilişkin bir çizim yap." ya da "Akademik çalışmalarına katılımını temsil eden bir resim seç." şeklinde olabilir.

Eyleme geçme: Keşif ile eyleme geçme aşamaları arasındaki sınır genellikle net değildir. Psikolojik danışman ve danışan, aynı sanat ürününü kullanarak tek bir oturumda hem keşfedebilir hem de eyleme geçebilirler. Eyleme geçiş aşamasında amaç, danışanın kendini açmaya devam etmesi, başa çıkma becerilerini bütünleştirmesi ve yeni davranış örüntülerine izin veren çeşitli çözüm yollarını bulmasıdır. Bu aşamadaki sanat yönergeleri, danışanın değişim için hedefler oluşturmasına ve bu hedeflere ulaşmak için hangi davranışlara ihtiyacı olduğunu detaylandırmasına yardım eder. Eyleme geçme aşamasında kullanılabilecek yönerge örnekleri, "Şimdi nerede olduğunu ve danışma süreci bittiğinde nasıl olacağını gösteren bir köprü çiz. Yolundaki engeller nelerdir? Başarman gereken adımlar nelerdir?", "Bundan 15 yıl sonra kendini nasıl gördüğünü çiz. Bu süre zarfında hangi hedefleri başarmaya ihtiyacın var?" şeklinde olabilir.

Görsel sanatların kullanımı özellikle de okul psikolojik danışmanlığı uygulamaları için ideal bir yöntemdir. Görsel sanat materyalleri kolaylıkla ulaşılabilirdir. Boya kalemleri ya da keçeli kalemler gibi temel malzemeleri bütçesi en kısıtlı danışmanlar bile kolaylıkla edinebilirler. Okul psikolojik danışmanlığında sanatın kullanımı her gelişimsel dönem için uygundur. Pastel boyayı tutabilen her çocuk, danışmanlık uygulamalarında sanatın kullanımından yarar görebilir. Öğrencinin çalışmasını derinlemesine yorumlamak gerekmediği için danışmanlık uygulamalarında sanatı bir araç olarak kullanırken okul psikolojik danışmanları daha az engellenmiş hissedebilirler. Sanat ifade edilmesi zor olan düşüncelerin görsel olarak temsil edilmesine imkân tanır. Örneğin, öfkesini ifade edecek sözcük bulmakta zorluk yaşayan bir öğrenci öfkesini bir yanardağ çizerek ve "patlama" ile özdeşleşerek ifade edebilir. Okul danışmanları; öğrenme güçlüğü, dikkat eksikliği ve hiperaktivite bozukluğu (DEHB) ve davranışsal ve duygusal bozukluklar gibi çeşitli ihtiyaçları olan öğrencilerle sanatı rahatlıkla kullanabilir, öğrencileri sanatsal aktiviteler aracılığıyla değerlendirebilirler. Okul psikolojik danışmanlığında sanat, öğrencilerin duygusal problemlerini çözmelerine yardım etmek, öz farkındalığı hızlandırmak, sosyal becerileri geliştirmek, davranışları yönetmek, anksiyeteyi azaltmak ya da benlik saygısını arttırmak için kullanılabilir (Chibbaro ve Camacho, 2011).

Psikolojik danışmada görsel sanatları kullanabilmek için alanın, sessizliğin, hareket özgürlüğünün, teşvik ve zamanın yeterli olması gerekmektedir. Danışanın bir görsel sanat çalışmasından zevk alması ve fayda görmeye başlaması zaman alabilir. Psikolojik danışmanlar, danışanlara bu deneyimin sanatsal yetenek ile ilgili olmadığını sadece sözlerden farklı bir araç kullanarak kendini keşfetme fırsatı olduğunu açıklamalıdırlar

(Gladding ve Newsome, 2003). Ayrıca kullanılacak görsel materyalin seçiminde hem danışanın hem de danışmanın ihtiyaçları dikkate alınmalıdır. Yapılandırılmış bir oturumda kullanılacak materyal danışman tarafından belirlenir ya da danışana sınırlı bir seçim şansı tanınır. Daha az yapılandırılmış oturumlarda ise danışanlara her türlü materyali seçme imkânı verilebilir (Kahn, 1999).

Okulda Sanat Uygulamaları İçin Psikolojik Danışmanlara Öneriler (Kahn, 1999)

1) Ofisinize herkesin görebileceği ve kolayca ulaşabileceği bir sanat istasyonu kurun.
2) Psikolojik danışmada sanatın kullanımını normalleştirin. Süreci öğrencilere, öğretmenlere, okul yönetimine ve ebeveynlere açıklayın. Örneğin, okul rehberlik servisinin tanıtıldığı oryantasyon programlarında ya da veli toplantılarında psikolojik danışmada sanatın kullanım süreci anlatılabilir.
3) Öğretmenlere ve ebeveynlere her yaş grubundan danışanla çalışırken sanattan yararlanmanın değerini anlatın. Ergenlerin gelişim ihtiyaçlarıyla ilişkili yararları vurgulayın.
4) Öğretmenlerin süreci kişisel olarak tecrübe etmelerini sağlayın. Örneğin, bir toplantıda çizim aracılığıyla onların şimdiki mesleklerine uzanan kariyer yolculuklarını yaratmalarını ve paylaşmalarını sağlayın.
5) Öğrencilere bu sürecin sanatsal yetenekle ilgili olmadığını, sadece sanat aracılığıyla kendini ifade etme ve iletişime geçme ile ilgili olduğunu sürekli olarak hatırlatın.
6) İlk oturumlarda sanat eserlerini de içeren şekilde gizlilik konularına açıklık getirin. Öğrencilerin sanatsal ürünleri; öğretmenlere, ebeveynlere ya da diğer kişilere öğrencinin izni olmadan gösterilmez.
7) Sanat eserinin saklanmasıyla ilgili kararı danışmanlık sürecinde verin. Eser okul danışmanında mı kalacak yoksa öğrenci evine mi götürecek? Eseri danışmanın ofisinde saklamasının birtakım avantajları vardır. Danışanın ilerlemesini değerlendirmek için gelecek oturumlarda bir referans olarak kullanılabilir.

Görsel sanatların kullanımı, kanser hastası çocukların saldırganlık ve anksiyete düzeyinin azalmasında (Khodabakhshi Koolaee ve ark., 2016), ilkokul çocuklarında karşıt gelme bozukluğu semptomlarının azalmasında (Khadar, Babapour ve Sabourimoghaddam, 2013), öfkeli çocukların başa çıkma becerilerini öğrenmelerinde ve patolojik davranışlarının azalmasında (Samadzadeh, Abbasi ve Shahbazzadegan, 2013) etkili sonuçlar ortaya koymaktadır.

Oyun Terapisi

Oyun terapisi, eğitimli oyun terapistlerinin, danışanların psikososyal sorunlarını önlemelerine ya da çözmelerine ve ideal büyüme ve gelişimi gerçekleştirmelerine yardımcı olmak amacıyla oyunun terapötik gücünden yararlandıkları bir yaklaşımdır. Bu yaklaşımda terapistler, kişiler arası bir süreç tesis etmek için oyunu temel alan kuramsal bir modelden sistemli bir biçimde yararlanmaktadırlar (Association for Play Therapy, 2022). Oyunlar, danışanların yaşadıkları zorlukları değerlendirmek, önlemek ya da tedavi etmek amacıyla kullanılmaktadır (Teke ve Avşaroğlu, 2020).

Oyunların çocukların hayatında önemli bir yeri vardır. Çocuklar, dil gelişimleri bilişsel gelişimlerinin gerisinde kaldığından dolayı dünyalarında olup biten olaylara ilişkin farkındalıklarını oyun aracılığıyla gösterirler (Landreth ve Bratton, 1999). Oyunlar, çocukların fiziksel, bilişsel, duygusal ve sosyal gelişimini destekler ve kendilerini ifade etmelerine yardımcı olur (Landreth, 2001; Teber, 2015). Oyunlar; eğlenceli, eğitici, yaratıcı ve rahatlatıcıdır, olumlu sosyal etkileşimleri ve iletişimleri teşvik eder. Çocuklar, oyun oynarken engellenmeyi nasıl tolere edebileceklerini, duygularını nasıl düzenleyebileceklerini, bir görevde nasıl başarılı olabileceklerini öğrenebilir ve yeni becerileri uygulama fırsatı bulabilirler (Blundon Nash ve Schaefer, 2011). Oyun oynamak, ilgi ve yeteneklerin gelişmesi, karar verme, sorun çözme, kurallara uyma, otokontrol ve duyguları düzenleme becerilerini öğrenme, arkadaş edinme, diğerleri ile eşit ilişki kurma ve eğlenceyi deneyimleme açısından yararlıdır (Gray, 2011).

İletişim, duygu düzenleme, ilişkiyi geliştirme, duygusal açılım, empati, ahlaki yargılama, stres yönetimi, bilinç dışına erişim, benliği güçlendirme, yaşama hazırlama ve kendini gerçekleştirme alanlarında sağladığı katkılarla (Blundon Nash ve Schaefer, 2011; Schaefer, 1999) oyunların çocukların yaşamında terapötik bir işlevi vardır. Oyunlar, çocukların iç dünyalarındaki korku, kaygı ya da çatışmaları dışa atarak rahatlamalarına, korkularıyla oyun içinde daha rahat ve güvenli bir ortamda yüzleşmelerine yardımcı olur. Oyunlarda çocuklar, korkutucu ya da travmatik bir durumu sembolik olarak yeniden işleyebilir, oyunun sonucunu değiştirip tersine çevirerek içsel bir çözüme doğru ilerleyebilir, daha sonrasında sorunlarla daha iyi başa çıkabilir ve buna uyum sağlayabilirler (Landreth, 2001; Landreth ve Bratton, 1999; Teber, 2015).

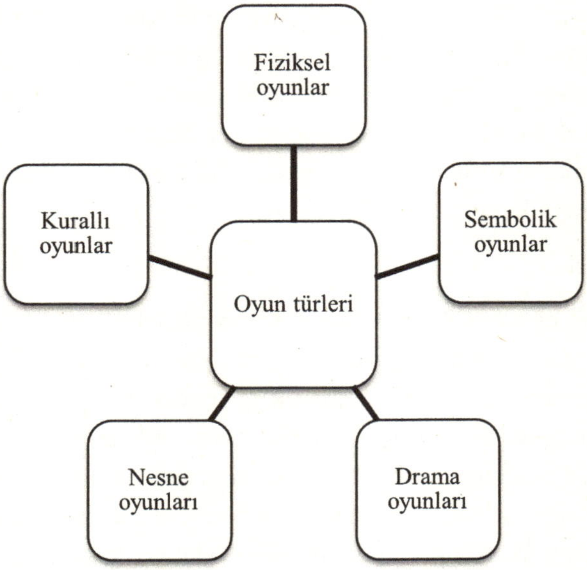

Şekil 4. Oyun Türleri (Whitebread, 2012)

Fiziksel oyunlar: Atlama, tırmanma, bisiklete binme, topla oynama vb.

Sembolik oyunlar: Dil, okuma yazma, sayı ve görsel medyadan (resim çizim, kolaj) yararlanarak oynanan oyunlar.

Drama oyunları: Çocukların çeşitli sosyal rolleri canlandırdıkları oyunlar.

Nesne oyunları: Çocukların çeşitli nesneleri kullanarak oynadıkları oyunlar.

Kurallı oyunlar: Saklama ve arama, atma ve yakalama gibi fiziksel hareketi içeren kurallı oyunlar, masa ve kart oyunları, bilgisayar oyunları vb.

Oyun terapisi üç aşamadan oluşmaktadır. Bu aşamalar aşağıda açıklanmaktadır (Blundon Nash ve Schaefer, 2011):

Rapportun kurulması: Terapist ve çocuğun bir çalışma ilişkisi inşa etmeye başladıkları ilk oturumları içermektedir. Bu aşamada terapist, çocukla ve onun deneyimleriyle ilgili bilgi toplarken çocuk, oyun alanı ve terapi sürecini öğrenmektedir. Oyun terapisi oturumları doğası gereği destekleyicidir ve çocuğun oturumlar sırasında rahat ve güvende hissetmesine izin verir.

Çalışma: Terapinin en uzun aşamasıdır. Bu aşamada terapist, değişimi yaratacak en uygun yöntemleri seçer ve uygular. Oyun temaları, genellikle belirgindir ve çocuğun iç dünyasına bir pencere açar. Bu temalar, terapi oturumları sürecinde tekrar tekrar görülebilir. Bunlar, çocuğun anlamaya ve üstesinden gelmeye çalıştığı karşılanmamış ihtiyaçlar, istekler, çözülmemiş çatışmalar ya da güçlüklerle ilgili olabilir. Saldırganlık, bağlanma, rekabet, kontrol, iş birliği, travmatik olaylar, ölüm/yas, korkular, bozulan ya da zarar gören bir şeyi düzeltme, cinsiyet, iyiye karşı kötü, kimlik, sınırları test etme, onaylanma ihtiyacı, güç, problem çözme, regresyon, gerçek yaşam olaylarını yeniden oynama, okul, cinsellik, sosyal kurallar, savunmasızlık ya da kazan-kaybet durumları yaygın olarak görülen temalara örnek oluşturur.

Sonlandırma: Terapist ve çocuk, var olan problemi iyileştirmek ya da çözmek için terapötik süreci kullanır. Bu aşama, çocuğun ve ailenin meydana gelen değişimleri sahiplenmesine ve iyileşmenin devam etmesi için hazırlanmalarına yardımcı olmayı amaçlar.

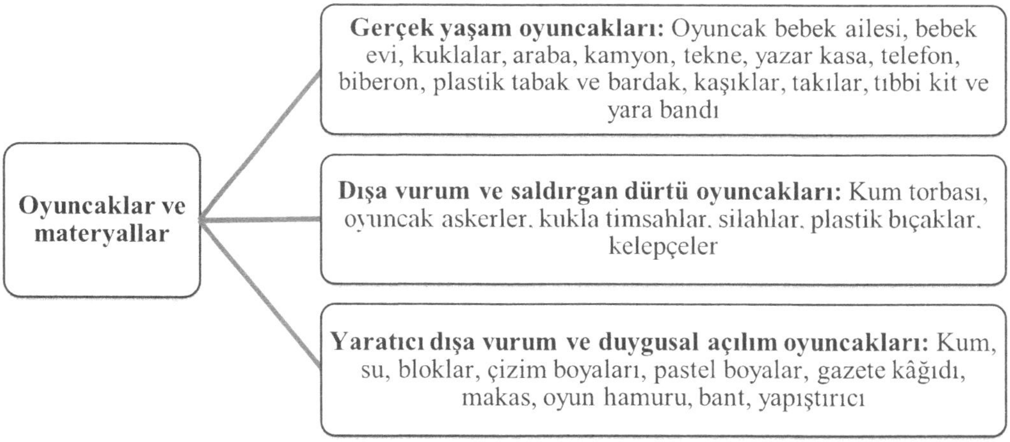

Şekil 5. Oyun Terapisinde Kullanılabilecek Oyuncaklar ve Materyaller

Oyun terapisinde kullanılan oyuncak ve materyaller; gerçek yaşam oyuncakları, dışa vurum ve saldırgan dürtü oyuncakları ile yaratıcı dışa vurum ve duygusal açılım oyuncakları olmak üzere üç grupta sınıflandırılabilir. Oyun terapisinde oyuncak bir bebek ailesi, çocuğun yaşamındaki aile üyelerini temsil ederek çocuğun duygularını ifade etmesini sağlayabilir. Çocuk, oyuncak insan figürlerini kullanarak öfke, korku, kardeş kıskançlığı, krizler ya da aile içi çatışmaları doğrudan ifade edilebilir. Bir araba, kamyon, tekne ya da yazar kasa; dirençli, kaygılı, utangaç ya da çekingen çocuklar için önemli araçlar olabilir. Kum torbası, oyuncak askerler, kukla timsahlar, silahlar ya da plastik bıçaklar; öfke, düşmanlık ya da engellenme duygularını ifade etmek için kullanılabilir. Çocuklar, oyunlarında insan figürlerini vurmak yerine yaşamlarından bir insanı (ör., baba) temsil eden bir hayvanı vurmayı tercih edebilirler. Timsah bir kukla aracılığıyla ısırma, çiğneme, hatır hutur sesler çıkarma gibi davranışlarla düşmanlık duygularını ortaya koyabilirler. Kum ve su, çocukların duygularını ifade etmeleri için en çok tercih edilen yapılandırılmamış materyallerdir. Çocuklar, kumu hareket ettirerek ya da oyuncak bebekleri ya da diğer araçları kuma gömerek öfkelerini gösterebilirler. Çocuk, yapıcı ya da yıkıcı davranışlarını bloklar aracılığıyla ortaya koyabilir. Bloklar evler hâline gelebilir, atılabilir, saklanabilir ya da kırılabilir (Landreth, 2001).

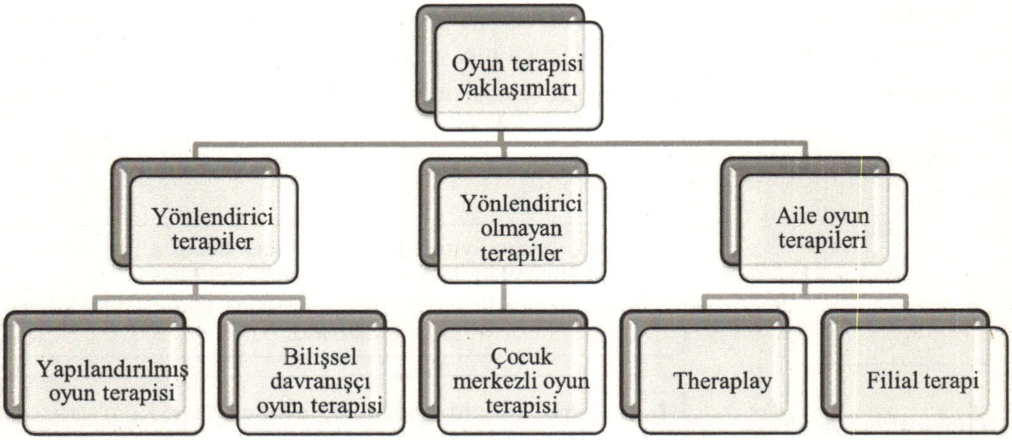

Şekil 6. Oyun Terapisi Yaklaşımları

Oyun terapisi yaklaşımlarını üç başlık altında sınıflandırmak mümkündür. (1) ***Yönlendirici oyun terapisi*** yaklaşımlarında terapist sürece dâhil olmaktadır. Çocuğu yönlendirme ve yorumlama söz konusudur. Çocuğun oynayacağı oyunu ve oturumun nasıl ilerleyeceğini terapist belirler. (2) ***Yönlendirici olmayan yaklaşımlar,*** bireyin kendi problemlerini çözmek için yeterli olduğu, çocukların olgun davranışlar sergileyebilme kapasitesine sahip olduğu anlayışını kabul etmekte ve danışma oturumlarında çocuğa kendisi olabilmesi için özgür bir alan yaratmaktadır. Terapist, çocuğu yönlendirmek ve yorum yapmaktan kaçınır. Çocuk oynayacağı oyunu kendi seçer ve terapist, oturumun nasıl ilerleyeceğini belirlemesi için çocuğa izin verir. (3) ***Aile oyun terapileri*** ise ebeveyn-çocuk ilişkisinin güçlenmesine odaklanmaktadır (Kiye ve Yalçın, 2021).

Çocuklarla gerçekleştirilen oyun terapileri; ihmal ve istismar, evlatlık olma, saldırgan davranışlar, anksiyete ve geri çekilme davranışları, bağlanma problemleri, otizm, dikkat eksikliği ve hiperaktivite bozukluğu, öğrenme güçlükleri, konuşma güçlükleri, davranışsal problemler, kronik hastalık, depresyon, sağırlık ya da fiziksel engellilik, aile içi şiddet, aile içi problemler ya da ebeveynlerin boşanması, doğal felaketler, travma, şizofreni, enürezis ve enkoprezis gibi çok çeşitli problem alanlarında etkili olarak kullanılabilmektedir (Kottman, 2011; Landreth ve Bratton, 1999).

Oyun terapileri sıklıkla 12 yaşın altındaki çocuklar için işlevsel olarak değerlendirilmektedir. Çünkü çocukların danışma oturumuna gelip problemlerini danışmana anlatma, duygularını ve düşüncelerini kelimelere dökme yetenekleri genellikle sınırlıdır (Kottman, 2011). Ancak oyun terapisinin kullanımı ve etkililiği çocuklarla sınırlı değildir. Oyun terapisi ergenler için de işlevsel olabilir (Milgrom, 2005). Ergenler, öz-farkındalık ve bireysel kimlik kazanmaya çalışırken soyut düşünmeyi ve varsayımsal akıl yürütmeyi de kullanmaya başlarlar. Aile, okul ya da arkadaşlık ilişkilerini içeren; cinsellik, hamilelik, madde kullanımı, yakın ilişkiler, okul baskısı ya da beden imajı gibi gerçek dünyanın problemlerinden etkilenirler. Artan sorumluluklarla karşı karşıya kalır ve kendileriyle ilgili daha fazla kararlar verirler. Ergenlerin oynadıkları oyunlar; kendileri, ilgi alanları, bilişsel yetenekleri ve karşılaştıkları sorunlarla ilgili artan anlayışlarını yansıtır. Oyun, ergenleri sosyalleşme becerilerini ve yakın ilişkilerini geliştirebilecekleri faaliyetlere dâhil eder (Breen ve Daigneault, 1998). Oynanan oyunların niteliği çocukluk yıllarındaki oyunlara göre farklılık gösterse de oyunlar, gençlik yıllarında da terapötik işlevini korumaya devam eder (Teber, 2015). Gençlerle çalışırken atletik oyunlar, rekabetçi ya da rekabetçi olmayan masa oyunları ya da kart oyunlarından yararlanmak daha uygun olabilir (Breen ve Daigneault, 1998). Terapinin bir bölümü olarak oyunu kullanmak, ergenin dünyada nasıl işlev gösterdiğini değerlendirmek için iyi bir yöntemdir. Masa oyunları ya da kart oyunları ergenin sosyal becerilerini, güç ve kontrol problemini (kurallara uyma ya da uymama gibi), benlik saygısını (kazanma ihtiyacı ya da olumsuz benlik konuşmaları gibi) ve yetişkinlerle ilişkilerini değerlendirmek için kullanılabilir (Milgrom, 2005).

Oyun terapisinin okullarda kullanımı, öğrencilerin dinlendiklerini, onlara saygı duyulduğunu, kabul edildiklerini ve değerli olduklarını hissetmelerine yardımcı olmak açısından önemlidir. Yoğun ve uzun süreli geleneksel oyun terapisi yaklaşımlarını uygulamak için okul danışmanlarının yeterli zamanı olmasa da okullarda kısa süreli oyun terapisi yaklaşımlarından yararlanılabilir. Oyun terapisinin okullarda kullanımı öğrencilerin gelişimsel, duygusal ve sosyal ihtiyaçları açısından önemlidir. Oyun tekniklerinin kullanımı ergenlik dönemindeki öğrencilerin kendilerini oyun aracılığıyla açmalarına, iş birlikçi bir aktivite ile içgörü kazanmalarına ya da rol oynama aracılığıyla yeni davranışlar geliştirmelerine yardımcı olabilir. Oyun terapisi aracılığıyla ergenlerin sosyalleşme ve iletişim becerileri, öz güvenleri ve problem çözme yetenekleri gelişebilir. Ergenlerin benlik duygularının gelişmesi, değer yönelimlerinin ve cinselliklerinin daha çok farkında olmalarına yardım edebilir (Breen ve Daigneault, 1998).

Drama Terapisi

Drama terapisi, danışanın terapötik amacına ulaşması için drama ya da tiyatro sürecinin kullanılmasını ifade etmektedir. Kuramsal temelinde drama, tiyatro, psikoloji, psikoterapi, antropoloji, oyun, etkileşimli ve yaratıcı süreçlerin yattığı bu yaklaşım, danışanlara hikâyelerini anlatmalarında, hedefler oluşturmalarında, problemlerini çözmelerinde ve duygularını ifade etmelerinde yardımcı olmaktadır. Drama terapisinde öncelikle danışanın ihtiyaçları değerlendirilmekte ve sonrasında danışanın ihtiyaçlarını karşılamak için en iyi yaklaşımın ne olduğuna karar verilmektedir. Drama terapisi, bireyin ya da grubun ihtiyaçlarına, beceri ve yetenek düzeyine, ilgilere ve terapötik amaçlara bağlı olarak pek çok biçim alabilmektedir. Süreç ve teknikler; doğaçlamaları, tiyatro oyunlarını, hikâye anlatıcılığını ve rol oynamayı içerebilmektedir. Terapötik ve yaratıcı süreci zenginleştirmek amacıyla drama terapisi sürecinde metin, gösteri ya da törenlerden yararlanılabilmektedir (North American Drama Therapy Association, 2022).

Psikolojik danışma sürecinde dramayı kullanmak, danışanların farklı roller üstlenerek tüm duyguları ile uyum sağlamalarına; spontane oyunlara tanıklık ederek ya da bunların bir parçası olarak kendilerine ilişkin içgörü kazanmalarına, sosyal rollerine ve kişiler arası ilişkilerine ilişkin daha geniş bir anlayış geliştirmelerine yardımcı olmaktadır. Drama temelli yaklaşımlar, danışanların semptomlarının giderilmesinde, duygusal ve fiziksel bütünleşme ve kişisel gelişimin sağlanmasında etkili olmaktadır (Gladding, 1992).

Psikolojik danışmada dramanın kullanımı özellikle 1900'lü yıllarda Jacob Moreno'nun çabalarıyla popüler hâle gelmiştir. Moreno tarafından ortaya konulan ***psikodrama***; tiyatro ve dramayı psikoterapi ile bütünleştiren bir grup terapisi yaklaşımıdır. Psikodrama; kişisel problemlerin davranışlar aracılığıyla sergilemesi yoluyla anlaşılmasını, çözülmesini ve bireyin tedavi edilmesini amaçlamaktadır (Yılmaz, 2017). Psikodrama; spontanlık, eylem ve yaratıcılık kavramlarına dayanmakta ve bireylerin duygularını denetim altında dışa vurmasını, sözlü anlatımın yerini eyleme bırakmasını amaçlamaktadır (Geçtan, 1976).

Psikodramanin beş temel ögesi vardır (Saraç ve Duyan, 2020; Uşaklı, 2022):

Sahne: Psikodrama oturumlarında oyunlar belirli bir alanda sahnelenir. Oyunda yer almayan grup üyeleri sahnede bulunmazlar. Oynanacak oyunun geçtiği ortama göre sahne düzenlenir. Örneğin, oturma odasında gerçekleşen bir olay canlandırılacaksa ortam koltuk, sandalye gibi araç ve gereçlerle düzenlenir.

Protagonist: Problemi ele alınacak kişi oyunun baş kahramanıdır. Grup üyeleri arasından grup tarafından seçilen protagonist, yaşam alanındaki bir sorunu oturumda çalışmak ister. Ölüm korkusu, annesi ile arasındaki çatışma, iş yerindeki otorite problemi, eşi ya da çocuğuyla ilişkisi gibi bir konuyu çalışmak isteyebilir.

Yönetici: Psikodrama sürecine rehberlik eden terapisttir.

Yardımcı egolar: Protagonistin hayatındaki önemli kişileri canlandırması için seçtiği grup üyeleridir.

Grup: Psikodrama sürecinde grup tedavi edici bir özelliğe sahiptir. Grubun protagonistin üzerinde çalıştığı soruna ilişkin geri bildirimleri kişiye yalnız olmadığı, başkalarının da benzer sorunları olabileceği mesajını verir.

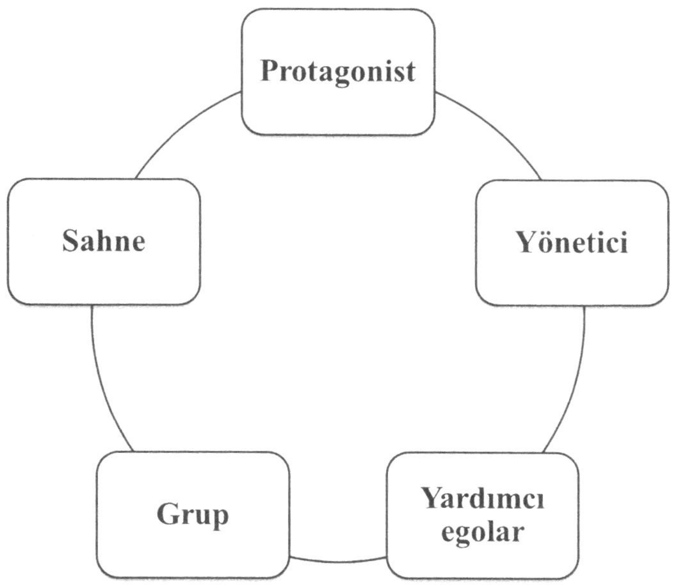

Şekil 7. Psikodramanın Temel Ögeleri

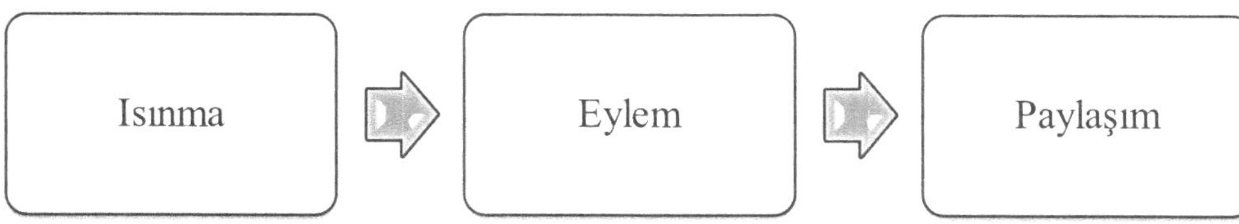

Şekil 8. Psikodramanın Aşamaları

Psikodrama; (1) ısınma, (2) eylem ve (3) paylaşım olmak üzere üç aşamadan oluşmaktadır. ***Isınma aşaması***, grup içinde yaratıcılığı ortaya çıkaracak bir atmosferin oluşmasını sağlar. Bu aşamada lidere önemli görevler düşer. Lider, ısınma aktivitesi ile grup üyelerinin dikkatini çekmeyi amaçlar, onları eyleme geçmeye hazırlar ve böylece hem grupla kendisi arasında hem de grup üyelerinin kendisi arasında bir iletişim kurulmasını sağlar. ***Eylem aşaması***, protagonistin çalışmak istediği konunun ele alındığı aşamadır. Öncelikle yönetici (terapist), sorunu anlamak için protagonist ile görüşme yapar ve çeşitli sorular sorar. Protagonistten canlandırılacak olayın geçtiği ortamı tanımlaması, olayın nerede, ne zaman geçtiğini ve orada kimlerin olduğunu belirtmesi istenir. Sonrasında oyunda yer alacak kişilerin seçimi gerçekleştirilir. Protagonist, kendisinin yerini alacak eş egoyu ve olaya dâhil olan diğer kişileri canlandıracak yardımcı egoları seçer. Ardından oyun sergilenir. ***Paylaşım aşaması***, geri bildirimler ve özdeşim geri bildirimlerinin paylaşılmasını içerir. Her bir grup üyesi, protagoniste ne kadar benzediğine ilişkin duygu ve düşüncelerini paylaşır (Saraç ve Duyan, 2020).

Drama, ergenlerin yaşamları üzerinde daha iyi bir kontrol elde etmelerine yardımcı olmak için kullanılabilmektedir (Gladding, 1992). Yaratıcı drama uygulamaları, ergenlerin grupla bir işi yapma ve yürütme, ilişkiyi başlatma ve sürdürme ile kendini kontrol etme gibi sosyal becerileri kazanmalarında etkili sonuçlar ortaya koymaktadır (Abacı, Tepeli ve Erbay, 2015). Araştırmalar, psikodrama uygulamalarının ergenlerin saldırgan davranışlarının azaltılmasında (Karataş, 2011; Karataş ve Gökçakan, 2009), problem çözme becerilerinin artmasında (Karataş, 2011) ve arkadaşlık ilişkilerinin iyileşmesinde (Öz Soysal, 2020) etkili olduğunu göstermektedir. Çocuklarla gerçekleştirilen drama temelli çalışmalar incelendiğinde, drama terapisinin çocukların sosyal anksiyete bozukluğu semptomlarının azaltılmasında (Rokh, Anari ve Bahram, 2008) ve otizm spektrum bozukluğu olan çocukların sosyal becerilerinin geliştirilmesinde (D'Amico, Lalonde ve Snow, 2015) etkili olarak kullanılabildiği görülmektedir.

Şiir Terapisi (Bibliyoterapi)

Şiir terapisi, psikolojik danışma sürecinde danışanın öz farkındalığını artırmak, iyileşmesine ve kişisel olarak büyümesine yardımcı olmak amacıyla şiirler, hikâyeler, şarkı sözleri ya da metaforlar gibi edebî türlerin kullanımını anlatmaktadır (The National Association for Poetry Therapy, 2022). Şiir terapistleri, danışanların kendi varoluşlarıyla ilgili gerçeği keşfetmelerine, yaratıcılıklarını ve problem çözme yeteneklerini geliştirmelerine, diğerleriyle daha iyi iletişim kurmalarına ve iyileşmeyi tecrübe etmelerine yardımcı olmak için şiirsel dilin tüm formlarını (şiir, öykü, mektup, masal, efsaneler, deneme, ilahiler, şarkı sözleri gibi) kullanabilmektedirler (Gorelick, 2005). Psikolojik problemlerin tedavisinde kitaplardan yararlanılan bibliyoterapi yöntemi, günümüzde şiir terapisi ile eş anlamlılık kazanmıştır (Özen, 2020).

Şiir terapisi uygulamalarında edebî türlerden üç farklı şekilde yararlanılabilir (Mazza, 2014; Mazza ve Hayton, 2013):

(1) **Kuralcı:** Danışma sürecinde hâlihazırda var olan şiir, öykü, şarkı sözü ya da diğer edebî türlerin danışman ya da danışanlar tarafından okunmasını içerir. Sonrasında danışandan okunan edebî ürüne tepkide bulunması istenir. Amaç, bir duyguyu doğrulamak, kendini açmayı ya da ileri düzey grup tartışmasını teşvik etmek olabilir. Seçilen edebi ürünün amaca uygun olması ve olumlu mesaj içermesi önemlidir.

(2) **Yaratıcı:** Danışanların şiirler, mektuplar ya da öyküler aracılığıyla kendini açmaya teşvik edilmesini içerir. Örneğin, danışandan bir şiir yazması istenebilir. Danışana belirli bir dizenin bir kısmı verilerek dizeyi tamamlaması istenebilir. Grup çalışmalarında üyelerinin tümünün katılımıyla bir grup şiiri yazılabilir.

(3) **Sembolik:** Danışanlardan deneyimlerini, duygularını ve düşüncelerini sembolik bir şekilde ifade etmeleri istenir.

Psikolojik danışmada edebî türlerden yararlanmanın etkili olmasının nedeni, danışanların kendilerine benzer olan kişilerle özdeşim kurarak belli duygularını açığa çıkarması ve yeni kişiler arası etkileşim yöntemleri bulabilmesidir. Örneğin; çocuklar, okudukları bir kitap ya da dinledikleri bir öykü aracılığıyla başkalarının problemlerini nasıl çözdüğünü görebilmekte ve kendi problemlerini çözmek için yeni yollar keşfedebilmektedirler (Bulut, 2010).

Şiir terapisi değişim ya da kayıpla başa çıkmaya, depresyonun üstesinden gelmeye, alkol ya da madde bağımlılığından kurtulmaya çabalayan, kişisel ilişkilerini onarmak ve kendisine ilişkin daha iyi bir anlayış geliştirmek isteyen danışanlarla kullanılabilir (Gorelick, 2005). Gençler şiiri genellikle eğlenceli bir ifade biçimi olarak gördükleri için şiir terapisi özellikle ergenlerle çalışmak için uygundur (Hoek, 2005). Şiir terapisi uygulamaları ergenlerin benlik saygısının artırılmasında (Shahrabady ve ark., 2021), istismara uğrayan ergenlerin depresyon ve travma sonrası stres bozukluğu semptomlarının azaltılmasında (Brillantes-Evangelista, 2013), ebeveynleri boşanan ergenlerin uyum sürecinin kolaylaştırılmasında (Hoek, 2005), ergenlerin kişiler arası ilişkilerinin derinleştirilmesinde (Gillispie, 2005), ergenlerde iyimserliğin artırılması ve olumsuz duygulanımın azaltılmasında (Soliday, Garofalo ve Rogers, 2004) etkili olarak kullanılabilmektedir.

Sanat, Oyun ve Yaratıcılıkla İlgili Dernek ve Enstitüler

Sanat Psikoterapileri Derneği
https://www.sanatpsikoterapileridernegi.org
Sanatla Terapi ve Yaratıcılık Derneği
https://www.sanatlaterapiveyaraticilik.net
Çağdaş Drama Derneği
http://yaraticidrama.org
Oyun Terapileri Derneği
http://oyunterapileridernegi.org
Dr. Abdülkadir Özbek Psikodrama Enstitüsü
http://www.akadirozbek.com
İstanbul Psikodrama Enstitüsü
https://www.istpsikodrama.com.tr
SEIBA - Hikâye Anlatıcılığı
http://seibaanlatimerkezi.com

Yaratıcı Sanat Uygulamalarına Örnekler

Etkinlik adı: Güçlü Yönler Ağacı (Mehlomakulu, 2017)

Amaç: Zor zamanların üstesinden gelmeye yardımcı olan güçlü yönleri fark etme ve tanımlama.

Yönerge: Bir adet A4 kâğıdının üzerine kolunuzun bir bölümünü ve elinizi koyun, parmaklarınızı açın ve bir kalemle kolunuzu ve elinizi çizin (Resim 1). Bu çizim sizin güçlü yönler ağacınızın temelini oluşturacak. Kolunuz ağacınızın gövdesi, parmaklarınız da dalları olacak. Açık parmak uçlarınızın sonunda ağacınızın dallarını zenginleştirin ve dallara yazı yazabileceğiniz genişlikte yapraklar çizin (Resim 2). Her bir yaprağın üzerine zor zamanların üstesinden gelmenize yardımcı olan bir şey yazın. Bunlar; kişisel güçlü yönleriniz, başa çıkma stratejileriniz, sevdiğiniz aktiviteler ya da destek sağlayan insanlar olabilir. Eğer isterseniz ağacınızı renklendirebilirsiniz.

Resim 1

Resim 2

Etkinlik adı: Bir Köpeğin Yaşamı (Joiner, 2012)

Amaç: Kişiliğinin farklı yönlerini keşfetme ve gruba kendini tanıtma.

Yönerge: Bu etkinlik, çocuklarla grupla psikolojik danışma sürecinde kullanmak için yararlıdır. Danışanlara kâğıt, kalemler ve köpek türleri hakkında önceden hazırladığınız bir bilgi notunu (ör., "Labrador retriever cinsi köpekler; arkadaş canlısı, sadık ve çalışkan köpeklerdir.") verin. Her bir danışandan verilen köpek türleri arasında en çok hangisine benzediklerini belirlemelerini, bu köpek türüne neden benzediklerini yazmalarını ya da bununla ilgili bir resim çizmelerini ve sonrasında bunları grupla paylaşmalarını isteyin. Etkinlik farklı şekillerde de uygulanabilir. Örneğin, danışanlardan köpeğin yaşadığı evi ve bu ev içindeki davranışlarını yazması ya da çizmesi de istenebilir. Ya da danışanlardan köpek için bir kemik çizmeleri ve köpeğin bu kemik ödülünü alabilmesi için hangi davranışları sergilemesi gerektiğini yazmaları istenebilir. Sonrasında davranışlardaki ve ödüllerdeki farklılıklar üzerine bir tartışma yapılabilir. Etkinliği farklı bir hayvan için de yapmak mümkündür.

Etkinlik adı: Desenli Mandala (Mehlomakulu, 2017)

Amaç: Duyguları düzenleme ve dikkati toplama.

Yönerge: Bu etkinlik için danışandan bir çember çizmesi ve çeşitli şekil, çizgi ve desenlerle çemberin içini doldurarak bir mandala yaratması istenir. Sonrasında danışan çizimini renklendirebilir. Tekrarlanan desenlerle şekiller çizmek, duyguları düzenlemek için yararlı olabilir. Mandala çizmek, danışanların dikkatlerini toplamalarına ve sakinleşmelerine yardımcı olabilir.

Etkinlik adı: Endişe Canavarı (CounselorKeri, 2022)

Amaç: Endişeyi daha iyi anlama ve onunla başa çıkma.

Yönerge: Çocuklarla grupla psikolojik danışma sürecinde kullanılabilen bu etkinlik için çocuklardan endişe duygularını bir canavar olarak düşünmelerini ve eğer gerçek bir canavar olsalardı nasıl görüneceklerini hayal etmelerini isteyin. Sonrasında her bir çocuk; farklı bedenler, gözler, ağız, burun, kollar ya da bacaklar seçerek kendi eşsiz endişe canavarlarını çizer. Bazı çocuklar, korkutucu görünen endişe canavarları yaparken diğerleri arkadaş canlısı görünen canavarlar çizebilirler. Çocuklar, bu etkinlik ile endişe canavarları ortaya çıktığında ya da ortadan kaybolduğunda nasıl hissettiklerini, endişe canavarlarının onlara neler söylediğini ve onların endişelerini gidermek için canavarlarına neler söyleyebileceklerini inceleyebilirler.

Etkinlik adı: Kolajla Yaşam Sözcükleri (Words to live by collage, Mead, 2022)

Amaç: Temel değerlerini keşfetme.

Yönerge: Gençlerle bireysel ya da grup şeklinde uygulanabilecek bu etkinlik için eski dergiler, gazeteler, kitaplardaki resimler, renkli kalemler, makas, yapıştırıcı ve karton gibi malzemelere ihtiyaç vardır. Gençlere onlar için önemli olan temel değerlerin neler olduğunu sorun. Gençler bir değer ifade ettiklerinde bu değeri anlatan kelimelerin ve bu kelimeler ile bağlantılı olan şekillerin, renklerin ya da görsellerin ne olduğunu düşünmelerini isteyin. Katılımcılar hazır olduklarında onlara temel değerlerini anlatmak için hazırlamış olduğunuz malzemeleri kullanarak bir kolaj hazırlamalarını söyleyin. Sonrasında tüm katılımcılar, kolajlarını gruba sunar ve yarattıkları kolajı ve bunun kendileri için ne anlama geldiğini anlatırlar.

Özet

Yaratıcılık, psikolojik danışma sürecinin önemli bir parçasıdır. Kişiler, yaşadıkları güçlüklerin üstesinden gelmek için kendi kullandıkları stratejiler işe yaramadığında ve yeni yollar bulma ihtiyacı hissettiklerinde psikolojik yardım almayı talep ederler. Psikolojik danışma; iki ya da daha fazla sayıda insanın bir araya gelerek kendi içinde yaratıcı bir eylem olan yeni bir gerçekliği inşa ettikleri; deneyimlerini, davranış örüntülerini, inançlarını, psikodinamik ve varoluşsal çatışmalarını yeni ve yararlı yollarla birleştirdikleri gelişimsel bir süreçtir. Dolayısıyla psikolojik danışma sürecinin doğası gereği yaratıcı olması gerektiği söylenebilir.

Psikolojik danışma sürecinde bir teknik ya da yaklaşım olarak yaratıcılığın iyileştirici gücünden uzun yıllardır yararlanılmaktadır. Yaratıcı sanat uygulamaları, içsel duygu ve çatışmaların semboller aracılığıyla ortaya konulmasını sağlayarak en derindeki ve en gizli kalmış duyguların keşfedilmesine yardımcı olmaktadır. Bu süreçte çocuklar kendilerini sözel olarak ifade etme konusunda henüz yeterince iyi olmadıklarından, çocukların sadece konuşmaya dayalı bir psikolojik danışma sürecinden fayda görmeleri mümkün değildir. Psikolojik danışma sürecinde kullanılan yaratıcı sanat uygulamaları, çocukların kaygısını azaltarak daha rahat hissetmelerini sağlar. Psikolojik danışma sürecinde yaratıcılık; müzik, dans ve hareket, görsel sanatlar (çizim, boyama, fotoğraf vb. gibi), oyun ve oyuncaklar, drama ya da edebiyat (şiir, roman, öykü vb. gibi) kullanımı ile karşımıza çıkmaktadır.

Kaynakça

Abacı, S., Tepeli, K. ve Erbay, F. (2015). Yaratıcı drama eğitiminin ergenlerin sosyal becerilerine etkisi. *Yaratıcı Drama Dergisi, 10*(2), 191-200. https://doi.org/10.21612/yader.2015.016

Ahmed, S. H., & Siddiqi, M. N. (2006). Healing through art therapy in disaster settings. *Medicine and Creativity, 368*, 528–529. https://doi.org/10.1016/S0140-6736(06)69916-9

Aithal, S., Karkou, V. V., Makris, S., Karaminis, T., & Powell, J. (2021). A dance movement psychotherapy intervention for the wellbeing of children with autism spectrum disorders: a pilot intervention study. *Frontiers in Psychology, 12*:588418. https://doi.org/10.3389/fpsyg.2021.588418

Aldridge, D. (1994). An overview of music therapy research. *Complementary Therapies in Medicine, 2*(4), 204-216. https://doi.org/10.1016/0965-2299(94)90021-3

American Dance Therapy Association (ADTA, 2022). What is dance/movement therapy? Retrieved May 21, 2022 from https://adta.memberclicks.net/what-is-dancemovement-therapy

Anderson, A. N., Kennedy, H., DeWitt, P., Anderson, E., & Wamboldt, M. Z. (2014). Dance/movement therapy impacts mood states of adolescents in a psychiatric hospital. *The Arts in Psychotherapy, 41*(3), 257-262. https://doi.org/10.1016/j.aip.2014.04.002

Association for Play Therapy (2022). *What is play therapy?*. Retrieved May 31, 2022 from https://www.a4pt.org/

Balkin, A. (1990). What is creativity? What is it not?. *Music Educators Journal, 76*(9), 29–32. https://doi.org/10.2307/3401074

Bareka, T., Panhofer, H., & Rodriguez Cigaran, S. (2019). Refugee children and body politics. The embodied political self and dance movement therapy. *Body, Movement and Dance in Psychotherapy, 14*(2), 80-94. https://doi.org/10.1080/17432979.2019.1614668

Beghetto, R. A., & Kaufman, J. C. (2007). Toward a broader conception of creativity: A case for 'mini-c' creativity. *Psychology of Aesthetics, Creativity, and the Arts, 1*, 73–79. https://doi.org/10.1037/1931-3896.1.2.73

Blundon Nash, J. & Schaefer, C. E. (2011). Play therapy: Basic concepts and practices. In C. S. Schaefer (Ed.), *Foundations of play therapy* (pp. 3-14). John Wiley & Sons, Inc.

Breen, D. T., & Daigneault, S. D. (1998). The use of play therapy with adolescents in high school. *International Journal of Play Therapy, 7*(1), 25-47. https://doi.org/10.1037/h0089417

Brillantes-Evangelista, G. (2013). An evaluation of visual arts and poetry as therapeutic interventions with abused adolescents. *The Arts in Psychotherapy, 40*(1), 71-84. https://doi.org/10.1016/j.aip.2012.11.005

Bulut, S. (2010). Bibliyoterapi yönteminin okullarda psikolojik danışmanlar ve öğretmenler tarafından kullanılması. *Elektronik Sosyal Bilimler Dergisi, 9*(34), 17-31.

Bunt, L. (2003). Music therapy with children: a complementary service to music education?. *British Journal of Music Education, 20*(2), 179-195. https://doi.org/10.1017/S0265051703005370

Chibbaro, J. S., & Camacho, H. (2011). Creative approaches to school counseling: Using the visual expressive arts as an intervention. *Georgia School Counselors Association Journal, 18*(1), 41-44.

Cohen, S. O., & Walco, G. A. (1999). Dance/movement therapy for children and adolescents with cancer. *Cancer Practice, 7*(1), 34-42. https://doi.org/10.1046/j.1523-5394.1999.07105.x

Cole, H. P., & Sarnoff, D. (1980). Creativity and counseling. *The Personnel and Guidance Journal, 59*(3), 140-146. https://doi.org/10.1002/j.2164-4918.1980.tb00518.x

CounselorKeri (2022). Worry group craft: Make a worry monster. Retrieved June 04, 2022 from https://www.counselorkeri.com/2019/06/14/make-a-worry-monster

Çolak, Y. (2018). Dans ve hareket terapisi yöntemlerinin kullanımının, hemşirelerin mesleki tatmin, tükenmişlik ve eşduyum yorgunluğu düzeylerine etkisinin incelenmesi. Yayınlanmamış yüksek lisans tezi. Akdeniz Üniversitesi, Sağlık Bilimleri Enstitüsü, Antalya.

D'Amico, M., Lalonde, C., & Snow, S. (2015). Evaluating the efficacy of drama therapy in teaching social skills to children with Autism Spectrum Disorders. *Drama Therapy Review, 1*(1), 21–39. https://doi.org/10.1386/dtr.1.1.21_1

Degges-White, S. (2011). Introduction to the use of expressive arts in counseling. In S. Degges-White & N. L. Davis (Eds.), *Integrating the expressive arts into counseling practice: Theory-based interventions* (pp.1-6). Springer Publishing Company.

Edgar-Bailey, M., & Kress, V. E. (2010). Resolving child and adolescent traumatic grief: Creative techniques and interventions. *Journal of Creativity in Mental Health, 5,* 158–176. http://dx.doi.org/10.1080/15401383.2010.507657

Emunah, R. (1990). Expression and expansion in adolescence: The significance of creative arts therapy. *The Arts in Psychotherapy, 17*(2), 101–107.

Egenti, N. T., Ede, M. O., Nwokenna, E. N., Oforka, T., Nwokeoma, B. N., Mezieobi, D. I., ... & Victor-Aigbodion, V. (2019). Randomized controlled evaluation of the effect of music therapy with cognitive-behavioral therapy on social anxiety symptoms. *Medicine, 98*(32):e16495. http://dx.doi.org/10.1097/MD.0000000000016495

Engelhard, E. S. (2014). Dance/movement therapy during adolescence–Learning about adolescence through the experiential movement of dance/movement therapy students. *The Arts in psychotherapy, 41*(5), 498-503. http://dx.doi.org/10.1016/j.aip.2014.08.005

Erfer, T. & Ziv, A. (2006). Moving toward cohesion: Group dance/movement therapy with children in psychiatry. *The Arts in Psychotherapy, 33,* 238–246. https://doi.org/10.1016/j.aip.2006.01.001

Freitas, C., Fernández-Company, J. F., Pita, M. F., & García-Rodríguez, M. (2022). Music therapy for adolescents with psychiatric disorders: An overview. *Clinical Child Psychology and Psychiatry*, (online first). https://doi.org/10.1177/13591045221079161

Fisher, R. (2004). What is creativity?. In R. Fisher & M. Williams (Eds.), *Unlocking creativity* (pp. 6-20). David Fulton Publishers.

Geçtan, E. (1976). Tiyatro yolu ile ruhsal tedavi "Psikodrama". *Tiyatro Araştırmaları Dergisi, 7*(7), 103-112.

Geipel, J., Koenig, J., Hillecke, T. K., Resch, F., & Kaess, M. (2018). Music-based interventions to reduce internalizing symptoms in children and adolescents: A meta-analysis. *Journal of Affective Disorders, 225*, 647-656. http://dx.doi.org/10.1016/j.jad.2017.08.035

Gillispie, C. (2005). The use of collaborative poetry as a method of deepening interpersonal communication among adolescent girls. *Journal of Poetry Therapy, 18*(4), 221-231. https://doi.org/10.1080/08893670500289791

Gladding, S. T. (1992). *Counseling as an art: The creative arts in counseling.* American Association for Counseling and Development.

Gladding, S. T. (2008). The impact of creativity in counseling. *Journal of Creativity in Mental Health, 3*(2), 97-104. https://doi.org/10.1080/15401380802226679

Gladding, S. T. (2011). Using creativity and the creative arts in couseling: An international approach. *Turkish Psychological Counseling and Guidance Journal, 4*(35), 1-7.

Gladding, S. T., & Newsome, D. W. (2003). Art in counseling. In C. A. Malciodi (Ed.), *Handbook of art therapy* (pp. 243-253). The Guildford Press.

Gold, C., Voracek, M., & Wigram, T. (2004). Effects of music therapy for children and adolescents with psychopathology: a meta-analysis. *Journal of Child Psychology and Psychiatry, 45*(6), 1054-1063. https://doi.org/10.1111/j.1469-7610.2004.t01-1-00298.x

Gold, C., Wigram, T., & Voracek, M. (2007). Predictors of change in music therapy with children and adolescents: The role of therapeutic techniques. *Psychology and Psychotherapy: Theory, Research and Practice, 80*(4), 577-589. https://doi.org/10.1348/147608307X204396

Goodill, S. W. (1987). Dance/movement therapy with abused children. *The Arts in Psychotherapy, 14*(1), 59–68. https://doi.org/10.1016/0197-4556(87)90035-9

Gorelick, K. (2005). Poetry therapy. In C. A. Malchiodi (Ed.), *Expressive therapies* (pp. 117-140). The Guilford Press.

Gray, P. (2011). The decline of play and the rise of psychopathology in children and adolescence. *American Journal of Play, 3*(4), 443-463.

Hoek, F. (2005). *Poetry therapy as intervention strategy in the post-divorce adjustment of adolescent girls* [Unpublished doctoral dissertation] University of the Free State.

Holm-Hadulla, R. M., & Hofmann, F. (2012). Counselling, psychotherapy and creativity. *Asia Pacific Journal of Counselling and Psychotherapy, 3*(2), 130-136. https://doi.org/10.1080/21507686.2012.711761

Ishak, M., Herrera, N., & Martin, C. (2021). Music therapy for depression in adolescents: A systematic review of randomized controlled trials. *International Journal of Psychiatry Research, 4*(1), 1-5.

Joiner, L. (2012). *The big book of therapeutic activity ideas for children and teens*. Jessica Kingsley Publishers.

Joschko, R., Roll, S., Willich, S. N., & Berghöfer, A. (2022). The effect of active visual art therapy on health outcomes: protocol of a systematic review of randomised controlled trials. *Systematic Reviews, 11*:96. https://doi.org/10.1186/s13643-022-01976-7

Kahn, J. (1999). Art therapy with adolescents: Making it work for school counselors. *Professional School Counseling, 2*(4), 291-298.

Karataş, Z. (2011). Psikodrama teknikleri kullanılarak yapılan grup uygulamasının ergenlerin çatışma çözme becerilerine etkisinin incelenmesi. *Kuram ve Uygulamada Eğitim Bilimleri, 11*(2), 601-614.

Karataş, Z. ve Gökçakan, Z. (2009). Psikodrama teknikleri kullanılarak yapılan grup uygulamalarının ergenlerde saldırganlığı azaltmadaki etkisinin incelenmesi. *Türk Psikiyatri Dergisi, 20*(4), 357-366.

Kaufman, J. C. (2016). *Creativity 101*. Springer Publishing Company.

Kedem, D., Regev, D., & Guttmann, J. (2021). Moving together: Assessing the effectiveness of group mother-child dance and movement therapy. *The Arts in Psychotherapy, 74*, 101803. https://doi.org/10.1016/j.aip.2021.101803

Khadar, M. G., Babapour, J., & Sabourimoghaddam, H. (2013). The effect of art therapy based on painting therapy in reducing symptoms of oppositional defiant disorder (ODD) in elementary school boys. *Procedia-Social and Behavioral Sciences, 84*, 1872-1878. https://doi.org/10.1016/j.sbspro.2013.07.051

Khodabakhshi Koolaee, A., Vazifehdar, R., & Bahari, F. (2016). Impact of painting therapy on aggression and anxiety of children with cancer. *Caspian Journal of Pediatrics, 2*(2), 135-141.

Kiye, S. ve Yalçın, İ. (2021). Oyun terapisi ve oyun terapisinin gruplarda kullanımı. *Dokuz Eylül Üniversitesi Buca Eğitim Fakültesi Dergisi, 51*, 287-303.

Kottman, T. (2011). *Play therapy: Basics and beyond*. American Counseling Association.

Landreth, G. L. (2001). Facilitative dimensions of play in the play therapy process. In G. L. Landreth (Ed.). *Innovations in play therapy: Issues, process, and special populations* (pp. 3-22). Taylor & Francis.

Landreth, G., & Bratton, S. (1999). *Play therapy*. ERIC Clearinghouse on Counseling and Student Services.

Lee, T. C., Lin, Y. S., Chiang, C. H., & Wu, M. H. (2013). Dance/movement therapy for children suffering from earthquake trauma in Taiwan: A preliminary exploration. *The Arts in Psychotherapy, 40*(1), 151-157. https://doi.org/10.1016/j.aip.2012.12.002

Levy, .F. J. (1988). *Dance/Movement therapy. A healing art*. National Dance Association.

Malchiodi, C. A. (2003). *Handbook of art therapy*. The Guildford Press.

Mazza, N. (2014). *Şiir terapi*. (E. Çıplak, Çev.). İstanbul: OkuyanUs Yayınları.

Mazza, N. F., & Hayton, C. J. (2013). Poetry therapy: An investigation of a multidimensional clinical model. *The Arts in Psychotherapy, 40*(1), 53-60. https://doi.org/10.1016/j.aip.2012.10.002

Mead, E. (2022). 15 Art therapy activities, exercises & ıdeas for children and adults. Retrieved June 4, 2022 from https://positivepsychology.com/art-therapy.

Mehlomakulu, C. (2017). Tree strenght art directive. Retrieved June 3, 2022 from https://creativityintherapy.com/2017/04/tree-strength-art-directive/

L. Gallo-Lopez & C. E. Schaefer (Eds.), *Play therapy with adolescents* (pp. 3-17). Jason Aranson Rowman & Littlefield Publishers, Inc.

North American Drama Therapy Association (2022). What is drama therapy?. Retrieved June 06, 2022 from https://www.nadta.org/what-is-dramatherapy

Öz Soysal, F. S. (2020). Psikodrama yaklaşımına dayalı grupla psikolojik danışmanın kız ergenlerde akran ilişkilerine etkisi. *Eğitim ve Bilim, 45*(203), 231-251. http://dx.doi.org/10.15390/EB.2020.8686

Özen, Ö. (2020). Psikanaliz ve edebiyat: İki terapist yoldaş. *Uluslararası Kültürel ve Sosyal Araştırmalar Dergisi (UKSAD), 6*(1), 9-16.

Özü Gökçe, Ö. (2019). Yaratıcı sanatların psikolojik danışmada kullanımına genel bir bakış. *Mehmet Akif Ersoy Üniversitesi Eğitim Fakültesi Dergisi, 51*, 338-355.

Porter, S., McConnell, T., McLaughlin, K., Lynn, F., Cardwell, C., Braiden, H. J., Boylan, J., Holmes, V., Rogan, S., Clinician, L., Diamond, K., Allen, J., Reilly, C., Davidson, F., McDowell, C., Boyd, R., Oldfield, A., Mullowney, M., Downes, C., & Heale, A. (2016). Music therapy for children and adolescents with behavioural and emotional problems: a randomised controlled trial. *Journal of Child Psychology and Psychiatry and Allied Disciplines, 58*(5), 586–594. https://doi.org/10.1111/jcpp.12656

Rao, D., Nainis, N., Williams, L., Langner, D., Eisin, A., & Paice, J. (2009). Art therapy for relief of symptoms associated with HIV/AIDS. *AIDS Care, 21*, 64–69. https://doi.org/10.1080/09540120802068795

Rokh, D., P., Anari, A., & Bahram, S. S. (2008). Social anxiety disorders and drama-therapy. *Journal of Developmental Psychology*, 4(14), 115-123.

Rouse, A., Armstrong, J., & McLeod, J. (2015). Enabling connections: Counsellor creativity and therapeutic practice. *Counselling and Psychotherapy Research, 15*(3), 171-179. https://doi.org/10.1002/capr.12019

Samadzadeh, M., Abbasi, M., & Shahbazzadegan, B. (2013). The effect of visual arts on education of coping strategies in annoyed children. *Procedia-Social and Behavioral Sciences, 83*, 771-775. https://doi.org/10.1016/j.sbspro.2013.06.145

Saraç, E. H. ve Duyan, V. (2020). *Psikodrama: Hayata büyülü dokunuşlar.* Yeni İnsan Yayınevi

Schaefer, C. E. (1999). Curative factors in play therapy. *Journal for the Professional Counselor, 14*(1), 7-16.

Scharoun, S. M., Reinders, N. J., Bryden, P. J., & Fletcher, P. C. (2014). Dance/movement therapy as an intervention for children with autism spectrum disorders. *American Journal of Dance Therapy, 36*(2), 209-228. https://doi.org/10.1007/s10465-014-9179-0

Sezer, F. (2011). Öfke ve psikolojik belirtiler üzerine müziğin etkisi. *Uluslararası İnsan Bilimleri Dergisi, 8*(1), 1472-1493.

Shahrabady, S., Gholami, S., Afsharloo, S., Fakhreazizi, S., Izadi, M. & Hojjati, H. (2021). The effect of poetry reading on self-concept of primary adolescents. *International Journal of Adolescent Medicine and Health, 33*(6), 457-461. https://doi.org/10.1515/ijamh-2019-0216

Smith, A. L. (2011). Teaching a course on creativity in counseling: Ideas for counselor educators. *Journal of Creativity in Mental Health, 6*(2), 149-165. https://doi.org/10.1080/15401383.2011.579875

Soliday, E., Garofalo, J. P., & Rogers, D. (2004). Expressive writing intervention for adolescents' somatic symptoms and mood. *Journal of Clinical Child and Adolescent Psychology, 33*(4), 792-801. https://doi.org/10.1207/s15374424jccp3304_14

Sternberg, R. J. & Lubart, T. I. (1999). The concept of creativity: Prospects and paradigms. In R. J. Sternberg (Ed.), *Handbook of creativity* (p. 3-15). Cambridge University Press.

Stevens, R., & Spears, E. H. (2009). Incorporating photography as a therapeutic tool in counseling. *Journal of Creativity in Mental Health, 4*, 3-16. http://dx.doi.org/10.1080/15401380802708767

Teber, M. (2015). Gençlik, oyun ve oyun terapisi. *Gençlik Araştırmaları Dergisi, 3*(3), 1-22.

Teke, E. ve Avşaroğlu, S. (2020). Çocuklarda oyunun ve oyun terapisinin terapötik kullanımı ve iyileştirici etkileri: Kavramsal bir analiz. *Social Mentality and Researcher Thinkers Journal, 6*(32), 1078-1087. http://dx.doi.org/10.31576/smryj.553

The American Music Therapy Association (2022). What is music therapy?. Retrieved May 8, 2022 from https://www.musictherapy.org/about/musictherapy

The National Association for Poetry Therapy (2022). What is poetry therapy. Retrieved June 4, 2022 from https://poetrytherapy.org

Ugwuanyi, C. S., Ede, M. O., Onyishi, C. N., Ossai, O. V., Nwokenna, E. N., Obikwelu, L. C., ... & Nweke, M. L. (2020). Effect of cognitive-behavioral therapy with music therapy in reducing physics test anxiety among students as measured by generalized test anxiety scale. *Medicine, 99*(17):e16406. http://dx.doi.org/10.1097/MD.0000000000016406

Ural, B. (2021). Okullarda psikolojik danışma sürecinde sanatın kullanımı, yararları ve uygulama örnekleri. *Milli Eğitim Özel Eğitim ve Rehberlik Dergisi, 1*(1), 319-343.

Uşaklı, H. (2022). Bireyi tanımada çağdaş bir yaklaşım: Psikodrama ve sosyometri. *Eğitim ve Öğretim Araştırmaları Dergisi, 11*(1), 64-70.

Whitebread, D. (2012). *The importance of play*. Toy Industries of Europe.

Whisenhunt, J. L., & Kress, V. E. (2013). The use of visual arts activities in counseling clients who engage in nonsuicidal self-injury. *Journal of Creativity in Mental Health, 8*(2), 120-135. https://doi.org/10.1080/15401383.2013.792669

Wölfl, A. (2019). Prevention of violence through music: Empirical impact analysis of a music therapy model project. *Nordic Journal of Music Therapy, 28*(5), 363-381. https://doi.org/10.1080/08098131.2019.1606847

Yılmaz, T. (2017). Klinik psikolojide sanat ve sanat uygulamaları. *Tykhe Sanat ve Tasarım Dergisi, 2*(2), 32-43.

Yinger, O. S., & Gooding, L. (2014). Music therapy and music medicine for children and adolescents. *Child and Adolescent Psychiatric Clinics, 23*(3), 535-553. https://doi.org/10.1016/j.chc.2013.03.003

BÖLÜM 7

TİPİK GELİŞİM GÖSTEREN ÇOCUK VE ERGENLERDE EN SIK GÖRÜLEN DAVRANIŞ SORUNLARI VE YAKLAŞIMLAR

Dilaram Billur Örnek

İçerik

Giriş

Normal gelişimin bebeklik, çocukluk ve ergenlik boyunca incelenmesi, çocukluk çağındaki normal dışı davranışın anlaşılması bakımından oldukça değerlidir. Normal gelişimin, normal dışı davranışı dışlayacağını düşünmek yanlış olur. Her ne kadar normal gelişim görülse de gelişim aşamalarındaki normal süreçlerin içsel ya da dışsal etkilerle kesintiye uğraması, davranışsal sorunlarının görülmesine yol açabilmektedir (Kapur, 2011). Davranış sorunlarının nedenlerini anlamak, hem koruyucu ve önleyici hem de sağaltıcı süreçlerde uygun planlamalar yapabilmek için önem arz eder.

Gelişimsel bakış açısının önemli olmasının başka bir nedeni ise çocukluk dönemi davranış sorunlarının görünümünün yaşla birlikte nasıl değiştiğine ışık tutmasıdır. Ayrılık kaygısının sıklıkla okul öncesinde görüldüğüne ve depresif belirtilerin daha çok ergenlikle yükseldiğine ilişkin mevcut bilgi buna örnektir. Bu sorunlar çocukluk çağı sonlanmadan geride bırakılabilir veya yetişkinlik hayatına taşınabilir. Hatta çocukluk çağında görülen bazı davranış sorunlarının, yetişkinlikte görülen normal dışı davranışların bir öncülü olduğunu söylemek yerinde olur.

Psikolojik danışmanların, çocukluk dönemi davranış sorunlarını ortaya çıkaran etkilerin farkında olması mutlak bir gerekliliktir. Risk faktörleri ve koruyucu faktörler, ekolojik sistemler bağlamında bulunduğu koşul ve katmanların etkileşimi, hem çevresel hem genetik etkiler, zihin, beden ve ruhun etkileşimi gibi faktörlerin birbiriyle sürekli etkileşerek normal dışı davranışın ortaya çıkışına zemin hazırladığının farkında olmak, hem potansiyel hem de mevcut sorunlarla ilişkili etkin adımlar atmaya yardımcı olur. Sameroff (1993, s. 6), çocuk gelişimini, çocuk ve çocuğun içinde bulunduğu bağlamın zaman içindeki etkileşiminin bir fonksiyonu olarak tanımlar: "Çocuk ve bağlam, her birinin durumu, bir diğerinin sonraki aşamadaki durumunu belirleyen dinamik bir süreçte etkileşmektedir".

Normal ve Normal Dışı Davranışı Tespit Etmek

Çocuğun ortaya koyduğu davranışın normal olup olmadığının kararı, çocuğun yaşı ve gelişimsel olarak aynı düzeyde olduğu başka çocukların davranışları baz alınarak verilebilir. Örneğin, iki yaşında gelişimin doğal bir parçası olarak düşünülebilecek bir davranış, beş yaşında normal dışı olarak nitelendirilebilir. Bunun yanı sıra davranışın sergilendiği bağlam da normal olan ve olmayan davranışın belirlenmesinde önem taşır: Yoğun hareketlilik, okul bahçesinde normal kabul edilebilirken sınıf ortamında normalin dışına çıkan bir özellik taşır.

Klinisyenler, genellikle standart testler ve doğrudan gözlem yoluyla davranışın, aynı gelişim düzeyindeki diğer çocuklarla karşılaştırıldığında normalden sapıp sapmadığını belirlerler. Ailenin gözlemlerinin alınması, ailenin değerlendirilmesi ve çocukla görüşme, davranışın mercek altına alınmasının diğer aşamalarıdır.

İçselleştirmeye Dayalı Davranış Sorunları ve Müdahale

Çocuk ve ergenler, durumsal ve gelişimsel krizler ve güçlüklerle baş etmeye çalışırken bunun için gerekli becerilere sahip olmayabilir ve hatta ihtiyaç duyduğu destekten yoksun olabilirler. Bunun sonucunda sıklıkla yüksek kaygı düzeyi, depresif özellikler ve yoğun suçluluk gibi çıktılarla karşı karşıya kalınır. Kendilerini algılayışları oldukça zayıf olabilir veya kafa karışıklığı, öfke ve engellenmişlikle baş edebilmek için mantık dışı riskli davranışlar veya şiddeti kullanabilirler. Klinisyen ve uygulayıcıların yaşamda karşılaşılan güçlükler ve zorlu duyguların üstesinden gelmek konusunda etkili müdahaleler aracılığı ile destek olmaları son derece önemlidir.

1. Anksiyete (Kaygı)

Wilde'ın (1996) söylediği gibi anksiyete karşılaşılan olaylardan değil, olaylarla ilgili algılardan kaynaklanır. Çocuklar ve ergenler için bu durum, sınırlı bilişsel becerilerden kaynaklanan algısal hatalara bağlı olabilir. Bu tip algısal hatalar, bazı bağlamlarda fikirlerin aşırı kutuplaştırılması ve uygunsuz biçimde başka koşullara da genellenmesine yol açar (Vernon, 1997).

Anksiyete ise bilindiği gibi her zaman patolojik olarak nitelendirilemez. Ellis (1998), pek çok anksiyete tipi olduğunu vurgulamış ve sağlıklı-sağlıksız anksiyetenin ayırt edilmesi gerektiğine işaret etmiştir. Buna göre sağlıklı anksiyete, amacına uygun olarak ortaya çıkar: Zor veya tehlikeli bir koşulla karşılaşıldığında, bireyin bununla baş etmesini sağlamak amacıyla onu tetikte ve ilgili tutar. Sağlıklı anksiyete, her zaman gerçekçi bir korkuyu temel alır. Sağlıklı olmayan anksiyete ise gerçekçi algılanan tehditlere yönelik bir duygusal tepki olmakla birlikte bu tehdit genellikle kurgusaldır (Wilde, 1996). Sağlıklı olmayan anksiyete ile bağlantılı korku; abartılı, gerçek dışı ve mantık dışı olarak tanımlanabilir. Her ne kadar tehdidin gerçekleşmesi imkânsız olmasa bile olasılık oldukça düşüktür. Ellis (1998), sağlıklı olmayan anksiyetenin gereksiz yere kişileri sınırlandırdığını veya fiziksel/psikosomatik belirtiler (titreme, terleme vb.) aracılığı ile durumla baş etmeyi zorlaştırdığını ileri sürer.

Çocuklarda gelişen anksiyete, kötü bir şeyler olacağını varsayma ve eğer böyle bir şey olursa bununla baş edemeyecekleri/dayanamayacaklarına inanma aracılığı ile ortaya çıkar. Bu şekilde, yalnızca olumsuz durumlarla başa çıkma becerilerini küçümsemekle kalmaz, gerçekleşebilecek olayları felaketleştirerek büyütür ve en büyük korkuları ile karşılaşacaklarına inanırlar. Bu bilişsel hatalar (küçümseme ve abartma), anksiyetenin yükselmesinin başlıca sebepleridir. Yükselen anksiyete ile birlikte başka bir şey düşünemez ve gerçekleşeceğine inandıkları olaydan korunmak veya kurtulmak için gerçek bir garanti arayışına girerler.

Erken dönem çocuklukta, olayları doğru bir perspektiften görmeyi imkânsız kılan bilişsel sınırlılıkların anksiyeteyi yükselten bir etmen olduğu unutulmamalıdır. Bu noktada, zaman zaman çocukların kendi anksiyetelerini yarattıklarını söylemek yerinde olur. Yetişkinlerin bu olasılığın farkında olup "muhtemel" ile "düşük ihtimal" arasındaki ayırım hakkında açıklama yapmaları önemlidir.

Anksiyete yaşayan çocuklar sıklıkla ikincil duygularla da karşılaşırlar. Örneğin, kaygılı olmaktan dolayı modu düşer ve depresif hissedebilirler. Anksiyeteye yol açan irrasyonal inanışlar; ya hep ya hiç tarzı düşünme, aşırı genelleme, abartma ve küçümseme gibi bilişsel hatalar aracılığı ile ortaya çıkar ve genellikle şöyle söylemlerle ayırt edilir (Ellis, 1998):

⇒ Çok kötü bir şey olacak, bu olmamalı!

⇒ Kaygılı olmaya katlanamıyorum.

⇒ Kaygılı olmamalıyım.

⇒ Kaygımla iyi baş edemediğim için ben zayıf biriyim.

⇒ Kötü bir şey olursa buna katlanamam.

Çocuklarda Anksiyete ile Baş Etmeyi Sağlayacak Egzersizler

a. **Hoşça Kal Anksiyete!** (Vernon, 2002)

Yönerge: Anksiyetesi yüksek çocuklarla çalışmak için somut bir egzersiz olan Hoşça Kal Anksiyete seksek oyunu gibi oynanır.

Malzemeler:

- Seksek çizgileri çizilmiş bir masa örtüsü
- Kâğıt
- Kalem

Uygulama:

- Danışan, kaygı duyduğu bir olaydan (ör.; sınava girmek, uçağa binmek vb.) bahsederken şimdi onun sekreteri olacağınızı söyleyin.
- Sekreter olarak işinizin, danışan belirli bir kaygısından bahsederken bununla ilgili kaygı verici bütün düşüncelerini yazmak olduğunu belirtin (Örneğin, kaygı sınava girmek ise bununla ilgili tehdit edici düşünceler, soruların çok zor olacağı, hiç bilmediği konulardan sorular çıkacağı, bildiklerini sınav sırasında unutacağı, sınavın süresinin kısa geleceği, herkes soruları çözerken onun donup kalacağı gibi alt kaygıları içerebilir).
- Danışanı seksek oyununun ilk karesinde durmaya davet edin. Daha önce asıl kaygısıyla ilgili zihninde oluşan alt kaygılardan birini söylediğinizde eğer bu konuyla ilgili kendini rahatlatacak bazı çözümler bulabilirse bir sonraki kareye atlayabileceğini açıklayın.

- Bir sonraki alt kaygıyı okuyup bu konuda kendisini sakinleştirebilecek bir şeyler düşünmesi için cesaretlendirin. Ödülünün bir sonraki kareye atlamak olacağını hatırlatın.
- Oyuna en son kareye kadar anı şekilde devam edin. En son karede de kendisini sakinleştirecek çözümler üretebilirse oyunu **"Hoşça Kal Anksiyete!"** diyerek bitirebilecektir.
- Oyun sonrası danışanla "iç konuşmalar" ile ilgili konuşarak anksiyete ile baş etmede olaylara daha gerçekçi bakabilmemizi sağlayan iç konuşmalar ile baş edebileceğimizi açıklayın.

Seksek Oyunu

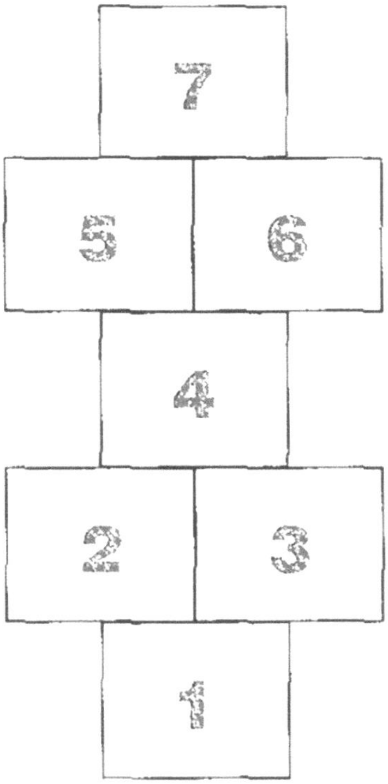

b. Anksiyeteye Hücum (Vernon, 2002)

Yönerge: Ergenlere yönelik olan bu egzersiz, felaketleştirmenin anksiyeteyi nasıl yükselttiğine yönelik iç görü sağlamaktadır.

Malzeme:

- Kâğıt
- Kalem

Uygulama:

- Danışan anksiyetesini tanımladığında, onun sansasyonal haberler yapan bir gazeteci olduğunu hayal etmesini, her şeyi çok fazla abartarak yazdığı için çok ilgi toplayan biri olduğunu açıklayın.
- Bu şekilde, abartılı gazetecilik ile mevcut kaygısını anlatın ve bir makale yazmasını isteyin. Ne korkunç hissettiğini, ne berbat şeylerin olacağını düşündüğünü, asla baş edemeyecek kadar zayıf olduğunu...
- Birkaç paragraf yazdıktan sonra, gerçekten hissettiklerine benzeyen kısımların altını çizmesini isteyin.
- Yazdıklarını göz önüne alarak felaketleştirme ve abartmanın anksiyetesine nasıl katkı yaptığı hakkında konuşun:
    - Sence en kötü ne olabilir ve aslında gerçekçi bakarsak ne olacak gibi görünüyor?
    - Düşün ki en kötüsü oldu, gerçekten katlanamaz mısın yoksa öyleymiş gibi mi geliyor?
    - Daha önce can sıkıcı olaylarla karşılaştığında bunlarla nasıl başa çıktın?
    - Her zaman en kötüsünü beklemek sana ne sağlıyor?
    - Kaygılanmak kötü şeylerin olmasını engeller mi?
- Bu sorular aracılığı ile yapacağı bir iç konuşmanın kaygıyla baş etmesinde sağlayacağı katkı hakkında onunla konuşun.

c. Bırak Gitsin

Yönerge: Görsel hatırlatıcılar, anksiyeteyi durdurmak için faydalı olabilir.

Malzemeler:

- Balonlar
- Şerit şeklinde kâğıtlar
- Kalem

Uygulama:

- Danışanın kaygılı olduğu konular kâğıt şeritlere yazılır.
- Yazılan şeritler oluşturduğu anksiyetenin yoğunluğuna göre azdan çoğa doğru sıralanır.
- Düşük derecede anksiyete yaratan bir durumla ilgili şerit bir balonun içine koyulur ve balon üflenmeye başlanır. Böylece bu ankisyetenin balonun içindeki havada kaybolduğu düşünülür. Başlangıçta büyük görünen kâğıt parçası, balon şişerek büyüdükçe içinde küçülecektir.
- Bırakmayı kabul ettiği diğer anksiyete olguları için uygulama tekrarlanır.

2. Mükemmeliyetçilik

Mükemmeliyetçilik, genel olarak anksiyete ile ilgilidir. Davranışsal görünümü sıklıkla yüksek başarı ihtiyacı, obsesyonlar, kompulsiyonlar ve ertelemecilik şeklinde olur. Mükemmeliyetçi kişiler, yanlış/hatalı bir şey yapma veya bir şeyi atlama korkusu ile işlerin tekrar tekrar üzerinden geçerler. Önceliklendirme konusunda sorun yaşarlar ve bir eksik veya hata olmaması adına yaptıkları işleri çok uzun tutar ve çok zaman harcarlar. Herhangi bir hatanın gösterilmesi karşısında ise oldukça savunmacı olurlar (Barrish, 2000).

Mükemmeliyetçi çocuklar, belirli bir performans öncesi oldukça yüksek anksiyete yaşarlar. Kendilerine koydukları yüksek standartlara ulaşamama durumunda ise büyük bir suçluluk ve depresif ruh hâli ortaya çıkar. Ellis ve Dryden'e göre (1997) mükemmeliyetçi kişiler, yaptıkları işi iyi yaptıklarının farkında olmalarına rağmen mükemmel yapma mecburiyeti hisseder ve iyi yapılmış bir iş bile mükemmel olmadığı için yetersiz olarak algılanır.

Barrish'e göre mükemmeliyetçilik ile ilgili irrasyonal inançlar genellikle şöyledir:

⇒ Yaptığım her şey mükemmel olmalı, yanlış veya hatalı bir şey yapamam.

⇒ Eğer çok çabalarsam hata yapmaktan kaçabilirim.

⇒ Yaptığım şeyin mükemmel olmamasına veya başka birinin yaptığı işin daha iyi olmasına katlanamıyorum.

⇒ Başka birinin benim hatamı görmesine izin veremem.

⇒ Bütün değerim, yaptığım işin mükemmel olmasına bağlı.

⇒ Eğer hata yaparsam bu benim yetersiz olduğumu / bir hiç olduğumu gösterir.

⇒ Mükemmel olmazsam kimse beni sevmez, beni eleştirir, beni dışlar ve buna katlanamam.

Çocuklarda Mükemmeliyetçilik ile Baş Etmeyi Sağlayacak Egzersizler

a. Mükemmellik Ölçeği (Vernon, 2002)

Yönerge: Sorunlar mükemmeliyetçilik ile ilişkilendirildiğinde bu egzersiz faydalı olabilir. Özellikle rekabetçi ergenler için önerilmektedir.

Malzemeler:

- Kâğıt
- Kalem

Uygulama:

- Kâğıda bir çizgi çizilerek bir ucunu mükemmel, bir ucunu da mükemmel olmayan olarak işaretleyin. Bu durumda mükemmel olan ve olmayan arasında başka noktalar olduğu düşünülerek bu konuda konuşulabilir.
- Son zamanlardaki bir performansını, oluşturduğunuz ölçeğin hangi noktasında konumlandıracağını danışana sorun.
- Bu değerlendirmenin danışana nasıl hissettirdiğini sorun. Performansı ile ilgili düşünce ve duygularını konuşun.
  - ✓ Danışan, mükemmel olmayan noktaya yakın bir değerlendirme yaptıysa ve bu konuda öfkeli ise neyi farklı yapsaydı her şeyin mükemmel gideceği hakkında düşünüyor olabilir.
  - ✓ Eğer mükemmel olmayan noktaya yakın ve depresif hissediyorsa bu yetersiz bulduğu performansı kendi değeri ile ilişkilendiriyor olabilir.
- İrrasyonel düşüncelerini çıkararak buna meydan okuması konusunda cesaretlendirin.
- Başarının pek çok derecesi olduğu, mükemmelliğin imkânsız olduğu ve yeterince iyi ölçeğinde yer alma çabasının daha gerçekçi olduğu üzerinde konuşup performansların "yeterince iyi-kötü" ölçeğinde tekrar değerlendirilmesini sağlayın.

b. Mükemmelliğin Bedeli (Vernon, 2002)

Yönerge: Mükemmeliyetçilik kişilerin duygusal olarak oldukça olumsuz etkilendiği bir özelliktir. Bu egzersizde bu olumsuz yan etkilere ışık tutulur.

Malzemeler:

- Kâğıt
- Kalem

Uygulama:

- Mükemmeliyetçilik ile ilgili irrasyonal inanışlar ve olumsuz duygulardan bahsederken danışandan bir liste yapması istenir. Danışan, bir kolona mükemmeliyetçilik için çabalamanın avantajlarını yazmalıdır.
- İkinci kolona ise mükemmellik için uğraşırken nasıl bedeller ödediğini listelemesi istenir; örneğin, bedensel belirtiler, olumsuz duyguların yarattığı huzursuzluk, davranışal sonuçlar gibi.
- İki kolondaki listeler karşılaştırılarak üzerinde konuşulur:
  - Bu listeye göre mükemmel değilsen nesin?
  - Sence ödediğin bedele değiyor mu?
  - Kendine mükemmel olmak adına daha az baskı yapman nasıl mümkün olabilir?

3. Depresyon

Depresyon, kısa bir süre öncesine kadar yetişkinlere ait bir bozukluk olarak görülmekteydi. Çocukluk ve ergenlikte ortaya çıkan düşük mod ise normal ruh hâli değişiklikleri olarak görülme eğilimindeydi. Her ne kadar yapılan araştırmalar püberte öncesi depresyon oranının görece düşük olduğunu gösterse de erken ergenlikle birlikte depresyon semptomlarında artış olduğu ve bu artışın özellikle kız çocuklarında daha yüksek olduğu bilinmektedir. Bu oranların artışı ise yoğun olarak sosyal ve eğitimsel alanlarda uyum sağlayamama ile ilgilidir (Thapar, Collishaw, Pine ve Thapar, 2012).

Depresyonun duygusal bileşeni, umutsuzluk, suçluluk, üzüntü ve irritabiliteyi içermektedir. Davranışsal olarak depresif danışanlar; yorgunluk, bitkinlik, enerji eksikliği, pasiflik, geri çekilme, hoşa giden aktivitelerden haz alamama gibi yakınmalarda bulunurlar. Bunun yanı sıra iştahta, beden ağırlığında ve uykuda bazı değişiklikler gözlenmektedir. Bilişsel olarak ise depresif danışanların özellikle değersizlik ile ilgili çarpık inanışlara sahip olduğu söylenebilir. Dikotomik (ikili) düşünme, aşırı genelleme, seçici soyutlama da en sık görülen bilişsel hatalardır.

Seligman'a (1995) göre depresyon ile bağlantılı bilişsel hatalar şunlardır: Sürdürmecilik, yayılmacılık ve kişiselleştirme. Bu noktada çocuk ve özellikle ergenlerin kötü durum ve olayları geçici veya istisnai olarak algılamak yerine sürekli olarak algılamaya eğilimli olduğu vurgulanmıştır. Buna ek olarak, başarısızlık ve reddedilmeleri de değişmez ve düzelmez durumlar olarak süreklilik kapsamında ele almaya yatkındırlar. Sürdürmenin yanı sıra olumsuz koşulların genellenmesi de sık görülmektedir. Kişinin bir başarısızlık, bir reddedilme veya olumsuz duygu yaratan başka bir koşulun duruma özgü değil de bütün yaşamına yayılmış olarak algılaması ise yayılmacılık bağlamında görülmektedir. Yayılmacı algılamayan birisi, olumsuz bir yaşantının başka bir bağlamda farklı gelişebileceğine inanırken bu bilişsel hatayı sürdüren kişiler, olumsuz durumların yaşamlarının her alanında, her farklı koşulda aynı işleyeceğine inanırlar. Kişiselleştirme ise yolunda gitmeyen durumların farklı şartlardan değil kişinin kendisinden kaynaklandığına veya doğrudan kendisi ile ilgili olduğuna inanmak şeklinde gelişmektedir. Eğer olumsuz koşullar kişinin kendisi ile ilgili ise bundan kaçış yoktur. Bu noktada kişiselleştirme, olumsuz şartlardan kaçmanın mümkün olmadığı inanışına dayanan bir tablo çizmektedir. Kendini suçlama eğilimindeki çocuk ve ergenler, depresif ve utanç içinde hissederler. Bu durum, umutsuzluğa da yol açarak depresyona zemin hazırlamaktadır.

Depresyona eğilimli kılan irrasyonal inanışlar, kişinin kendisiyle ve gelecekle ilgili olumsuz ve karamsar bir tabloya yol açar (Wilde, 1996):

⇒ Ne yaparsam yapayım, başarılı olamayacağım.

⇒ Kimse beni sevemez çünkü değersizim.

⇒ Hiçbir şeyi doğru yapamam.

⇒ Gördüğüm kötü muameleyi hak ediyorum.

⇒ Hayat berbat ve her zaman böyle olacak.

Çocuklarda Depresyon ile Baş Etmeyi Sağlayacak Egzersizler

a. Yardım Eli (Vernon, 2002)

Yönerge: Bu somut egzersiz, özellikle ergenlere düşüncelerini kontrol etme gücüne sahip olduklarını hatırlatmaktadır.

Malzeme:

- Çizim kâğıdı
- Kalem

Uygulama:

- Danışanın depresif hissettiği olayları listelemesi istenir.

- Danışana, olayların değil olaylarla ilgili kendisine söylediklerinin onu depresif hissetmeye ittiği anlatılır.
- Danışanın depresyona katkıda bulunan düşünceleri araştırılır.
- Kalemle, kâğıda elinin bir kopyasını çıkarması istenir.
- Çizilen her bir parmağa, depresif hissedilen olaylara karşılık güçlendirici argümanlar yazması istenir. Bu şekilde el çizimi bir "yardım eli" olacaktır:
    - Bu, dünyanın sonu değil. Eminim zaman içinde başka konularla dikkatim dağılacak ve unutacağım.
    - Yanlış bir şey yapmadım, elimden geleni yaptım. Bu, benimle ilgili değil.
    - Ben sonsuz yetenekli, güzel ve başarılı da olsam bu durum gerçekleşebilirdi. Benim yetersizliklerimle ilgisi yok.
- Yardım eli egzersizini başka hangi konularda nasıl kullanabileceği üzerine konuşulur.

b. Üzgün Hissetmekten Bıktım! (Vernon, 2002)

Yönerge: Bazen çocuklar uzun sürelerle depresif hissedebilirler. Çocuklara, onları daha az depresif hatta belki mutlu hissettirecek bazı yaşantıların da olduğu hatırlatılması cesaretlendirici olacaktır. Özellikle küçük yaştaki çocuklar için uygundur.

Malzemeler:

- 2 Kukla
- Kalem
- Üzgün hissetmekten bıktım şarkısı

  Üzgün hissetmekten bıktım

  Artık iyice sinirlendim

  Ama sence ne yapabilirim,

  Üzgün olmaktan kurtulmak için?

  Eğlenceli bir şey yapabilirsin

  Ama yoksa hiçbir fikrin

  Eğlenebileceğine inan

Yeter ki kurtul yalnız oturmaktan.

Uygulama:

- Şarkı çocuğa öğretilir.
- İki kukladan biri üzgün olmaktan bıkan, diğeri ise bu kişiye tavsiye veren olarak belirlenir.
- Üzgün olmaktan bıkan kukla şarkıyı söylemeye başlar. Diğer kukla ise şarkının ikinci bölümü ile cevap verecektir. Şarkı bittikten sonra ise eğlenebileceği bazı yollar önerecektir (ör.; sevdiğin bir arkadaşını davet etme, dondurma yemeye gitme, parkta oynama, güzel bir filmi mısır yerken izleme, üzücü düşünceleri yazma vb.).
- Şarkının ve kuklanın önerdiği etkinlik fikirlerinin bir kopyası danışana verilebilir.

Dışsallaştırmaya Dayalı Davranış Sorunları ve Müdahale

Dışsallaştırmaya dayalı davranış sorunları, genel olarak ebeveyn stresi ile ilişkili bulunmuştur (Blader, 2006; Creasey ve Jarvis, 1994; Crnic vd., 2005). Özellikle okul öncesi çağda görülen dışsallaştırmaya dayalı davranış sorunlarının hem ebeveyn stresi ile ilişkili olduğu hem de bebeklikten başlayarak orta çocukluğa doğru devam ettiği görülmektedir (Benzies vd., 2004). Özellikle öfke ile ortaya çıkan saldırganlık ve şiddet, çocukluk ve ergenlikte en fazla güçlük yaratan davranış sorunlarındandır. Bu duruma yönelik olarak çatışma çözme becerileri ve öfke yönetimi eğitimleri oldukça önem taşır. Önceleri çocuk şiddeti, izole bir öfke tepkisi olarak kavramsallaştırılırken günümüzde potansiyel gelişimsel bir sorun olarak ele alınmaktadır. Bu noktada, durumsal faktörlerin, sosyal etkilerin, kişilik özelliklerinin ve biyolojinin toplu olarak rol oynadığı düşünülmektedir (Heide, 1999).

Fryxell ve Smith (2000), şiddet konusunda en önemli katkıyı yapan bileşenin yüksek düzeyde öfke ve düşmanlık duyguları olduğunu dile getirmektedir. Yüksek öfke ve düşmanlık duyguları, diğer taraftan düşük akademik performans ve sosyal/davranışsal alanda problemlerle de ilişkili görülmektedir (Smith, Furlong, Bates ve Laughlin, 1998). Diğer dışsallaştırıcı davranış sorunları ile açık bağlantısı düşünülünce çocuğun öfke ve engellenme ile baş etme becerilerinin geliştirilmesinin oldukça işlevsel olduğunu söylemek yerinde olacaktır. Diğer dışsallaştırma sorunları ise ertelemecilik ve okul başarısızlığı ile ilgilidir. Bu iki durum motivasyon sağlama yetersizliği ile bağdaştırılmaktadır.

1. Öfke ve Saldırganlık (Agresyon)

Saldırgan davranış, içsel bir durum olan öfkenin işlevsiz bir dışa vurumu olarak tanımlanabilir. Çocuklarda saldırgan davranışlar, zaman içinde farklı araştırmacılar tarafından değişik şekillerde tanımlanmıştır. Hewitt ve Jenkins'in (1946) öncü çalışması, çocuk ve ergenlerin saldırgan özelliklerini iki ana bileşen ile tanımlamıştır: sosyal anlamda suça sürüklenme ve bireysel (sosyal olmayan) saldırgan davranış. Bu iki bileşen, Peterson (1961) tarafından davranım bozukluğu ve kişilik bozuklukları, Achenbach (1966) tarafından içselleştirme ve dışsallaştırma sendromları olarak nitelendirilmiştir. Dışsallaştırma sendromu ise Quay (1964) tarafından psikopatik bozukluk, Miller (1967) tarafından agresif bozukluk, Conners (1970) tarafından agresif davranım bozukluğu, Kolvin ve diğerleri (1975) tarafından davranım bozukluğu olarak isimlendirilmiştir. Rutter ve Gould'un (1985) değindiği gibi bu konuda farklı popülasyonlarla çalışan pek çok araştırmacı arasında dikkate değer bir fikir birliği olduğu söylenebilir (Kapur, 2011).

Öfkenin kolaylıkla karşı gelme davranışına, sözel ve fiziksel saldırganlığa veya öfke patlamalarına dönüşebilmesi nedeniyle çocuk ve ergen danışanlarda öfkeye neden olan irrasyonal inanışların tanımlanması önem arz eder.

⇒ "Her zaman istediğini alman bir kanun mu? Nerede yazıyor?"

⇒ "Her şeyin adil ve senin istediğin gibi olacağını kim söyledi?"

⇒ "Öfken senin için ne işe yarıyor?" gibi işlevsel karşıtlıklarla danışana yönelerek farklı bir bakış açısı sunmak etkili olabilmektedir (Vernon, 2002).

Öfke nöbetleri ile daha ciddiye alınması gereken karşıt olma-karşı gelme bozukluğu ve davranım bozukluğunun ayırt edilmesi oldukça önem taşır. Bu iki bozukluk, düzeni ve kuralları sürekli biçimde ihlal etme ile giden önemli bozukluklardır ve kapsamlı bir tedavi ile ele alınmalıdır.

Öfke ve saldırganlığa eşlik eden irrasyonal inanışlar genellikle şu şekildedir (Vernon, 2002):

⇒ İstediğimi almalıyım.

⇒ İşler benim istediğim gibi yürümeli. Yoksa buna katlanamam.

⇒ Eğer istediğim şeyi başkaları vermezse ben kendim alırım.

Çocuklarda Öfke ve Saldırganlık ile Baş Etmeyi Sağlayacak Egzersizler

a. **Öfke Alarmı** (Vernon, 2002)

Yönerge: Çocuklara, neyin onları öfkelendirdiğini bulacak yollar öğretmek, öfkeyle baş etmelerini sağlamada oldukça etkili bir yöntemdir.

Malzemeler:

- Resim kâğıdı
- Boya kalemleri
- 2 zarf
- 10-15 kâğıt şerit
- Kurşun kalem

Uygulama:

- Öfkeyle ilgili alarm analojisi anlatılır. Buna göre danışan öfke hissettiğinde, onun alarm tuşuna basılmıştır ve alarmı susturmak için tuşa basarak durdurması gerekir. Bu da öfkeyi söndürmek anlamına gelir.
- Boya kalemleriyle kendi zihnindeki "öfke alarmı"nı çizmesi istenir.
- Son zamanlarda öfkelendiği konuları kısaca kâğıt şeritlere yazması istenir.
- Öfkelendiği konular incelenir ve benzerlikler bulunur. Danışanı özellikle öfkelendiren durumlar nelerdir?
- Danışan kendisini tetikleyen öfke unsurlarını şerit kâğıtlara yazarak bir zarfa koyar ve "Öfke Alarmıma Basanlar" olarak zarfı isimlendirir.
- Öfke hissedildiğinde alarmı durdurma düğmesine basma yani sakinleşmeye çalışmanı avantaj ve dezavantajları üzerine konuşulur. Sakinleşmesini ve alarmı durdurmasını sağlayacak bazı yollar düşünülür.
- Öfkeyi azaltan yollar (nefes alma, yürüyüş yapma, müzik dinleme, yüzünü yıkama, su içme, yazı yazma vb.) yine kâğıt şeritlere yazılarak diğer zarfa koyulur ve zarf "Öfke Alarmımı Durduranlar" olarak isimlendirilir.

b. **Fare Kapanı** (Vernon, 2002)

Yönerge: Danışanların davranışlarının sonuçlarını baştan düşünmeleri gerekliliğini hatırlatmak, öfke yönetimi ve saldırgan davranışların azaltılmasında önemlidir.

Malzemeler:

- Fare kapanı ve bir parça peynir
- Oyuncak fare
- Çizim kâğıdı
- Boya kalemleri

Uygulama:

- Danışana fare kapanı ve peyniri göstererek peynire ulaşmaya çalışan oyuncak farenin yakalanışı canlandırılır. Kapana yakalanacağını düşünmeyen fare peyniri almak için düşünmeden hareket etmiştir. Danışan ile farenin önceden sonucu düşünmüş olsa ne yapabileceği hakkında konuşulur.
- Danışana, daha önce istediği bir şeye ulaşmak için düşünmeden davrandığı bir durum hatırlayıp hatırlamadığı sorulur ve bir yaşantı üzerinde konuşulur.
- Konuşulan örnekte, danışan önceden düşünseydi durumun nasıl değişeceği hakkında düşünmesi istenir.
- Boya kalemleri ile resim kâğıdına bir fare kapanı çizmesi ve eyleme geçmeden önce düşünme konusunda bir slogan üretmesi istenir.

2. Erteleme Davranışı

Erteleme, niyet edilen bir eylem yerine bundan başka bir eylem gerçekleştirerek, ilk niyet edilen eylemi başka bir zamana bırakma olarak ifade edilebilir (Schouwenburg, 2004). Bilinçli ve niyetli bir biçimde bir işi başka bir zamana bırakmak olarak düşünülse de her zaman planlı şekilde gerçekleşmediği ve hastalık, teknik problemler gibi geçerli nedenlere dayanmadığı da bilinmektedir (Milgram, Sroloff ve Rosenbaum, 1988; Van Eerde, 2003). Ertelemenin her türlü günlük davranışta görüldüğü bilinse de (Alexander ve Onwuegbuzie, 2007) çocukluk ve ergenlik çağındaki öğrenciler tarafından sıklıkla akademik görevlerle ilişkilendirildiği görülmektedir (Rosario vd., 2009).

Erteleme davranışı, düşük benlik saygısı, mükemmeliyetçilik, depresyon, anksiyete, dürtüsellik (Ferrari ve Díaz-Morales, 2007; Van Eerde, 2003) gibi nedenlerle açıklanmaktadır. Kısacası çocuklar, verilen sorumluluğu fazla buluyor, yanlış karar vermekten korkuyor, yeterince iyi veya mükemmel olmayan sonuçlar ortaya koymaktan çekiniyor, başkalarının yargılayacağını düşünerek belirli bir işten kaçınıyor olabilirler. Ertelemeci kişiler, sıklıkla kolayca engellenmiş ve bunalmış hissederek mevcut işi bırakır veya yapmanın daha kolay yollarını aramaya girişirler. Elbette bu strateji her zaman işe yaramaz ve başarısızlık ile karşılaştıklarında bu, onların irrasyonal inanışlarını doğrular nitelikte olur: *"Onlara verilen görev çok zordur veya bu görevi yeterince iyi yapamayacak kadar yetersiz"*dirler. Bununla bağlantılı olarak erteleme davranışı gösteren çocuk ve ergenlerin irrasyonal inanışları şu şekilde ifade edilebilir:

⇒ Bu iş fazlasıyla çaba gerektiriyor.

⇒ Bu denli zor işleri ben yapamam.

⇒ Bu işi yapmaya kalkarsam başarısız olacağım.

⇒ Asla mükemmel bir iş çıkaramam.

Çocuklarda Erteleme ile Baş Etmeyi Sağlayacak Egzersizler

a. Erteleme Kontrol Listesi (Vernon, 2002).

Yönerge: Erteleme davranışı, işleri sürekli daha sonraya öteleyerek yığınlar oluşmasına ve bu iş yığınlarının kaygıyla sonuçlanmasına yol açar. Bir ertelemenin başka ertelemeler doğuracağı ve sonunda ortaya çıkan ertelenmiş işlerin kişiyi felç edeceği fikriyle özellikle ergenler için kullanılabilecek bir egzersizdir.

Malzemeler:

- Kalem
- Erteleme kontrol listesi

Uygulama:

- Danışana erteleme kontrol listesi verilir ve bu listede kullandığı tekniklerin başına **X**, işe yarayabileceğini düşündüğü tekniklerin başına **O** koyması istenir. Daha sonra işe yarayabileceğini düşündüğü iki teknik daha eklemesi için cesaretlendirilir.
- Seans biterken hemen kullanabileceği bir teknik seçmesi istenir.
- Bu teknikleri kullandıkça kendisini ödüllendirmeye teşvik eden bir sistem oluşturması ve tekniklerin işe yaramasıyla ertelemeden tamamladığı her iş için kendisini ödüllendirmesi istenir.

Erteleme Kontrol Listesi

______***1. Her seferinde bir adım.*** Görevleri küçük parçalara bölün ve her seferinde tek bir adıma odaklanın.

______***2. Zamanlayıcı.*** İşe başlarken saati 15 dakikaya ayarlayın. Bu zaman sonunda ne kadar yol kat ettiğinize bakın. Ardından 15 dakika daha devam edin. Bu 30 dakikanın ardından ara verin ve aynı döngüyü aradan sonra tekrarlayın.

______3. ***Ödediğim bedeller posteri.*** İşleri ertelediğiniz için karşılaştığınız zorlukları bir liste yapın ve görebileceğiniz bir yere asın.

______4. ***İddiaya girin.*** Pek hoşlanmadığınız bir işle ne kadar süreyle uğraşabileceğiniz konusunda kendinizle iddiaya girin ve kendinize meydan okuyun.

______5. ***Ne zaman başlayacağım?*** Yapılması gereken büyük bir iş varsa bu işe başlamak için bir tarih belirleyin. Eğer bir tarih belirlemezseniz bu işe başlayana kadar her gün hiç hoşlanmadığınız başka bir şey yapın.

______6. ***Anlaşma imzalayın.*** Görevi tamamlamak için bir plan yapın ve uygun bir başlangıç ve bitiş tarihi belirleyin. İlerlemenizi izleyebilecek birinin takibi altında bu programa uyacağınıza dair bir anlaşma imzalayın.

______7. ***Görselleştirin.*** Bir görev tamamlamanız gerektiğinde kendinizi bu işe başlarken, işle ilgili çalışırken ve tamamlarken hayal edin. Bu görselleştirmeyi her gün yapın.

______8. ***Bitir şu işi.*** Üzerinde "Bitir şu işi!" yazan bir kâğıdı odanıza, aynanıza, çantanıza hatırlatıcı olarak yerleştirin.

Kendi fikirlerinizi ekleyin:

____

____

____

3. Başarısızlık

Gelişimsel bir bozukluk ve öğrenme güçlükleri ile ilgili olmayan başarısızlıkta, çocuklar daha iyi performans gösterme becerisine sahip oldukları hâlde göstermemektedirler. Yetersiz olacaklarına dair düşüncelerle öyle meşgul olurlar ki bu dikkatlerini dağıtır. Sıklıkla, deneyip başarısız olmaktansa denemeden başarısız olmanın daha iyi olduğuna dair bir hatalı inançları vardır. Denemeden başarısız olma, kişinin yetersizliği ile değil de çabasızlığı ile değerlendirileceği için böylesi duygusal olarak daha az yüklü görünmektedir. Diğer taraftan başarısızlık, isyan etmenin güvenli bir yolu olarak seçilebilmektedir (Vernon, 2002). Özellikle ebeveynlerle olan çatışmalarda ve karşıtlıklarda kullanılabilecek bir yöntem olarak benimsenir. Bu nedenle başarısızlık yaşayan çocukların ebeveyn tutumları dikkatle ele alınmalıdır. Pek çok olguda ebeveynlerin fazlasıyla talepkâr ve standartları yüksek kişiler olduğu, en azından çocukların böyle algıladığı görülmektedir. Zaman zaman ebeveynlerin mükemmel olmayan akademik sonuçları eleştirdiği, takdir etmediği hatta zayıf olarak nitelendirdiği durumlarla karşılaşılmaktadır. Bu durumda çocuklar, sadece mükemmeliyetçilik, erteleme ve kaygı ile değil öfke ile de baş etmek durumunda kalabilirler. Çünkü bu tutum, çocuğun koşullu olarak kabul edildiği algısı yaratmaktadır.

Bernard (2000), başarısızlık ile ilgili şu irrasyonal inançları vurgulamıştır:

⇒ En iyisini yapmalı ve her zaman onaylanmalıyım. Aksi hâlde bir hiçim.

⇒ Yeterince başarılı olmadığım için değersiz olduğuma göre hiç bir şey yapmama gerek yok.

⇒ Çabalamadığım sürece yetersiz ve değersiz olduğum fark edilmeyecek, yalnızca çalışmadığım için böyle sonuçlar aldığım düşünülecek.

⇒ Ne kadar çalışsam da başaramayacağım.

Çocuklarda Başarısızlık ile Baş Etmeyi Sağlayacak Egzersizler

a. Bahaneler (Vernon, 2002).

Yönerge: Bu davranışsal müdahale, işleri tamamlamada küçük ve yapılabilir hedefler belirleyerek bunalma hissinden kurtulmayı hedefler. Aynı zamanda mükemmeliyetçilik ve düşük engellenme toleransı gibi gerekçelerle işlerin tamamlanmasını engelleyen unsurların ele alınmasını sağlar.

Malzemeler:

- 8-10 küçük kart
- Kalem
- Çöp kutusu

Uygulama

- Başarısızlık yaşayan danışan ile onu başarıdan neyin alıkoyduğu konuşulur. Yeterince tekrar etmiyor, ödevleri zamanında yapmıyor veya sınavlara yeterince çalışmıyor, konuları anlamıyor olabilir.
- Danışan, başarılı olmasının önünde engel olduğunu düşündüğü her durumu kartlara yazar.
- Bazen gerçek sebepler olduğunu düşündüğümüz bazı konuların kolayca atlatılabilecek bahaneler olduğu konuşulur. Eğer bizi durduran şey, kolayca değiştirebileceğimiz bir koşulsa bu bir bahane olabilir (ör.; son güne bırakma, tekrar etmek yerine başka şeylerle uğraşma vb.).
- Danışanın yazdığı kartlara bakması ve hangilerini bahane olarak adlandırabileceğini seçmesi istenir. Bahane olduğu düşünülen kartlar yırtılarak çöpe atılır.
- Bahaneler ortadan kalktığına göre kalan durumlar, üzerinde çalışılması gereken hedefler olarak listelenir.
- Her bir hedef için ne yapılabileceği konuşularak sırayla eyleme geçilmesi ev ödevi olarak verilir.

Özet

Gelişim sorunu göstermeyen çocuklarda net bir biçimde patolojik olarak da nitelenemeyecek ancak hem çocukların hem de ailelerin yaşamını zorlaştırabilen pek çok davranış sorunundan bahsedilebilir. Bu bölümde, içselleştirmeye ve dışsallaştırmaya dayalı davranış sorunları ele alınmıştır. İçselleştirmeye dayalı davranış sorunları, çocuğun iç dünyasında kalan, iç dünyasında onu rahatsız eden ve pek çok davranış problemine yol açma özelliği taşıyan sorunlardır. Elbette bu içsel sıkıntıların dışarıda belirli görünümleri vardır ancak çoğu zaman dışa vurumundan asıl içsel sorunu fark edebilmek kolay değildir. Dışsallaştırmaya dayalı davranış sorunları ise çok daha açık ve görünür davranışsal örüntülerle ortaya çıkar ve çeşitli yaşam alanlarında etkin sonuçları vardır.

İster içselleştirme ister dışsallaştırma özelliğinde olsun çocuk ve ergenlerin davranışlarının altında yatan mantık dışı inanışları ve düşünce hatalarını ortaya çıkarmak için çabalamak, hem davranışın ortaya çıkış sebebini bularak odaklanmak hem de danışanda farkındalık sağlamak adına oldukça kıymetlidir. Hangi gelişim döneminde olduğundan bağımsız olarak çocuklar, çeşitli davranışsal sorunlar ile başa çıkmada sosyal desteğe ihtiyaç duyacaktırlar. En yakın sosyal destek unsuru ise ailedir. Çocuğun geliştirdiği mantık dışı inanışlar ve bilişsel hataların çoğu zaman ailenin çeşitli konuları ele alış şekilleri gözlemlenerek yerleştiği düşünülürse davranış sorunları ile baş ederken üzerinde çalışılan irrasyonal inanışlar ve düşünce hataları konusunda ebeveynlerin de eğitilmesi önem arz edecektir. Bu bağlamda hem çocuğu baş ettiği sorunlarla yeniden ilişkilenmek konusunda hem de bir güç kaynağı olarak yanında durmak konusunda desteklemek adına ailenin çalışmaya dâhil edilmesi kaçınılmazdır.

Bu bölüme dâhil edilen egzersizler sıklıkla danışma sürecine katkı sunma amacı taşımaktadırlar ancak aynı zamanda sürecin bir parçası olan ebeveynlerin egzersizleri kullanma ve uygulamada iş birliği yapması da oldukça kıymetlidir.

Referanslar

Achenbach, T. M. (1966). The classification of children's psychiatric symptoms: A factor analytic study. *Psychological Monographs*, 80, 1–37.

Alexander, E. S. & Onwuegbuzie, A. J. (2007). Academic procrastination and the role of hope as a coping strategy. *Personality and Individual Differences*, 42, 1301-1310.

Barrish, H. H. (2000). *Overcomillg perfectionism*. İçinde M E Bernard ve J L. Wolfe (Eds). The REBT resource book for practitioners. New York: Albert Ellis Institute.

Benzies, K. M., Harrison, M. J. & Magill-Evans, J. (2004). Parenting stress, marital quality, and child behavior problems at age 7 years. *Public Health Nursing*, 21, 111–121.

Bernard, M. E. (2000). *Irrational beliefs associated with underachievement*. İçinde M. E. Bernard ve J. L. Wolfe (Edl.). The REBT resource book for practitioners. New York: Albert Ellis Institute.

Blader, J. C. (2006). Which family factors predict children's externalizing behaviors following discharge from psychiatric inpatient treatment? *Journal of Child Psychology and Psychiatry*, 47, 1133–1142.

Creasey, G. L., & Jarvis, P. A. (1994). Relationships between parenting stress and developmental functioning among 2-year-olds. *Infant Behavior & Development*, 17, 423–429.

Crnic, K. A., Gaze, C., & Hoffman, C. (2005). Cumulative parenting stress across the preschool period: relations to maternal parenting and child behavior at age five. *Infant and Child Development*, 14, 117–132.

Ellis, A. & Dryden, W. (1997). *The practice of rational emotive behavior therapy*. New York: Springer.

Ellis, A. (1998). *How to control your anxiety before it controls you* Secaucus, NJ: Carol.

Ferrari, J. R. & Díaz-Morales, J. F. (2007). Perceptions of self- concept and self-presentation by procastinators: Further evidence. *The Spanish Journal of Psychology*, 10, (1), 91-96.

Fryxell, D. & Smith, D. C. (2000). Personal, social, and family characteristics of angry students. *Professional School Counseling*, 4(2), 86-94.

Heide, K. M. (1999). *Young killers The challenge of juvenile homicide*. CA: Sage.

Hewitt, L. E. & Jenkins, R. L. (1946). *Fundamental patterns of maladjustments: The dynamics of their origins*. IL: D.H. Green.

Kapur, M. (2011). *Counselling children with psychological problems*. Delhi: Pearson.

Kolvin, I., Wolff, S., Barber, L. M., Tweddle, E. G., Garside, R., Scott, D. M. & Chambers, S. (1975). Dimensions of behaviour in infant school children. *British Journal of Psychiatry*, 126, 114–126.

Milgram, N., Sroloff, B. & Rosenbaum, M. (1988). The procrastination in everyday life. *Journal of Research in Personality*, 22, 197-212.

Miller, L.C. (1967). Dimensions of psychopathology in middle childhood. *Psychological Reports,* 21, 897–903.

Peterson, D.H. (1961). Behaviour problems of middle childhood. *Journal of Consulting Psychology*, 25, 205–209.

Quay, H.C. (1964). Dimensions of personality in delinquent boys, as inferred from the factor analysis of case history data. *Child Development*, 35, 479–484.

Rosário, P., Costa, M., Núñez, J.C., González-Pienda, J., Solano, P. & Valle, A. (2009). Academic Procrastination: Associations with Personal, School, and Family Variables. *The Spanish Journal of Psychology*, 12 (1), 118-127.

Rutter, M. & Gould, M. (1985). *Classification*. İçinde M. Rutter ve L. Hers (Edl.), Child and adolescent psychiatry: Modern approaches. London: Blackwell Scientific Publications.

Sameroff, A. J. (1993). *Models of development and developmental risk*. İçinde C. H. Zeanah, Jr. (Ed.), Handbook of infant mental health (ss. 3–13). The Guilford Press.

Seligman, M. E. (1995). *The optimistic child*. New York: Harper Collins.

Thapar, A., Collishaw, S., Pine, D. S., Thapar, A. K. (2012). *Depression in adolescence*. Lancet. 379, 1056–1067.

Van Eerde, W. (2003). A meta-analytically derived nomological network of procrastination. *Personality and Individual Differences*, 35, 1401-1418.

Vernon, A. (1997). *Applications of REBT with children and adolescents*. İçinde J. Yankura ve W. Dryden (Edl.), Special applications of REBT A therapist's casebook (ss. 11-37) New York: Springer.

Vernon, A. (2002). *What works with children and adolescents: A handbook of ındividual Counseling Techniques*. Illinois: Research Press.

Wilde, J. (1996). *Treating anger, anxiety, and depression in children and adolescents A cognitive-behavioral perspective*. New York: Taylor and Francis.

BÖLÜM 8

GELİŞİMSEL FARKLILIKLARI OLAN ÇOCUKLARDA DAVRANIŞ SORUNLARI VE YAKLAŞIMLAR

Dilber Tezel

İçerik

Gelişimsel Farklılıklar

Yaşam boyu devam eden gelişim sürecinde gelişimin temelini oluşturan bebeklik ve çocukluk yılları ayrı bir öneme sahiptir. Pek çok çocuk normal gelişim sürecinden geçerek büyüse de çocukların bir bölümü, doğum öncesi, bebeklik, çocukluk veya daha ileri yaşlarda gelişimsel farklılıklara yol açan risklere maruz kalmakta, bu risklerden az ya da çok etkilenmektedir.

Bedensel özellikleri ve öğrenme yetenekleri açısından tüm bireyler farklılıklar gösterirler. Ancak çoğu zaman bu farklılıklar büyük değildir ve normal koşullarda genel eğitim hizmetlerinden yararlanmada ciddi problemlere yol açmazlar. Bununla birlikte özel gereksinimli bireyler olarak adlandırılan bireylerin bedensel özellikleri ve/veya öğrenme yetenekleri, eğitimlerinde bireyselleştirilmiş eğitim programlarını yani özel eğitimi gerektirecek ölçüde normlardan farklıdır. Normlardan farklılık altta ya da üstte olabilir. Bu yönüyle özel gereksinimli bireyler terimi; öğrenme, davranış problemi gösteren bireyleri, bedensel/duyusal/zihinsel yetersizliği olan bireyleri, üstün ve özel yetenekli bireyleri de içerisine alan kapsamlı bir terimdir (Eripek, 2005). Özel eğitim gerektiren bireyler olarak bir başka tanımlama ise doğum öncesi, doğum sırası, doğum sonrasında gelişim sürecinde oluşan çeşitli nedenlere bağlı olarak, bilişsel, dil, hareket, fizik, sosyal ve duygusal gelişimlerinde ölçme araçlarıyla ölçülebilen düzeyde yetersizlik, yavaşlama, gerileme ya da ileri olma sonucunda yaşıtlarına göre farklı özellikler gösteren ve normal eğitim programlarından yararlanamayan, kısmen yararlanan ve yararlandığı hâlde destek programları ile eğitimlerini devam ettiren bireylerdir (Baykoç - Dönmez, 2011). Millî Eğitim Bakanlığı Özel Eğitim Hizmetleri Yönetmeliği ise özel eğitim gerektiren çocukları "çeşitli nedenlerle, bireysel özellikleri ve eğitim yetersizlikleri açısından akranlarından, beklenilen düzeyde anlamlı farklılık gösteren birey" olarak tanımlanmaktadır (MEB, 2005).

Gelişimsel Farklılıklarda Değerlendirme Süreci

Gelişimsel farklılıkları olan çocukların, ihtiyaçları olan sağlık ve eğitim hizmetlerine, mümkün olan en erken dönemden itibaren ulaşmaları önemlidir. İlerleyen yıllardaki gelişimleri, akademik yeterlilikleri, toplumsal yaşama tam ve bağımsız katılabilmelerinin temelleri erken müdahale ve erken eğitim ile atılmaktadır. Eğitim ve müdahalelerin planlanmasının ilk aşaması ise taramalar ve tanılamayı kapsayan değerlendirme sürecidir.

Taramalar

Değerlendirmenin ilk basamağı olan tarama, yetersizliği olan ya da yetersizliği olduğundan şüphelenilen çocukların erken dönemde belirlenmesi ve izlenmesi amacına yöneliktir. Taramalar, çocuktaki problemleri erken dönemde fark etme ve çocuğun daha fazla değerlendirilmeye gereksinimi olup olmadığını belirler. Tarama sürecinde yapılan değerlendirmeyle, çocuğun olası bir gelişimsel gerilik ya da gecikmeye, görme, işitme yetersizliğine, sağlık sorununa ya da fiziksel bir soruna sahip olup olmadığına ilişkin bilgi toplanır. Tarama sürecinde çoğunlukla gözle görülemeyen, bir bakışta fark edilmeyen hafif düzeydeki yetersizlikler ortaya çıkar (Gürsel, 2010; Tekin-İftar, 2008). Ülkemizde yeni doğan işitme taramaları, gelişimsel taramalar, okullardaki görme taramaları yaygın bir şekilde yapılmaktadır.

Çocukların gelişimsel farklılıklarını fark etme ve belirleme sürecinin başlangıcı, sadece tarama uygulamaları değildir. Çocuklarıyla daima birlikte olan ebeveynler veya gününün büyük bölümünü öğrencileri ile geçiren öğretmenler de dikkatli gözlemleri sonucu çocuklarda yaşına uygun olmayan gelişimsel farklılıkları/yetersizlikleri fark edebilirler. Ailelerin çocukları ile ilgili endişe duydukları herhangi bir durumda, ilk müracaat ettikleri yerler genellikle sağlık kurumları olmaktadır. Çocuklardaki ağır ve ciddi yetersizlikler genellikle okul öncesi dönemde ebeveynler ve doktorlar tarafından tespit edilirken, hafif ve orta düzey gelişimsel problemler, okulun ilk yıllarında öğretmenler tarafından da belirlenebilmektedir. Öğretmenlerin sınıf ortamında, öğrencileri arasındaki öğrenme hızı, müfredatı takip edebilme, dikkat, iletişim, davranış problemleri vb. pek çok özelliği yakından izleme, çocuğun yaşına uygunluğu ve yaşıtları ile kıyaslama olanakları ve donanımları bulunmaktadır. Eğitim sürecinin başlamasından bir süre sonra, pek çok öğretmenin sınıfındaki hangi öğrencilerin ne tür problemler yaşadığı, hangi eğitsel desteklere ihtiyacı olduğu konusunda fikir sahibi oldukları ve daha ileri değerlendirmeler için aile ve rehber öğretmenle işçbirliğine yönelik adımlar attıkları bilinmektedir.

Taramalarda çocukta tespit edilen bir problemin/riskin varlığı veya ailenin ve öğretmenin gözlediği gelişimsel bir farklılığa dair şüpheler, ilk belirleme olarak da adlandırılabilir. Çocukta ilk kez ortaya çıkan bu durumun sonucunda, aile, sınıf öğretmeni ve okul rehberlik servisinin birlikte iş birliği içinde çalışması gerekmektedir. Genel eğitim sınıflarında engelli ya da risk durumunda olduğundan şüphe edilen öğrencileri belirlemek, bu öğrencilere sınıf içinde eğitsel destek sağlamak için ön koşuldur ve oldukça önemlidir. Bu nedenle öğrencilerin daha sonra kendilerine sağlanacak eğitsel destekten bir an önce yararlanabilmeleri için durumun belirlenmesinin olabildiğince çabuk gerçekleştirilmesi gerekmektedir (Turnbull ve Wehmeyer, 2007).

İlk belirlemelerde bir sorun tespit edilen veya risk durumunda olduğu düşünülen öğrencilerin, bulundukları sınıfta *gönderme öncesi süreç* başlatılmaktadır. Gönderme öncesi süreç; akademik, duygusal ve davranışsal özellikleri yönünden genel eğitim müfredatını takip etmekte güçlük çeken öğrenciyi ayrıntılı değerlendirme için Rehberlik Araştırma Merkezlerine göndermeden önce sınıf öğretmeninin, eğitim yöntemlerinde, materyallerinde, sınıfın fiziksel çevresinin düzenlenmesinde, amaçlarda ve gerektiğinde ev ödevlerinde uyarlamalar yapması ve öğrencinin genel eğitim sınıfında eğitim görmeye devam etmesi için yapılan çabalardır. Öğrencide tespit edilen durumla ilgili ilk verilerin, sorunu artıran veya azaltan faktörlerin, öğrenci için yapılan uyarlamaların vb. gönderme öncesi süreçte tüm yapılanların kayıt altına alınması gerekmektedir. Bu kayıtlar, öğrencinin başarı durumunun belirlenmesinde öğretmene kanıt sunmakta ve takibini sağlamaktadır. Bu kritik bilgi toplama ve kaydetme süreci, yapılan uyarlamaların, sonuçlarının aile ve okul için belgelenmesine, ayrıntılı değerlendirmeye gönderme ile sonuçlanan girişimlerin nedenini nesnel bir şekilde ortaya konulmasına ve öğrenci için karar verilirken risk durumunun kapsamlı bir şekilde anlaşılmasına olanak sağlamaktadır (Kirk, Gallagher, Anastasiow ve Coleman, 2006; Spinelli, 2012; Turnbull ve Wehmeyer, 2007). Gönderme öncesi süreç, okulda sınıf öğretmeni ve rehber öğretmen tarafından yönetilir. Sınıf öğretmeninin yaptığı sınıf içi izleme ve değerlendirmelerin, öğrenci için yapılan uyarlamaların uygunluğu ve bu uyarlamalardan yararlanma durumunun sistematik olarak toplanan veriler ışığında ortaya konması, öğrenci hakkında varılan yargının doğruluğunun tespiti için de önemlidir (Altun ve Karasu, 2021).

Öğrencide herhangi bir sorunun fark edilmesi ve öğrencinin bulunduğu sınıfta sorunun giderilmesine yönelik çabalara rağmen öğrencide hedeflenen gelişmeler sağlanmamış ise öğrencinin eğitim hayatının devamında, hangi eğitim ortamında bulunacağı, hangi destekleri kimden alacağına dair ileri düzey değerlendirme ve tanılamaya yönlendirilmesi gerekmektedir. Bu aşamada öğretmenden, Rehberlik Araştırma Merkezi kararına yol gösterici olacak şekilde, *"Eğitsel Değerlendirme İsteği Formu"* doldurarak eğitsel tanılama için Rehberlik ve Araştırma Merkezi'ne yönlendirmesi beklenmektedir.

Tanılama

Taramalarda risk fark edilen çocuklarda, tanılama süreci başlamaktadır. Tanılama, müdahale hizmetleri için ön koşuldur ve tanılamaya yönelik değerlendirmeler kapsamlıdır. Çocuğun durumunun, gelişimsel özelliklerinin, çevresel etkilerin normatif veya diğer ön standartlarla karşılaştırılarak doğrudan veya dolaylı olarak değerlendirilmesini içerir (Mc Lean, Wolery ve Bailey, 2003). Tanılama, çocuğun bir yetersizlikten ya da gelişimsel gerilikten kaynaklı bir problemi olup olmadığını ortaya koyan ve tarama aşamasına göre daha yoğun olan aşamadır. Özel Eğitim Hizmetleri Yönetmeliği (2018), değerlendirmenin bir diğer basamağı olan tanılamayı, uygun ortamlarda, bireyin özelliklerine uygun ölçme araçlarıyla yapılan ve sonucunda özel eğitime gereksinim duyduğu belirlenen bireylerin uygun eğitim ortamlarına yönlendirildiği bir süreç olarak açıklamaktadır. Tanılama basamağının mümkün olan en kısa zamanda tamamlanması ve çocuğa ve aileye yönelik hizmetlerin tanılamadan hemen sonra başlatılması gerekir.

Tanılama, tıbbi tanılama ve eğitsel tanılama olarak birbirinden farklı ama birbirini tamamlayan iki alanda yürütülmektedir. Tıbbi tanılamadan sorumlu kurumlar ülkemizde T.C. Sağlık Bakanlığına bağlı hastanelerdir. Tıbbi tanılama ve değerlendirmeler durumu sağlık açısından değerlendirmektedir. Çocuğun yetersizliği olup olmadığı ve yetersizliğe neden olan zedelenmenin yeri, derecesi, zedelenmeye yol açan etmenler gibi özellikler belirlenir. Yetersizliğin derecesi, tedaviyi planlama ve takip, raporlama süreçleri için çok önemlidir fakat çocukların eğitiminin planlanmasında ve yürütülmesinde, tıbbi tanılama sonuçları ile birlikte eğitsel tanılamaya da ihtiyaç duyulmaktadır.

Eğitsel tanılama ve değerlendirme, tıbbi ve psikometrik veriler dikkate alınarak yetersizliğin eğitim sürecini etkileme durumunun belirlenmesi ve bireyin dil, bilişsel, duygusal, sosyal ve motor becerilerine ilişkin gelişimsel bilgilerin toplanması şeklinde tanımlanmaktadır. Eğitsel tanılamada bireyin tüm gelişim ve disiplin alanlarındaki özelliklerine bakılmaktadır (Aral ve Gürsoy, 2007; Baykoç-Dönmez, 2011). Çocuğun eğitsel performansının ve eğitim hayatına devam edeceği ortamın belirlenmesi, bu ortamda kullanılacak program, materyal ve destek eğitim uygulayıcıları ile ilgili kararların da verilmesi sürecidir (Özyürek, 2015). Ülkemizde eğitsel tanılamadan sorumlu kurumlar T.C. Millî Eğitim Bakanlığına bağlı Rehberlik ve Araştırma Merkezleridir. Rehberlik ve Araştırma Merkezleri, özel gereksinimli çocukların eğitsel değerlendirmeleri, sunulacak özel eğitim hizmetlerinin planlanması ve yürütülmesinden sorumludurlar.

Okulda sınıf ve rehber öğretmenlerinin hazırladığı Eğitsel Değerlendirme İsteği Formu ve sağlık kurumlarındaki tıbbi tanılama raporunun tamamlanmasından sonra aileler, bulundukları illerdeki Millî Eğitim Müdürlüğüne bağlı Rehberlik ve Araştırma Merkezlerine (RAM) yönlendirilmektedir. RAM'da yapılan eğitsel değerlendirme ve tanılama çocuğun özelliklerine uygun ölçme araçlarıyla uygun ortamlarda yapılmaktadır. Özel Eğitim Değerlendirme Kurulu, çocuğun zihinsel, fiziksel, ruhsal, sosyal gelişim özellikleri ve akademik disiplin alanlarındaki yeterlilikleri, eğitim performansı, eğitim ihtiyaçları, eğitim hizmetlerinden yararlanma süresi ve bireysel gelişim raporu dikkate alarak değerlendirmektedir. Eğitsel değerlendirme ve tanılama sonucunda özel eğitim ihtiyacı olduğu tespit edilen bireyler, Özel Eğitim Değerlendirme Kurulu Raporu düzenlenerek uygun eğitim ortamına ve özel eğitim hizmetine yönlendirilmektedirler. Ayrıca aileler, Rehberlik ve Araştırma Merkezlerinden alınan eğitsel değerlendirme ve tanılamaya ilişkin bu raporla, çocukları için farklı özel eğitim merkezlerine başvurabilmekte ve devletin karşıladığı eğitim hizmetlerini alabilmektedirler (Özel Eğitim Hizmetleri Yönetmeliği, 11/6/2020 tarih ve 31152 sayılı Resmî Gazete; Aytekin 2016).

Gelişimsel Farklılıklarda Gruplama

"Gelişimsel Farklılıkları Olan Çocuklar", "Farklı Gelişim Gösteren Çocuklar", "Özel Gereksinimli Çocuklar", "Özel Eğitime Gereksinimi Olan Çocuklar" gibi tanımlamalarla nitelenen çocuklar, çeşitli yönlerden normal gelişim gösteren akranları ile benzer veya farklı özelliklere sahip olmaktadırlar. Bu özellikleri, onların eğitimlerinin normal eğitim sisteminden farklı olarak özel geliştirilmiş programlarla, özel düzenlenmiş bir çevrede, özel araç gereçlerle, alanında uzman personellerle yürütülmesini gerektirmektedir. Özel eğitime gereksinim duyan çocukların sınıflamaları şu şekildedir (Baykoç-Dönmez, 2011).

Duygusal ve Davranışsal Sorunlar: Duygusal ve davranışsal sorunlarla ilgili en kapsamlı ve kabul görmüş tanım, 2000 yılında Davranış Bozukluğu Olan Çocuklar Konseyi (The Council for Children with Behavioral Disorders - CCBD) tarafından şu şekilde yapılmıştır: Yaş, kültür veya etnik normlarda farklılık gösteren, eğitsel performans, akademik, sosyal, mesleki ve kişisel becerileri olumsuz etkileyen ve okuldaki duygusal ya da davranışsal tepkilerle karakterize edilen bir yetersizliktir. Bu tür bir yetersizlik, a) Çevredeki stresli olaylara geçici fakat beklenenden fazla tepkilerin verilmesi, b) Bu ortamlardan birinin okul olması koşuluyla en az iki farklı ortamda tutarlı olarak ortaya çıkması, c) Çocukla çalışan bireylerin kararlarına göre çocuğun geçmişi bu tür müdahalelerin etkili olmayacağını göstermedikçe eğitim programındaki kişiselleştirilmiş müdahalelere rağmen devam etmesi şeklindedir. Duygusal ve davranışsal bozukluklar diğer yetersizliklerle birlikte görülebildiği gibi çocuk veya gençlerin eğitim performansını olumsuz etkileyen şizofreni bozuklukları, duygusal bozukluklar, anksiyete bozuklukları veya diğer sürekli davranış veya uyum bozuklukları olabilir.

Dikkat Eksikliği ve Hiperaktivite (DEHB): DSM 5 kriterlerine göre APA (American Psychological Association) tarafından şu şekilde tanımlanmıştır: *Gelişim düzeyine göre genellikle bireylerde görülenden daha sık gözlenen ve daha şiddetli dikkatsizlik ve/veya hiperaktivite-dürtüselliğin kalıcı bir örüntüsü.* Ülkemizde Özel Eğitim Hizmetleri Yönetmeliği'nde 2000 yılında ilk kez bir yetersizlik olarak tanımlanmış, daha sonraki yıllarda, DSM tanı kriterleri dikkate alınarak tanımlamada değişikliklere gidilmiştir. 2012 tarih ve 28360 sayılı Resmî Gazete'ye göre dikkat eksikliği ve hiperaktivite bozukluğu olan birey; "*yaşına ve gelişim seviyesine uygun olmayan dikkat eksikliği, aşırı hareketlilik, hiperaktivite ve dürtüsellik belirtilerini en az iki ortamda ve altı ay süreyle gösteren, bu özellikleri yedi yaşından önce ortaya çıkan, özel eğitim ve destek hizmetlerine ihtiyacı olan birey*" olarak tanımlanmaktadır.

Yaygın Gelişimsel Bozukluklar – Otizm: Otizm spektrum bozukluğu, belirtileri erken çocukluk döneminde ortaya çıkan, genellikle etkilerini ömür boyu sürdüren, bireylerin sosyal etkileşim ve iletişim kurma becerilerini olumsuz yönde etkileyen, sınırlı ilgi ve tekrarlanan davranışlara neden olan nörogelişimsel bir bozukluktur (Leblanc, Richardson ve Burns, 2009; Suhrheinrich, 2011).

Dil ve Konuşma Sorunları: Amerikan Konuşma-Dil-İşitme Birliğine göre (ASHA,1993) dil ve konuşma sorunları; "*İletişim bozuklukları, kavramları, sözel ve sözel olmayan ve grafik sembol sistemlerini alma, gönderme, işlemleme, ve anlama yetisindeki bozukluklar*" olarak tanımlanmıştır.

Görme Yetersizliği: Zedelenme sonucu meydana gelen, gözün görme işlevini yerine getirememe durumu olarak tanımlanmaktadır. Görme yetersizlikleri olan bireyler, görme derecesi, görme keskinliği ve alanına göre kör ve az görenler olmak üzere iki grup olarak tanımlanmaktadırlar. Bunun yanında yasal haklar ve hukuki süreçlerle ilgili yasal tanımlama ve eğitim hakları, öğrenme süreçlerini planlamak için ise eğitsel tanımlama yapılmaktadır. Tüm düzeltmelerden sonra gözündeki görme keskinliği 20/200 veya daha az ve görme alanı 20 dereceden az kişiler yasal kör olarak tanımlanmaktadırlar. Görme keskinliği 20/70 ile 20/200 arasında olan kişiler ise yasal olarak az gören olarak tanımlanmaktadırlar. Görme engelli bireylerin yasal hakları, sosyal güvenlik ve hukuki süreçlerinde mevzuat gereği hangi imkânlardan yaralanabileceğine karar vermede kullanılmaktadır (Özyürek, 2015; Tuncer, 2004). Yasal tanımlama, görme yetersizliği olan çocukların eğitimlerini planlamak için yeterli değildir. *Eğitsel açıdan kör*, görme kalıntılarını öğrenme amacıyla kullanamayan, eğitimde dokunsal ve işitsel materyallere (Braille alfabesi, ses kaydı vb.) ihtiyaç duyan kişilerdir. *Eğitsel açıdan az gören ise* görme duyusunu öğrenme amacıyla kullanabilen, görsel işlevlerde bulunmak için optik, optik olmayan araçlardan yararlanan ve çevresel uyarlamalara ihtiyaç duyan kişi olarak tanımlanabilir. Eğitsel tanımlama görme yetersizliği olan öğrencini öğrenme süreçlerini planlama, öğretimsel uyarlamalar yapmak için gerekli olan tanımlamadır (Kirk, Gallegher ve Coleman, 2017; O'Dwyer ve Bayar, 2017).

İşitme Yetersizliği: İşitme ile ilişkilendirilebilecek herhangi bir işlevin (duyma, anlama, ses kaynağını bulma, konuşma, tekrarlama, öğrenme ve hatta okuma yazma vb.) sınırlanmasına neden olacak derecede işitsel algıda azalma, bozulma veya farklılaşma olması hâli olarak tanımlanmaktadır (Kemaloğlu, 2012).

Ortopedik (Fiziksel) Sorunlar: Çeşitli hastalıklar, kazalar, travmalar, tümörler veya doğumsal anomaliler nedeniyle kas, kemik ve eklemlerden oluşan iskelet sisteminin işlevlerini yerine getirememesi sonucu meydana gelen yetersizliklerdir. Vücudun bazı bölümlerin hareketi, kullanılması, kontrolü ve hissedilmesini sağlayan merkezî sinir sistemini etkileyen nöromotor yetersizlikler de fiziksel yetersizlikler içinde yer alır. İki farklı grup olmasına rağmen benzer eğitsel, terapötik, rekreasyonal uygulamalardan yararlanırlar (Heward, 2003).

Zihinsel Yetersizlik: Zihinsel işlevlerde ve uyumsal davranışlarda gözlenen önemli düzeyde sınırlılıkların karakterize ettiği; bilişsel, sosyal ve pratik uyumsal becerilerde kendini gösteren bir yetersizlik türüdür. Bu yetersizlik, 18 yaşından önce ortaya çıkmaktadır (AAIDD, 2022).

Özel Öğrenme Güçlüğü: Özel öğrenme güçlüğü, yazılı ve sözlü dili anlama ve kullanmada temel olan, bir veya daha fazla psikolojik sürecin etkilenmesiyle ortaya çıkan; dinleme, düşünme, konuşma, okuma, yazma ve matematiksel hesaplamalar yapmadaki güçlüklerdir. Algısal bozukluklar, beyin yaralanmaları, minimal beyin işlev bozukluğu, disleksi ve gelişimsel afaziyi de içeren tanımlama; görsel, işitsel, motor bozukluklar ve zihinsel yetersizliklerden, duygusal bozukluklardan, çevresel, kültürel ve ekonomik olumsuzluklardan kaynaklanan öğrenme güçlüklerini içermemektedir (IDEA, 2004).

Süregelen Hastalıklar (Sağlık Yetersizlikleri): Bireyin içinde bulunduğu sağlık sorunları nedeniyle, günlük yaşamını sürdürmede güçlüklerle karşılaşması ve sürekli tedavi ve bakıma gereksinimi olması durumudur. Çocuğun eğitsel aktivitelerini ve performansını olumsuz yönde etkileyebilen kalp yetmezliği, astım, orak hücre anemisi, hemofili, epilepsi, şeker hastalığı gibi özel sağlık durumları ve hastalıklarını içerir (Heward, 2003).

Üstün ve Özel Yetenekliler: Türkiye'de Millî Eğitim Bakanlığı tarafından yayınlanan Özel Eğitim Hizmetleri Yönetmeliği'ne göre "Yaşıtlarına göre daha hızlı öğrenen, yaratıcılık, sanat, liderliğe ilişkin kapasitede önde olan, özel akademik yeteneğe sahip, soyut fikirler anlayabilen, ilgi alanlarında bağımsız hareket etmeyi seven ve yüksek düzeyde performans gösteren bireylerdir" (MEB, 2018). Amerikan Federal Hükûmetinin hazırladığı raporda ise özel yetenekli çocuklar, "genel zihinsel yetenek, belli bir akademik alanda özel yetenek, yaratıcı ve üretici düşünme, liderlik yeteneği, görsel performans sanatında yetenek, devimsel yetenek olmak üzere bu altı alanın bir veya birkaçında üstün performans gösteren çocuklar" olarak tanımlanmışlardır (Dağlıoğlu, 2014).

Çoklu Yetersizlikler: Sadece tek bir yetersizlik türü için hazırlanan özel eğitim programlarına yerleştirilemeyecek kadar ciddi eğitsel problemlerine neden olan birden fazla yetersizliğin (zihinsel yetersizlik- görme yetersizliği, zihinsel yetersizlik-ortopedik yetersizlik gibi) kombinasyonu durumu olarak tanımlamaktadır (IDEA, 2004). Genellikle ağır ve çoklu yetersizlikler aynı kategoride ele alınsa da ayrı özelliklere sahiptirler. Ağır yetersizlikler, bireyin etkilendiği yetersizlik ya da yetersizlikler nedeniyle topluma katılım ve bağımsız yaşamda ciddi sınırlılıklar yaşaması, yoğun özel eğitime ve sürekli desteğe ihtiyaç duyması durumudur (Şafak ve Yürekli, 2020). Hafif/orta düzeyde hem işitme hem bedensel yetersizliği olan birey çoklu yetersizlik, ağır düzeyde sadece otizmi olan birey ağır yetersizlik, ağır düzeyde zihinsel ve bedensel yetersizliği olan birey ise ağır ve çoklu yetersizlik olarak değerlendirilebilir. Bireydeki yetersizliğin düzeyi ve kombinasyonlar, tanımlamaları dolayısıyla eğitim ve destek sürecini belirlemektedir.

Gelişimsel Farklılıklarda Özel Eğitim

Her bireyin eğitim hakkı ve eğitime ihtiyacı vardır. Eğitimde fırsat eşitliği ilkesi, toplumların temel koşullarından biridir. Özel gereksinimli bireylerin gelişim alanlarında ve gelişim süreçlerinde farklı özellikler göstermeleri, normal yaşıtlarının kendiliğinden edindiği becerileri ve kolaylıkla öğrendiği bilgileri yoğun ve sistematik biçimde öğretmeyi gerektirmektedir. Öğrencilerin kendilerine has öğrenme şekillerini dikkate alarak özel olarak planlanması önemlidir. Aşağıda verilen özel eğitimle ilgili yapılmış kapsamlı tanımlar, farklı gelişim gösteren çocukların eğitimindeki önemli noktaları vurgulamaktadır:

Özel eğitim; özel eğitim gerektiren bireylerin eğitim ve sosyal ihtiyaçlarını karşılamak için özel olarak yetiştirilmiş personel, geliştirilmiş eğitim programları yöntemleri ile özel eğitim gerektiren bireylerin bireysel yeterliliklerine dayalı gelişim özelliklerine uygun ortamlarda sürdürülen eğitimdir (MEB, 2005).

Özel eğitim; fiziksel, zihinsel, iletişimsel ve sosyal duygusal gelişimlerindeki özellikler nedeniyle normal gelişimden farklılık gösteren ve normal eğitim/öğretimden yararlanamayan, kısmen yararlanan veya yararlandığı hâlde destek programları ile eğitimlerini devam ettiren bireyler için özel yetiştirilmiş elemanlar tarafından ekip anlayışı ile sunulan, özel yöntem ve araçlarla, gerekirse özel mekânlarda her özel gereksinimli grup için farklı geliştirilmiş özel programlarla verilen eğitimdir (Baykoç-Dönmez, 2011).

Özel gereksinimli çocuklar, küçük yaşlardan itibaren erken müdahale, okul öncesi eğitim ve örgün eğitimde özel eğitim hizmetlerinden yararlanmaktadırlar. Tıbbi ve eğitsel tanılama sonuçlarına göre normal gelişim gösteren akranlarından ayrı okullarda/sınıflarda veya onlarla birlikte eğitim almaları kararı verilmektedir. Öğrencilerin özel gereksinimleri, özellikleri ve yetenekleri, normal gelişim gösteren akranları ile birlikte eğitim almalarına uygun değilse ayrı okul veya genel eğitim okulları içinde ayrı sınıflarda (özel eğitim sınıfı) eğitimlerini sürdürmektedirler. Ayrı eğitim düzenlemeleri, sadece ilgili yetersizlik alanı için hizmet sunan okullar veya sınıflardır. Özel gereksinimli çocuğun yaşadığı çevrede, kendisine en uygun olan örgün eğitim okulunda ve normal gelişim gösteren akranları ile birlikte eğitim alması ise kaynaştırma/bütünleştirme uygulamaları olarak tanımlanmaktadır. *Kaynaştırma,* özel gereksinimli çocukların normal gelişim gösteren akranlarıyla aynı ortamda olmaları, birlikte eğitim almaları olarak tanımlanırken; *bütünleştirme,* özel gereksinimli çocukların eğitim görecekleri okul ortamının bu çocukların eğitim görebileceği şekilde düzenlenmesidir. Bütünleştirmenin temel amacı, çocuğu özel gereksiniminden dolayı ayrıştırmak yerine, yapılan uyarlama ve düzenlemelerle sınıfla, okulla ve toplumla bütünleşmesini sağlamaktır (Acarlar, 2013). Her özel gereksinimli çocuk için ideal eğitim ortamı, birey için *en az kısıtlayıcı eğitim ortamı* olarak adlandırılmakta ve şu şekilde tanımlanmaktadır: "Özel eğitime ihtiyacı olan bireyin, toplumla bütünleşmesini sağlamaya yönelik sosyal, öz bakım, dil ve iletişim alanındaki davranışlar ile, düzeyine uygun akademik, mesleki bilgi ve becerileri kazandırmak amacıyla destek eğitim hizmetlerinin de verildiği, mümkün olduğunca yetersizliği olmayan akranlarıyla bir arada olmasını sağlayan eğitim ortamıdır" (MEB, 2018).

Eğitim ortamları çocukların özellikleri ve ihtiyaçları doğrultusunda farklılaştığı gibi eğitimlerinin de bireyselleştirilmesi önem taşımaktadır. Çocukları tanılama sürecinin sonunda hazırlanan ve eğitim planlaması ve takibi için oluşturulan Bireysel Eğitim Planı (BEP) bu amaca hizmet etmektedir. BEP, çocukların ihtiyaçlarının değerlendirilmesi ve bu ihtiyaçların okul sistemi içinde karşılanması için planlamaların yapılmasıdır. BEP, çocuğun şu andaki performans düzeyini, kısa ve uzun dönemli amaçları, öğretim süreci ve öğretim hizmetlerinin zamanını, kullanılacak araç gereçleri ve değerlendirme ölçütlerini içermektedir Özel eğitime ihtiyacı olan çocukların öğretimine nereden başlayıp sırasıyla nelerin öğretilmesi ve hangi davranışların, nasıl, ne zaman kazandırılacağının planlanması gerektiğine ilişkin bir dizi eğitsel kararı yönlendirmektedir (Şahin, Yaban ve Acar, 2015). Ülkemizde BEP'in ekip hâlinde hazırlanması yasal bir zorunluluktur ve bu ekibi oluşturacak kişiler, Özel Eğitim Hizmetleri Yönetmeliği (2018) madde 47'de şu şekilde tanımlanmışlardır:

> ***MADDE 47*** *– (1) Özel eğitim ihtiyacı olan öğrenciler için okulda BEP hazırlamak amacıyla BEP geliştirme birimi oluşturulur.*
>
> *(2) BEP geliştirme birimi okul müdürü veya görevlendireceği bir müdür yardımcısının başkanlığında;*
>
> *a) Rehberlik öğretmeni,*
>
> *b) Öğrencinin sınıf öğretmeni,*
>
> *c) Öğrencinin dersini okutan alan öğretmenleri,*
>
> *ç) Öğrencinin velisi,*
>
> *d) Öğrenciden oluşur.*
>
> *(3) Gerektiğinde görüşlerine başvurulmak üzere, özel eğitim değerlendirme kurulundan bir üyenin BEP geliştirme birimine katılımı sağlanır.*
>
> *(4) Mesleki eğitim veren özel eğitim okullarında eğitim ve öğretim hizmetlerini planlamak, izlemek ve değerlendirmek amacıyla BEP geliştirme birimine meslek derslerini okutan bir alan öğretmeni katılır.*
>
> *(5) Bu birimin çalışma usul ve esasları okul yönetimince belirlenir.*

Özel Eğitim Gerektiren Çocuklarda Davranış Problemleri

Problem davranışlar, davranışın doğası gereği farklı kültür ve normlarda farklı algılandığı için tek bir tanım yapmak mümkün değildir. Bireylerin toplumda etkili işlev görmelerini engelleyen ve hem kendilerinin hem de akranlarının güvenliklerini tehlikeye sokan herhangi bir davranış (Carr ve Durand 1985), çocuğun var olan becerilerini kullanmasını, yeni beceriler kazanmasını, çevresi ile sosyal etkileşimini ve toplumsal uyumunu olumsuz yönde etkileyen davranışlar (Dervişoğlu, 2007) olarak tanımlamalar yapılmıştır. Ülkemizde 2005 yılında kabul edilen Millî Eğitim Bakanlığı Özel Eğitim Hizmetleri Yönetmeliği'nde problem davranışlar, "bireyin yaşına uygun olmayan sosyal ve kültürel normlardan farklı duygusal tepki ve davranışlar" olarak tanımlanmıştır.

Problem davranışlar için uygun olmayan davranış, istenmeyen davranış, olumsuz davranış gibi pek çok terim kullanılmaktadır (Vuran ve Gül, 2017). Problem davranışlar, normal gelişim gösteren ve özel gereksinimli çocuklarda sıklıkla pek çok farklı biçimde ortaya çıkmaktadırlar. Hafif problem davranışlar, olumsuz etkileri az olan, eğitim ve öğretimi reddetme, uyuklama, verilen görevleri yerine getirmeme, sınıf içinde gezinme, etkinlikler dışı davranışları sergileme, gibi davranışlardır. Bu davranışlar, bireyin kendisinde ve çevresinde yüksek oranda rahatsızlık yaratmayan problem davranışlar olarak ele alınırlar. Bu davranışların belirlenebilmesi zor olmaktadır ve birçok durumda davranış problemi olarak sınıflanamayabilirler. İleri derecedeki problem davranışlar ise kendine zarar verme, ısırma, vurma, eşyaya zarar verme gibi olumsuz etkileri fazla olan, bireyin kendisine, çevresindeki diğer bireylere ve eşyalara yüksek oranda zarar veren davranışlar olarak belirtilmektedir (Erbaş, 2017; Reid, Patterson ve Snyder, 2002). Davranış problemleri olan çocuklar; saldırganlık, öfke, utangaçlık, kıskançlık, kaygı, yalan, bağımlılık, korku gibi özellikler gösterebilirler (Olçay, 2008). Bu problemler, çocuğun arkadaşlık kurmasını ve duygusal ilişkilere girmesini zorlaştırmaktadır. Problem davranışların, çocuğun kendisine, çevresindekilere, akran grubuna, arkadaşlık ilişkilerine, ebeveynlere, öğretmenlere ve eğitim sürecine olumsuz etkileri olmaktadır.

Problem davranışlar ile ilgili araştırmalar, her yaş grubundaki özel gereksinimli bireylerin, normal gelişim gösteren bireylere göre daha fazla ve daha ağır problem davranış sergilediklerini ve bu durumun pek çok etkene bağlanabileceğini belirtmişlerdir. Düşük zihinsel kapasite, sınırlı iletişim becerileri, sosyal reddedilme ve okul başarısızlıkları bu etkenlerden bazılarıdır. Özel gereksinimli çocuklarda günlük yaşam içerisinde istenilen yönergeleri yerine getirmeme, kendisine ve çevresindeki kişilere zarar verme, ağlama, bağırma, nesneleri yere atma, itme, vurma, tükürme, saç çekme, küfür etme, başkalarını rahatsız etme, öfke ve saldırganlık, kendine ve çevreye zarar verme, çığlık atma ve sebepsiz bağırma şeklinde tepkilerde bulunma gibi pek çok problem davranışlar görülebilmektedir. Çalışmalar, çocukların zihinsel yetersizliğinin düzeyi arttıkça davranış problemlerinin, antisosyal davranışların, duygu ve davranış bozukluklarının türü ve sıklığının arttığını, anksiyete bozukluğu ve iletişim sorunlarının daha üst düzeyde olduğunu, duygu ve düşüncelerini ifade etmede güçlükler yaşadıklarını ortaya koymaktadır. Ayrıca erkeklerin alt sosyoekonomik şartlarda bulunanların ve yetersiz dil ve iletişim becerilerine sahip olanların daha yüksek düzeyde duygu ve davranış problemleri yaşadıkları, çocukların yaşları arttıkça davranış problemlerinin de arttığı belirtilmektedir (Emerson, Robertson ve Wood, 2005; Özen, Çolak ve Acar, 2002; Stevenson, Kreppner, Pimperton, Worsfold, ve Kennedy, 2015; Oeseburg, Jansen, Groothoff, Dijkstra, ve Reijneveld, 2010).

Davranış Problemlerine Müdahale

Davranış problemlerine müdahaleler; sistemli, tutarlı, öğretmen ve ebeveynlerin iş birliğine dayalı uygulamalardır. Müdahalelerin yürütülmesi ve istendik amaçlara ulaşması zaman alıcıdır. Öncelikle olumlu davranışların artırılmasına yönelik stratejilerin öğretmenler ve aileler tarafından uygun ve tutarlı bir şekilde kullanılması davranış problemlerinin ortaya çıkmasını önleyici olmaktadır. Olumlu davranışları artırmaya yönelik yöntemler kullanılmasına rağmen çocuklarda uzun süren, çözümü zor problem davranışlarda iyi planlanmış müdahale programlarına gerek duyulmaktadır.

Duygusal ve davranışsal problemlere müdahale programlarında bulunması gereken üç önemli özellik bulunmaktadır:

(a) Duygu davranış bozukluğu gösterme riski bulunan çocukların erken dönemde belirlenmesini sağlayacak bir tarama sistemi,

(b) Öğrenci, öğretmen ve akran ilişkisini ve akademik gelişimi destekleyici davranışlar öğretmeyi hedefleyen bir okul programı,

(c) Çocuğun okula en olumlu deneyimlerle başlamasını destekleyebilmek için ailelerin okul ile iş birliği içinde çalışmasını sağlayacak bir aile eğitim programıdır (Walker, Severson, ve Feil, 1995).

Öğretmenler ve ebeveynler, duygusal ve davranışsal bozukluklara nasıl müdahale edileceği konusunda deneyimsiz olabilmektedirler. Genellikle öğretmenlere, sınıflarındaki tüm çocukları hedefleyen sınıf yönetimi becerileri öğretilmektedir. Öğretmenlerin davranış sorunlarında başarılı olması, önleyici yaklaşımlarla davranış yönetimi stratejilerini birleştirerek olumlu davranışlara odaklanmalarına bağlı görünmektedir. Bu tür programların hedefleri; uyum gibi olumlu davranışların teşvik edilmesi, belirlenmiş sınıf içi kural ve prosedürlerin uygulanması, kavga etme ve uygunsuz zamanlarda konuşma gibi sorunlu davranışları önlemek, çatışma çözümü ve problem çözme gibi sosyal ve duygusal becerileri öğretmek, saldırgan davranışların artmasını ve eyleme dökülmesini önlemek şeklindedir. Ayrıca bu programlar, ebeveynlerin okula katılımını artırmanın önemli olduğunu savunmaktadırlar (Scott, 2008 Akt.: Kurtça, 2021).

Davranış problemlerine müdahalede, problem davranış ortaya çıkmadan veya problemin ilk kez görülmeye başladığı zamanlarda "*Olumlu Davranışları Artırmaya Yönelik Uygulamalar*"ın yarar sağladığı belirtilmektedir. Problem davranışlar ortaya çıktığında ve süreğen hâle dönüştüğünde ise "*Davranış Sorunlarının Azaltılması / Ortadan Kaldırılmasına Yönelik Uygulamalar*"ın yürütülmesi önerilmektedir. Aşağıda sırasıyla bu uygulamalar ele alınmaktadır.

A-Olumlu Davranışları Artırmaya Yönelik Uygulamalar

Öğretmenler, uygulayabilecekleri bazı yöntemlerle çocuklardaki olumlu davranışların artmasını, davranış sorunlarının ortaya çıkmasını önleyebilmekte veya azaltabilmektedirler. Artırılmak istenen olumlu davranışlar, öğrencinin davranış repertuvarında olan fakat uygun şekilde sergileyemediği davranışlar olabilir. Genellikle davranışın ortaya çıkması güdülenmenin eksik olmasıyla açıklanmaktadır. Bazen de öğrenci davranışı bilse ve yeterli güdülenmeye sahip olsa da nerede, ne zaman, nasıl davranması gerektiğini bilememektedir (Hawkins, Barnett, Morrison ve Musti-Rao, 2010). Sınıf ortamında olumlu davranışları desteklemede kullanılabilecek bazı uygulamalar kısaca şu şekilde özetlenebilir:

1-Olumlu sınıf ortamı oluşturma: Öğretmenler, hangi sınıf koşullarının öğrencilerdeki davranış sorunlarına zemin hazırladığını değerlendirerek, problemlerin çıkma olasılığını azaltan olumlu sınıf ortamı oluşturabilirler. Dönem başında öğretmenler, öğrencilerden beklentilerinin ne olduğunu açıklayarak, kolay anlaşılır kurallar koyarak ve bu kuralların amaçlarını öğrencilerle tartışarak, öğrencilerdeki olumlu davranış örneklerini pekiştirerek, dersleri ilgi çekici ve öğrencilerin aktif katılımını sağlamaya yönelik yürüterek ve uygun davranışlar sergilemede kendisi rol model olarak olumlu sınıf ortamı oluşturmaya katkı sağlamış olurlar.

2-Sosyal yeterliliği ve işlevsel iletişimi destekleme: Birçok araştırma; sosyal, dil ve iletişim becerilerindeki yetersizliklerin çocukların kendilerini ifade edebilme ve başkalarıyla iletişim kurmalarını güçleştirdiğini ve problem davranışlara yol açtığını ortaya koymuştur (St Clair, Pickles, Durkin, ve Conti-Ramsden, 2011; Petersen, Bates, D'Onofrio, Coyne, Lansford, Dodge, ve Van Hulle, 2013; Pezzi, Mahendra, Ghedin, ve Marin, 2018). Öğretmenler, sınıflarında problem davranışların önlenmesine katkı sağlayacak hedef sosyal beceriler ve etkili iletişim stratejileri belirleyerek, dersin olağan akışı içinde bu becerileri öğretmeye yönelik uygulamalar yürütebilirler (Scheurman ve Hall, 2012). Özel gereksinimli çocuklar; zihinsel, dil ve iletişim yetersizlikleri nedeniyle kendilerini ifade etmede çığlık atma, bağırma, yanındakini sürekli dürtme gibi olumsuz girişimlerde bulunabilirler. Başka bir deyişle davranış sorunu olarak algılanan durumlar, çocuğun iletişim kurma çabası veya iletişim biçimi olabilmektedir. Öğretmenler, öğrencilerin bu iletişim kurma çabalarını anlamaya çalışmalı, alternatif ve etkili iletişim yollarını öğretmelidirler. Öğretmenler, kendileri de aktif dinleme, uygun geri bildirimler, kısa, anlaşılır yönergeler verme vb. etkili iletişim becerilerini kullanmalıdırlar.

3- Olumlu davranışlar için somut pekiştireç kullanma: İstendik davranış değişikliğini gösteren bireye ödül vermek ya da hoşlandığı bir durumu elde etmesini sağlamak olarak tanımlanan pekiştirme, çoğunlukla doğal bir şekilde oluşan bir durumdur. Her gün düzenli çalışan bir öğrencinin iyi not alması, gol atınca alkışlanan futbolcunun tekrar gol atma mücadelesi gibi. Eğitim ortamlarında öğretmenler, doğal pekiştireçlerle uygun davranışları sürdüremeyen öğrencilerle de sıkça karşılaşmaktadırlar (Alberto ve Troutman, 2015). Bu sebeple uygun davranışları artırmaya yönelik olumlu ve olumsuz pekiştirme, eğitim sürecinde sıklıkla kullanılmaktadır. Olumlu pekiştirme; bir davranışın sergilenme olasılığını artırmak veya davranışı sürdürmek amacıyla o davranışı takiben ortama hoşa giden bir uyarıcının eklenmesidir (ör., ödevini yapan bir öğrenciye öğretmenin aferin demesi). Olumsuz pekiştirme ise bir davranışı izleyen durumda ortamdaki itici uyaranın çekilmesi ile davranışın yapılma olasılığının artmasıdır (ör., ders çalışırken dışarıdan gelen gürültü dikkati dağıtıyorsa pencereyi kapatması) (Vuran ve Gül, 2017).

4-Görmezden gelme ve yönlendirme: Davranışı görmezden gelme, bütün durum ve tüm çocuklar için uygun olmasa da davranışın azaltılmasında çok etkili bir yöntem olabilir. Görmezden gelme dikkatin çocuğa yöneltilmemesi anlamına gelmektedir. Görmezden gelme özellikle şikâyet etme, ağlama ve öfke nöbetleri gibi davranışların azaltılmasında etkili olmaktadır. Çocuğun oyuncaklarını kırması, birini ısırması, kendine zarar vermesi gibi kendini ve etrafını tehlikeye atabilecek tarzdaki davranışlar veya içe kapanma gibi duygusal problemlere işaret eden davranışlar için ise görmezden gelme tekniğini kullanmak uygun değildir. Düşük düzeyde dikkat çekmeye yönelik ortaya çıkan davranışlar için öğretmenler sistematik biçimde görmezden gelme uygulayabilirler. Görmezden gelmenin başarıyla sonuçlanması için çocuğu olumlu davranışa yönlendirme ve teşvik etmek gerekmektedir. Öğretmenler, sınırlı sayıda davranışı görmezden gelmeli, çocuk ilgi çekme davranışını sonlandırır sonlandırmaz ilgi gösterip olumlu davranışı pekiştirmelidir (Diken, 2012; Özdemir, 2013).

B-Davranış Sorunlarının Azaltılması / Ortadan Kaldırılmasına Yönelik Uygulamalar

Çocuklarla çalışan uzman ve öğretmenler, olumlu davranışları artırmaya yönelik uygulamaları çoğunlukla kullanmaktadırlar. Uygun şekilde kullanıldıklarında davranış sorunlarının ortaya çıkması kısmen önlenebilmektedir. Ancak olumlu davranışı artırma stratejilerinin kullanılmasına rağmen çocuklarda ortaya çıkan ve sürekliliği olan davranış sorunlarının azaltılması ve ortadan kaldırılmasına yönelik uygulamalara ihtiyaç duyulmaktadır. Sergilenmeleri ile öğrencinin kendisinin ve çevresindekilerin günlük yaşam etkinliklerini, iletişimlerini sosyal etkileşimlerini kesintiye uğratan ve öğrencinin kendisine ve çevresine zarar veren davranışlar, azaltılmak istenen davranışlardır (Hawkins vd., 2010). Bazı durumlarda azaltılmak istenen davranış, oluş biçimi açısından uygun olmasına rağmen sıklık, süre ve yoğunluk açısından ortama uymayan bir davranış olabilmektedir. Örneğin, parmak kaldırarak söz alma davranışı uygun bir davranış iken, dersin akışını bozacak sıklıkta olması uygun değildir (Rakap, 2017).

İşlevsel Davranış Analizi

Bir problem davranışın işlevinin yani niçin sergilendiğinin bilinmesi, uygun davranış değiştirme yönteminin belirlenmesi ve kullanılması açısından önemlidir. "İşlevsel Analiz" sürecinin temel amacı, problem davranışın nedenlerinin belirlenmesi ve bu yolla davranışın işlevine uygun etkili yöntemlerin kullanılmasıdır (Hanley, Iwata ve McCord, 2003). İşlevsel davranış analizi uygulamacılara, çocuğun zorlayıcı davranışı hakkında temel bir sorunun yanıtını bulmada yardımcı olur: Davranışın işlevi hangi amaca hizmet etmektedir? Çocuk problem davranışlar sergileyerek bir şeyler mi elde etmektedir (ör.; yiyecek, ilgi)? Çocuğun bir şeyden kaçmasını mı sağlamaktadır (ör., ödev yapma)? İşlevsel davranış analizi uygulayıcıları, bu sorulara yanıtlar bularak istenmeyen davranışları ortadan kaldırmaya yönelik müdahale planlamaları yapabilirler (Kauffman ve Landrum, 2015). İşlevsel davranış analizinde çocuklardaki problem davranışların azaltılması veya tamamen ortadan kaldırılması sürecinde yapılması gerekenler sırasıyla şunlardır:

1-Problem davranışı belirlemek: Özel gereksinimli çocuklar birden fazla davranış problemine sahip olabilirler ve tüm problem davranışlarla aynı zamanda çalışmak mümkün olmamaktadır. Bu nedenle öncelikle azaltılması/tamamen ortadan kaldırılması planlanan hedef problem davranış belirlenmeli ve bu davranışla ilgili bilgi toplanma süreci başlamalıdır. Bu süreçte çocuğun kendisi, çocuk hakkında bilgi sağlayacak ebeveynler, bakıcı, öğretmenlerle görüşmeler, kontrol listeleri, standart testler ve gözlem yapma teknikleri kullanılmaktadır. Öncelikle çocuğun yaşantısında olumlu ve uzun süreli değişim yaratacak, öğrencinin etkileşim kurduğu diğer bireylerin yaşantılarını olumlu yönde etkileyecek sosyal davranışların öğretilmesi önemli görülmektedir (Cooper, Heron, ve Heward, 2014).

2-Davranışın tanımlanması: Çocukta azaltılması planlanan hedef davranış belirlendikten sonra bu davranışının ölçülebilir ve gözlenebilir olarak tanımlanması gerekmektedir. "Çok hareketli.", "Sınıfın düzenini bozuyor." gibi ifadeler, çocuğun hangi davranışı nasıl, ne zaman, ne sıklıkta sergilediğine dair açıklayıcı, gözlenebilir ve ölçülebilir bilgiler vermemektedir. "Ahmet, ders sırasında 5 dakikada bir yerinden kalkarak sınıfta koşuyor." veya "Ayşe, ders sırasında masanın üzerindeki materyalleri yere atar." şeklindeki tanımlamalar, davranış hakkında sağlıklı bilgi toplamayı ve ölçmeyi kolaylaştırmaktadır. Ayrıca öğrencinin eğitiminden sorumlu kişilerin davranış hakkında fikir sahibi olmaları açısından uygun olmaktadır (Vuran ve Gül, 2017; Olçay, 2020).

3-Davranış hakkında veriler toplama: Bir davranış problemini kontrol etmek için etkili bir yöntem seçebilmek, seçilen ve uygulanan yöntemin davranış üzerindeki etkilerini belirleyebilmek amacıyla davranış hakkında ayrıntılı bilgi toplamak önemlidir. Öğretmenin bazı davranışların sıklığını (vurma, anlamsız konuşma, yerinden kalkma vb.) bazı davranışların süresini (ağlama, sınıfta dolaşma, verilen ödev/ işle uğraşma vb.) değerlendirmesi gereklidir (Louise, 2006). Problem davranışın ne sıklıkta, ne kadar süre, ne yoğunlukta, günün hangi saatinde, hangi ders veya durumda, kimlerin varlığında/yanında ortaya çıktığı, davranış probleminin süresinde ve sonrasında çocuğun ne yaptığı, bu durumun sınıftaki veya çocuktaki etkisinin nasıl olduğu ve davranışın sonucunda neler olduğuna dair ayrıntılı veriler toplanmalıdır. Problem davranışlar hakkında veriler toplarken (1) davranışa zemin hazırlayan uyaranları, (2) öncülleri ve (3) sonuçları ayrı ayrı dikkate almak gerekmektedir. *Davranışa zemin hazırlayan uyaranlar*; çevresel (ortamın ısısı, ışığı, gürültü vb.), psikolojik (anne-babanın ayrılışı, akran zorbalığına maruz kalma vb.), fizyolojik (ağrı, uykusuzluk, açlık vb.) olabilmektedir. *Öncüller*; davranıştan hemen öncesinde yer alan, davranışın ortaya çıkmasına neden olan olaylardır (gün içindeki belli bir zaman, belli bir etkinlik, belli bir kişinin varlığı vb.) Davranışı ortaya çıkaran öncülleri belirlemek, problem davranışı önlemek için gerekli düzenlemeleri yapmada önemlidir. *Sonuçlar;* davranışları izleyen olaylar ya da durumlardır. Problem davranışları izleyen sonuçlar, davranışların neden ortaya çıktığı başka bir deyişle davranışın işlevi ile yakından ilişkilidir (Erbaş, 2017).

4-Davranışın işlevini belirleme: Tüm davranışlar gibi problem davranışların da işlevleri vardır ve bu işlev çevrede istendik bir değişiklik yaratmaktır. Çocuk sergilediği davranış ile amacına ulaşırsa o davranışı ilerde sergileme olasılığı artar. Çocukların problem davranışlar sergileyerek neler elde ettikleri veya nelerden kaçındıkları belirlenmelidir (Vuran ve Gül, 2017). Uygun olmayan davranışların işlevleri genel olarak altı başlıkta belirtilmektedir.

İlgi/dikkat elde etme: Sosyal etkileşim, sözel ya da sözel olmayan iletişim davranışlarını kullanarak bir yetişkin ya da akran ilgisinin elde edilmesi davranışın bir işlevidir. Öğrencinin iletişim ve sosyal becerilerde yetersizlikleri varsa problem davranış olarak görülen davranışlarla, (bağırma, etrafa bir şey fırlatma, küfretme vb.) ilgi veya dikkat elde etme yoluna gidebilir. Bu davranışları yetişkinin ilgisini çekmede (hoş veya hoş olmayan şekilde) başarılı olmuşsa öğrenci bu davranışı ile istediği sonuca ulaşmayı öğrenmiş olur ve tekrar aynı şekilde davranma olasılığı artmaktadır.

Somut bir şey elde etme: Tıpkı ilgi ve dikkat elde etmede olduğu gibi uygun olmayan davranışlar gösterilmesi ve sonucunda istenen somut nesne, eylem ya da etkinlikler elde edilmesidir. Örneğin, iletişim becerisine sahip olmayan bir öğrenci, bir şeyi işaret ederek de elde edebileceği öğretilmemiş ise meyve suyunu bağırarak, bardağını masaya vurarak isteyebilir.

Duyusal uyaran elde etme: Günlük yaşamda müzik açma, bilgisayar oyunu oynama, çikolata yeme gibi duyusal uyaranlara yol açan ve hoşumuza giden etkinlikler yaparız. Çocuklar, mırıldanma, nesneleri ağzına götürme, sallanma, el şaklatma vb. davranışlarla kendilerine duyusal girdiler sağlayabilirler. Özel gereksinimli çocuklarda sosyal, bilişsel, iletişimsel kısıtlılıklar duyusal uyaran elde etmeye yönelik tekrarlayan, basmakalıp davranışların görülmesine neden olabilmektedir.

Görevden kaçma: Çocuğa verilen görev onun için çok zor, çok kolay, çok sıkıcı veya görevin içeriği çocuk için itici olabilir. Çocuk, görevi reddetmek, mola istemek, kendini ve istemediğini ifade etmek için yeterli sosyal ve iletişimsel becerilere sahip değilse, uygun olmayan davranışlar sergileyebilir. Çocuğun kaçma, kendini yere atma vb. davranışları sonucu zor/sıkıcı görev kaldırılıyorsa çocuğun istemediği durumlarda uygun olmayan kaçma davranışlarını tekrar gösterebilmektedir.

İlgiden/etkinlikten kaçma: Çocuk için istenmeyen bir durum veya ilgiden kaçma amacı olabilir. Örneğin, ödevini yapmayan bir öğrencinin, öğretmenin ona ve duruma ilgisini yöneltmemesi için saçma bir soru sorması, derse uygun olmayan ve dikkati başka yöne çekme davranışları gibi.

Huzursuzluk veya acı veren bir içsel bir uyarandan kaçma: Acı ve huzursuzluk veren bir durumdan kurtulmak için uzanırız, ilaç alabiliriz, uyuruz, durumu anlatıp yardım isteyebiliriz. Acı veya huzursuzluklarını dile getirmek için gerekli bilişsel ve iletişimsel yeterliliklere sahip olmayan bireyler, bu durumu ortadan kaldırmak için başkalarının uygun olmayan davranış olarak gördüğü davranışları sergileyebilirler (Alberto ve Troutman, 2015).

Davranış Değiştirme Yöntemleri

Olumsuz davranışları değiştirebilmek için davranış ile çevre arasındaki işlevsel ilişkiyi analiz eden ve etkililiği kanıtlanmış yöntem ve teknikleri kullanan uygulamalı davranış analizi (UDA), hedeflenen davranış değişikliklerini sağlayabilmek için davranış ilkelerinden yararlanan bir bilimsel davranış değiştirme disiplinidir (Erbaş, 2002; Furman ve Lepper, 2018). UDA davranışçılık yaklaşımını temel alır ve UDA sürecinin başlangıcını işlevsel davranış analizi oluşturmaktadır. Davranış problemlerinde davranışı, işlevini belirleme ve davranış ile ilgili ayrıntılı bilgi toplama sürecinden sonra, olumsuz davranışı azaltma veya ortadan kaldırmaya yönelik çalışma süreci başlamaktadır. Bireylerin davranışlarını değiştirebilmek, sistematik uygulamalar yapılmasını gerektiren karmaşık bir süreçtir. Müdahale edilmediğinde kendiliğinden ortadan kalkmayan problem davranışların artmasına engel olmak ya da öğrencilere olan etkisini en aza indirgemek için etkili yöntem ve tekniklerin kullanıldığı davranış değiştirme programlarının hazırlanması gerekmektedir. UDA, etkililiği kanıtlanmış davranış değiştirme yöntemlerinden biridir. UDA kapsamında olumsuz davranışları azaltma veya değiştirmede kullanılan bazı teknikler şunlardır:

Pekiştirmeye dayalı uygulamalar ve sönme: Pekiştireçler, uygun davranışları arttırılmasında kullanıldığı gibi problem davranışların azaltılmasında da kullanılmaktadır. Olumsuz davranışların giderilmesine yönelik pekiştireç kullanımı çeşitli şekillerde olabilmektedir. *Ayrımlı pekiştirme*, uygun olmayan davranışlar görmezden gelinirken, uygun davranışlar pekiştirilmektedir. *Koşula dayalı olmayan pekiştirme,* problem davranışı sürdüren pekiştireçlerin belirlenip, problem davranıştan bağımsız öğrenciye sunulmasıdır (ör., bağırarak öğretmenin ilgisini çeken bir öğrenciye, öğretmenin belirli zaman aralıklarında, öğrencinin bağırmadığı zamanlarda olumlu ilgi göstermesi). *Uyuşmayan davranışın pekiştirilmesi*, problem davranışa fiziksel olarak uyuşmayan bir davranışın pekiştirilmesidir (ör., sürekli sınıfta gezen öğrencinin oturduğu zamanların pekiştirilmesi). *Sönme,* daha önce pekiştirilen bir problem davranışın pekiştirilmesinin durdurulmasını ve böylece problem davranışın azalmasını, ortadan kaldırılmasını sağlamaktır (ör., sınıfta sürekli yanındakilerle konuştuğu için öğretmenin olumsuz ilgisini çeken ve uyardığı bir öğrenci için öğretmenin uyarmayı bırakarak zaman zaman görmezden gelme, olumlu davranışın pekiştirilmesi vb. yöntemleri kullanması). Öğrenci arkadaşlarıyla konuşmasının öğretmenin ilgisini çekmediğini görmesi davranışın sönme olasılığını artırmaktadır. Sönme, görmezden gelme ve problem davranışı sürdüren pekiştireçlerin geri çekişmesini sağlayan sistemli, zaman alan bir süreçtir. Öğretmenin sürekli ve tutarlı bir şekilde uygulamasını gerektirmektedir (Sazak-Pınar, 2017).

Tepkinin bedeli: Problem davranışa bağlı olarak, sahip olunan pekiştirecin bir kısmının alıkonulmasını veya geri alınmasını ve böylece davranışın azaltılması amaçlanmaktadır (ör., derste sorun çıkaran öğrencilerin teneffüse geç çıkarılması) (Özyürek, 2008).

Mola: Sabit bir zaman dilimi içinde öğrencinin pekiştirme alma fırsatını engelleyerek uygun olmayan davranışın azaltılmasıdır. Sınıf içinde dâhili mola olarak kullanılabileceği gibi (ör., öğrencilerin başlarını sıraya koymalarının istenmesi) harici mola şeklinde de (ör., öğrencinin ortamdan çıkarılması, başka bir odaya alınması gibi) uygulanabilmektedir (Alberto ve Troutman, 2015).

Düzeltme, aşırı düzeltme ve olumlu alıştırma: Bu üç yöntem, öğrencinin olumsuz davranışını gidermeye yönelik benzer uygulamalardır. *Düzeltme,* öğrencinin çevreyi uygun olmayan davranıştan önceki hâle getirmesidir (ör., çöp atan öğrencinin attığı çöpleri toplaması). *Aşırı düzeltme,* öğrencinin çevreyi uygun olmayan davranıştan önceki hâlinden daha iyi hâle getirmesidir (ör., çöp atan öğrencinin sınıftaki tüm çöpleri toplaması). *Olumlu alıştırma,* uygun olmayan davranışın sonucu olarak uygun davranışın aşırı tekrar ettirilmesidir (ör., yazma görevini özensiz yapan bir öğrenciden aynı yazıyı birkaç kez yazmasının istenmesi gibi) (Vuran ve Gül, 2017).

Örnek Uygulamalar

Olumlu Davranışsal Destek Modeli (ODD)

Olumlu Davranışsal Destek (ODD), öğrencinin olumlu davranışlarını geliştirmek ve yeni davranışlar öğretmek için Uygulamalı Davranış Analizi (UDA) ilkelerini kullanan ve bireyin yaşam kalitesini artırmak ve problem davranışlarını azaltmak için bireyin yaşadığı çevreyi desenleyen ya da değiştiren bir yaklaşımdır. ODD'yi temel alan Okul Çapında Olumlu Davranışsal Destek (OÇODD) modeli ise okulda bulunan tüm öğrencilere yönelik düzenlemelerin sunulduğu toplumun ve çevrenin değer yargıları dikkate alınarak uygun davranışlarının kalıcı hâle gelmesinin sağlandığı çerçeve işlevi gören bir modeldir. Öğrencilerin davranışlarına ve temel sosyal becerilerini geliştirmeye odaklanan OÇODD modelinde, okul genelinde, sınıfta ve bireysel müdahaleler şeklinde destekler sunulmaktadır. Anaokulundan liseye kadar pek çok okul ve okul kademesinde uygulanabilen, bütün öğrencileri kapsayan ve her okulun kendine özgü kapsamlı bir sistem kurmasına olanak sağlayan OÇODD, öğrencilere yönelik tüm desteği kanıta-dayalı olarak sunan ve veriye dayalı olarak yürüten bir sistem yaklaşımıdır (Bk. Şekil 1).

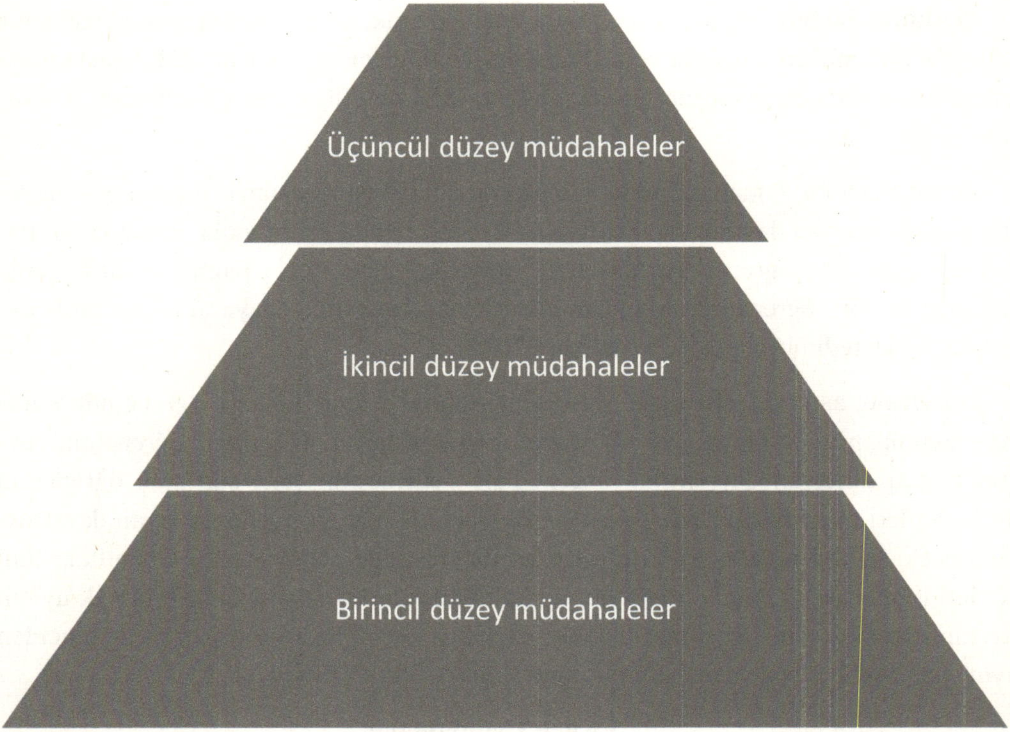

Şekil 1. Üç Aşamalı Okul Çapında Olumlu Davranışsal Destek (OÇODD) Modeli

Üç aşamalı bu modelde okuldaki tüm öğrencilerin ihtiyaçlarına yönelik uygulamalar bulunmaktadır:

Birincil düzey müdahaleler: Okul genelinde tüm öğrencilere uygun davranışların neler olduğunu belirtmek amacıyla bir kural listesi oluşturmakta ve kuralların bozulması hâlinde sonuçların neler olacağını açıklamakta, uygun davranışları öğretmek için belirlenen kurallar açık ve net şekilde öğretilmekte, söz konusu beklentilerin uygulamasını yapabilecekleri fırsatlar sunulmakta ve beklentileri karşılamaları hâlinde de alacakları olumlu pekiştireçlerle ilgili bilgiler verilmektedir.

İkincil düzey müdahaleler: Birincil düzey müdahale programının yeterli olmadığı durumlarda başvurulan müdahaleleri içermektedir. Birincil düzey müdahale programlarından yararlanamayan, kazanım veya performans eksiklikleri sergileyen öğrencilere veya öğrenci gruplarına yönelik müdahale programlardır.

Üçüncül düzey müdahaleler: önceki iki düzeyde başarılı olamamış, problem davranış sergileyen ve akademik başarısı düşük, bireyselleştirilmiş ve yoğun programa ihtiyaç duyan öğrencileri kapsamaktadır. Üçüncül düzey müdahaleler, bireyselleştirilmiş programları ve işlevsel değerlendirmeyi zorunlu kılmaktadır. Bu düzeyde desteğe ihtiyacı olan öğrenciye yönelik yoğunlaştırılmış destekler, grup düzenlemesi şeklinde değil bireysel olarak verilmektedir (Crone, Hawken ve Horner, 2010; Horner, Sugai, Todd ve Lewis-Palmer, 2005; Lane, Kalberg ve Menzies, 2009).

Başarıya İlk Adım (BİA) Programı

Başarıya İlk Adım Programı, (BİA) ana sınıfı, ilkokul birinci ve ikinci sınıfta bulunan çocuklar için Walker vd. (1998) tarafından geliştirilmiş bir erken müdahale programıdır. Programın Türkçeye uyarlanması, Diken vd. (2010) tarafından yapılmıştır. Programın temel amacı, antisosyal davranışlar gösterme riski bulunan çocuğa arkadaşları, öğretmeni ve çevresindekiler ile olumlu ve uyumlu ilişkilerde bulunmayı öğretmektir. Program, çocuğun ev ve okul ortamını kapsamakta, anne-baba, öğretmen ve programı uygulayan bir rehber iş birliği içinde aktif görev almaktadırlar. BİA'nın birbiriyle uyumlu olarak yürütülen üç temel modülü vardır (Bk. Şekil 2). Bunlar; (1) Tarama/Tanılama Modülü, (2) Sınıf Modülü ve (3) Ev Modülüdür.

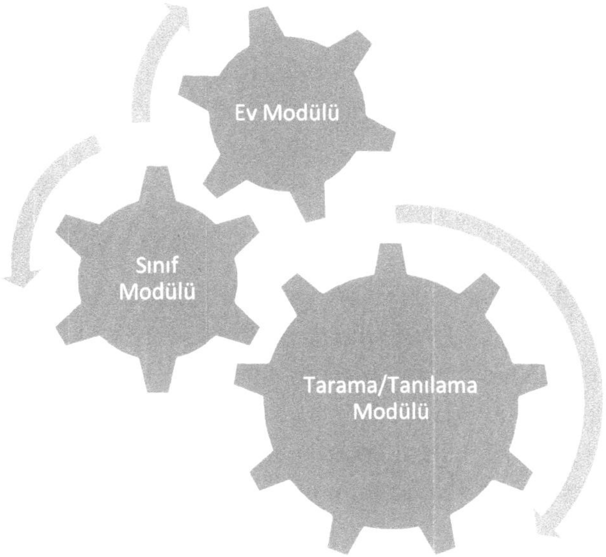

Şekil 2. Başarıya İlk Adım (BİA) Programı Modülleri

Tarama/Tanılama Modülü: Program, programın uygulanacağı antisosyal davranışlar gösterme riski altındaki çocukları tanılama için kullanılabilecek dört değişik tarama ve tanılama yöntemi sunmaktadır. Bunlar, "öğretmen görüşüne dayalı ölçekler" ve "öğretmen görüşü ve ayrıntılı gözlemleri içeren çok aşamalı değerlendirme yöntemlerini" içermektedir. Modülde yer alan dört değişik tanılama yönteminden herhangi biri çocuğun tanılanmasında kullanılabilir.

Sınıf Modülü: Programın sınıf modülünde, çocuğun sınıf öğretmeni, sınıf arkadaşları ve programı uygulamada yardımcı olacak program rehberi yer almaktadır. Program 30 iş günü (okul günü) içinde uygulanmaktadır. Programın sınıf modülünde, problem davranışların sınıf ortamında kontrol altına alınması ve yerine olumlu davranışların kazandırılması hedeflenmektedir. Bu amaçla, bu modülde sınıf öğretmeni, bir yüzü KIRMIZI (Kırmızı kalem ile yazınız.), diğer yüzü YEŞİL (Yeşil kalem ile yazınız.) olan çocuğa davranışı ile ilgili görsel uyarı (geri bildirim) sağlayan bir kart kullanır. Çocuk uygun davranışlar sergilerken kartın YEŞİL yüzü, uygun olmayan davranışlar için sözel veya fiziksel uyarı yerine kartın KIRMIZI yüzü çocuğa gösterilir. Programda belirtilen süreler içerisinde uygun davranışlar kaydedilir ve programda belirtilen puan kazanıldığında çocuk ve sınıf ödüllendirilir.

Ev Modülü: Programın ev kısmı, programın on birinci gününde başlar. Anne-babanın çocukla birlikte günlük 15-20 dakika oynayacakları etkinlikleri/oyunları içerir. Etkinlikler/oyunlar, çocuğun sosyal becerilerini ve anne-babanın çocuklarıyla kurdukları ilişkiler ile ilgili bilgi ve becerilerini geliştirmeye dayalı altı ayrı konuyu kapsar. Program danışmanı, programın ev kısmının uygulanmasından önce anne-baba ile görüşür ve programın ev kısmının evde nasıl uygulanacağını anne babaya açıklar. Ayrıca anne-baba ile haftalık görüşmelerde bulunarak gerekli desteği sağlamaktadır (www.bia.anadolu.edu.tr).

Özet

Gelişimde bedensel özellikleri ve öğrenme yetenekleri açısından tüm bireyler farklılıklar gösterir. Gelişimsel farklılıkları olan çocukların, ihtiyaçları olan sağlık ve eğitim hizmetlerine mümkün olan en erken dönemden itibaren ulaşmaları önemlidir. İlerleyen yıllardaki gelişimleri, akademik yeterlilikleri, toplumsal yaşama tam ve bağımsız katılabilmelerinin temelleri, erken müdahale ve erken eğitim ile atılmaktadır. Eğitim ve müdahalelerin planlanmasının ilk aşaması ise taramalar ve tanılamayı kapsayan değerlendirme sürecidir.

Her bireyin eğitim hakkı ve eğitime ihtiyacı vardır. Özel gereksinimli çocuklar, küçük yaşlardan itibaren erken müdahale, okul öncesi eğitim ve örgün eğitimde özel eğitim hizmetlerinden yararlanmaktadırlar. Ancak sıklıkla görülebilecek problem davranışlar, müdahale edilmediği taktirde çocuğun kendisine, çevresindekilere, akran grubuna, arkadaşlık ilişkilerine, ebeveynlere, öğretmenlere ve eğitim sürecine olumsuz etki edebilir. Davranış problemlerine müdahaleler; sistemli, tutarlı, öğretmen ve ebeveynlerin iş birliğine dayalı uygulamalardır. Müdahalelerin yürütülmesi ve istendik amaçlara ulaşması zaman alıcıdır. Olumlu davranışların artırılmasına yönelik stratejilerin öğretmenler ve aileler tarafından uygun ve tutarlı bir şekilde kullanılması, davranış problemlerinin ortaya çıkmasını önleyici olmaktadır. Ancak uzun vadede iyi planlanmış müdahale programlarının uygulanmasına ihtiyaç duyulmaktadır.

Kaynakça

AAIDD. (2022). https://www.aaidd.org/intellectual-disability/definition (09.05.2022 tarihinde erişim sağlandı).

Acarlar, F. (2013). Kaynaştırma modeli ve özel gereksinimli çocukların özellikleri: *Okul Öncesinde Kaynaştırma: Ne, ne zaman, nerede, neden, nasıl, kim?* içinde. B. Sucuoğlu ve H. Bakkaloğlu (Ed.) 21-74 Ankara: Kök Yayıncılık.

ASHA. (1993). https://www.asha.org/practice-portal/clinical-topics/spoken-language-disorders/language-in-brief/ (09.05.2022 tarihinde erişim sağlandı).

Alberto, A. P.ve Troutman A. C. (2015). *Applied behavior analysis for teachers-uygulamalı davranış analizi, eğitimciler için* H. Sarı (Çev.Ed) Nobel Akademik Yayıncılık. Ankara.

Altun, N. ve Karasu, N. (2021). Risk grubu öğrenciler için gönderme öncesi süreçte veriye dayalı karar verme. *Türk Eğitim Bilimleri Dergisi,* 19(1), 593-612. https://doi.org/10.37217/tebd.906636

Aral, N. ve Gürsoy, F. (2007). *Özel eğitim gerektiren çocuklar ve özel eğitime giriş*. Morpa Kültür Yayınları, İstanbul.

Aytekin, Ç. ve Bayhan, P. (2016). Erken müdahalede uygulama basamakları *H.Ü. Sağlık Bilimleri Fakültesi Dergisi* 2(2), 1-14.

Baykoç-Dönmez, N. (2010). *Öğretmenlik Programları İçin Özel Eğitim*. Gündüz Yayınevi. Ankara.

Baykoç-Dönmez, N. (2011). Özel gereksinimli çocuklar ve özel eğitim. N. Baykoç Dönmez (Ed.), *Özel gereksinimli çocuklar ve özel eğitim içinde* 19-27. Ankara: Eğiten Kitap.

BİA. (Başarıya İlk Adım) http://bia.anadolu.edu.tr/ 01.06.2022 tarihinde erişildi.

Carr, E. G. ve Durand, V. M. (1985). Reducing behaviour problems through functional communicational training. *Journal of Applied Behaviour Analysis*, 18, 111-126

Cooper, J. O., Heron, T. E. ve Heward, W. L. (2014). *Applied behavior analysis* (2nd. Ed) Pearson new international edition. Upper Saddle River, NJ:Pearson.

Crone, D. A., Hawken, L. S. ve Horner, R. H. (2010). *Responding to problem behavior in schools: The behavior education program.* New York: Guilford.

Dağlıoğlu, H. E. (2014). Üstün yetenekli çocuklar. İ.H. Diken (Ed.). *Erken çocukluk eğitimi* içinde, 321-360. Ankara: Pegem Akademi.

Dervişoğlu, C. (2007). *Okul öncesi kurumlarına devam eden 6 yaş çocuklarının sosyal becerilerini ve problem davranışlarını etkileyen faktörlerin incelenmesi*. Yayınlanmamış Yüksek Lisans Tezi. Hacettepe Üniversitesi/Sosyal Bilimler Enstitüsü, Ankara.

Diken, H. İ. (2012). *Erken çocukluk döneminde davranış problemleri ile baş etme. Örnek olaylarla ve resimlerle zenginleştirilmiş anne-baba ve uzman/eğitimci el kitabı*. Ankara: Maya Akademi.

Emerson, E., Kiernan, C. Alborz, A., Reeves, D., Mason, H., Swarbrick, R., Mason, L. ve Hatton, C. (2001). The prevalence of challenging behaviors: A total population study. *Research in Developmental Disabilities*, 22(1), 77-93.

Erbaş, D. (2002). Problem davranışların azaltılmasında olumlu davranışsal destek planı hazırlama. *Ankara Üniversitesi Eğitim Bilimleri Fakültesi Özel Eğitim Dergisi,* 3(02), 41-50. doi:10.1501/Ozlegt_000000008

Erbaş, D. (2017). Problem Davranışların İşlevlerini Belirleme. *Uygulamalı Davranış Analizi* içinde, Erbaş, D., Ş.Yücesoy Özkan (Ed) 215-264 Pegem Akademi. Ankara.

Eripek, S. (2005). Özel Gereksinimi Olan Çocuklar ve Özel Eğitim. *Standart Ekonomi ve Teknik Dergi,* 44, 14-19.

Furman, T. M. ve Lepper, T. L. (2018). Applied behavior analysis: definitional difficulties. *The Psychological Record,* 68: 103–105. doi:10.1007/s40732-018-0282-3

Gürsel, O. (2010). Özel eğitimde değerlendirme. H.İ. Diken (Ed.), *Özel eğitim* içinde 29-58. Ankara: Pegem Akademi.

Hawkins, R. O., Barnett, D. W., Morrison, J. H. ve Musti-Rao, S. (2010). Choosing targets for assessment and intervention: Improving important student outkomes. In R. Ervin, G. G. Peacock, E. J. Daly & K Merell (Eds) *The practical handbook of school psychology, Effective practices fort he 21st Century* 13-30.New York, NY:Guilford.

Hanley, G. P., Iwata, B. A. ve Mc Cord, B. E. (2003). Functional analysis of problem behavior: *A Review. Journal of Applied Behavior Analysis*, 36, 147-185.

Heward, W. L. (2003). Physical disabilities, health ımpairments and traumatic brain ınjury. *Exceptional Children: An Introduction to Special Education.* 438-479 7th Edition New Jersey, Pearson Education.

Horner, R. H., Sugai, G., Todd, A. W. ve Lewis-Palmer, T. (2005). School-wide positive behavior support. In L. Bambara & L. Kern (Eds.*), Individualized Supports For Students With Problem Behaviors: Designing Positive Behavior Support Plans* 359-390. New York: Guilford.

IDEA (2004). Sec. 300.8 (c) (10) - Individuals with Disabilities Education Act Statute/Regs Main » Regulations » Part B » Subpart A » Section 300.8 » c » 1 (10) Specific learning disability.(04.05.2022 tarihinde erişildi).

Kauffman, J. M. ve Landrum, T. J (2015). *Duygusal ve Davranışsal Bozukluğu Olan Çocukların ve Gençlerin Özellikleri (Olgular İlaveli)* S. Kaner (Ed.) Nobel Akademik Yayıncılık. Ankara.

Kemaloğlu, Y. (2012). Türkiye'de işitme kayıplarının ve işitme engelinin genel görünümü. *Türkiye Klinikleri J E.N.T.*– Special Topics: 1 -10.

Kirk, A. S.; Gallagher, J. J.; Anastasiow, J. N. ve Coleman, R. M. (2006). *Educating Exceptional Children.* (12th ed). Boston: Houghton Mifflin.

Kirk, S. Gallagher, J. ve Coleman, M. R. (2017). *Özel Gereksinimli Çocukların Eğitimi Görme Yetersizliği olan Çocuklar.* Rakap,S., Kalkan,S. (Ed) Nobel Akademik Yayıncılık. Ankara.

Kurtça. T. T. ve Kurtça V. E. (2021). Erken Çocuklukta Duygusal ve Davranışsal Bozukluklar. *Özel Gereksinimleri Olan Küçük Çocuklar. Erken Çocuklukta Özel Eğitim* içinde D. Tezel, Ş.Yılmaz (Ed) 345-388. Ankara: Nobel Akademik Yayıncılık.

Lane, K. L., Kalberg, J. R. ve Menzies, M. H. (2009). *Developing Schoolwide Programs To Prevent And Manage Problem Behaviour: A Step By Step Approach.* New York: Guildford.

Leblanc, L., Richardson, W. ve Burns, K. A. (2009). Autism spectrum disorder and the inclusive classroom: Effective training to enhance knowledge of ASD and evidence-based practices. *Teacher Education and Special Education*, 32, 166-179.

Louise, P. (2006). *Behaviour in Schools.* Newyork: Mc Graw-Hill.

Mc Lean, M. Wolery M. ve Bailey M.B Jr. (2003). *Assessing Infants And Preschoolers With Special Needs* (3rd Ed) New York, NY. Prentice Hall.

MEB (2005). Özel Eğitim Hizmet Yönetmeliği.

MEB. (2018). Özel Eğitim Hizmetleri Yönetmeliği.

O'Dwyer, A. P. ve Bayar, S. A. (2017) Görme Yetersizliği: Tanım, Sınıflama, Yaygınlık ve Nedenler. *İşitme ve Görme Yetersizliği* içinde Gürgür,H., Şafak,P.(Ed) Ankara: Pegem Akademi.

Olçay, O. (2008). *Bazı kişisel ve ailesel değişkenlere göre okul öncesi dönemdeki çocukların sosyal yetenekleri ve problem davranışların analizi.* Yayınlanmamış Yüksek Lisans Tezi. Selçuk Üniversitesi/Sosyal Bilimler Enstitüsü, Konya.

Olçay, S. (2020). Öğretim yöntemleri. *Ağır ve Çoklu Yetersizliği Olan Öğrencilerin Eğitiminde Stratejiler* içinde P. Şafak (Ed) 214-247. Ankara: Vize Yayıncılık.

Oeseburg, B., Jansen, D. E. M. C., Groothoff, J. W., Dijkstra, G. J. ve Reijneveld, S. A. (2010). Emotional and behavioural problems in adolescents with intellectual disability with and without chronic diseases. Journal of Intellectual Disability Research, 54(1), 81-89.

Özdemir, S. (2013). Duygu ve davranış bozukluğu olan öğrenciler. H.İ. Diken (Eds.) *Özel gereksinimi olan öğrenciler ve özel eğitim.* içinde (ss. 369-407) Ankara: Pegem Akademi.

Özel Eğitim Hizmetleri Yönetmeliği (2018). 7/7/2018 tarih 30471 sayılı Resmî Gazete, Erişim: 20.06. 2020, www.resmigazete.gov.tr

Özen, A., Çolak, A. ve Acar, Ç. (2002). Zihin Özürlü Çocuğa Sahip Annelerin Günlük Yaşamda Karşılaştıkları Problem Davranışlarla İlgili Görüşleri. Ankara Üniversitesi Eğitim Bilimleri Fakültesi Özel Eğitim Dergisi, 3 (2) 1-13.

Özyürek, M. (2015). Özel eğitimde ölçümleme ve değerlendirme. Ankara: Kök Yayıncılık.

Özyürek, M. (2008). Problem Davranışları Değiştirme. Ankara: Kök.

Petersen, I. T., Bates, J. E., D'Onofrio, B. M., Coyne, C. A., Lansford, J. E., Dodge, K. A. ve Van Hulle, C. A. (2013). Language ability predicts the development of behavior problems in children. *Journal of abnormal psychology, 122*(2), 542.

Pezzi, F. A. S., Mahendra, F., Ghedin, D. M. ve Marin, A. H. (2018). Social competence, emotional/behavioral problems and school failure: A comparison study among adolescents. *Revista de Psicologia da IMED, 10*(1), 3-20.

Rakap S. (2017). Hedef davranış tanımlama ve davranışsal amaç yazma. *Uygulamalı Davranış Analizi.* D. Erbaş ve Ş.Y. Özkan (Ed) içinde s:37-75. Ankara: Pegem Akademi.

Reid, J. B., Patterson, G. R. ve Snyder, J. (2002). *Antisocial Behavior in children and Adolescents. A Developmental Analysis and Model for Intervention.* American Psychological Association, USA.

Sazak-Pınar, E. (2017). Sonuçlara Dayalı Teknikler *Uygulamalı davranış analizi.* içinde Erbaş, D., Yücesoy Özkan, Ş.(Ed) 401-438. Ankara: Pegem Akademi.

Scheurmann, B. K. ve Hall, J. A. (2012). *Pozitive Behavioral Supports for classroom.* Upper Saddle River: Pearson Merill Prentice Hall.

Scott, S. (2008). An update on interventions for conduct disorder. *Advances in Psychiatric Treatment, 14*(1), 61-70.

Spinelli, C. G. (2012). *Classroom assessment for students in special and general education.* New Jersey: Pearson Education.

St Clair, M. C., Pickles, A., Durkin, K. ve Conti-Ramsden, G. (2011). A longitudinal study of behavioral, emotional and social difficulties in individuals with a history of specific language impairment (SLI). *Journal of communication disorders, 44*(2), 186-199.

Stevenson, J., Kreppner, J., Pimperton, H., Worsfold, S. ve Kennedy, C. (2015). Emotional and behavioural difficulties in children and adolescents with hearing impairment: A systematic review and meta-analysis. *European Child and Adolescent Psychiatry*, 24 (5), 477-496.

Suhrheinrich, J. (2011). Training teachers to use pivotal response training with children with autism: Coaching as a critical component. *Teacher Education and Special Education*, 34, 339-349.

Şafak, P., ve Yürekli, M. (2020). Ağır ve Çoklu Yetersizliğin Kavramsal Çerçevesi. *Ağır ve çoklu yetersizliği olan öğrencilerin eğitiminde stratejiler* içinde P. Şafak (Ed) Vize Yayıncılık. Ankara.

Şahin, S., Yaban E. H. ve Acar, E. (2015). Bireyselleştirilmiş Eğitim Programları (BEP), Bireyselleştirilmiş Öğretim Programları (BÖP) *Özel Eğitim* içinde N. Baykoç Dönmez (Ed) Ankara: Eğiten Kitap.

Tekin- İftar, E. (2008). Özel gereksinimleri belirleme ve gelişimi izleme. S. Eripek (Ed.), *Özel eğitim* içinde. (73-91) Eskişehir: T.C. Anadolu Üniversitesi Yayınları.

Tuncer,T. (2004). Görme Yetersizliğinden Etkilenen Çocuklar. A. Ataman (Ed) *Özel Gereksinimi Olan Çocuklar ve Özel Eğitime Giriş* içinde 293-311 Gündüz Eğitim Yayıncılık. Ankara.

Turnbull, A., Turnbull, R. ve Wehmeyer, M. L. (2007). *Exceptional lives: special education in today's schools*. New Jersey: Prentice Hall.

Vuran, S. ve Gül, S. O. (2017). Uygun davranışların arttırılması. S.Vuran (Ed) *Uygulamalı davranış analizi* içinde (76-93) Ankara: Eğiten Kitap.

Walker, H. M., Kavanagh, K., Stiller, B., Golly, A., Severson, H. H. ve Feil, E. G. (1998). First Step to Success: An early intervention approach for preventing school antisocial behavior. *Journal of Emotional and Behavioral Disorders, 6* (2), 66-80.

Walker, H. M., Severson, H. H. ve Feil, E. G. (1995). *Early screening project: a proven child-find process*. Longmont, CO: Sopris West.

BÖLÜM 9

TRAVMA VE STRESLİ YAŞAM DENEYİMLERİNE SAHİP ÇOCUK VE ERGENLERE YAKLAŞIM

Berke Kırıkkanat

İçerik

Giriş

Yaşamın farklı farklı dönemlerinde stresli yaşam olayları ile karşılaşan çocuklar ve ergenler, yaşadıkları olumsuz deneyimler neticesinde gelişimsel sorunlar yaşamaktadırlar. Bunun ile birlikte çeşitli ruhsal problemlerle boğuşan çocuklar ve ergenler, mevcut travmatik stresle başa çıkamamaktadırlar. Dünya genelinde çocuklarda ve ergenlerde travmatik stresin ne kadar yaygın olduğunu araştıran çalışmalar, oldukça yaygın bir popülasyonun varlığına dikkat çekmektedir. Dünya Sağlık Örgütünün (WHO) 8

Haziran 2020 tarihinde çocuk istismarı konusunda yayınladığı rapora göre iki ile dört yaş arasındaki her dört çocuktan üçü, onlara bakım verenleri ve/veya ebeveynleri tarafından fiziksel olarak sürekli cezalandırılmaktadırlar. Hatta ilgili bakım verenleri tarafından çocuklar, psikolojik açıdan şiddete maruz bırakılmaktadırlar [World Health Organization (WHO), 2020]. Adı geçen raporda bu tür tacizlere maruz kalan çocukların hem fiziksel hem de psikolojik anlamda yaşam boyu devam edebilen problemler (ör.; bilişsel, sosyal, mesleki alanlarda sorunlar) yaşadığı ve kendilerinin de yetişkinlikte başkalarıyla olan iletişimlerinde benzer taciz türlerini uyguladıkları ifade edilmektedir. Bu bağlamda ilgili kötü yaşantılarla içe içe olan çocuklara ve ergenlere sunulan önleyici, gelişimsel ve kriz odaklı psikolojik müdahaleler, onların ruh sağlığının korumasında son derece değerlidir.

Çocuklarda ve Ergenlerde Ruh Sağlığı, Stres, Travma ve Kriz

Dünya Sağlık Örgütüne (WHO) göre ruh sağlığı yerinde olan bireyler, yaşamlarında karşılaştıkları stresli durumlarla etkili bir şekilde başa çıkabilen, kendi yetilerinin farkında olup toplumdaki işlevselliğini kaybetmeden üretken olmaya devam edebilen bireylerdir [World Health Organization (WHO), 2013]. Öte yandan birçok araştırmacı, ruh sağlığı kavramının bahsedilen tanımlamadan daha fazla ögeyi içinde barındırdığını öne sürmektedir. Onlara göre ruh sağlığı; yaşama uyum sağlayabilme, öz denetim mekanizmalarını yürütebilme (Huber, Knottnerus, Green vd., 2011), bilişsel, duygusal ve ahlaki gelişimi sürdürebilme, olumlu benlik imajına sahip olabilme (Bhugra, Till ve Sartorius, 2013) ve içsel dengeyi (Alonso, 1960) koruyabilme yetilerini içermektedir.

Çocuklarda ve ergenlerde ruh sağlığının değerlendirilmesinde kullanılan ölçütlere bakıldığında şunları kapsadığı görülmektedir (Wicks-Nelson ve Israel, 2015):

- Gelişimsel normlar (gelişimsel dönemlerde beklenilen görevler),
- Yaşanılan kültürel ortama ait normlar,
- Kültürün toplumsal cinsiyet rollerine ilişkin beklentileri,
- Ebeveynlerin, öğretmenlerin, arkadaş çevresinin ilgili ruhsal sıkıntıdaki rolleri,
- İlgili değerlendirmeleri yapan uzmanların ruh hastalığına bakış açılarıdır.

Yukarıda belirtilen ölçütlere göre çocukların ve ergenlerin atipik gelişim örüntülerine sahip olup olmadığı, toplum içindeki işlevselliklerinin yeterli olup olmadığı hatta kendilerine ve/ya başkalarına zarar verici davranışlarda bulunup bulunmadıkları tespit edilmektedir.

Birleşmiş Milletler Çocuklara Yardım Fonunun [United Nations International Children's Emergency Fund (UNICEF)] 2021 yılında yayınladığı raporda, COVID-19 pandemisinin etkisiyle 10 ile 19 yaş arasındaki ergenlerin yüzde 13'ünden fazlasının bir ruhsal bozukluk tanısı aldığı; yüzde 40 oranında kaygı ve depresyon problemlerinin olduğu; yüzde 60 oranında ise dikkat eksikliği hiperaktivite bozukluğu, davranım bozukluğu, zekâ geriliği, bipolar bozukluk, yeme bozuklukları, otizm, şizofreni ve kişilik bozukluklarının olduğu ifade edilmektedir. Hatta intihar vakaları incelendiğinde, 10-19 yaş arasındaki ergenlerin en yaygın beşinci ölüm nedeninin; trafik kazası, tüberküloz ve kişiler arası ilişkilerde yaşanan şiddet olaylarından sonra intihar olduğu belirtilmektedir. Dolayısıyla çocukların ve ergenlerin maruz kaldıkları stresin türünü, düzeyini tanımlamak, stresin travmaya, travmanın da krize dönüşmesine yol açan faktörleri kavramak oldukça önemli bir konu hâline gelmektedir.

Yaşanılan kötü deneyimlerin nasıl algılandığına odaklanarak stres tanımının değişeceğini ifade eden Lazarus ve Folkman'a (1984) göre stres şu şekilde özetlenmektedir: Bireyler, mevcut başa çıkma kapasitelerinin içinde bulundukları evrenin taleplerini karşılamada yetersiz olduğunu düşündüklerinde stres durumunu yaşamaktadırlar. Bu nedenle kişilerin, olaylara, koşullara dair yorumlamaları stres algısını değiştirmektedir. Ayrıca bireylerin fiziksel ve ruhsal sağlığını, ruhsal iyi oluşunu tehdit eden her türlü çevresel faktör ya da kronik durum, stres yaratıcı faktör (stressor) olarak betimlenmektedir (Grant, Compas, Stuhlmacher vd., 2003). Çocuklarda ve ergenlerde de stres benzer şekilde tanımlanmakta olup çocuğun ya da ergenin yaşadığı çevresel koşullar, karşı karşıya kaldıkları olaylar, onların baş etme kapasitelerini zorladığında, onlardan üst düzeyde bir yanıt verme gereksinimi oluşturduğunda ilgili koşullar birer stres yaratıcı faktör olarak kabul edilmektedir (Smith ve Carlson, 1997).

Stresin tanımı gelişim dönemlerine göre farklılık göstermese de stresli yaşam olaylarına verilen tepkiler, çocukluk ve ergenlik döneminde yetişkinlikten farklıdır (Shaw, 2000). Fiziksel, bilişsel ve sosyal gelişim açısından belirli bir olgunluğa ulaşmış bir yetişkinin stresli olaylara, durumlara verdiği tepkiler, hâlâ gelişimsel aşamalarını tam anlamıyla tamamlayamamış bir çocuğun ya da ergenin ilgili olaylara verdiği tepkilerden oldukça ayrıdır. O hâlde stresin yaşanma ve yorumlanma biçimi kişinin ait olduğu gelişim evresine göre değişmektedir.

Çocukluk döneminde yaşanılan toksik/zehirleyici stresin çocuklar üzerindeki etkisini inceleyen araştırma raporuna göre çocuklarda üç tür stresin gözlemlenebileceği vurgulanmaktadır (Franke, 2014). Bunlar; olumlu, tolere edilebilir ve toksik strestir.

Stres Türü	Özellikleri	Örnek Olay
Olumlu stres (positive stress)	Çocuğun büyümesi ve gelişmesi için gerekli olan, kısa süreli yaşam olaylarıdır.	Bisiklete binmeyi öğrenme, topluluk önünde konuşma becerisi için sunum yapma gibi aktiviteler
Tolere edilebilir stres (tolerable stress)	Olumlu stresi tetikleyen olaylara göre duygusal açıdan daha yoğun yaşanan süreçlerdir. Çocuğun yaşadığı çevrenin destekleyici gücü, yaşanılanların tolere edilebilir stres olayları olarak algılanmasında rol oynamaktadır.	Ebeveynlerin ayrılması, doğal felaketler ya da bir aile üyesinin kaybı gibi yaşam olayları
Toksik/zehirleyici stres (toxic stress)	Olumlu stres ile tolere edilebilir stres durumlarından farklı olarak güvensiz bağlanma ortamında yetişen bir çocuğun gösterdiği stres türüdür. Gerekli güven, koşulsuz sevgi ve sosyal destek göremediğinden toksik stres yaşamaktadır.	İstismara, ihmale, aile içi şiddete, aşırı düzeyde yoksulluğa maruz kalma, ebeveynlerden birinin ya da her ikisinin madde bağımlılığına ve/ya ruhsal probleme sahip olması gibi yaşam olayları

Boullier ve Blair (2018), toksik stres ile ilişkili olumsuz çocukluk deneyimlerinin (adverse childhood experiences) çocuğun hem psikolojik hem de fizyolojik sağlığını olumsuz yönde etkilediğini belirtmektedirler. Özellikle adı geçen araştırmacılar, aile içinde yaşanılan istismar ve ihmal durumları kadar aile çevresi dışındaki ortamın da toksik stresi teşvik ettiğini öne sürmektedirler. Çocuğun yaşadığı ortam tehlikeli, temel öz bakım için gerekli kaynaklardan yoksun, sosyal açıdan zorbaca davranışların sıklıkla yaşandığı çatışmacı koşulları içermekteyse çocuğun uzun vadede ruhsal ve fiziksel sağlığı zarar görmektedir. Daha gelişim evrelerini tamamlayamamış çocuğun aşırı düzeyde toksik stres yaşaması; sinir sistemini, bağışıklık sistemini ve endokrin sistemini olumsuz etkileyerek duygu düzenleme problemleri yaşamasına, madde bağımlılığına sahip olmasına, antisosyal davranışlar sergilemesine yol açmaktadır. Ayrıca ilgili faktörler, çocukta kanser gibi ölümcül fiziksel rahatsızlıkların oluşumuna zemin hazırlamaktadır.

Travma ise en genel anlamda, bireyin düşünceleriyle ve duygularıyla, dünyaya bakış açısında gözlemlediği, fiziksel ya da psikolojik acıyı kavramasıyla ortaya çıkan yoğun stres hâlidir (Dulmus ve Hilarski, 2003). Çocuklarda ve ergenlerde travmatik yaşantılar incelendiğinde, bu yaşantıların üç farklı şekilde gruplanabileceği ifade edilmektedir (Shaw, 2000). Birincil travmatik yaşantı grubu, çocuğun hayatında sevdiği birini ani bir şekilde kaybetmesi, çevresinde kronik hastalık ve/ya ölümcül hastalık yaşayan kişiler olması gibi durumları içerir. Deprem, fırtına, sel, yangın, kuraklık, çığ düşmesi gibi doğal afetler ise çocuğun yaşadığı ikincil travmatik yaşantı grubudur. Üçüncüsü ise insan eliyle gerçekleşen felaketlerdir. Örneğin, savaş, cinsel ve/veya psikolojik taciz, terör, kaçırılma-alıkoyma, işkence vb. durumlar bu gruba dâhildir.

Çocuğun travmatik olaylarda kendisinin dışında çevresindeki diğer bireylerin de etkilendiğini görmesi travmatik etki kapsamında değerlendirilmektedir (Cook, Blaustein, Spinazzola ve van der Kolk, 2003). Karmaşık/kompleks travma (complex trauma) adı verilen durumda çocuğun büyüdüğü sosyal çevrede aynı anda birden fazla travmatik yaşantıya maruz kaldığı ifade edilmektedir. Diğer bir deyişle kompleks travma deneyimi, aynı anda ya da sırayla çocuk istismarının farklı türlerinin yaşandığı olayları içermektedir. Erken çocukluk döneminde başlayan ve kronik olan duygusal taciz ve ihmal, cinsel taciz, fiziksel taciz, aile içi şiddete tanık olma hâli çocukta duygu düzenleme problemlerini, kendini güvende hissetmeme hâlini, yaşamda yolunu kaybetmiş olma durumunu, tehlikeli uyarıcıları fark edememe ya da etkili cevap verememe hâlini yaratmaktadır. Çocuk bu durumlarla yeterli düzeyde başa çıkamadığından istismar ve ihmal, şiddete maruz kalma hâli devam etmekte ve bir döngüye dönüşmektedir.

Travmatik döngüye hapsolmuş bir çocuğun ya da ergenin baş edememedeki çaresizliğinden kaynaklanan korku, kaygı, psikolojik dengesizlik hâli kriz olarak tanımlanmaktadır (Wiger, Harowski, A. Kaufman ve N. Kaufman, 2003). Burada tanımlanan kriz durumu, öngörülen gelişimsel krizlerden farklı olup psikolojik açıdan çocuğun ve ergenin ruhunun zedelenmesi hâlini içermektedir (Echterling, Presbury ve McKee, 2005). Stresin travmaya, travmanın da krize dönüşmesi çocuğun ve ergenin sahip olduğu kişilik özelliklerine, psikolojik dayanıklılık düzeylerine ve sosyal destek görüp görmediklerine göre değişmektedir (Durmus ve Hilarski, 2003). Özellikle ebeveynlerin çocukları için güvenli bağlanma ortamı oluşturup oluşturmadığı onun yaşanılan süreçleri nasıl yorumlayacağını şekillendirmektedir. Bazı çocukların yaşanılanları stres, travma ve/veya kriz olarak tanımlaması söz konusu iken; bazı çocukların ilgili deneyimleri birer gelişim fırsatı olarak görmesi, sahip oldukları bağlanma türünün farklılığından kaynaklanmaktadır (Bowlby, 1988). Güvensiz bağlananların dünyaya, kendilerine ve başkalarına olan bakış açıları oldukça olumsuz olduğundan stresli yaşam olaylarını birer tehdit olarak görmeleri söz konusudur (Lynch ve Cicchetti, 1998; Mikulincer ve Shaver, 2012).

Çocuklarda ve Ergenlerde Travmatik Stres Tepkileri

Travmatik stres yaşayan çocuklar ve ergenler, bulundukları gelişimsel dönemlere göre farklı tepkiler vermektedirler. Okul öncesi dönemde çocuğun birincil bakım veren figüre olan fiziksel ve psikolojik bağımlılığı; yaşadığı dünyaya, kendisine ve başkalarına olan bakış açısını şekillendirmektedir. Özellikle ebeveynlerin çocuğun temel fiziksel ve psikolojik ihtiyaçlarına karşı duyarlı davranmaları, çocuğun iletişim ve duygu düzenleme becerilerinin gelişmesinde, özerk bir birey olarak çevreyi keşfetmesinde etkendir (Blaustein ve Kinniburg, 2019). Ancak ev içinde veya dışında yaşanılan travmatik yaşantılar, çocuğun bahsedilen becerileri geliştirememesine; kendisine, başkasına ve dünyaya olumsuz bakmasına neden olmaktadır. Bu da onların yaşadıkları travmatik stresle uyumsuz bir şekilde başa çıkmasına yol açmaktadır. İlgili yaşantılara maruz kalanlar yeterli bilişsel beceriye sahip olamadığından yaşanılanların sorumlusu olarak kendini görme, kendini suçlama ve kendinden utanma davranışları sergilemektedirler (Greenstone ve Levinton, 2002). Dolayısıyla okul öncesi dönemde toksik strese maruz kalan bir çocukta regresif hareketler, somatik sorunlar, ayrılık kaygısı/korkusu, yabancı korkusu, uyku problemleri, kaçınma davranışları, kendini ifade edememe gibi konuşma becerisinde yetersizlikler, çeşitli fobiler, anaokuluna uyum problemleri gibi birtakım sorunlar görülmektedir (Cohen, Berliner ve March, 2000; Shaw, 2000).

Bir Vaka Örneği

5 yaşında bir kız çocuk olan Ayşe, aşırı koruyucu bir anneye sahiptir. Babası ise aşırı talepkâr bir ebeveyndir. Aile ortamında ise tartışma hiç eksik değildir. En son yaşanılan tartışmanın ardından Ayşe'nin ebeveynleri ayrı evlerde yaşamaya karar vermiştir. Anaokulundaki psikolojik danışman ve rehber öğretmen, Ayşe'nin gelişimsel döneminin gerisinde hareketler sergilediğini, kendini sözel olarak ifade etmede sorun yaşadığını, kendisine soru sorulduğunda artikülasyon problemi çektiğini, sınıf arkadaşlarıyla oyun oynamak yerine yalnız başına oyun oynamayı tercih ettiğini ifade etmektedir.
Ayşe'nin durumunu incelediğimizde aile ortamı güvensiz bağlanmanın varlığını işaret etmekte, yaşanılan ayrılık sürecinde kendisinin bir payı olduğunu düşündüğünden gelişiminde regresyon yaşamakta olup sosyal açıdan kendini izole etmektedir.

Okul çağı döneminde ise çocuğun sağlıklı benlik gelişiminde ebeveynlerin dışında öğretmenler ve arkadaşlar da önemli bir rol oynamaktadırlar (Blaustein ve Kinniburg, 2019). Özellikle kendini yetkin hissetme ihtiyacının arttığı ilgili dönemde çocuğun hem sosyal açıdan hem de akademik açıdan kazandığı başarılar kendi becerilerine güvenme hissini beraberinde getirmektedir (Shaffer ve Kipp, 2009). Ancak travmatik stres altında olan bir okul çağı çocuğu akademik ve sosyal yetkinlik becerilerini geliştirememektedir (Runyon ve Kenny, 2002). Yaşanılan kötü deneyimler karşısında okul çağı çocuğu, uyku ve beslenme problemleri, dürtü-kontrol sorunları, depresyon ve kaygı, somatik problemler, akademik alanda konsantrasyon sorunları gibi problemler yaşayarak okula ve topluma uyum güçlüğü çekmektedir (Dyregrov ve Yule, 2006; Greenstone ve Levinton, 2002; Shaw, 2000).

Bir Vaka Örneği

9 yaşında bir erkek çocuk olan Mehmet, bakıcılar tarafından büyütülen, annesini ve babasını çok fazla göremeyen bir çocuktur. Ebeveynleri çok yoğun tempoda çalışmakta olup eve geldiklerinde iş konuşmaya devam etmekte ve bilgisayar başında daha çok zaman geçirmektedirler. Ancak Mehmet okulda sınavlardan başarısız olduğunda veya okul ortamında herhangi bir probleme yol açtığında onunla iletişime geçmektedirler. Mehmet'in okul ortamındaki davranışlarını inceleyen okul psikolojik danışmanı ve rehber öğretmen, onun agresif bir şekilde arkadaşlarıyla iletişim kurduğunu gözlemlemiş, akademik alanda da dikkat ve odaklanma problemi çektiğini fark etmiştir. Bununla birlikte okul psikolojik danışmanı ve rehber öğretmen, Mehmet'in sürekli midesinde ağrı olduğunu sınıf öğretmenine dile getirdiğini öğrenmiştir.

Mehmet'in durumunu incelediğimizde, ilgiden yoksun bir aile ortamında büyüdüğü görülmektedir. Ebeveynlerinin ilgisini çekmek ve onlarla iletişim kurmak için problem davranış sergileyen Mehmet hem akademik hem de sosyal alanda yetersizlikler yaşamaktadır.

Ergenlik döneminde de yaşanılan fiziksel, bilişsel, duyuşsal değişimler, kurulan arkadaşlıklar, kimlik bulma süreçleri, soyut düşünme becerisinin kazanılmasıyla ideal yaşam, benlik ve ilişkiler üzerine sorgulamalar ergenin stres yaşamasında etkili olan faktörler arasındadır (McNamara, 2000; Shaw, 2000). Bu faktörlerle birlikte yaşanılan herhangi bir travmatik olay ergenin riskli davranışlar (madde bağımlılığı, kavga, suça meyillilik vb.) sergilemesinde, duygularını yönetmede problem yaşamasında, akademik alandaki başarısızlıklarının artmasında, psikosomatik sorunlara sahip olmasında etkendir (Saul, Grant ve Carter, 2008) Ayrıca kimlik bunalımı ve bireyselleşememe problemlerini de yaşayan ergen; kendi hayatını, geleceğini şekillendirmekte yetersiz kalmaktadır (Blaustein ve Kinniburgh, 2019).

Bir Vaka Örneği

16 yaşında bir ergen olan Meryem'in anne ve babası boşanma sürecindedir. Üniversite giriş sınavına hazırlanmakta olan Meryem, ebeveynlerinin boşanma sürecinde arada kaldığını hissetmekte ve duygusal bir buhran yaşamaktadır. Kendi duygularını ve düşüncelerini ebeveynleriyle paylaşamayan Meryem, arkadaşlarıyla daha çok zaman geçirmekte ve onların yanında kendini daha rahat hissetmektedir. Meryem'in okul psikolojik danışmanı ve rehber öğretmeni, yeni arkadaş grubuyla birlikte Meryem'in davranışlarında değişimler gözlemlemektedir. Derslerine odaklanamadığını, motivasyonunun ve akademik performansının düştüğünü fark eden okul psikolojik danışmanı ve rehber öğretmeni, Meryem'in sigaraya başladığını öğrenmiş, sınıf içindeki öfkeli davranışlarına tanık olmuştur.

Meryem'in durumunu incelediğimizde, parçalanmış bir aile ortamında olduğu, hissettiklerini bastırmaktan yaşadığı duygusal üzüntüyü öfkeyle yansıttığı, arkadaşlarıyla riskli davranışlarda bulunduğu, akademik anlamda da problemler yaşadığı görülmektedir.

Travmatik Stres Yaşayan Çocuklarda ve Ergenlerde Psikolojik Dayanıklılık

Olumsuz çocukluk deneyimleri karşısında bazı çocuklar ve ergenler, yaşamlarındaki işlevselliğini kaybetmeden yol alabilmekte ve ilgili durumlarla etkili bir şekilde başa çıkabilmektedirler. Ancak bazıları bunu başaramayıp birtakım psikolojik problemlerle karşı karşıya kalmaktadırlar. Bu iki grup arasındaki en temel fark, psikolojik dayanıklılık düzeylerinden kaynaklanmaktadır (Masten ve Coatsworth, 1998). Psikolojik dayanıklılık, en genel anlamda bireyin işlevselliğini tehdit eden koşullar içerisinde ilgili durumlara uyum sağlayabilme becerisi olarak tanımlanmaktadır (Masten, 2014b). Gelişimsel psikopatolojide çocukların ve ergenlerin psikolojik dayanıklılık düzeyleri ise içinde bulundukları gelişimsel döneme ait gelişimsel görevleri ne kadar etkili bir şekilde yerine getirebildikleri ile ölçülmektedir (Masten ve Cicchetti, 2010; Masten ve Reed, 2002). Özellikle çocukların ve ergenlerin maruz kaldıkları risk faktörleri ve sahip oldukları koruyucu faktörler ilgili gelişimsel özellikleri göstermelerinde önemli bir rol oynamaktadır (Cutuli, Herbers, Masten ve Reed, 2021; Egeland, Carlson ve Stroufe, 1993).

Risk Faktörleri

Risk faktörleri, bireylerin karakteristik özelliklerinin ya da çevresel koşullarının olumsuz sonuçlar doğurma potansiyelidir (Cutuli vd., 2021). Örneğin, stresli yaşam olayları, kişilerin yaşamlarında olumsuzluklar yaratma olasılığı taşıyan risk faktörleridir. Luthar'a (2006) göre çocukların ve ergenlerin psikolojik dayanıklılıklarını biçimlendiren risk faktörleri, prematüre doğum, ebeveynlerin boşanması, ihmal, aile içi şiddet, ebeveynlerden birinin ya da ikisinin fiziksel ya da ruhsal açıdan hasta olması, yoksulluk, çocuklukta kanser gibi ölümcül rahatsızlıklara sahip olma, toplumsal düzeyde savaş ve doğal afetler olarak tanımlanmaktadır. Bu tür tehditlere maruz kalanlar gelişimsel bir risk taşımaktadırlar.

Sayed, Iacoviello ve Charney'e (2015) göre travmatik stres deneyimlerine sahip olan çocuklarda ve ergenlerde ilgili süreci yönetmeyi zorlaştıran risk faktörleri üç grupta incelenebilmektedir: travma öncesi, travma anı ve travma sonrası risk faktörleri.

- ✓ **Travma öncesi risk faktörleri:** Travmatik yaşantıdan önce var olan demografik faktörlerdir. Bunlar; yaş, cinsiyet, sosyoekonomik durum, daha öncesinde bir travmaya maruz kalmış olma gibi durumlardır. Daha küçük yaştaki çocukların duygularını düzenlemede yetersiz olması ve bilişsel gelişimini tamamlamamış olması (Salmon ve Bryant, 2002), kız çocuklarının erkek çocuklara göre tekrarlayıcı negatif düşüncelere daha çok sahip olması (Hampel ve Petermann, 2005), düşük sosyoekonomik gelire sahip bir ailede yaşama hatta geçmişte travmatik olaylar deneyimleme (Foy, Madvig, Pynoos ve Camilleri, 1996), travma öncesi risk faktörleri kapsamında değerlendirilmektedir.
- ✓ **Travma anı risk faktörleri:** Travmaya ilişkin öznel ve nesnel özellikleri içermektedir. Örneğin, travmanın şiddeti, yoğunluğu, doğrudan ya da dolaylı travmatik strese maruz kalma, ilgili stresin tehdit olarak algılanması gibi durumlar adı geçen faktörler içinde sayılmaktadır (Sayed vd., 2016).
- ✓ **Travma sonrası risk faktörleri:** Travmatik olaydan sonra yaşanılan biyolojik, psikolojik ve çevresel süreçleri temsil etmektedir. Örneğin, çocuğun başa çıkma stratejileri, içinde bulunduğu çevre, ebeveynlerinin ruh sağlığı, ailenin işlevselliği, sosyal destek sistemlerinin yokluğu, posttravmatik stres bozukluğuna sahip olma gibi koşullar travma sonrası risk faktörleridir.

Koruyucu Faktörler

Risk faktörlerinin yoğun olduğu bir ortamda psikolojik açıdan dayanıklı çocuklarda ve ergenlerde yapılan çalışmalara bakıldığında uyum sağlamalarını kolaylaştıran bireysel ve çevresel değişkenler, koruyucu faktörler olarak tanımlanmaktadır (Masten ve Reed, 2002). Güvenli bağlanma ve duygusal açıdan destekleyici, yanıt verici bir aile ortamında büyüme, bilişsel ve öz düzenleme becerilerinin gelişmiş olması, olumlu benlik imajı, etkili bir şekilde çevreyi şekillendirme motivasyonuna sahip olma gibi faktörler; çocukların ve ergenlerin psikolojik dayanıklılıklarını güçlendiren değişkenler olarak kabul edilmektedir (Luthar, Cicchetti ve Becker, 2000; Wyman, Sandler, Wolchik ve Nelson, 2000).

Werner ve Smith'e (1992) göre riskli yaşam olaylarında etkili olan *bireysel koruyucu faktörler* arasında ***olumlu mizaç ve sosyallik***, ***iç kontrol odağı***, ***etkili başa çıkma stratejileri***, ***özerklik ve yetkinlik ihtiyaçlarının karşılanmış olması***, ***yaratıcılık*** gibi unsurlar sıralanmaktadır. Öte yandan, *çevresel koruyucu faktörler* arasında ***demokratik ebeveyn tutumları***, ***olumlu sosyoekonomik durum***, ***aile içindeki bağların kuvvetli olması***, ***yardım etme davranışını teşvik eden örgütlere, topluluklara olan katılımlar*** ve ***olumlu okul iklimi*** yer almaktadır (Masten ve Coatsworth, 1998).

Çocukların ve ergenlerin psikolojik dayanıklılıklarında etkili olan risk ve koruyucu faktörlerin belirlenmesi, psikolojik danışma ve rehberlik alanında travmatik stresle başa çıkmaya yardımcı önleyici yaklaşımların uygulanmasında etkili olmaktadır (Cutuli vd., 2021). Alan yazında psikolojik dayanıklılıkla ilgili risk odaklı (risk-focused), nitelik odaklı (asset-focused) ve süreç odaklı (process-odaklı) kuramsal perspektifler, farklı psikolojik danışma programlarının oluşmasına neden olmaktadır (Masten ve Reed, 2002; Masten ve Powell, 2003). Örneğin, odağı risk faktörleri olan programlar, daha çok çocuğun ya da ergenin içinde bulunduğu riskli koşulları en aza indirgemeyi amaçlarken nitelik odaklı programlar, bireysel koruyucu faktörlerin geliştirilmesini hedeflemektedir. Öte yandan süreç odaklılar ise aile, okul gibi çevresel koruyucu faktörler üzerine çalışmaktadırlar.

Travmatik Stres ve Kriz Yaşayan Çocuklara ve Ergenlere Yapılan Psikolojik Müdahalelerden Üç Örnek

Travma Odaklı Bilişsel Davranışçı Terapi

Travma Odaklı Bilişsel Davranışçı Terapi (TO-BDT), çeşitli travmatik olaylara (cinsel taciz, istismar ve ihmal, aile içi şiddet, travmatik kayıp, doğal afetler vb.) maruz kalmış 3-18 yaş arasındaki çocuklar ve ergenler için Cohen, Mannarino ve Deblinger (2017) tarafından geliştirilmiş, bilişsel davranışçı ve maruz bırakma tekniklerinin birleştirildiği bir terapidir. TO-BDT'nin temel hedefi, travma sonrası meydana gelmiş posttravmatik stres, depresyon ve davranışsal problemleri en aza indirgemektir. İlgili terapinin diğer bir yönü, travmatik strese neden olan ebeveynleri ya da bakım veren kişileri, tedavi planının dışına bırakmasıdır. Eğer ebeveyn ya da bakım veren kişi, çocuğun/ergenin yaşamakta olduğu psikolojik problemlerle başa çıkmasında duygusal destek sunmaktaysa ve çocuk/ergen için bir güvenli liman konumundaysa, ilgili terapinin müdahale süreçlerine dâhil olabilmektedir. Bununla birlikte, travma öncesi ciddi davranım bozukluğu gösteren, madde bağımlılığı olan, intihara meyilli, ölümcül olmayan kendine zarar verme davranışları sergileyen çocuklarda/ergenlerde ilgili terapinin uygulanamadığı belirtilmektedir (Child Welfare Information Gateway, 2018).

Travma Odaklı Bilişsel Davranışçı Terapinin (TO-BDT) temel ögeleri ele alındığında terapinin oldukça kapsamlı bir müdahale planı sunduğu görülmektedir. TO-BDT'nin müdahale planlarında, psikoeğitim ve ebeveyn tutumlarına dair beceri eğitimleri, gevşeme ve rahatlama egzersizleri, duygu düzenleme becerisi eğitimi, bilişsel başa çıkma ve travmatik süreci bilişsel açıdan işlemleme egzersizleri, travmatik anlatım süreci, travmatik olayı hatırlatan anları canlı bir şekilde ya da hayali olarak yaşatma egzersizleri, çocuk ile ona bakım verenin beraber katıldığı oturumları ve çocuğun/ergenin fiziksel ve psikolojik güvenliğini geliştiren alıştırmaları içerdiği gözlemlenmektedir. Terapinin adı geçen müdahale planlarıyla hedeflediği; hem travmatik strese maruz kalmış çocukların/ergenlerin hem de onlara bakım verenlerin ihtiyaçlarına uygun terapötik bir yaklaşım sunmaktır. Dolayısıyla travmatik deneyimi olan çocuğun/ergenin stresle başa çıkmasını kolaylaştırıcı ve duygu düzenleme stratejilerini geliştirici gerekli becerileri kazanması öncelikli hedef olarak kabul edilmektedir. Bu adım tamamlanmadan TO-BDT'nin maruz bırakma egzersizlerine geçilmemektedir (de Arellano, Lyman, Jobe-Shields, George, Dougherty, Daniels vd., 2014).

TO-BDT uygulamalarını inceleyen ve meta analiz çalışması yapan Karakaya (2014) araştırmasında, 1996 ve 2013 yılları arasında Türkiye'de travmaya maruz kalmış çocuklar ve ergenler için bu terapinin uygulandığı herhangi bir çalışmaya rastlamadığını belirtmektedir. Araştırmasında TO-BDT'nin etkililiğine dair çalışmaları inceleyen Karakaya (2014), yurt dışında 2005 yılından itibaren adı geçen terapinin güncelliğini kazandığını ifade etmektedir. Karakaya, terapinin travmatik deneyime sahip çocuklarda/ergenlerde bilişsel, duygusal ve davranışsal açıdan olumlu ve uzun süreli etkisinin olduğunu dile getirmektedir.

Travma Sistemleri Terapisi

Travma Sistemleri Terapisi (TST), Bronfenbrenner'in sosyal-ekolojik modelini (Bronfenbrenner, 1979) temel alarak Saxe, Ellis ve Brown (2016) tarafından travma deneyimi yaşamış 5-21 yaş arasındaki çocuklar ve ergenler için geliştirilmiş hem klinik hem de örgütsel bir modeldir. Bronfenbrenner'e (1979) göre bireyin içinde yaşadığı sosyal-ekolojik çevrenin herhangi bir alt alanında/sisteminde yaşanan bir problem diğer tüm ilişkili sistemlerini etkilemektedir. Dolayısıyla TST'nin temel felsefesi, travmatik stres yaşayan bir çocuğun/ergenin, içinde yaşadığı sosyal ortamdan, toplumdan bağımsız olarak düşünülemeyeceğidir. TST'ye göre travmatik deneyime sahip çocuğa/ergene gerekli duygusal ve sosyal desteği sunamayan aile, okul ve toplumsal kurumlar da desteklenmeli ve düzenlenmelidir. Bu doğrultuda terapideki iki ana amaç şu şekildedir (Saxe vd., 2016):

(1) Travmatik stres yaşayan çocuğun/ergenin öz düzenleme becerilerini geliştirmek,

(2) Çocuğun/ergenin öz düzenleme becerilerinin gelişmesine yardımcı bir sosyal çevrenin oluşmasını mümkün kılmaktır.

Saxe ve diğerlerine (2016) göre Travma Sistemleri Terapisinin (TST) müdahale planları, travma sisteminin düzenlemesine odaklanmaktadır. Araştırmacılara göre travma sistemi iki ögeden oluşmaktadır: (1) travmatik strese maruz kalan, güvenli bir ortamı bile tehdit olarak algılayan, anlık hayatta kalma dürtüsüyle hareket eden bir çocuk/ergen, (2) bu çocuğun/ergenin öz düzenleme becerilerini desteklemeyen veya travmatik deneyimi hatırlatan unsurları içeren bir sosyal çevre. Adı geçen araştırmacılar, travma sisteminin bahsedilen bu iki öge arasındaki dengesizlik sonucunda oluştuğuna inandıklarından, sistemin tekrar organize edilmesinin iyileştirici bir güç olduğunu varsaymaktadırlar.

Travma sisteminin düzenlenmesi amacıyla Travma Sistemleri Terapisi (TST), üç ana müdahale sürecinden oluşmaktadır: Güvenlik Odaklı Müdahale (Safety Focused Treatment), Düzenleme Odaklı Müdahale (Regulation Focused Treatment) ve Travma Ötesi Müdahale (Beyond Trauma Treatment). Müdahale süreçlerinde duygu düzenleme beceri eğitimi, bilişsel davranışçı tekniklerden bilişsel işlemleme egzersizleri, travmatik öyküyü anlatma-canlandırma ile maruz bırakma terapi teknikleri kullanılmaktadır (Saxe, 2016). Hem çocuğun/ergenin yaşadığı sosyal çevrenin istikrarlı hâle gelmesi hem de duygu düzenleme becerilerinin çocukta/ergende geliştirilmesi, adı geçen müdahale süreçlerinde başarılması gereken ilk iki önemli adımdır. İlgili adımlar tamamlandıktan sonra, travmatik olayı hatırlatan unsurlar, o anı deneyimleme ve maruz bırakma egzersizleri uygulanmaktadır.

Travma Sistemleri Terapisinin müdahale aşamaları incelendiğinde, Travma Odaklı Bilişsel Davranışçı Terapiye (TO-BDT) benzediği görülmektedir (Ellis, Fogler, Hansen, Navalta ve Saxe, 2012). Ancak ayrıştıkları nokta ele alındığında TST, sosyal-ekolojik çevreye (ailenin yaşadığı çevre, okul, toplumun sosyal hizmet kanalları vb.) daha fazla odaklanmaktadır. Özellikle sosyal-ekolojik çevrede psikolojik denge yakaladığında travmatik öyküye sahip çocuğun/ergenin psikolojik sağlığına kavuşturulmasının daha kolay olduğu ifade edilmektedir. Türkiye'de ise travma üzerine yapılan çalışmalar incelendiğinde, Travma Sistemleri Terapisinin uygulandığı bir çalışmaya rastlanamamıştır. Dolayısıyla ilgili terapinin olumlu etkileri, yurt dışı kaynaklarıyla sınırlıdır.

Birinci ve İkinci Düzey Krize Müdahale

Birinci ve ikinci düzey krize müdahale yaklaşımı; Slaikeu (1990) tarafından oluşturulmuş, hem psikolojik danışmanlar hem de pedagojik bilgilere sahip sınıf öğretmeni, okul yönetimi vb. bireyler tarafından çocuklara ve ergenlere sunulan bir kriz danışmanlığı modelidir. Modelin birincil hedefi, travmatik bir olaya maruz kalmış bir çocuğun/ergenin okul yaşamında travmatik durumu yansıttığında (ör., babasından şiddet gören bir çocuğun okul içindeki agresif davranışları gibi), ilk adımda hayati tehlikesini en aza indirgeyip ihtiyacı olan psikolojik ilk yardımı sunmaktır. Psikolojik ilk yardımı sunanlar; öğretmen, okuldaki idari personel, güvenlik birimleri gibi kişilerdir. Adı geçen yaklaşımın ikinci hedefi ise gerekli güvenlik tedbirleri alındıktan sonra çocuğun/ergenin gelişimsel gereksinimlerine uygun kriz danışmanlığı hizmeti vermektir. Bu hizmeti verenler ise travmatik stres ve kriz konularında uzmanlaşmış okul psikolojik danışmanı, psikoterapistler, psikologlar vb. ruh sağlığı profesyonelleridir.

Birinci ve ikinci düzey krize müdahale yaklaşımında psikolojik ilk yardım, çocuğun/ergenin yaşamını güven altına alıp mevcut kaygılarını ve streslerini azaltmak, yaşadıkları kriz durumunu etkili bir şekilde yönetebilmeleri için hatalı başa çıkma stratejilerine dair farkındalık kazandırmak ve hangi sosyal kaynaklara başvurmaları konusunda gerekli bilgilendirmeyi yapmaktır (Ruzek, Brymer, Jacobs, Layne, Vernberg ve Watson, 2007). Slaikeu'ya (1990) göre psikolojik ilk yardım, beş temel ögeden oluşmaktadır:

- ✓ Travmatik deneyime sahip çocukla/ergenle terapötik bağ oluşturma,
- ✓ Travmatik olayı tüm yönleriyle ele alma,
- ✓ Öncesinde uygulanmış çözüm yollarını inceleme ve alternatif çözümler geliştirme,
- ✓ Çocuğun/ergenin ilgili sorun/ları çözmede onu teşvik etme,
- ✓ Çözüm yollarını ne düzeyde gerçekleştirip gerçekleştirmediğini takip etmedir.

Bu beş amaçla çocuğun/ergenin ivedilikle uygulamaya koyması gereken başa çıkma stratejilerini yeniden oluşturmasına yardımcı olup hayatını garanti altına alması mümkün olmaktadır.

BİRİNCİ VE İKİNCİ DÜZEY KRİZE MÜDAHALE

PSİKOLOJİK İLK YARDIM ÖRNEĞİ

10 yaşında bir erkek çocuk olan A., aile ortamında babası tarafından şiddet görmektedir. Aynı zamanda annesinin de ilgili şiddete maruz kaldığına tanık olmaktadır. Fiziksel ve psikolojik istismar yaşayan A., kendi arkadaşlarıyla olan ilişkisinde de şiddete başvurmaktadır. Nöbetçi öğretmen, A. bahçede arkadaşlarıyla top oynarken kavgaya karıştığını görmüştür.

A'ya yapılacak psikolojik ilk yardımın aşamaları:

1. Aşama: Bahçede arkadaşlarıyla top oynarken kavgaya karışan A.'yı fark eden nöbetçi öğretmen onunla birebir konuştuğunda A., fiziksel ve psikolojik açıdan kendini güvende hissetmediğini dile getirmiştir. Bu durumda nöbetçi öğretmenin, A.'nın hayati riskini minimum düzeye indirgeyecek gerekli güvenlik adımlarının atması, psikolojik ilk yardımın ilk aşamasını oluşturmaktadır.

2. Aşama: Güvenlik sağlandıktan sonra, nöbetçi öğretmenin kriz durumuna dair çocuğu dinlemesi, duygularını ve düşüncelerini dile getirmesine yardımcı olması, psikolojik ilk yardımın ögeleri arasındadır. Yalnız olmadığını hisseden A.'nın psikolojik destek alması için okul rehberlik servisine yönlendirilmesi psikolojik ilk yardımda yapılması gereken diğer bir adımdır.

3. Aşama: Okul psikolojik danışmanı ile nöbetçi öğretmen, kavga ortaya çıkmadan önce (yani travmatik stres krize dönüşmeden önce) A.'nın durumunu Lazarus (1992) tarafından geliştirilmiş Multimodal terapinin "Temel Kimlik" (davranışsal, duygusal, duyuşsal, imgelesel, bilişsel, kişilerarası, fizyolojik özellikler) şemasıyla ele almaktadırlar. Kriz anına dair bilgileri elde etmek için her ikisi de 5N1K sorularıyla krizi tüm boyutlarıyla incelemektedir. Bu şema ile psikolojik danışman, A.'nın hangi boyutlarda zarar gördüğünü kavramaya çalışmaktadır.

4. Aşama: Kriz sonrasında da psikolojik danışman, nöbetçi öğretmenle birlikte, A.'nın psikolojik durumunu hem okul yönetimiyle hem de aile ile paylaşarak konsültasyon hizmeti sunmakta ve etik ve yasal ilkeler çerçevesinde kriz eylem planının hazırlanmasına ve uygulanmasına yardımcı olmaktadır.

Psikolojik ilk yardım süreci tamamlandıktan sonra yaklaşımın ikinci aşaması olan kriz danışmanlığı sürecine geçilmektedir (Slaikeu, 1990). Bu aşamada okul psikolojik danışmanı, çocukla/ergenle bireysel psikolojik danışma yaparak yaşanılan travmatik strese dair düşüncelerini ve duygularını ifade etmesine yardımcı olmakta ve psikolojik dayanıklılık düzeyini artırmak için gerekli başa çıkma stratejilerini öğretmektedir. Multimodal kriz terapisi olarak da adlandırılan süreçte deneyimlenen olumsuz yaşantılar; davranışsal, duygusal, somatik, kişiler arası ve bilişsel açıdan incelenmektedir. Yukarıdaki örnekte A.'nın yaşadığı fiziksel ve psikolojik şiddet, multimodal kriz terapisi yaklaşımıyla ele alındığında krizin davranışsal yönü, onun duruma verdiği tepkiler, kavga öncesinde ve sonrasında yaptığı hareketlerdir. Duygusal yönü, A.'nın yaşadığı duygusal buhranlar, kırgınlıklar, kızgınlıklar; somatik yönü, A.'nın şiddet nedeniyle vücudunda yaşadığı gerilimlerdir. Kişiler arası yönü, okul arkadaşlarıyla iyi geçinmede yaşadığı sorunlar; bilişsel yönü ise kendini tehlike altında hissettiğinde kendisine söylediği negatif içsel diyaloglardır.

Multimodal kriz terapisi ile ilgili krize dair incelemelerin ardından psikolojik danışman çözüm sürecine geçmekte ve dört hedefi gerçekleştirmeye çalışmaktadır (Slaikeu, 1990):

- ✓ Çocuğun/ergenin kendini riske atacak koşullardan uzaklaştırıp güvenliğini sağlamak,
- ✓ Çocuğun/ergenin duygusal dışa vurumunu mümkün kılacak rol oynama egzersizleri uygulamak ve duygu düzenleme beceri eğitimi sunmak,
- ✓ Çocuğun/ergenin bilişsel çarpıtmalarını en aza indirgemek için irrasyonel düşünceleri tartışma, olumlu alternatif düşünceler oluşturma, olumlu içsel diyaloglar, bilişsel yeniden yapılandırma vb. bilişsel teknikler uygulamak,
- ✓ Kişiler arası ilişkilerde yetkinlik kazandırmak için iletişim becerileri, atılganlık eğitimi gibi sosyal beceriler konusunda psikoeğitsel çalışmaktır.

A.'nın fiziksel güvenliği sağlandıktan sonra duygularını ifade etme, kontrol etme, düzenleme becerilerini kazandırmak, kendisini olayın tek sorumlusu olarak görmesi ve kendini suçlaması sebebiyle bilişsel dünyasını yeniden yapılandırmak, okul arkadaşlarıyla ve ailesiyle olan ilişkisinde hayır diyebilme, doğru iletişim kanallarını kullanabilme konusunda A.'ya gerekli beceri eğitimleri vermek, okul psikolojik danışmanın birincil ve ikincil krize müdahale yaklaşımıyla başarmak istediği uygulama hedefleri arasındadır.

Travmatik Stres ve Kriz Yaşayan Çocuklara ve Ergenlere Yönelik Eğitimde Bir Uygulama Örneği: Travmaya Duyarlı Okullar

Bir kurumun travmatik olaylar karşısında hazırbulunuşluluğu dört temel koşulu karşılayıp karşılamadığına göre değişmektedir [Substance Abuse and Mental Health Services (SAMHSA), 2014, s.9]:

(1) Travmatik strese yol açan olumsuz yaşam olaylarının bireyler üzerindeki etkisini kavrayabilme,

(2) Bireylerde travmatik strese dair belirtilerin farkına varabilme,

(3) Travma konusunda gerekli bilgiye sahip olarak donanımlı bir şekilde yaşanılan duruma etkin yanıt sunabilme,

(4) Travmatik strese maruz kalmış olanların yeniden travmatize olmalarını önleyebilme.

SAMHSA'nın (2014) önerdiği koşullar doğrultusunda kendini hazırlıklı kılan bir okul düşünüldüğünde ilgili okulun; çocukların ve ergenlerin olası yaşayabilecekleri olumsuz deneyimlerle başa çıkabilmelerinde yardımcı bir görev üstlenebileceği düşünülebilir. Bu kapsamda travmaya duyarlı okullar, ifade edilen koşullara sahip hem aileye hem de travmatik stres yaşantısına maruz kalmış çocuklara/ergenlere gerekli psikolojik yardımı sunabilen kurumlar olarak tanımlanmaktadır (Berg, Osher, Moroney & Yoder, 2017; Luthar & Mendes, 2020). Diğer bir deyişle travmaya duyarlı okullar, travmatik deneyime sahip çocukların/ergenlerin güvenliğini sağlamada, ilgili stres düzeylerini azaltmada ve gerekli başa çıkma stratejilerini onlara öğreterek uyum sağlama süreçlerini kolaylaştırmada önemli bir rol oynamaktadır (Public Counsel, 2017).

Özet

Olumsuz yaşam deneyimlerine maruz kalan çocuklar ve ergenler, bulundukları gelişim evrelerine göre farklı duygusal, davranışsal ve bilişsel tepkiler vermektedirler. Özellikle yaşadıkları travmatik stresin krize dönüşüp dönüşmeyeceği hem bireysel hem de çevresel koruyucu ve risk faktörleriyle şekillenmektedir. Uygulamalı alanda travmatik yaşantılara sahip çocuklar ve ergenler ile aileleri için tasarlanmış olan psikolojik müdahaleler incelendiğinde çocukların ve ergenlerin fiziksel ve psikolojik güvenliğini sağlamak birincil hedef olarak görülmektedir. Güvende hissetme hâli oluşmadan, rahatlama ve gevşeme egzersizleri ile duygu düzenleme becerisi içselleştirilmeden travmatik yaşantılar üzerinde çalışmak tercih edilen bir yol değildir. Bununla birlikte eğitim alanında yapılan önleyici ve krize müdahale uygulamaları ele alındığında travmaya duyarlı okulların; çocuklarda, ergenlerde ve onların ailelerinde travma sonrası stres belirtilerini azaltmada ve başa çıkma stratejilerini geliştirmede etkili olduğu gözlemlenmektedir. Türkiye'de hem psikolojik danışma alanında hem de eğitim alanında travmatik stres üzerine yapılan uygulamaların sınırlılığı, ilgili konunun derin bir şekilde çalışılmasını gerekli kılmaktadır.

Türkiye'de yapılan çalışmalar incelendiğinde, 2016-2019 yılları arasında Millî Eğitim Bakanlığı (MEB) ile Maya Vakfı iş birliği ile Travmaya Duyarlı Okullar Programı ve Üç Aşamalı Travmaya Duyarlı Okul Modeli Projesi gerçekleştirilmiştir (Maya Vakfı,

2019). İlgili projenin bulguları ele alındığında travmaya dair psikoeğitsel çalışmaların, önleyici müdahalelerin ve travma sonrası stres belirtileri sergileyen çocuklara ve ergenlere yönelik yapılan psikolojik hizmetlerin oldukça değerli olduğu görülmüştür. Özellikle öğretmenlerin travmaya dair bilgilerinin artmasıyla birlikte güvenli sınıf iklimini oluşturabilmeleri ilgili projenin çıktıları arasındadır (Maya Vakfı, 2019). Adı geçen proje dışında Türkiye'de Psikososyal Koruma, Önleme ve Krize Müdahale Hizmetleri Yönergesi temel alınarak okullarda psikolojik danışmanlar, travma konusunda gerekli psikoeğitsel çalışmalarla, konsültasyon ve bireysel psikolojik danışma hizmetleriyle bulundukları okulların travmaya karşı hazırlıklı olmalarında etkendirler (T.C. Millî Eğitim Bakanlığı Özel Eğitim ve Rehberlik Hizmetleri Genel Müdürlüğü, 2019). Ancak ilgili yönergeden anlaşılacağı üzere yapılan tüm çalışmalar, okul psikolojik danışmanın yaptıklarıyla sınırlıdır. Bu anlamda Türkiye'de travmaya duyarlı okul kültürünün yaygınlaştırılabilmesi önemli bir gerekliliktir.

Tartışma Soruları

1) *Stres, travma ve kriz kavramları arasında farklılıklar neler olabilir?*
2) *Okul çağı döneminde bir çocuğun travmatik stres karşısında verdiği tepkiler, okul öncesi dönemde olan bir çocuktan nasıl farklılaşmaktadır?*
3) *Bir çocuğun travmatik bir olayı (ör.; deprem, taşkın vb.) deneyimlediğini varsayalım. Çocuğun travma öncesi, travma anı ve travma sonrası maruz kalabileceği risk faktörleri neler olabilir?*
4) *Travma Sistemleri Terapisi ile Travma Odaklı Bilişsel Davranışçı Terapinin arasındaki farklılıklar neler olabilir?*
5) *Travmaya duyarlı okul kültürünün gelişmesi için okul psikolojik danışmanları çalıştıkları eğitim kurumlarında neler yapabilirler?*

Kaynakça

Alonso, A. M. (1960). What is mental health? Who are mentally healthy? *The International Journal of Social Psychiatry*, *6*(3-4), 302-305. doi:10.1177/002076406000600318.

Berg, J., Osher, D., Moroney, D., & Yoder, N. (2017). *The Intersection of School Climate and Social and Emotional Development*. Washington, D.C.: Author.

Bhugra, D., Till, A., & Sartorius, N. (2013). What is mental health? *The International Journal of Social Psychiatry*, *59*(1), 3-4. doi:10.1177/0020764012463315.

Blaustein, M. E., & Kinniburgh, K. M. (2019). *Treating traumatic stress in children and adolescents: How to foster resilience through attachment, self-regulation, and competency*. (2nd ed.). NY: The Guilford Press.

Bowlby, J. (1988). *A secure base: clinical applications of attachment theory.* London: Routledge.

Boullier, M., & Blair, M. (2018). Adverse childhood experiences. *Paediatrics and Child Health, 28*(3), 132-137. doi: 10.1016/j.paed.2017.12.008

Bronfenbrenner, U. (1979). Contexts of child rearing: Problems and prospects. *American Psychologist, 34*, 844-850.

Child Welfare Information Gateway (2018). *Trauma-focused cognitive behavioral therapy: A primer for child welfare professionals.* Children's Bureau. Erişim adresi: https://www.childwelfare.gov /pubs/trauma/

Cohen, J. A., Berliner, L., & March, J. S. (2000). Treatment of children and adolescents. E. B. Foa, T. M. Keane, & M. J. Friedman (Eds.), *Effective treatments for PTSD: Practice guidelines from the International Society for Traumatic Stress Studies* içinde (ss. 106-138). NY: Guilford Press.

Cohen, J. A., Mannarino, A. P., & Deblinger, E. (2017). *Treating trauma and traumatic grief in children and adolescents* (2nd ed.). NY: Guilford.

Cook, A., Blaustein, M., Spinazzola, J., & van der Kolk, B. (2003). *Complex trauma in children and adolescents: White paper from the National Child Traumatic Stress Network.* National Child Traumatic Stress Network. Erişim adresi: https://www.nctsn.org/sites/default/files /resources/complex_ trauma_in_children_and_adolescents.pdf

Cutuli, J. J., Herbers, J. E., Masten, A. S., & Reed, M.G. J. (2021). Resilience in development. C. R. Snyder, S. J. Lopez, L. M. Edwards, & S. C. Marques (Eds.), *The Oxford Handbook of Positive Psychology* (ss. 171-188) içinde, USA: Oxford University Press.

de Arellano, M. A., Lyman, D. R., Jobe-Shields, L., George, P., Dougherty, R. H., Daniels, A. S., Ghose, S. S., Huang, L., & Delphin-Rittmon, M. E. (2014). Trauma-focused cognitive-behavioral therapy for children and adolescents: assessing the evidence. *Psychiatric services (Washington, D.C.), 65*(5), 591–602. https://doi.org/10.1176/appi.ps.201300255

Dulmus, C. N., & Hilarski, C. (2003). When stress constitutes trauma and trauma constitutes crisis: The stress-trauma-crisis continuum. *Brief Treatment and Crisis Intervention, 3*(1), 27-35. doi: 10.1093/brief-treatment/mhg008

Dyregrov, A., & Yule, W. (2006). A review of PTSD in children. *Child and Adolescent Mental Health, 11*(4), 176–184. doi: 10.1111/j.1475-3588.2005.00384.x.

Echterling, L. G., Presbury, J. H., & McKee, J. E. (2005). *Crisis intervention: Promoting resilience and resolution in troubled times*. New York: Springer.

Egeland, B. R., Carlson, E., & Sroufe, L. A. (1993). Resilience as process. *Development and Psychopathology, 5(4),* 517-528. doi: 10.1017/S0954579400006131

Ellis, B. H., Fogler, J., Hansen, S., Forbes, P., Navalta, C. P., & Saxe, G. (2012). Trauma systems therapy: 15-month outcomes and the importance of effecting environmental change. *Psychological Trauma: Theory, Research, Practice, and Policy, 4*(6), 624–630. doi: 10.1037/a0025192

Foy, D. W., Madvig, B. T., Pynoos, R. S., & Camilleri, A. J. (1996). Etiologic factors in the development of posttraumatic stress disorder in children and adolescents. *Journal of School Psychology, 34*(2), 133-145. doi: 10.1016/0022-4405(96)00003-9.

Franke, H. A. (2014). Toxic stress: Effects, prevention, and treatment. *Children, 1*, 390-402. doi: 10.3390/children1030390

Grant, K. E., Compas, B. E., Stuhlmacher, A. F., Thurm, A. E., McMahon, S. S., & Halpert, J. A. (2003). Stressors and child and adolescent psychopathology: Moving from markers to mechanisms of risk. *Psychological Bulletin, 129*(3), 447-466. doi: 10.1037/0033-2909.129.3.447.

Greenstone, J. L., & Levinton, S. C. (2002). *Elements of crisis intervention: Crisis and how to respond them.* CA: Brook/Cole.

Hampel, P. & Petermann, F. (2005). Age and gender effects on coping in children and adolescents. *Journal of Youth and Adolescence, 34,* 73-83. doi: 10.1007/s10964-005-3207-9

Huber, M., Knottnerus, J. A., Green, L., van der Horst, H., Jadad, A. R., Kromhout, D. vd. (2011). How should we define health? *BMJ (Clinical Research Ed.), 343,* d4163. doi: 10.1136/bmj.d4163.

Karakaya, I. (2014). Çocukluk çağı travmalarında travma odaklı bilişsel davranışçı tedavi modeli. Anatolian Journal of Psychiatry, 15, 350-357. doi: 10.5455/apd.48432.

Lazarus, R. S. & Folkman, S. (1984). *Stress, appraisal, and coping.* New York: Springer.

Lazarus, A. A. (1992). Multimodal therapy: Technical eclecticism with minimal Integration. In J.C. Norcross & M.R. Goldfried (Eds.), *Handbook of Psychotherapy Integration* (pp. 231-263). New York: Basic Books.

Luthar, S., Cicchetti, D., & Becker, B. (2000). The construct of resilience: A critical evaluation and guidelines for future work. *Child Development, 71*(3), 543-562. doi: 10.1111/1467-8624.00164.

Luthar, S. S. (2006). Resilience in development: A synthesis of research across five decades. D. Cicchetti & D. J. Cohen (Eds.), *Developmental psychopathology, Vol. 3: Risk, disorder, and adaptation* (2nd ed., ss. 739–795) içinde. Hoboken, NJ: John Wiley.

Luthar, S. S., & Mendes, S. H. (2020). Trauma-informed schools: Supporting educators as they support the children. *International Journal of School & Educational Psychology, 8*(2), 147-157.

Lynch, M., & Cicchetti, D. (1998). Trauma, mental representation, and the organization of memory for mother-referent material. *Development & Psychopathology, 10*(4), 739–759. doi: 10.1017/S0954579498001849.

Masten, A., & Coatsworth, J. (1998). The development of competence in favorable and unfavorable environments: Lessons from research of successful children. American Psychologist, 53, 205-220. doi: 10.1037//0003-066x.53.2.205.

Masten, A. S., & Reed, M. G. J. (2002). Resilience in development. C. R. Snyder & S. J. Lopez (Eds.), *Handbook of Positive Psychology* (ss. 74-88) içinde, USA: Oxford University Press.

Masten, A. S., & Powell, J. L. (2003). A resilience framework for research, policy, and practice. S. S. Luthar (Ed.), *Resilience and vulnerability: Adaptation in the context of childhood adversities* (ss. 1–25) içinde. Cambridge University Press. https://doi.org/10.1017/CBO9780511615788.003

Masten, A. S., & Cicchetti, D. (2010). Development cascades. *Development and Psychopathology, 22*(3), 491-495. doi: 10.1017/S0954579410000222.

Masten, A. S. (2014a). Global perspectives on resilience in children and youth. *Child Development, 85*(1), 6–20. doi: 10.1111/cdev.12205.

Maya Vakfı (2019). *Travmaya duyarlı okul programı.* Erişim adresi: https://mayavakfi.org/travmaya-duyarli-okul-programi/

McNamara, S. (2000). *Stress in Young People: What's New and What Can We Do?* New York: Continuum.

Mikulincer, M. & Shaver, P. R. (2012). An attachment perspective on psychopathology. *World Psychiatry*, *11*(1), 11-15. doi: 10.1016/j.wpsyc.2012.01.003

Public Counsel. (2017). *Fix School Discipline: Toolkit for Community*. CA: Author.

Runyon, M., & Kenny, M. (2002). Relationship of attributional style, depression, and posttrauma distress among children who suffered physical or sexual abuse. *Child Maltreatment*, *7*(3), 254–264. doi: 10.1177/1077559502007003007.

Ruzek, J. I., Brymer, M. J., Jacobs, A.K., Layne, C. M., Vernberg, E. M., & Watson, P. J. (2007). Psychological first aid. *Journal of Mental Health Counseling*, *29*, 17–49. doi: 10.17744/mehc.29.1.5racqxjueafabgwp

Salmon, K. & Bryant, R. A. (2002). Posttraumatic stress disorder in children: The influence of developmental factors. *Clinical Psychology Review*, *22*(2), 163-188. doi: 10.1016/S0272-7358(01)00086-1

Saul, A. L., Grant, K. E., & Carter, J. S. (2008). Post-traumatic reactions in adolescents: How well do the DSM-IV PTSD criteria fit the real life experience of trauma exposed youth?. *Journal of Abnormal Child Psychology*, *36*, 915–925. https://doi.org/10.1007/s10802-008-9222-z

Saxe, G. N. (2016). *Trauma systems therapy*. The National Child Traumatic Stress Network. Erişim adresi: https://www.nctsn.org/interventions/trauma-systems-therapy

Saxe, G. N., Ellis, B. H., & Brown, A. D. (2016). *Trauma systems therapy for children and teens* (2nd. Ed.). NY: The Guilford Press.

Sayed, S., Iacoviello, B. M., & Charney, D. S. (2015). Risk factors for the development of psychopathology following trauma. *Current Psychiatry Reports*, *17*(8), 612. doi: 10.1007/s11920-015-0612-y.

Shaffer, D. R. & Kipp, K. (2009). *Developmental psychology: Childhood and Adolescence* (8th ed.) CA: Wadsworth Publishing.

Shaw, J. A. (2000). Children, adolescents, and trauma. *The Psychiatric Quarterly*, *71*(3), 227-243. doi: 10.1023/a:1004630127000.

Slaikeu, K. A. (1990). *Crisis intervention: A handbook for practice and research* (2nd ed.) Needham Heights, MA: Allyn & Bacon.

Smith, C. & Carlson, B. E. (1997). Stress, coping, and resilience in children and youth. *Social Service Review*, *71*(2), 231-256.

Substance Abuse and Mental Health Services Administration (SAMHSA). (2014). *SAMHSA's Concept of Trauma and Guidance for a Trauma-Informed Approach.* [HHS Publication No. (SMA) 14-4884]. Rockville, MD: Substance Abuse and Mental Health Services Administration.

T.C. Millî Eğitim Bakanlığı Özel Eğitim ve Rehberlik Hizmetleri Genel Müdürlüğü (2019). Psikososyal koruma, önleme ve krize müdahale hizmetleri yönergesi. *Millî Eğitim Bakanlığı Tebliğler Dergisi*, *82*(2739), 205-224. Erişim adresi: https://orgm.meb.gov.tr/meb_iys_dosyalar/2019_04/11165830_psikososyal_koruma_Ynleme_krize_mYdahale_hizmetleri_yYnergesi.pdf

United Nations International Children's Emergency Fund. (2021). *The state of the world's children 2021 on my mind: Promoting, protecting, and caring for children's mental health.* United Nations International Children's Emergency Fund. Erişim adresi: https://www.unicef.org/reports/state-worlds-children-2021

Werner A .A., & Smith A. E. (1992). *High risk children from birth to adulthood.* Ithaca, NY: Cornell University Press.

Wicks-Nelson, R. & Israel, A. C. (2015). *Abnormal child and adolescent psychology: DSM-5 update.* (8th ed.). USA: Taylor & Francis Group.

Wiger, D. E., Harowski, K. J., Kaufman, A. S., & Kaufman, N. L. (2003). *Essentials of crisis counseling and intervention*. New Jersey: Wiley.

World Health Organization. (2013). *Investing in mental health: evidence for action*. World Health Organization. Erişim adresi: https://apps.who.int/iris/handle/10665/87232

World Health Organization. (2020). *Adolescent mental health*. World Health Organization. Erişim adresi: https://www.who.int/news-room/fact-sheets/detail/adolescent-mental-health

Wyman, P. A., Sandler, I., Wolchik, S., & Nelson, K. (2000). Resilience as cumulative competence promotion and stress protection: Theory and intervention. D. Cicchetti & J. Rappaport (Eds.), *The Promotion of Wellness in Children and Adolescents* (ss. 133-184) içinde. Washington, DC: Child Welfare League of America.

BÖLÜM 10

ÇOCUK VE ERGENLERLE BİREYSEL VE GRUPLA PSİKOLOJİK DANIŞMA

Ayşe Devrim Masalcı Burçak

İçerik

Giriş

Aileyi nasıl iyileştireceğimi bilince, dünyayı da iyileştirebileceğime inanıyorum.

Virginia Satir

Toplumun en küçük birimi ailedir. Ailelerin ruhsal açıdan sağlıklı olma hâli toplumun da ruhsal sağlığını gösterir. Aile üyelerinin birbirleriyle ilişkileri, ebeveynlerin birbirlerine ve çocuklarına davranışları, çocukların arkadaşlarına ve diğer yetişkinlere davranışlarını doğrudan ya da dolaylı yolla etkilemektedir. Aile içindeki problemler, yetişkinlerin kişilik özellikleri, ebeveynlerin kendi ailelerinden duygusal, davranışsal öğrenmeleri, genetik rahatsızlıklar, çocukların psikolojik gelişimlerinin sağlıklı ya da sağlıksız olması açısından önemlidir. Aile içi nedenlerin yanı sıra okulun, çocuğun ya da ergenin yaşıtlarının ve diğer yetişkinlerin etkisiyle oluşan durumlar da psikolojik rahatsızlıklara neden olabilmektir. Böyle durumlarda yardım alınması ve sorun üzerinde çalışılması çocuk ya da ergenin geleceğine yapılan yatırım anlamına gelir. Psikolojik danışma yardımı hem koruyucu hizmet olarak hem de sorun ortaya çıktığında bireylerin problemini anlamak, problemin çözümünde kişiler ve ailelerle ruhsal sağaltıma destek olarak yapılır.

Bu bölümde, çocuk ve ergenlerle psikolojik danışma sürecinin nasıl yürütüleceği, ilk görüşmelerde nelere dikkat edilmesi gerektiği, ilerleyen görüşmeler ve görüşmelerin sonlandırılması için neler yapılabileceği, bireysel ve grupla psikolojik danışma süreci, çalışmalardan örneklerle desteklenerek aktarılmıştır.

Çocuklarla Psikolojik Danışma

Kuşlar uçar, balıklar yüzer, çocuklar oyun oynar.

Garry Landreth

"Çocuklara özenle bakım verilmeli, davranışların aşırılığa kaçmaması için özen gösterilmelidir. Saldırgan öfke patlamaları, korku ve bunaltı yatıştırılmalıdır. Bu önlemlerin en iyi biçimde sağlanması, çocuğun doğal istek ve eğilimlerini tanımak; hoşlanmadığı durumları göz önünde tutmakla olur. Çocuğun doğal yetenekleri desteklenmeli, tedirginlik kaynakları giderilmelidir. Böyle bir çocuk yetiştirme hem beden hem ruh için iyidir. Ruhsal yönden yararlıdır, çünkü erken eğitimle alışkanlıklar ve tutumlar kişiliğe yerleşir. Çocuk altı yaşına gelince öğretim ve eğitim için bir öğretmene gönderilmelidir. Çocuğu birden kitaplarla yüklememeli; eğitim gelişerek ilerleyen bir sisteme uyarak yapılmalıdır. İBNİ SİNA" (İngilizcesinden çev. Öztürk, 1994).

İbni Sina'nın yukarıdaki sözleri çocuk ruhsal gelişimini desteklemek için neler yapılabileceğini özetlemesi bakımından oldukça anlamlıdır.

Çocuğun ruhsal gelişimini farklı kuramlar farklı şekilde açıklamıştır. Freud'un libido kuramına göre her dürtünün bir amacı, bir nesnesi, bir de kaynağı vardır. Dürtünün amacı boşalma ve doyumdur. Nesnesi, boşalma ve doyum sağlayacak herhangi bir şeydir. Kaynağı ise cinsel haz bölgeleri diye bilinen beden bölgeleridir. (Öztürk, 1994). Freud, psikodinamik teorisini geliştirirken ve oluştururken mihenk noktası hazzın gelişim seyridir. Freud'un kastettiği haz organizmanın gerilimden kurtulması ve dürtülerin deşarj olması anlamındaki hazdır. (Özakkaş, 2007). Freud'a göre doğumdan birinci yılın sonuna kadar süren oral dönem; ikinci yılın başından üçüncü yılın ortalarına uzanan anal dönem; üçüncü yıldan dördüncü yılın sonlarını içine alan fallik dönem ve 6-7 yaşlarla başlayan gizil dönem bebeklik ve çocukluğa ait dönemlerdir.

Erikson, gelişimi yaşamın tümünü kapsayan bir süreç olarak görmüştür. Erikson'un kuramı "İnsanın Sekiz Evresi" olarak adlandırılır. Erikson, "İnsanın Sekiz Evresi"ni benlik gelişimin aşamaları olarak tanımlamıştır. Her evrede benlik, belli birtakım gelişmeleri tamamlamakta, sorunları çözmekte ve evreye özgü bir psikososyal bunalımı atlatmaktadır. (Öztürk, 1994). Temel güven, özerklik, girişim, çalışma ve yapıcılık adıyla anılan dönemler bebeklik ve çocukluk yıllarını içine alır.

Ergenlik öncesi dönem, bebeklik ve çocukluk dönemlerini kapsar. Bebeklikte ve çocuklukta, gelişim dönemi ve özelliklerine göre farklı problemlerle karşılaşılır. Üç-altı yaş arasını kapsayan okul öncesi dönem çocukta görülen problemler, ilkokul döneminde görülebilen problemler, ön ergenlik ve ergenlik döneminde görülen problemler farklıdır. Bebeklikte beslenme, uyku problemleri, duyusal hassasiyetler ile gelişimde geriliğe, genetik faktörlere dayalı bilişsel, motor beceri problemleri görülebilir. Çocukluk döneminde korkular, ebeveynden ayrılamama, okula uyum, yaşıtlarına uyum, kaygı, içe kapanıklık, obsesif özellikler ya da eğilimler, dönemlik ya da süreğen travmaya bağlı olarak gelişen problemler, çiş, kaka kaçırma sorunları, duyusal hassasiyetler, aşırı hareketlilik, dikkat problemleri, tikler, kekemelik, yalan söyleme, kardeş kıskançlığı, utangaçlık ve sosyal fobik davranışlar, dürtüsel davranış özellikleri sergileme, anne-baba ayrılığına karşı ortaya çıkan uygu ya da saldırganlık davranışları ile sosyal beceri ve duyguları ifade edemeyişe ya da doğru ifade edemeyişe yönelik problemlerle karşılaşılabilir (Masalcı, 2001). Psikolojik danışma yardımı bu alanlara yönelik yapılabilmektedir. Geldard, Geldard ve Foo ise (2019) çocuk psikoterapisinde terapötik amaçları dört düzeyde ele almışlardır. Buna göre 1. Düzey- temel amaçlar; yardım alınması için getirilen tüm çocuklara yönelik amaçları içerir: gelişimsel sorunlar, çocuğun duygusunu ifade edememe, davranışsal sorunlar vb. 2. Düzey- anne babanın amaçları; anne babanın çocuğu getirme nedenini ifade eder. Genel olarak sıkıntılı olarak görülen davranışlarla tanımlanır. 3. Düzey- psikolojik danışmanın belirlediği amaçlar; ailenin ifade ettiği problemli davranışlara ilişkin psikolojik danışmanın varsayımlarını içerir; örneğin okula gitmek istemeyişin, somatik belirtilerin, tiklerin kaygıyla ilişkisinin olduğunu düşünme gibi. 4. Düzey- çocuğun amaçları; örneğin aile çocuğun nedensiz sık ağlamalarını, kardeş kıskançlığını dile getirmesi, çocuğun ise kaybettiği dedesine ilişkin yas duygularını ifade etmeye yönelik tavırları buna örnek olarak verilebilir. Psikolojik danışman öncelikli olarak çocuğun amaçlarına odaklanmadan çocuğa yardım edemez.

Yetişkinler genellikle psikolojik danışmaya kendi istekleri ile gelirler. Yetişkinin geçmişten getirdikleri, yaşanmışlıkları vardır. Psikolojik danışma sürecinin ve psikoterapinin usulüne, kurama göre çalışmada şu anla çalışılsa da geçmişe yönelik anlara odaklanarak, analitik yönelimli kuramlara bağlı kalınarak çalışılsa da yetişkin terapilerinde geçmişten günümüze geliş ve süreçteki duygular, düşünceler, davranışlar, hisler üzerine konuşulması, değerlendirmeler yapılması olasıdır. Yetişkinler, kendi durumlarını, sıkıntı ya da rahatsızlık hislerini sözle ifade etmeye hazır olarak görüşmelere gelirler. Geçmiş, şu an ve gelecek beklentileri üzerine kendilerini ifade ederler. Görüşmelere devam etme, etmeme kararını kendileri verirler. Süreci nasıl finanse edeceklerini kendileri düşünürler.

Çocuklar, psikolojik danışmaya aileleri tarafından getirilir. Problemi fark eden ya da çocuğunda bir sorun olduğunu düşünenler ebeveynlerdir. Sürecin devamlılığına karar veren, ödemeleri yapan ailedir. Bu nedenlerle aileler, çocuk psikolojik danışma sürecinin ayrılmaz parçalarıdır. Aile ile iş birliği içinde çalışmak, aileyi sürece etkin olarak dâhil etmek, çocuk ve aile üyeleri arasındaki ilişkiyi anlamak, yanlış-eksik ya da fazla görülen davranışlar üzerine aileyi bilgilendirmek çok önemlidir. Öyle ki doğrudan aileleri içine alan theraplay, fillial terapi gibi terapiler bu ihtiyaçtan doğmuştur. İster bu şekilde doğrudan ailenin içine alındığı ister çocukla ayrı aile ile ayrı görüşülen usuller olsun çocukla çalışan bir psikolojik danışmanın hem çocuk hem aile ile çalışabilecek yeterlilikte ve deneyimde olması, tabir yerinde ise hem yetişkin hem çocuğun dilini bilen olması önemlidir.

Psikolojik danışma şimdiyi anlamaya ve gözle görülen ya da görülmeyen problemli durumları danışan ile ortadan kaldırmanın yollarının arandığı bir süreç olması ile geleceğe yatırım olarak düşünülebilen deneyimleri içerir. Çocukla psikolojik danışma ise doğrudan geleceğe dönük yapılır. Çocuk henüz büyüme sürecindedir ve yaşanmışlıkları oldukça sınırlıdır. Çocukla psikolojik danışmada çocukta oluşan problem durumun kalıcı olmamasına, şekil değiştirip farklı bir görüntü ile tekrar etmemesine yönelik çalışmak esastır. Çocukla yapılan psikolojik danışma süreci, çocuğun gelecekte ruhsal olarak sağlıklı olmasına yapılan yatırım olarak nitelendirilebilir.

Çocukların problemleri ifade ediş şekilleri yetişkinler gibi olmamaktadır. Çocuğun dili büyük oranda sözel değildir. Genel olarak ailelerin çocuklarını getirdikleri problem durumlar, çocukların asıl yaşadıkları problemin semptomatik ve örtülü şekilde ifade etme hâlleri olarak görülebilir. Çocuğun yaşadığı tıkanıklık, zorlanma hâli kendini, bulunduğu ortamdan çekilme, öfkeli davranışlar sergileme, tırnak yeme, bedensel ağrılar vb. şekillerde gösterebilir. Aynı zamanda bir çocuktaki ruhsal zorlanma hâlini oyunlarına bakarak da görebiliriz. Oyunların şekli ve içeriği olağan hâlinden farklılaşmaya başlayabilir, oyundan uzaklaşmaya dönüşebilir. Çocuğu iyi tanıyan ve gözlemleyebilen ebeveynler, anaokulu ya da ilkokul döneminde ise öğretmenler, çocuktaki duygu durum ve davranış değişimlerini fark edebilirler. Çocuk, kendini oyun içerisinde ifade eder. Çocuk için yaşam oyun demektir. Onlar, oyuna ara verip beslenirler, uyurlar ve farklı etkinliklere yetişkinlerle katılırlar. Yetişkinler içinse oyun, yaşam içindeki gerek kendi alışkınlıkları nedeniyle gerekse çocuk için çocukla birlikte yaptıkları, asıl yaşamsal aktivitelerinin arasına eklemledikleri faaliyettir. Çocukta gözlemlenebilen değişikler çocuğun oyunlarına da yansımaktadır. Çocukların kendilerini her hâlleriyle ortaya koydukları, anlatıp ifade ettikleri yer olan oyunlar, çocuklarla çalışan profesyoneller için çocuğu hem anlama hem de sağaltım yöntemidir. Çocuklarla çalışırken oyunların yanı sıra resimler, hamurlar, kum gibi sanatsal aktivite araçları da kullanılabilir. Burada önemli olan, çocuğun kendini hangi yolla ve nasıl ifade etmeye çalıştığını görmek, ifade edişin ne anlama geldiğini sözü kullanmasa da anlamaya çalışmaktır.

Oyunun çocuğu anlama ve ruhsal sağaltımda araç olarak kullanılmaya başlanması 20. yy.ın başlarına kadar gider. Oyun Terapisinin ilk ortaya çıkışı, çocuk psikoterapisinin çıkışına denk gelir. Terapötik oyun fikrini psikoterapi literatürüne sokan ilk kişi Sigmund Freud'dur. Freud çocuklarda oyunun üç ana işlevi olduğunu bildirmiştir. İlki çocuğun kendini ifade etmesinin artırılmasıdır. İkincisi arzuların gerçekleştirilmesi, üçüncüsü ise travmatik yaşantıların üstesinden gelinmesidir. Freud, ayrıca Küçük Hans'ı tartıştığı yazılarında oyunun önemine değinmiştir. Oyunun terapide ilk kullanımı Hugg-Hellmuth tarafından olmuştur. Helmuth, oyunu çocuk psikanalizinin önemli bir parçası olarak görmüştür. Hellmuth, terapilerinde çocuk resimlerini ve çocuğa ait olan oyuncakları kullanmıştır. Ancak herhangi bir oyun terapisi tekniğinden söz etmemiş ve bu konuda pek yayın yapmamıştır. Çocuğun oyunla tedavisine yönelik teknik geliştiren, Freud'un kızı olan Anna Freud olmuştur. Böylece oyun terapisinin temelleri atılmıştır (https://oyunterapileri.org/dunyada-oyun-terapisi/).

Anna Freud'u takiben Melaine Klein, oyunu çocuk terapilerinde kullanmaya başlamıştır. Onun farkı, oyun içindeki çocuğun davranışlarına ilişkin yorumların anında yapılmasının gerekliliğini vurgulamış olmasıdır. Oyun terapisi geçmişinde önemli yere sahip olan diğer kişi Virginia Axline'dır. Axline, Carl Rogers'ın Danışan Merkezli Terapi yaklaşımını esas almıştır ve "Yönlendirmesiz Oyun Terapisi" adıyla yeni bir oyun terapisi geliştirmiştir. Axline tarafından geliştirdiği yönlendirmesiz oyun terapisi tekniği daha sonraları Garry Landreth tarafından iyice kavramsallaştırılmış ve Çocuk Merkezli Oyun Terapisi adı ile anılmaya başlamıştır. (Teber, 2015).

Oyun Terapisi, Amerikan Oyun Terapisi Derneği tarafından "Eğitimli Oyun Terapistlerinin, danışanların psikososyal zorlukları önlemesine veya çözmesine ve optimal büyüme ve gelişmeyi sağlamasına yardımcı olmak için oyunun terapötik güçlerini kullandığı kişiler arası bir süreç oluşturmak için teorik bir modelin sistematik kullanımı" olarak tanımlanır (https://www.a4pt.org/). İngiliz Oyun Terapistleri Derneği ise oyun terapisinin tanımını derneğin internet sitesinde şu şekilde yapmıştır: "Oyun terapisi, çocuğun şimdiki yaşamını etkileyen geçmiş ve şimdiki, bilinçli ve bilinçsiz konuları kendi hızında ve kendi gündemiyle keşfettiği, çocuk ve oyun terapisti arasındaki dinamik süreçtir. Çocuğun iç kaynakları, terapötik ittifak tarafından büyüme ve değişim sağlamak için etkinleştirilir. Oyun terapisi, oyunun birincil ortam olduğu ve konuşmanın ikincil ortam olduğu çocuk merkezlidir" (https://www.bapt.info/). Oyun terapisi, çocukların davranışlarını değiştirmelerine, benlik kavramlarını netleştirmelerine ve sağlıklı ilişkiler kurmalarına yardımcı olan etkili bir terapidir. Oyun terapisinde çocuklar, zor ve acı verici deneyimlerini ifade etmelerini, keşfetmelerini ve anlamlandırmalarını sağlayan terapistle dinamik bir ilişki içine girerler. Oyun terapisi, çocukların daha sağlıklı iletişim yolları bulmasına, tatmin edici ilişkiler geliştirmesine, dayanıklılığı artırmasına ve duygusal okuryazarlığı kolaylaştırmasına yardımcı olur. Çocuklar oyunu bir iletişim biçimi olarak kullanırlar. Çoğu zaman oyun terapisine getirilen çocuklar, düşüncelerini, duygularını, iç ve dış dünyalarına ilişkin algılarını tarif edecek kelimelere sahip değildirler.

Çocuğun geliş problemine göre psikolojik danışma yardımı öncelikle bireysel olarak çocukla yapılan ve aileyi içine alan bir süreçtir. Bununla birlikte farklı durum ve konularla çocuklarla grupla psikolojik danışma uygulamaları da yapılabilir. Bu bölümde, çocuklarla grupla psikolojik danışma süreci hakkında bilgi verilecektir.

Çocuklarla Grupla Psikolojik Danışma

Çocuklarla grupla psikolojik danışma, psikolojik danışmanın liderliğinde belirli amaçlara yönelik, belirli sayıda, belirli yaş aralıklarındaki çocuklarla belirli aralıklar ve sürelerle yapılan yardım ve psikolojik destek çalışmalarını içerir. Çocukların, yaşıtlarıyla ilişki kurma, zorbalık denilebilecek davranışlarla başa çıkma becerilerini geliştirme; paylaşma, yardımlaşma, duygu ve düşüncelerini grup içinde yaşına uygun olarak ifade etme gibi sosyal becerileri geliştirme; konuşmayla ilgili sorunlar, dürtüsel davranışlar, dikkat eksikliği, hiperaktivite, otizm gibi nedenlerle çalışılan çocuklarda ilişkiyi başlatma, devam ettirme, bekleme davranışlarını geliştirme ve gelişimi grup içinde deneyimleme; kaygı, korku problemleri grup çalışmalarının konularındandır. Grubun oluşturulmasında çocukların yaşları, gelişim dönemi özellikleri ve hangi problemle yardım aldıkları hususları önemlidir. Birbirine benzer sorunlar yaşayan çocuklar ile bazı yönleriyle ortak sorun yaşayan, bazı yönleriyle farklı sorunlar yaşayan çocuklardan gruplar oluşturulabilir. Aynı sorunu yaşayan çocukların birbirlerini anlamaları ve ortak çözüm yolları oluşturmaları, farklı özellikleri olan çocukların güçlü yanlarını görmeleri ve grup içinde göstermelerine fırsat vermesi açısından çocuklarla grupla yapılan psikolojik danışma yardımı önemlidir. Bunlarla birlikte empati becerisinin anlaşılması ve geliştirilmesine, duyguları anlama ve ifade etmeye yönelik çalışmalar da özellikle grup içinde daha efektif çalışılabilir. Özellikle çocukluk çağı ruhsal bozuklukları içinde olan yaygın anksiyete bozukluğu, sosyal anksiyete bozukluğu, obsesif kompulsif bozukluk gibi bozukluklar üzerinde durulmazsa yetişkinlik problemleri hâline dönüşebilecektir. Bu nedenlerle bu vb. durumlarda bireysel çalışmaların yanı sıra grup başa çıkma becerilerinin grup içinde deneyime dönüştürülmesi yönüyle önemlidir. Grupla çalışmak; okullardaki, çocuk bakım evlerindeki çocuklarla; savaş, doğal afet, göç gibi olaylara maruz kalmış çocuklarla daha çok çocuğa aynı anda ulaşmak için kullanılabilir. Kiye ve Yalçın (2021), "Oyun Terapisi ve Oyun Terapisinin Gruplarda Kullanımı" adlı derleme makalelerinde, çocuklarla grup çalışmasına şöyle bir örnek vermişlerdir:

"*Yıkıcı davranışların azaltılmasına ve benlik kavramının geliştirilmesine yönelik gelişimsel odaklı olarak planlanmış bir uygulama ele alınmıştır. Bu uygulama 3. sınıf öğrencilerden altı kişilik gruplarda 10 oturum ve 30-45 dk. olarak yürütülmüştür (Bleck ve Bleck, 1982): İlk oturumlarda, tanışma etkinliği ve grup kuralları ele alındıktan sonra çocuklar, kendileri için önemli bir şeyi kilden yaparak ve kendileriyle benzer hissettiğini düşündükleri bir hayvanı çizerek duygularını açmış, rol oynayarak duygularını canlandırmıştır. 4. ve 5. oturumda okulda yıkıcı davranışlar sergiledikleri ve öğretmenlerinin kendilerine kızdığı bir olayı resmetmiş, resimlerini grupla paylaşmış, üzerine tartışmış daha sonra yıkıcı davranışlar canlandırılmış ve bu davranışların alternatifleri belirlenmiştir. Sonraki iki oturumda çocuklar kendi yaptıkları kuklalarla okulda karşılaşabilecekleri sorunları oyunlaştırmıştır. 8. oturum çiftler halinde birinin gözleri bağlı iken bir yapbozu birlikte tamamlama ve 9. oturum kilden yaptıkları bir hediyeyi partnerlerine hediye etme son oturum ise grup üyelerinin birbirlerine pozitif geribildirimler vermeleri şeklinde kurgulanmıştır*".

Grupla psikolojik danışmada grubun kaç kişilik olacağı, oturum sayıları, her bir oturumun süresi çalışılan duruma, çocukların yaşlarına, gelişim özelliklerine göre değişim gösterebilir. Bir standart olmamakla birlikte en az iki kişiden oluşmak üzere sekiz-on kişiye kadar grup oluşturulabilir. Özellikle küçük çocuklarla oluşturulan gruplar (2-6 yaş arası) ile dikkat eksikliği, hiperaktivite, otizm, bedensel ve/veya zihinsel yetersizlik gösteren özel amaçlı çalışmalar gerektiren gruplarda sayıların üç-dört gibi az çocuktan oluşması çalışmanın verimliliğini artıracaktır. Bir seans çalışma süresi küçük gruplarda 40 dakika kadar olabilir. Daha büyük yaşlarda üye sayısı artabilir, çalışma süresi 60 dakikaya kadar çıkabilir. Ortak travma yaşantısı olan çocuklarla yapılan grup çalışmaları ise daha çok çocuktan oluşabilir.

Ergenlerle Psikolojik Danışma

Ergenlik, insandaki en kötü ve en iyi dürtülerin birbiriyle savaştığı ve kişiyi ele geçirmeye çalıştığı dönemdir.

G. Stanley Hall

Ergenlik dönemi, 12 yaşlarından 20'li yaşlara kadar devam eden, fiziksel ve ruhsal olarak gelişimin ve değişimin hızlı ve belirgin olduğu bir dönemdir. Her gelişim döneminin kendine özgü özellikleri, zorlayıcı yanları vardır. Ergenlik döneminde kimlik oluşum süreciyle birlikte bilişsel gelişimin hızlanması, dürtüsel gereksinimlerde ve duygu yoğunluğunda artma, preödipal ve ödipal çatışmaların yeniden alevlenmesi, meslek seçimi, karşı cinsle kurulan ilişkiler, anne babadan ayrılma, bireyselleşme sürecinin yaşantılanması gibi nedenlerle ergenler, bu döneme özgül zorluklar ve çatışmalar yaşamaktadırlar (Derman, 2008).

Freud'un psikoseksüel gelişim kuramında gelişim dönemleri hazzın yönelimine göre açıklanır. Ergenlik, ana babaya bağımlılıktan kurtulma, cinsel kimliği kabullenme, toplumsal yerini araştırma ve bir mesleğe yönelme çabalarının gösterildiği 8-10 yıllık bir çağdır. Bu çağda, eskiden yaşanılmış cinsel yönelişler, çatışmalar yeni baştan yaşanır. Çocukluk dönemlerinden arta kalan sorunların çözümü bu çağda yapılacaktır. (Öztürk, 1994).

Parman (1998), ergenliğin büyümek ve değişmek olduğunu ifade ederken bunun bir başkalaşma olduğunu savunmaktadır. Fransız psikanalist Françoise Dolto ergenliği ikinci doğum olarak tanımlar. Doğum fetüs hâlinden bebek hâline geçişi, ergenlik de çocukluktan erişkinliğe geçişi ifade eder. Dolto, ergenlerin de tıpkı yaşamın başlangıcındaki bebekler gibi kırılgan ve dayanıksız olduğunu belirtir. (Yıldırım, 2020).

Psikososyal gelişim dönemi kuramına göre Erikson, ergenlik dönemini kimliğe karşı rol karmaşası olarak tanımlar. Ali Dönmez'in çevirisini yaptığı *Erik Erikson: İnsanda Gelişimin Sekiz Evresi* adlı makalede David Elkind şunları söylemiştir:

"Erikson, bu dönemde ortaya çıkan kişilerarası ilişkiler boyutunun olumlu ucunda kimlik duygusunun, olumsuz ucunda ise rol karışıklığı duygusunun yer aldığı savında bulunur. Bu demek oluyor ki, yeni bulunmuş bütünleyici yetilerinin ışığında ergene düşen, bir oğul, bir öğrenci, bir atlet, bir arkadaş, bir izci, bir gazete satıcısı vb. olarak kendi hakkında öğrendiklerinin tümünü bir araya getirmek ve geleceğe hazırlanırken kendisinin bu farklı imgelerin, geçmişle bağlantılı ve anlamlı bir bütün içinde

örgütlemektir. Genç kişi bu çabasında başarılı olduğu ölçüde psikososyal bir kimlik duygusuna, kim olduğuna, nerede bulunduğuna ve nereye gidiyor olduğuna ilişkin bir sezgiye ulaşacaktır.

Ana babanın gelişim bunalımlarının sonuçlarının belirlenmesinde daha doğrudan etkili olduğu önceki evrelerin tersine, bu evrede ana babanın etkisi çok daha dolaylıdır. Eğer genç -ana babası sayesinde- ergenliğe yaşamsal bir güven, özgürlük, girişkenlik ve beceriklilik duygusu ile geçerse anlamlı bir kimlik duygusu geliştirmesi olasılığı çok daha artmış olacaktır. Kuşkusuz ergenliğe oldukça büyük ölçüde bir güvensizlik, utanç, kuşku, suçluluk ve aşağılık duygusu ile giren genç için de bunun tersi geçerli olacaktır. Bu söylenenlerin ışığı altında, sonuç olarak, denilebilir ki, başarılı bir ergenliğe ve bütünlenmiş bir psiko-sosyal kimlik duygusunun kazandırılmasına hazırlık kundakta başlamak zorundadır".

Piaget'nin tanımıyla soyut düşünmenin başladığı bu dönemde birey kendindeki ve çevresindeki değişimleri sorgulamaya başlar. Ergenin ve çocuğun düşünce süreçlerindeki en önemli fark, çocuğun düşüncesinin somut gerçeğe daha yakından bağlı olmasıdır. Keating (Akt. Öngen, 1995), ergen ve yetişkin düşüncesinin şimdi ve buradayı kapsamakla birlikte mevcut olmayan olasılıkları göz önüne alma ve incelemeye yönelik eğilim ve yeteneğin ergenlik döneminde ortaya çıktığını belirtmektedir. Elkind (1975), Piaget ve Inhelder'in görüşlerinden hareketle ergenin bilişsel yapısının belirli özellikleri olduğunu belirtmektedir. İlk olarak ergen, bir problemle karşılaştığında aynı anda pek çok faktörü içeren bileşimsel (kombinatuvar) bir mantık kullanmaktadır. İkinci olarak ergen, küçük çocukların düşüncesinden daha karmaşık bir yapıya sahip ikinci bir semboller sistemi (semboller içinde semboller) daha kullanabilmektedir. (Ahioğlu-Lindberg, 2011).

Ergenlik dönemi, aile üyelerinden çok arkadaşlarla zaman geçirildiği bir dönemdir. Dikkat, karşı cinse ilgi duymak, beğenmek, beğenilmek gibi konulara çekilmeye başlar. Ergen gelişimsel olarak bu döneme ayak uydurmaya çalışırken bir yandan da çocukluktan gelen özellikleri bir yana bırakmaya çalışır. Başlangıçta ne çocuk ne de yetişkindir. Özerk olmaya çalışmak, "ben" demek, cinsel kimliğinin özelliklerini anlamak ve ona özgü, bazen abartılı da olsa tavırlar göstermek, soyut düşünmeye başlamak, lider olmaya çalışmak, farklı aktivitelerden hoşlanmak, ilgilerinin değişken olabilmesi gibi özelikler göstermeye başlar. Ergenlik dönemi âdeta kabuk değiştirme, başkalaşım dönemi gibidir. Ergenlik döneminin kendine özgü bu özellikleri nedeniyle ergenlerle psikolojik danışma, yetişkinlerle geçen süreçten farklılık gösterir. Ergen psikolojik danışmaya kendi isteği ile gelse dahi sürecin devam ettirilmesinde psikolojik danışmanın önemli rolü vardır. Tüm süreçte terapötik ittifak kurmak önemlidir. Bununla birlikte ergenlerle kurulan terapötik ittifak ayrıca önemlidir denilebilir. Çünkü ergenin ruhsal geçişli bir dönemde olması, bir şeyleri çok isterken bir şeyleri istemez davranışları, odaklandığı alanlara ilişkin geçişli tavrı psikolojik danışma ortamına da yansıyabilecektir. Ön ergenlik ve ergenliğin başındakiler için çocukluk özelliklerine ait izler varken, ergenliğin ortalarında ve ilerleyen dönemlerinde yetişkin olmaya, özerkliğini göstermeye, benmerkezci olmaya ilişkin tavırları vardır.

Ergenlerle psikolojik danışma konusunda yapılan çalışmalar, Levitt (1957) ile başlamıştır. Levitt, gençlik problemlerine yoğunlaşan 18 psikoterapi çalışmasını ele almış, psikoterapi hizmeti ile müdahale edilen ya da edilmeyen çocuk ve ergenlerin problemlerindeki değişimi incelemiştir. Bu çalışma, ergenlerle psikolojik danışma konusunda dönüm noktası olmuştur (Kurt, Güçray, 2016).

Ergenlik dönemindeki danışanların bir kısmı, özellikle 15 yaş ve üstü, kendi isteği ve ihtiyacını dile getirerek görüşmeye gelmek istese de ergenler psikolojik danışmaya aileleri tarafından getirilirler. Psikolojik danışmaya ailesinin ısrarı ile gelen bir danışanı süreçte tutmak zordur. Burada psikolojik danışmana düşen görev önemlidir. Öyle ki ergenlerle psikolojik danışma zaman zaman denge tahtasında yürümek gibidir. Yetişkinler için bile psikolojik danışmanın bir süreç olduğunun, sabırla ve gayretle farkındalık, anlayış geliştirerek yeni deneyimler edinebileceğinin, psikolojik danışmanın dikte eden değil değişim için farkındalığa ve olanlara yorumlar ve zaman zaman tespitlerle eşlik eden olduğunun anlaşılması zaman alırken tüm bunları ergenden beklemek zor olabilir. O nedenle ergenlerle çalışmak isteyen psikolojik danışmanların denge tahtasında ahenkle, coşku ve heyecanla, bazen de düşülse de yeniden yürüme cesaretini vererek çalışması önemlidir.

Ergenlerin danışmana gitmeme gerekçeleri, diğerlerinin kendisi ile ilgili ne düşüneceği yönündeki zihin okumalarıdır. Arkadaşlarının kendisinin "psikolojik sorunlu" olduğunu düşünmelerini istemeyen ergen, danışmana gitmek istemez (Freake, Barley ve Kent, 2007). Psikolojik yardım ihtiyacını genellikle "deli" ya da "zayıf" olma ile eş tutar. Eğer danışma alırsa tanımadığı birine duygu ve düşüncelerini açarak yardıma ihtiyacı olan ve kişisel olarak yetersiz biri gibi görüneceğini düşünür (Surf ve Lynch, 1999; Prior, 2012). Everall ve Paulson'a göre (2002) bu algılamanın nedeni, ergenlerin danışma hakkındaki bilgilerini genellikle arkadaşlarından ya da medya vasıtası ile edinmekte olmalarıdır. Bu yüzden danışma ilişkisi genç danışanların kafasında, katı otoriter rollere bağımlı kalınan, yardım almak için gidenin "deli" olduğu resmî bir ilişki şeklinde canlanır. Bu yüzden ergenler, danışma sürecine katılım ve süreci devam ettirmek için süreci tartışabilme ve anlayabilme bağlamında yapılandırmaya ihtiyaç duymaktadırlar. Ergenler yoğun kaygılı oldukları ve genellikle yanlış bilgi edindikleri için yapılandırma önemlidir (Kurt, Gürçay, 2016).

Ergenlerle Grupla Psikolojik Danışma

Voltan Acar, grupla psikolojik danışmayı; "Kişiler arası etkileşimin geliştirilmesini, içgörü kazanmayı, kendine güvenin geliştirilmesini hedefleyen, üyelerin duygu, değer ve tutumlarının üzerinde durulduğu, ayrıca her bir üyenin belirgin davranışsal amacının gerçekleştirilmesinin sağlanmaya çabalandığı, bu alanda yetişen bir psikolojik danışman tarafından yürütülen terapötik bir süreçtir." şeklinde tanımlamıştır. (Voltan-Acar, 1993). Ergenlerle yapılan bireysel görüşmeler kadar grupla psikolojik danışma uygulamalarının da önemi büyüktür. Bireysel görüşmelerde yaşadığı durumun sadece kendi başına geldiğini anlatan ergenin, kendi yaşadığı gibi sorunları yaşayan akranlarının olduğunu bilmesi, sorunlarla uğraşma gayret ve cesareti içinde olmasını desteklemesi açısından önemlidir. Grupla psikolojik danışmada danışanların yaş ve dönem özellikleri ile problemlerin benzer olması, grubun birbirlerini anlamaları açısından önemlidir. Belirli ortak problem alanı ya da alanlarına ilişkin gruplar oluşturulabileceği gibi sosyal becerileri geliştirme amaçlı grup çalışmaları da düzenlenebilir. Bir standart olmamakla birlikte, gruptaki üye sayısı üç-dört kişiden on kişiye kadar çıkabilir. Danışanların durumlarını ölçülebilir hâle getirmek için çalışılan alanlara yönelik görüşmeler öncesinde test, envanter, görüşme formları kullanılabilir. Oturumların bitiminde bunlar tekrar verilebilir. Psikolojik danışman, gruba alınacak üyelerle öncesinde bireysel görüşmeler yapmış olmalıdır. Bu şekilde grupta kimlerin bir arada olup olmayacağına karar verebilir. Birlikte grup oluşturulması uygun olmayan danışanları aynı grup içine almaz.

Grubun çeşitli psikolojik işlevleri vardır. Ergenin kendini tanımasına, normallik duygusu geliştirmesine yardımcı olması, yetişkinlerden bağımsız olduğu duygusunu vermesi, cinsel kimliğini kazanmasına destek olması vb. etkileri nedeniyle grup yaşantısı önem kazanır. Corey ve Corey'e göre (2006) ergen grupları, ergenlerin çelişkili duygularını anlamaları ve deneyimlemeleri için bu mücadeleyi veren tek kişi olmadıklarını görmeleri, değiştirmeye karar verdikleri değerlerle ilgili açıkça sorular sorabilmeleri, akranlar ve yetişkinlerle nasıl iletişime geçileceğini öğrenmeleri, model oluşturan liderden bazı şeyler öğrenmeleri açısından uygundur. Ayrıca ergenlerin süreçte düşüncelerini keşfetmeleri, alternatif çözüm yolları üretmeleri ve kendi yaşamlarıyla ilgili kontrol duygusu kazanmaları da söz konusudur. Grupla psikolojik danışmada, tartışmalar ve geri bildirimlerin olması, benmerkezciliğin kırılması, gerçekliğin test edilmesi diğer önemli kazanımlardandır. Akranlar genellikle yetişkinlere göre daha fazla inanılırlık sağlarlar. İyi yapılandırılmış bir grup, genç için yetişkinlerden duyduğu zaman aldırmadığı ve akranlarından duyduğu zaman kendisine yeni fırsatlar sağlayan mesajları içerir. Hiç kimsenin kendisininki gibi problemlerinin olmadığını ya da kendi ebeveynlerinin dünyanın en kötü ebeveynleri olduğunu düşünen ergenler için grup yaşantısı paha biçilmezdir (Sandoval, 2002, akt. Kurt, Gürçay, 2016).

Grupla psikolojik danışma öncelikle duygulara ve duygusal konuların çözümüne odaklanır ve davranışsal ya da kişilik problemleri olanlara yardımcı olmaya çalışır. Grup danışmanlığı, çözüm sunucu/sorun giderici bir yaklaşım olmasına rağmen yaşanan zorlukların daha ciddi sorunlara dönüşmesini engelleyebildiği mantığından hareketle, ayrıca sorunları önlemede de kullanılabilmektedir. (Morganett, 2005).

Yas, travmatik yaşantılar gibi benzer yaşantıları olan grup üyeleriyle grupta ortak konular çalışılsa da grupla psikolojik danışmada grup amaçları daha genel olabilir ve buna bağlı olarak üyelerin bireysel hedefleri daha çok farklılık gösterebilir. Psikolojik danışma grupları 3 aydan daha fazla bir süre devam edebilmektedir. Psikolojik danışma grup yapısının öncelikli işlevi grubun devamını ve güven ortamını oluşturmaktır. Yetişkinlerle psikolojik danışma grupları 90 dakika iken, ergenler için 45-60 dakika arasında değişmektedir. Psikolojik danışma gruplarında liderler, güveni sağlayacak bir ortam oluşturmalı ve tartışma konuları seçmeyi daha çok üyelerin tercihlerine bırakmalıdırlar. Psikolojik danışmada terapötik faktörler dört başlık altında ele alınmaktadır. Bunlar: duygusal destek, duygusal anlayış, bilişsel destek ve bilişsel anlayıştır. Duygusal destek kabul edilmeyi, katarsisi, kişiler arası öğrenmeyi vurgularken duygusal anlayış kabul edilme, umut aşılama ve evrenselliği vurgular (Güçray, Çekici ve Çolakkadıoğlu, 2009).

Grupla psikolojik danışmada psikolojik danışmanın rol ve görevlerini yerine getirebilmesi için sergilemesi gereken pek çok beceri vardır. Literatür incelendiğinde bu becerilerin, bireysel psikolojik danışmada sahip olunması gereken temel terapötik becerilere (yapılama, yakından ilgilenme, konuşmaya açık davet, asgari düzeyde teşvik, duyguların yansıtılması, içeriğin yansıtılması, kişiselleştirme, özetleme, paylaştırma, bağlama ve sessizlik) ek olarak başka becerileri de içerdiği söylenebilir. Bireysel psikolojik danışmada kullanılan becerilere sahip olmanın yanı sıra grupla psikolojik danışmada kazanılması gereken bir başka beceri paylaştırmadır ve bu beceri grup üyelerinin grup içinde kendilerini yalnız hissetmemeleri bakımından önemlidir (Voltan-Acar, 2009).

Corey (2000), liderlik becerilerinin öğrenilebilirliğine ve uygulamalarla geliştirilmesi gerektiğine dikkat çekmekte ve grup liderinin sahip olması gereken becerileri şu şekilde ele almaktadır: Aktif bir şekilde dinleme ve bu becerinin uzantısı olarak yeniden ifade etme, açıklığa kavuşturma; özetleme (summarizing); uygun soruları -sıklıkla açık uçlu sorular- sorma (questioning); yüzleştirme (confronting); duygu yansıtma (reflecting feelings); davranışsal amaçlarına ulaşabilmeleri için danışanları cesaretlendirme (encouragement); destekleme (supporting); empati kurma (emphatizing); grup üyelerinin birbirleriyle iletişime açık olmalarını ve sorumluluk almalarını kolaylaştırma (facilitating); model olma (modeling); grubun ilerlemesi için anlamlı amaçlar oluşturma (setting goals); değerlendirme (evaluating); geri bildirim verme (giving feedback); gruptaki bir üyenin istenmeyen tutumlarına karşı diğer üyeleri koruma (protecting); tepkileri ve duyguları şimdi ve buradada açığa çıkarma (disclosing oneself); grup üyelerinin benzer yaşantılarını bağlama (linking); grup için istenmeyen davranışların önünü kesme (blocking); grup sürecini sonlandırabilmedir (terminating) (Voltan-Acar, Arıcı, 2011).

Danışanlar, grupla psikolojik danışma süresince duygu ve düşüncelerini spontan bir şekilde ifade ederler. Konuşulacaklar önceden belli değildir. Morganett (2005), ergenlerle grup danışmanlığının devam etmesini sağlayan genel kuralları içeren adımları aşağıdaki gibi sıralamaktadır:

1. İhtiyaç analizi yapmak: Okul psikolojik danışmanı en az üç kesime hizmet eder: öğrenciler, öğretmenler/yöneticiler ve anne-babalar. Her üç kesim de hangi çalışmalara ihtiyaç duyulduğu ve grup danışmanlığında hangi sorun alanları üzerinde durulması gerektiği gibi konularda değerli bilgi kaynaklarıdır. Grup danışmanlığında hangi konuların üzerinde durulacağını tespit amaçlı özel bir ihtiyaç analizi yapılabilir.
2. Yazılı teklif geliştirmek: Burada grubun amacı, süre, sürecin nasıl işleyeceği, nasıl değerlendirileceği ve nasıl sonlandırılacağı hakkında bilgiler olur.
3. Grubun tanıtımını yapmak: Grup üyelerine, gerekiyorsa meslektaşlara grup amaçları hakkında bilgi verilir.
4. Anne-baba/veliden veya vasiden izin alma: Katılımı kolaylaştırmak için ailelerden izin alınır, grubun mahremiyetinin önemi belirtilir.
5. Grup öncesi görüşme yapmak: Grup çalışması öncesinde öğrencinin onayı ve taahhüdü alınır. Öğrenciyi seçimde yardımcı olacak bilgiler elde edilir.
6. Grup üyelerini seçmek: Grubun homojen ve heterojen özelliklerine bakılır. Yaş farkları olmamasına, grubun özeliklerine uymayacak derecede problemli öğrencinin bir araya getirilmemesine dikkat edilir. Ailesinin izni olmayanlar seçilmez.
7. Ön test uygulamak: Çalışma öncesi uygulanır.
8. Oturumları uygulamak: Haftalık belirlenen gün, saat ve yerde psikolojik danışma oturumları yapılır.
9. Son testi uygulamak: Süreç bitiminde uygulanır ve farklılıklar var mı bakılır.

10. Grup sonrası izleme ve değerlendirme yapmak: Sürecin tamamlanmasından 4-8 hafta sonra değerlendirme yapılır. İşleyişte edinilen kazanımların kalıcılına bakılır.

Grupla psikolojik danışma üç tür yaklaşımı içerebilir. Bunlar; 1) kriz merkezli, 2) problem merkezli ve 3) gelişim merkezli yaklaşımlardır. Bu yaklaşımların "gelişimsel yaklaşım" kapsamında düşünülerek onunla bütünleştirilebileceği ileri sürülmektedir (Myrick, 1997) (Akt. Öncü,2002). Kriz merkezli gruplarda acil durumlara ilişkin konular çalışılır; çatışmalar, istismar vakaları gibi. Problem merkezli yaklaşımda grubun amacı, öğrencide rahatsızlık veya mutsuzluğa neden olan ortak sorun veya durumlarla başetmektir. Öğrencilerin problemleri onların okulda öğrenmelerini engeller. Grup üyeleri, bir problem belirleyerek bu konuda neler yapabileceklerini belirlerler. Gelişim merkezli gruplar, tüm öğrenciler için tasarlanmıştır. Genel kaygılar ile başa çıkma yöntemleri bu gruplarda konuşulur.

Çocuk ve Ergenle Çalışmada Psikolojik Danışma Odası

Psikolojik danışma odası, çalışılan danışma yaklaşımına, danışmana ve hatta kültürel özelliklere göre şekil alır. Çocuklarla çalışılan odalar yaş özelliklerine göre daha çok oyuncaklar ve oyun malzemeleri içerirken, ergenlik önemindeki danışanlarla çalışılan odalar yetişkinle çalışılan odalara daha yakın ya da aynısı olabilir. Bu bölümde, odaların özellikleri ve odada bulunması gereken malzemeler hakkında bilgi verilmiştir.

Çocukla Psikolojik Danışma Odası

Çocukla çalışmanın olmazsa olmazının oyun olduğuna önceki bölümde değinilmişti. Bu sebepledir ki çocukla çalışılan odada oyuncakların, oyun malzemesi olarak kullanılacak materyallerin olması gerekir. Odada çocukların yaş özelliklerine uygun malzeme dolapları, masa ve en az iki sandalye, yerde oturma alanı, minderler olması uygundur. Aynı oda 10-11 yaşına kadar çocuklar için de kullanılıyorsa onların boylarına uygun masa, sandalye ya da koltuk bulunması uygun olacaktır. Odanın çocuğun ya da çocukların yeterince hareket edebilecekleri büyüklükte, yeterince ışıklandırılmış, kolay temizlenebilen bir zemine sahip olması, perdesinin olduğu bir oda olması uygun olacaktır. Mümkünse odada bir lavabo olabilir. Oyun terapilerinin usulüne göre oyuncak ve materyaller değişiklik gösterebilir. Oyun odasında, insan, hayvan figürlü el ve parmak kuklaları, kız-erkek bebekler, yetişkin erkek-kadın bebekler, biberon, emzik gibi bebek bakımı eşyaları, içinde malzemeleri, odaları ve çocuk-yetişkin insan figürleri olan bebek evi, oyuncak hayvanlar, plastik mutfak eşyaları, askerler, kılıç, tabanca, tüfek, kelepçe (Bazı oyun terapilerinde istenir.), bloklar, yapı-inşa oyunları; bunlarla birlikte, oyun hamuru, kâğıt, kalem, yazı tahtası, resim tahtası, renkli kuru, keçeli kalemler, pastel, sulu boyalar, parmak boyası, makas, küçük çekiç, en az iki adet telefon, doktor seti, yumuşak toplar, oyun kartları, kapalı küçük kutular, farklı büyüklükte arabalar, uçak, ambulans vb. araçlar, maskeler, kostümler, günlük hayatta kullanılan gerçek çocuk ve yetişkin giysileri, ayna, kum, kum havuzu, kum tepsisi bulunur. Çok karmaşık, yaratıcılığı desteklemeyen, elektronik oyun malzemelerinin bulunması önerilmez. Oyun odasında birkaç tane kırık oyuncak da olabilir.

Önemli olan, çocuğun ne ile neden ve nasıl oynadığıdır. Malzemelerle kurduğu ilişkidir. Psikolojik danışmanın görevi, çocuğun oyununu ve ilişki kurma şeklini anlamlandırmak ve bunun üzerinde çocukla çalışmaktır. Oyun odasındaki her malzeme, terapötik bir amaca hizmet etmelidir. Oyun alanındaki malzemelerin yerlerinin belli olması, çocuğun geldiğinde neyin, nerede olduğunu yeniden anlamak için zaman kaybetmesini önlemek açısından önemlidir. Aynı zamanda çocuklar oyun odasında alışık olmadıkları malzemelerle sürekli karşılaşırlarsa seansın çoğunu oynamakla değil, bunları keşfetmekle geçirecekleri için oyun odası çocuk için tutarlı tahmin edilebilir bir alan olmaktan çıkar. Oyun odasının çocuğun zihnindeki sürekliliği, güven vericiliği ve iyileştirici etkisi oyun odasının tutarlılığı ile doğrudan ilişkilidir.

Ergenle Psikolojik Danışma Odası

Ergenle psikolojik danışma odası, çocukla psikolojik danışma odası kadar detaylı malzeme gerektiren bir alan değildir. Görüşme odası ferah, yeterince aydınlatılmış, yeterince ışık alan, perdesi olan; bir standart olmamakla birlikte tercihe dayalı olarak en az iki kişinin oturabileceği büyüklük farkı olmayan koltuk ya da koltuklar olacak şekilde döşenebilir. Doğrudan karşılıklı olarak bakmak, danışan için konuşmayı zorlaştırabilir. Bu nedenle koltuklar verev olarak konulabilir. Odada masa ya da sehpa bulunuyorsa danışan ile araya alınmayacak şekilde konumlandırılması uygun olacaktır. Odada tercihe göre yine değişmekle birlikte, portatif kullanılabilecek bir yazı tahtası, kalemler, kâğıt, sanatsal malzemeler bulunması uygun olacaktır. Ergenlerle görüşme yapılacak oda, yetişkin görüşme odalarıyla oldukça benzerdir. Bununla birlikte ergenliğin ilk dönemleri ile son dönemleri arasında gelişimsel farklılıklar belirginleşir. Ergenliğin orta ve son dönemlerinde yetişkin danışanlarla kullanılacak odalar kullanılabilir. Ergenliğin ilk dönemlerindeki çocukluğa yakın yaşlardaki danışanlar ile çalışırken ise bunlara ek olarak duyguları ve kendini ifade etmeye yardımcı olacak kartlar, kutu oyunları bulunabilir. Çocukla çalışmada olduğu gibi buradaki bir kısım malzemelerin kullanımının anlamı terapötik bir amaca hizmet ediyor olmasıdır. Diğer yandan çizerek, yazarak, göstererek ve malzemeler aracılığı ile kendini sözün dışında da ifade etmeye yardımcı olmasıdır.

Psikolojik Danışmada İlk Görüşmeler, Devam Eden Görüşmeler ve Sürecin Sonlandırılması

İster çocukla ister ergenle ister yetişkinle isterse de aile ve çiftlerle yapılan görüşme olsun ilk görüşmeler, hem sürecin devamını etkileyen hem de vakanın formülasyonunun büyük oranda yapıldığı görüşmelerdir. Bununla birlikte zaman zaman formülasyon için birden fazla görüşmeye de ihtiyaç duyulabilir. Formülasyon süreç içerisinde değişiklik gösterebilse de ilk görüşmeler ile psikolojik danışma sürecinde hangi yöntemle, nasıl çalışılacağı belirlenmiş olur. Görüşme, danışan ile ilişki kurulmaya başlandığı ilk andan başlar. Psikolojik danışman, danışanı -burada çocuk ve ergenlerin aile üyelerinden biridir- ile telefonda kendisi konuşuyorsa ilişki burada başlar. Kendisi konuşmuyorsa görüşmeye gelinen ilk anda başlar. Anne ya da babanın kendini ve çocuğu ifade ediş biçimi, ses tonu, kaygı düzeyi ya da rahat olma hâli, aile ve ailenin çocuğu ile kurduğu ilişki hakkında bilgi vericidir. Görüşme odasında ebeveynlerin nerede oturduğu, çocuğun ya da ergenin nerede, kime ya da kimlere yakın ya da uzak oturduğuna bakılabilir. Bunlar, ailenin ilişki kurma şeklinin ifadesi olabilir.

Çocuk ve ergenlerle çalışan bir psikolojik danışmanın öncelikle gelişim dönemlerine ait özellikleri çok iyi biliyor olması gerekir. Aile için problem olarak görülen davranışların dönem özelliklerine uyumlu olup olmadığının anlaşılması önemlidir. Öyle ki zaman zaman çocuklar buradaki yargılar nedeniyle psikolojik danışmaya getirilirler. Bu tip durumlarda aile ile görüşmek, çocuktaki durumu anlayıp yalnız aile ile çalışmak yeterli olabilir. Bununla birlikte çocuk ve ergenle çalışmak isteyen bir uzmanın yetişkinin dilinden anlayıp konuştuğu gibi çocukların sözsüz dili ile ergenin kendine has dilini anlayabilir olması gerekir.

Çocuk ve ergenlerin yaşlarına göre psikolojik danışma görüşmesi için neden gelindiği hakkında kısaca bilgi verilebilir. 2-6 yaş arasındaki çocuklara anne-baba ile konuşan, çocuk ile oyun oynayabilen bir abi ya da ablanın olduğu bir yere gidileceğini söylemek uygun olacaktır. Çocukların yaşı büyüdükçe ebeveynin, yardım almak istenilen konu hakkında çocukla kısaca konuşması, bunun için yardım alabilecekleri bir yere gidildiğinin anlatılması gerekir. Ailenin, kendileri ve çocukları için yardım almayı istedikleri konu hakkında ergenlik dönemindeki aile üyesi ile konuşması önemlidir. Ergenlerin psikolojik danışma yardımı için görüşmelere isteyerek gelmeleri tercih edilir. Bununla birlikte ebeveynlerin aile görüşmesi sürecine ergenin de katılmasının teklif edilmesi ile ergen sürece dâhil edilebilir.

Genel olarak ilk görüşmelere çocuklar ailelerinin isteğiyle getirildikleri için özellikle 6 yaşın altındaki çocuklar için oyun oynayabilecekleri bir yere gidiyor olmaları hoşa gitse de ne olacağını bilemiyor oluşları süreci çocuk için bir yandan da belirsiz kılabilir. Aynı şekilde ergenler için de bu belirsizlik hâli ilk görüşmelerde güvenerek ve rahatlıkla kendilerini ifade etmelerinin önüne geçebilir. Psikolojik danışmanın ilk görüşmede, ailenin tüm üyelerinin içinde olduğu tanışma kısmında aile üyelerini rahat hissettiren, doğal konuşması ve tavırları önemlidir. Aynı zamanda burada da bir standart olmamakla birlikte tanışma ve kısaca aile ve çocukla iletişime geçtikten sonra, öncelikli olarak çocukla ya da ergenle görüşülmesi, psikolojik danışmanın kendi izlenimleri ve gözlemleri açısından önemlidir. Bu şekilde çalışan psikolojik danışman, kendi gözlemlerinin sınamasını aile ile konuştukça yapabilir. Önce aileyle, sonra çocukla görüşen uzman ise ailenin anlattıklarının çocuk ya da ergende görüp görmeyeceğini sınayabilir.

Çocuk ve ergenle yapılan görüşmelerde gerek görüldüğü durumlarda ebeveynlerin izni ve onayı ile aile üyeleri dışındaki, öğretmen, okul psikolojik danışmanı, psikoloğu, bakıcı, dede, anneanne, babaanne gibi kişilerden de bilgi alınabilir. Buradaki bilgiler ile ailenin anlattıkları ve psikolojik danışmanın gözlemledikleri arasındaki benzerlik ve farklılıklara bakılabilir.

Bebek, çocuk ve ergenlerle yapılan görüşmelerde sorunu tanımlayan bilgileri toplamak üzere soru sorma, psikolojik danışmanın gözlemleri ve bunlara ek testler gibi değerlendirme yöntemleri kullanılabilmektedir. Bunlar içinde en sık kullanılanları, zekâ testleri, gelişim testleri ve projektif testlerdir (Aygölü, Özden, 2015). Bu bilgiler çerçevesinde psikolojik danışmanın çocukla ve ergenle yaptığı ilk görüşmede ve ilerleyen görüşmelerde dikkat etmesi gerekenler aşağıda verilmiştir:

Çocukla yapılan ilk görüşmede ve ilerleyen görüşmelerde dikkat edilecekler ve gözlemler: Çocuk oyun odasına alınırken çekingen mi davranıyor, aile üyelerini hiç önemsemez mi davranıyor, rahatlıkla odaya gidiyor mu gitmiyor mu bakılır. Çocuğun giysileri, genel görünüşü, durumu nasıl? Uykulu, yorgun bir hâli var mı? Aynı zamanda aile üyelerinin görünüşleri, kıyafetleri nasıl, abartılı derecede özenli ya da özensiz görünüşleri var mı dikkat edilir.

Çocuk, yaşının gelişim özelliklerine uygun davranıyor mu, konuşuyor mu? Duruma uygun olmayan, dikkat çeken davranış veya davranışları var mıdır? Duygulanımı, sözsüz ifadeleri, jest, mimik ve tavırları o an ile uyumlu mudur? Sözlü ya da sözsüz ifadelerinde göz kontağı kurmakta mıdır? Duygu durumu olarak nasıl görünmektedir; heyecanlı, depresif, kaygılı, korkmuş, utanmış, üzgün, meraklı ya da öfkeli bir hâli var mıdır? Sert ve saldırgan davranışları var mıdır? Malzemeleri kullanma biçimi nasıldır? Oyununa psikolojik danışmanı katmakta mıdır, geride durup izlemekte midir?

Psikolojik danışmanın çocuğu gözlemleyerek ilk görüşmede onun dilinden anlaması, ona yine onun diliyle eşlik eder olması, çocuğun kendini bulunduğu yerde güvende ve rahat hissetmesine yardımcı olacaktır. Böylece çocuk, oyun oynadığı odayı yeniden gelme isteğiyle bırakacaktır.

Çocuğun kaygılı korkulu ifadelerle odaya girdiği ancak bir şey yapmadığı, bir köşede beklediği durumlarda, psikolojik danışmanın kendine göre oyun oynaması ve çocuğun kendi endişesini danışmanı izlerken yatıştırmasına ve hatta bir süre sonra ona eşlik etmesi yönünde oyunun şekillendiği durumlar olabilir.

İlk görüşmenin ardından çocukla hangi yöntemle, hangi aralıklarla, nasıl çalışılacağı, ailenin sürece nasıl dâhil edileceği hakkında aileye bilgi verilir. Yapılandırılmış çalışmalarda oturum sayıları ve yapılacaklar, çocuğun problemine göre baştan bellidir. Yapılandırılmamış durumlarda yine problem durum ve ailenin çocuğu getirebilme sıklıklarına göre 5-6 oturumdan değişimin gözlemlenip kalıcı hâle gelmeye başladığı zamana kadar devam eden bir süreç olabilir. Yine çalışma usulüne göre değişebilmekle birlikte her görüşme sonrası anne babaya ayrılan çocuksuz bir zaman dilimi olabilir. İki ya da üç görüşmede bir sadece aileyle görüşülebilir. İlerleyen görüşmelerde gerekiyorsa çocuğun durumu hakkında bilgi almak için ilk görüşmelerde başvurulan aile dışı kaynaklarla tekrar görüşülebilir.

Ergenle yapılan ilk görüşmede ve ilerleyen görüşmelerde dikkat edilecekler: Ergenle yapılan ilk görüşmede de çocuktaki gibi giyimine, ruh hâline, duygu durumuna, tüm bunların şu anı ile uyumlu olup olmadığına bakılır. Ergenlerle yapılan görüşmelerde çok sert ya da mesafeli tavırlar sergilemek, ergeni süreçten soğutup uzaklaştırabilir. O nedenle, onun dilinden konuşabilmek için güncel olarak ergenlerin ilgilendikleri alanları bir miktar da olsa biliyor olmak, konuşmayı devam ettirmek için başlangıçta önemlidir. Ergenle yapılan konuşmaların uzmanla aralarında kalacağını bilmek, aileye aileyi ilgilendiren durumlar ve ilişki kurma şekilleri dışında bilgi aktarılmayacağına inanç, aile ile konuşulacaklar hakkında birlikte karar veriyor olmak, ergenin kendini açmasında ve psikolojik danışmana güven duymasında önemlidir. Kendine ya da ötekine zarar verme durumları dışında konuşulanların gizliliğinin korunacağı konusunda ilk görüşmelerde bilgi verilir. Hatta bu bilgi ayrıca özellikle ergenin olduğu ortamda ebeveynlere ifade edilebilir. Ebeveynlerden konuşmaları anlatmak konusunda çocuğu zorlamamaları istenir ve onun alanına özen göstermeleri gerektiği söylenir.

İlk görüşmeden sonra danışan ile nasıl ve hangi aralıklarla çalışılmasının uygun olacağı, görüşmelerin ortalama süresi hakkında danışanın kendisine ve aileye bilgi verilir. Aileler ile nasıl ve ne zamanlar görüşüleceğinin planlaması yapılır. Görüşmelerin devamı ve sürecin sonlandırılmasında, gelinen problem durumla ilgili değerlendirmeler, bu duruma eşlik eden farklı problemler var ise onlarla ilgili gelişmelerin olması, sorunun hafiflemesi ya da sorunla başa çıkma becerilerini kazanılmaya başlandığının gözlemlenmesi önemlidir. Psikolojik danışma sürecinin başlangıcında aileden bilgiler aşağıdaki gibi gruplanarak alınabilir:

Eşler hakkında bilgi: Anne babanın yaşları, aralarında yaş farkı var mı, varsa kaç yaş ve kim büyük? Eğitim durumları, meslekleri nedir? Çalışıyorlar mı? Ne zaman, nasıl evlenmişler? Evliliklerinin kaçıncı yılında çocuk sahibi olmuşlar? Ebeveynlerin çocuklarıyla aralarındaki yaş farkı ne kadar? Hakkında konuştukları çocukları istenen bir çocuk muymuş, kaçıncı çocukları, tek çocuk mu? Boşanma var ise ne zaman oldu, ne kadar süre evli kaldılar? Ebeveynlerden biri hayatta değilse ne zaman ve neden vefat etti, o sırada çocuk kaç yaşındaydı? Ebeveynlerin kendilerinden ve ailelerinden gelen süreğen bir rahatsızlıkları, aile geçmişinde psikolojik rahatsızlıklar var mı? İlaç kullanıyorlar mı?

Eşlerin aralarındaki ilişki durumu nasıl? Birbirleri ile uyumlular mı, çatışma yaşadıkları durumlar var mı, var ise bu durumlarda anlaşabilirler mi? Çocuklarıyla ilgili görüşmeye geldikleri problemli durum üzerine ortak fikir ve kararları var mı? Çocukla çalışılan aile görüşmeleri dışında eşlerin bireysel ya da çift olarak ayrı destek almaları gerekir mi?

Danışan, çocuk/ergen, hakkında bilgi: Üzerine konuşulan çocuğun hamilelik süreci anne için nasıl geçmiş, doğum ne şekilde olmuş? Çocuğun doğum sonrası hastane yaşantısı var mı, var ise neden ve ne kadar süre? Çocuğun geçirdiği hastalık ya da hastalıklar var mı, devam eden hastalığı var mı, kullandığı ilaçlar, ameliyat ya da operasyonu var mı? Çocuğun doğumdaki kilosu, boyu nedir? Annesini emme süresi, emmeyi nasıl bıraktığı, emmemiş ise nedeni, emzik, biberon kullanmış mı, kullanmış ise ne şekilde ve ne zaman bırakmış? Anne-baba, çocuğun bebekliğini, gelişim dönemlerindeki geçişlerini nasıl anlatıp tanımlıyor (Örneğin; "Zor bir bebekti/rahattı", "Uyku sorunu vardı/yoktu", "Beslenirken zorlanırdı/zorlanmazdı", "Ek besinlere geçiş kolaydı/zordu", "Erken/geç/zamanında yürüdü-konuştu-bezi bıraktı." vb)? Çocuğun bu döneme kadar bir nedenle aileden ayrı kalıp kalmadığı, kaldı ise nedeni, süresi ve nasıl olduğu, çocuğa kimin ya da kimlerin bakım verdiği, süreç içinde bakıcılar değişmiş ise durumun çocuğu etkileme hâli, anne baba ayrı ise çocuğun kiminle yaşadığı, birlikte yaşamadığı ebeveyni düzenli görüp görmediği, anne babanın ayrılık durumunda çocukla olumsuz konuşmalar yapma/yapmama hâlleri sorgulanır.

Çocuğun şu anda yaşadığı sorun ilk kez mi yaşanıyor, daha önce de yaşanmış mıdır? Aile ilk kez mi yardım almaktadır, öncesinde yardım alınmış mıdır? Alınmış ise süreç ve sonuç nasıl olmuştur? Çocuğun yaşadığı sorunun artış ya da azalma yaşandığı ortamlar var mıdır? Özellikle anlatılan sorun dışında farklı bir problemli durum anlatılıyor mu? Anlatılanlar çocuğun/ergenin gelişim dönemi ile uyumlu mu, değil mi? Yaşanılan problemli durum aile içindeki akut bir durum ya da travmatik bir durumla ilişkili mi? Kronik olarak yaşanan ve yinelenen bir durumla ilişkili mi?

Yaşına göre çocuk ya da ergenin akranlarıyla ilişkileri nasıl? Yaşıtlarıyla iken, aileyle iken kendini, duygularını nasıl ifade ediyor? Aile üyeleri birlikte zaman geçirir mi, geçirirlerse hangi zamanlar, ne kadar süreyle ve neler yaparlar; çocukla oyun oynarlar mı?

Psikolojik danışma süreci, aileden alınan bilgiler ve danışan ile görüşme sürecindeki değerlendirmelere göre ilerler. Ailelerle belli aralıklarla süreç değerlendirilir. Problemin ortadan kalkmasına, başa çıkma becerilerinin oluşmasına göre süreç sonlandırılır.

Çocuklarla Psikolojik Danışma Vaka Örnekleri

Vaka 1

25 aylık kız çocuk. Anne ev hanımı, 26 yaşında; baba, bir kamu kuruluşunda işçi, 27 yaşında. Görüşmeye anne ve çocuk gelmiştir. Baba işte olduğu için görüşmeye anne ile çocuğun ilk gelişinden iki gün sonra yalnız gelmiştir. Geliş nedenini anne; "Kızım uyumuyor ve artık ne yapacağımı bilmiyorum, çok yorgunum. Gece geç saatlerde genellikle sallayarak ya da oturduğumuz odada biz oradayken uzanarak uyuyor. Yatağına yatırmak için aldığımda ya hemen uyanıyor ya da uyanmazsa gece uykusundan ağlayarak uyanmaları oluyor. Sakinleşmesi zaman alıyor. Bazen gece geç de olsa uyumasına rağmen 5-6 saat süren bir uykuyla erkenden uyanıyor. Bazen uyandığında tekrar uyumuyor. Gün içinde öğleden sonraya kadar uyumadığı oluyor. Öğleden sonra olduğu yerde uyuyor, dokunmazsam 2-3 saat sürüyor." şeklinde anlatmıştır. Bu durumun çocuğun ilk yaşından bu yana devam ettiği, bir yaşına kadar da uykuya dalmada zorlandığı ve sık sık uyandığı vurgulanmıştır. Uyumaya geçişte ve uyandığı zamanlarda anneyle olmak istemektedir.

Eşler isteyerek evlenmiş ancak hamilelik döneminde çatışmaları olmuş, bu durum hamilelik süresince devam etmiştir. Doğum normal ve zamanında olmuştur. Çocuğun boyu-kilosu normal sınırlardadır. Çocukta herhangi komplikasyon yoktur. Çocuğun tüm bakım sürecini büyük oranda anne üstlenmiştir. Anne babanın çatışmaları doğumdan sonra da devam etmiştir. Her iki ebeveynce çocuğun olduğu ortamlarda seslerinin yükseldiği zamanlar olduğu anlatılmıştır.

Çocuk anne memesini bırakma aşamasındadır. Aynı zamanda biberon kullanmaktadır. Emzik kullanmamıştır. Yeme ile sorunu olmamıştır. Yaşına uygun her şeyi yemektedir. Oturması, emeklemesi, yürümesi zamanında olmuştur. Konuşmada sözcükler ve iki sözcüklü cümleler kullandığı gözlemlenmiştir.

Çocuk ve anne oyun odasına birlikte alınmıştır. Çocuk sade ve temiz giydirilmiştir. Yaşına göre hafif kiloludur. Güler yüzlü, oyun kurmaya çalışan ve bu arada gördüklerini basit sözcük ve cümleler ile anlatan davranışları vardır. Anne oldukça zayıf, temiz ve sade giyimli, yorgun görünen bir hâli vardır. Bununla birlikte çocukla iletişimde o da güler yüzlüdür.

Önce çocuğun annesiyle nasıl ilişki kurduğu gözlemlenmiştir. Çocuk elindekileri annesine gösterdiğinde ve annesi karşılık verdiğinde sevinme, şaşırma tepkileri vermiştir. Anne ayağa kalkıp çantasına yöneldiğinde çocuk telaşlanmış ve ona yönelmiştir. Bundan sonra anneden odanın bir yerinde oturması istenmiştir. Psikolojik danışman, çocuğun ilgi gösterdiği malzemelere göre onun oyununa eşlik etmeye çalışmıştır. Çocuk buna karşılık vermiştir. Önce annesine yakın ve ona malzemeleri göstererek oynarken ilk 20 dakika içinde psikolojik danışmanla ilişki kurmaya başlamıştır. Bu sefer oyuncakları çalışmacıya göstermeye başlamıştır. Mutfak malzemeleri ile oyuna başlamış, bebekleri ve biberonu kullanmıştır. Kız bebeği biberon ile beslemiş, yatırmıştır. Sonra sesli arabalara ve ambulansa ilgi göstermiştir. Oyunun bittiği söylenince tepki göstermemiş, annesiyle çıkmıştır.

Çocukla haftada bir olacak şekilde oyunla çalışılmaya karar verilmiştir (Deneyimsel oyun terapisi ile çalışılmıştır). İkinci görüşmeye geldiklerinde çocuk odayı hatırlamış ve heyecanlanmıştır. Oyun odasına yalnız girmiştir. 35 dakika odada kalınabilmiştir. Çocukla toplamda 6 görüşme, aile ile 3 görüşme yapılmıştır. 3. görüşmeden itibaren çocukla 40'ar dakika çalışılabilmiştir. Aile ile her görüşme bir saat olacak şekilde planlanmıştır. Çocuğun oyun temaları içinde ambulans, bebekleri besleme vardır. Ambulansın sesini duyunca kulaklarını kapatmaya çalışmakta, bununla beraber sesi tekrar tekrar çıkarmaktadır.

Aile görüşmelerinde ambulans konusu ile görüşüldüğünde çocuğun 1,5 yaşlarındayken babanın bir rahatsızlığının olduğu ve gece yarısı eve gelen ambulans ile hastaneye götürüldüğü öğrenilmiştir. Çocuk henüz uyuduğu bir sırada bu durumla uyanmış ve evde olanları görmüştür. Çocuğun böyle bir ses deneyimi vardır. Ayrıca anne babanın tartışmalarında sesin yükseldiği zamanlar olmakta ve çocuk bazen bu seslerle uyanmaktadır. Anne baba görüşmelerinde öncelikle onların aralarındaki ilişki konuşulmuş ve bunun çocuğa yansımaları hakkında bilgi verilmiştir. Çocuk için sesle ve gergin bir ortamda uyumak ve özellikle uyanmak, çocuğun uykuya yönelme ve kendini rahat bırakıp yeniden uyumasına engel olmaktadır. Uykuya geçiş anları âdeta sızmak gibidir. Bu konu üzerinde konuşulmuş ve bu alanla ilgili anne babanın davranışlarındaki değişimle çocuk bir miktar rahatlamıştır. Annenin bir süre kendine de zaman ayırmasının çocukla geçirdiği zamanlardaki verimini artıracağı anlatılmış, babanın iş dışındaki zamanlarda çocukla zaman geçirmesi için yapılabilecekleri planlaması üzerine görüşülmüştür. Çocuk, babayla zaman geçirdikçe ihtiyaçlarının babası tarafından karşılanmasına her zaman olmasa da izin verir duruma gelmeye başlamıştır (Baba ilk görüşmede çocuğun annesi dışında birinde olmaktan hoşlanmadığını anlatmıştır). Aile hafta sonları ailelerine ait bahçe evinde zaman geçirmeye başlamıştır. Bu zamanlarda çocukla babası daha çok ilgilenmeye başlamış. Burada iken çocuğun ağlayarak uyanmaları olmamıştır. Evde bir süre daha ağlayarak uyanma hâli devam etse de azaldığı söylenmiştir. Çocuk için bir okul öncesi kurumun oyun gruplarına haftada üç kez en az birer saat katılması önerilmiştir. Çocuk ilk ay sonunda daha uzun süreli kalmaya başlamıştır.

İlk görüşmeden bir yıl sonra çocuğun anaokuluna başladığı, uyku ile arasının hâlâ çok iyi olmadığı ancak yerinde uyuyabildiği ve huzurlu uyandığı bilgisi alınmıştır.

Vaka 2

8 yaşında kız, tek çocuk. 2. sınıfa geçtiği yaz aylarında dört ay süre ile haftada bir görüşme yapılmıştır. Anne 35 yaşında ev hanımı, baba 37 yaşında işçi. 23-24 yaşlarındayken evlenmişler, hemen çocukları olsun istemişler. Ancak fizyolojik bir nedene bağlı olmadığı hâlde çocukları kendi ifadelerine göre geç olmuştur. Görüşmeye anne, çocuk ve anneanne gelmiştir. Görüşmeye geliş nedenleri, çocuğun yaz aylarının başından itibaren gelişen karanlıktan korkma, gece yalnız yatamama ve uykudan ağlayarak uyanma problemlerinin olması şeklinde ifade edilmiştir. Danışan, babası işten gelene kadar balkonda onu beklemekte, geç geldiğinde gelene kadar ağlamaktadır. Yatmadan önce kapıları tekrar tekrar kilitli mi diye kontrol etme, arkadaşları ile evlerinin önünde dahi olsa oyun oynamaya çıkamama davranışları vardır.

Sorunun nasıl başladığına ilişkin annenin ifadeleri şu şekilde olmuştur: Danışan, 6. sınıfa giden abla dediği kuzeni ile zaman geçirmekten hoşlanmakta hatta onu örnek almaktadır. Sıkıntıların başladığı dönemlerde danışanın bu kuzeniyle zaman geçirmekte isteksiz oluşu, onun yanına gitmek istemeyişi anneyi düşündürmüştür. Başlangıçta çocuk anlatmak istemese de annenin ısrarları ile konuştuklarında ablanın ölüm, cehennem, günahlar üzerine hikâyeler anlattığı, çocuğun önce merakla dinlediği bu konuşmalardan daha sonra korkar olduğu anlaşılmıştır.

Çocuk; bakımlı, temiz, saçları özenle örülmüş, kız çocuk olarak kendini belli eden bir elbise giymiş olarak gelmiştir. Anne ve anneanne de bakımlı ve temiz bir görünüme sahiptirler. Çocuk, az konuşmakta, ona sorulan sorulara sessizce yanıtlar vermekte; anne, uzun cümlelerle ve çocuğun konuşmalarını tamamlayacak şekilde konuşmaktadır. Onun tamamlamadığı kısmı anneanne tamamlamaktadır. Her ikisi de sakin ve rahat görünmeye çalışsa da beden dilleri ve ses tonları kaygılı bir yapıları olduğu izlenimi bırakmıştır.

Çocuk, ilk görüşme süresince iki kişinin arasına oturmuştur. Çocukla yapılan tüm görüşmelerde son iki görüşme dışında anne de odada kalmıştır. Çocuk tek başına kalmayı istememiştir. Çocuğun gelişim dönemlerine ait özellikleri normaldir. Annenin hamileliği sıkıntısızdır ancak kendi tabiriyle çocuklarını çok bekledikleri için bir şey olmasın kaygılarını yaşadığı zamanları anlatmaktadır.

Çocuk evin içinde prenses gibi büyümüştür. İstekleri genel olarak ikiletilmeden yerine getirilmiştir. Tek çocuk olmanın ve aile üyelerinin davranışlarının getirdiği nazlanma hâli olsa da duygularını ve düşündüklerini ifade etme becerisinin ilerleyen görüşmelerde yaşına uygun olduğu ve hatta çalışıldığında potansiyelinin güçlü olduğu görülmüştür. Çocuğun kendini ifade etme girişimlerine izin vermeleri ve desteklemeleri konusunda anne ile görüşülmüştür. Çocuğun önünde onun adına konuşmaların yapılmasının uygun olmayışı anlatılmıştır. Danışan, ilk iki görüşmeden sonra anneden ayrı tekli koltuğa oturmaya başlamıştır. Çocuk ile EMDR yöntemi ile çalışılmaya başlanmış, ilerleyen görüşmelerde imajinasyona yönelik teknikler kullanılmıştır. İkinci görüşmede çocuğu rahatlatmak adına uygulamanın örneği önce anne ile yapılmıştır. Sonra çocuk çalışmaya eşlik edilmiştir. Uygulamalardaki tüm aşamaları anne de bildiği ve gördüğü için evdeki yardımlarında bunları kullanabilir hâle gelmiştir. Çocuğun ilk düzelme gösterdiği alan evde annesi başka odada iken kendi odasında yalnız oynayabilmesi olmuştur. Sonrasında mahalle arkadaşları ile oynamaya başlamıştır. Uykuya dalması başlangıçta zaman almaktayken, sonrasında annesi yanına oturduğunda kendi yatağında uyuyabilir hâle gelmiştir. Gece uyanmaları bitmiştir.

Görüşmelerin tamamlanmasından 4 ay sonra anne ve çocukla yarım saatlik bir görüşme yapılmıştır. Çocuğun annenin daha rahat tavırlarının olduğu görülmüş, yaşanılan sıkıntının yinelemediği öğrenilmiştir.

Çocuklarla Grupla Psikolojik Danışma Örneği

Grup, 9 yaşlarında iki kız ve iki erkek çocuktan oluşmuştur. Çocukların her biri ile psikolojik danışman öncesinde beşer bireysel görüşme yapılmıştır. Çocuklar ile bu görüşmelerde bilişsel davranışçı yaklaşımın ilkelerinin temel alındığı *Korku Avcısı* çalışma kitabı ile çalışılmaya başlanmıştır. Çocukların ortak özelliği, kaygıya ve korkuya yatkın olmalarıdır. Ailelerinde de özellikle annelerinin endişeli yapılarda olduğu bilinmektedir. Çocukların ortak korkuları içinde özellikle hafta başı okula gitmek istememe, okulda zorbalığa maruz kalma, okuldan ya da okul dışı etkinliklerden ailelerinin kendilerini almayacağından endişe duyma, karanlıktan korkma vardır. Grupla psikolojik danışma süreci altı hafta sürmüştür. Psikolojik danışma sürecinin başında önce çocukların kendilerine sonra çocukları yanındayken ailelerine, kendi yaş grubundaki diğer üç kişi ile birlikte bir çalışma yapılmak istendiği ifade edilmiştir. Onayları alındıktan sonra çalışmanın nasıl yapılacağı hakkında bilgi verilmiştir. Grup oturumları bir saat olacak şekilde planlanmıştır.

1. **Oturum:** İlk oturumda yaratıcı drama tekniklerinden yararlanılarak tanışma oyunu oynanarak başlanmıştır (İsim söylenerek birbirlerine top ve yumak atma şeklinde). Sonrasında sözel olarak her üyenin kendisini tanıtması istenmiştir. Sevdikleri oyunlar, yiyecekler, etkinlik gibi bilgileri kullanarak ortak özelliklerinin olup olmadığına bakılmıştır. Birbirlerinin hakkında öğrendikleri üzerine konuşmaları için desteklenmişlerdir. Oturum en sevdikleri hayvanın resmini yaparak tamamlanmıştır. Ürünler dosyalarına koyulmuştur.

2. **Oturum:** Selamlaşmanın ardından birbirleri hakkında öğrendiklerini hatırlayıp hatırlamadıkları sorulmuştur. Hatırlamayanlara arkadaşından hatırlatmaları istenmiştir. Sonrasında duygular üzerine konuşulmuştur. Kendilerini ne zaman mutlu, üzgün, öfkeli, korkmuş hissettikleri sorulmuştur. Birbirlerine benzeyen ve farklı duygu ifadeleri olduğunda nasıl hissettikleri anlattırılmıştır. Duygu ifadelerinin ve tanımların yazılı olduğu kartları sıra ile diğer üyelere göstermeden okuyup istenileni taklitle anlatma oyunu oynanmıştır. Tahminlerinde ortak yüz ifadelerinin önemi vurgulanmış. Kendilerini zorlayan duyguları yazmaları istenmiştir.

3. **Oturum:** Duygular ve beden belirtilerimiz üzerine bireysel çalışmalarda yapılanların tekrarı üzerinde durulmuştur. Önce gözler kapalı mutlu bir an hayal ettirilmiş ve olumlu hislerde beden belirtileri; sonrasında korktukları bir an hayal ettirilmiş ve bu şekilde beden belirtileri anlattırılmıştır. Beden duyumlarında ortaklıklar ve farklılıklar olmuştur. Bedenimiz ve hislerimiz arasındaki ilişki tekrar konuşulmuştur. Sonrasında bir insan resmi çizmeleri ve hangi beden bölümlerini rahatsız hissediyorlarsa orayı istedikleri bir şekilde belirtmelerine yönelik etkinlik yapılıp dosyalarına konmuştur. Bir hafta içinde bedenlerini kontrol etmeleri ve buradaki gibi farklı duygulardaki beden duyumlarını resimde belirtip yazabilecekleri bir egzersiz kâğıdı verilerek oturum sonlandırılmıştır.

4. **Oturum:** Önceki haftanın egzersizleri üzerine konuşularak başlanmıştır. Çocuklara sıra ile olumsuz hissettikleri anlar ve beden duyumları anlattırılmıştır. Her üye bu çalışmayı yaparak gelmiştir. İki kız üye, olumlu hissettikleri anlara ilişkin de resimde işaretlemeler yapmışlardır. Bedenlerinde hissettikleri olumsuz duyumların başka ne zamanlarda da hissedilebildiği sorulmuştur. Çocuklardan biri, kalbinin hızlı atmasından endişe etmektedir. Onun ve bu duyumların kendilerine verdiği olumsuz mesajın duygularını da etkilediği üzerine bir egzersiz

yaptırılmıştır. Egzersizde çocuklarla hareketli bir oyun oynanmıştır. Çocukların eğlenip güldükleri anda dikkatlerini kalp atışlarına odaklamaları istenmiştir. Ne hissettikleri sorulmuştur? Bu esnada hızlı kalp atışı grup üyesi çocuk danışanı korkutmamıştır. Beden belirtilerimizin bize ne söylediğini anlamaya yönelik çocuklarla konuşulmuştur, her zaman için belirtilerin olumsuz bir anlamı olmadığı sonucuna varılmıştır. Bu oturumdaki egzersiz ve yapılanlar hakkında danışanların izni ile ailelerine bilgi verilmiştir. Beden duyumları, düşünceleri ve davranışları arasındaki ilişkiyi hem çocuklarında hem de kendilerinde fark etmeye açık oldukları bir hafta geçirmeye çalışmaları, sonraki hafta üzerine konuşulacağı söylenerek çalışma tamamlanmıştır.

5. **Oturum:** Bu oturumda danışanların okullarındaki arkadaşlık ilişkileri ve önceki seansta çalışılanların deneyimleri üzerinde konuşulmuştur. Psikolojik danışman, çocukların grup içindeki ilişkilerinin gelişmeye başladığını gözlemlemiş ve bu durum, ilk iki oturumda konuşmaktan çekindiklerini, oysaki sonraki görüşmelerde birbirleri ile sohbet etmeye başladıklarının, çalışmalarda birbirlerine yardımcı olduklarının ve birbirleri ile eğlenebildiklerinin dönütü ile ifade edilmiştir. Çocukların grup çalışmalarıyla birlikte okul ve akran grupları ile ilişkileri gelişmeye başlamıştır. Okula gitme, yalnız kalma korkularında azalma olduğu ifade edilmiştir. Danışanlarla bedenlerinde bir his olduğunda "... (kalbim, karnım, bacaklarım) bana ne diyor?" şeklinde sormalarını ve bunu bir duygu ifadesiyle söylemeleri istenmiştir. Psikolojik danışman, "'Sınava gireceğim ve midem bulanıyor, midem bana korkuyorsun Ayşe.' diyor. Ben de 'Evet, biraz korkuyorum.' diyorum. Korkumu söyleyince midemin konuşmasını duymuyor gibiyim." şeklinde örnek veriyor. Sonra sıra ile "Hayal Et ve Vücudunun Sana Ne Dediğini Söyle" şeklinde bir oyun oynanmıştır. Danışanlara sonraki seansın grup olarak son seans olacağının bilgisi verilerek oturum tamamlanır.

6. **Oturum:** Bu oturuma bir hafta boyunca bedenlerinin neler konuştuğu üzerine konuşarak başlanmıştır. Yanıtlar alındığında çocukların bunu bir oyuna çevirmiş oldukları görülmüştür. Danışman bunu yapabilmelerinin güzel olduğunu ifade etmiştir. Sonrasında çocuklar ile duygu ifadelerinin yer aldığı "Duygu Ormanı" kutu oyunu oynanır. Bu son oturumda tüm üyeler ve danışman birbirlerine olumlu duygularını ifade ederler.

Grup oturumları sonunda çocukların kendilerinden öğrenilen başlangıçtaki korkular gibi korkular hissetmedikleri, aynı şekilde aile üyelerinin de çocukları daha rahat olarak gözlemledikleri ifade edilmiştir.

Ergenlerle Psikolojik Danışma Vaka Örnekleri

Vaka 1

13 yaşında kız. Tek çocuk. 8. sınıf öğrencisi, liseye giriş sınavlarına hazırlanmakta. Anne baba devlet memuru. 42 yaşlarındalar. Eşlerin ilişkileri uyumlu. Ebeveynlerin çocuklarıyla, çocuğun onlarla olan ilişkileri rahat ve uyumludur. Danışanın zihninde dönüp duran düşüncelerden ders çalışmaya odaklanamama şikâyeti ile psikiyatriste başvurmuşlar, kendilerine ilaç ve psikoterapi önerilmiştir.

Danışanın kaygılı görünen bir beden dili var. Sıkıntılı durumunu parmaklarıyla oynayarak ve gülerek anlatıyor. Ders çalışmak için masaya geçtiğinde başaramayacağı, istediği gibi çalışamayacağı, istediği okula giremeyeceği düşüncelerinden ders çalışamadığını anlatıyor. Danışanın annesi kendisini kaygılı, telaşlı ve mükemmeliyetçi olarak anlatıyor. Danışanla ayrı olarak yapılan görüşmede o da annesini bu şekilde tanımlamıştır. Kendisini ona benzetmiştir. Babanın daha sakin ve rahat bir yapısı var. Çocuğun özel bir fizyolojik rahatsızlığı yok. Aşırı olmamakla birlikte biraz kilosu var. Bununla ilgili bir sıkıntı ifade edilmemiştir. Bu seneye kadar ders çalışmaya odaklanmakla ilgili bir sıkıntı yaşamamış ancak performans göstermesi gereken durumlar olduğunda (bir enstrüman çalmak, jimnastik kursuna gitmek gibi) ilkokul dönemlerinde çok heyecanlandığını ifade etmiştir. Sürekli "Ya yapamazsam?" şeklinde düşüncelerin eskiden beri var olduğunu anlatıyor.

Danışan ile haftada bir kez kabul adanmışlık terapisi (Acceptance and Commitment Therapy-ACT) ile çalışılmasına karar verilmiştir. Süreç ve yöntem hakkında aile bilgilendirilmiştir. Danışanın yaşına göre farkındalığı yüksektir. Sürece aktif katılımda istekli ve gayretlidir. Görüşmeler altı ay devam etmiştir. Süre içerisinde üç kez anne baba ile görüşülmüştür. 2 kez de anne-baba-danışan olarak görüşülüp süreç değerlendirilmiştir. Seanslardaki uygulamalarla ACT'nin tüm alanlarıyla çalışılmıştır. Danışanın sürece odaklanma becerisi artmıştır. Zamanı planlamak, ders dışı aktivitelere vakit ayırmak konularında anne baba danışana yardımcı olmuşlardır. Altı ayın sonunda danışanın geliş şikâyetleri ortadan kalkmıştır. Danışan, performans gerektiren durumlarda olması gereken heyecanı yaşamakla birlikte yapamayacağı korkusunu artık hissetmediğini ifade etmiştir.

Vaka 2

18 yaşında kız danışan. Üniversite öğrencisi. Kendinden 5 yaş büyük bir ablası var. Annesi emekli, babası özel sektörde yöneticilik yapıyor. Danışan sıkıntısını "İstemiyorum ama yakınlarım hakkında aklıma kötü düşünceler (ölmeleri, hasta olmaları gibi) geliyor. Sonra ağlıyorum. Odamdan çıkamıyorum. Yakınlarımın yüzüne bakamıyo-

rum." şeklinde ifade ediyor. Durumu ders çalışmasına engel oluyor. Evden çıkmadığı için arkadaşları ile ilişkileri zayıflamış durumdadır. Psikiyatriste başvuruyor. Kaygı bozukluğu teşhisi ile ilaç kullanmaya başlıyor. Psikoterapi öneriliyor.

Danışan ile haftada bir seans duygu odaklı terapi ile çalışılmaya karar verilmiştir. Danışanın izni ile annesiyle görüşülmüş ve süreç hakkında bilgilendirilmiştir. Danışan ile beş ay çalışılmıştır. Son görüşmeden bir önceki görüşmeye anne de alınmıştır. Duygu odaklı terapide hissedilen en acı duyguya -birincil duygu- ulaşılmaya çalışılır. Danışanlar seansa ikincil duygu ile gelirler. İkincil duygu, asıl duygu gösterilemediğinde gösterilen duygudur. Danışanın ilişkilerinde kendi sınırlarını belirlemek için göstermesi gereken birincil öfke duygusunu göstermemekte, bunun yerine (ikincil duygusu) üzüntü duygusunu göstermektedir. Ağlama, ilişkiyi kesme, uzaklaşma davranışları göstermektedir. Danışanın kaygı ve düşünsel obsesyonlar şeklinde ifade ettiği sıkıntıları, ifade edemediği duygularının semptomlarla kendini gösterme hâli olarak yorumlanmıştır. Seanslar içinde öncelikli olarak duygularının ifadesine odaklanılmıştır. Danışan seans içerisinde birincil duygusunu ifade etmeye başladıkça ağlama ve kaçınma davranışları yerini, isteğini dile getirme ve ilişkiyi devam ettirmeye dönüşmüştür. Danışanın şikâyetleri geçmiştir. Seans içinde ağlamaları bitmiş ve kendini sözel olarak ifade etmeye başlamıştır.

Ergenlerle Grupla Psikolojik Danışma Örneği

Vaka 3

Grup üyeleri, yaşları 18 ile 19 arasında değişen duygu odaklı bireysel terapi sürecinde olan üç kız, üç erkek altı danışandır. Oturumlar haftada bir kez, 90 dakika şeklinde planlanmıştır. Süreç on oturum şeklinde planlanmıştır. Bireysel görüşmeleri öncesinde durumluk, Sürekli Kaygı Ölçeği ile Beck Depresyon Ölçeği uygulanmıştır. Sürekli kaygı ve depresyon puanları yüksek çıkmıştır. Danışanların bireysel görüşmelerde görülen diğer ortak özellikleri, birincil haklı öfke duygularını ikincil üzüntü duygusu ile kapatmalarıdır. Aile içi ilişkilerinde iki kız ve iki erkek danışanın babaları ile bir kız ve bir erkek danışanın anneleri ile sıkıntıları vardır. Danışanlarla grup oturumlarına katılmayı isteyip istemedikleri sorulmuş, grup üyelerinin kaygı düzeylerinin yüksek olmasının ortak özellikleri olduğu bilgisi verilmiştir. İlk oturum; tanışma, bireysel psikolojik danışmaya ihtiyaç nedenlerini açıklama, grupla çalışmadaki isteklerinin motivasyonunu anlatma, psikolojik danışma sürecinin kendi üzerlerindeki ve diğerlerindeki etkilerini ifade etme şeklinde geçmiştir. Sonraki oturumlar, spontan olarak yapılan görüşmeler şeklinde ilerlemiştir. Duyguların anlatıldığı, birincil haklı öfke duygusuna ulaşma sürecinde yine grubun ortak sorunu olan ötekilerle sınırlarını belirleme konuları üzerinde konuşmalar yapılmıştır. Psikolojik danışman, danışanların konuşmalarında duyguları ifade etmede, duyguları fark etmede, yatıştırmada kullandıkları yöntemleri paylaştıkça, aralarındaki ortak noktaları gördükçe rahatladıklarını ve yeni deneyimlere daha cesaretle açık hâle geldiklerini görmüştür. Grup oturumları sonlandığında grubun duygularını ifade etmede ve sınır belirlemede daha rahat olduklarının bilgisi alınmış; bu durum, psikolojik danışmanca da gözlemlenmiştir. Grup oturumları ve bireysel görüşmeler bittiğinde ölçekler tekrar uygulanmıştır. Tüm üyelerin puanlarında anlamlı düzeyde azalma olmuştur. Danışanların bireysel ve grup danışma sürecinin yardımıyla ikincil maladaptif üzüntü duygusu birincil haklı öfke duygusuna dönüşmüştür.

Özet

Psikolojik danışma, en yalın tanımıyla psikolojik danışman ile danışan arasındaki etkileşimlerle gerçekleşen profesyonel yardım sürecidir. Sürecin psikolojik danışman ve danışan arasında olduğunu söylesek de psikolojik danışma tek bir danışanla olabildiği gibi grupla psikolojik danışma şeklinde de yapılabilir. Yine danışanlar çiftler ya da aileler de olabilir. Çocuk ve ergenlerle yapılan psikolojik danışma süreci temel prensipleri açısından değişiklik göstermese de kullanılan teknikler ve işleyiş açısından yetişkinle sürdürülen psikolojik danışmadan farklıdır. Sözü kullanmayan çocuklarla bireysel ve grupla psikolojik danışmada oyun, çocuğu anlamada ve problemi çözmede en etkin yollardandır. Konuşma becerisi olsun ya da olmasın çocuklarla hem oyun hem de oyun dışı, kum-hamur-resim-kutu oyunları-kartlar ve farklı sanatsal faaliyetler psikolojik danışma sürecinde kullanılır. Oyun ve diğer uygulamalardaki sembolleri ve sözsüz dili anlamak çocuk ve ergenlerle çalışan psikolojik danışmanın becerileri arasında olmalıdır. Zira ergenler, sözle kendilerini ifade etmeyi tercih etmektedirler. Bireysel psikolojik danışmada çocuk ve ergenin bireysel sorunlarına çözüm üretmeye yönelik çalışılır. Grupla psikolojik danışma, çocuk ve ergenlerin ortak problemlerine yönelik uygulamaları içerir. Grup danışmalarına ortalama 4-6 çocuk, 8-10 ergen alınır. Grupla psikolojik danışmada ergenler duygularını ifade ederler, kabul görüldüklerini hissederler; kendilerini yalnız hissetmezler ve olaylara farklı çözüm yolları üretebilmeyi öğrenirler.

Kaynakça

Ahioğlu-Lindberg, N. (2011). Piaget ve ergenlikte bilişsel gelişim. *Kastamonu Eğitim Dergisi,* 19(1) 1-10.

Arıcı, F., & Voltan-Acar, N. (2011). Grupla psikolojik danışmada terapötik bir güç olarak psikolojik danışman. *Türk Psikolojik Danışmanlık ve Rehberlik Dergisi*. 4 (36), 173-179.

Aygölü, F., & Özden, S. M. (2015). *Klinik psikolojide bebek, çocuk ve ergen vakalarda ilk görüşmeler.* Ankara: Nobel Yayın.

Bıyıklı, N. D., & Tuncel, B. (2017). *Oyun terapisi kapsamlı teori ve uygulama rehberi.* (Ed. Crenshaw, A.D., Stewart, L. A.) 2. Basım. İstanbul: APAMER Psikoloji Yayınları.

Derman, O. (2008). *Ergenlerde psikososyal gelişim.* İ.Ü. Cerrahpaşa Tıp Fakültesi Sürekli Tıp Eğitimi Etkinlikleri Adolesan Sağlığı II. Sempozyum Dizisi 63, 19-21.

Güçray S. S., Çekici, F., & Oğuzhan Çolakkadıoğlu, O. (2009). Psiko-eğitim gruplarının yapılandırılması ve genel ilkeleri. *Mersin Üniversitesi Eğitim Fakültesi Dergisi*, 5(1), 134-153.

Kiye, S., & Yalçın, İ. (2021). Oyun terapisi ve oyun terapisinin gruplarda kullanımı. *Buca Eğitim Fakültesi Dergisi,* 51, 287-303.

Masalcı, A. D. (2001). *Aile içi etkileşimlerle çocuğun saldırganlık düzeyi ve uygu davranışlarının karşılaştırılması.* (Yayımlanmamış Yüksek Lisans Tezi), Dokuz Eylül Üniversitesi Eğitim Bilimleri Enstitüsü.

Morganett S. R. (2005). *Yaşam becerileri Ergenler için grupla psikolojik danışma uygulamaları,* Cilt 1. Pefem Yayıncılık.

Öncü, H. (2002). Psikolojik danışma müdahalesi olarak küçük grupla psikolojik danışma G.Ü. *Gazi Eğitim Fakültesi Dergisi,* 22(2), 85-102.

Öztürk, O. (1994). *Ruh sağlığı ve bozuklukları.* Hekimler Yayın Birliği.

Teber, M. (2015). *Çocuk merkezli oyun terapisinin çocuklarda görülen davranış sorunlarının çözümüne etkisi.* (YayımlanmmaışYüksek Lisans Tezi). Hasan Kalyoncu Üniversitesi Sosyal Bilimler Enstitüsü.

Voltan-Acar, N. (2009). *Terapötik iletişim kişilerarası ilişkiler* (7. Baskı). Ankara: US-A Yayıncılık.

Yıldırım, Taşkın. (2020). *Bir ergenin kişilik yapılanması üzerine dinamik yönelimli kısa-yoğun-acil psikoterapi.* İstanbul: Psikoterapi Enstitüsü Eğitim Yayınları.

Voltan-Acar, Nilüfer. (1993). Grupla psikolojik danışmada alıştırmalara ne derece gerek vardır?. *Hacettepe Üniversitesi Eğitim Fakültesi Dergisi.* 9, 169-172.

İnternet Kaynakçası

https://tr.wikipedia.org/wiki/%C4%B0bn-i_Sina

https://www.a4pt.org/page/ClarifyingUseofPT. Association for Play Therapy

https://www.bapt.info/ British Association of Play Therapists

BÖLÜM 11

ÇOCUK VE ERGENLERLE YÜRÜTÜLEN PSİKOEĞİTSEL MÜDAHALELER

Oya Onat Kocabıyık

İçerik

Giriş

Rehberlik ve psikolojik danışma hizmetlerinde bireye ve/veya gruba yönelik psikoeğitim verme, oldukça sık ihtiyaç duyulan bir konudur. Bu nedenle öncelikli olarak psikoeğitim gruplarının özelliklerini ve diğer gruplardan farkını bilmek önemli hâle gelmektedir. Özellikle çocuk ve ergen gruplarına yönelik psikoeğitim grup uygulamalarını kullanmak genellikle okullarda tercih edilmektedir. Okullarda yürütülecek psikoeğitim çalışmalarında birtakım genel ilkelere dikkat etmek önemlidir. Bu genel ilkelere dikkat edilerek okullarda çocuk ve ergenler için çok çeşitli konularda psikoeğitim grup çalışmaları planlanabilmektedir. Bu nedenle bu bölümde psikoeğitim grupları incelenmiş ve planlanırken hangi genel ilkelere dikkat edilmesi gerektiği açıklanmıştır. Ayrıca okullarda psikoeğitim grup çalışmaları ele alınmış, çalışma konularına yer verilerek örneklendirilmiştir.

Psikoeğitim Grupları ve Diğer Grup Türleri

Psikoeğitim grupları, hem önleme, geliştirme hem de risk altındaki öğrencilere ilk müdahale olarak okullarda en sık kullanılan gruplardır (Vera ve Reese, 2000). Psikoeğitimsel müdahaleler, grup üyelerinin yeni veya zor durumlarla başa çıkmak için becerilerini ve davranışlarını geliştirmelerine yardımcı olur. Bu tür gruplar aynı zamanda sosyal yeterlilik eksikliklerini, ebeveyn boşanmasına uyum sağlamayı, davranış problemlerini ve öğrenme güçlüklerini de ele alır (Dagley, Gazda, Eppinger ve Stewart, 1994; Hoag ve Burlingame, 1997).

Grup Uygulamaları Alanındaki Uzmanlar Derneği (The Association for Specialist in Group Work-ASGW, 2000) tarafından sahip oldukları hedeflere (ör., depresyonla mücadele, sosyal becerileri öğrenme, yeme bozukluklarını önleme) ve hitap ettikleri popülasyonlara (ör., farklı yaş grupları) göre farklılık gösteren dört tür grup tanımlanmaktadır. Bunlar; *Görev/İş Grubu, Grupla Psikolojik Danışma, Grup Psikoterapisi* ve *Psikoeğitim Grupları*dır.

Görev/İş Grubu: Grup, üyelerin belirli bir konu hakkındaki bilgilerini artırmaya yöneliktir ve fikirlerin önemli ölçüde tartışılmasını içerir. Grubun ortak amacı, genellikle başarılması gereken bir görev etrafında oluşturulur. Bu kategorideki gruplara örnek olarak tartışma grupları, çalışma grupları, gönüllü gruplar, sivil kuruluşlar ve komiteler verilebilir. Bu grupların çoğu atanmış veya seçilmiş liderlere sahiptir. Grup dinamikleri ve liderlik becerileri hakkında bilgi sahibi olan liderler, eğitim/görev gruplarının işlerini daha etkin ve verimli bir şekilde yürütmelerine yardımcı olabilirler. Görev/iş grupları okullarda öğrencilere iş birliği yapma becerileri kazandırma amacıyla takım çalışmalarında kullanılabilmektedir. Bu gruplar öğrencilerin iş birliği yapabilme, beraber çalışarak daha iyi öğrenme, birbirlerine destek olma ve tamamladıkları bir görev sonucunda başarı duygusu yaşamalarına fırsat vermektedir (Brown, 2011).

Grupla Psikolojik Danışma: Psikolojik danışma grupları, insan ilişkilerinin geliştirilmesi amacıyla "kişisel ve kişiler arası yaşam sorunlarını ele alır, büyüme ve gelişmeyi destekler" (ASGW, 2000, s. 331). Psikolojik danışma gruplarında öfke, kayıp, yas, öz saygı, arkadaşlık ilişkileri vb. konulara odaklanılır (Smead, 2003). Danışanların duygu, değer ve tutumları üzerine konuşulduğu, davranışsal amaçlara ulaşmayı sağlayan profesyonel ve terapötik yardım etme sürecidir (Voltan-Acar, 2012).

Grup Psikoterapisi: Psikoterapi grupları ise "kişisel ve kişiler arası yaşam sorunlarını ele alır, algısal ve bilişsel çarpıklıkları veya tekrarlayan işlevsiz davranış kalıplarını giderir, kişisel ve kişilerarası büyüme ve gelişmeyi teşvik eder" (ASGW, 2000, s. 331). Grup psikoterapisi, kişiliğin yeniden yapılandırılmasına odaklı ciddi psikopatolojik sorunların tedavisi için kullanılan bir grup türüdür (Çivitçi, 2018).

Psikoeğitim Grupları: Grup Uygulamaları Alanındaki Uzmanlar Derneği (ASGW, 2000) tarafından yapılan sınıflandırmada psikoeğitim grupları için ilk olarak "rehberlik/psikoeğitim grupları" kavramı kullanılmış ancak daha sonra "psikoeğitim grupları" şeklinde ifade edilmesi tercih edilmiştir. Psikoeğitim grubu kavramı, psikolojik bileşene ek olarak önemli bir eğitim bileşenine sahip geniş bir grup yelpazesini kapsayacak şekilde kullanılır. Bu tür gruplar, hastaneler, işletmeler, üniversiteler, devlet ve sosyal hizmet kurumları ve ordu dâhil olmak üzere her türlü ortamda, çocuklar, ergenler ve yetişkinlerle birlikte kullanılan gruplardır (Gladding, 1995).

Grup Uygulamaları Alanındaki Uzmanlar Derneği (ASGW, 1990) tarafından benimsenen psikoeğitim gruplarının tanımı, bu tür gruplarda eğitim ve önleme hedeflerinin önemine işaret etmektedir. Bu gruplar, potansiyel bir tehditle veya gelişimsel bir yaşam olayıyla karşı karşıya kalanları eğitmeye veya acil bir yaşam kriziyle uğraşanlara baş etme becerilerini öğretmeye hizmet ederler. ASGW, bu tür grupların amacını "bir dizi eğitimsel ve psikolojik rahatsızlığın oluşmasını önlemek" olarak tanımlar (Gladding, 1995).

Psikoeğitim grupları, bir akademik sınıf ve bir danışma grubunun karışımıdır ve her birinin birçok özelliğine sahiptir. Çok sayıda katılımcının olduğu, öğretim ilkelerinin uygulandığı, sunulan materyalin öğrenilmesi ve akılda tutulmasının amaçlandığı ve liderin uzman/eğitmen olduğu gruplardır (Brown, 2018).

Psikoeğitim, Psikolojik Danışma ve Psikoterapi Gruplarının Karşılaştırılması

Okullarda çocuklar ve ergenlerle çalışırken, tüm ilgili taraflara (okul çalışanları, ebeveynler, çocuklar ve ergenler), önleyici nitelik ve beceri geliştirme vurgusu yapılır. Psikoeğitim gruplarının, psikolojik danışma ve psikoterapi gruplarından farkını anlayabilmek için psikoeğitim gruplarının neye odaklandığını anlamaya çalışmak önemlidir (DeLucia-Waack ve Janice, 2006). Bu nedenle, aşağıda psikoeğitim gruplarının, danışma ve psikoterapi gruplarından farklılaştığı özellikler ele alınarak açıklanmıştır.

➢ İlk olarak psikoeğitim grupları için hedeflerin önemi vurgulanır. Hedefler, davranışsal ve spesifik olma eğilimindedir. Genellikle becerilerin ve başa çıkma stratejilerinin geliştirilmesine odaklanılır. Bu hedefler aşağıdaki özellikleri içerebilir:

- Duyguları tanımlama ve ifade etmek,
- Kişiyi üzen mantıksız düşünceleri belirleme ve bunları tanımlamak,
- Arkadaş olmanın ve arkadaş edinmenin ne anlama geldiğinin anlaşılmasına destek olmak,
- Öğrencilerin yapıcı olmayan arkadaşlık davranışlarını daha uygun olanlarla değiştirmek,
- Stres tepkisi ve bireysel stres faktörlerinin anlaşılmasına yardımcı olmak,
- Stresi yönetme tekniklerini öğretmek,
- Organizasyonel becerileri öğretmek.

Psikoeğitim gruplarının ortak bir grup hedefi veya odaklandıkları bir konusu bulunmaktadır. Üyeler, kendilerine en uygun olan bir veya daha fazla hedefi seçerler. Örneğin, bir öfke yönetimi grubunda genel amaç, öfkeyi ifade etmenin daha uygun yollarını öğretmek olabilir. Bazı öğrenciler, hedef olarak öfkeyi tanımlamaya ve onu sözlü olarak ifade etmeye odaklanabilirler. Bazıları ise kendilerini kızdıran mantıksız inançları tartışmakla ilgili hedeflere yönelebilirken, diğerleri öfkelerini ifade etmenin uyumsuz yollarını daha yapıcı davranışlarla değiştirmeye yönelik hedeflere odaklanabilir. Psikolojik danışma ve psikoterapi gruplarında ise grup hedefi kişiler arası ilişkiler gibi çok daha genel olabilir. Bu nedenle, üyelerin hedeflerine yönelik aralık, depresyon ve kaygıdan, yeme bozukluklarına kadar uzanan çok daha geniş yelpazede yer alabilir (DeLucia-Waack ve Janice, 2006).

➢ İkincisi, psikoeğitim gruplarının yapısı, psikolojik danışma ve psikoterapi gruplarından farklıdır. Tüm gruplarda güvenlik ve sürekliliğin sağlanması için yapı esastır. Ancak psikoeğitim gruplarında zamanı verimli yönetmek ve ilgili konulara odaklanmak için yapı gereklidir (DeLucia-Waack,1997; Gladding, 1998). Psikoeğitim gruplarında, her oturumun hayati bir parçası olarak yer alan becerileri öğretmek ve uygulamak için etkinliklerin kullanılmasıyla ilgili çok daha fazla yapı sağlanır. Psikolojik danışma ve psikoterapi gruplarında becerileri öğretmek veya yeni davranışlar uygulamak için ara sıra bir aktivite kullanılabilir. Psikolojik danışma ve psikoterapi grupları, grup sürecinde uyumsuz bilişleri ve davranış kalıplarını aydınlatma ve müdahale etmeye odaklanırlar. Psikoeğitim grupları ise belirli grup hedeflerini karşılamak için önceden seçilmiş ve tasarlanmış bir etkinliğin içeriğine odaklanırlar. Bu, psikoeğitim gruplarında sürecin göz ardı edildiği anlamına gelmez; gerçekte, grup süreci yeni beceri ve davranışları öğretmek için kullanılır. Örneğin; psikoeğitim grupları, genellikle üyelerin "Bugün ne öğrendin? Nasıl öğrendin?" sorularını yanıtlamalarına olanak sağlar. Bu soruları yanıtlamak, grup üyelerinin yeni stratejiler belirlemelerine yardımcı olur; daha da önemlisi, yeni stratejileri nasıl öğrendiklerini belirlemelerine yardımcı olur. Öğrenme sürecinin belirlenmesi, stratejileri gelecek grup oturumlarında ve ayrıca grup dışında uygulamalarına yardımcı olabilir (DeLucia-Waack ve Janice, 2006).

Psikoeğitim grupları, oturum sayısı açısından psikolojik danışma ve psikoterapi gruplarına göre çok daha kısa olma eğilimindedir. Psikoeğitim grupları, genel olarak 6 ila 20 oturum arasında değişirken, psikolojik danışma ve psikoterapi gruplarının uzunluğu 3 aydan daha uzun süreye kadar değişebilir. Ek olarak, psikolojik danışma ve psikoterapi grupları için grup oturumlarının standart uzunluğu genellikle 90 dakika, psikoeğitim grupları özellikle okul ortamında yürütülüyorsa çocuklar için 30 ila 45 dakika, ergenler için 45 ile 60 dakika olabilir (DeLucia-Waack ve Janice, 2006).

Psikoeğitim gruplarında liderin rolü biraz farklıdır. Grup liderlerinin, liderlik ettikleri konu ve becerilerin kullanımı konusunda bilgili olmaları gerekmektedir. Psikoeğitim gruplarının grup liderleri, ayrıca üyeleri etkinliklere, beyin fırtınasına, problem çözmeye, grup görevlerine ve öğrenilecek becerilere dâhil etmek için geri bildirim vermeye daha fazla odaklanmalıdırlar (DeLucia-Waack ve Janice, 2006).

- Üçüncüsü, psikoeğitim gruplarında yer alan terapötik faktörler, psikolojik danışma ve psikoterapi gruplarında yer alanlardan farklıdır. Psikolojik danışma ve psikoterapi gruplarında dört farklı terapötik faktör bulunmaktadır. Bunlar; *duygusal destek*, *duyuşsal içgörü*, *bilişsel destek* ve *bilişsel içgörüdür*. *Duygusal destek* kabul, katarsis, kişiler arası öğrenme ve kendini anlama; *duyuşsal içgörü* ise kabul, umut aşılama ve evrenselliği vurgular. Psikoeğitim gruplarındaki terapötik faktörler ise *bilişsel destek* ve *bilişsel içgörüden* oluşmaktadır. *Bilişsel Destekte* en önemli üç terapötik faktör olarak dolaylı öğrenme, rehberlik ve kendini anlama bulunmaktadır. *Bilişsel İçgörüde* ise en önemli terapötik faktörler; kişiler arası öğrenme, kendini anlama ve dolaylı öğrenmedir. Bu nedenle, psikoeğitim gruplarıyla ilgili olarak, liderlerin, beceriler öğretmekle birlikte rol oynamayı ve uygulamayı kolaylaştırması önemlidir (Kivlighan ve Holmes, 2004).

Psikoeğitim Gruplarının Temel Özellikleri

Psikoeğitim grupları birincil amaçlarına göre eğitim, beceri eğitimi ve kendini anlama/kendini tanıma grupları şeklinde sınıflandırılabilir.

- Eğitim odaklı gruplar, tartışma ve gözlem/katılım yoluyla birincil amaç olarak yeni içerik öğrenmeyi ifade ederler. Lider sunumun çoğunu yaparken yeni olan içeriğin yayılması odak noktasıdır. Eğitim odaklı grupların içeriğinin çoğunu yeni fikirler, kavramlar ve gerçekler oluşturur.
- Beceri eğitimi gruplarında katılımcıların vurgulanan becerileri uygulamaları beklenir ve bu nedenle güçlü bir deneyimsel bileşeni vardır. Grup liderinin istenen becerileri modellemesi ve katılımcıların bunları uygulamalarına yardımcı olmak için deneyimleri yapılandırması beklenir. İlerlemeyle ilgili geri bildirim, bu grupların bir diğer önemli bileşenidir.
- Kendini anlamaya/kendini tanımaya odaklanan gruplar, danışma/terapi gruplarıyla örtüşmeye başlarlar. Ancak bu amaçlar, psikoeğitim grupları için biraz farklı değerlendirilmektedir. Kazanılan anlayış ve bilgi daha yüzeysel düzeydedir, kendini açma gerekli değildir, dirençler tanımlanmaz veya üzerinde çalışılmaz ve geçmiş ilişkiler keşfedilmez. Kazanılan anlayış ve bilginin üyelere güven vermesi, davranışlarının başkaları üzerindeki etkisi hakkında geri bildirim vermesi veya öz güven oluşturması beklenir. Bu gruplar, üye etkileşimlerinin önemli olması, grup dinamiklerine ve grup sürecine dikkat edilmesi ve liderin zaman zaman kolaylaştırıcı olması bakımından danışma gruplarına benzer. Ancak psikoeğitim grupları, önce bilişi, sonra duyguları ve eylemleri vurgulama eğilimindedir. Ele alınacak materyal, beklenen öğrenme sonuçları, materyalin sıralanması ve üyelerin bilgi ihtiyaçları hakkında belirsizliğin az olmasından dolayı, psikoeğitim gruplarını planlamak ve yönlendirmek daha kolay olabilir (Brown, 2018).

Çocuklar ve Ergenler İçin Psikoeğitim Grubu Planlamasında Dikkat Edilecek Genel İlkeler

Çocuk ve ergenlerle yürütülecek psikoeğitim gruplarının planlanmasında yetişkinlerden farklı olarak dikkat edilmesi gereken birtakım hususlar vardır. Bunlar; grup öncesi karar verme, ihtiyaç analizi, grup hedefleri, grup kompozisyonu, grubun büyüklüğü, oturum süresi ve sayısı, oturum yapısı, çevresel faktörler, kullanılacak materyallerdir (Brown, 2013).

1. Grup Öncesi Karar Verme

Bir psikoeğitim grubuna başlamadan çok önce grubun yapısı, içeriği ve kullanılacak müdahaleler hakkında birkaç önemli kararın alınması gerekir. Ancak bu kararlar bir boşlukta alınamaz; neyin etkili olduğu, ortam ve potansiyel katılımcıların ihtiyaçları ve ilgileri hakkında öncelikli olarak bilgi toplanmalıdır (DeLucia-Waack ve Janice, 2006).

2. İhtiyaç Analizi

İhtiyaç değerlendirmesi, bir psikoeğitim grubu planlamak için gerekli bilgileri toplamanın ilk adımıdır ve bunu yapmanın birkaç yolu vardır.

- Bu yollardan biri, potansiyel grup üyelerine sormaktır. Okullarda psikolojik danışmanlar, psikoeğitim verilecek konuların bir listesini hazırlayarak öğrencilere sunulabilir, hangi gruplara katılmak istediklerini öğrencilerden belirtmeleri istenebilir.
- Bir diğer yol öğretmenlere sormaktır. Öğretmen, öğrencilerin ne tür gruplardan yararlanacağı konusunda değerli bir bilgi kaynağıdır.
- Son olarak okullarda ve diğer kurumlarda çocuklar ve ergenlerle çalışan psikolojik danışmanlar, ayrıca bu öğrencilerin ebeveynleri iyi birer bilgi kaynağı olabilmektedir.

Bütün toplanan verilerin değerlendirilmesi sonucunda grup liderleri en çok hangi konuda psikoeğitim gruplarına ihtiyaç duyulduğuna karar verebilir (DeLucia-Waack ve Janice, 2006).

3. Grup Hedefleri

Bir grup lideri, grup üyelerinin seçiminden önce grubun genel hedeflerine karar verir. Bunu yaparken grup liderlerinin aşağıdaki bilgi kaynaklarını kullanması faydalı olacaktır:

- İhtiyaç değerlendirmesi sonucunda belirlenen konu ve hedeflerle ilgili grup liderlerinin bilgi kaynağı olarak mevcut ve güncel araştırma ve uygulama literatürüne bakmaları gerekir. Psikoeğitim grubunun hedeflerini karşılayan en faydalı grup müdahalelerini ve faaliyetlerini kullanmak esastır.
- Sahada hâlihazırda psikoeğitim grupları uygulayıp yöneten psikolojik danışmanlar ve diğer ruh sağlığı çalışanları bir başka önemli bilgi kaynağıdır.
- Mevcut literatüre ve uygulamaya dayalı olarak bir dizi olası grup hedefi belirlendikten sonra, potansiyel grup üyeleriyle endişeleri hakkında yapılan görüş-

melere, grup tartışmasına ve grup içinde hangi konulara odaklanılması gerektiğine dair fikir birliğine dayalı olarak belirli hedefler seçilebilir (DeLucia-Waack ve Janice, 2006).

Gerek çocuk gerekse ergen psikoeğitim grupları için sınırlı, gerçekçi amaç ve hedefler belirlemek yararlıdır. Katılımcıları amaç ve hedefleri belirlemeye dâhil etmek faydalı olabilir. Geliştirdiğiniz amaç ve hedefleri paylaşmak ve bunların onların beklenti ve ihtiyaçlarını karşılayıp karşılamadığını sormak, katılımcıların dâhil olma duygularını artırmaya yardımcı olur (Brown, 2018).

4. Grup Kompozisyonu

Çocuklar için psikoeğitim gruplarında katılımcılar aynı yaş/sınıf grubundan olursa daha etkili olacaktır. Katılımcılar ne kadar küçükse grubun yaş ve sınıf düzeyi açısından o kadar homojen olması gerekir. Bazı durumlarda daha büyük çocukların cinsiyete özel gruplarda olması daha etkili olabilir. Ergen gruplarında yaş aralığının ve sınıf seviyelerinin en fazla 2 yılla sınırlanması gerekir. Örneğin, aynı grupta 13 ve 17 yaşındaki çocukların olmasının verimli olmayacağı düşünülmektedir (Brown, 2018).

Grubun hedeflerine dayalı olarak grubun cinsiyet dağılımında karma veya tek cinsiyetli gruplara liderlik edip etmeme kararı, nihayetinde grup liderinin tarzına ve deneyimine bağlıdır. Bazı psikolojik danışmanlar, karma grupların duygu ve tepkilerde çeşitliliği artırdığını bildirmektedirler (Kalter, 1998). Bazı psikolojik danışmanlar ise erkek ve kızların aynı grupta olmasından kaynaklanabilecek kendini açma zorluğunun ortaya çıkabileceğini vurgular. Örneğin, sağlık eğitimi gibi bazı hassas konularda utanmayı azaltmak ve etkileşimi teşvik etmek için aynı cinsiyetten grupların oluşturulması tavsiye edilebilir (Brown, 2018).

Ayrıca grubu oluştururken psikolojik danışmanın grup üyelerini tanımak için çok az fırsatı olabilir veya hiç olmayabilir. Ancak grup üyelerinden kimin dikkatini vermekte zorlandığını, kimin rahatsız edici veya saldırgan olmaya meyilli olduğunu ve kimin utangaç olduğunu bilmek, planlamaya yardımcı olabilir. Bu nedenle, katılımcılarla sık sık çalışan veya etkileşimde bulunan öğretmenler, psikolojik danışmanlar ve aile bireyleri ile görüşmek önerilir (Brown, 2018).

5. Grubun Büyüklüğü

Grubun hedeflerine dayalı olarak, grubun büyüklüğüne ilişkin kararlar alınmalıdır. Grubun büyüklüğü, büyük bir grup daha küçük gruplara bölündüğünde bile önemli hâle gelmektedir. Çocukların grup oturumları genellikle ergenler ve yetişkinler için olan gruplardan daha kısa süreli olduğundan, her çocuğun aktif olarak katılma (yani konuşma) fırsatına sahip olması önemli hâle gelir. Grupta çok fazla üye aktif katılımı engelleyebilir. Bu nedenle, çocuk gruplarının beş kişi ile sınırlandırılması önerilir. Katılımcıların önemli davranış ve dürtü kontrol sorunları varsa grup üyelerinin sayısını üç veya dört ile sınırlamak gerekebilir (Brown, 2018).

İdeal grup büyüklüğü, daha küçük çocuklar için üç ila altı çocukla, 6-9 yaş arası beş ila yedi çocukla ve 9-12 yaş arası ve genç gruplarda sekiz çocuğa kadar çocukların yaşlarına göre değişir. Seçilen öğrenciler arasında devamsızlık oranı yüksekse her grup oturumu için her zaman bir veya iki öğrenci daha eklemek faydalı olabilir. Terapötik faktörlerin işe yaraması ve etkileşimin gerçekleşmesi için yeterli grup üyesinin olması gerekir (DeLucia-Waack ve Janice, 2006).

Ergen gruplarında daha büyük grupları, iki ila üç küçük gruba bir yardımcı lider olacak şekilde, beş ila yedi üyeden oluşan küçük gruplara ayırmayı planlamak doğru olacaktır. Yardımcı lider, materyalleri dağıtmak, soruları yanıtlamak ve davranışları yönetmek için gruplar arasında hareket edebilir. Yardımcı liderin varlığı, yıkıcı davranışları azaltmak ve tartışmaların tırmanmasını önlemek için önemlidir (Brown, 2018).

6. Oturum Süresi ve Sayısı

Grup oturumlarının ideal süresi de grup üyelerinin yaşlarına göre değişir: 20 ila 30 dakika altı ila dokuz yaş arası çocuklar için, 30 ila 40 dakika dokuz yaşından büyük çocuklar için, 50 ila 60 dakika ise ergenler için uygun olan sürelerdir (Gazda, 1989; Thompson ve Rudolph, 1988).

Çoğu psikoeğitim grubu için ideal süre 12 ila 16 oturumdur. Bu süre, daha karmaşık sorunlarla ve meydana gelebilecek davranış değişiklikleriyle başa çıkmak için ihtiyaç duyulan zamanı tanımaktadır. Örneğin, ebeveyni ile yaşadığı sorunlarla başa çıkmak üzere gruba katılan çocuklar ve/veya ergenler için büyük olasılıkla grup kısa vadeli ve önleme odaklı olacaktır; örneğin, ebeveynlerin boşanmasına nasıl uyum sağlanacağına odaklanan 4 veya 8 saatlik bir oturum veya 2 saatlik dört oturum. Kendi problem davranışları (ör.; kavga, uyuşturucu kullanımı) nedeniyle gruba katılan öğrenciler için oturum sayısı genellikle daha uzundur. Bu gruplar ayrıca çok yapılandırılmıştır. Öfke yönetimi becerileri, stres yönetimi, problem çözme becerileri, yaşam becerileri ve bilişsel yeniden yapılandırma veya suça yönelik düşünme hataları gibi beceri geliştirmeye odaklanır (Morgan, 2004).

Grubun uzunluğuna bakılmaksızın, ilk veya iki oturum, grup için temel kuralların belirlenmesine, üyelerin tanıtılmasına ve gelişimine ayrılmalıdır. Grubun sonunda en az bir oturum, çocukların öğrendiklerini özetlemelerine, grup ve grup üyeleri hakkındaki duygularını ifade etmelerine ve grup dışında öğrendiklerini nasıl kullanacaklarını tartışmalarına yardımcı olmak amacıyla sonlandırmaya ayrılmalıdır. Ayrıca her bir hedef için en az bir oturum geçirilmelidir. Örneğin, ikinci ve üçüncü sınıf öğrencileri için 6 haftalık boşanma ile ilgili hedefler; "boşanma sürecinin anlamak, boşanmayla ilgili ortak deneyimleri ve duyguları normalleştirmek ve boşanmayla ilgili endişeler hakkında konuşmak için güvenli ve destekleyici bir yer sağlamak" şeklinde oluşturulabilir. Sekizinci sınıf öğrencileri için benlik saygısı grubu şu hedefleri içerebilir; "benlik saygısının ne olduğunu ve yaşamlarında oynadığı rolü anlamak, yaptığımız yüklemelerin kendimizi nasıl etkilediğini anlamak, olumlu ve olumsuz yüklemeleri belirlemek, öğrenmek". Bu nedenle, kaç oturumun gerekli olduğunu belirlemek için genel olarak giriş için bir ila iki oturum, sonlandırma için bir ila iki oturum ve ele alınacak her bir hedef için bir ila iki oturum eklemek doğru olacaktır (DeLucia-Waack ve Janice, 2006).

7. Oturum Yapısı

Çocuklara güven duygusu ve süreklilik sağlamak için yapı esastır. Yapı, zamanı verimli bir şekilde yönetmek ve ilgili konulara odaklanmak için de gereklidir (DeLucia-Waack, 1997; Gladding, 1998).

Grubun türüne ve grup üyelerinin yaşına bağlı olarak yapı düzeyi değişebilir. Grup üyeleri yaş olarak ne kadar küçükse grup için o kadar fazla yapı gereklidir. Psikoeğitim grupları, bir konunun tartışılmasını ve/veya yeni beceri ve davranışların geliştirilmesini kolaylaştırmak için tasarlanmış etkinliklerle daha yapılandırılmış olma eğilimindedir. Bir grup oturumundan diğerine geçiş yapmak için, her grup oturumu için beklenen ve tahmin edilebilir bir yapıya sahip olmak bir güven duygusu yaratır (DeLucia-Waack ve Janice, 2006).

Psikoeğitim gruplarının oturumları genel olarak dört bölümden oluşur. Bunlar; Açılış, çalışma, süreç ve kapanıştır.

Açılış: Önceki oturum gözden geçirilir, ev ödevleri tartışılır ve/veya bu oturumun konusu tanıtılır. Grup oturumunu açmak için örneğin şu sorular sorulabilir: "Geçen hafta neler yapmıştık? Geçen hafta öğrendiğimiz öfke kontrolü teknikleri nelerdi, kim söylemek ister? Bir hafta boyunca sizi öfkelendiren durumları kayıt etmenizi istemiştim. Kim önce başlamak ister?" vb. (Morganett, 1990).

Çalışma: Oturumun çalışma kısmı, grubun hedeflerine dayalı olarak beceri geliştirme tartışmasına dayanır. Girişkenlik, duyguların ifadesi ve iletişim becerileri gibi belirli becerileri öğretmek ve uygulamak, çoğu psikoeğitim grubunda hem gruplarda etkili etkileşimleri kolaylaştırmak hem de kişiler arası grup hedeflerini karşılamak için yardımcı olabilir. Ek olarak, rol yapma ve Gestalt boş veya iki sandalye teknikleri gibi teknikler, yeni kişiler arası becerilerin geliştirilmesine ve sorunları keşfetmeye yardımcı olabilir. Bu tür teknikler, grup üyelerinin duygularını keşfetmelerine ve başkalarına ifade etmelerine veya iki çatışan düşünce ve duyguyu deneyimlemelerine olanak tanır.

Süreç: Özellikle çocuk ve ergen gruplarında muhtemelen herhangi bir grup oturumunun en çok gözden kaçan kısmıdır. Psikoeğitim gruplarında üyeler, belirli becerileri öğrendikleri için becerilerin aktarımı otomatik olarak gerçekleştiğinden dolayı bu işlemin gereksiz olduğu belirtilmektedir. Ancak tüm grupların etkinliği için bu işlemin gerekli olduğu açıkça ortaya çıkmaktadır. Süreç aşamasında genel olarak grup oturumundaki faaliyetleri anlamlandırmaya ve bunları grup dışındaki hayata uygulamaya yardımcı olmak için sorular kullanır. Örneğin; grup lideri, karar verme grubunda yer alan grup üyelerine süreç aşamasında "Bugün oturumda neler öğrendiniz?", "Bugün oturumda kendinize ilişkin neleri fark ettiniz?", "Bu hafta öğrendiğiniz hangi beceriyi denemek istiyorsunuz?" sorularını sorarak grup üyelerinin bu konuyu tartışmasına yardımcı olur ve bir karar verme durumu meydana geldiğinde üyeler, grup dışında neler yapabileceği konusunda olası müdahaleler oluşturmaya başlarlar (DeLucia-Waack, 2006).

Kapanış: Grup üyelerinin gruptan ayrılmaya hazırlanmalarına yardımcı olur. Bir grup oturumunun sonunda öğrenilenlerin netleştirilmesine yardımcı olmaktır (Gladding, 1998). Grup üyeleri, bir sonraki grup oturumundan önce düşünecekleri veya pratik yapacakları bir şeyle oturumdan ayrılmalıdırlar (DeLucia-Waack ve Janice, 2006).

8. Çevresel Faktörler

Başlıca çevresel kaygılar, yeterli alan, uygun mobilyalar ve gizliliğin korunmasıdır. Katılımcıların birbirine çok yakın olmadan rahatça oturabilmeleri için yeterli alan sağlanması gerekir. Çocuklar, birbirlerine çok yakın olduklarında, özellikle de koltuklarında hareket etmek için yeterli alana sahip olmadıklarında, birbirlerini itme ve tekmeleme eğilimindedirler. Çocuklara yönelik psikoeğitim gruplarının çoğu; egzersizleri, oyunları ve diğer aktif süreçleri kullanır. Uygun mobilyalar, grubun başarısına katkı sağlar. En çok arzu edilenler, etrafında beş ila yedi katılımcının oturabileceği masalar ve katılımcıların ayakları yere dayayarak ve sarkmadan rahatça oturabileceği sandalyelerdir. Birden fazla masa varsa lider ve yardımcıların aralarında hareket edebilmeleri ve bir masadakilerin başka bir masadan fazla gürültü gelmeden birbirleriyle konuşmalarına izin verebilmesi için yeterli alan olmalıdır (Brown, 2018).

Çocuk grupları için listelenen kaygıların aynısı (yeterli alan, mobilya ve izinsiz girilmemesi için) ergen grupları için de geçerlidir. Fiziksel olarak, ergenler çok daha büyüktür ve çoğu (özellikle daha genç olanlar) vücutlarına uyum sağlamamışlardır; örneğin, 10-12 cm daha uzun olmaktan dolayı daha fazla yer kapladıklarını fark etmeyebilirler. Yeterli alan, konfor ve yeterli kişisel alan sağlamak için önemlidir. Planlanan tüm faaliyetler için masa ve sandalyeler yeterli olmalıdır. Ek koltuklar ve sıralar kullanılması gerektiğinde, küçük gruplar için bir daire oluşturulmalıdır.

Ayrıca gizliliğin korunması bağlamında, grup üyelerinin hangi açıklamalarının gizli tutulabileceği ve nelerin yetkililere bildirilmesi gerektiği konusunda sınırlamalar olabilir. Suistimal, taciz ve ensest gibi vakaların bildirilmesi için yasal gereklilikler vardır ve şüpheli olan durumların bildirilmesi beklenmektedir. Gruptaki açıklamaları gizli tutma yeteneğinin sınırlarını ve neleri bildirmek gerektiğinin bilinmesi beklenmektedir. Gizlilik politikalarını ve prosedürlerini öğrenmek ve profesyonel kuruluşun hangi etik yönergeleri takip ettiğini bilmek önemlidir (Brown, 2018). Güvenli psikoeğitim grup ortamı, öğrencilerin endişelerini ve duygularını ifade etmeye, problem çözmeyi öğrenmeye ve akran etkileşimi ve yapıcı geri bildirim yoluyla içgörü kazanmaya teşvik edecektir (Akos, Hamm, Mack ve Dunaway, 2007).

9. Kullanılacak Materyaller

Çocuklar ve ergenlerle yapılan etkinliklerde yaratıcılık açısından, çeşitli materyallerin elde bulundurulması esastır. Kara tahta, tebeşir, kâğıt, boya kalemi, keçeli kalem vb. gibi pratik ögelere her zaman ihtiyaç vardır. Ayrıca duyguların ifade edilmesi, iletişim ve sosyal becerilerle ilgili becerilerin öğretilmesine veya uygulanmasına odaklanan kitaplar, videolar ve oyunlar da faydalıdır. Kuklalar, genel olarak çocuklarla çalışırken özellikle yararlıdır. Durumları canlandırmak için çeşitli kuklalara sahip olmak esastır. Grup liderleri kukla koleksiyonlarında yaratıcı olabilirler: banyo paspasları, fırın eldivenleri ve çocuklar tarafından bir aktivite olarak yapılan kuklaların hepsi işe yarar. Ayrıca çeşitli etnik gruplara ve yaş seviyelerine hitap eden oyuncaklara yer verilmesi için çaba gösterilmelidir. Bir sepet doldurulmuş hayvan, her yaş seviyesi için faydalıdır (DeLucia-Waack ve Janice, 2006).

Smead (2003), doldurulmuş hayvanların metafor olarak önemini vurgulamaktadır. Çeşitli nedenlerle yeni beceriler veya davranışlar için bir metafor olarak aksesuar kullanımını önerir. Metafor olarak aksesuarlar, grup üyelerinin soyut olarak bir kavramı daha somut bir biçimde anlamalarına ve tartışmalarına yardımcı olur. Aksesuarlar çocuklar tarafından sıklıkla oyuncaklarla oynamak olarak görülür, bu da tehdidi azaltır ve gruba olan ilgiyi artırır. Grup üyelerinin öğrendiklerini haftadan haftaya hatırlamalarına yardımcı olduğu için öğrenmenin gruptan dış dünyaya transferini teşvik eder.

10. Grup Liderinin Dikkat Etmesi Gereken Hususlar

Liderin daha çok bir öğretmen ve bir kolaylaştırıcı olması gerekmektedir. Üyelerin düşüncelerini, duygularını ve fikirlerini ifade etmeleri için zaman ayırmak, amaçlanan öğrenme konusunda çok destekleyici olmak gerekir ve bu teşvik edilir. Çocuklar dürtüsel, heyecanlı olduklarından ve dikkatleri kolayca dağılabildiğinden, kontrolü ve odaklanmayı sürdürmek, çocuk gruplarına liderlik ederken daha fazla endişe kaynağıdır. Bu durumlar, bir grubu yönetmeye zarar veren davranışlar üretebilir. Bu nedenle lider, her çocuğun her oturumda biraz ilgi gördüğü grupla ilişki kurması için özel olarak dikkat etmelidir. Bu, büyük sınıf grupları için bile gereklidir. Önemli olan diğer kolaylaştırma becerileri şunlardır:

- Üyeler arasındaki ortak noktaların vurgulanması,
- Cesaretlendirme ve destekleme,
- Üyelerin olumsuz yorumlarını engelleme,
- Bir üye düşüncelerini ve duygularını ifade edecek kelimeleri bulmaya çalışırken sabırlı olmak,
- Olumsuz duygu ifadelerini kabul etmek,
- Empatik tepkiler vermek (Brown, 2018).

MacLennan ve Dies (1992), ergenlerle çalışmanın zor olduğunu ve grup liderlerinin benlik anlayışına sahip olmasının ve kişisel ergen sorunları üzerinde çalışmış olmasının esas olduğunu ileri sürmüştür. Katz (1990), ergenlerle çalışırken anlayış, bilgi, empati, sıcaklık ve olumlu saygının çok önemli olduğunu belirtmiştir. Ayrıca ergenlerin duygusal olarak ulaşılabilir, kabul eden ve onaylayan, yargılayıcı olmayan ve ergenin potansiyeline inanan bir yetişkinle ilişki kurmak istediklerine dikkat çekmiştir. Horton-Parker ve Brown (2002), ergenlerle çalışırken aşağıdaki özelliklerin ve tutumların yardımcı olduğunu ifade etmektedir. Bunlar hem bireysel hem de grup çalışması için geçerlidir:

- Saygı, içtenlik ve dürüstlük,
- Kişisel standartlar konusunda net olma,
- Ergenlerle çalışma arzusu,
- Ergenlerin ruh hâllerine ve duygularına duyarlılık,
- Enerji, canlılık ve espri anlayışı,
- Hataları kabul etmeye istekli,
- Savunmasızlık,
- Farklı bakış açılarını değerlendirmeye açık ve istekli.

Ebeveyn İzni

Çocuklar için bir psikoeğitim grubu planlarken en önemli hususlardan biri de ebeveyn onayının gerekliliğidir. Bu, her zaman gereklidir ve etik ve yasal sonuçları olduğu için göz ardı edilmemelidir. Çocuklar için gruplar oluşturmadan önce ebeveyn izni almak için kurum, okul prosedürlerini bilmek önemlidir (Brown, 2018).

Son olarak bir psikoeğitim grubu; oluşum aşaması, grubun uygulanması, değerlendirme ve izleme aşamalarından oluşur. Bu bağlamda bir psikoeğitim programını uyarlayabilme geliştirebilme ve uygulayabilme yeterliliklerinin ölçülebilmesi önemlidir (Sink, Edwards ve Eppler, 2012).

Okullarda Psikoeğitim Grup Çalışmaları

Okullar, çocuklara ve ergenlere sürekli erişimi olan yegâne kurumlar olup (Rice ve Meyer, 1994) akranlar arası etkileşimler için elverişli ortamlardır. Çocuklar ve ergenlerin hem sınıf içinde hem de dışında akranlarıyla gruplar hâlinde geçirdikleri süre göz önüne alındığında grup çalışmaları bu yaş grubu için faydalı olabilir. Grup çalışmalarının, yaşamın erken gelişim evreleri boyunca birincil sosyalleştirici etkisi bulunmakta, çocuklar ve ergenler için önleyici müdahale özelliği bulunmaktadır (Kulic, Horne ve Dagley, 2004). Bu nedenle grup çalışmaları özellikle okullarda değerli ve faydalıdır (Johnson ve Johnson, 2005).

Psikoeğitim grupları, okullarda hem önleme hem de risk altındaki öğrencilere ilk müdahale olarak en sık kullanılan gruplardır (Vera ve Reese, 2000). Psikoeğitim gruplarına yönelik olarak yapılan tanımda bu grupların eğitsel ve önleyici amaçlarının önemine vurgu yapılır. Nitekim okullarda psikoeğitim odaklı çoğu grubun amacı, yeni beceriler öğretmek ve olası sorunları önlemektir. Bu nedenle okul psikolojik danışmanları, sınıf seviyelerinde önleyici ve müdahale edici amaçlarla beceri kazanımına odaklanmak için psikoeğitim gruplarını yaygın olarak kullanmaktadırlar. Örneğin, okul danışmanları; okul öncesi (Kenny, 2009), ilkokul (Dore, Nelson-Zlupko ve Kaufmann, 1999), ortaokul (Schechtman ve Ifargan, 2009) ve lise öğrencileri ile başa çıkma becerilerini ve öz saygıyı geliştirmek için psikoeğitim gruplarını başarıyla yürütmektedirler (Dowden, 2009). Psikoeğitim gruplarında önleme, geliştirme ve iyileştirmeye yönelik olarak çalışmalar planlanır.

Önleme

Psikoeğitim gruplarında sorunları önlemek amacıyla başa çıkma stratejileri öğretilir ve beceri geliştirmeye odaklanılır. Önleme grupları içerisinde; öfke yönetimi, sosyal becerileri geliştirme, öz saygı, atılganlık ve arkadaş edinme, madde ve alkol kullanımını azaltma, zorbalık ve yeme bozukluklarını önleme yer alabilir (Riva ve Haub, 2004). Önleyici psikoeğitim grupları, katılımcıları gelecekte karşılaşabilecekleri olası durumlara ve koşullara hazırlamaya odaklanmaktadırlar. Bazı gruplar belirli risk altındaki popülasyonları hedeflerken diğerleri daha geniş kapsamlı bir yaklaşım kullanır (Brown, 2013).

Psikoeğitim gruplarında çocukların ve ergenlerin aldıkları önleyici müdahaleler, "gerçek yaşamlarında" uygulayacakları ve kullanacakları bağlamın oluşmasını sağlar. Kendini anlama, dolaylı öğrenme ve kişiler arası öğrenme gibi psikoeğitm gruplarında yer alan terapötik faktörler, grup üyelerinin daha iyi ilişki becerileri geliştirmelerine, uyarlanabilir düşünce kalıpları geliştirmelerine; duyguları, düşünceleri ve olayları normalleştirmelerine yardımcı olmak için çalışır (DeLucia-Waack ve Janice, 2006). Bu tür grupları yürütürken okul psikolojik danışmanları, çocukların yaşamındaki rollerinden biri olan, "öğrencilerin sağlıklı gelişim ve başarı potansiyelini en üst düzeye çıkarmak" rolünü yerine getirirler (Geroski ve Kraus, 2002).

Geliştirme

Psikoeğitim gruplarında ayrıca beceri geliştirme etkinlikleri kullanılarak yeni bilgi ve beceriler kazanılır (Gerrity ve DeLucia Waack, 2007). Psikoeğitim gruplarında, özellikle rol oynama, problem çözme, karar verme ve iletişim becerileri eğitimi olmak üzere "grup temelli eğitim ve gelişim stratejileri" kullanılır (DeLucia-Waack ve Janice, 2006).

Geliştirme grupları, katılımcıların iç kaynaklarını anlamalarına ve becerilerini geliştirmelerine yardımcı olmaya odaklanır (Brown, 2013). Olumlu yapıları güçlendirerek problemleri önlemeye odaklanan programların temel sayıltısı, bireylerin psikolojik açıdan daha yeterli hâle gelmeleri durumunda uyumsuzluklara yol açabilecek durumlarla daha iyi başa çıkabilecekleridir (Durlak ve Wells, 1997). Bazı araştırmalar, olumsuz yapılara daha çok odaklanıldığına ve olumlu yapıları güçlendirmeye yönelik araştırmaların ise yetersizliğine vurgu yaparak olumlu özelliklere odaklanan çalışmaların önemini ortaya koymaktadır. Örneğin, Binfet ve Gaertner (2015), okullarda zorbalığı önleme ile ilgili çok sayıda araştırmanın yapıldığını ve zorbalık karşıtı programlar uygulandığını ancak nezaket (kindness) gibi psikososyal davranışların geliştirilmesine yönelik çalışmalara yeterince yer verilmediğini belirtmektedirler. Psikolojik iyi oluş ve psikolojik sağlamlık gibi güçlü yanları geliştirmeye odaklanan çalışmaların sonuçları, bu programlar bir taraftan depresyon ve anksiyete gibi duygusal sorunlar ile saldırganlık ve zorbalık gibi olumsuz davranışları azaltırken aynı zamanda öğrencilerin iyilik hâlini geliştirmekte hatta akademik başarıyı artırmakta olduğunu göstermektedir (Shoshani ve Steinmetz, 2014).

İyileştirme

Psikoeğitim gruplarının önleme ve geliştirme hizmetlerinin yanı sıra aynı zamanda çocuk ve ergenler için iyileştirici hizmetleri de bulunmaktadır (Bore, Armstrong ve Womack, 2010). İyileştirme grupları sorun odaklıdır ve davranış değişikliğini vurgularlar (Brown, 2013). Whitehead, Allan, Allen, Duchak, King, Mason, Mooney ve

Tully (2018) tarafından ebeveyn kaybı, boşanma, ebeveynin hasta olması ve aile üyelerinden birinin hapiste olması gibi risk faktörlerine maruz kalmış ergenlere yönelik uygulanan müdahale çalışmalarının, psikolojik sağlamlık ve iyimser düşünme becerisi üzerinde etkili olduğu ortaya koyulmuştur. Akar (2018) tarafından yoksulluk riski altındaki ergenlerin psikolojik sağlamlık düzeyini artırmaya yönelik psikoeğitim grup programının etkili olduğu saptanmıştır. Tatarer (2020) tarafından ebeveyn kaybı yaşamış ergenlerin psikolojik sağlamlık düzeyini artırmaya yönelik geliştirdikleri psikolojik sağlamlık geliştirme programının da benzer şekilde etkili olduğu ortaya konmuştur. Terapötik müdahaleye ihtiyaç duyan pek çok öğrencinin, okul ortamında olmadıkça bunu alması olası değildir (Dore ve diğerleri, 1999; Rice ve Meyer, 1994). Psikoeğitim grupları tüm öğrenciler üzerinde etkili olabilirken; bilişsel, sosyal ve başa çıkma becerilerini geliştirerek özellikle risk altındaki öğrenciler için de faydalı olmaktadır (Gerrity ve DeLucia-Waack, 2007). Bu nedenle okullarda psikoeğitim gruplarının iyileştirmeye yönelik çalışmalarının önemli bir yeri bulunmaktadır.

Okullarda Çocuk ve Ergenler İçin Psikoeğitim Grup Çalışma Konuları

Öğrencileri geliştirme ve başarılarını artırma potansiyelinin yanı sıra psikoeğitim grup çalışmaları, uygulanabilirliği açısından da çeşitlilik gösterir ve çok çeşitli konuları ele alacak şekilde planlanabilir. Bunlar; sosyal beceri geliştirme (Gerrity ve DeLucia-Waack, 2007), çalışma becerileri (Kayler ve Sherman, 2009), kişisel güçlendirme (Wingett ve Milliren, 2008), cinsel istismarın önlenmesi (Kenny, 2009), öz savunuculuk eğitimi (Dowden, 2009), uyuşturucu bağımlılığı (Dore ve diğerleri, 1999), saldırganlık (Schechtman ve Ifargan, 2009), zorbalık (Hall, 2006), depresyon (Rice ve Meyer, 1994), stres (Baker, 2001; Romano, 1992) gibi konuları içerebilir.

Bu bölümde, sosyal beceri geliştirme, zorbalık ve öfke yönetimi, ruh sağlığı/duygusal sorunlar, cinsel sorunlar/istismar, farklılık sorunları başlıkları altında bu konuda yapılmış olan çalışmalar örnek olarak incelenmiştir.

Sosyal Beceri Geliştirme

Sosyal beceri geliştirme psikoeğitim programları aracılığıyla öğrencilere, kendini tanıma, kendine değer verme, kişiler arası iletişim, otokontrol, etkili öğrenme, kariyer planlama, karar verme ve problem çözme becerileri kazandırılmaktadır (Nazlı, 2016).

Sosyal becerileri psikoeğitimi programlarının ergenlerin sigara, alkol ve uyuşturucu kullanımını azaltmada (Fagan ve Mihalic, 2003; Seal, 2006; Sorensen, Gupta, Nagler ve Viswanath, 2012), ve duygusal davranışsal sorunları azaltmada (Mutiso, Tele, Musyimi, Gitonga, Musau ve Ndete, 2017) etkili olduğu saptanmıştır.

Zorbalık ve Öfke Yönetimi

Zorbalığı önleme ve öfke yönetimi grupları genellikle iletişim, öfke yönetimi, saldırganlık kontrolü, empati geliştirme ve problem çözme becerilerine odaklanan bilişsel-davranışçı psikoeğitim gruplarıdır. Psikoeğitim grupları, öğrencilerin bu tür deneyimlerden kaçınmasına, bunları düzeltmesine ve yönetmesine yardımcı olmak için kullanılmaktadır (Paisley ve Milsom, 2007).

Psikoeğitim grupları hem zorbalara hem de zorbalığa maruz kalanlara yardım etmede kullanılır. Zorbalar için psikoeğitim grup deneyimi, iletişim, öfke yönetimi, saldırganlık kontrolü, empati ve problem çözme becerilerini öğrenmelerine yardımcı olmaktadır. Zorbalar için psikoeğitim grup çalışmasının, zorbalığa yatkın ve zorba olan öğrenciler için etkili bir şekilde başa çıkmalarını sağlayacak bilgi, tutum ve becerileri öğretmede güçlü bir araç olabileceği belirtilir (Hall, 2006).

Okul temelli 20 farklı öfke müdahale programının analiz sonuçlarına göre program, öğrencilerin dışa vurma ve öfke değerlendirmelerinde düzelmeye neden olmuş, sosyal becerilerin gelişiminde de etkili olmuştur (Gansle, 2005). Psikoeğitim grupları, öğrencilerin öfkeden kaçınmasına ve öfkeyi yönetmesine yardımcı olmak için kullanılabilir gruplardır (Paisley ve Milsom, 2007).

Ruh Sağlığı/Duygusal Sorunlar

Öğrenciler, okulda depresyon (Rice ve Meyer, 1994), zorbalık (Hall, 2006) ve saldırganlık (Schechtman ve Ifargan, 2009) gibi bir dizi duygusal sorundan etkilenebilirler. Okul çağındaki çocuklar, özellikle ergenler arasındaki depresyon, önemli bir ruh sağlığı sorunu olmaya devam etmektedir (Rice ve Meyer, 1994). Rice ve Meyer, "18 yaşın altındaki gençlerin %12 ila %15'inin tedaviyi haklı çıkaracak kadar ciddi duygusal ve davranışsal sorunlar yaşadığını tahmin etmişlerdir".

Özellikle ergenler için depresyon, genellikle arkadaş sahibi olamama veya ilişki güçlükleri yaşama, yalıtılmış, yalnız veya farklı hissetme, kendisiyle ilgili gerçekçi olmayan beklentiler ve inançlara sahip olmayla sonuçlanan sosyal beceri veya bilişsel strateji eksikliği ile ilişkilidir. Ergenlerde sosyal beceri eksikliği ve/veya kendisiyle ilgili gerçekçi olmayan beklentiler depresyonun yordayıcısı olduğu belirtildiğinde, öğrencilerin daha dengeli ve gerçekçi bir benlik kavramı geliştirmelerine yardımcı olacak sosyal becerilerin ve öz değerlendirme stratejilerinin psikoeğitim grup çalışması aracılığıyla öğretilmesi önemli hâle gelmektedir. Okullarda psikoeğitim gruplarının kullanılmasıyla depresif öğrencilere uyarlanabilir başa çıkma yolları öğretilebilir (DeLucia-Waack ve Janice, 2006). Rice ve Meyer (1994), üç farklı okuldaki 145 öğrenci üzerinde yaptıkları çalışmada, psikoeğitim gruplarının kullanımının ergenlerdeki önemli ruh sağlığı sorunlarını potansiyel olarak ortadan kaldırabileceğini veya en azından azaltabileceğini bulmuşlardır.

Çocuklar arasında en yaygın ruh sağlığı teşhisi, bir tür antisosyal davranışı içerir (Schechtman ve Ifargan, 2009). Schechtman ve Ifargan (2009), kısa süreli bilişsel davranışçı psikoeğitim gruplarının bu popülasyonda en etkili olduğunu öne sürmüşledir. Psikoeğitim grupları, öğrencilerin davranışlarının farkına varmalarını sağlamak, davranışı neyin tetiklediğini bulmak ve onu nasıl kontrol edeceklerini öğrenmek için kullanılabilir. Ayrıca yasla ilgili konularda, çocukları yas süreci konusunda eğitmek, baş etme becerilerini öğretmek ve aynı zamanda duygularını doğrulamak ve normalleştirmek için psikoeğitim grupları kullanılabilir (Samide ve Stockton, 2002).

Cinsel Sorunlar/İstismar

Cinsel istismarın önlenmesi (Kenny, 2009), hamilelik ve ebeveynlik (Thomas ve Looney, 2004) gibi okul ortamlarında ortaya çıkan birçok cinsel sorun vardır. Tüm bu alanlarda psikoeğitim gruplarının kullanımının etkili olduğu kanıtlanmıştır (Kenny, 2009). Bu tür grupların birincil amacı, çocukların problem durumlarını fark etmelerine, hayır demeyi öğrenmelerine ve uygunsuz durumları ebeveynlerine, öğretmenlerine ve güvendikleri diğer yetişkinlere iletmeyi öğrenmelerine yardımcı olmaktır (Gerrity ve DeLucia-Waack, 2007).

Kenny'e (2009) göre ebeveynler ve okul öncesi çocuklar için eş zamanlı psikoeğitim grupları yürütmek, cinsel istismarı önleme konusunda etkili bir yoldur. Bu gruplar, ebeveynleri çocuklarındaki istismarı tespit etme ve çocuklarıyla cinsel istismar hakkında nasıl konuşmaları gerektiği konusunda eğiteceklerdir. Ek olarak; çocuklar, cinsel organları için anatomik olarak doğru terminolojiyi ve iyi ve kötü dokunuşları öğrenebilirler. Bu bilgi, çocuklar büyüdükçe çocukları cinsel istismara karşı korunmaya hazırlamaya yardımcı olacaktır.

Cinsel istismarı önlemeye yönelik okul temelli 27 farklı müdahale programının; problem durumlarını tanıma, hayır diyebilme ve yetişkinleri durum hakkında bilgilendirme becerilerini artırmaya yönelik etkili olduğu saptanmıştır. Bu programların çoğu, büyük grup sınıf psikoeğitim müdahalelerine dayanmakta olup önlemeye yönelik bilginin (iyi-kötü dokunuş, yabancıdan kaçınma vb.) kazanımı birincil hedeftir. Okul öncesi çağındaki çocuklara yönelik müdahalelerin, ilköğretim çağındaki çocuklara göre iki kat daha etkili, 8 ila 12 yaşındaki çocuklara göre ise üç kat daha etkili olduğu bulunmuştur. Ayrıca fiziksel katılımı kolaylaştıran ve modelleme, prova ve pekiştirmeyi kullanan çalışmaların da daha etkili olduğu saptanmıştır. Cinsel istismarı önleme programları genellikle daha küçük çocuklara yönelik olup vücut sınırları ve iyi dokunuş hakkında bilgileri içerir (Davis ve Gidyez, 2000).

Farklılık Sorunları

Çocukların, yaşamlarında karşılaşabilecekleri eşitsizliklerin üstesinden gelmelerine yardımcı olacak becerileri öğrenmelerinin yanı sıra yaşam durumları üzerinde kontrol sağlamaları, güçlendirme yoluyla olmaktadır. Güçlendirme, "bir bireyin veya grubun yaşam kararları üzerindeki kontrolünü artırma çabaları ve güç yapılarının toplumdaki potansiyel olarak zarar verici rolüne ilişkin farkındalığı" olarak tanımlanır. Kendini savunma ve güçlendirme öğretimi, psikoeğitimsel bir grup ortamında yapılabilir. Kısa süreli psikoeğitim gruplarının azınlık nüfuslarına ulaşmada verimli ve etkili olduğu belirtilir (Dowden, 2009).

Çocuklar İçin Örnek Bir Psikoeğitim Grup Planı

Örnek bir psikoeğitim grup planında; hedefler, amaçlar ve grup öncesi hazırlık, alıştırmalar ve mini dersler bulunmaktadır. Bu psikoeğitim grup planı, küçük grup (altı ila dokuz üye) veya üyelerin küçük gruplara ayrıldığı büyük bir sınıf grubu için kullanılabilir (Brown, 2011).

Program: Kendimi Keşfediyorum

Odak: Güçlü yönler oluşturmak.

Hedefler: Kişisel varlıkların farkındalığını artırmak; katılımcıların başkaları tarafından eleştirilen özelliklerinin olumlu yönlerini algılamalarına yardımcı olmak; mevcut güçlü yönler üzerine inşa etmek için bir eylem planı geliştirmek.

Materyaller: Tükenmez ve kurşun kalemler, kartonlar, tutkal çubukları, poşetler, kâğıt, büyük kâğıtlar veya gazete kâğıdı, maskeleme bandı, orta boy kutular, çeşitli renklerde keçeli kalemler, çeşitli renklerde boya kalemleri veya pasteller. Resimlerini kesmek için kataloglar ve dergiler.

Süre: 8 hafta boyunca her hafta 50 dakikalık bir oturum.

Yaş/eğitim: 9-11 yaş arası; üyeler arasında en fazla 2 yaş farkı.

Katılımcı sayısı: Grup başına altı ila sekiz kişi.

Hazırlık: Benlik saygısı oluşturmaya ilişkin literatürü gözden geçirin. Mümkünse katılımcılarla görüşün; mümkün değilse öğretmenlerden ve danışmanlardan katılımcılar hakkında mümkün olduğunca fazla bilgi edinmeye çalışın. Grup etkinlikleri için kullanılabilecek, masalara sahip dışarıdan gürültü almayan ve dikkat dağıtıcı olmayan mahremiyete sahip bir oda temin edin.

Sekiz Oturumlu Psikoeğitim Program İçin Örnek Plan

Oturum	Etkinlik
1	Açılış; Gruba genel bakış, hedef belirleme ve kuralların gözden geçirilmesi
2	Tanıtımlar; Program Alıştırması 1. "Seni Tanımak" Oyunu
3	Önceki oturumun özeti; Program Alıştırması 2. "İstiyorum..., ihtiyacım var...; " Mini Ders: Kişisel Yönetim Becerileri
4	Önceki oturumdan bitmemiş işler; Program Alıştırması 3. Tutum Becerileri Anketi; Mini Ders: Etkili Tutumlar
5	Önceki oturumdan bitmemiş işler; Program Alıştırması 4. Eleştirinin Olumlu Yönü; Mini Ders: Daha Etkili Olmak
6	Önceki oturumdan bitmemiş işler; Program Alıştırması 5. Kişisel Olumlamalar Geliştirme; Etkili Bir Kişinin 15 Niteliği, tartışma
7	Önceki oturumdan bitmemiş işler; Program Alıştırması 6. Geleceğimin Krokisi
8	Sonlandırma; kapanış egzersizi

Oturum 1

Açılış

Oturum 2

Program Alıştırması 1: "Seni tanıma" oyunu

Amaçlar: Grup üyelerinin tanışmasına yardımcı olmak; benliğin önemli bileşenlerine, özellikle güçlü yönlerine odaklanmak.

Materyaller: Her üye için karton, çubuk tutkallar, 10-15 adet kesik resimlerin olduğu poşet; örnek küçük kolaj, mini kolajların hazırlanması için masalar veya diğer sert yüzeyler, süreç için bir daire içinde sandalyeler.

Süre: Yapılandırma ve süreç için 30 dakika.

Yaş/eğitim: 9-11 yaş arası

Katılımcı Sayısı: Altı ila sekiz kişi

Hazırlık: Grup lideri oturumdan önce çantaları hazırlamalı ve küçük kolaj yapmalıdır.

Prosedür: Grubun amaçlarından biri kişisel varlıkların farkındalığını artırmak olduğundan, üyelere bunun bir tanışma etkinliği olduğunu söyleyin. Göstermek için örnek mini kolajı kullanın. Üyelere, kartonlarında mini kolajlar oluşturmak için çantalarındaki resimleri kullanmalarını söyleyin. Resimler onların güçlü yönlerini, varlıklarını, iyi yaptıkları şeyleri ve başarılarını sembolize etmelidir. İsterlerse resim alışverişi yapmakta özgürler. Yapılandırma için yaklaşık 10 dakika bekleyin.

Süreç: Üyelerden daireye dönmelerini ve mini kolajlarındaki semboller hakkında konuşmalarını isteyin. Yalnızca açıklayıcı sorulara ve olumlu yorumlara izin verin. Güçlü yönleri ve ortak noktaları vurgulamaya çalışın.

Oturum 3

Program Aşıltırması 2: "İstiyorum..., ihtiyacım var..."

Amaçlar: İstekler ve ihtiyaçlar arasındaki farkın farkındalığını artırmak, dikkati kişisel istek ve ihtiyaçlara odaklamak.

Materyaller: Her katılımcı için ortasından aşağı doğru uzunlamasına bir çizgi olan bir kâğıt, kurşun kalemler veya kalemler, büyük gazete kâğıdı ve maskeleme bandı.

Süre: 30 dakika.

Hazırlık: Malzemeleri toplayın.

Prosedür: Katılımcılardan tüm isteklerini kâğıtların sol tarafına yazmalarını isteyin. Bu sütunu "istiyor" olarak etiketlemelerini sağlayın. Tamamlanması için 3 ila 5 dakika bekleyin. Listeler oluşturulduktan sonra, üyelere listelerini yüksek sesle okumaları için 10 dakika süre tanıyın. Ögeleri, duvara yapıştırılmış bir gazete kâğıdına yerleştirebilirsiniz. Ögeleri şu kategorilere ayırın: ilişkiler, nesneler, başarılar, ruhsal, duygusal. Ortaya çıktıkça diğer kategorileri ekleyin. Görünen ortak noktaları ve en sık seçilen kategorileri tartışın. Üyelerin tüm ihtiyaçlarını bir sonraki sütunda "ihtiyaçlar" etiketli olarak listelemesini sağlayın. Onlardan aynı zamanda ihtiyaç olan herhangi bir isteği yıldızlamalarını (*) isteyin. Üyelerden ihtiyaçlarını yüksek sesle okumalarını isteyin, ardından bunları "istekler" ile aynı kategorilere ayırın.

Süreç: Ortak noktaları ve en sık görülen kategorileri tartışın. Üyelerden kişisel istek ve ihtiyaçlarında benzer ve farklı gördüklerini özetlemelerini isteyin.

Mini Ders: Kişisel Yönetim Becerileri

Şu anda nasıl bir insansınız? 5 ya da 10 yıl sonra nasıl bir insan olmak istersiniz? Onun ötesinde? Olmak istediğiniz kişi olmanıza nasıl yardımcı olabilirsiniz? Başkaları bu çabanızda size yardım edip destekleyebilir ve yaşam koşullarının önemli bir etkisi olabilir ancak sonucun en önemli parçası sizsiniz.

Olmak istediğiniz kişi olmanıza yardımcı olmak için kullanabileceğiniz beş kişisel yönetim becerisi vardır. Bunlar, hangi kariyere devam edeceğinizden, hangi faaliyetlerde bulunacağınıza kadar hemen hemen her şey hakkında karar vermenize yardımcı olabilir. Size her birini kısaca anlatırken, sizin için kişisel olan örnekleri de düşünmenizi istiyorum:

1. Değer vermek, kendinize yatırım yapmak demektir. Birine değer verdiğinizde, onunla ilgilenir ve ihtiyaçlarının karşılandığından emin olmak için sahip olduğunuz tüm kaynakları kullanırsınız. Aynı zaman, enerji ve kaynak yatırımını kendinize yapın. Fiziksel, duygusal, psikolojik ve ruhsal ihtiyaçlarınıza dikkat edin. Başkaları yardımcı olabilir ancak kendinize yatırım yapmalısınız.

2. Planlama kritik bir yaşam becerisidir. Birkaç etkinlik bundan daha önemlidir. Hem kısa vadeli (1-6 ay) hem de uzun vadeli hedefler belirlemelisiniz (bunlar gelecek yıllar için olabilir). Hedeflere sahip olmak size bir yön duygusu verir ve gitmek istediğiniz yere ulaşmak için stratejiler önerebilir. Unutma, nereye gittiğini bilmiyorsan, başka bir yere gidebilirsin.

3. Kendinize bağlılık da önemlidir. Yeteneklerinizi, kabiliyetlerinizi ve hedeflerinizi bilmek ve onlara değer vermek çok önemlidir. Ancak kendinize de inanmalı ve olmak istediğiniz kişi olmayı başarabileceğinize inanmalısınız. İnancı sürdürmek bazen zor olabilir; özellikle de hata yaptığınızda veya başkaları sizi eleştirdiğinde. Ne kadar zor olursa olsun kendinize olan inancınızı koruyun.

4. Başarılı zaman yönetiminde ve başarılı kişisel yönetimde öncelikler önemlidir. Önceliklendirme; zamanımızın, enerjimizin ve kaynaklarımızın boşa harcanmasına izin vermek yerine, en önemli şeylere odaklamamızı sağlar. Sizin için neyin önemli olduğunu belirleyin ve ona odaklanın.

5. Kendinizi hızlandırmak değerli bir beceridir. Başarmaya değer her şey zaman alır. Olmak istediğiniz kişi olmak zaman alacak bir süreçtir. Hedefinize doğru çalışırken rahat olun. Neyin önemli olduğunu hatırlar ve bunun üzerinde çalışırsanız, kendinize inanırsanız, hedeflerinizi bilirseniz ve kendinize yatırım yaparsanız oraya adım adım ulaşırsınız.

Oturum 4

Program Alıştırması 3: Etkili Tutumlar

Amaç: Üyelere refah duygusunu geliştiren ve teşvik eden tavırları tanıtmak.

Materyaller: Tutum becerileri anketinin bir kopyası ve her katılımcı için bir kalem.

Prosedür: Materyalleri dağıtın ve katılımcılara aşağıdakileri anlatarak alıştırmayı tanıtın: "Etkili insanların sahip olduğu bazı kişisel nitelikler vardır ve bir nitelik, onların önemli buldukları bazı kişisel niteliklere ilişkin tutum veya algılarıdır. Bugün, kendinizle ilgili algılarınıza ve geliştirmeniz gerekebilecek bazı niteliklere odaklanıyoruz. Bunları değerlendirerek başlayacağız" Derecelendirme ölçeğini açıklayın ve üyelerin kendilerini derecelendirmelerine izin verin.

Oturum 5

Program Alıştırması 4: Eleştirinin Olumlu Yönü

Amaçlar: Katılımcıların güçlü yönleri algılamasına yardımcı olmak; kişisel güçlü yönlerin farkındalığını artırmak.

Materyaller: Her katılımcı için kâğıt ve kalemler veya kurşun kalemler.

Süre: 20 ila 30 dakika.

Hazırlık: Malzemeleri toplayın.

Prosedür: Katılımcılara, hemen hemen her eleştiride veya algılanan zayıflıkta saklı bir gücün olduğunu söyleyin. Her birimizin güçlü yönlerimizden yararlanması ve ayrıca algılanan zayıflıklarımızın üstesinden gelmeye çalışmamız gerekiyor. Kâğıdın bir tarafına katılımcılardan, kendilerine veya başkalarına kendilerine yönelik 8 ila 10 eleştirisini listelemesini isteyin. Eleştirilere katılmak zorunda değiller. Listeler oluşturulduktan sonra, katılımcılardan her bir maddeye bakmalarını ve bu eleştiride gördükleri tüm güçlü yönleri sayfanın diğer tarafında listelemelerini isteyin. Gömülü olan güçlü yönlerden bazı örnekler verin. Örneğin:

Eleştiri	**Gücü**
İşleri kişisel olarak almak	Başkalarının algılarına duyarlı
Tembel	Rahat
Çok konuşmak	Başkalarıyla bağlantı kurmaya ve iletişim kurmaya çalışan

Üyeler bir gücü algılamada sorun yaşıyorsa öneride bulunabilirsiniz. Üyeler, birbirlerine önerilerle yardımcı olabilirler.

Süreç: Üyeler listelerini oluşturduktan sonra, bunları paylaşmaları için zaman tanıyın. Grup, her üyenin paylaşım yapamayacağı kadar büyükse daha küçük gruplara bölün. Her üyenin kendi listesinin bir kısmını paylaşması için yeterli zaman ayırın. Deneyimi ile ilgili birkaç soru sorun: Zor olan neydi? Ne kolaydı? Bir gücü görmek ne kadar zordu? Egzersizi yaptıktan sonra gelen eleştiriler hakkında ne hissediyorsunuz?

Mini Ders: Daha Etkili Olmak

Hepimizin güçlü yönlerden çok zayıf yönlere odaklanma eğilimi vardır. Zayıf yönler, utanç duyduğumuz şeylerdir; kusurlu olduğumuzu düşünürüz ve bir şeyleri değiştirmek için yapabileceğimiz çok az şey vardır. Zamanımızın ve enerjimizin bu zayıflıkları gidermek için harcanması gerektiğini hissedebiliriz.

Zayıflık algılarımızdan bazıları başkalarının eleştirilerinden kaynaklanır ve bazıları da içimizden kaynaklanır. Ebeveynler, kardeşler ve değer verdiğimiz diğer kişiler, bizi nasıl algıladıkları konusunda bize geri bildirimde bulunurlar ve bu genellikle yürekten aldığımız eleştiri biçimindedir. Sonuç olarak utanmaya ve suçlu hissetmeye başlarız. Daha da kötüsü, hata yapmamamız ya da mükemmel olmamız gerektiği fikrinden kaynaklanan kendimize yönelttiğimiz eleştirilerdir. Her iki eleştiri biçimi de faydalı olabilir ancak çoğu zaman bizi çok rahatsız eder. Ancak daha etkili olmak için yapabileceğimiz bazı şeyler var. Program Alıştırma 4'te, eleştirilerdeki güçlü yönleri görmeye odaklandık. Öz yeterlilik duygusunu geliştirebilecek ve etkililiği artırabilecek diğer stratejiler, yeniden etiketleme, teslim olma, kişisel sınırlamaların farkına varma, hayal gücünüzü kullanma ve onaylama uygulamalarıdır.

Yeniden etiketleme, eleştirilerin olumlu tarafını görmeye çok benzer. Kendinizi aşağılanmış, değersiz veya utanmış hissettiğinizde olayı yeniden etiketlemeye çalışın ve onun içinde gömülü olan olumlu tarafı veya gücü görün. Sadece yapmadığınız veya sahip olmadığınız şeylere bakmamaya çalışın; bunun yerine olay veya algı hakkında neyin olumlu ve iyi olduğuna bakın.

Teslim olmak, yapabileceğinizi değiştirmek ve gerisini bırakmak anlamına gelir. Çok az şey ya hep ya hiç olaylarıdır ancak çoğu zaman kendimizi bir durumda olumlu hiçbir şey olmadığını düşünürken buluruz. Neyin değiştirilebileceğine odaklanmaya çalışın, sonra gerisini bırakın. Değiştiremeyeceğiniz şeylere odaklanmayın.

Kişisel sınırlamaları tanımak, olgunluğun bir parçasıdır. Bu, arkanıza yaslanıp risk almaktan veya zor bir şey denemekten kaçınmanız gerektiği anlamına gelmez. Kendinizi gerçekçi bir şekilde yargılamanız ve kendinizi olduğunuz gibi kabul etmeniz gerektiği anlamına gelir. Sınırlarınızı bilmek ve bunlara rağmen veya onlar yüzünden kendinizi kabul etmek sağlıklı ve olgundur.

Neyin olacağını ve olabileceğini görselleştirmek için hayal gücünüzü kullanın. Ya olmak istediğiniz kişi olmak için çok çalışsaydınız? Kendinizi nasıl görürdünüz? Yetenekleriniz ve fiziksel benliğiniz göz önüne alındığında, olmak istediğiniz her şey olabileceğinizi hayal edin.

Kendinizi onaylamak başka bir olumlu ve önemli stratejidir. Kazanan ile kaybeden arasındaki fark, kazananın "Daha iyisini yapabilirim." demesi ve sonra çıkıp daha çok çalışmasıdır. Kaybeden surat asar ve "Ben kaybettim." der. Kendinize güçlü yanlarınız olduğunu, yapabileceğinizi, deneyeceğinizi ve ne olursa olsun kendinizi kabul etmeye devam edeceğinizi söyleyin.

Oturum 6

Program Çalışması 5: Kişisel Olumlamalar Geliştirme

Hedefler: Kendini doğrulayan beyanların temelini oluşturabilecek kişisel varlıkların bir listesini geliştirmek; güçlü yönlere odaklanmak.

Malzemeler: Her katılımcı için kâğıt ve kalem.

Süre: 30 ila 60 dakika.

Hazırlık: Malzemeleri toplayın.

Prosedür: Etkili bir kişinin 15 niteliğini gözden geçirin. Katılımcılardan "Ben..." cümlesini tamamlamaları için 10 ila 12 kelimeden oluşan bir liste yapmalarını; onlardan olumlu özelliklerine yani iyi yaptıkları veya bir başarı duygusu hissettikleri şeylere odaklanmalarını isteyin. Daha sonra her üyeye sesli okuması veya en az bir üye ile paylaşması için süre tanıyın.

Daha sonra, üyelerden "Yapabilirim..." cümlesini bitirmek için başka bir liste oluşturmalarını isteyin; bu liste, sahip oldukları güçleri ve mevcut güçlü yönlerini geliştirmek, yenilerini geliştirmek veya algılanan bir eksikliği gidermek için atabilecekleri adımları saymalıdır. Paylaşım için zaman tanıyın.

Süreç: Süreç, üyelerin listelerinin olumlu kısımlarını vurgulamasına yardımcı olmaya odaklanmalıdır. Listelerini, bir yardıma ihtiyaç duyduklarında tekrar başvurabilecekleri, kendi kendini onaylayan ifadeler şeklinde yeniden yazmalarını sağlayın.

Oturum 7

Program Alıştırması 6: Geleceğimin Kaskı

Hedefler: Üyelerin kişisel gelişimleri için hedefler oluşturmalarına yardımcı olmak.

Malzemeler: Büyük kâğıt veya gazete, her grup üyesi çifti için bir set keçe uçlu işaretleyici, boya.

Süre: 40 dakika.

Hazırlık: Malzemeleri toplayın ve her katılımcı için yeterli çizim alanı sağlayın.

Prosedür: Her üye için iki sayfa kâğıt veya gazete kâğıdı ve her iki üye için bir dizi işaretleyici dağıtın. Önceki alıştırmalardaki materyali kısaca özetleyerek alıştırmayı tanıtın. Üyeleri gözlerini kapatmaya ve 5 yaş büyük olduklarını hayal etmeye yönlendirin. Onlar ne yapıyor? Nasıl görünüyorlar ve hissediyorlar? Kişisel gelişim açısından en çok gurur duydukları şey nedir? Düşünmek için kısa bir süre bekleyin, ardından üyelerin gözlerini açmalarını ve gördüklerini çizmelerini sağlayın. Çizimler gerçekçi veya sembolik olabilir. Üyelerin çizimlerine başlık vermesini sağlayın. Üyelerden gözlerini kapatmalarını ve 10 yıl ileri sarmalarını isteyin. Aynı süreçten geçin. Her üyenin her iki çizimi de tanımlamasını sağlayın.

Süreç: Üyelerin belirlenen güçlü yönlerine odaklanmasını sağlayarak deneyimi işleyin. Grup 10'dan büyükse gönüllülerden ortaya çıkan güçlü yönleri paylaşmalarını isteyin. Daha küçük bir grupta herkes katkıda bulunabilir.

Not: Etkinliklerin bazıları, tek başına kullanıldığında yani burada açıklanan gibi bir programın parçası olmadığında daha büyük gruplarla yapılabilir. Daha büyük bir grup içinde kullanıldığında paylaşım fırsatları azalır ve ihtiyaç duyulan süre artar.

Oturum 8

Kapanış

Özet

Bu bölümde, öncelikli olarak psikoeğitim grupları, diğer grup türleri ile ele alınarak tanımlanmıştır. Okullarda sıklıkla kullanılan psikoeğitim gruplarının psikolojik danışma ve psikoterapi gruplarından farkını ortaya koymak için bu grupların karşılaştırılması yapılmış ve psikoeğitim gruplarının temel özellikleri açıklanmıştır. Daha sonra okullarda çocuklar ve ergenler için psikoeğitim grubu planlamasında dikkat edilecek genel ilkelere yer verilmiştir. Ayrıca okullarda psikoeğitim gruplarında önleme, geliştirme ve iyileştirmeye yönelik uygulamaları ile okullarda çocuk ve ergenler için psikoeğitim grup çalışma konuları incelenmiştir. Son olarak, çocuklar için örnek bir psikoeğitim grup planına yer verilerek grup oturumu uygulamaları açıklanmıştır.

Kaynakça

Akar, A. (2018). *Psikolojik sağlamlık programının ergenlerin psikolojik sağlamlık düzeyine etkisi.* (Yayınlanmamış Doktora Tezi). İstanbul, Maltepe Üniversitesi.

Akos, P., Hamm, J. V., Mack, S. G., & Dunaway, M. (2007). Utilizing the developmental influence of peers in middle school groups. *The Journal for Specialists in Group Work,* 32, 51-60.

Association for Specialists in Group Work (ASGW) (2000). Association for Specialists in Group Work: Professional standards for the training of group workers. *Journal for Specialists in Group Work,* 25, 327–342.

Association for Specialists in Group Work. (1990). *Ethical guidelines for group counselors and professional standards for the training of group workers.* Alexandria VA: Author.

Baker, B. S. (2001). Coping skills training for adolescents: applying cognitive behavioral principles to psychoeducational groups. *Journal for Specialists in Group Work, 26*(3), 219-227.

Binfet, J. T., & Gaertner, A. (2015). Children's conceptualizations of kindness at school. *Canadian Children, 40*(3), 27-40.

Bore, S. K., Armstrong, S. A., & Womack, A. (2010). School counselors' experiential training in group work. *Journal of School Counseling, 8*(26), 1-40.

Brown, N. W. (2018). *Psychoeducational groups: Process and practice.* Routledge.

Brown, N.W. (2013). *Psiko-eğitsel gruplar hazırlama ve uygulama rehberi* (Çev. V. Yorğun) Ankara: Anı Yayıncılık.

Brown, N.W. (2011). *Psychoeducational groups process and practice* (3nd ed.). New York, NY: Brunner Routledge.

Çivitçi, A. (2018). *Grup psiko-eğitimi* (2. Baskı) Ankara: Pegem.

Dagley, J. C., Gazda, G. M., Eppinger, S. J., & Stewart, E. A. (1994). Group psychotherapy research with children, preadolescents, and adolescents. In A. Fuhriman & G. M. Burlingame (Eds.), *handbook of group psychotherapy: An empirical and clinical synthesis* (pp. 340–369). New York: Wiley.

Davis, M. K., & Gidyez, C. A. (2000). Child sexual abuse prevention programs: A metaanalysis. *Journal of Clinical Child Psychology,* 29, 257–265.

DeLucia-Waack, J. L. (1997). Measuring the effectiveness of group work: A review and analysis of process and outcome measures. *Journal for Specialists in Group Work,* 22, 277–293.

DeLucia-Waack, Janice, L. (2006). *Leading psychoeducational groups for children and adolescents.* Sage Publications.

Dore, M. M., Nelson-Zlupko, L., & Kaufman, E. (1999). "Friends in need": Designing and implementing a psychoeducational group for school children from drug-involved families. *Social Work, 44*(2), 179-190.

Dowden, A. R. (2009). Implementing self-advocacy training within a brief psychoeducational group to improve the academic motivation of black adolescents. *The Journal for Specialists in Group Work, 34*(2), 118-136.

Durlak, J., & Wells, A. (1997). Primary prevention mental health programs for children and adolescents: A meta-analytic review [Special issue]. *American Journal of Community Psychology, 25*(2), 115–144.

Fagan, A. A., & Mihalic, S. (2003). Strategies for enhancing the adoption of school-based prevention programs: Lessons learned from the Blueprints for Violence Prevention replications of the Life Skills Training program. *Journal of Community Psychology. 31*(3), 235-253.

Gansle, K. A. (2005). The effectiveness of school-based anger interventions and programs: A meta-analysis. *Journal of School Psychology,* 43, 321–341.

Gazda, G. (1989). *Group counseling: A developmental approach* (4th ed.). Boston: Allyn & Bacon.

Geroski, A. M., & Kraus, K. (2002). Process and content in school psychoeducational groups: Either, both, or none. *Journal for Specialists in Group Work, 27*(2), 233-245.

Gerrity, D. A., & DeLucia-Waack, J. L. (2007). Effectiveness of groups in schools. *The Journal for Specialists in Group Work, 32*(1), 97-106.

Gladding, S. (1995). *Group work: A counseling specialty* (2nd ed.). Englewood Cliffs, NJ: Prentice Hall.

Gladding, S. T. (1998). *Counseling as an art: The creative arts in counseling* (2nd ed.). Alexandria, VA: American Counseling Association.

Hall, K. R. (2006). Solving problems together: A psychoeducational group model for victims of bullies. *The Journal for Specialists in Group Work, 31*(3), 201-207.

Hoag, M. J., & Burlingame, G. M. (1997). Evaluating the effectiveness of child and adolescent group treatment: A meta-analytic review. *Journal of Clinical Psychology,* 26, 234–246.

Horton-Parker, R. J., & Brown, N. W. (2002). *The unfolding life: Counseling across the lifespan.* Westport, CT: Praeger.

Johnson, S. K., & Johnson, C. D. (2005). Group counseling: Beyond the traditional. *Professional School Counseling,* 8, 399-400.

Kalter, N. (1998). Group interventions for children of divorce. In K. C. Stoiber & T. R. Kratochwill (Eds.), H*andbook of group ıntervention for children and families* (pp. 120–140). Boston: Allyn & Bacon.

Katz, P. (1990). The first few minutes: The engagement of the difficult adolescent. In Sherman Feinstein (Ed.), *Adolescent psychiatry.* Chicago: University of Chicago Press.

Kayler, H., & Sherman, J. (2009). At-risk ninth-grade students: A psychoeducational group approach to increase study skills and grade point averages. *Professional School Counseling, 12*(6), 434-439.

Kenny, M. C. (2009). Child sexual abuse prevention: Psychoeducational groups for preschoolers and their parents. *The Journal for Specialists in Group Work, 34*(1), 24-42.

Kivlighan, D. M., Jr., & Holmes, S. E. (2004). The importance of therapeutic factors: A typology of therapeutic factor studies. In J. L. DeLucia-Waack, D. A. Gerrity, C. R. Kalodner, & M. Riva (Eds.), H*andbook of group counseling and psychotherapy* (pp. 23–36). Alexandria, VA: Association of Specialists in Group Work.

Kulic, K. R., Horne, A. M., & Dagley, J. C. (2004). A comprehensive review of prevention groups for children and adolescents. *Group Dynamics: Theory, Research, and Practice,* 8, 139–151.

MacLennan, B., & Dies, K. (1992). *Group counseling and group psychotherapy with adolescents* (2nd ed.). New York:Columbia University Press.

Morgan, R. D. (2004). Groups with offenders and mandated clients. In J. L. DeLucia-Waack, D. A. Gerrity, C. R. Kalodner, & M. T. Riva (Eds.), H*andbook of group counseling and psychotherapy* (pp. 388–400). Thousand Oaks, CA: Sage.

Morganett, R. S. (1990). *Skills for living: group counseling for young adolescents.* Champaign, IL: Research Press.

Mutiso, V., Tele, A., Musyimi, C., Gitonga, I., Musau, A.and Ndete, D. (2017). Effectiveness of life skills education and psychoeducation on emotional and behavioral problems among adolescents in institutional care in Kenya: a longitudinal study. *Child and Adolescent Mental Health,* 1-8.

Nazlı, S. (2016). *Kapsamlı gelişimsel rehberlik programı.* 6.baskı. Ankara: Anı Yayıncılık.

Paisley, P. O., & Milsom, A. (2007). Group work as an essential contribution to transforming school counseling. *The Journal for Specialists in Group Work, 32*(1), 9-17.

Rice, K. G., & Meyer, A. L. (1994). Preventing depression among young adolescents: Preliminary process results of a psycho-educational intervention program. *Journal of Counseling and Development,* 73, 145-152.

Riva, M. T., & Haub, A. (2004). Group counseling in the schools. In J. Delucia-Waack, D. Gerrity, C. Kalodner, & M. Riva (Eds.) H*andbook of group counseling and psychotherapy* (pp. 309–321). Thousand Oaks, CA: Sage Publications.

Romano, J. L. (1992). Psychoeducational interventions for stress management and well-being. *Journal of Counseling and Development,* 71, 199-202.

Schechtman Z., & Ifargan, M. (2009). School-based integrated and segregated interventions to reduce aggression. *Aggressive Behavior,* 35, 342-356.

Seal, N. (2006). Preventing tobacco and drug use among Thai high school students through life skills training. *Nursing and Health Sciences.* 8, 164–168.

Shoshani, A., & Steinmetz, S. (2014). Positive psychology at school: A school-based intervention to promote adolescents' mental health and well-being. *Journal of Happiness Studies, 15*(6), 1289-1311.

Sink, C. A., Edwards, C. N., & Eppler, C. (2012). *School based group counseling.* Belmont, CA: Brooks/Cole Cengage Learning.

Smead, R. (2003). Enhancing groups with youth through the use of props. *The Group Worker,* 31, 11–14.

Sorensen, G., Gupta, P. C., Nagler, E., & Viswanath, K. (2012). Promoting life skills and preventing tobacco use among low-income Mumbai youth: effects of Salaam Bombay Foundation intervention. *Plos one, 7*(4), 1-7.

Tatarer, Z. (2020). *Çocuk ve ergenler için psikolojik sağlamlık programı'nın baba kaybı yaşamış çocukların psikolojik sağlamlık düzeyine etkisi.* (Yayınlanmamış Yüksek Lisans Tezi). İstanbul, İbn Haldun Üniversitesi.

Thomas, D. V., & Looney, S. W. (2004). Effectiveness of a comprehensive psychoeducational intervention with pregnant and parenting adolescents: a pilot study. *Journal of Child and Adolescent Psychiatric Nursing, 17*(2), 66-77.

Thompson, C. L., & Rudolph, L. B. (1988). *Counseling children* (2nd ed.). Pacific Grove, CA: Brooks/Cole.

Vera, E. M., & Reese, L. E. (2000). Preventive interventions with school–age youth.In S. D. Brown & R. W. Lent (Eds.), H*andbook of counseling psychology* (3rd ed.,pp. 411–434). New York: John Wiley.

Voltan Acar, N. (2012). *Grupla psikolojik danışma ilke ve teknikleri.* Ankara: Nobel Yayınları.

Whitehead, L., Allan, M. C., Allen, K., Duchak, V., King, E., Mason, C., Mooney, L., & Tully, S. (2018). 'Give us a break!': Using a solution focused programme to help young people cope with loss and negative change. *Bereavement Care, 37*(1), 17-27.

Wingett, W., & Milliren, A. (2008). Psychoeducational E5 groups for use in school. *The Journal of Individual Psychology, 64*(4), 494-505.

BÖLÜM 12

ÇOCUK VE ERGENLERLE PSİKOLOJİK DANIŞMADA ÇOK KÜLTÜRLÜ YAKLAŞIM

Eda Ermağan Çağlar

İçerik

Giriş

Dil, dinî inanç, engellilik durumu, ekonomik sınıf, ırk, etnik köken, cinsiyet kimliği ve cinsel yönelim, ulusal köken gibi bireyin kültürel kimliğini, hayat içerisinde kendini algılayışını şekillendiren her bir etmen aynı zamanda psikolojik danışmanlık sürecinin önemli noktalarını oluşturmaktadır. Psikolojik destek sürecinin en işlevsel ve kabul edici bir şekilde yürütülebilmesi de danışanın kültürel değerlerinin, yargılarının, danışana sunulan destekte onun kültürel dinamiklerinin göz önünde bulundurulmasına bağlıdır.

Birleşmiş Milletler Mülteciler Yüksek Komiserliği (BMMYK) (2021); doğal afetler, siyasi nedenler, savaşlar gibi çok sayıda nedenden ötürü dünya nüfus hareketliliğinin en yüksek hacminin yaşandığına dikkati çekmiştir. Birleşmiş Milletlerin 2021 raporuna göre 2019 yılı itibarıyla yaklaşık 80 milyon insanın yerinden edilmiş olduğu ve yerinden edilen bu grubun ise 26 milyonunun mülteci statüsüne sahip olduğu belirtilmiştir (The United Nations, 2021). Söz konusu raporda da belirtildiği üzere en çok sayıda mülteciye ev sahipliği yapan ülkelerden biri de Türkiye'dir (The United Nations, 2021). Türkiye yaklaşık 4 milyon mülteci ile dünya üzerinde en çok mülteciye ev sahipliği yapan ülkedir (UNHCR, 2020). Sadece Suriye Savaşı ve sonrasındaki nüfus hareketliliği bazında değerlendirdiğimizde, İçişleri Bakanlığı Göç Dairesi Başkanlığı (2023) güncel verilerine göre ülkemizde yaklaşık 3.6 milyon Suriyeli mülteci olduğu bildirilmektedir. 370 bini ise diğer ülkelerdendir (UNHCR). Bu bağlamda resmî raporlara yansıyan sayılardan da görüldüğü üzere bütün dünyada olduğu gibi ülkemizde de yaşanan sosyal değişimler, toplum yapısının bireyselci ve kollektif yapı arasındaki farklılaşmalar, çok kültürlü psikolojik danışma anlayışının gelişmesini gerekli kılmıştır.

Hem "ev sahibi" olan nüfus hem de yerinden edilmiş olan "misafir" nüfus göz önünde bulundurulduğunda bütün grupların kollektif değişime uyumlanmalarının sağlanması ve bütün gruplar için sürecin en sağlıklı şekilde sürdürülebilmesi amacıyla çok kültürlü yaklaşım anlayışı önemli görülmektedir. Kollektif bir bakışın yanı sıra yerinden edilme, mülteci olma hâlinin zemin hazırladığı psikolojik değişimler çerçevesinde ortaya çıkan bireysel ihtiyaçlar da konuya dair gerekliliğin önemini ayrıca artırmaktadır. Yerinden edilmiş ve/veya mülteci olan bireylerin göç öncesi kendi ülkelerinde karşı karşıya kaldıkları travmatik deneyimler (şiddet, işkence, yaşam şartlarında zorluklar, kayıplar vb.); ana vatanlarından ayrılmak ya da kaçmak zorunda kalmak, aile üyelerinden ayrılmak, diğer bir ülkeye göç sırasında yaşanan seyahat koşulları; mülteci kamplarında karşılaşılan yaşam koşullarına bağlı olarak yeniden travmaya maruz kaldıkları görülmektedir. Bununla birlikte, göç öncesi ve sonrası yaşanan yaşantı ve koşulların etkisiyle çeşitli psikolojik rahatsızlıklarla da karşılaşıldığı bilinmektedir. Silove ve arkadaşlarına (2017) göre en çok rapor edilen psikolojik rahatsızlıklar; travma sonrası stres bozukluğu, sağ kalma suçluluğu, yaygın anksiyete bozukluğu, uyku bozukluğu, depresyon, öfke ve şiddete eğilim, öğrenme güçlükleridir.

Belirtilen bireysel ve toplumsal dinamikler çerçevesinde ele alındığında, psikolojik destek hizmetlerinin en kapsayıcı ve etkili bir şekilde sunulabilmesi için çok kültürlü psikolojik danışma yaklaşımının gerekliliği açıkça ortaya konulmaktadır. Kültürel değişimin, sosyal uyum sürecinin en net yaşandığı alanlardan birinin de okulların olması çok kültürlü psikolojik danışma ihtiyacının öneminin daha çok değinilmesine zemin hazırlamış ve özellikle okullardaki mülteci çocuklara ve ailelerine yönelik sunulan destek hizmetlerinin yeniden düzenlenmesi gerektiği konusunu gündeme getirmiştir. Okulların mülteci çocukların toplumla bağ kurabilmelerinde (Rousseau ve Guzder, 2008) ve yeniden yaşama entegre olabilmelerinde bir köprü görevi görmesi de çok kültürlü psikolojik danışma yaklaşımının, çocuk ve gençlere sunulan psikolojik danışmanlık sürecinin ve psikolojik danışmanların çok kültürlü psikolojik danışma alanındaki yetkinliklerinin daha sistemli bir şekilde ele alınmasını gerekli kılmıştır.

Çok Kültürlü Yaklaşım ve Psikolojik Danışma

Sosyal bilimler alanında etkilerini gördüğümüz ve bilimsel düşünmenin şekillenmesinde etkili olan yapılandırmacı yaklaşım, psikolojik danışmanlık sürecinde çok kültürlülüğün tartışılmasına da zemin hazırlamıştır (Mahoney, 1995). Psikolojik danışmanlık ve psikoterapi bağlamında değerlendirildiğinde ise yapılandırmacı yaklaşımın dikkat çektiği üç önemli husus bulunmaktadır: gerçeğin anlamlandırılması ve yapılandırılmasında başvurulan yapıların yeniden gözden geçirilmesi; mevcut inançların ve davranış kalıplarının tekrar düzenlenmesi; kullanılmayan ve hizmet etmediği düşünülen yapıların gözden geçirilmesi ve yeniden kurgulanması (Vinson ve Griffin, 1999). Ayrıca bu yapılanmalar doğrultusunda, danışmanlık sürecinde psikolojik danışman tarafından kullanılan dilin daha etkili ve kapsayıcı olmasının önemi ifade edilmektedir (Vinson ve Griffin, 1999).

Son yıllarda çeşitli nedenlere bağlı olarak yaşanan nüfus hareketlilikleri ve beraberinde gelen toplumsal ve bireysel temelli müdahale yaklaşımlarında kültürel duyarlılık ön plana çıkmıştır. Bu noktada yapılandırmacı yaklaşımın da etkisiyle çok kültürlülüğe, çeşitliliğe, farklılığa yönelik duyarlılığın 21. yüzyıl psikolojik danışmanlık yaklaşımının merkezinde yer bulduğu dikkat çekmektedir. Sosyal adalet ve insan haklarına ilişkin artan farkındalıkla da birlikte çeşitli yaklaşım modellerinin geliştirildiği görülmektedir. Sürecin hem uzman hem de danışan tarafından ele alındığı *"üç aşamalı çok kültürlü danışmanlık ve terapi modeli"* de geliştirilen bu modellerden biridir (Jones, 2003).

Şekil 1 ve Şekil 2'de görüldüğü üzere söz konusu modelin birinci aşamasında evrensel yaklaşım, ikinci aşamasında grup düzeyinde yaklaşım ve üçüncü aşamasında birey düzeyinde yaklaşım ele alınmaktadır.

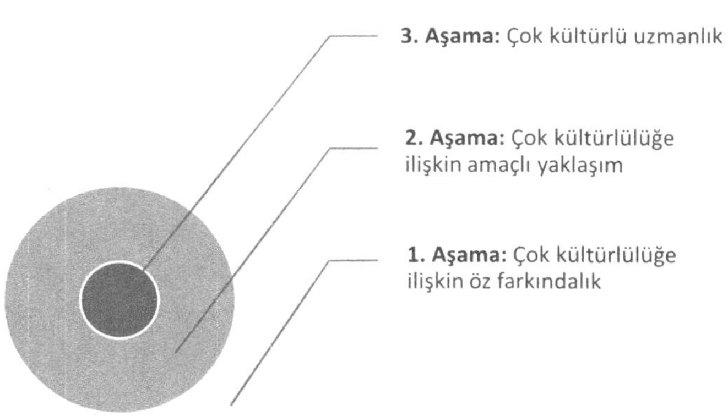

Şekil 1. Üç Aşamalı Çok Kültürlü Danışmanlık ve Terapi Modeli-Danışan (Jones, 2003)

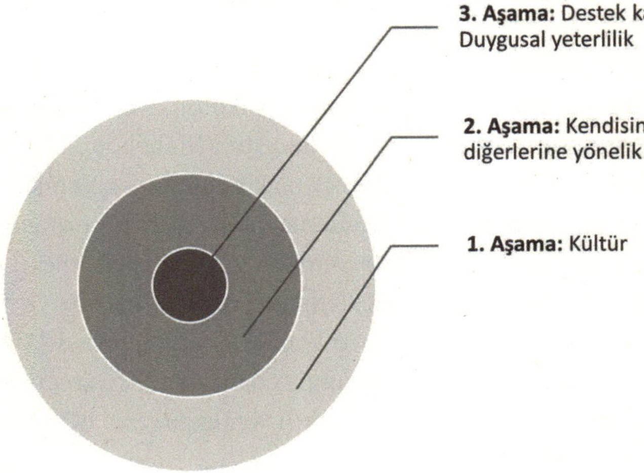

Şekil 2. Üç Aşamalı Çok Kültürlü Danışmanlık ve Terapi Modeli-Uzman (Jones, 2003)

Üç aşamalı çok kültürlü danışmanlık ve terapi modelinin birinci basamağı olan evrensel yaklaşım kapsamında genel psikolojik danışmanlık becerileri yer almaktadır. Bu beceriler, genel öğrenci popülasyonuna yönelik olan ya da özel bir duygusal problemi olmayan öğrenciler için başvurulan, standart önleme becerileridir. Açık uçlu soruların kullanımı, yeniden çerçeveleme, cesaretlendirme, duyguların yansıtılması, aktif dinleme, geri bildirim verme gibi mikro beceriler ele alınmaktadır. Mikro becerilerin yanı sıra kültürel farkındalık yine birinci basamakta gördüğümüz danışmanlık becerilerinden ilkidir. Danışmanın kendi kültürüne, değer ve inançlarına, ırk, etnik köken, sosyal statü ve benzeri herhangi bir insani duruma karşın ön yargılarına dair farkındalık kazanmış olması beklenmektedir. Reynolds (1999), söz konusu farkındalığın edinilebilmesi için süreğen ve kararlı bir içsel düşünme geliştirilmesi gerektiğini önerir. Ayrıca bir yansıtma tekniği olarak, psikolojik danışmanın danışmanlık becerilerini ve müdahalelerini etkileyebilecek her türlü ön yargısını fark edebilmesi ve bu yönde verebileceği olası tepkilerin önüne geçebilmesi için düzenli olarak bir günlük tutması, kendi gözlemlediği ön yargısal düşünce ve yaklaşımlarını not alması önerilmektedir (Jones, 2003). Benzer şekilde, psikolojik danışmanın otomatik tepkilerini fark edebilmesi ve ayrıca farklı kültürlere ve etkilerine dair bilgi, becerisini artırabilmesi için farklı kültürlerden uzmanlarla tartışma gruplarına, vaka analiz gruplarına katılması sunulan çözümler arasındadır. Psikolojik danışmanın, bu yöndeki merakını canlı tutması, sorular üretmesi ve sorulara dair cevaplar bulabilmek adına farklı kültürlerin özelliklerine açık olması önemlidir. Bu açık olma hâli psikolojik danışmanın profesyonel yaklaşımlarının da zenginleşmesine imkân sağlayacaktır. Diğer kültürlere ait olan ancak aynı zamanda o kültürlerin parçası olan müzik, masal, hikâyeler ve bu hikâyeleri içeren kitaplar, kültürel oyun ve oyuncaklar, etnik desenlerin keşfedilmesi, bu materyallerin danışanlarla yapılan görüşmelerde kullanılması; danışanların kendilerini otantik bir şekilde ifade etmelerini sağlayacaktır.

Gruba indirgenmiş olan ikinci basamak, belirgin problem alanlarına sahip çocuklara sunulan hizmetleri içermektedir. Sosyal işlev bozuklukları, duygusal sorunları, problem davranışları önceden tespit etmeyi ve önlem almayı ya da müdahale etmeyi amaçlamaktadır. Kültürel normların, dinî inançların, geleneksel inanışların okuldaki yansımalarının belirlenmesi bu aşamada önemlidir. Sunulacak hizmetlerin kültüre dayalı farklılıklar ve bunların okul ortamındaki yansımaları çerçevesinde değerlendirilmesi gerekmektedir. Ayrıca Ivey, DiAndrea, Bradford Ivey ve Simek-Morgan'ın (2002) bütüncül bir bakış açısına işaret eden teorilerine göre okullardaki bu sürecin "aile, birey, kültür" etkileşimi bağlamında betimlenmesi ve danışmanlık hizmetlerinin toplum, sosyal adalet, ırk, etnik köken, cinsiyet ve diğer kültürel faktörlerin birleşik etkisi çerçevesinde sunulması önemlidir. İletişim tarzı ve iletişimde kullanılan kavram ve kelimeler yine bu aşamada önemli görülmektedir. Psikolojik danışmanın iletişimde belirsizliğe ya da karşılıklı yanlış anlaşılmalara zemin hazırlamayacak boyutta ortalama bir dil kullanımı önerilmektedir. İletişim dilinin yanı sıra bu aşamada, psikolojik danışmanın dikkate alması gereken diğer hususlar birey odaklı yaklaşmakla birlikte ailenin toplumsal travmaları, kültürel geçmişi, içinde bulunduğu grubun tarihsel süreci (ayrımcılığa maruz kalma, toplumsa travmaları göç vb.); çocuğun ailesinin ve toplumunun terapiye, iyileşme sürecine dair inanç ve bakış açısı hakkında bilgi sahibi olması sunulacak psikolojik danışma hizmetinin etkililiğini belirleyecektir.

İkinci aşamada kullanılabilecek ve çok kültürlülüğe dair hassasiyeti sağlayacak diğer bir danışmanlık yaklaşımı ise Ivey, Pedersen ve Ivey (2001) tarafından geliştirilen "RESPECTFUL" yaklaşımıdır. Yaklaşımı oluşturan temel bileşenler aynı zamanda danışmanlık sürecinin ve müdahalenin planlanmasında göz önünde bulundurulan kültürel bileşenler olarak ele alınmaktadır. Bileşenlerin baş harflerinin seçilmesiyle tanımlanan yaklaşımın açılımı şu şekildedir:

(R) (religion and spirituality) din ve maneviyat

(E) (economic class background) ekonomik sınıf

(S) (sexual identiy) cinsel kimlik

(P) (psychological maturity) psikolojik olgunluk

(E) (ethnic and racial identity) etnik ve ırksal kimlik

(C) (chronological stage) kronolojik dönem

(T) (trauma) travma

(F) (family background) aile geçmişi

(U) (unique physical characteristics) kişiye özgü fiziksel özellikler

(L) (geographical location) coğrafik konum

Modelin üçüncü aşaması olan birey düzeyinde yaklaşım ise bireysel değerlendirme ve müdahaleyi içermektedir. Bu aşamada, bireysel müdahalenin planlanabilmesi sürecinde psikolojik danışmanlardan kültürel ve grup içi dinamikler dikkate alınarak bireysel bir tedavi planı yapılması beklenmektedir. Birinci ve ikinci aşamada elde edilen bilgi, beceri ve farkındalıkların analizi neticesinde çocuk ve ergenlerle çalışırken onların kültürel biricikliği üzerinden müdahaleler planlanır. Birinci ve ikinci aşamaya göre daha derin bir yaklaşımı içeren üçüncü aşama çalışmaları; bireysel danışmanlık, bireysel ve/veya aile terapileri, özel grup çalışmalarını kapsamaktadır. Yine bu aşamada ailenin sürece dâhil edilmesi çok önemlidir. Çocuk ve ergenlerle çalışırken sistemli bir değişikliğin sağlanabilmesi ailenin sürece entegre edilmesiyle sağlanacaktır. Ancak aileye ulaşmak her zaman kolay olmayabilmektedir. Özellikle mülteci çocuk ve ergenlerle çalışırken ailelere ulaşmak nispeten daha zor olabilmektedir. Aileye ulaşma hususunda kayıtlı bilgilerin eksik ve hatalı olması olasılığı olabildiği gibi ailenin kendi iç dinamikleri de (ayrımcılık endişesi, sosyal izolasyon, yanlış anlaşılma korkusu vb.) aileyi okulla iş birliği kurmaktan alıkoyabilmektedir. Bu noktada, psikolojik danışmanın yaratıcı ve kültürel etkinliklere başvurması ve aileye yönelik kabul edici, kapsayıcı tutumun ailelere hissettirilmesi önemli görülmektedir. Kültürlere özgü günlük yaşam özelliklerinin (yemekleri, kültürel kıyafetler, müzikler…) tanıtıldığı okul içi aktiviteler, aile sohbet günlerinin düzenlenmesi gibi sorun odaklı bir yaklaşımdan uzak kalarak sadece ailenin okulla iletişimini destekleyecek çalışmalar artırılmalıdır. Ayrıca bu tür etkinliklerle ailelerin katılımının sağlanmasının yanı sıra katılımı sağlayan aile bireyleri aracılığıyla çocuğun ve ergenin değişimini, kültürleşmesini ve tabii ki iyileşmesini destekleyen aile birey(ler)ini belirlemek de mümkün olacaktır.

Bu aşamada yapılacak olan çalışmaların etkililiğinin sağlanabilmesinin temelinde psikolojik danışmanın çok kültürlülüğe dair öz farkındalığı ve yatkınlığı yer almaktadır. Bu nedenle, psikolojik danışmanın hem kendi kültürel tarihine hem de danışanlar için kültürel okuryazarlığa açık olması beklenmektedir.

Mültecilere Yönelik Çok Kültürlü Psikolojik Danışma Yaklaşımı

Mültecilere yönelik sunulan psikolojik danışma hizmetleri planlanırken söz konusu grubun dinamiklerine bağlı olarak bazı temel hususların göz önünde bulundurulması gerekmektedir. Kondili ve arkadaşları (2022), yapmış oldukları olgu incelemesi çalışmasında, olguların kültürleşme, göç sonrası stres, ayrımcılık ve izolasyon, mültecileri etkileyen yasalar boyutunda ele alınmasını önermişlerdir.

Kültürleşme: Bir veya birden fazla kültürden gelen bireyin başka bir kültüre geçiş yapması olarak tanımlanan (Berry, 1997) kültürleşme sürecinde farklı kültürlerde yetişmiş bireylerin, karşılıklı etkileşime bağlı olarak davranış, kişilik, yaşam şekli, dil ve inançlarında değişimler gözlenir (Bilge Zafer, 2016). Bu noktada kültürleşme, karşılıklı etkileşim hâlinde olan bireylerin kültürel ve psikolojik değişim süreci (Bilge Zafer, 2016) olarak da ifade edilebilmektedir. Kültürleşmenin birey üzerinde olumlu ve olumsuz etkileri olabilmektedir. Yeni bir kültürün içinde yer almak bireye gelişim ve dönüşüm için yeni imkânlar sağlayabilirken; zorunlu göçe bağlı olarak ortaya çıkan psikolojik dinamikler çerçevesinde mülteciler için önemli bir stres kaynağı da olabilmektedir. Yeni bir dil öğrenmek, yeni kültürün günlük yaşam koşullarına adapte olabilmek gibi bireyin kişisel kaynaklarının zorlanmasına sebebiyet verebilmekte ve/veya ayrımcılığa maruz kalmak gibi yaşantılara bağlı durumlar birey için stres verici olabilmektedir. Ayrıca göç veya mülteci statüsü hakkında belirsizlik, dil ve iletişim engelleri, işsizlik, aile bireylerinden uzak kalmak ile ilgili endişenin yanı sıra yeniden bir araya gelmeye yönelik endişe, aile ve sosyal destek kaybı da yine bu süreçte ruh sağlığını etkileyen risk etmenleri (Kirmayer ve ark., 2011) olarak karşımıza çıkmaktadır. Bu bağlamda mültecilerle yapılan çok kültürlü psikolojik danışma kapsamında kültürleşmenin söz konusu boyutlar çerçevesinde değerlendirilmesi ve ruh sağlığı desteğinin bu yönde sağlanması önemli görülmektedir.

Göç sonrası stres: Ülkesini terk etmek durumunda kalan birçok mülteci, ülkesini terk etmeden önce işkence, cinsel istismar, savaş, tutukluluk, fiziksel saldırı, cinayet, soykırım gibi bireysel ve toplumsal olmak üzere çeşitli travmatik olayları yaşamakta ya da tanıklık etmektedir (Nicholl ve Thompson, 2004). Göç sırasında yaşanan göç koşulları, mülteci kamplarında maruz kalınan zorlu yaşam koşulları ve belirsizlik de bireylerin fiziksel ve psikolojik olarak olumsuz etkilenmesine neden olmaktadır. Bununla birlikte, göçün sonrasında karşı karşıya kalınan koşulların da bu travma sürecinin devam etmesinde etkili olduğu görülmektedir. Zorla yerinden edilme nedeniyle bireyler, kimlik belgeleri, maddi varlıkları, resmî belgeleri olmadan; işlerini, sosyal destek mekanizmaları ve kaynaklarını geride bırakarak (Nawyn ve ark., 2012) yeni bir ülkeye geliyorlar. Bu noktada öncelikli olarak temel yaşamsal ihtiyaçlarından yoksun kalmış olmak, göç sürecinin fiziksel sağlık üzerindeki olumsuz etkileri (Pascoe ve Smart-Richman, 2009) ve göç edilen ülkede bu yoksunlukların giderilmesine yönelik karşılaşılan belirsizlik, yaşanan stresin göç sonrasında da devam etmesine neden olmaktadır. Maddi ihtiyaçların (yeme, içme, barınma, güvenlik, yasal belgeler vs.) karşılanmasına yönelik deneyimlenen yoksunluk ve belirsizliklerin yanı sıra yeni bir kültüre uyum sağlama, dil öğrenme, ayrımcılık, marjinalleştirilme gibi göç sonrası faktörler de yaşanan göç sonrası stresin yıkıcılığını artırabilmektedir. Záleská, Brabcová ve Vacková'e (2014) göre göç edilen ülkenin yerel halkı tarafından maruz bırakılan dışlayıcı davranışlar, bireylerin uyum sürecine zarar verebildiği gibi psikolojik savunma mekanizmalarını da olumsuz etkilemektedir. Söz konusu bu koşullar ise mültecilerin ve ailelerinin travmaları ile başa çıkmalarında sınırlılık yaşamasına ya da başa çıkamamalarına neden olmaktadır. Damgalanma, sosyal dışlanmaya maruz kalma, marjinalleştirilme, kültürel farklılıklara bağlı yanlış anlama ve anlaşılmalar, dil farklılıklarına bağlı iletişimsizlik ya da iletişimsel belirsizliklerden (Lederbogen ve ark., 2011) kaynaklı travmalar da ruhsal sağlık hizmetlerine başvurulmasına ve iyileşmenin sağlanmasına engel olabilmektedir. Bu nedenle, mültecilere yönelik sunulan çok kültürlü psikolojik danışmanlık hizmetinde bireyin iyileşme sürecine getirdiği yaşantılarının birey-aile-toplum üçgeninde, göç öncesi - göç süreci - göç sonrası zaman akışında ele alınması ve bireyin ayrımcılık, damgalanma, marjinalleştirilmeye maruz kalma ihtimalleri göz önünde bulundurularak değerlendirilmesi gerekmektedir.

Ayrımcılık ve izolasyon: Mülteciler homojen bir grup değildir ve ırk, etnik köken, din, milliyet ve kültür olarak grup içi farklılıklar nedeniyle ayrımcılığa maruz kalmaya daha açıktırlar (Kondili ve ark., 2022). En sık karşılaşılan ayrımcılık türleri ise kötü muamele, saygısızlık, üstünlük hissiyle yaklaşma, aşağılanmış hissettirme, bireyin varlığından duyulan korkunun açıkça yansıtılması, lakap takma, kaliteli sağlık hizmetlerine erişimin sınırlılığı olarak belirtilmiştir (Interiano-Shiverdecker ve ark., 2021). Çalışmalar, bu ve benzeri yaklaşımlara maruz kalan mültecilerin stres, travma sonrası stres bozukluğu, depresyon, anksiyete bozuklukları, intihar eğilimi gibi ruhsal bozukluk sorunlarını yaşama oranının diğer gruplara göre daha yüksek olduğunu belirtmiştir (Işık ve Ertuğrul, 2022; Noh ve ark., 2018, Sangalag ve ark., 2018). Hem maruz kalınan ayrımcılık hem de göç ve ayrımcılığa bağlı olarak gelişen ruhsal bozukluklar aynı zamanda bireylerin sosyal izolasyonuna zemin oluşturabilmektedir. Bu da bireylerin içinde bulundukları ruhsal tablonun döngüsel bir şekilde devam etmesine ve kötüleşmesine neden olabilmektedir. Bu nedenle, psikolojik danışmanların mültecilerle yaptıkları danışmanlık görüşmelerinde hem danışanların kendisinin hem de aile üyelerinin söz konusu risk etmenleri ile ne düzeyde karşılaşmakta olduklarının değerlendirilmesi, bireylerin ve ailelerinin toplumla olan ilişkilerinin detaylı bir şekilde ele alınması önemli görülmektedir.

Mültecileri etkileyen yasalar: Mültecilere yönelik yapılan çok kültürlü psikolojik danışma hizmetlerinin bir diğer parçası da mülteci statüsünde olan bireylerin hak ve sınırlılıklarını kapsayan yasal düzenlemeler hakkında bilgi vermektir. Temel ihtiyaçlarının karşılanması, eğitim, sağlık ve destek hizmetlerinden yararlanabilmelerine yönelik farkındalık, ülkede kalabilme koşulları gibi çeşitli durumlara ilişkin yasal bilgilendirme, bireyin içinde yaşadığı belirsizliği ortadan kaldırabilecek ve belirsizlikten kaynaklı birçok ruh sağlığı sorunu açısından da koruyucu olacaktır. Bu nedenle, mültecilere danışmanlık hizmeti sunan psikolojik danışmanların yasal düzenlemeler ve süreçler hakkında bilgi sahibi olması ve bu bilgilerin danışanlar ile paylaşılması gerekmektedir.

Çocuk ve Ergenlerle Psikolojik Danışmada Çok Kültürlü Yaklaşım

Çocuk ve ergenlerle yapılan çok kültürlü psikolojik danışma görüşmelerinde danışanın problem durumunun bütün etki mekanizmaları bağlamında analiz edilmesi önemlidir. Çevresiyle kurduğu etkileşim çerçevesinde kendilik algısını oluşturmaya ve kimliğini tanımlamaya başlayan çocuk ve ergenlerde psikolojik danışmanlık desteğinin bu boyutta ele alınması; ruh sağlığına ilişkin desteğin kendilik algısına ilişkin boyutla ilişkilendirilerek değerlendirilmesi gerekmektedir. Bu nedenle, çok kültürlü yaklaşım kapsamında baktığımızda psikolojik danışmanlık sürecinde çocuk ve ergenden sadece kendisine, ailesine, akranlarına ilişkin bilgiler almak yeterli olmamaktadır. Bu alanlardaki bilgilerin yanı sıra bireyin geçmiş ve mevcut zamandaki kültürleşme geçmişine, ırk/etnik olarak kendini nasıl tanımladığına, parçası olduğu grubun toplum içerisindeki statüsünü nasıl algıladığına, kültürel olarak benimsediği kimliğe ve bu alanlarla kendini nasıl ilişkilendirdiğine dair bilgileri edinmek önemli görülmektedir.

Jones'un (2003) belirttiği Üç Aşamalı Çok Kültürlü Danışmanlık ve Terapi Modeli'nde de benzer başlıklara değinilmiş ve çocuk ve ergenlerle yapılan çok kültürlü psikolojik danışma görüşme modelinde aile, akran, ırk, etnik köken ve bireysel konular başlıklarına yer verilmiştir. Ele alınan kategoriler kapsamında çocuk ve ergenlerle yapılan çok kültürlü psikolojik danışma görüşmelerinde kullanılabilecek örnek sorular ise şu şekildedir (Jones, 1999; Jones, 2003):

***

Aile

- *Aile bireyleriniz size nasıl seslenir (ör., adınızla, lakabınızla)?*
- *Ebeveynlerinizin yanında size nasıl seslenmemi tercih edersiniz? Peki, danışmanlık seanslarında?*
- *Aileyi nasıl tanımlarsınız? Ailenizde kimler vardır?*
- *Aileniz (göç edilen ülkeden) nasıl ve ne zaman geldi? Ailenizin gelişindeki koşullar nelerdi?*
- *Nerede doğdunuz? Ailenizin büyük kısmı şu anda nerede yaşıyor?*
- *Günlük bakımınızla ilgili kararları kim verir (ör.; ulaşım, yemek, disiplin)?*

- *Korku, üzüntü hissettiğinizde ya da bir şey hakkında endişe duyduğunuzda kime başvurursunuz?*
- *Olumsuz bir şey olduğunda aileniz ne yapar? Nasıl tepki gösterir?*
- *Bugün bir iş seçecek olsanız bu iş ne olurdu? Aileniz bu işe onay verir miydi? Neden evet ya da hayır? Aileniz büyüdüğünüzde ne yapmanızı tercih eder? Yapmak isteyeceğiniz ama asla seçmeyeceğiniz iş nedir? Neden?*
- *Ailenizin iletişim şeklini tanımlayın.*
- *Aileniz duygularla nasıl başa çıkar?*
- *Aileniz psikolojik danışma ile ilgili ne düşünüyor? Siz ne düşünüyorsunuz?*
- *Aileniz hakkında çok az kişinin bildiği bazı şeyler nelerdir?*

Akran

- *Arkadaşlarınız kimlerdir? Kimlerle arkadaşlık edersiniz?*
- *Arkadaşlarınızla birbirinize benzer özellikleriniz nelerdir?*
- *Okulda akranlarınızla bir çatışma yaşadığınızda genellikle sebep ne olur?*
- *Okulda size en çok kim destek olur?*

Irk

- *Irksal kimlik olarak baktığımızda kendinizi nasıl tanımlarsınız?*
- *Eğer birden fazla ırka mensupsanız kendinizi hangi gruba daha yakın hissediyorsunuz?*
- *Irksal kimliğiniz diğer insanlarla olan ilişkilerinizi ne kadar etkiliyor?*
- *Irksal kimliğiniz okuldaki durumunuzu (performansınızı, ilişkilerinizi vb.) nasıl etkiliyor?*
- *Saç ve/veya ten rengi ile ilgili farklılıklara ilişkin sorunlar yaşıyor musunuz? Eğer evetse ne tür sorunlarınız yaşıyorsunuz?*
- *Irksal çatışmalara ilişkin deneyimleriniz oldu mu? Evetse ne tür deneyimler yaşadınız?*

Etnik Köken

- *Dinî inançlarınızı nasıl tanımlarsınız? / Hangi dine mensupsunuz?*
- *Aileniz hangi kilise/cami/sinagoga gider?*
- *Din ve maneviyat ailenizin günlük yaşantısını nasıl etkiler?*
- *Kadınların sorumluluklarının neler olduğuna inanırsınız? Peki ya erkeklerin?*
- *Yaşlı aile üyeleriyle ilişki kurma şeklinizde farklılıklar var mı? Eğer varsa örnek verebilir misiniz?*
- *Ev yaşantınıza dair kurallardan bazıları nelerdir?*

Bireysel Konular

- *En güçlü yönleriniz nelerdir? Peki ya zayıf yönleriniz?*
- *Stres altında ya da üzgün olduğunuzda bunu nasıl gösterirsiniz?*
- *Sizin için en stresli durumlar nelerdir?*
- *Sizi ne kızdırır; mutlu eder; üzer; korkutur?*
- ______ *duyguları hissettiğinizde daha iyi hissetmek için kendinize nasıl yardım edersiniz?*

Çocuk ve gençlerle yapılan çok kültürlü psikolojik danışma sürecinde kullanılabilecek bir diğer yöntem de *kültürel genogram* uygulamasıdır. Genogram uygulamasından farklı olarak kültürel genogramda kültürel farkındalığın ve hassasiyetin desteklenmesi amaçlanmaktadır. Buna ek olarak, kültürel genogramın düzenlenmesinde (1) kültürün aile sistemi ve dinamikleri üzerindeki etkisini daha açık bir hâle getirmek için görselleştirmek, (2) etkileşim hâlinde olunan grupları tanımlarken kültürel kimlikle ilişkilendirmesini yapabilmek, (3) kültürel temelli ön yargıları ve inançları daha görünür kılmak ve ön yargılar hakkında tartışabilmek, (4) kültür temelli duygusal tetikleyicileri (kültür odaklı çözülmemiş çatışmalar; dil, inanç, etnik köken vb. temelli toplumsal travmalar) fark edebilmek ve (5) danışmanlık yöntemini ve etkililiğini etkileyebilecek belirgin kültürel özellikleri (dil, jargon kullanımı, metaforlar, kültürel hassasiyetler vb.) fark edebilmek amaçlanmıştır (Hardey ve Laszloffy, 1995). Çocuk ve gençlerle yapılabilecek kültürel genogram çalışmasına ilişkin örnek diyagram Şekil 3'te sunulmaktadır.

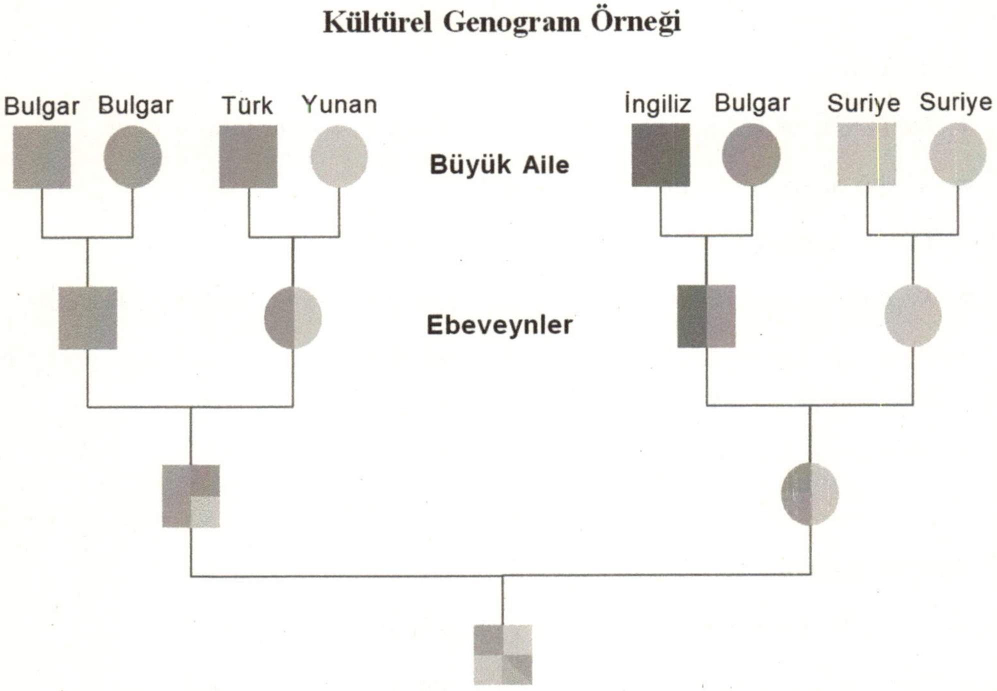

Şekil 3. Kültürel Genogram Örneği

Kültürel genogramı oluşturmak tek bir oturumun çalışması olarak görülmeden, her bir danışmanlık seansında dinamik bir şekilde uygulanmalıdır. Ailenin katılımının sağlandığı görüşmelerde de genogramda eklemelere gidilmesi danışanın kültürüne dair daha geniş çapta bilgi alınmasına imkân sağlayacaktır. Bu bağlamda yapılabilecek bir kültürel genogram çalışması, çocuk ve gençlerle yapılan çok kültürlü danışmanlık sürecinin akışının sağlanmasında da yardımcı olmaktadır. Danışmanlık sürecinde çocuk ve gençlerin sıklıkla zorlandıkları rapport kurma aşamasında için hem danışman için kolaylaştırıcı olmakta hem de “anlaşılmama ve kabul edilmeme kaygısı” yaşayan çocuk ve ergen için kendisine yönelik merakı somutlaştırması açısından sürece dair destekleyici ve teşvik edici olmaktadır.

Psikolojik Danışmanların Çok Kültürlü Psikolojik Danışma Yetkinliği

Çok kültürlü psikolojik danışma yetkinliği, uzmanın farklı bir kültüre ilişkin bağlamsal bir şema edinmesi ve söz konusu kültürel şemayı geliştirmesi ve psikolojik danışma sürecinde bu şemaya başvurmasıdır (Ridley ve ark., 1994). Çok kültürlü psikolojik danışma yetkinliğine ilişkin ilk çalışmalardan biri olarak kabul edilen ve 1982 yılında Sue ve arkadaşları tarafından yapılan çalışmada yetkinliklerin *üç başlık* altında ele alındığı dikkat çekmektedir. Bu başlıklar: *farkındalık*, *bilgi düzeyi* ve *beceriler*dir (Sue ve ark., 1982). Benzer şekilde, psikolojik danışmanlık sürecinde çok kültürlü bir yaklaşımın sağlanabilmesi için psikolojik danışmanların sahip olmaları gerektiği belirtilen üç özellikten bahsetmişlerdir:

1. Psikolojik danışmanın öz değerleri ve ön yargılarına ilişkin farkındalık sahibi olması,
2. Psikolojik danışmanın farklı kültürel değer ve özelliklere sahip olan danışanın dünya görüşü hakkında bilgi ve farkındalık sahibi olması,
3. Psikolojik danışmanın farklı kültürler bağlamında kültüre uygun yaklaşım ve müdahale yöntemlerini geliştirmesi, danışmanlık sürecinde bu yöntemleri kullanması.

Jones (2003), yapmış olduğu çalışma neticesinde, okullardaki çok kültürlü anlayış ve yaklaşımın geliştirilebilmesi amacıyla uzmanlar için aşağıda önerilere de yer vermektedir.

- *Kendi kültür, inanç ve değerlerini keşfetmeye devam etmeleri,*
- *Farklı bir ırktan ve/veya etnik kökenden bireylere psikolojik destek verebileceklerine inanmaları,*
- *Çok kültürlü psikolojik danışmanlık için süpervizyon desteği almaları,*
- *Kültürel okuryazarlığa önem vermeleri, bu konuda kendilerini geliştirmeleri,*
- *Çocuk ve aile aracılığıyla çocuğun kültürü hakkında daha fazla bilgi edinmeleri,*
- *Çocuğun ve ailenin kültürel normlarına ve davranışlarına dayalı olarak mikro becerilerini geliştirmeleri,*
- *Belirli bir etnik grup ile çalışırken grubun heterojen bir yapıya sahip olduğunu ancak kültürel değerlerinin temelinin homojen olma ihtimalini de göz önünde bulundurmaları,*
- *Öğrenci ve aileyle yapılan çalışmalarda kültüre bağlı davranış kalıpları, sendromlar ve benzeri durumlara ilişkin farkındalığa sahip olmaları,*
- *Psikolojik destek ve müdahalenin planlanmasında, süreç içerisinde ailenin aktif katılımının sağlanması,*

- *Danışmanlık hizmetine dair perspektifin danışanın kültürüne ait güçlü yönlerden belirlenmesi,*
- *Psikolojik destek hizmeti süresince çok kültürlülüğe ilişkin problem alanlarının keşfetmeye devam edilmesi,*
- *Çok kültürlü psikolojik danışmanlığın etkili bir şekilde sağlanabilmesi için uzmanlık becerilerinin geliştirilmesi; bu gelişimin dinamik olması.*

Holcomb-McCoy, 2004 yılında yapmış olduğu çalışmada, psikolojik danışmanların çok kültürlü danışmanlık yetkinliklerinin değerlendirilmesini ele almıştır. Amerika'da yürüttüğü çalışma kapsamında farklı kültürlerden gelen çocuklara daha etkili bir danışmanlık hizmeti sağlayabilmek için psikolojik danışmanların edinmesi gereken 51 yetkinlikten bahsetmiştir (Holcomb-McCoy, 2004). Belirtilen yetkinlik özelliklerinin ise (a) çok kültürlü danışmanlık, (b) çok kültürlü konsültasyon, (c) ırksal farklılıklara ve öğrenci direncine yönelik farkındalık, (d) çok kültürlü değerlendirme, (e) ırksal kimlik gelişimine yönelik farkındalık, (f) çok kültürlü aile danışmanlığı, (g) sosyal adalet savunuculuğu, (h) okul-aile-toplum iş birliğinin geliştirilmesi ve (ı) kültürler arası ve kişiler arası etkileşime yönelik farkındalık ana başlıkları altında yer verildiği görülmektedir (Holcomb-McCoy, 2004) (Psikolojik danışmanların çok kültürlü danışmanlık yetkinliklerinin değerlendirilmesini sağlayan söz konusu kontrol listesine bu bölüm sonunda yer verilmiştir). Roysircar ve arkadaşlarının (2005) da benzer hassasiyetlere vurgu yaptığı gözlenmektedir. Çok kültürlü bir yaklaşımın sağlanabilmesi için psikolojik danışmanların öz farkındalıklarını geliştirmelerine; kültürel farklılıklar, ırkçılık, sosyal sınıf farklılıkları ve toplum içindeki güç dengelerine yönelik verdikleri bireysel reaksiyonlarına karşı detaylı bir farkındalık kazanmalarına dikkat çekmiştir (Roysircar ve ark., 2005). Diğer yandan, uzmanın da kendi kültürel geçmişinden getirdiklerinin olduğunu, psikolojik danışman kimliğinin kültürel geçmişi ile uyum gösterdiğini ve bu getirilerin psikolojik danışmanlık sürecinde de kendini gösterme ihtimali olduğunu yani danışanlarını kendi kültürü doğrultusunda değerlendirebileceklerini unutmamaları gerekir (Aydoğan, 2022) ki yetkinlik modellerinde yer alan öz farkındalığın kazanılması boyutu bu noktaya cevap verecektir.

Sue ve arkadaşlarının sonraki çalışmalarında belirtilen bu özellikleri (1) tutum ve inançlar, (2) bilgi, (3) beceri ve (4) eylem olmak üzere dört boyutta daha detaylı bir şekilde ele aldığı görülmektedir. Çalışmalar sonucunda, Sue ve arkadaşları (1992) tarafından geliştirilen çok kültürlü danışmanlık yetkinlikleri, Çok Kültürlü Psikolojik Danışma ve Gelişim Derneği (Association for Multicultural Counseling & Development) tarafından kabul edilmiş; Ratts ve arkadaşları (2016) tarafından yapılan revizyonlar neticesinde danışmanlık teori, uygulama ve araştırmalarında uygulanmak üzere danışmanlara çok kültürlü ve sosyal adalet danışmanlık yetkinliklerine dair bir model sunulmuştur. Model hâlâ güncelliğini korumaktadır (Association for Multicultural Counseling & Development, 2023).

Çok Kültürlü Psikolojik Danışma ve Gelişim Derneği tarafından sunulan yetkinlik modeli psikolojik danışmanların davranışlarını kavramsallaştırmaya yönelik yeni bir modeldir. Modelde "kimlikler ile güç" ve "ayrıcalık ve baskı" dinamikleri danışmanlık ilişkisini etkileyen dinamikler olarak ele alınmış olup söz konusu dinamikler hem danışan hem de danışman açısından değerlendirilmiştir. Bir başka deyişle, Ratts ve arkadaşlarına göre (2016) kesişimsellik bağlamında danışan ve/veya danışman, biri diğerine göre kendini ayrıcalıklı ve/veya marjinal bir grubun üyesi olarak görebilir. Bu nedenle, danışmanlık sürecinde ele alınacak dinamiklerin ve uygulanacak müdahalelerin her iki taraf için de değerlendirilerek başvurulması önerilmektedir. Modele ait danışmanlık yeterlilik alanları ise dört düzeyde ele alınmaktadır:

1. Danışmanın öz farkındalığı,
2. Danışanın dünya görüşü,
3. Danışmanlık ilişkisi,
4. Danışmanlık ve savunuculuk müdahaleleri.

Her bir düzeye ait yetkinlikler ise Sue ve arkadaşlarının (1992) belirttiği üzere (1) tutum ve inançlar, (2) bilgi, (3) beceri ve (4) eylem olmak üzere dört boyutta detaylandırılmaktadır. Genel olarak ele aldığımızda, danışanın *tutum ve inançlar boyutu*nda toplumda ayrıcalıklı ve marjinal olarak kabul edilen grupların dünya görüşlerini, değerlerini, inanç ve ön yargılarını; grupların toplum içindeki statülerini, ayrıcalıklı ve marjinal olma hâlinden gelen statülerinin dünya görüşlerini etkilediğini, toplumsal avantaj ve dezavantajlarını kabul etmek ve ayrıcalıklı ve marjinalleştirilmiş olmalarına neden olan geçmiş kültürel dinamikleri öğrenmeye açık olmak; *bilgi boyutu*nda ayrıcalıklı ve marjinal olma durumu, yargıları, dünya görüşleri, değer ve inançları, ön yargılarına ilişkin farkındalığı sağlayacak kaynaklara ulaşmak, ayrıcalıklı ve marjinal olma durumuna zemin hazırlayan olaylar ve tarihsel süreç hakkında bilgi sahibi olmak, deneyimlerini ve dünya görüşlerini nasıl etkilediğini açıklayan teorilere ilişkin bilgi sahibi olmak, toplumda avantajlı ve dezavantajlı konumda olmalarını ne yönde etkilediğine ilişkin bilgi sahibi olmak; *beceri boyutu*nda bu bilgileri yansıtıcı ve eleştirel bir biçimde analiz etmek, eleştirel düşünme becerilerini edinmek, analizler neticesinde uygun müdahale yöntemlerini uygulamak, ayrıcalıklı ve marjinal olma hâlinin kişisel ve profesyonel yaşantılarını ne derecede etkilediğini açıklayabilecek değerlendirme becerilerine sahip olmak; *eylem boyutu*nda diğer üç boyutta sahip olunan yetkinlikleri edinebilmek ve mesleki müdahaleler çerçevesinde uygulayabilmek için eyleme dönüştürmek yetkinliklerine yer verilmektedir. Ayrıca, söz konusu model, danışmanların bu yetkinlikleri sosyal adalet savunuculuğu müdahaleleri olarak kişiler arası, kurumsal, topluluk, kamu politikası ve uluslararası/küresel olmak üzere birden fazla düzeyde hareket etmelerini tavsiye etmektedir (Ratts ve ark., 2016).

Özet

Psikolojik destek sürecinin işlevsel ve kabul edici yürütülmesi, danışanların kültürel değerlerinin, yargılarının, inançlarının ve özelliklerinin fark edilmesine ve danışana onun kültürel bağlamı kapsamında müdahale edilmesine bağlıdır. Son yıllardaki nüfus hareketlilikleri ve beraberinde gelen toplumsal ve bireysel temelli müdahale yaklaşımlarında kültürel duyarlılık ön plana çıkmaktadır. Bu noktada çok kültürlülük, çeşitlilik, farklılıklara yönelik duyarlılık 21. yüzyıl psikolojik danışmanlık yaklaşımının merkezinde bulunmaktadır.

Bu nedenle, çocuk ve ergenlerle çok kültürlü yaklaşım kapsamında çocuk, ailesi ve çevresi hakkında edinilen bilgilerin yanı sıra bireyin geçmiş ve mevcut zamandaki kültürleşme geçmişine, ırk/etnik olarak kendini nasıl tanımladığına, parçası olduğu grubun toplum içerisindeki statüsünü nasıl algıladığına, kültürel olarak benimsediği kimliğe ve bu alanlarla kendini nasıl ilişkilendirdiğine dair bilgileri edinmek önemlidir. Bu nedenle, söz konusu bölümde, Jones'un (2003) Üç Aşamalı Çok Kültürlü Danışmanlık ve Terapi Modeli'ne değinilmiş; çocuk ve ergenlerle yapılan çok kültürlü psikolojik danışma görüşme modelinde aile, akran, ırk, etnik köken ve bireysel konular başlıklarına yer verilmiştir. Kategoriler kapsamında çok kültürlü psikolojik danışma yaklaşımına uygun çocuk ve ergenlerle yapılan görüşmelerde psikolojik danışmanların kullanılabilecekleri örnek sorular paylaşılmıştır.

Kaynakça

Association for Multicultural Counseling & Development (2023). Multicultural social justice counseling competencies. https://www.multiculturalcounselingdevelopment.org/ Son Erişim Tarihi: 19.01.2022.

Aydoğan, M. (2022). Kültüre duyarlı okul psikolojik danışmanlığında bir teknik: Kültürel konulara önayak olmak. *Ege Eğitim Dergisi*, 23(3), 370-383. https://doi.org/10.12984/egeefd.1072354

Berry, J. (1997). Immigration, acculturation, and adaptation. *Applied Psychology,* 46(1), 5–34. https://doi.org/10.1111/j.1464- 0597.1997.tb01087.x

Bilge Zafer, A. (2016). Göç çalışmaları için bir anahtar olarak "kültürleşme" kavramı. *Uludağ Üniversitesi Fen-Edebiyat Fakültesi Sosyal Bilimler Dergisi,* 17(30), 75-92. doi: 10.21550/sosbilder.290739

Gergen, K. J., Gülerce, A., Lock, A. & Misra, G. (1996). Psychological science in Turkey. *American Psychologist*, 51(5), 496-503.

Holcomb-McCoy, C. (2004). Assessing the multicultural competence of school counselors: A checklist. *Professional School Counseling,* 7(3), 178–186. http://www.jstor.org/stable/42732560

Işık E. & Ertuğrul F. (2022). Mülteci ruh sağlığında güncel yaklaşımlar. *Sağlık Bilimlerinde Değer*, 12(1), 180-187. https://doi.org/10.33631/sabd.1055671

Ivey, A. E., Pedersen, P. B., & Ivey, M. B. (2001). Intentional Group Counseling: A microskills approach. Belmont, CA: Brooks/Cole.

Ivey, A. E., D'Andrea, M., Bradford Ivey, M., & Simek-Morgan, L. (2002). Theories of counseling and psychotherapy: A multicultural perspective (5th ed.). Boston: Allyn & Bacon.

İçişleri Bakanlığı Göç Dairesi Başkanlığı (2023). Geçici koruma. https://www.goc.gov.tr/gecici-koruma5638 Son Erişim Tarihi: 19.01.2022.

Hardy, K. V. & Laszloffy, T .A. (1995). The cultural genogram: Key to training culturally competent family therapists. *Journal of Marital and Family Therapy,* 21(3), 227-237.

Holcomb-McCoy C. C. (2005). Investigating school counselors' perceived multicultural competence. *Professional School Counseling*, 8(5), 414-423.

Jones, J. M. (1999). Multicultural interviews with children and adolescents. Unpublished manuscript.

Jones, J. (2003). Best practices in multicultural counseling. *National Association of School Psychologists,* 111(5), 1-13.

Kirmayer, L. J., Narasiah, L., Munoz, M., et. al. (2011). Common mental health problems in immigrants and refugees: General approach in primary care. *CMAJ,* 183(12), 959-966.

Kondili, E., Interiano-Shiverdecker, C. & Hahn, C. (2022). Counseling and social justice advocacy interventions with refugees: Two case studies. Journal of Multicultural Counseling and Development, 50(2), 219-229. https://doi.org/10.1002/jmcd.12270

Lederbogen, F., Kirsch, P., Haddad, L., Streit, F., Tost, H., Schuch, P., ... & Meyer Lindenberg, A. (2011). City living and urban upbringing affect neural social stress processing in humans. *Nature,* 474(7352), 498-501. https://doi.org/10.1038/nature10190

Mahoney, M. (1995). Theoretical developments in the cognitive and constructive psychotherapies. In M. Mahoney (Ed.), Cognitive and Constructive Psychotherapies (pp.3-19). New York: Springer Publishing Company. Matsumoto, D. (2000). Culture and Psychology (2nd Edition). Belmont, CA: Wadsworth.

Nawyn, S. J., Gjokaj, L., Agbényiga, D. L., & Grace, B. (2012). Linguistic isolation, social capital, and immigrant belonging. *Journal of Contemporary Ethnography,* 41(3), 255–282. https://doi.org/10.1177/0891241611433623

Noh, J., Park, H., Kim, M., Kwon, Y., Kim, J., & Yu, S. (2018). Experience on life satisfaction of North Korean refugees: Mediating effect of stress. *Psychiatry Investigation,* 15(1), 49–53. https://doi.org/10.4306/pi.2018.15.1.49

Nicholl, C., &Thompson, A. (2004). The psychological treatment of post traumatic stress disorder (PTSD) in adult refugees: A review of current state of psychological therapies. *J Ment Health,*13(4). 351-362.

Pascoe, E.A., & Smart Richman, L. (2009). Perceived discrimination and health: A metaanalytic review. *Psychological Bulletin*, 135(4), 531.

Ponterotto, J. G. (1996). Multicultural counseling in the twenty-first century. *Counseling Psychologist*, 24(2), 259-268.

Pope-Davis, D. B., Reynolds, A. L., Dings, J. G., & Ottavi, T. M. (1994). Multicultural competencies of doctoral interns at university counseling centers: An exploratory investigation. *Professional Psychology: Research and Practice,* 25, 466-470.

Ratts, M. J., Singh, A. A., Nassar-McMillan, S., Butler, S. K., & McCullough, J. R. (2016). Multicultural and social justice counseling competencies. *Journal of Multicultural Counseling and Development,* 44(1), 28–48. https://doi.org/10.1002/ jmcd.12035

Reynolds, A. L. (1999). Working with children and adolescents in the schools: Multicultural counseling implications. In R. H. Sheets & E. R. Hollins (Eds.), Racial and ethnic identity in school practices: Aspects of human development. Mahwah, NJ: Erlbaum.

Ridley, C. R., Mendoza, D. W., Kanitz, B. E., Angermeier, L., & Zenk, R. (1994). Cultural sensitivity in multicultural counseling: A perceptual schema model. *Journal of Counseling Psychology,* 41, 125-136.

Rousseau, C., & Guzder, J. (2008). School-based prevention programs for refugee children. *Child and Adolescent Psychiatric Clinics of North America,* 17(3), 533–549. https://doi.org/10.1016/j.chc.2008.02.002

Roysircar, G., Gard, G., Hubbell, R., & Ortega, M. (2005). Development of counseling trainees' multicultural awareness through mentoring English as a second language students. *Journal of Multicultural Counseling and Development,* 33, 17-33.

Sangalang, C., Becerra, D., Mitchell, F., Lechuga-Pena, S., Lopez, K., & Kim, I. (2018). Trauma, post-migration stress, and mental health: A comparative analysis of refugees and immigrants in the United States. *Journal of Immigrant and Minority Health,* 21(5), 909–919. https://doi.org/10.1007/s10903-018-0826-2

Silove, D., Ventevogel, P., & Rees, S. (2017). The contemporary refugee crisis: An overview of mental health challenges. *World Psychiatry,* 16(2), 130–139. https://doi.org/10.1002/wps.20438

Sue, D. W., Arredondo, P., & McDavis, R. J. (1992). Multicultural counseling competencies and standards: A call to the profession. *Journal of Multicultural Counseling and Development*, 20(2), 64–88. https://doi.org/10.1002/j.2161-1912.1992.tb00563.x

The United Nations (2021). UNHCR Global Trends 2019. https://www.unhcr.org/5ee200e37/ Son Erişim Tarihi: 12.12.2022.

UNHCR [Internet]. Türkiye'deki mülteciler ve sığınmacılar. https://www.unhcr.org/tr/turkiyedeki-multeciler-ve-siginmacilar Son Erişim Tarihi: 12.12.2022.

Vinson, M. L. & Griffin, B. L. (1999). Using constructivist approach to counseling in the university counseling center. *Journal of College Counseling,* 2 (1), 66-75. https://doi.org/10.1002/j.2161-1882.1999.tb00143.x

Záleská, V., Brabcová, I., & Vacková, J. (2014). Migration and its impact on mental and physical health: social support and its main functions. *Kontakt,* 16(4), e236-e241.

Ek: Psikolojik Danışman Çok Kültürlü Danışmanlık Yetkinliği Kontrol Listesi

		Yetkinlik	
		Karşılandı	Karşılanmadı
Çok Kültürlü Danışmanlık			
1.	Tutum, inanç ve değerlerim öğrencilerime en iyi şekilde danışmanlık hizmeti vermeme engel olduğu zaman bunu fark edebilirim.		
2.	İletişim tarzıma ilişkin kültürel temelleri belirleyebilirim.		
3.	Kültürün öğrencilerin yardım arama davranışlarını nasıl etkilediği konusunda fikir beyan edebilirim.		
4.	Bir psikolojik danışma yaklaşımının bir öğrenci için kültürel olarak ne derece uygunsuz olduğunu tanımlayabilirim.		
5.	Öğrencilere yönelik danışmanlık ve müdahale hizmetlerinde kültürel olarak uygun yaklaşımları kullanırım.		
6.	Etnik azınlık grubunda olan bir öğrencinin danışmanlık servisine başvurmasına engel olabilecek en az üç engel listeleyebilirim.		
7.	Destek sunma tarzımın kültürel olarak farklı bir öğrenci için uygun olup olmadığını öngörebilirim.		
8.	Kültürel olarak farklı kişiler hakkındaki kalıp inançların danışmanlık ilişkisini nasıl etkilediğine dair örnekler verebilirim.		
Çok Kültürlü Konsültasyon			
9.	Kültürün geleneksel konsültasyon yöntemlerini nasıl etkilediği konusunda farkındalık sahibiyim.		
10.	Çok kültürlü konsültasyona ilişkin en az bir modelden yararlanabilirim.		
11.	Kültürel ve/veya ırka dair konular konsültasyon sürecini etkilediğinde bunu fark edebilirim.		
12.	Danışanın ırkı ve/veya kültürü danışman için bir sorun teşkil ederse bunu tanımlayabilirim.		
13.	Eğer gerek duyulursa, konsültasyon sırasında ırk/etnik köken/kültüre dair konuları tartışabilirim.		

Irksal Farklılıklara ve Öğrenci Direncine Yönelik Farkındalık			
14.	"Beyaz" ayrıcalığını tanımlayabilir ve hakkında konuşabilirim. (*)		
15.	(Eğer Avrupa kökenli Amerikan veya beyaz tenli gruptaysam) Irkım nedeniyle nasıl ayrıcalıklı görüldüğüm hakkında fikir beyan edebilirim.		
16.	Eğitim kurumlarının ırkçı yaklaşımlarını/özelliklerini belirleyebilirim.		
17.	"Ön yargı"yı tanımlayabilir ve üzerinde tartışabilirim.		
18.	Okul içinde uygulanan ayrımcılığı ve ayrımcı uygulamaları fark ederim ve bunların uygulanmasına karşı çıkarım.		
19.	Irkçılığı ve danışmanlık süreci üzerindeki etkisini tanımlayabilir ve hakkında tartışabilirim.		
20.	Yaşanılan bir sorunun ırkçılıktan mı yoksa başkalarına yönelik ön yargılardan mı kaynaklandığını belirlemelerinde öğrencilere yardımcı olabilirim.		
21.	Öğrencinin gösterdiği direnç ve ırkçı tutum arasındaki ilişkiyi anlayabilirim.		
22.	Sınıf rehberlik ünitelerimde ırk ve ırkçılıkla ilgili konulara yer veririm.		
Irksal ve/veya Etnik Kimlik Gelişimine Yönelik Farkındalık			
23.	Irksal veya etnik kimlik gelişimi ile ilgili en az iki teoriyi tartışabilirim.		
24.	Öğrencilerimin yaşadıkları problemleri ve içinde bulundukları koşulları anlayabilmek adına ırksal/etnik kimlik gelişimi kuramlarına başvururum.		
25.	Danışmanlık sürecimi geliştirmek için kendi ırksal/etnik gelişimimi değerlendiririm.		
Çok Kültürlü Değerlendirme			
26.	Okullarda sıklıkla kullanılan iki değerlendirme aracının potansiyel ön yargılarını tartışabilirim.		
27.	Bazı öğrenci gruplarına karşı ön yargı içerebilecek değerlendirme araçlarını belirleyebilirim.		
28.	Değerlendirme bilgilerini, ebeveynlerin kültürel farklılıklarına uygun şekilde ele alabilirim.		

29.	Değerlendirmenin uygulama sürecinde ve çocukların değerlendirilmesinde ön yargısız ve adilim.		
30.	Değerlendirme sürecinin kültürel hassasiyet çerçevesinde yapılıp yapılmadığını tanımlayabilirim.		
31.	Değerlendirme sürecinin tanımlanmasında azınlık gruplarına karşı ön yargılı bir tutum varsa bunu tartışabilirim.		
Çok Kültürlü Aile Danışmanlığı			
32.	Aile danışmanlığı sürecini kültürel/etnik bir bakış açıdan ele alabilirim.		
33.	En az iki etnik gruba ait geleneksel cinsiyet rolleri, cinsiyet rollerine ilişkin beklentileri ve ritüelleri hakkında fikir beyan edebilirim.		
34.	Ebeveyni veya koruyucu ailesi (bakımvereni) farklı bir etnik kökenden olan bir aileye danışmanlık yaparken yaklaşım tarzımın ne zaman rahatsız edici hissettirebileceğini tahmin edebilirim.		
35.	Farklı kültürlere ait ebeveynlik ve disiplin yöntemleri hakkında fikir beyan edebilirim.		
Sosyal Adalet Savunuculuğu			
36.	Etnik azınlık gruplarında olan öğrencilerin gelişimini etkileyen psikolojik ve sosyal konulara ilişkin bilgi sahibiyim.		
37.	Danışmanlık yaparken, etnik azınlık mensubu öğrencilerin gelişimini etkileyen psikolojik ve toplumsal sorunları dikkate alırım.		
38.	Ailelerin ve diğer toplum üyelerinin okulla olan entegrasyonu sağlayabilmek için onlara yönelik çalışmalar yaparım ve onlarla iş birliği içinde çalışırım.		
39.	"Sosyal değişim ajanı"nı tanımlayabilirim.		
40.	Kendimi bir "sosyal değişim ajanı" olarak tanımlarım.		
41.	"Aktivist danışmanlık" yaklaşımının ne anlama geldiğini açıklayabilirim.		
42.	Öğrencilere yönelik müdahale çalışmalarını bireysel ve sistemik bağlamlar çerçevesinde planlarım.		
43.	Yoksulluk ve güçsüzlük gibi faktörlerin mevcut yaşamsal koşulları üzerindeki etkisi hususunda en az iki etnik grup hakkında fikir beyan edebilirim.		

Okul-Aile-Toplum İş Birliğinin Geliştirilmesi			
44.	Topluluk üyeleri, aileler ve okul personelinden oluşan okul-aile-toplum temelli bir "güçler birliği", "iş birliği takımı" vb. bir grup oluşturdum.		
45.	Öğrenciler ve ailelerin kullanabileceği/faydalanılabileceği toplumsal kaynaklar hakkında bilgi sahibiyim.		
46.	Endişeleri noktasında öğrencilere (ve ailelere) destek olabilmek için toplumda etkin kişi ya da kuruluşlarla iş birliği içinde çalışırım.		
Kültürlerarası ve Kişiler Arası Etkileşime Yönelik Farkındalık			
47.	Etnik azınlık grubunda olan öğrencilerin okul içerisinde sosyal olarak kabulünü etkileyecek tutum ve yaklaşımlar hakkında fikir beyan edebilirim.		
48.	Öğrencilerle olan etkileşimim hakkında onlardan geri bildirim vermelerini isterim.		
49.	Kültürel farklılıkları olan öğrencilere yönelik kabul edici/kapsayıcı yaklaşımımı sözlü olarak ifade ederim.		
50.	Kültürel farklılıkları olan öğrencilere yönelik kabul edici/kapsayıcı yaklaşımımı sözlü olmayan şekillerde ifade ederim.		
51.	Farklı kültürlerden gelen öğrencilerle olan etkileşimlerimde iletişim şeklime ve duygularımı yansıtma biçimlerime dikkat ederim.		

(*)Amerika'daki okullarda yapılan bu çalışmada "White privilege" (oriijinal metinde) yani "Beyaz ayrıcalığı" ile belirtilen bu kavram, baskın grup olarak kabul edilen gruba yönelik gösterilen ayrıcalıklı tutumu ifade etmektedir.

BÖLÜM 13

AİLE DANIŞMANLIĞI YAKLAŞIMLARI VE UYGULAMALARI

Asude Özdemir

Özgür Tönbül

İçerik

Giriş

Aile, eş alt sistemi, ebeveyn alt sistemi ve kardeş alt sistemi olmak üzere alt sistemlerden oluşan bir yapıdır. Bu yapının sağlıklı olması, bütün alt sistemlerin işlevlerini yerine getirmesiyle mümkün olmaktadır. Bu alt sistemlerden biri olan ebeveyn alt sisteminde hem ebeveynlerin çocuklarıyla kurdukları sağlıklı iletişim hem de çocukların ebeveynleri ile geliştirdikleri güvenli bağlanma çocukların ruh sağlığını olumlu yönde etkiler. Buna karşın aile içinde yaşanan tartışma, bu tartışmaya bağlı oluşan gerginlik; ebeveynler ve çocuklar için stres oluşturmakta ve sistemi zorlamaktadır.

Ebeveynler, bu zorluklarla başa çıkmaya çalışırken bazen istenmedik tepkiler verebilmekte ve bu tepkiler, ebeveynlerin hem birbiriyle hem de çocuklarla olan iletişimini bozmaktadır. Çocuklar da ebeveynleri gibi zorlayıcı durumlar karşısında istenmeyen davranışlar geliştirebilmekte ancak ailedeki diğer üyeler gibi yaşadıkları bu olumsuzluklardan nasıl etkilendiklerini sözel olarak ifade edemeyebilirler. Bunun yerine duygu ve düşüncelerini ebeveynlerinin ilgisini çekecek davranışlar göstererek, bazen de saldırgan bir biçimde ortaya koyarlar. Bu nedenle de ailesi tarafından sorunlu olarak görülen ya da günah keçisi ilan edilen çocuk konumunda olabilirler. Ebeveynler, böyle bir durumda çocukları ile iletişim kurmada zorlanabilecekleri için aile danışmanlığı desteğine gereksinim duyabilmektedirler.

Aile danışmanlığı, ailelerin ruh sağlığını ve işleyişini etkileyen sorunları çözmeye yardımcı olan, sağlıklı ve işlevsel aile ilişkileri geliştirmek ve sürdürmek için uygulanan profesyonel destek hizmetidir. Amaç, ailedeki sorunları tespit etmek ve ele almaktır. Bu sorunlar; duygusal, psikolojik veya davranışsal olabilir. Bu problemlerin ele alınmasında aile danışmanının rolü büyüktür. Aile danışmanı, aile üyelerinin her birinin hem kendileriyle hem de birbirleri ile daha güçlü ilişkiler kurmasına ve aile içinde yaşanan çatışmaları yönetmesine yardımcı olmaktadır.

Ailedeki ilişki örüntülerine odaklanan aile danışmanlarının, aile üyelerine ve özellikle çocuklara aile içinden ya da çevreden kaynaklanan sorunları çözmeleri için verdikleri destek büyük önem taşımaktadır. Eğer aile, aile danışmanına çocuğun yaşadığı problemler ile ilgili başvurmuş ise aile danışmanının ilk işi tüm aile üyeleriyle özellikle çocuk ile güvenli bir ilişki kurmasıdır. Çocuk güvende hissetmediği bir ortamda kendini açmakta zorlanır. Çocuk ve danışman arasında güven sağlandıktan sonra, çocuğun yanında ebeveynlere çocukla gerçekleştirilecek danışma süreci hakkında bilgi verilir. Çocuk, ebeveynlerinin bilgisi ve onayı dâhilinde bu sürecin gerçekleştiğini hisseder ve ebeveynlerin desteğini alırsa kendini seanslarda daha rahat ifade edebilir. Bunun yanında önemli bir diğer nokta da çocuğun danışmaya neden geldiğinin farkında olmasıdır. Çocuk, danışmaya neden geldiğinin farkında olmadığı sürece, seansları oyun oynamak veya sadece zevk almak için bulunduğu bir yer olarak algılayabilir. Psikolojik danışmanın, çocuğun bu durumu en iyi şekilde anlaması için çocuğa bilgi vermesi ve ebeveynlerinin de desteğini alması süreci kolaylaştıracaktır (Geldard ve Geldard, 2009).

Danışmanın çocukla olan seansları akıcı bir şekilde yürütmesinde kendi benliği ile uyumlu olması ve kendi içindeki çocukla temas hâlinde olması çok önemlidir. Ancak bununla birlikte Geldard ve Geldard'ın (2008a) belirttiği gibi unutulmaması gereken bir nokta danışmanların çocuklarla çalışırken duygusal tarafsızlığa sahip olmaları ve empatik yaklaşmalarıdır. Seanslarda psikolojik danışman tarafından kendisine empatik yaklaşılan çocuklar, kendilerini daha rahat açarlar ve kendileri için zor olan konuları paylaşabilirler. Bu konuları paylaşmayı sağlayan unsurların en önemlilerinden birisi, oyun terapisi tekniklerinin kullanımıdır. Özellikle kuklalar ve yumuşak oyuncaklarla gerçekleştirilen oyunlar, yaratıcılık içeren imaginatif oyunlar çocuğun iç dünyasını yansıtır ve danışmana çocuk hakkında veri sağlar. Kuklalar ve oyuncak bebekler kullanılarak çocuklarla hikâyeler oluşturulabilir ve oyuncak hayvanlar kullanılarak yapılan aile genogramı sayesinde ailenin genel yapısı ile ilgili bilgi edinilebilir.

Özetle, aile danışmanlığı seansları yürütülürken ailenin bir sistem olarak ele alınması, aile sisteminin etkileşim kalıplarının daha rahat değerlendirilmesini ve işlevselliğin hangi noktada bozulduğunu görmeyi sağlar (Crethar, Snow ve Carlson, 2004). Bu bölümde, çocuk ve ergenlerle aile danışmanlığı uygulamaları, depresif çocuk ve ergenler, DEHB tanısı almış çocuk ve ergenler, davranış problemi olan çocuk ve ergenler, boşanmış ebeveynlere sahip çocuk ve ergenler ve evlat edinilmiş çocuk ve ergenlere yönelik aile danışmanlığı uygulamalarına yer verilmiştir.

Çocuk ve Ergenlerle Aile Danışmanlığı Uygulamaları

Çocuk ve ergenlerle aile danışmanlığı uygulamalarında bulunan psikolojik danışmanların bazı noktalara dikkat etmesi gerekir. Northey, Wells, Silverman ve Bailey (2002) bu noktaları şöyle belirtirler:

- Genellikle aile danışmanlığı sürecine çocuk ve aile üyeleri birlikte dâhil edilirler.
- Aile danışmanlığı sürecinde aile bir sistem olarak kabul edildiğinden sadece çocuğun ihtiyaçlarına odaklanılmaz, aynı zamanda ebeveynlerin veya diğer aile üyelerinin de ihtiyaçlarına odaklanılır.
- Ailenin etkileşimde bulunma ve düşünme yollarının çocuğun problemli davranışlarını nasıl etkilediği değerlendirilir.

Yukarıdaki noktalara dikkat etmekle birlikte çocuk ve ergenlerle yürütülen aile danışmanlığı sürecinde temel amaç, danışmaya getirilen problemin içeriğine bağlı olarak değişir. Genellikle bu amaçlar, anne babalara ebeveynlik becerilerinin öğretilmesi, aile üyelerinin problem çözme becerilerinin geliştirilmesi, aile içerisindeki olumsuz etkileşim örüntülerinin değiştirilmesi, aile sisteminde uyumun, desteğin ve yakınlığın kurulması ve aile ilişkilerinin yeniden yapılandırılmasıdır (Smith Adcock ve Tucker, 2021).

Crespi, Gustafson ve Borges (2006), çocuk ve ergenlerle yürütülen aile danışmanlığında, boşanma sorunu, maddenin kötüye kullanımı, ebeveyn ihmali ile fiziksel ve psikolojik taciz gibi sorunlarla karşılaşıldığını ifade etmektedirler. Bu yüzden Widerman ve Widerman (1995), okul psikolojik danışmanlarının önleyici ruh sağlığı hizmeti açısından önemli bir pozisyonda olduğunu belirtmektedirler. Bu görüşe ek olarak Lewis (1996), okullarda yürütülen psikolojik danışma sürecinin aile danışmanlığı ile bütünleşmiş şekilde olması gerektiğini belirtmiştir. Gerrard (2008) ise çocuk ve ergenlere sunulan psikolojik desteğin ilk basamağı okul olduğu için okul temelli aile psikolojik danışmanlığı modelini önermektedir. Ülkemizde psikolojik danışmanların okul ortamında istihdam edilmesiyle hem çocuk hem de ailelerle yürütülen çalışmalar aile danışmanlığının önemini artırmaktadır (Tönbül, 2020).

Çocuk ve ergenlerle aile danışmanlığı sürecini yürütürken hangi kuramsal yaklaşıma bağlı kalırsanız kalın, danışmanlık sürecinde uygulanması gereken belirli aşamalar bulunur. Smith-Adcock ve Tucker (2021) bu aşamaları şöyle belirtirler:

(1) İlk görüşmede ailenin uyumunu kolaylaştırma: Çocuk ve ergenlerle aile danışmanlığı sürecinde ilk olarak ebeveynler ile görüşülerek bilgiler toplanır. Ebeveynlerin çocuk olmadan danışmaya alınmasının nedeni, çocuğun kendini sorunlu hissetmesinin önüne geçilmek istenmesidir. Ayrıca ilk oturum ile ebeveynlerin psikolojik danışma sürecine ilişkin yanlış inançları da düzeltilir. Süreç ile ilgili kendilerinden beklenenler net şekilde ifade edilir. Böylece ailenin danışmaya uyumu kolaylaştırılır.

(2) Terapötik ilişkinin kurulması ve amaç belirleme: Terapötik ilişki aile ile kurulan ilk iletişim anında başlar. Aile danışmanlığı sürecinde terapötik iletişimi kurma ve sürdürmeye kendisini rahat ifade edebilen aile üyesi ile başlanır. Böylece diğer aile üyeleri iletişim kurma sürecine rahatlıkla katılabilir. Terapötik ittifakın oluşmasıyla birlikte ailenin amaçları belirlemesi için cesaretlendirilmesi gerekir. Bu konuda psikolojik danışman uzman rolünü devreye sokarak amaç belirleme müdahalelerinde bulunmalıdır.

(3) Sorunu belirleme ve aile yapısını değerlendirme: Aile danışmanlığı uygulamalarında sorunu belirlemek amacıyla tüm aile üyeleri oturumlara katılır. Sorun belirlenirken aynı zamanda ailenin yapısı değerlendirilir. Değerlendirme sürecinde ailenin alt sistemleri, aile üyeleri arasındaki sınırlar, hiyerarşi, iletişim kalıpları incelenir.

(4) Müdahale süreci: Bu aşama hem sorunun değerlendirilmesi hem de amaçlara ulaşılması için müdahale tekniklerinin uygulanması sürecidir. Aile danışmanlığının kuramsal yaklaşımlarına ait müdahale teknikleri kullanıldığı gibi çocuk ve ergenlerle psikolojik danışma sürecinde kullanılan birçok teknik eklektik olarak kullanılabilmektedir.

Yukarıda genel olarak hangi kuramsal yaklaşıma göre süreç yürütülürse yürütülsün aile danışmanının dikkat etmesi gereken aşamalar verilmiştir. Bu aşamalara ek olarak, spesifik konularda kanıt temelli aile danışmanlığı yaklaşımlarının kullanılması daha yararlı olacaktır. Aşağıda çocuk ve ergenlerde karşılaşılan spesifik konularda aile danışmanlığı uygulamalarına yer verilmiştir.

Depresif ve Kaygılı (Anksiyeteli) Çocuk ve Ergenlerle Aile Danışmanlığı Uygulamaları

Üzüntülü olma, keyif alamama ve hiçbir şeye ilgi duymama ile karakterize olan depresif duygu durum ile çocuk ve ergenlerde sıklıkla karşılaşılabilmektedir. Çocukluk dönemi depresyonu belirtileri her çocukta farklı belirtiler gösterebilir. Ayrıca her çocuk için farklı zorluklara neden olabilir. Bu zorluklar bilişsel, sosyal ve duygusal gelişim alanlarında olabilir (Rao ve Chen, 2009). Psikososyal açıdan yaşanan zorluklar uzun süre devam edebilir. Buna bağlı olarak belirtiler; üzgün olma, sinirlilik, uyku sorunları, ilgisizlik ve keyifsizlik boyutunda dalgalanabilir. Ayrıca depresif çocukların sosyal etkileşim kurdukları arkadaş ortamlarından çekilmeler yaşadığı görülebilir (Brent, 2018).

Depresif çocuk ve ergenler, danışma sürecine genellikle umutsuz, çaresiz ve yalnızlık duyguları ile gelirler. Çoğunlukla da ebeveynleri tarafından anlaşılmadıkları için ebeveynlerine kızgındırlar. Ayrıca bağlanma ve yakınlık konusunda da sorunlar yaşamaktadırlar (Diamond, Diamond ve Liddle, 2000). Depresif çocuğa sahip ebeveynler açısından ise durum içinden çıkılamaz bir hâle dönüşebilir. Ebeveynler çocuklarına yardımcı olamadıkça hüsrana uğrar, umutsuzca çocuklarına yardımcı olmaya çalışırken sorun içinden çıkılmaz bir hâl alabilir (Diamond ve Liddle, 1996).

Aile danışmanlığı uygulamalarının kanıt temelli yaklaşımlarından olan Bağlanma Temelli Aile Danışmanlığı (BTAD) depresif çocuk ve ergenlerde faydalı bulunmuştur. Bu araştırmaların biri Amerikan Ulusal Akıl Sağlığı Enstitüsü tarafından 32 ergenle yürütülmüştür (U.S. Department of Health and Human Services, 2001). 12 haftalık Bağlanma Temelli Aile Danışmanlığı uygulaması sonucunda ergenlerin %81'inde depresyon belirtilerinin görülmediği belirtilmiştir (Diamond ve diğ., 2002). Ayrıca intihara meyilli ergenlerin intihar eğilimlerinin azaldığı, depresif ebeveynlere yönelik BTAD psikoeğitim programlarının ebeveynlerin depresif belirtilerini azalttığı belirlenmiştir (Diamond, Siqueland ve Diamond, 2003).

Depresif çocuk ve ergenler için Bağlanma Temelli Aile Danışmanlığı belirli aşamalarda sunulur. BTAD uygulaması, öncelikle ailenin bağlanma bağını bozan ve güveni zedeleyen geçmiş ve şimdiki çatışmaları tanımlamasına ve tartışmasına yardımcı olmaya odaklanır. Bu sorunlardan bazılarının çözümü için ailenin çocuk ve ergenin özerkliğini teşvik etmesi, akademik performansını ve okula devamlılığı artırmak, sosyal aktiviteleri geliştirmek gibi amaçlar ile bağlanma görevleri oluşturulur. Bu hedeflere ulaşmak için beş danışmanlık görevi geliştirilmiştir (Diamond ve Diamond, 2002).

Bu görevlerden ilki *İlişkisel Yeniden Çerçeveleme Görevi*, ailenin odağını çocuk ve ergenleri düzeltmekten aile ilişkilerini geliştirmeye kaydırarak danışmanlık sürecinin temelini oluşturur (Diamond ve Siqueland, 1998). İkinci olarak *Ergen İttifak Kurma Görevi*, psikolojik danışman-danışan bağını güçlendirmek, anlamlı bireysel ve aile odaklı danışma hedefleri geliştirmek ve çocuğu ebeveynleriyle temel çatışmaları tartışmaya ikna etmek için genellikle çocuk veya ergenle tek başına yapılır. Üçüncü görev olan *Ebeveyn İttifakı Oluşturma Görevi* ise ebeveynliği etkileyebilecek kişisel stres faktörlerini ve köken aile geçmişini araştırır (Diamond, Diamond ve Liddle, 2000). Ebeveynler, kendi bağlanma başarısızlıkları geçmişleri için empati kurduklarında, çocuklarının travmalarına ve hissettikleri adaletsizliklere karşı daha şefkatli hâle gelirler. Bu yumuşamış durumda, bağlanmayı onarma görevini kolaylaştırmak için gerekli olan duygusal koçluk ebeveynlik becerilerini (Gottman, Katz ve Hooven, 1996) öğrenmeye daha açık olurlar.

Bu ilk üç görev, dördüncü görev olan *Bağlanma Görevinin* temelini oluşturur (Diamond ve Stern, 2003). Bu görevde, ebeveyn duyarlılık ve empati ile çocuğa karşılık verirken çocuk veya ergen endişelerini açıklar. Çocuk ve ebeveyn yeni, daha olgun bir konuşma kapasitesi geliştirdikçe monolog diyaloga dönüşür. Bu tartışma, diğerinin başarısızlıklarının karşılıklı olarak kabul edilmesini ve aynı zamanda gelecekteki saygı ve iletişime yönelik ortak bir taahhüdü teşvik eder. Son olarak ise *Yeterliliği Teşvik Etme Görevi*, çocuk ya da ergenin kendi özerkliğini ve yeterliliğini keşfedebileceği yeni, güvenli bir temel olarak ebeveynleri kullanarak, okuldaki ve akranlarıyla olan hayatını yeniden inşa etmesine yardımcı olur. Bu beş görev ile BTAD uygulamaları çocuk ve ergen ile ebeveynlerin bağlanma örüntülerinin onarılması, bu sayede depresif belirtilerin azaltılması amaçlanmaktadır (Diamond ve diğerleri, 2002).

Depresif çocuk ve ergenler için geliştirilen Bağlanma Temelli Aile Danışmanlığı yaklaşımı ayrıca anksiyete düzeyi yüksek çocuk ve ergenler için yeniden uyarlanmıştır. BTAD-A şeklinde kısaltılan anksiyete uyarlamasında depresyon için geliştirilen beş görevin bakış açısı korunarak dört temel görev belirlenmiştir (Siqueland, Rynn ve Diamond, 2005): (1) kaygı hakkındaki ebeveyn inançları, (2) kaygılı davranış için aile modellemesi, (3) kaçınmanın teşvik edilmesi ve (4) iletişim ve çatışma müzakeresi ile ilgili psikolojik kontrol. Anksiyeteli çocuk ve ergenler için geliştirilen bu yaklaşım genel olarak ebeveynlere ve çocuklara özerklik vermeye odaklanır.

Kaygı düzeyi yüksek bir çocuğa sahip olan ailelerde ebeveynlik ve kaygı hakkındaki aile inançları, çocuk ve ergenin yaşam zorluklarıyla başa çıkma becerisini ciddi şekilde etkileyebilir. Birçok ebeveyn, kaygıyı tehdit edici, ne pahasına olursa olsun kaçınılması gereken bir şey olarak görür. Sonuç olarak çocuklarını ve kendilerini bu deneyimlerden korumaya çalışırlar (Siqueland, Rynn ve Diamond, 2005). Bu, kaçınma ve bağımlılığı teşvik eden ebeveynlik davranışlarına yol açar. Daha da ilerisi ise ebeveynin psikolojik kontrol kullanmasıdır. Bu durumda ebeveynler, aile içindeki farklı bakış açılarını, duyguları ve deneyimleri, özellikle de öfke ve üzüntü gibi olumsuz etkileri olan duyguları caydırıcı rol üstlenirler. Bu aileler, genellikle farklılıkların veya çatışmanın ifadesinin yakın ilişkilerine zarar vereceğine veya yakın ilişkilerin kaybına yol açacağına inanırlar. Bu dinamikler, çocukların ebeveynlere olan bağımlılığını güçlendirir; bu da yetersizlik duygusunun hâkim olduğu benlik kavramını güçlendirir. Ne yazık ki kaygılı çocuk ve ergenler anne babalarına o kadar bağımlı hâle gelmişlerdir ki bu dinamiklerin sürdürülmesine anne babalar kadar onlar da katkıda bulunmaktadırlar (Diamond ve diğerleri, 2000).

Anksiyeteli çocuk ve ergenlere yönelik BTAD-A'nın çerçevesi ise şu şekilde belirlenmiştir (Siqueland ve diğ., 2005). İlk oturumda; ebeveynlerin, çocuk ve ergenin kaygılı davranışı hakkında ne düşündüğü, bu davranışı nasıl ele aldığı ve çocuk ya da ergen bu sorunları azaltmaya veya üstesinden gelmeye çalışırken onlara nasıl yardımcı olduğu belirlenir. İkinci seans ise yalnızca çocuk ya da ergenin katıldığı bir terapötik ittifak kurma oturumudur. Genel bağlanma aşamasından sonra psikolojik danışman; bireysel arzuları, korkuları ve özerklikle ilgili engelleri araştırır. Çocuk ya da ergenin anksiyetesi ile ilgili olan aile sorunları ise genellikle çocukların ebeveynlerini korumaya çalışması ya da üzeceklerine dair kaygıları, ebeveynleri ile yaşadıkları çatışmadan rahatsızlık duymaları ya da ebeveynlerinin onları anlamadığını hissetmeleri etrafında döner. Bu yüzden terapötik ittifak kurma oturumu takiben üç veya dört bireysel BDT beceri oturumu ile problem tanımlama oturumu gerçekleştirilir.

Yalnızca ebeveynlerle ittifak kurma oturumu ise çocuk ya da ergenle gerçekleştirilen BDT oturumları sırasında bir arada gerçekleşir. Oturum, ebeveynlerin kendi endişelerini ve korkularını belirlemeye ve bu endişelerin ebeveynlerin ergenin özerkliğini kısıtlamasına ve kaçınmasını teşvik etmesine nasıl yol açabileceğine odaklanır. Psikolojik danışman, ebeveynlerin çocuk ve ergenin kırılgan olduğuna ilişkin görüşlerini yeniden incelemelerine yardımcı olur, ebeveynlerin çocuk ve ergeni tehlikeden koruma eğilimine meydan okur ve onu zorluklardan kaçınması için cesaretlendirir (Diamond ve Stern, 2003).

Geri kalan yaklaşık sekiz seans, özel duruma göre belirlenen ebeveyn-çocuk, tek başına çocuk veya yalnızca ebeveyn oturumlarının kombinasyonlarını içerir. Seanslar, bireysel çocuk ve ebeveyn seanslarında belirlenen BDT, maruz kalma terapisi ve aile temarına odaklanır. Tartışmalar doğrudan aile inançlarını ele alabilir veya güncel sorunlara odaklanabilir; her ikisi de psikolojik kontrolü güçlendiren ve özerklik inşasını sınırlayan etkileşim kalıplarını değiştirmek için fırsatlar sunar (Siqueland ve diğerleri, 2005).

Vaka Örneği

Ayşe, 12 yaşında 5. sınıfa devam eden ön ergenlik döneminde olan bir kız çocuğudur. Ailesi, okul başarısızlığı ile ilgili olarak okul psikolojik danışmanı ile görüşmüştür. Görüşmede Ayşe'nin ilkokul döneminde aktif, neşeli, arkadaşlarıyla vakit geçiren ve derslerinde başarılı bir çocuk olduğu ifade edilmiştir. Ardından okul psikolojik danışmanı Ayşe'nin dersine giren öğretmenleri ile görüşmüş ve onlardan geri bildirim almıştır. Öğretmenleri, Ayşe'nin genelde mutsuz, dalgın, sırasından kalkmayan ve ağlamaklı bir hâlde olduğunu ifade etmişlerdir. Bunun üzerine okul psikolojik danışmanı Ayşe ile bireysel danışma sürecine başlamış ve Ayşe'nin depresif duygu durumunun yoğun olduğunu fark etmiştir. Yaklaşık üç oturum sonunda okul psikolojik danışmanı, Ayşe'nin ailesiyle görüşüp çocuk ve ergen psikiyatristine yönlendirmesini yapmıştır. Ancak Ayşe'nin psikiyatrik değerlendirmesine ek olarak bireysel psikolojik danışma sürecinin devam edeceği ve aile danışmanlığının da devreye gireceğini belirtmiştir.

Ayşe'ye çocukluk çağı depresyonu tanısı konmasıyla birlikte okul psikolojik danışmanı, Ayşe ve ailesi arasındaki ilişkiyi geliştirmeye yönelik bir dizi oturumlar düzenlemiştir. Bağlanma Temelli Aile Danışmanlığı yaklaşımı ile okul psikolojik danışmanı sürece müdahale etmiştir. Okul psikolojik danışmanı, Ayşe'nin yaşadığı depresyona yönelik ailenin bakış açısını değiştirmek için ilk olarak *İlişkisel Yeniden Çerçeveleme Görevi* uygulamıştır. Ayşe ve ailesi arasındaki etkileşimi inceleyen psikolojik danışman, var olan sürecin sadece Ayşe'nin yaptıklarını düzeltmek ya da sürekli eleştirmek üzerine kurulu olduğunu görmüştür. Bunun üzerine aile ilişkilerini geliştirme müdahalesinde bulunmuştur. Anne ve babaya yönelik kısa bir psikoeğitim süreci ile çocuk ile ilişki geliştirme basamakları anlatılmıştır. İkinci olarak ebeveynlere *İttifak Kurma Görevi* verilmiştir. Bunun için ebeveyn ve çocuk arasındaki çatışma konuları belirlenmiştir ve ardından ebeveynlere iletişim becerileri eğitimi verilmiştir. Çatışmada yumuşak bir dil kullanılması istenmiştir. Ardından *ebeveynlerin geçmişi* incelenmiştir. Kendi aile yaşamlarında neler yaşadıkları, ebeveyn tutumları konuşulmuştur. Yaşadıkları stresin şu anki ebeveynlik becerilerini etkilediği gösterilmiştir. Ebeveynlerin, kendi bağlanma başarısızlıklarını fark edip geçmişleriyle empati kurmaları sağlanmıştır. *Bağlanma Görevi* ile ebeveynlerin duyarlılık ve empatiyle çocuğa karşılık vermesi sağlamıştır. Ayşe, koşulsuz dinlendiğini fark edince var olan endişelerini ve korkularını açıklamıştır. Birbirleri ile daha sıcak bir iletişim kurmuşlardır. Son olarak ise *Yeterliliği Teşvik Etme Görevi* ile Ayşe'nin kendi özerkliğini ve yeterliliğini keşfedebileceği yeni, güvenli bir ortam hazırlanmıştır. Ebeveynler süreci kontrol ederek, okul hayatı, akademik dersleri ve akran ilişkileri yeniden düzenlenmiştir. Bu beş görev ile BTAD uygulamaları sonucunda Ayşe'nin depresif belirtilerinde azalmalar olduğu görülmüştür.

Dikkat Eksikliği ve Hiperaktivite Bozukluğu Olan Çocuk ve Ergenlerle Aile Danışmanlığı Uygulamaları

Dikkat Eksikliği ve Hiperaktivite Bozukluğu (DEHB), çocukluktan yetişkinliğe uzanan kronik ve zayıflatıcı bir bozukluktur. Epidemiyolojik araştırmalar, çocuk ve gençlerin yüzde 3 ila 5'inin DEHB kriterlerini karşıladığını göstermektedir (Angold, Erkanli, Egger ve Costello, 2000). Tarihsel olarak bozukluğu tanımlamak için çeşitli etiketler kullanılmış olsa da klinik tanımlamalar şu anda ana özellikleri olarak kabul edilen dikkatsizlik, hiperaktivite ve dürtüsellik (Amerikan Psikiyatri Birliği, 2013) açısından oldukça sabit kalmıştır.

Dikkatsizlik, hiperaktif ve dürtüsel davranışlarla ilgili birincil sorunlara ek olarak, DEHB'li çocuklar ve ergenler, değerlendirme ve tedaviyi zorlaştıran ek komorbid durumlar ve işlevsel eksikliklerden de muzdarip olabilirler. Bu komorbid durumların başında Karşıt Gelme Bozukluğu ile Davranım Bozukluğu gelmektedir. Diğer komorbid durumlar ise öğrenme güçlüğü (Barkley, 1996), kaygı bozuklukları (Biederman, Faraone ve Lapey, 1992; Hinshaw, 1992; Conners ve Erhardt, 1998), duygudurum bozuklukları (Biederman ve diğerleri, 1992; Fischer, Barkley, Smallish ve Fletcher, 2002) ve madde kötüye kullanımıdır (Fischer ve diğerleri, 2002).

Bu ilişkili rahatsızlıklara ilaveten daha yeni araştırmalar, DEHB'li çocukları ek risk altına sokan işlevsel sonuçlara odaklanmıştır. Araştırma sonuçları, DEHB'li çocukların dürtüsel davranışlarla ilgili dört kata kadar daha fazla kaza eğilimli olduklarını göstermiştir (Taylor, Sandberg, Thorley ve Giles, 1991; Barkley, 2003). Bu durum ise sadece DEHB'li bireyi daha fazla yaralanma ve hatta ölüm riskine sokmakla kalmaz, aynı zamanda bu bireylerin deneyimlerinin duygusal ve finansal sonuçlarıyla baş başa kalan ailelerine olağanüstü bir ek stres yükü getirir (Barkley, Murphy, DuPaul ve Bush, 2002).

DEHB'li çocukların aile etkileşimlerine bakıldığında şaşırtıcı olmayan bir şekilde, normalden daha yüksek düzeyde anlaşmazlık ve uyumsuzluk olduğu görülür. DEHB'li çocuklar, ebeveynlerinin talimatlarına daha az uyarlar, dikkatlerini daha kısa süreler boyunca sürdürürler, verilen görevi devam ettirme olasılıkları daha düşüktür ve DEHB olmayan aynı yaştaki akranlarına göre daha fazla olumsuz davranış sergilerler. DEHB'li çocukların anne ve babalarının daha fazla yönlendirici ve emredici cümleler kullandığı, daha az onaylama gibi olumsuz davranışlarda bulunduğu görülür (Anderson, Hinshaw, ve Simmel, 1994). DEHB'li çocuklar ve ebeveynleri ile yapılan araştırmalar, DEHB olmayan çocuklar ve ailelerine kıyasla DEHB'li ailelerde yüksek düzeyde negatif etkileşimlerin, öfkeli çatışmaların ve birbirlerine karşı daha az olumlu ve kolaylaştırıcı davranışların devam ettiğini göstermektedir (Barkley, Anastopoulos, Guevremont ve Fletcher, 1992; Barkley, Fischer, Edelbrock ve Smallish, 1991; Edwards, Barkley, Laneri, Fletcher ve Metevia, 2001).

Aile içindeki bu etkileşimsel sorunlar aile yapısındaki bozulmaların varlığını göstermektedir. Bu yüzden Yapısal Aile Danışmanlığı kavramlarının DEHB'de etkili şekilde kullanıldığı görülür (Sonuga-Barke ve diğerleri, 2001). Bu kavramlardan birisi olan uyumlu aile işleyişinde tüm aile üyelerinin sağlıklı gelişimini destekleyen yapısal bir organizasyon vardır. Ailede otorite hatlarını tanımlayan hiyerarşik bir organizasyon mevcuttur. Ailede ebeveynler hiyerarşinin en üst seviyesinde yer alırlar. Bu bağlamda günlük hayatı yöneten genel yapısal kalıpları ve kuralları oluşturmak için birincil sorumluluğu üstlenirler (Fischer ve diğerleri, 2002). Ebeveyn alt sistemi iyi çalışıyorsa ebeveynler birlikte iletişim kurabilir ve problem çözebilir; aile yönetimi ve çocukların bakımı ve disiplini için sorumluluğu paylaşmak konusunda iş birliği yaparlar. İyi işleyen bir ailede, ebeveyn alt sistemi ve evlilik alt sistemi birbirini destekler ve tamamlar (Berkley ve diğ., 2002).

Aile yapısının başka bir yönü, kimin kime, ne zaman ve nasıl katıldığını gösteren yakınlık ve mesafe kalıplarını tanımlayan sınırlarla ilgilidir (Berkley, 2003). Dağınık sınırları olan ailelerde, aile üyeleri müdahaleci bir şekilde birbirleriyle ilgilenirler. Çocukların ebeveynlere veya birbirlerine erişimine ve onlarla etkileşimine sınır koyan hiçbir kural yoktur. Aile üyeleri, birbirlerinin sözünü kesip konuşurlar, birbirlerinin alanı ve eşyaları konusunda tartışmasız özgürlükler kullanırlar ve kişisel mahremiyete saygı göstermezler (Angold ve diğ., 2000). Katı sınırları olan ailelerde, aile üyeleri birbirinden kopuktur ve birbirleriyle çok az etkileşime girerler. Bu ailelerde, yakınlık ve karşılıklı destek pahasına bağımsızlık vurgulanır (Johnston ve Mash, 2001). Geçirgen sınırlara sahip ailelerde çocuklar, bağlanma ve aidiyet duygularını desteklemek için gerektiğinde ebeveynlerine erişebilirler. İdeal durumda, ebeveynler ve çocuklar birbirlerine yakınlığı ve bağlanma duygusunu destekleyecek şekilde dâhil olurlar ve ebeveynler gerektiğinde sınır ihlallerine de sınırlar koyarlar. Çocuklar, ebeveynlerle nasıl ve ne zaman temas ve yakınlık bekleyeceklerini öğrenirler ve ayrıca temas ve yakınlık sınırlarını kabul etmeyi öğrenirler (Johnston, 1996).

Yapısal Aile Danışmanlığına göre dikkatsizlik, dürtüsellik ve hiperaktivite belirtileri olan DEHB'li çocuk, evde ebeveynleri rahatsız eden ve sinirlendiren davranışlar sergiler. Özellikle çocuk aynı zamanda karşı gelme belirtileri de gösterirse anne babanın çocuğun davranışlarını kontrol etme girişimleri çocuk tarafından direnç, inat ve duygusal tepkisellik ile karşılanır. Böyle bir tepki, ebeveynleri daha da olumsuz duygusal ve davranışsal tepkilerle (öfke, patlama) tepki vermeye iter ve bu da çocuğun direncini, itaatsizliğini ve öfkesini daha da şiddetlendirir. Bu artan, uyumsuz karşılıklı değişim örüntüleri, yalnızca çocuğun yetersiz düzenlenmiş davranışını şiddetlendirmekle kalmaz, aynı zamanda ikincil karşıt komorbiditenin gelişimi ve sürdürülmesine neden olur (Patterson ve diğ., 1992).

DEHB'nin Yapısal Aile Danışmanlığı açısından kavramsallaştırılmasıyla birlikte psikolojik danışman; aile yapısını, aile rol işlevlerini, aile etkileşim dinamiklerini ve ebeveynlerin çocuğun bu ciddi ve kronik durumu tedavi etmek için ihtiyaç duyabileceği kapsamlı planı uygulama planına eklemelidir. Aile danışmanlığı süreci; hassas, duyarlı, çocuğun ve ailenin ihtiyaçlarına uyarlanabilir olmalıdır (Edwards ve diğ., 2001).

Bu açıdan bakıldığında DEHB'li ailelere yönelik yürütülecek aile danışmanlığı uygulamalarında ilk oturumlarda, çocuk ve ergenin DEHB belirtilerinin değerlendirilmesi, çocuk ve ergen psikiyatristi ile iş birliğinin kurulması, ebeveynlerin bu konu hakkındaki fikirleri gibi birçok konu değerlendirilir (Barkley, 2003). Değerlendirme süreci sonrası tüm ailenin DEHB'ye katıldığı psikoeğitim süreci başlar. Tüm ailenin, DEHB'nin tembellik, anlamsızlık veya yaramazlık gibi bir durum olmadığı, aksine nöropsikolojik, beyin temelli bir rahatsızlık olduğu mesajını duyması gerekir. Bu, DEHB'li çocukların kendileriyle ilgili yaşadıkları suçluluk ve utancın, aile üyelerinin yaşadığı öfke, küskünlük ve düşmanlığın bir kısmının hafiflemesinde ilk adım olabilir. Bu da aile üyeleri arasında daha fazla kabul görme ve iş birliği için zemin hazırlar (Angold ve diğ., 2000). Psikoeğitim süreci aile danışmanlığı uygulamalarının ilk oturumlarında verilebileceği gibi daha sonraki aşamalarda gerekli görüldüğü anlarda da verilebilir. Psikoeğitimde dikkat edilmesi gereken en önemli nokta, açıklamaların yaşa uygun şekilde yapılmasıdır (Fischer ve diğ., 2002).

Vaka Örneği

Ali, ilkokul ikinci sınıfa devam eden 8 yaşında bir çocuktur. Öğretmeni tarafından sınıfta yerinde duramama, dikkatini sürdürememe, verilen görevi yapmama, izin almadan sınıfta gezinmeleri ve aşırı şekilde konuşmaları nedeniyle okul psikolojik danışma birimine yönlendirilmiştir. Okul psikolojik danışmanı tarafından yapılan görüşmelerde Ali'nin Dikkat Eksikliği ve Hiperaktivite belirtilerini karşıladığı görülmüştür. Ailesi ile yapılan görüşmeler sonucunda Ali'nin küçük yaşlardan itibaren hareketli olduğu, evde de kurallara uymadığı, sürekli kardeşi ile kavga ettiği, ödevlerini zorla yaptığı, ödevini yaparken dikkatinin çok çabuk dağıldığı gibi belirtilerinin olduğu fark edilmiştir. Aile çocuk ve ergen psikiyatrisine yönlendirilmiştir.

Tıbbi boyutuyla birlikte ilaç tedavisine ek olarak psikolojik danışman, Yapısal Aile Danışmanlığı tekniklerinin uygulandığı psikoeğitim sürecini başlatmıştır. Ebeveynlere ilk olarak Ali'nin DEHB tanısı ile ilgili neler düşündükleri sorulmuştur. Babası Ali'nin yaramazlık yaptığını, annesi ise disiplinsiz olduğunu söylemiştir. Ali'nin ebeveynlerine DEHB ile ilgili tanıtıcı bilgiler verilmiştir. DEHB'nin psikiyatrik bir rahatsızlık olduğu, Ali'nin yaramaz ve dersleri öğrenemeyen birisi olmadığı belirtilmiştir. Ali'nin yaptığı davranışların DEHB'nin belirtileri olduğu belirtilerek ebeveynlere farkındalık kazandırılmaya çalışılmıştır. Bunun sonucunda ebeveynlerin koşulsuz kabul becerileri artırılarak Ali ile kurduğu iletişim güçlendirilmiştir.

Psikoeğitim sürecinde ailenin yapısı değerlendirildiğinde eş alt sistemi ile ebeveyn alt sisteminin birbirine karıştığı görülmüştür. Aile üyeleri arasında dağınık sınırların olduğu ve herkesin birbirine müdahale ettiği bir ortam olduğu belirlenmiştir. Bunun üzerine psikolojik danışman ebeveynlerin hiyerarşik yapısını düzenlerken Ali'nin ve diğer kardeşinin anne baba ile kuracağı etkileşimler yapılandırılmıştır. Ayrıca ebeveynlerin eş alt sisteminde sorunlar olduğu belirlenmiştir. Bunun için eşlerin eş alt sistemi ile ebeveyn alt sistemi arasındaki sınırı oluşturmaları, eş olarak birlikte vakit geçirme, kararlar alma ve uygulama süreçleri hızlandırılmıştır. Ebeveynler ve çocuklar arasındaki dağınık sınırların DEHB belirtilerini artırdığı, bundan dolayı sınırların net olduğu, çocuktan istenen şeyler konusunda açık olunduğu yeni sınırlar oluşturulmuştur.

Ali'nin ilaç kullanımının etkisini göstermesi, ebeveynleriyle kurduğu etkileşimin sağlıklı hâl alması, aile yapısının olumlu değişiklik göstermesi ile evdeki kaos ortamı yerini sakinliğe bırakmıştır. Ebeveynler, aldıkları aile danışmanlığı ile etkili ebeveynlik becerilerini sergilemişlerdir.

Davranış Problemi Olan Çocuk ve Ergenlerle Aile Danışmanlığı Uygulamaları

Çocuk ve ergenlerde var olan davranış sorunları, onların normal gelişimsel becerilerde ustalaşma ve çevreleri ile ilişki kurma yeteneklerini engeller. Otoriteye meydan okuma, başkalarının kişisel ve mülkiyet haklarının ihlali ve madde kullanımı gibi davranış problemleri; ebeveynlerin, öğretmenlerin ve bir bütün olarak tüm toplum için büyük bir endişe kaynağıdır. Bu yüzden klinik teori ve araştırmalar, çocuk ve ergen davranış problemlerinin çözümünde belirli aile etkileşim kalıplarının ve özellikle bu kalıpları hedefleyen aile temelli müdahale stratejilerinin geliştirilmesinin önemli olduğunu vurgular (Marin ve Marin, 1991; McGoldrick, 1989; Szapocznik, Scopetta ve King, 1978).

"Davranış problemi" terimi genellikle çocuk ve ergenlerin eyleme dökme ve dışsallaştırma tipi davranışlarını ifade etmek için kullanılır. Amerikan Psikiyatri Birliği, bu sorunlu davranışların kümelerini, Karşıt Olma-Karşı Gelme Bozukluğu, Davranım Bozukluğu ve Madde Kötüye Kullanımı ve Bağımlılık Bozuklukları dâhil olmak üzere çeşitli bozuklukların belirtileri olarak tanımlamıştır (Amerikan Psikiyatri Birliği, 2013). Çocuk ve ergenlerin bu davranış problemleri üzerinde etkililiği kanıtlanmış Kısa Stratejik Aile Terapisi (KSAT), bu bozuklukların birçok semptomunun azaltılmasında etkilidir.

Bu davranış problemlerinden birisi olan Karşıt Olma-Karşı Gelme Bozukluğu (KOKGB) belirtileri, sıklıkla okul öncesi yıllarda tanımlanır ve ergenliğe kadar devam eder. KOKGB'nin en belirgin işareti, olumsuz ve meydan okuyan davranışlar ile otorite figürlerine karşı itaatsizliktir. KOKGB'nin diğer temel davranışları arasında sık sık öfke nöbetleri, yetişkinlerle aşırı tartışma, yetişkinlerin isteklerine ve kurallarına uymama ve reddetme, kasıtlı olarak insanları kızdırma veya üzme girişimleri, kişinin kendi hataları veya yanlış davranışları için başkalarını suçlaması, sinirlilik, öfke ve içerleme bulunur [APA, 2013; Amerikan Çocuk ve Ergen Psikiyatrisi Akademisi (AACAP), 2004]. Semptomlar genellikle birden fazla ortamda görülür ancak evde veya okulda daha belirgin olabilir (AACAP, 2004).

Bir diğeri ise Davranım Bozukluğudur. Çocuk ve ergenlerdeki davranım bozuklukları; (1) insanlara ve hayvanlara yönelik saldırganlık (ör., fiziksel kavgalar veya zorbalık, silah kullanımı, başkalarına zulüm, zorla cinsel aktivite), (2) mülke zarar verme (ör., kundakçılık), (3) hilekârlık veya hırsızlık (ör., eve ya da arabaya girmek) ve (4) kuralları ciddi biçimde bozma (ör., evden gece kaçmak, okuldan kaçmak) olmak üzere dörde ayrılır. Davranım bozukluğu olan çocuklar, ayrıca başkalarının kişisel veya mülkiyet haklarını ve toplumun temel beklentilerini tekrar tekrar ihlal ederler (AACAP, 2004).

Son araştırma çalışmalarından elde edilen bulgular, çocuk ve ergenlerde madde kötüye kullanımıyla ilgili genel bir iyileşme olduğunu gösterse de madde kötüye kullanımı dünyadaki tüm çocuk ve ergenler için önemli bir sorun olmaya devam etmektedir (NIDA, 2004). Bu yüzden çocuk ve ergenlerde davranış problemlerinden birisi olarak madde kötüye kullanımı, üzerinde durulması gereken ciddi bir konu olarak yer alır.

Davranış problemi olan çocuk ve ergenlerin aile yapısı incelendiğinde, ebeveyn uyuşturucu kullanımı veya diğer antisosyal davranışlar, ebeveynin çocuğa yetersiz veya aşırı katılımı, ebeveyn-çocuk iletişiminin kalitesizliği, açık kuralların olmaması, uygulamada tutarlılık olmaması, akran etkinliklerinin yetersiz izlenmesi ve zayıf bir ebeveyn-ergen bağının var olduğu görülür (Hawkins, Catalano ve Miller, 1992).

Uyumsuz aile etkileşimlerini iyileştirerek çocuk ve ergen davranış sorunlarını azaltmak amacıyla KSAT, son 30 yıldır kanıt temelli araştırmalarda yer almaktadır.

KSAT'nin birincil amacı, bir sistem olarak aile ilişkilerini ve çocuk/ergen ile aile yaşamını etkileyen diğer sistemler arasındaki ilişkileri geliştirmektir. Bu amaçla KSAT, belirli aile danışmanlığı uygulamalarından yararlanır (Mitrani ve Perez, 2003). KSAT aşamalarından ilki *katılım*dır. KSAT'ye göre bir aile ile çalışmanın ilk adımı, çalışan bir terapötik ilişki kurmak ve inşa etmektir. Bu ilişkinin inşası, ilk temastan itibaren başlar. Katılım sürecinin nihai amacı, danışmanın, tüm aile ve danışmandan oluşan yeni bir terapötik sistem oluşturmasıdır (Szapocznik, Hervis ve Schwartz, 2003). Aile sistemine başarılı bir şekilde katılmak, danışmanın aynı anda hem bireysel aile üyelerinin düşüncelerine, duygularına ve amaçlarına hem de aile sistemini yöneten etkileşim kalıplarına katılmasını gerektirir. Bu nedenle, katılmanın sürece dâhil olan her aile üyesiyle bir ilişki kurmayı içerdiği bireysel düzeyde ve danışmanın ailenin karakteristik etkileşim kalıplarını tanıması, saygı duyması ve sürdürmesi gereken aile düzeyinde olmak üzere iki katılım düzeyi bulunur. KSAT'de bireylerle terapötik ilişkinin kalitesini sürdürmek için önerilen stratejiler, aile üyelerini onaylamayı veya desteklemeyi, aile üyeleri için kişisel olarak anlamlı olan hedefleri formüle etmeyi ve her danışanın deneyimine katılmayı içerir (Diamond ve Liddle, 1996; Diamond, Liddle, Hogue ve Dakof, 1999).

KSAT'de ikinci aşama olan *teşhis*, sorunlu çocuk ve ergen davranışına izin veren, teşvik eden veya bunlardan sorumlu olan aile etkileşimi kalıplarının tanımlanmasıdır. Aileyle ilgili bir teşhis elde etmek için aile etkileşimleri beş boyutta değerlendirilir: *organizasyon, ahenk, gelişim aşaması, tanımlanmış hasta olma ve çatışma çözme.* Bu boyutlar boyunca doğru teşhis ancak doğrudan gözlem yoluyla elde edilebilir. Teşhis sürecinde danışmanın ilk hedefi, en az müdahale ile aile üyelerinin birbirleriyle doğrudan etkileşim kurması için fırsatlar yaratmaktır (Szapocznik, Hervis, ve Schwartz, 2003; Szapocznik ve Kurtines, 1989). Aile etkileşimlerinin teşhisi, ailelerin evde yaptıklarını bildirdiklerine değil, danışma seanslarında ne yaptıklarına bağlıdır. KSAT danışmanları, aile üyelerinin tipik tarzlarında etkileşim kurmakta özgür oldukları terapötik bir bağlam yaratmalıdırlar. Bu canlandırmalar, danışmanın ailenin evde (seans dışında) nasıl davrandığını doğrudan gözlemlemesine izin verir ve ailenin karakteristik etkileşim kalıplarını doğru bir şekilde tanımlaması için kritik öneme sahiptir. Diğer bir deyişle canlandırmalar, danışmanın ailenin farkındalığı dışında olan ve bu nedenle soru sorarak toplanamayan bilgileri toplamasına izin verir (Mitrani ve Perez, 2003).

KSAT'de üçüncü aşama olan *değerlendirme*, her ailenin etkileşim kalıplarındaki belirli nitelikleri belirlemek için aile etkileşimlerinin sistematik bir incelemesini yürütme sürecini ifade eder. Yani değerlendirme, aile etkileşimlerinin güçlü ve zayıf yönlerini tanımlar (Szapocznik ve Kurtines, 1989).

KSAT yaklaşımı, ailenin ergen davranış problemlerinin gelişimi, sürdürülmesi ve tedavisinde kritik bir rol oynadığı varsayımına dayanmaktadır. KSAT'nin aile etkileşimleri üzerindeki etkisini inceleyen araştırmalar (Szapocznik ve diğerleri, 2002), KSAT'nin aile işleyişi üzerinde önemli bir etkisi olduğunu göstermiştir. En son çalışma (Santisteban ve diğerleri, 2003), deneysel ve kontrol gruplarının durumu karşılaştırıldığında, KSAT'nin ergen tarafından bildirilen aile uyumunda ve gözlemci tarafından bildirilen aile işleyişinde önemli iyileşmeler sağladığını göstermiştir.

Vaka Örneği

Ahmet, 15 yaşında dokuzuncu sınıfa giden bir ergendir. Ahmet, küçük yaşlardan itibaren ailesi ve öğretmenleri tarafından sorun çıkaran, kavgacı, her şeye karşı gelen birisi olarak tanımlanan bir çocuktu. Okulda yaşanan bir kavgada arkadaşını yaralamasından dolayı çocuk mahkemesi tarafından danışmanlık tedbiri kararı verilmiştir. Danışmanlık tedbiri kapsamında okul psikolojik danışmanı; öğrenci ve ailesi ile bir dizi danışmanlık hizmeti planlanmıştır. Danışmanlık süreci olarak Kısa Stratejik Aile Terapisi yaklaşımı benimsenmiştir.

Psikolojik danışman, aile ile ilk randevuyu planlamak için anne ile temasa geçmiştir. Anne, psikolojik danışmana tüm aile üyelerinin seansa katılacağına dair güvence vermesine rağmen oturum günü geldiğinde sadece Ahmet ve annesi gelmişti. Baba, o gün erken saatlerde eşiyle tartıştığı ve eşi oturuma katılması için ısrar etmediği için orada değildi. İlk seans, ailenin geri kalanını seansa getirmeye yardımcı olacak terapötik bir sistem geliştirme çabasıyla devam etti. Psikolojik danışman, KSAT'nin ilk aşaması olan katılma davranışlarından bazılarını sergilemiştir: (1) Ahmet ve annesine saygı ve kabul gösterme; (2) onların ifadelerini, konumlarını ve duygularını doğrulamak ve (3) rahat tarzları ve mizah anlayışlarıyla uyum sağlamak. Tüm aile ile ilk üç seans boyunca psikolojik danışman, her bir kişinin seansa dâhil olması için fırsatlar sağlayarak ve her aile üyesinin bakış açısını onaylayarak tüm aile üyelerine katılım sağlamıştır. Psikolojik danışman, ayrıca daha az merkezi bir rol üstlenerek aile üyelerini mümkün olduğunca birbirleriyle etkileşime girmeye teşvik etmiştir. Bu seans içi aile etkileşimleri veya canlandırmalar, beş boyut boyunca teşhis formülleri geliştirmesine yardımcı olmuştur. Bu erken formülasyonlar şunlardı:

Organizasyon: Ahmet ve annesinin güçlü bir ittifakı vardı. Ayrıca bu ittifaktan dolayı Ahmet'in babasıyla çatıştığı görülüyordu. Psikolojik danışman, evlilik ilişkisindeki sorunlara ek olarak, ebeveyn alt sistemindeki dengesiz liderlik ve tutarsız ve uygunsuz davranış kontrol girişimleri olduğunu fark etti.

Ahenk: Psikolojik danışman, Ahmet ile annesi arasında zihin okuma, birbirlerinin cümlelerini tamamlama (devamlar) ve ortak duygusal tepkiler (her ikisi de aynı anda uygunsuz bir şekilde gülme) gibi iç içe geçmiş davranışlara dair kanıtlar gözlemledi. Psikolojik danışman, ayrıca babanın, özellikle Ahmet ile bir çatışma sonrası sık sık geri çekildiğini fark etti.

Gelişim Aşaması: Psikolojik danışman, ailenin iki önemli gelişimsel zorlukla karşı karşıya olduğunu gördü. Birincisi, anne ve babanın rolünün genişletilmiş, destekleyici bir rolden ebeveynlik rolüne değişmesidir. İkincisi, çocukların ergenliğe geçişidir. Bu geçişlere başarılı bir şekilde uyum sağlanması, daha sağlıklı aile işleyişini belirleyecektir.

Tanımlanmış Hastalık: Aile, aile sorunlarına yol açan birden fazla endişe belirledi. Odak herhangi bir kişi üzerinde değildi ve olumsuzluk başlangıçta çok az görünüyordu.

Çatışma Çözümü: Psikolojik danışman, yayılmayı ailenin çatışma çözme modeli olarak tanımladı. Aile üyelerinin genellikle çatışmalarını başka yöne çevirdiği ve nadiren çözüme ulaştığı belirlendi.

Teşhis formüllerinden sonra psikolojik danışman KSAT müdahalelerine geçmiştir. Hiyerarşi ve ebeveyn alt sistemindeki zorlukları ele almak için psikolojik danışman, liderliği dengelemek ve etkili bir karar verme sistemi oluşturmak için çalışmıştır. Psikolojik danışman, Ahmet ile iş birliği içinde etkili bir davranış kontrol planı geliştirmek için anne ve babaya birlikte çalışma görevi vererek başlamıştır. Bu çerçeveler, babanın kendi deneyimlerini ve mevcut liderlik becerilerini harekete geçirmeye hizmet ediyordu. Anne, ekip çalışması kavramıyla ahenge uyum sağlamış ve eşinin destekleyici davranışlarına hızla olumlu yanıt vermiştir. Psikolojik danışman, iç içe geçme davranışlarını ele alarak zihin okumaları, devamlar, aracılı tepkiler ve aile üyelerinin ayrıklıklarını ve bireysel farklılıklarını korumalarını engelleyen diğer davranışlardan vazgeçirmiştir. Ayrıca babanın ilgisizliğine değinerek onu aile etkinliklerine daha fazla dâhil etmeye ve aile üyeleriyle doğrudan diyalogu teşvik etmeye odaklanılmıştır. Babanın ailedeki liderlik rolü güçlendirilmiş, Ahmet'in davranışlarını yönetmeye daha aktif katılması için rehberlik edilmiştir ve eşine destek vermesi sağlanmıştır.

Psikolojik danışman, ebeveyn olarak yeni rollerine uyum sağlama sürecinde anne ve babayla birlikte çalışarak, ergenlik dönemindeki gelişimsel sorunları ve bu değişikliklerin ebeveynlik işlevleri üzerindeki etkisini ele alan psikoeğitimsel bir süreç uygulamıştır. Psikolojik danışman, ailedeki olumsuzlukları azaltmak için çalışarak aileyi daha etkileşimli bir bakış açısı geliştirmeleri için yönlendirmiştir. Psikolojik danışman bunu, yeniden çerçeveler kullanarak, aile için olumlu olan farklı perspektifler kazandırarak ve düşmanca etkileşimleri daha uyumlu etkileşimlere dönüştürerek başarmıştır.

Boşanmış Ebeveynlere Sahip Çocuk ve Ergenlerle Aile Danışmanlığı Uygulamaları

Anne babası boşanmış çocukların özel ihtiyaçları psikososyal açıdan önemlidir. Çünkü gelecekte tüm evliliklerin yaklaşık yarısının boşanmayla sonuçlanacağı ve tüm çocukların yaklaşık %40'ının yetişkinliğe ulaşmadan ebeveynlerinin boşanmasını deneyimleyeceği tahmin edilmektedir (Burroughs, Wagner ve Johnson, 1997).

Çocuğun içinde geliştiği aile ortamı, onun ruh sağlığı ve normal gelişimi üzerinde en büyük etkiye sahip olan faktördür. Bebekler, çocuklar ve ergenler risk altındaki hassas bir popülasyonu temsil ederler. Yetişkinlere olan bağımlılıkları, onları duygusal ve fiziksel gelişimlerini etkileyebilecek çeşitli değişikliklere maruz bırakır. Çocukların maruz kaldığı değişikliklerden biri ebeveynlerinin boşanma sürecidir. Boşanma, aile yapısında değişikliklere neden olur ve çocuğun değişim ve krizlere maruz kalmasına yol açmaktadır (Cohen ve Rohen, 1999).

Boşanma çocukların tercihi olmayıp yaşamaya zorlandıkları bu süreç, anne-baba çatışmasının içinde yer almaları nedeniyle bir gerilim ve kaygı kaynağıdır. Anne babalar, çocuklarının duygu ve düşünceleriyle başa çıkmada genellikle zaman ve sabır bulamadıkları için çoğu zaman değişimin neden olduğu kendi kaygılarıyla uğraşmakla meşguldürler (Lee, 1997). Ebeveynleri boşanma yaşayan çocuklar, saldırganlık, olgunlaşmamış davranışlara gerileme, depresyon, akademik başarısızlık ve ayrıca ebeveynlerden biri veya her ikisiyle çatışma gibi belirtiler gösterebilmektedirler (Bussey, 1996).

Çocukların, ebeveynlerinin boşanmasına ilk tepkileri genellikle aynı değildir, farklılaşabilmektedir. Ebeveynler, çoğunlukla çocuklarının öngörülemeyen tepkileri karşısında şaşkına dönerler ve onlara ne anlam vereceklerinden emin olamazlar. Çocukların açık tepkileri değişkenlik gösterse de boşanmış ailelerdeki çocuklar benzer duyguları paylaşırlar. Genellikle çocuklar, yoğun bir şekilde üzgün ve endişelidirler. Kendilerini reddedilmiş, savunmasız, güçsüz, kızgın ve ihanete uğramış hisseder. Bazıları, bir şekilde boşanmadan sorumlu olduklarından korkarak kendilerini suçlarlar. Çoğu, ayrılan ebeveynini kaybedeceğinden korkar ve bazıları, tamamen terk edilmekten endişe duyarlar (Burroughs, Wagner ve Johnson, 1997).

Çocukların her yaş grubunda boşanmaya verdikleri tepki farklılaşmaktadır. Bu yaş gruplarından en küçüğü olan üç ila beş buçuk yaş arasındaki çocuklar, davranışlarında en dramatik değişiklikleri gösteren gruptur. Neler olup bittiğine dair zayıf bir anlayışa sahip oldukları için şaşkına döner ve korkarlar. Anne babalarını tek bir bütün olarak algılarlar ve bu nedenle biri ayrılırsa diğerinin de onları terk edeceğinden korkarlar. Okul öncesi çocuklar da kaygıdan bunalır ve çoğu ebeveynin rahatsız edici bulduğu şekillerde (sinirlilik, tutunma, sızlanma, artan saldırganlık ve öfke nöbetleri) kaygılarını kızarak ifade ederler (Clapp, 1992).

Genellikle altı ila sekiz yaş arasındaki çocuklar, özellikle de erkek çocuklar, kederi en açık biçimde hisseden, en çok kayıp ve çaresizlik hisseden ve ebeveyninin yokluğunu en yoğun şekilde özleyen çocuklardır. Bu çocuklar aynı zamanda terk edilme, reddedilme duygularına ve yerlerinin değiştirileceğine dair endişelere karşı çok hassastırlar. Ebeveynleri ayrıldığında bu çocuklar, çok korkar ve her iki ebeveyne de bağlı kalmak için ellerinden geleni yaparlar. Bu yaştaki çocuklar, genellikle ödev yapmayı, yatmayı veya rutin işleri yapmayı reddederek dolaylı yoldan ebeveynlerine olan kızgınlıklarını ifade ederler (Clapp, 1992).

Dokuz ila on iki yaşındaki çocuklar ise sıklıkla baş ve karın ağrısı gibi fiziksel şikâyetlerle boşanma sürecinde tepki gösterirler. Sarsılmış bir benlik algısı ve doğru ile yanlış duygusu bu çocukları sık sık ikilemde bırakır. Bununla birlikte en ayırt edici tepki, ebeveynlerinden birine veya her ikisine, genellikle boşanmadan kimi sorumlu tutuyorlarsa ona şiddetli öfke duymalarıdır. Bu yaştaki bazı çocuklar, bir ebeveynle diğerine karşı kolayca sert ve açık bir ittifaka sürüklenirler. Bir ebeveynle ittifak kurmak, onlara ihtiyaç duyulduğunu, önemli ve güçlü olduklarını hissettirir (McDonough ve Bartha, 1999).

Ergenler, ebeveynlerinin boşanmasına derin bir kayıp duygusu, keder, öfke, boşluk duyguları, konsantre olma güçlüğü ve kronik yorgunluk ile tepki verme eğilimindedirler. Ergenler, ayrıca kendi gelecekleri hakkında aktif olarak endişelenme eğilimindedirler. Birçoğu; arkadaşlarını, ilgi alanlarını ve ergen aktivitelerini terk eder. Bazıları daha genç davranış biçimlerine geri dönerken diğerleri kendi hayat arayışları pahasına ailenin koruyucusu rolüne kapılabilir. Bazıları; sıkıntılarını, öfkelerini ve iç çatışmalarını potansiyel olarak tehlikeli şekillerde (gelişigüzel cinsel aktivite, alkol, uyuşturucu veya suçlu faaliyetler) ifade edebilir (Clapp, 1992).

Bu açıdan bakıldığında boşanma sonrası süreçten en çok etkilenen çocuklardır. Çocuk ve ergenlerin boşanmayla daha iyi baş etmelerine yardımcı olmak ve bağlanma onarımları için Duygu Odaklı Aile Danışmanlığı (DOAD) yaklaşımı etkin olarak kullanılmaktadır. Bireysel psikolojik danışma, çocukların iletişim kurma becerisine bağlı olduğundan, DOAD teknikleri ile oyun terapisini birleştirerek çocukların kendileri daha rahat ifade etmeleri sağlanır. (Benedict ve Schofield, 2010; Elkind, 2007). Çocuklar; kendilerini, içsel düşünce ve duygularını daha rahat ifade etmek için oyuncak ve kukla gibi oyun malzemelerini kullanırlar (Landreth, 2002). Gil ve Drewes'e (2005) göre oyun, çocukları başkalarına kendilerini ifade etmeye, sorumluluk almaya, becerilerini uygulamaya ve travmatik olayları anlamlandırmaya teşvik eder. DOAD ise ailenin altta yatan duygularına ve bağlanma gereksinimlerine erişmeye odaklanırken birlikte etkileşim kurmanın yeni yollarını bulmalarına yardımcı olur (Johnson, 2004). Bu nedenle DOAD, boşanmış aileler için uygun olacaktır çünkü onları genellikle duygu yüklü boşanma deneyimleri üzerinde çalışırken aile üyeleri arasında bağlantı ve desteği teşvik eder. Psikolojik danışmanlar, DOAD çerçevesinde oyun terapisi tekniklerini kullanarak çocukların kaygılarını azaltmalarına, öfkelerini kontrol etmelerine, duygularının daha fazla farkına varmalarına ve çözüm bulmalarına yardımcı olabilirler (Hall, Kaduson ve Schaefer, 2002). Ayrıca ailelerin birbirlerinin bakış açılarını daha iyi anlamalarına yardımcı olabilir ve ebeveynleri hem duygusal hem de gelişimsel düzeyde çocuklarının ihtiyaçlarına daha uyumlu olmaya teşvik edebilir.

Ebeveynlerin boşanması durumunda çocuklar, birincil bakıcılarına bağlanmalarını tehdit eden çeşitli stresörler yaşarlar (Waters, Merrick, Treboux, Crowell ve Albersheim, 2000). Örneğin, ebeveynleri boşanmış olan çocuklar genellikle ebeveynlerinden ayrılır ve bu, onların güvenli bağlanma bağlarını sürdürmelerini engelleyebilir (Bowlby, 1969). Ayrıca boşanma sürecindeki ebeveynler, çocuklarına karşı daha az duyarlı, duygusal olarak daha mesafeli olmalarına neden olan büyük bir baskı yaşıyor olabilirler. Sonuç olarak küçük çocuklar, ebeveynlerinin iletişim kurmak için uygun olmadığını hissedebilir ve bu nedenle durumla kendi başlarına başa çıkmak zorunda kalabilirler (Faber ve Wittenborn, 2010; Waters ve diğerleri, 2000). Ebeveynlerin duygusal ve fiziksel olarak daha uzak olmasıyla çocuklar, ebeveynlerinin ilişkisi ve dolayısıyla eski aileleri hakkında bir kayıp duygusu hissedebilirler (Furrow ve Palmer, 2007). Bowlby'ye (1980) göre boşanma durumunda ebeveynleriyle yeniden bağ kuramayan çocuklar, başkalarıyla olan etkileşimlerinden kopuk hâle gelirler.

Bağlanma bakış açısıyla DOAD, aile üyeleri arasındaki duygusal bağı güçlendirerek bağlanma bağlarını yeniden yapılandırmayı amaçlamaktadır (Johnson, 2004). Bu nedenle DOAD, boşanmış ailelerde iyi çalışır çünkü onları duyguları hakkında konuşmaya teşvik eder ve boşanmayı çevreleyen zorlu duygularla baş etmelerine yardımcı olur (Johnson ve diğerleri, 2005). Johnson ve Greenberg tarafından geliştirilen DOAD, üç kapsayıcı temaya bölünebilen çok adımlı bir modeldir (Johnson, 1996; Wittenborn, Faber, Harvey ve Thomas, 2006). DOAD genellikle haftalık olarak sunulur ve yaklaşık 10 ila 20 seansta tamamlanır (Palmer ve Efron, 2007).

DOAD'nın ilk aşamasında danışman tüm aile ile güçlü bir bağ geliştirir. Güçlü bir ittifak oluşturmak için danışman, her aile üyesini ve onların durumla ilgili deneyimlerini doğrulamalı ve aktif olarak dinlemelidir (Furrow ve Palmer, 2007). Psikolojik danışman, her bir üyeyi "geri çekilen" veya "takip eden" olarak değerlendirirken ailenin döngüsünü yakından takip eder. Ailenin döngüsünü ve her bir üyenin içindeki konumunu belirledikten sonra bir sonraki hedef, sorunu ailenin etkileşim döngüsü açısından yeniden çerçevelemek ve onları bir ailenin bireysel işleyişinden ziyade mevcut sorunun kökü olarak döngüyü görmeye teşvik etmektir (Palmer ve Efron, 2007). Ayrıca psikolojik danışman, bireyin bağlanma ihtiyaçlarını ve isteklerini belirlemesine ve bunları aileye ifade etmesine yardımcı olur (Johnson, 2004).

İkinci aşamanın tanımlayıcı özelliği, danışmanın her aile üyesinin bağlanma ihtiyaçlarını ve ilgili duygularını derinlemesine keşfetmesi, bunları birbirine ifade etmesi ve birbirlerinin bağlantı ihtiyaçlarına destekleyici ve sevgiyle yanıt vermesi için fırsatlar yaratmasını içerir. Bu, daha fazla içine kapanık aile üyelerinin katılımına ve takip eden aile üyelerinin yumuşamasına ve yeni bir pozitif etkileşim döngüsünün başlamasına neden olur (Furrow ve Palmer, 2007).

DOAD'nın son aşamasında psikolojik danışman, aileye yeni bağlantı modellerini birbirleriyle olan etkileşimlerine entegre etme konusunda rehberlik etmeye çalışır (Johnson, 2004). Terapistler bu aşamada daha az aktiftir çünkü aile üyeleri, birbirleriyle olumlu ilişki kurma yöntemlerini uygulamaya devam ederler (Wittenborn ve diğerleri, 2006). DOAD, oyun terapisi teknikleriyle birleştirildiğinde boşanma sonrası yaşanan gerginlikten sonra ebeveynler ve çocukların birbirleriyle bağlarını yeniden kurmalarına yardımcı olmak için yararlı bir rehber olabilir (Benedict ve Schofield, 2010). Ayrıca uzmanlar, oyun terapisini bağlanma sorunları yaşayan çocuklar için bir tedavi yaklaşımı olarak önermişlerdir (Benedict, 2006; Benedict ve Hastings, 2002).

Vaka Örneği

Fatma, 9 yaşında, ilkokul üçüncü sınıfa yeni başlamış bir öğrencidir. Yaz tatilinde anne ve babası boşanmış, kendisi annesi ile yaşamaya başlamıştır. Boşanma sonrası babası evden ayrılmış ve yaklaşık üç aydır babasını görmemekte ve iletişim kuramamaktadır. Okul başladıktan sonra sınıfta çok sessizleştiği, derslere katılım sağlamadığı, ödevlerini yapmadığı ve dalgın olduğu belirtileri ile okul psikolojik danışmanına yönlendirilmiştir. Okul psikolojik danışmanı, Fatma ile görüştükten sonra annesine randevu oluşturmuştur. Annesi ile yapılan görüşme sonucunda boşanma sonrası yaşama uyum sağlamada hem Fatma'nın hem annenin zorluk yaşadığı görülmüştür. Okul psikolojik danışmanı, Fatma için oyun terapisi müdahalesinde bulunurken anne ile Duygu Odaklı Aile Danışmanlığı yaklaşımını kullanmıştır.

Psikolojik danışman, hem Fatma ile hem de anne ile güçlü bir bağ geliştirmeye çalışmıştır. Onların durumla ilgili deneyimlerini aktif olarak dinlemiş ve onlara katılım sağlamıştır. Psikolojik danışman, kimin "geri çekilen", kimin "takip eden" olduğunu değerlendirirken ailenin döngüsünü keşfetmiştir. Fatma'nın geri çekilen, annenin takip eden döngüde olduğu belirlenmiştir. Ailenin döngüsünü ve her bir üyenin içindeki konumunu belirledikten sonra sorunu ailenin etkileşim döngüsü açısından yeniden çerçevelemeye çalışmıştır.

DOAD'ın ikinci aşamasında psikolojik danışman Fatma ve annesinin bağlanma ihtiyaçları hakkında konuşmasını sağlamıştır. Annesinin geçmiş bağlanma örüntüleri keşfedilmiştir. Kendi ailesindeki bağlanma örüntüleri ile şu anki bağlanma örüntüleri arasında bağ kurması sağlanmıştır. Fatma'nın oyun terapisinde sergilediği bağlanma ihtiyaçları hakkında konuşulmuştur. Böylece annenin Fatma'nın bağlanma ihtiyaçları hakkında bilgi sahibi olması sağlanmıştır. Ardından Fatma ve annesi arasında yeniden olumlu etkileşimlerin kurulması için adımlar atılmıştır. Boşanma sonrası stresin azaltılması, gerginliğin hafifletilmesi için birlikte yapabilecekleri ödevler verilmiştir. Fatma ve annesinin yeniden bağ kuracakları etkinlikler yapması sağlanmıştır. Kullandıkları iletişimin yumuşak ifadeleri içermesine özen gösterilmiştir.

Son aşamada, Fatma'nın oyun terapisinde ilerlemesi ve annesinin DOAD oturumlarındaki farkındalıkları entegre edilmeye başlanmıştır. Annenin duygusal yoğunluğunu ifade etmesi, birincil ve ikincil duygularını keşfetmesi ve bağlanma örüntülerinin kendi kızına yansımasını anlamasıyla değişim başlamıştır. Fatma, okulda daha aktif olmaya, arkadaşlarıyla oyun oynamaya, akademik olarak görevlerini yerine getirmeye başlamıştır. Annesi yeni yaşama uyum sağlayarak kızı ile duygusal paylaşımlarını artırmıştır. Böylece olumlu etkileşim örüntüleri oluşmuştur ve birbirlerinden kaçan, geri çekilen örüntüyü terk etmişlerdir.

Evlat Edinilmiş Çocuklara Yönelik Aile Danışmanlığı Uygulamaları

Evlat edinmeye yönelik yasalar son 150 yıldır dünya genelinde çıkmaya başlamıştır (Lifton, 1979). Evlat edinme yasalarından önce, istenmeyen bebekler ya ölüme terk ediliyor ya da kimsesizler yurduna yerleştiriliyordu veya daha büyük yaştaki çocuklar, ucuz iş gücü için gayriresmî olarak evlat ediniliyorlardı (Watson, 1996). Çocuk işçiliğine ve evlat edinmeye yönelik yasaların çıkarılması, evlat edinen ebeveynlerin sosyal sınıfında değişikliklere neden oldu. Özellikle çocuksuz aileler ve koruyucu aile olmak isteyenler evlat edinme sisteminde önde gelen gruplardır (Else, 1991). Bundan dolayı evlat edinilmesinin odak noktası, onları isteyen ailelere uygun bebekler sağlamaya kaydırılmıştır (Kressierer ve Bryant, 1996).

Ebeveyn-çocuk ilişkisi, güvenlik ve sevgi yaratmak için ilk ve temel ortamdır. Bu yüzden ebeveyn ve çocuk arasındaki etkileşim, çocuğun ilişkiler dünyasına birincil girişidir (Purvis, Cross ve Sunshine, 2007). Buna bağlı olarak güven, kabul ve sevgi duyguları, ilişkilerde meydana gelen benzersiz deneyimlerden doğrudan etkilenir (Landreth, 2002). Bir bebeğin tanıtıcı ilişkileri, başkalarıyla gelecekteki etkileşimlerinin çerçevesini başlatır ancak her bebeğin ilk ilişkileri, genellikle hissedilen bir emniyet ve güvenlik duygusunu kolaylaştırmaya elverişli değildir.

Evlat edinilmiş çocuklar ise genellikle birincil ebeveynleriyle bozulan ilişkilere bağlı benzersiz zorluklarla karşılaşırlar. Buna bağlı olarak evlat edinilmiş çocukların evlat edinilmemiş çocuklara göre daha fazla içselleştirme ve dışsallaştırma davranış sorunları sergilediği görülmüştür (Juffer ve Van Ijzendoorn, 2005). Evlat edinilen çocuklar, ebeveynlerinin sık sık değişmesi, yinelenen ihmal ve istismar yaşamasından dolayı başkalarıyla ilişkilerinde kendilerini güvende hissetmekte zorlanabilirler (Forbes ve Post, 2006; Purvis ve Cross, 2005). Evlat edinen ebeveynler açısından ise çocukla bir ilişki geliştirme çabası başlı başına zorlu bir süreçtir. Evlat edinilen çocukların onları reddetmesi ve ilişkiyi sabote etmesi devam ettiğinde, ebeveynlerde kafa karışıklığı ve hayal kırıklığı günlük yaşamın bir parçası hâline gelir (Purvis ve diğerleri, 2007; V. Ryan, 2007). Bu durumun sonucunda evlat edinen ebeveynler genellikle kendilerini veya çocuğu suçlamaya başvururlar ve aile ilişkileri hızla bozulabilir (VanFleet, 2003).

Evlat edinilen çocuklar ve evlat edinen ebeveynler arasındaki ilişkiler incelendiğinde bağlanma teorisi önemli bir bakış açısı sunmaktadır. Sağlıklı bağlanma ilişkisi, kişinin kendini sağlam ve güvende hissetmesini ve kendi kendini düzenleme yeteneğini geliştirir. Bu açıdan birincil bakıcının bir bebeğin temel ihtiyaçlarını gerçekten besleyici ve tutarlı bir şekilde karşılama yeteneği, güvenli bağlanma oluşumu için temeldir. Sağlıklı bağlanan bir çocuk, ebeveynlerin çocuğu güvende ve emniyette tutmak için hazır bulunduğundan emin olarak sınırları keşfetme yeteneğine sahiptir. Çevreleri öngörülemez ve kaotik olduğunda çocuklar için stres ve kaygı artar çünkü bundan sonra ne olacağını merak ederler (Perry, 1994). Daha önce tutarsız bakım, ihmal ve istismar görmüş çocuklar, güvende olmak için kendi çevrelerini kontrol etmeleri gerektiğini algılarlar (Hughes, 1999).

Evlat edinme, yaştan bağımsız olarak, birincil bakıcılardan bağlanmanın kopması nedeniyle travmatik bir olaydır. Bağlanma ve travma, özellikle evlat edinilmiş çocukların yaşamlarında genellikle bütünleştirici faktörlerdir. İstismarın herhangi bir biçimi gibi tekrarlanan travmatik olayların yanı sıra birincil bakıcılarla ilgili kayıplar, bağlanma sürecini önemli ölçüde bozar. Özenli ve koruyucu ebeveynlikten yoksun bir çocuk, sürekli olarak hissedilen bir güvenlik duygusu elde etmenin bir yolunu arar (Perry, 1994). Artan korku, duyusal işlemleme sorunları, kendini düzenleme güçlüğü, hafıza bozukluğu ve kısa süreli hafıza kaybı, bağlanma kopmaları ve travma yaşayan çocukların yaşamlarında var olan sonuçlardan bazılarıdır (Forbes ve Post, 2006; Hughes, 1999). Travma ve bağlanma arasındaki karşılıklı ilişkinin anlaşılması hem ebeveynlik hem de evlat edinilen çocuğa ruh sağlığı hizmetleri sağlanması açısından önemlidir (Siegel ve Hartzell, 2004).

Çocuk-Ebeveyn İlişkisi Terapisinin (ÇEİT) çeşitli sorunlar ve popülasyonlar üzerindeki etkilerini desteklemek için yapılan kapsamlı araştırmalar, ÇEİT'in evlat edinen aileler için geçerli bir tedavi yöntemi olduğunu göstermektedir (Bratton, Landreth ve Lin, 2010). Ebeveyn-çocuk ilişkilerini ve ebeveynlerin onlardan beklentileri ve bağlanma kesintileri, ilişki temelli bir sorunun varlığına işaret ettiğinden, ÇEİT'in ebeveyn-çocuk ilişkisine odaklanması, onu evlat edinen ailelere yardımcı olmak için uygun bir terapötik tedavi yöntemi hâline getirmektedir (Bratton, Ray, Rhine ve Jones, 2005).

ÇEİT, çocuk merkezli oyun terapisinin (ÇMOT) felsefesine ve ilkelerine dayanan evlat edinme terapisi modelidir. ÇMOT'nin altında yatan felsefe, oyunun çocuğun dili ve oyuncakların çocuğun kelimeleri olduğudur (Landreth, 2002). Çocuklar, gelişimsel düzeylerinden dolayı ya da travmatik yaşantılar sonucunda duygularını sözle ifade etme kapasitesine sahip olmayabilirler. Çocuk merkezli terapist, bu dinamiğin farkına varır ve çocukların oyuncakları sözle ifade edilemeyecek şeyleri söylemenin bir yolu olarak kullandıklarını anlar (Landreth, 2002). Çocukların pek çok şekilde oynamasına izin vererek kontrolü deneyimlemeleri için fırsat penceresini açmak isterler. Çocuğun belirli sınırlar içinde oyunun başında kalmasına izin vermek, değişim sürecinin merkezinde yer alır çünkü bu, ideal benlik ile ilgili olarak kişinin benlik kavramını keşfetme özgürlüğünü destekler.

Bernard ve Louise Guerny tarafından geliştirilen ÇEİT, ebeveyn ve çocuğa güvenlik, kabul ve sevgi duygularını teşvik eden çocuk merkezli bir oyun ortamına katılma fırsatı sağlayan, ilişki odaklı bir psikolojik danışma müdahalesidir (Guerney, 1969; Landreth ve Bratton, 2006). Bu yaklaşım, tipik olarak 3 ila 10 yaş arası çocuklar ve birincil bakıcıları için kullanılır. Guerney'in bu yaklaşım için temel felsefesi, çocukların sorunlarının genellikle ebeveynlerin bilgi ve beceri eksikliğinden kaynaklandığı ve ebeveynlerin çocuğun hayatında herkesten daha fazla duygusal öneme sahip olduğudur (L. Guerney, 2000). Bu nedenle, ebeveynleri çocuklarıyla birlikte terapötik sürece doğrudan dâhil etmek, evlat terapisinin geliştirilmesinin gerekçesidir.

Çocuk Ebeveyn İlişki Terapisi, çocuklar için umut olurken onların duygularını ifade etme becerilerini artırır, öz güvenlerini ve öz sorumluluklarını geliştirir ve sorunlu davranışları azaltır (Landreth ve Bratton, 2006). ÇEİT, ebeveynlerin çocuklarını anlamalarına ve kabul etmelerine, benliklerine dair içgörü kazanmalarına, çocuklarına yönelik algılarını değiştirmelerine, çocuk gelişimiyle ilgili genel anlayışı artırmalarına ve ebeveynlik becerilerini geliştirmelerine yardımcı olmayı amaçlar (L. Guerney, 2003). ÇEİT, didaktik bilgi ve grup sürecini bir araya getiren bir grup formatını özetleyen 10 seanslık bir ilişki terapisi modelidir (Landreth ve Bratton, 2006). Model, ortalama altı ila sekiz evlat edinen ebeveynlerin 2 saatlik gruplar hâlinde 10 seansta bir araya gelmesi için tasarlanmıştır.

Grup süreci boyunca, ÇMOT ve çocuk gelişimi konusunda eğitim ve deneyime sahip terapistler, gruba liderlik eder veya gruba yardımcı olurlar. 1-3. oturumlar; grup uyumu, güvenlik, ÇEİT hedeflerinin iletişimi ve çocuk merkezli oyun kavramlarının oluşturulmasına odaklanır. Ek olarak ebeveynler, bir çocuk için oyuncak seti toplama, evdeki oyun seansını yapılandırma ve oyun seanslarında yapılması ve yapılmaması gereken temel şeyleri öğrenme konusunda net talimatlar alırlar. 3. seanstan sonra, grubun her bir üyesinin odak çocukla evde seanslara başlaması, seansı kaydetmesi ve destek ve süpervizyon için izlenmesi için videoyu gruba getirmesi beklenir. 4-10. oturumlar sırasında evde oyun oturumlarının görüntülenmesi ve her hafta süpervizyon sağlanması için bir program tasarlanır. Kişisel olarak ilişkisel becerilerde veya evde seans yürütmekte zorluk çeken ebeveynler için psikolojik danışma merkezinde ebeveyn-çocuk oyun seansları oluşturulur. Tüm grup katılımcılarının bu süreç boyunca en az bir kez görüntü getirmeleri beklenmektedir. Terapötik sınır belirleme, seçim yapma, saygı geliştirme ve övgü yerine cesaretlendirme gibi ek beceriler her hafta öğretilir, modellenir ve uygulanır. Oyun seansları dışındaki genelleştirme endişeleri ve ek ebeveynlik endişeleri 8-10. oturumlarda ele alınmaktadır. Ayrıca 10. oturum sırasında ilerlemeyi ve ek endişeleri tartışmak için bir takip toplantısı için planlar yapılması önerilir (Landreth ve Bratton, 2006).

Vaka Örneği

Mehmet, 2 yaşında, sosyal hizmet koruması altında olan bir çocuktur. Annesi doğumdan sonra Mehmet'i sosyal hizmetler yurduna bıraktıktan sonra bir daha görmemiştir. Evlat edinme kapsamında başvuran bir aile ile Mehmet eşleştirilmiştir. Bunun üzerine sosyal hizmetlerde çalışan psikolojik danışman aile ve Mehmet arasındaki uyumu kolaylaştırmak amacıyla Çocuk Ebeveyn İlişki Terapisi müdahalesine başlamıştır. Diğer çocukları evlat edinen ebeveynlerle birlikte 8 ebeveyn eğitim programına dâhil edilmiştir.

Grupla psikolojik danışma teknikleri ve psikoeğitim sürecinin entegre edildiği ÇEİT müdahalesinde ilk üç oturumda ebeveynlerin grup uyumunu kolaylaştırmak, çocukların güvenliğinin sağlanması, çocukla oyun oynama becerileri gibi konularda eğitim verilmiştir. Ayrıca çocuk gelişimi, çocuk psikolojisi, bağlanma yaklaşımı hakkında bilgiler paylaşılmıştır. Temel beceriler sağlandıktan sonra ebeveynlere evde oyun oynama ödevleri verilmiştir. Her hafta oynanan oyunun değerlendirilmesi yapılarak süpervizörlük desteği ile çocuk ve ebeveynin etkileşiminin kalitesi artırılmaya çalışılmıştır. Mehmet'i evlat edinen ailenin ilk hafta oyun ortamını hazırlamada zorluk yaşadığı görülmüştür. Nasıl bir ortam hazırlayacakları konusunda kafa karışıklığı yaşadığı belirlenmiştir. Psikolojik danışmanın desteği ile nasıl bir ortam hazırlayacakları daha netleşmiştir. Diğer hafta birlikte oyunlara başlamışlardır. İlk oyunu kurmakta zorlandıkları, Mehmet'in oyunlara tepki vermediği görülmüştür. Psikolojik danışman, oyun videosunu izledikten sonra duygusal teması daha da arttırmalarını istemiştir. Kucaklama ve dokunma zamanlarının fazlalaştırılması ve olumlu duygu ifade edilmesi ile Mehmet ve ebeveynleri arasında duygusal sıcaklığın başladığı görülmüştür. Diğer oturumda daha sakin oyun oynadıkları, ailenin Mehmet ile oynarken endişelerinin azaldığı, daha içten yaklaştığı görülmüştür. Sekizinci oturumdan itibaren grupta ailelerin ebeveynlik endişeleri konuşulmuştur. Mehmet'i evlat edinen ailenin endişelerinin azaldığı görülmüştür. Daha sağlıklı ebeveynlik becerileri konusunda bilgi paylaşımı yapıldı. Ebeveynlerin duygu paylaşımları, evlat edinme konusundaki endişeleri ve gelecek dönemlerde kendilerini neler beklediği konusundaki aktarılanlarla ÇEİT oturumları sonlandırılmıştır.

Mehmet ve ailesinin sonraki dönemlerde altı ayda bir yapılan bireysel psikolojik danışma süreçlerinde birbirlerine uyum sağladıkları görülmüştür. Anne ve babanın olumlu etkileşim kurdukları, oyun oynama sanatlarını geliştirdikleri ve bağlanma örüntülerini güvenli bir şekilde oluşturmaya çalıştıkları görülmüştür.

Özet

Hem okullarda hem de çocuk ve ergenlerle ilgili diğer kurumlarda görevli psikolojik danışmanlar, danışmanlık sürecinde çoğunlukla ailelerle birlikte çalışmaktadırlar. Ailelere yönelik psikolojik destek hizmeti sunan psikolojik danışmanlar açısından aile danışmanlığı alanındaki gelişmeler dikkat çekici olmalıdır. Günümüzde yapılan birçok çalışmada, çocuk ve ergenlerle çalışan psikolojik danışmanların ailelerle birlikte daha çok çalışması gerektiğine odaklanılmaktadır (Crespi, Gustafson ve Borges, 2006).

Günümüzde çocuk ve ergenlerin karşılaştığı birçok sorunun çözüm merkezi olarak psikolojik danışmanlar görülmektedir. Bu durum, psikolojik danışmanın özellikle akademik, eğitsel, kişisel ve sosyal danışmanlık sürecinde aile ortamını keşfetmesi çocuk ve ergene sunacağı hizmetin daha kaliteli olmasını sağlayacaktır. Psikolojik danışman hangi aile danışmanlığı yaklaşımı ve tekniğini kullanırsa kullansın amacı, çocuk ve ergeni daha iyi tanımak olmalıdır. Bu yüzden kurumun şartları, ailenin yapısı, çocuk ve ergenin farkındalık düzeyi gibi birçok etkeni önceden bilip aile danışmanlığı tekniklerini uygun şekilde kullanabilmelidir. Sonuç olarak psikolojik danışma alanının alt alanı olan okul psikolojik danışmanlığı ve aile psikolojik danışmanlığının birlikte etkin bir şekilde entegre edilerek kullanımı öğrenci ve ailelere yaklaşımı kolaylaştıracaktır.

Kaynakça

American Academy of Child and Adolescent Psychiatry (AACAP). Children with Oppositional Defiant Disorder. The Facts for Families© series. http://www.aacap.org/publications/factsfam/72.htm. [January 9, 2004]

American Psychiatric Association. (2013). *Diagnostic and statistical manual of mental disorders* (5th ed.). Washington, DC: Author.

Anderson, C. A., Hinshaw, S. P., & Simmel, C. (1994). Mother-child interactions in ADHD and comparison boys: Relationships with overt and covert externalizing behavior. *Journal of Abnormal Child Psychology, 22*, 247–265.

Angold, A., Erkanli, A., Egger, H. L., & Costello, E. J. (2000). Stimulant treatment for children: A community perspective. *Journal of the American Academy of Child and Adolescent Psychiatry, 39,* 975–994.

Barkley, R. A. (1996). *Attention-deficit/hyperactivity disorder.* In E. J. Mash & R. A. Barkley (Eds.), *Child psychopathology* (pp. 63–112). New York: Guilford Press.

Barkley, R. A. (2003). *Attention-deficit/hyperactivity disorder*. In E. J. Mash & R. A. Barkley (Eds.), *Child psychopathology*. (2nd ed.). (pp. 75–143). New York: Guilford Press.

Barkley, R. A., Anastopoulos, A. D., Guevremont, D. G., & Fletcher, K. F. (1992). Adolescents with attention deficit hyperactivity disorder: Mother-adolescent interactions, family beliefs and conflicts, and maternal psychopathology. *Journal of Abnormal Child Psychology, 20*, 263–28.

Barkley, R. A., Fischer, M., Edelbrock, C. S., & Smallish, L. (1991). The adolescent outcome of hyperactive children diagnoses by research criteria: III. Mother-child interactions, family conflicts, and maternal psychopathology. *Journal of Child Psychology and Psychiatry, 32*, 233–256.

Barkley, R. A., Murphy, K. R., Dupaul, G. J., & Bush, T. (2002). Driving in young adults with attention deficit hyperactivity disorder: Knowledge, performance, adverse outcomes, and the role of executive functioning. *Journal of the International Neuropsychological Society, 8*, 655–672.

Benedict, H. E. (2006). Object relations play therapy: Applications to attachment problems and relational trauma. In C. E. Schaefer & H. G. Kaduson (Eds.), *Contemporary play therapy: Theory, research, and practice (*pp. 3–27). New York, NY: Guilford.

Benedict, H. E., & Hastings, L. (2002). Object-relations play therapy. In J. Magnavita (Ed.), *Comprehensive handbook of psychotherapy: Vol. 1. Psychodynamic/ object relations* (pp. 47–80). New York, NY: Wiley.

Benedict, H., & Schofield, D. (2010). *Play therapy for insecurely attached preschool children*. Washington, DC: American Psychological Association.

Biederman, J., Faraone, S. V., & Lapey, K. (1992). Co-morbidity of diagnosis in attention-deficit hyperactivity disorder. In G. Weiss (Ed.*), Child and adolescent psychiatric clinics of North America: Attention-deficit hyperactivity disorder* (pp. 335–360). Philadelphia: Saunders.

Bowlby, J. (1980). *Attachment and loss: Vol. 3. Loss: Sadness and depression.* New York, NY: Basic Books.

Bratton, S., Landreth, G., & Lin, Y. D. (2010). What the research shows about Child Parent Relationship Therapy (CPRT): A review of controlled outcome research. In J. Baggerly, D. Ray, & S. Bratton (Eds.), *Child-centered play therapy research: The evidencebase for effective practice.* New York, NY: John Wiley.

Bratton, S., Ray, D., Rhine, T., & Jones, L. (2005). The efficacy of play therapy with children: A meta-analytic review of the outcome research. *Professional Psychology: Research and Practice, 36,* 376–390. doi:10.1037/0735-7028.36.4.376.

Brent, D. A. (2018). *Depressive disorders.* A. Martin, F.R. Volkmar, M.H. Bloch (Eds). Lewis's child and adolescent psychiatry: a comprehensive textbook. Walters Kluver.

Burroughs, M. Si; Wagner, W. W., & Johnson, J. T. (1997). Treatment with children of divorce: A comparison of two types of therapy. *Journal of Divorce and Remarriage, 27*, 83-99.

Bussey, M. (1996). Impact of kid's first seminar for divorcing parents: A three-year follow.;.up. *Journal of Divorce and Remarriage, 26*,129-149.

Clapp, G. (1992). *Divorce and new·beginnings: An authoritative guide to recovery and growth, solo parenting, and stepfamilies*. NY: John Wiley & Sons, Inc.

Cohen, 0., & Ronen, T. (1999). Young children's adjustment to their parents divorce as reflected in their drawings. *Journal of Divorce and Remarriage, 30*, 47-69.

Conners, C. K., & Erhardt, D. (1998). Attention-deficit hyperactivity disorder in children and adolescents. In A. S. Bellack & M. Herse (Eds.), *Comprehensive clinical psychology (pp. 487–525). New York: Pergamon.*

Crethar, H. C., Snow, K., & Carlson, J. (2004). It's all in the family: Family counseling for depressed children. *The Family Journal, 12*(3), 222–229. https://doi.org/10.1177/1066480704264345

Crespi, T., Gustafson, A., & Borges, S. (2006). Group counseling in the schools: considerations for child and family issues. *Journal of Applied School Psychology, 22 (1),* 67-85.

Diamond, G. M., Diamond, G. S., & Liddle, H. A. (2000). The therapist-parent alliance in family-based therapy for adolescents. *Journal of Clinical Psychology, 56*, 1037–1050.

Diamond, G. S., & Diamond, G. M. (2002). Studying mechanisms of change: A process research agenda for family-based treatments. In H. Liddle, R. Leant, & J. Bray (Eds.), *Family Psychology Intervention Science* (pp. 41–66). Washington, DC: American Psychological Association Press.

Diamond, G. S., & Liddle, H. A. (1996). Resolving a therapeutic impasse between parents and adolescents in multidimensional family therapy. *Journal of Consulting and Clinical Psychology, 64*, 481–488.

Diamond, G. M., Liddle, H. A., Hogue, A., & Dakof, G. A. (1999). Alliance-building interventions with adolescents in family therapy: A process study. *Psychotherapy: Theory, Research, Practice, Training, 36*, 335–368.

Diamond, G. S., & Siqueland, L. (1998). Emotions, attachment and the relational reframe: The first session. *Journal of Systemic Therapies, 17*, 36–50.

Diamond, G. S., Siqueland, L., & Diamond, G. M. (2003). Attachment-based family therapy for depressed adolescents: Programmatic treatment development. *Clinical Child and Family Psychology Review, 6*, 107–127.

Diamond, G. S., & Stern, R. (2003). Attachment based family therapy for depressed adolescents: Repairing attachment by addressing attachment failures. In S. Johnson (Ed.), *Attachment: A family systems perspective* (pp. 191–215). New York: Guilford Press.

Diamond, G. S., Reis, B. F., Diamond, G. M., Siqueland, L., & Isaacs, L. (2002). Attachment-based family therapy for depressed adolescents: A treatment development study. *Journal of the American Academy of Child and Adolescent Psychiatry, 41*, 1190–1196.

Edwards, G., Barkley, R. A., Laneri, M., Fletcher, K., & Metevia, L. (2001). Parent-adolescent conflict in teenagers with ADHD and ODD. *Journal of Abnormal Child Psychology, 29*, 557–572.

Elkind, D. (2007). *The power of play: How spontaneous, imaginative activities lead to happier, healthier children*. Cambridge, MA: Da Capo.

Else, A. (1991). *A question of adoption: Closed stranger adoption in New Zealand 1944–1974.* Wellington, Bridget Williams.

Faber, A., & Wittenborn, A. (2010). The role of attachment in children's adjustment to divorce and remarriage. *Journal of Family Psychotherapy, 21*(2), 89–104. doi:10.1080/ 08975353.2010.483625

Fischer, M., Barkley, R. A., Smallish, L., & Fletcher, K. (2002). Young adult follow-up of hyperactive children: self-reported psychiatric disorders, co-morbidity, and the role of childhood conduct problems and teen CD. *Journal of Abnormal Child Psychology, 30*, 463–475.

Forbes, H., & Post, B. (2006). *Beyond consequences logic, and control: A love based approach to helping attachment-challenged children with severe behaviors.* Orlando, FL: Beyond Consequences Institute, LLC.

Furrow, J., & Palmer, G. (2007). EFFT and blended families: Building bonds from the inside out. *Journal of Systemic Therapies, 26*(4), 44–58. doi:10.1521/jsyt.2007.26.4.44

Gerrard, B. (2008). School-based family counseling: overview, trends, and recommendations for future research. *International Journal for School-Based Family Counseling, 1(1)*, 1-30.

Geldard, K. and Geldard, D. (2008) Counselling Children:A Practical Introduction (3rd edn). London: Sage.

Geldard, K., & Geldard, D. (2009). *Relationship counselling for children, young people and families.* Sage Publications Ltd.

Gil, E., & Drewes, A. (Eds.). (2005). *Cultural issues in play therapy*. New York, NY: Guilford.

Gottman, J. M., Katz, L. F., & Hooven, C. (1996). Parental meta-emotion philosophy and the emotional life of families: Theoretical models and preliminary data. *Journal of Family Psychology, 10*(3), 243–268. https://doi.org/10.1037/0893-3200.10.3.243

Guerney, B. (1969). Filial therapy: Description and rationale. *Journal of Consulting Psychology,* 28, 304–310. doi:10.1037/h0041340.

Guerney, L. (2000). Filial therapy into the 21st century. *International Journal of Play Therapy, 9*, 1–17. doi:10.1037/h0089433.

Guerney, L. (2003). The history, principles, and empirical basis of filial therapy. In R. VanFleet & L. Guerney (Eds.), *Casebook of filial therapy* (pp. 1–20). Boiling Springs, PA: Play Therapy.

Hall, T. M., Kaduson, H. G., & Schaefer, C. E. (2002). Fifteen effective play therapy techniques. *Professional Psychology: Research and Practice, 33*, 515–522. doi:10.1037/ 0735-7028.33.6.515

Hawkins, J. D., Catalano, R. F., & Miller, J. Y. (1992). Risk and protective factors for alcohol and other drug problems in adolescence and early adulthood: Implications for substance abuse prevention. *Psychological Bulletin, 112*, 64–105.

Hinshaw, S. P. (1992). Academic underachievement, attention deficits, and aggression: Co-morbidity and implications for intervention. *Journal of Consulting and Clinical Psychology, 60*, 893–903.

Hughes, D. A. (1999). Adopted children with attachment problems. *Child Welfare, 7*, 541–561.

Johnson, S. M. (1996). *Creating connection: The practice of emotionally focused marital therapy.* Florence, KY: Brunner/Mazel.

Johnson, S. M. (2004). *The practice of emotionally focused couple therapy: Creating connection* (2nd ed.). New York, NY: Brunner-Routledge.

Johnson, S. M., Bradley, B., Furrow, J., Lee, A., Palmer, G., Tilley, D., & Wooley, S. (2005). *Becoming an emotionally focused couple therapist: The workbook.* New York, NY: Routledge.

Johnston, C. (1996). Parent characteristics and parent-child interactions in families of nonproblem children and ADHD children with higher and lower levels of oppositional-defiant behavior. *Journal of Abnormal Child Psychology, 24*, 85–104.

Johnston, C. & Mash, E. J. (2001). Families of children with attention-deficit/hyperactivity disorder: Review and recommendations for future research. *Clinical Child and Family Psychology Review, 4*, 183–207.

Juffer, F., & Van Ijzendoorn, M. H. (2005). Behavior problems and mental health referrals of international adoptees: A meta-analysis. *Journal of the American Medical Association, 293*, 2501–2515. doi:10.1001/jama.293.20.2501

Kressierer, D. & Bryant, C. (1996). Adoption as deviance: Socially constructed parent–child kinship as a stigmatized and legally burdened relationship, *Deviant Behaviour: An Interdisciplinary Journal, 17*: 391–415.

Landreth, G. (2002). *Play therapy: The art of the relationship* (2nd ed.). New York, NY: Brunner-Routledge.

Landreth, G. L., & Bratton, S. C. (2006). *Child parent relationship therapy (CPRT): A ten session filial therapy model*. New York, NY: Routledge.

Lee, M. (1997). Post divorce interparental conflict, children's contact with both parents, children's emotional processes, and children's behavioral adjustment. *Journal of Divorce and Remarriage, 27*, 61-80.

Lewis, W. (1996). A proposal for initiating family counseling interventions by school counselors. *The School Counselor, 44(2)*, 93-99.

Lifton, B. (1979). Lost and found: The adoption experience. NY: Dial.

Marin, G., & Marin, B. V. (1991). *Research with Hispanic populations*. Newbury Park, CA: Sage.

McDonough, H., & Bartha, C. (1999). *Putting children first: A guide for parents breaking up*. Canada: University of Toronto Press Inc.

McGoldrick, M. (1989). Ethnicity and the family life cycle. In B. Carter & M. McGoldrick (Eds.), *The changing family life cycle: A framework for family therapy* (2nd ed., pp. 70–90). Needham Heights, MA: Allyn & Bacon.

Mitrani, V. B., & Perez, M. A. (2003). Structural-strategic approaches to couple and family therapy: The ecosystemic lens to understanding family functioning. In T. L. Sexton, G. Weeks, and M. S. Robbins (Eds.), *Handbook of family therapy* pp. 177–200. New York, NY: Brunner Routledge.

National Institute on Drug Abuse. Johnston, L. D., O'Malley, P. M., & Bachman, J. G. (2001). *Monitoring the future: National results on adolescent drug use. Overview of key findings.* Bethesda, MD: NIDA: NIH Publication No. 01-4923.

Northey, W. F., Wells, K. C., Silverman, W. K., & Bailey, C. E. (2003). Childhood behavioral and emotional disorders. Journal of Marital and Family Therapy, 29, 523–545. doi:10.1111/j.1752-0606.2003.tb01693.x.

Palmer, G., & Efron, D. (2007). Emotionally focused family therapy: Developing the model. *Journal of Systemic Therapies, 26*(4), 17–24. doi:10.1521/jsyt.2007.26.4.17

Patterson, G. R., Reid, J. B., & Dishion, T. J. (1992). *Antisocial boys*. Eugene, OR: Castalia.

Perry, B. D. (1994). Neurobiological sequelae of childhood trauma. Post-traumatic disorders in children. In M. Murburg (Ed.), *Catecholomine function in posttraumatic stress disorder: Emerging concepts* (pp. 253–276). Washington, DC: American Psychiatric Press.

Purvis, K., & Cross, D. (2005, May). *Creating a healing environment for our children.* Retrieved from http://www.fosterparents.com

Purvis, K., Cross, D., & Sunshine, L. (2007). *The connected child: Bring hope and healing to your adoptive family*. New York, NY: McGraw Hill.

Rao, U. & Chen, L-A. (2009). *Depression in children and adolescents.* B. T. Naylor (Eds), Depression in children. Nova Science Publishers.

Ryan, V. (2007). Filial therapy: Helping children and new carers to form secure attachment relationships. *British Journal of Social Work, 37*, 643–657. doi:10.1093/bjsw/bch331.

Santisteban, D. A., Coatsworth, J. D., Perez-Vidal, A., Kurtines, W., Schwartz, S. J., LaPerriere, A., & Szapocznik, J. (2003). Efficacy of brief strategic family therapy in modifying Hispanic adolescent behavior problems and substance abuse. *Journal of Family Psychology, 17,* 121–133.

Siegel, D., & Hartzell, M. (2004). *Parenting from the inside-out: How a deeper self-understanding can help you raise children who thrive.* New York, NY: Jeremy P. Tarcher/ Putnam.

Siqueland, L., Rynn, M., & Diamond, G. S. (2005). Cognitive behavioral and attachment based family therapy for anxious adolescents: Phase I and II studies. *Journal of Affective Disorders.*

Smith-Adcock, S., Tucker, C. (2021). *Çocuk ve ergenlerle psikolojik danışma (Çev. Ed. T. Çaykuş ve D.M. Siyez).* Ankara: Nobel Yayınevi.

Sonuga-Barke, E. J. S., Daley, D., Thompson, M., Laver-Bradbury, C., & Weeks, A. (2001). Parent-based therapies for preschool attention-deficit/hyperactivity disorder: A randomized, controlled trial with a community sample. *Journal of the American Academy of Child and Adolescent Psychiatry, 40*, 402–408.

Szapocznik, J., Scopetta, M. A., & King, O. E. (1978). Theory and practice in matching treatment to the special characteristics and problems of Cuban immigrants. *Journal of Community Psychology, 6*, 112–122.

Szapocznik, J., Hervis, O. E., & Schwartz, S. (2003). *Brief Strategic Family Therapy for Adolescent Drug Abuse* (NIDA Therapy Manuals for Drug Addiction Series). Rockville, MD: NIDA.

Szapocznik, J., & Kurtines, W. (1989). *Breakthroughs in family therapy with drug abusing problem youth.* New York: Springer.

Szapocznik, J., Robbins, M. S., Mitrani, V. B., Santisteban, D., Hervis, O., & Williams, R. A. (2002). Brief strategic family therapy with behavior problem Hispanic Youth (pp. 83–109). In J. Lebow (Ed.) *Integrative and Eclectic Psychotherapies* (Vol. 4). In F. Kaslow (Ed.) *Comprehensive Handbook of Psychotherapy*, New York: Wiley & Sons.

Tönbül, Ö. (2020). Aile danışmanlığı tekniklerinin okul psikolojik danışma ve rehberlik servislerinde kullanımının incelenmesi. *Gelişim ve Psikoloji Dergisi, 1* (1), 37-47.

U.S. Department of Health and Human Services (2001). M*ental health: Culture, race, and ethnicity— A supplement to mental health: A report of the Surgeon General.* Rockville, MD: U.S. Department of Health and Human Services.

VanFleet, R. (2003). Filial therapy for adoptive children and parents. In R. VanFleet & L. Guerney (Eds.), *Casebook of filial therapy* (pp. 259–278). Boiling Springs, PA: Play Therapy Press.

Waters, E., Merrick, S., Treboux, D., Crowell, J., & Albersheim, L. (2000). Attachment security in infancy and early adulthood: A twenty-year longitudinal study. *Child Development, 71*, 684–689. doi:10.1111/cdev.2000.71.issue-3

Watson, K. (1996). Family-centred adoption practice, families in society. *The Journal of Contemporary Human Services*, *3*, 523–534.

Widerman, J. L., & Widerman, E. (1995). Family systems-oriented school counseling. *The School Counselor, 43(1)*, 66-73.

Wittenborn, A., Faber, A., Harvey, A., & Thomas, V. (2006). Emotionally focused family therapy and play therapy techniques. *The American Journal of Family Therapy, 34*, 333–342. doi:10.1080/01926180600553472.

BÖLÜM 14

ÇOCUK VE ERGENLERLE PSİKOLOJİK DANIŞMADA GELECEĞE İLİŞKİN YÖNELİMLER

Güneş Gülaydın

İçerik

Giriş

Dünya Sağlık Örgütü (DSÖ) tarafından sağlıklı olma tanımı, yalnızca fiziksel olarak sağlıklı ve hastalığa sahip olmama hâli değil bireyin fiziksel, sosyal ve ruhsal anlamda bir bütün olarak iyi olma hâli olarak tanımlanmaktadır (World Health Organization WHO, n.d.). Amerikan Psikolojik Danışma Derneğinin (American Counseling Association, 2020) psikolojik danışma alanı tanımı içerisinde bireylerin ruhsal sağlık alanında psikolojik iyi oluş düzeylerini artırma tanımı yer almaktadır. Çocuk ve ergenlerin ruhsal sağlık alanında psikolojik iyi oluş düzeylerini artırabilmeleri için ise gereken somut öğrenme deneyimlerine ne kadar erken başlanırsa o kadar etkili olduğu bilinen bir gerçektir. Bu bağlamda ebeveynlere, öğretmenlere, okul yöneticilerine ve psikolojik danışmanlara büyük sorumluluk düşmektedir (Omizo ve Omizo, 1992).

Günümüzde dijital teknolojilerin gelişmesiyle birlikte internet ve sosyal medya ağları, çocuk ve ergenlerin yaşamlarının ayrılmaz bir parçası hâline gelmiştir. Dijital teknolojilerin çocuk ve ergenlerde zihinsel sağlık sorunlarına yol açıp açmadığı yönünde yeterli araştırma bulunmamasına rağmen internet kullanımı ve zihinsel iyi oluş arasında önemli bir ilişki olduğu bilinmektedir (UNICEF, 2017). Yoğun sosyal medya kullanımı ve dijital oyunların uyku bozukluklarına ve internet bağımlılığına yol açtığı belirlenmiştir (Billari ve ark., 2018). Aynı zamanda dijital teknolojiler, çocuk ve ergenlerin birbirleriyle etkileşim ve iletişim tarzlarında oldukça büyük değişiklikler yaratmıştır. Günümüzde çocuk ve ergenler, birbiriyle iletişim kurma amacıyla çevrim içi ortamları ve sosyal medya ağlarını eskiye nazaran daha sık kullanmaya başlamışlardır. UNICEF tarafından 2017 yılında yapılan bir araştırmaya göre dijital teknolojilerin çocuk ve ergenler tarafından hiç kullanılmaması veya oldukça yoğun kullanılmasının ruh sağlığını olumsuz yönde etkilediği ancak orta düzeyde (günde 1-2 saat) kullanılmasının ise faydalı olduğu belirlenmiştir. 15 yaşındaki ergenlerle yapılan bir araştırmada ise katılımcıların %54'ü, bulunduğu ortamda internet bağlantısı yoksa kendini kötü hissettiğini belirtmiştir (OECD, 2017). Buradan yola çıkarak ortalama düzeyde dijital teknoloji kullanımının, çocuk ve ergenlerin psikolojik iyi oluş düzeyleri ve sosyal etkileşimleri açısından olumlu yönde etkisi olduğunu söylemek mümkündür.

Dijital teknolojilerin doğru kullanımı, birçok alanda olumlu yönde etki yaratmaktadır. Günümüzde gelişen dijital teknolojiler, psikolojik danışmanlık ve psikoterapi yöntemlerinin de internet tabanlı olarak yaygınlaşmasına olanak sağlamıştır. Düşük maliyetli oluşu, esnek çalışma saatleri, ulaşılabilirlik açısından avantajlı olan çevrim içi psikolojik danışma ve psikoterapi hizmetleri, çocuk ve ergenlerle psikolojik danışma uygulamalarında giderek daha fazla kullanılmaya başlanmıştır. Çevrim içi psikolojik danışmanın çocuk ve ergenlerde kullanımında en önemli özelliği ulaşılabilir olmasıdır. Coğrafi konum ve/veya sosyokültürel sebepler nedeniyle yüz yüze psikolojik danışmaya ulaşmakta zorluk yaşayan çocuk ve ergenlerin, çevrim içi psikolojik danışma yoluyla kolaylıkla psikolojik danışma hizmetlerine ulaşabilmesi mümkündür (Botella ve ark., 2009; Chester ve Glass, 2006; Suler, 2000). Çevrim içi psikolojik danışma ve psikoterapinin ulaşılabilir olması, ruh sağlığı hizmetlerine ulaşmanın sınırlı olduğu bölgelerde uzmanlar ve kurumlar açısından iş yükü yoğunluğunu önleyebilmekte (Christiani ve Setiawan, 2018) ve özellikle ebeveynlere uzman arayışında büyük fayda sağlamaktadır (March ve ark., 2009).

Psikolojik danışma uygulamalarının çevrim içi olarak dünyada ve ülkemizde yaygınlaşması, COVID-19 pandemisinin etkisiyle hız kazanmıştır. Türkiye'de COVID-19 döneminde pandemi sürecinin yol açtığı olumsuz psikolojik etkilerle başa çıkma amacıyla Millî Eğitim Bakanlığı tarafından yardım hattı ve psikolojik danışmanlardan oluşan bir psikososyal destek sistemi kurulmuştur. Sistemde; okullarda ve rehberlik araştırma merkezlerinde çalışan psikolojik danışmanlar aracılığıyla altı hafta içinde 12.500.000 öğrenci ve veliye rehberlik ve psikolojik danışma hizmetlerinin verildiği belirtilmiştir. Psikolojik danışmanların sunduğu hizmetlerin çoğunlukla sağlıklı yaşam, psikososyal destek, uyum ve akademik konulara yönelik olduğu belirlenmiştir (Özer, 2020). Amerikan Okul Psikolojik Danışmanları Birliği (ASCA, 2020) tarafından ise pandemi süresince ilkokul, ortaokul ve lise düzeyinde öğrencilere çevrim içi psikolojik yardım hizmetleri sunan okul psikolojik danışmanı üyelerine çeşitli konularda bilgilerini artırıcı ve destekleyici eğitimler düzenlenmiştir. Çocuk ve ergenlere yönelik psikolojik danışma hizmetlerinde yüz yüze koşullarda uygulanan terapilerin çevrim içi ortama aktarılmasının yanı sıra çevrim içi psikolojik danışmaya yönelik yeni ve güncel programlar oluşturulmuştur. Çevrim içi psikolojik danışma ve psikoterapi yöntemlerinin çocuk ve ergenlerde uyku problemleri (Schlarb ve Brandhorst, 2012), kaygı bozuklukları (Rooksby ve ark., 2015), travmatik beyin yaralanması sonucu oluşan problemler (Wade ve ark., 2011), otizm spektrum bozukluğu (Pickard ve ark., 2016), durumsal problem ve krizlerde (King ve ark., 2006) etkili olduğu yönünde yapılan çalışmalar mevcuttur. Çevrim içi psikolojik danışmanın yüz yüze psikolojik danışmaya yakın hatta aynı seviyede etkili olduğu bildirilmiştir (Simpson & Read, 2014). Ancak disosiyatif bozukluk, psikotik bozukluk, yoğun depresyon ve intihar düşüncesi olan bireyler, alkol veya madde bağımlılığı olan bireyler, 18 yaşın altındakiler ve aynı anda devam eden farklı psikolojik tedavi süreci olan bireyler, için çevrim içi psikolojik danışmanın uygunluğu ve yeterliliği konusunda görüş birliği bulunmamaktadır (Gould ve Clum, 1993; Wagner ve Lange, 2008).

Çocuk ve ergenler ile çevrim içi psikolojik danışma ve psikoterapi sürecinde psikolojik danışmanların bazı konularda dikkatli olmaları gerekmektedir. Çevrim içi psikolojik danışma ve psikoterapi sürecinde çocuk ve ergenlerle çalışırken psikolojik danışmanlara öneriler şu şekilde sıralanabilir (Yazgan, 2020):

- Danışanlara neden çevrim içi terapi yöntemlerinin kullanıldığını açıklayın.
- Danışanlara psikolojik danışma seansı başlamadan önce soru sorma fırsatı verin.

- Danışanlara onu dikkatle dinlediğinizi göstermek için sıklıkla özetleme yapın, danışanın anlattıklarını kendi cümlelerinizle tekrar edin ve gözlemler kullanın.
- Psikolojik danışma süresince yapılan uygulamaların karşılıklı bir anlayış çerçevesinde olabilmesi için danışandan sözlü onay alın.
- Psikolojik danışma süreci boyunca çevrim içi yöntemlerin kullanımına bağlı teknik aksaklıklar, yarattığı zorluklar veya tedavi sürecindeki olumlu etkileri üzerinde konuşmaya devam etmek önemlidir. Danışana sorular sorarak bu konu hakkında konuşun.
- Odaklanmakta sorun yaşayan danışanlara gerektiği takdirde çevrim içi psikolojik danışma sırasında tıpkı yüz yüze seanslarda olduğu gibi telefon ve/veya bilgisayar ile ilgilenmenin uygun olmadığını belirtin.

Modern dünyanın değişimi ve dijital teknolojilerin kullanımının yaygınlaşmasıyla birlikte psikolojik danışma yöntemleri gelişmiş ve farklılaşmış, aynı zamanda yeni model ve yöntemlere ihtiyaç duyulmuştur. İhtiyaca yönelik yeni psikolojik danışma ve psikoterapi yöntemleri geliştirilmiş ve yine geliştirilmeye devam etmektedir. Bu bölümde, çocuk ve ergenler ile psikolojik danışma sürecinde yüz yüze ve/veya çevrim içi uygulanabilecek geleceğe yönelik psikolojik danışma ve psikoterapi yöntemleri ele alınmıştır.

Psikolojik Danışma ve Terapi Modelleri

Bibliyoterapi

Bibliyoterapi terimi, Yunanca "biblion" (kitap) ve "therapeo" (iyileşme) kelimelerinin birleşiminden meydana gelmektedir. "Kitap yoluyla iyileşme" anlamına gelen bibliyoterapi, insanların kitaplar aracılığıyla iyileşmesi, davranış ve tutumlarının şekillenmesi ve/veya değişmesi olarak tanımlanabilir. Bibliyoterapinin psikolojik danışmada kullanım amacı ise bireyin kitaplar aracılığıyla kendisi hakkında içgörü kazanması ve yaşadığı problemler ile baş etmesine yardımcı olmaktır. Bibliyoterapi, klinik ve gelişimsel bibliyoterapi olarak iki sınıfa ayrılabilir. Klinik bibliyoterapi, ruh sağlığı uzmanları tarafından önemli problem durumlarında kullanılmaktadır. Gelişimsel bibliyoterapi ise bireyin normal gelişim sürecinde karşılaştığı günlük yaşama dair sorunları önleme ve/veya bu sorunlarla baş edebilme amacıyla uzmanlar ya da eğitimciler tarafından kullanılmaktadır (Akgün ve Karaman Benli, 2019).

Bibliyoterapi, çocuk ve ergenlerin duygularını paylaşmasına izin veren, bireysel problemleriyle baş etmelerinde bir araç olarak kullanılan, yaşam becerilerini geliştirmelerine katkıda bulunan bir okuma rehberliği olarak tanımlanmaktadır (Kurkjian ve Livingston, 2005). Bibliyoterapi, çocuk ve ergenlerin kendilerini ve ilgi alanlarını fark edip, zayıf yönleriyle baş edebilmelerine olanak sağlayarak öz saygılarını olumlu yönde etkilemektedir (Mitchell-Kamalie, 2002; Catalano, 2008; Leana Taşçılar, 2012). Aynı zamanda çocuk ve ergenlerin bireysel ve toplumsal anlamda uyum sağlamalarında, olumlu benlik algısını geliştirmelerinde ve öz güvenlerini desteklemede etkili bir yöntem olduğu belirlenmiştir (Myers, 2012; McCulliss ve Chamberlain, 2013). Bibliyoterapi yöntemi, çocuk ve ergenlerde benzer problemleri yaşayan farklı kişilerin de olabileceğini fark etmelerini, alternatif çözüm yolları olduğu anlamalarını, problemleriyle ilgili içgörü kazanarak çözüme yönelik adımlar atmalarını sağlamada kolaylaştırıcı bir yöntemdir (Pardeck, 2013). Travmatik deneyimlere sahip olan çocuklar, duygularını ifade etme ve deneyimden kaynaklı problemlerle baş etmede güçlük yaşadıklarından psikolojik rahatsızlıklar açısından risk altındadırlar. Çocukların içinde bulundukları zor durumu anlamalarında, duygularını fark edebilmelerinde ve iyileşmeyi teşvik etmede bibliyoterapiden yararlanılabilir (Heath ve ark., 2005). Bibliyoterapi, farkındalık kazandırma ve içgörü geliştirici yönü ile psikolojik danışmada tedavi protokolüne yardımcı bir unsur olarak görülmektedir (Caldin, 2009). Okul öncesi dönemde ise kendini ifade etme ve dil yeteneği yeterli olmadığı için bibliyoterapi çocukların duygu ve düşüncelerini kitaplardaki karakterlerle özdeşleştirerek aktarmasına yardımcı olmaktadır. Ayrıca farklı ve eğlenceli yöntemler öğrenerek yaşadıkları sorunları ifade edebilmelerine; stres, kaygı ve yalnızlık duygularını azaltmalarına ve duygusal olarak rahatlamalarına yardımcı olan bir yöntemdir (Akgün ve Karaman Benli, 2019).

Bibliyoterapi ile ilgili yapılan araştırmalarda, bibliyoterapinin ruhsal sorunları olan ebeveynlere sahip olan ergenlerde (Tussing ve Valentine, 2001), yaşadığı problemler ile baş etme becerisi geliştirmede sorun yaşayan çocuk ve ergenlerde (Forgan, 2002), kriz ortamında büyüyen ve yaşayan çocuklarda (Heaton, Johnson, Ashbaker ve Alan, 2003; akt. Bulut, 2010b: 23), zorbalığa uğrayan çocuk ve ergenlerin bu durumla baş etmesinde (Duimstra, 2003), korkulara sahip çocuk ve ergenlerde (Nicholson ve Pearson, 2003), ölüm korkusu ile baş etmekte güçlük çeken çocuk ve ergenlerde (Corr, 2004) başarılı ve etkin bir şekilde kullanıldığı belirlenmiştir. En etkili bibliyoterapi uygulamalarının ise çocuk ve ergenlerin günlük yaşamlarında karşılaştıkları öfke, alay edilme ve benlik sorunlarını ele alan çalışmalarda olduğu görülmektedir (McCarthy ve Chalmers, 1997).

Bulut (2010a), bibliyoterapinin psikolojik danışma merkezleri, klinikler ve hastanelerin yanı sıra internet sayfaları aracılığıyla da uygulanabileceğini belirtmektedir. Psikoloji bilimi hakkında içeriğe sahip olan internet siteleri desteğe ihtiyaç duyan bireylerin problemlerini anlamaya ve kendi kendilerine çözmelerine yardımcı olmayı hedeflemektedir. Yeme bozuklukları, duygusal bozukluklar, ebeveyn-ergen ilişkisi zorlukları, korkular, kendine güven problemleri, utangaçlık, stres gibi konularda hazırlanan "kendi kendine yardım kılavuzları" ile problem yaşan bireylere farkındalık kazandırmak ve yardımcı olmak amaçlanmaktadır (Barak, 1999). Bir tür kendi kendine yardım modeli olarak kullanılan bibliyoterapi hakkında yapılan araştırmalarda, bu uygulamanın çocuk, ergen ve yetişkinlerde başarılı sonuçlar verdiği bulunmuştur (Bulut, 2010b). Bu çalışmalar, kendi kendine yardım uygulamalarının yardım kılavuzları ve bibliyoterapi uygulamasıyla internet tabanlı, çevrim içi olarak da uygulanabildiğini ve faydalı olduğunu kanıtlamaktadır.

Öyküsel (Narrative) Terapi

Öyküsel terapi (narrative therapy), bireyin ve ailelerin yaşadıkları problemleri hikâyeler üzerinden ele alarak yeniden yorumlamalarına yardımcı olan "dördüncü dalga" yeni nesil bir psikoterapi yöntemidir. Öyküsel terapi, dayandığı felsefi ve teorik ilkeler açısından geleneksel psikoterapi yöntemlerinden farklılaşmaktadır. Bu terapi yönteminde temel odak noktası danışanın sahip olduğu hikâyelerdir (Çelik, 2017). "İnsanlar, yaşamlarını düzenleyen hikâyeler aracığıyla hayatlarının anlamını şekillendirirler." görüşü öyküsel terapinin temel varsayımlarından biridir (Dyck, 2000). Öyküsel terapi, kişinin oluşturduğu hikâyeler aracılığıyla yaşadığı olayları birbirine bağlayarak anlamlar çıkarmasına olanak sağlar. Hikâyeler, bireyin hem varoluşu hem de kim olduğu hakkında yol göstericidir. Aktarılan hikâyeler, kişinin hem bireysel hem de sosyal gerçekliğini yansıtan metaforik anlatımlar olmasının yanında yaşamını düzenlemek için kullanılan bir araç olma özelliğini taşır (Karaırmak ve Bugay 2010; Işık-Terzi ve Ergüner-Tekinalp, 2013).

Öyküsel terapinin amacı, danışanın kendi öykülerini keşfedip yeniden oluşturmasını sağlayarak, artık yeni anlamlar içeren daha tatmin edici öyküler oluşmasına olanak sağlamaktır (Terzi ve Tekinalp, 2013). Öyküsel terapide psikolojik danışmanın rolü, danışana öyküsünü yeniden yapılandırması için yardımcı olmaktır. Öyküsel terapi sürecinde oluşturulan hikâyelerde dört ögenin bulunması gerekmektedir. Bunlar; olaylar, ardışıklık/dizi, zaman genişliği, bir taslağa/temaya göre organize olmaktır. Bu ögelerden herhangi birinin yokluğu hikâye dizisinin meydana gelmesine engel olacağı için terapötik yeniden yazma sürecinde bu ögelerin bulunmasına dikkat edilmelidir (Carey ve Russell, 2003). Psikolojik danışman, öyküsel terapi sürecinde danışan ile terapötik ilişkiyi onu tanımaya yönelik bir merak üzerine kurarak problemin etkisini azaltmak için danışan ile ortaklaşa çalışır. Bu süreçte psikolojik danışman, teşhis koymaktan kaçınarak danışanın katılımını artırmak ve süreci kolaylaştırmak için sorular sorarak ilerler (Coşgun İlgar ve İlgar, 2018). Öyküsel terapide kullanılan teknikler; problemi tanımlama, problemi dışsallaştırma, alternatif hikâyeler ve özgün sonuçların araştırılması, hikâyeyi yeniden yazma, yeniden dâhil etme ve terapötik dokümanlardır (Karaırmak ve Bugay, 2010).

Öyküsel terapi, hem yetişkinlerde hem de çocuk ve ergenlerde kullanılabilecek bir psikolojik danışma yöntemidir. Yeniden yazma yöntemiyle ortaya çıkan yeni hikâyeler, çocuk ve ergenlerin gelişim seviyesine uygun olmalı ve öğrenme potansiyellerinin olduğu yetenekleri içermelidir. Bu sayede çocuk ve ergenlerin daha olumlu ve güçlü yaşam öyküleri oluşturmaları desteklenmiş olur (Carlson, 2001).

Çocuk ve ergenlere yönelik öyküsel terapi ile ilgili yapılan çalışmalar, yurt dışında ve ülkemizde oldukça sınırlıdır. Bu alanda yurt dışında yapılan çalışmalara bakıldığında yeme bozuklukları (Dallos, 2004; Robbins ve Pehrson, 2009; Scott ve ark., 2013); konuşma bozuklukları (Wolter ve ark., 2006; Spencer ve Slocum, 2010; Eisenberg, 2014); çocukluk döneminde cinsel istismar (Miller ve ark., 2006); gey, lezbiyen ve biseksüel çocuğu olan aileler (Salzburg, 2007); kendine zarar verme (self-cut) davranışı olan ergenler (Woods ve Hannen, 2012); otizm (Cashin ve ark. 2013) ve çocuklarda sosyal fobi (Looyeh ve ark., 2014) gibi konularda öyküsel terapiden yararlanıldığı ve olumlu etkilerinin görüldüğü araştırmalar mevcuttur. Ülkemizde yapılan çalışmalarda ise öyküsel terapinin ergenlerle grupla psikolojik danışmada kullanımına yönelik yapılan araştırmalarda ergenlerin kaygı düzeyini anlamlı düzeyde azalttığı (Koca, 2018) ve psikolojik dayanıklılıklarını güçlendirdiği gözlemlenmiştir (Yazıcı, 2018). Suriyeli mülteci çocukların göç hikâyesinin öyküsel terapi odağından incelendiği bir araştırmada ise çocukların göç hikâyelerini yeniden yazmaları olumlu ve güçlü yönlerini hatırlamalarını sağlayarak ruh sağlıklarına olumlu yönde katkı sağladığı görülmektedir (Yıldırım Kurtuluş ve Kurtuluş, 2022).

Oyun Temelli Yaklaşımlar ve Oyun Terapileri

Çocuklarla yapılan terapi çalışmalarında oyun içeriği ilk kez Anna Freud ile başlamıştır. Melanie Klein ile birlikte oyun terapisi yaklaşımları gelişmiş olup 1950'li yıllarda Carl Rogers ile danışan merkezli terapi ortaya çıkmış ve bu terapi yaklaşımını Virginia Axline, çocuklara yönelik oyun terapisi ekollerine uyarlamıştır. Yine aynı yıllarda Dora Kalff tarafından Jungian Terapi Kum Oyunu Terapisi tekniği ile çocuklara yönelik geliştirilmiştir. 1970'li yıllarda ise Ann Jergberg tarafından Theraplay Terapi ekolü geliştirilerek, oyun terapisinde yeni ekollerin ortaya çıkışı hızlanmıştır. Viola Brody tarafından Gelişimsel Oyun Terapisi kuramsallaştırılmış; bunun yanında Adlerian Oyun Terapisi, Kukla Terapisi, Bilişsel Davranışçı Oyun Terapisi ekolleri geliştirilmiştir. 1990'lı yıllarda ise Byron Norton tarafından Deneyimsel Oyun Terapisi geliştirilip kuramsallaştırılmıştır.

Oyun terapisi, çocuk ve ergenlerin oyuncaklar aracılığıyla duygu ve ihtiyaçlarını ifade etmelerine olanak sağlayan bir terapi yöntemidir. Oyun sürecinde uzman ve çocuk arasında kurulan ilişki iyileşme ve gelişmeye yardımcı olur. Oyun aracılığıyla çocuk geçmiş travmatik yaşantılarını deneyimleyerek duygusal boşalım sağlar. Ayrıca oyun terapi sürecinde uzman ve çocuk arasındaki terapötik sınırlar, çocuğun kendini kontrol etmesine olanak sağlar (Öğretir, 2008). Türkiye'de oyun terapilerinin kullanımı 2000'li yıllarda yaygınlaşmaya başlamıştır. Oyun terapisi, genellikle 0-10 yaş aralığındaki çocuklarda kullanılırken; yeni nesil oyun terapileri olan Kum Oyunu Terapisi, Theraplay ve TravmaOyun (TraumaPlay) modelleri hem çocuklarda hem de ergenlerde kullanılabilmektedir (Teber, 2015).

Kum Oyunu Terapisi

Kum Oyunu Terapisi, eğitimli bir kum oyunu terapisti tarafından danışana "özgür ve korunaklı bir alan" sağlayan, kum, su ve minyatürler aracılığıyla danışanın hayal gücünün somut bir şekilde ortaya çıkmasına, içsel dünyasını güvenli bir şekilde ifade etmesine ve iyileşme potansiyelinin açığa çıkmasına olanak sağlayan bir oyun terapisi tekniğidir (Kalff, 1991). Kum Oyunu Terapisi, danışanın bireysel ve kişiler arası problemlerinin açığa çıkmasına yardımcı olan, danışan tarafından yönetilen, terapistin kolaylaştırıcı rolünde olduğu duyusal temelli, sözsüz iletişime dayalı, dışa vurumcu ve yansıtıcı bir psikoterapi biçimidir (Homeyer, 2020). Özellikle çocuklarda etkin bir şekilde kullanılan bu terapi yöntemi, dört yaş ve üzeri tüm bireylere uygulanabilir. Kum Oyunu Terapisi, ergenlerde hayal gücü ve yaratıcılığın ortaya çıkmasına olanak sağlayarak çocukluktan yetişkinliğe geçiş dönemindeki çatışmalarda, akran ilişkilerinde yaşanan problemlerde ve kimlik duygusunu geliştirmede kullanılan etkili bir terapi yöntemidir (Kestly, 2020). Travmatik yaşantı geçmişi olan danışanlarda, kaygı bozuklukları ve depresyon tedavisinde kullanılabilen bir tekniktir (Teber ve Akat, 2021).

Theraplay Oyun Terapisi

Theraplay, yeni nesil oyun terapisi yöntemlerinden biridir. Theraplay'de ebeveyn (anne ya da baba) oyun terapisine dâhil edilerek ebeveyn ve çocuk arasındaki bağın güçlendirilmesi amaçlanmaktadır. Theraplay'de oyuncaklardan çok oyunlar ön planda olup özel bir oyun odasına ihtiyaç duyulmamaktadır. Sade bir odada yerde oturarak terapi gerçekleştirilir. Theraplay yönteminde terapist, ebeveyn ve çocuğa rehberlik eden bir konumdadır (Booth ve Jernberg, 2010).

Theraplay yönteminde oyunlar dört kategoride yer almaktadır. Bunlar; yapı oyunları, bağlılık oyunları, beslenme oyunları ve mücadele oyunlarıdır. Terapist, çocuğun hangi oyunlara ihtiyacı olduğunu Marschak Etkileşim Metodu'nu kullanarak belirler, terapi planını çıkarır ve sırasıyla bu oyunlar oynanır. Terapist, ilk görüşme sonunda ebeveyne çocukla yapacağı görevleri vererek, sade bir odada bu görevleri yerine getirmesini ister. Bu süreci kamera kaydına alarak çocuğun ihtiyacına yönelik dört kategoriden gerekli oyunları tespit eder ve terapi planını yapar. Theraplay, bebeklikten itibaren 18 yaşa kadar olan çocuklara hatta yetişkinlere bile uygulanabilen bir oyun terapisi yöntemidir. Bağlanma problemi yaşayan çocuklarda özellikle tercih edilmesinin yanında, öfke problemlerinde, karşıt gelme bozukluğunda, depresyon, gelişimsel gerilikler ve otizmde etkili olan bir yöntemdir. Evlat edinilen çocukların üvey anne babalarına bağlanmaları sağlamada da kullanılan etkili bir terapidir (Booth ve Jernberg, 2021).

Deneyimsel Oyun Terapisi

Deneyimsel Oyun Terapisi (DOT), Byron E. Norton ve Carol Crowell Norton tarafından geliştirilmiş olup terapist tarafından yönlendirmenin yapılmadığı yeni nesil bir oyun terapisi yöntemidir. Deneyimsel Oyun Terapisi; İlişkisel Oyun Terapisi (Relationship Play Therapy) ve Çocuk Merkezli Oyun Terapisi'nin birleşimi ve daha gelişmiş hâlidir. Bu terapi yönteminde çocuğun terapist ile kurduğu ilişki iyileşmenin temel ögesidir. Terapist oyun odasında çocuğu yönlendirmez. Eğer, çocuk terapisti oyuna dâhil etmek isterse terapist oyuna dâhil olur ve çocuğun kendine verdiği rolü onunla birlikte oynar. Bu terapi yönteminde çocuk, kendini güçlü bir konuma ve terapisti güçsüz bir konuma koyarak yetişkinlerdeki gücü deneyimleyebilir. Çocuğun verdiği role giren terapist ise çocuğun duygularını ve yaşantısını deneyimleme fırsatı bulur. Bu süreçte güçsüzlük, aşağılanma, değersizlik ve cezalandırılma gibi duygular deneyimlenebilir (Schaefer, 2013).

Deneyimsel Oyun Terapisi'nin üç temel özelliği vardır (Norton ve Crowell-Norton, 2022):

1. Çocuklar, içsel deneyimlerini ifade etmek için oyunu, metaforları ve sembolleri kullanacak kapasiteye sahiptirler.
2. Terapist, çocuğun deneyimlerini anlama ve bunu çocuğa geri aktarma konusunda yetkin olmalıdır.
3. Ebeveynler çocuklarının terapi sürecini öğrenmek, sürece dâhil olmak ve sorumluluk almakla yükümlüdürler.

Byron E. Norton ve Carol Crowell Norton, yaptıkları çalışmalarda çocukların keşif, korunma için sınama, bağımlılık, terapötik büyüme ve sonlandırmadan oluşan beş aşamadan geçerek terapi sürecini tamamladıklarını belirlemişlerdir (Schaefer, 2013).

Deneyimsel Oyun Terapisi, travma yaşayan çocuklarda, kaygıları ve korkuları olan çocuklarda sıklıkla kullanılan bir yöntemdir. Aynı zamanda çocukluk çağı depresyonu, boşanma sonrası uyum problemleri, psikosomatik ağrılar ve öz güven problemleri gibi durumlarda da etkili bir yöntemdir (Norton ve Crowell-Norton, 2022). Deneyimsel Oyun Terapisi'ne göre ebeveynin ihtiyaçlarına karşılık verebilmek çocuğa ulaşmada büyük önem taşıdığından, ebeveyn ile iş birliği noktasında ebeveyn eğitiminin önemli olduğu belirlenmiştir. Oyun terapisi seanslarına ebeveyn de dâhil olacak ise ebeveyne süreç hakkında bilgi verilmeli, eğitilmeli ve desteklenmelidir (Teber, 2021).

Travma Odaklı Oyun Terapileri

Goodyear-Brown (2010) tarafından geliştirilen TravmaOyun (TraumaPlay) modeli çocuklarla kişiler arası travma ve karmaşık travma üzerine çalışan terapistlerin kullanılabileceği yeni bir oyun terapisi tekniğidir. TravmaOyun (TraumaPlay) modeli, bağlanma teorisi, travma teorisi ve travmanın fizyolojik belirtilerini temel alarak genellikle Bilişsel Davranışçı Terapi yaklaşımı tekniklerinin kullanımına dayanmaktadır. Travma yaşantısı olan çocuklarla etkinliği kanıtlanmış çeşitli yaklaşımlar temel alınarak geliştirilmiştir. Goodyear-Brown (2019), TravmaOyun (TraumaPlay) yaklaşımında öncelikli olarak, terapistin çocuğun travmatik yaşantılarına yönelik hiçbir rahatsızlık duymamasının önemi üzerinde durmaktadır. Terapist, çocuk için güvenli bir üs görevi görmeli ve çocuk ile iyileştirici bir ilişkiyi deneyimlemelidir.

Travma yaşantısı olan çocuklarla etkinliği kanıtlanmış olan bir diğer model ise Cohen ve arkadaşları (2006) tarafından geliştirilen Travma Odaklı Bilişsel Davranışçı Terapi'dir. Çocuklara yönelik oyun modelli diğer yaklaşımlar ise bağlanma temelli ve ebeveyn-çocuk ilişkisini geliştirmeye yönelik uygulanan Ebeveyn-Çocuk Etkileşim Terapisi (parent-child interaction therapy, Herschell ve McNeil, 2007, akt. Goodyear-Brown, 2010); Filial Terapi (Guerney ve ark., 1999, akt. Goodyear-Brown, 2010); Çocuk-Ebeveyn Psikoterapisi (child-parent psychotherapy, Lieberman, Van Horn ve Ippen, 2005, 2006, akt. Goodyear-Brown, 2010); Çocuk-Ebeveyn İlişkisi Terapisi (child-parent relationship therapy, Bratton,ve ark., 2006, akt. Goodyear-Brown, 2010), yüksek risk altındaki ailelere yönelik bağlanma modeli temelli ve grup uygulamaları, ebeveyn eğitimi ve desteğini içeren bir program olan Güvenlik Dairesi Müdahalesi'dir (Circle of Security Intervention) (Hoffman ve ark., 2006). Kişiler arası travma ve karmaşık travma yaşantılarına sahip çocuklarda travma odaklı terapi modelleri ve oyun aracılığıyla travmatik yaşantılar işlenirken aynı zamanda çocuğun ihtiyacı olan güvenli, sınırları belirli ve kontrollü bir ortam sağlanması önemlidir. Terapi sürecinde ebeveynlerle de çalışılarak evde benzer bir düzen sağlanması gerekmektedir. Ebeveynlerin çocuğun fiziksel ve duygusal gelişimine katkıda bulunarak çocuğun desteklenmesinin sağlanması sürecin en önemli unsurlarındandır (Taşören, 2022).

Çevrim İçi Oyun Terapisi

Çevrim içi oyun terapisi, oyun terapisi ile aynı ilkeleri paylaşmaktadır. Ancak çocuğun terapötik ihtiyaçları, internet aracılığıyla güvenli bir video uygulaması üzerinden düzenli yapılan görüşmelerle karşılanmaktadır. Terapi sürecinde uzman, çocuğun duygularını anlar ve duygularla başa çıkma becerilerini geliştirmeyi amaçlar. Başa çıkma becerilerini geliştirmek amacıyla, oyunun yanı sıra yaratıcı ve dışa vurumcu (resim, oyun hamuru, sanat uygulamaları vb.) aktivitelerden de yararlanılabilir. Dijital ortamlarda vakit geçirmek çocukların rahat ve alışık oldukları bir durumdur. Aynı zamanda uzmanla çocuk arasındaki terapötik ilişkinin güçlenmesine ve uzmanın çocuğun dünyası hakkında daha derin bilgi edinmesine olanak sağlar. Dijital ortamda terapötik çalışmanın şekli ve uygulama tarzı yüz yüze uygulamadan farklı olsa da çocuğun bu süreç içerisinde yaşadığı duyguları yansıtabileceği bir alana sahip olması önemli bir terapötik araçtır (Yazgan, 2020).

Çevrim içi psikolojik danışma ve psikoterapi yöntemleri gittikçe yaygınlaşmasına rağmen çocuk ve ergenler üzerindeki etkilerine yönelik yeterli düzeyde araştırma mevcut değildir. Çocuk Merkezli Oyun Terapisi (ÇMOT), Deneyimsel Oyun Terapisi (DOT), Kum Oyunu Terapisi, Bağlanma Temelli Oyun Terapisi, Adleryan Oyun Terapisi, Jungian Analitik Oyun Terapisi, Bilişsel Davranışçı Temelli Oyun Terapisi, Theraplay gibi terapilerin birçoğu çocuk ve ergen davranışlarını, çocuk-ebeveyn ilişkilerini oyun içerisinde gözlemlemeye yönelik fiziksel etkileşimi de içeren terapi yöntemleridir (Crenshaw ve Stewart, 2017). Pandemi döneminde bahsi geçen oyun terapi ekollerinin birçoğu çevrim içi ortama taşınmış ve uygulanabilir hâle gelmiştir. Ancak çevrim içi ortamda karşılaşılabilecek zorluklar göz önünde bulundurularak bazı önlemler ve yeni yöntemler geliştirilmiştir.

Yüz yüze terapilerde terapinin yapılacağı ortam belirli ve önceden hazırlanmış "terapi odası"dır. Terapist ve çocuk, terapi odasında bir araya gelerek terapi sürecini devam ettirir. Ancak çevrim içi ortam için durum farklıdır. Hem terapistin hem de çocuğun bulunduğu ortamın düzenlenmesi gerekir. Her iki ortamın da sessiz ve sakin olması, çocuğun kendini güvende hissedebileceği bir ortam yaratılması önemlidir. Çocuklar çevrim içi terapiye genellikle evden katıldıkları için evde gerekli terapötik malzemeler bulunmayabilir. Bu durumda terapist, ebeveyn ile seans öncesinde iş birliği yaparak hazır bulundurulması gereken malzemelerin temin edilmesini sağlayabilir. Aynı zamanda ortamda hazır bulunan malzemelerden de yararlanılabilir. Çocuk merkezli oyun terapistlerine göre evde var olmayan oyuncakları çocuğun hayal gücünden yararlanarak var etmenin işe yarar bir yöntem olduğu belirtilmiştir (Flynn, 2020). Çevrim içi oyun terapilerinde kullanılması gereken malzeme ve oyuncakların teminini kolaylaştırmak üzere "online terapi kutusu", "online oyun terapisi minimal seti", "online terapi çantası" gibi bazı yöntemler de geliştirilmiştir. Bunların temin edilmesi veya terapi öncesinde ebeveyne bir liste ulaştırılarak hazırlanması beklenmektedir. Çevrim içi terapi uygulamaları yaygınlaştıkça dijital oyunlar ve internet tabanlı uygulamalarının da kullanıldığı dikkat çekmektedir. Örneğin, *Virtual Sandtray* adlı uygulama danışanın cihazına yüklenerek üç boyutlu kum tepsisi, kum ve minyatürler ile kum terapisi yapılabilmektedir (Teber, 2021).

Mindfulness (Bilinçli Farkındalık) Temelli Terapiler

Minfulness kavramı, Amerikalı tıp doktoru Jon Kabat-Zinn tarafından İngilizce zihin anlamına gelen "mind" ve dolu anlamına gelen "full" kelimelerinin birleşiminden meydana gelen dolu zihin anlamındaki "mind full" kavramına karşılık olarak türetilmiştir. Kabat-Zinn (2003), mindfulness kavramını bilinçli ve yargısız bir biçimde zihnin içinde bulunulan an'a getirilmesi olarak tanımlamıştır. Mindfulness kavramına ilişkin tanımlamaların içinde bulunulan an'a odaklanma, farkında olma, kabul etme, içsel gözlem gibi kavramlar olduğu görülmektedir (Çatak ve Ögel, 2010). Mindfulness kavramının Türkçe karşılığı "bilinçli farkındalık" olarak da kullanılmaktadır (Özyeşil, 2011). Bilinçli farkındalık, bireyin içinde bulunduğu durumu iyi-kötü, olumlu-olumsuz, güzel-çirkin şeklinde etiketlemeden ve yargılamadan kabul edici bir ruh hâline ulaşmaktır (Terzi ve Tekinalp, 2013). Bilinçli farkındalık geçmiş ve gelecek, kaygı, beklenti ve pişmanlık ile uğraşan bireylerin bulunduğu ana odaklanmasını sağlayarak uyanık bir zihne geçmelerine yardımcı olur (Gilbert, 2005).

Bilinçli farkındalık temelli çalışmalar, psikolojik danışma sürecinde bireysel uygulamaların yanı sıra grupla psikolojik danışma ve psikoeğitim gruplarında da etkin bir şekilde kullanılmaktadır. Danışanların ihtiyaçları doğrultusunda zenginleştirilerek uygulamalar yapılabilmektedir. Çocuk ve ergenlerde bilinçli farkındalık temelli uygulama ve eğitimlerin stresi yönetmede oldukça faydalı olduğu, akademik performansı ve yaratıcılığı artırdığı, öğrenmeyi kolaylaştırdığı, odaklanmayı güçlendirdiği, karar verme becerisini ve iyi oluşu artırdığı, dolayısıyla akademik başarıya katkı sağladığı görülmektedir (Creswell ve ark., 2007; Williams ve Penman, 2015; Damcı, 2016; Kielty ve ark., 2017). Bu araştırmalar, bilinçli farkındalık temelli uygulama ve eğitimlerin çocuk ve ergenlerin ruh sağlığını olumlu yönde etkilemesinin yanı sıra akademik başarılarına katkı sağladığı, dikkati geliştirdiği, öz düzenleme becerilerini artırdığı ve sosyal yeterliklerini geliştirdiğini göstermektedir (Wall, 2005).

Bilinçli Farkındalık Temelli Stres Azaltma Programı (MBSR), 1979 yılında John Kabat-Zinn tarafından Budizm felsefesi temel alınarak oluşturulmuştur (Kabat-Zinn, 2009). Bilinçli Farkındalık Temelli Stres Azaltma Programı; ruh, beden ve zihin odaklı egzersizler içermektedir. Program günlük yaşam aktiviteleri, yoga, meditasyon ve beden tarama gibi egzersizleri içeren 8 haftalık bir programdan oluşmaktadır. Programın amacı, şimdiki zamana odaklanarak yaşanılan an'dan keyif almaya, olumsuz yaşam deneyimleri ve geçmişi sorgulamak yerine onları olduğu gibi kabul etmeye, stres ve hastalıklarla baş etmeye yardımcı olmaktır. Bu program; depresyon, kanser, kalp rahatsızlıkları başta olmak üzere birçok rahatsızlıkta kullanılan bir programdır. Yapılan çalışmalarda, Bilinçli Farkındalık Temelli Stres Azaltma Programı'nın psikolojik rahatsızlıkların belirtilerini azalttığı (Duncan ve Bardacke, 2009), anksiyete ve depresyon belirtilerini hafiflettiği (Baer, 2003), psikolojik iyi oluşu artırdığı (Astin, 1997), bağışıklık sisteminin güçlenmesine yardımcı olduğu (Davidson ve ark., 2003) görülmüştür. Türkiye'de yapılan Bilinçli Farkındalık Temelli Stres Azaltma Programı'nın üniversite öğrencilerinin bilinçli farkındalık düzeyleri, olumlu ve olumsuz duygulanım ve stres seviyelerine olan etkisinin araştırıldığı bir çalışmada ise 8 hafta süreyle uygulanan programın sonucunda öğrencilerin bilinçli farkındalık düzeylerinin arttığı, olumsuz duygulanımlarının azaldığı ve stres düzeylerinin düştüğü görülmüştür (Özdemir, 2020).

Bilinçli Farkındalık Temelli Bilişsel Terapi Programı'nın üniversite öğrencilerinin kaygı düzeylerine etkisinin araştırıldığı bir çalışmada, öğrencilerin kaygı düzeylerinin azaldığı gözlemlenmiştir (Demir, 2017). Bilinçli Farkındalık Temelli Psikoeğitim Programı'nın 11-13 yaş aralığındaki öğrencilerin matematik kaygısı, tutumları ve öz yeterlikleri üzerindeki etkisinin incelendiği bir araştırmada ise bilinçli farkındalık düzeyi arttıkça öğrencilerin matematik kaygısının azaldığı, matematiğe yönelik olumlu tutum geliştirdikleri ve öz yeterlik düzeylerinin arttığı görülmüştür (Atalay, 2017). Ergenlere yönelik Bilinçli Farkındalık Temelli Psikoeğitim Programı'nın karakter güçlerine, bilinçli farkındalık düzeylerine ve akademik başarılarına etkisini araştırma amacıyla yapılan bir çalışmanın sonucunda ise 8 haftalık psikoeğitim programına katılan lise öğrencilerinin bilinçli farkındalık düzeyi ile sebatkârlık ve öğrenmeye açıklık karakter güçlerinin arttığı bulunmuştur (Güldal, 2019).

Bilinçli farkındalık temelli uygulamaların öğrencilerin sınav kaygısına yönelik etkisinin araştırıldığı çalışmalarda, uygulamaların öğrencilerin sınav kaygısını azalttığı (Napoli ve ark., 2005), ebeveyn ve çocuklarının sınavlara daha rahat ve sakin girdikleri, öğrencilerin sınav sırasında kendilerini daha dikkatli ve odaklanmış hissettikleri (Lee ve ark., 2008), uygulamaların öğrencilerin sınav ve akademik değerlendirme kaygılarını azalttığı (Dundas ve ark., 2016) görülmüştür. Ahmadi ve arkadaşları (2016) tarafından yapılan çalışmada, 8 haftalık Bilinçli Farkındalık Temelli Stres Azaltıcı Grup Terapisi uygulamasının sınav kaygısını azalttığı; Mohammadi ve arkadaşları (2018) tarafından 9, 10, 11. sınıf kız lise öğrencileriyle yapılan çalışmada ise uygulanan Bilinçli Farkındalık Temelli Programın sınav kaygısına anlamlı bir etkisi olduğu görülmüştür. Yapılan bu çalışmalardan yola çıkarak bilinçli farkındalık temelli uygulamaların ergenlerde sınav kaygısını azaltmada etkili bir yöntem olduğu söylenebilir.

Günümüzde bilinçli farkındalık temelli uygulamalar, psikolojik danışma merkezleri, klinikler, hastaneler, okullar, iş yerleri gibi birçok alanda kullanılmaktadır. Bilinçli farkındalık (mindfulness) temelli uygulamaların temel amacı, şimdiki zamana odaklanarak yargısız ve şefkatle dikkat geliştirebilmek ve bedensel farkındalığı artırabilmektir (Kabat-Zinn, 2013). Psikolojik danışman ve danışanın birlikte oluşturduğu terapötik ortamın "şimdi ve burada" ilkesiyle hareket etmesi dikkati ve empatiyi güçlendirmektedir. Buradan yola çıkarak, mindfulness temelli uygulamaların psikolojik danışman ve danışan arasındaki terapötik ilişkiyi güçlendirmenin yanında dikkati, odağı ve empatiyi de kuvvetlendirdiği görülmektedir (Hick, 2008). Son yıllarda psikolojik danışmanların mindfulness uygulamalarını kendi kişisel gelişimlerinin yanı sıra terapötik ilişkilerini geliştirmeye yönelik kullandıkları da bilinmektedir. Bu uygulamaların, bireylerin ve içinde bulundukları durumların ihtiyacına yönelik şekillendirilmesi etkililiğini artırmaktadır (Pollak ve ark., 2014; Uzun, 2019). Psikolojik danışmanların çocuklarda kullanabileceği nefes farkındalığı egzersizinin bir uygulama örneği aşağıda gösterilmiştir.

Şekil 1. Çocuklar İçin Nefes Farkındalığı Egzersizi

"Çocuklar İçin Nefes Farkındalığı Egzersizi"

Mindfulness'ın en temel farkındalığı nefes ve duyu farkındalığıdır. Çocuklarda nefes farkındalığı ve beden taramasını kolaylaştırmak için somutlaştırıcı egzersizler daha kolay uygulanabilir. 5 yaş ve üzeri çocuklarla nefes ve farkındalık meditasyonları, odaklanma çalışmaları yapılabilir. Nefes farkındalığı egzersizi için önce çocuğun gözlerini kapatarak bir elini göğsünün üzerine, diğer elini ise karnının üzerine koymasını söyleyin. Nefesine odaklanmasını isteyerek, nefes alıp verirken göğsünün ve karnının nasıl inip kalktığını fark etmesini sağlayın. Bu farkındalık egzersizini 7-8 dakika boyunca sürdürün. Eğer çocuk nefesine odaklanmakta güçlük yaşarsa bir balon yardımı ile balonu şişirip indirerek nefesi somutlaştırarak gösterebilir veya bir pipet yardımıyla yerdeki kâğıt parçalarını üfleyerek uçuşmalarını birlikte gözlemleyebilirsiniz. Bu egzersiz, nefesin varlığını fark ettirmek için yapılacak ilk adım egzersizlerinden biridir. Egzersiz sonrasında çocukla birlikte farklı zamanlarda, heyecanlandığında, yorulduğunda, öfkelendiğinde nefesinin nasıl değiştiğini ve farklılaştığını birlikte deneyimleyin. Nefes farkındalığı egzersizi sonrasında çocuğa yavaş yavaş nefesini dinlemeyi, nefes ile nasıl sakinleşip rahatlayacağını öğreten farklı egzersizlere geçebilirsiniz (Snel, 2013).

EMDR (Göz Hareketleri ile Duyarsızlaştırma ve Yeniden İşlemleme) Terapisi

EMDR (Göz Hareketleri ile Duyarsızlaştırma ve Yeniden İşlemleme) terapisi 1989 yılında Francine Shapiro tarafından geliştirilmiştir. EMDR, bireyin yaşadığı travmatik anı ve/veya olayın duyarsızlaştırıp yeniden işlenmesini sağlayarak terapötik çözüme ulaşılmasını hedefleyen bir terapi yaklaşımıdır (Shapiro, 2016). EMDR terapisinin diğer terapi yöntemlerinden farkı terapi sürecinde travmatik an ve/veya olaya yönelik çalışma yapılırken bireyin eş zamanlı olarak terapistin ritmik ve çift yönlü uyarımını (parmaklarının sağa-sola veya yukarı-aşağı hareketini) gözleriyle takip etmesine dayanır. Çift yönlü ve ritmik uyarım ile olumsuz olay ve yaşantılara ilişkin anıların işlenmesi hedeflenir. Günümüzde EMDR terapisinde göz hareketleri dışında hafif vuruşlar ve seslerden de yararlanılarak çift yönlü uyarım yöntemleri de uygulanmaktadır (Yaşar, 2021).

EMDR terapisi geçmiş, şimdi ve gelecek olmak üzere üç adımlı bir tedavi yaklaşımıdır. Birinci adım, geçmişte yaşanan olumsuz anı/olayın duyarsızlaştırılarak yeniden işlenmesi; ikinci adım, bugün anıyı/olayı tetikleyen uyaranların tedavisi; üçüncü adım ise bireye gelecekte yaşanabilecek olası problemlerle baş etme becerilerinin kazandırılmasını içermektedir (Kavakçı, 2014). EMDR terapisi, yapılandırılmış 8 aşamalı protokolden oluşmaktadır. Bu aşamalar, sırasıyla öykünün alınması ve tedavinin planlanması, hazırlık aşaması, değerlendirme aşaması, duyarsızlaştırma, yerleştirme, beden taraması, kapanış ve yeniden değerlendirmedir. Bunun yanı sıra çocuk ve ergenlere yönelik gelişimsel protokol hazırlanmıştır (Morris-Smith ve Silvestre, 2014). Çocukların yaş ve gelişimsel özelliklerine göre yaşadıkları olaylardan farklı şekillerde etkilenip farklı tepkiler verdikleri görülmektedir. Bu nedenle, çocuk ve ergenlerin yaş ve gelişimsel özellikleri göz önünde bulundurularak ihtiyaçlarına uygun değerlendirme ve müdahale yapılması önem taşımaktadır.

EMDR terapisi güvenli ve etkili bir terapi yöntemi olmakla birlikte, beyinde olumlu etkiler yarattığı ve çeşitli semptomlarda işe yaradığı araştırmalarla kanıtlanmış bir psikoterapi yöntemidir (Shapiro, 2021). Dünya Sağlık Örgütü (WHO) tarafından 2013 yılında yayınlanan el kitapçığı/kullanım rehberinde yetişkin, çocuk ve gençlerin Travma Sonrası Stres Bozukluğu (TSSB) tedavisinde EMDR terapisinin kullanılması önerilmektedir (Shapiro, 2001). EMDR terapisinin travma geçmişi olan çocukların tedavisinde oldukça etkili bir yöntem olduğu bildirilmiştir (Greenwald ve Rubin 1999, Fernandez 2007, Beer 2018). Kompleks çocukluk travması olan çocuk ve yetişkinlerin çocukluk travmalarının tedavisinde EMDR terapisinin kullanımının klinik etkinliğini destekleyen kanıtların giderek arttığı bilinmektedir (Chen ve ark., 2018). Çocuk ve ergenlere yönelik Travma Sonrası Stres Bozukluğu (TSSB) tedavisinde EMDR terapisinin oldukça etkili olduğu, ortalama 4-12 ay sürede iyileşmenin korunduğu bildirilmiştir (Beer, 2018; Barron ve ark., 2019). Karadağ, Gökcen ve Sarp (2019) tarafından yapılan EMDR terapisinin etkililiğinin değerlendirildiği bir çalışmada ise çocuk ve ergenlerden oluşan katılımcıların %53'ünün başta şiddetli TSSB semptomları gösterirken tedavi sonrası bu oranın %13'e düştüğü bulgulanmıştır. Kavakçı ve arkadaşları (2010), Travma Sonrası Stres Bozukluğu ve sınav kaygısında EMDR terapisinin etkisini inceledikleri olgu sunumunda sınav kaygısı belirtilerinin belirgin oranda azaldığını gözlemlemişlerdir.

EMDR terapisinin çocuk ve ergenlere yönelik Travma Sonrası Stres Bozukluğu tedavisinde etkili ve verimli bir yöntem olduğu görülmektedir. Buradan yola çıkarak, doğal afetlerin sık yaşandığı ülkemizde travmatik etkilerin azaltılmasına yönelik EMDR terapisinin çocuk ve ergenlerle bireysel ve okul psikolojik danışma sürecinde kullanımının yaygınlaşması büyük önem taşımaktadır.

Doğa Temelli Terapiler

Macera Terapisi

Macera terapisi (adventure therapy), 1990'lı yıllarda ortaya çıkan ve diğer tüm terapi yöntemlerinden farklı olarak uygulanmaya başlanan yeni bir terapi türüdür. Literatürde "macera terapisi", "doğada terapi", "macera tabanlı terapi" ve "macera temelli danışmanlık" şeklinde farklı isimleri bulunmaktadır (Newes ve Bandoroff, 2004). Macera terapisi, Türkiye'de adını yeni söz ettirmeye başlamış ve tanınırlığı az olsa da yurt dışında tercih edilen ve uygulanan bir terapi yöntemidir. Özellikle grup terapilerinde konuşma temelli terapilerin yaygınlığının azalması ile macera terapisinin kullanımının arttığı ve uluslararası literatürde yer aldığı görülmektedir.

Macera terapisinde danışanlar doğa ile bütünleşir ve etkinlikler doğada yapılan gerçek aktivitelerden oluşur. Terapinin açık alanda gerçekleşmesi, fiziksel aktivitelere ve macera etkinliklerine yer vermesi sebebiyle özellikle çocuk ve ergenlerle çalışıldığında anlamlı sonuçlar alındığı bilinmektedir. Bu terapi yöntemi profesyonel uzmanlık gerektiren bir terapi türüdür (White, 2012). Macera terapisinin amaçları; danışanların ihtiyaçlarını değerlendirerek onlara ulaşmalarına yardımcı olmak, danışanların gerçekleştireceği etkinlikleri belirli amaçlar doğrultusunda belirleyerek danışan için uygun hâle getirmek ve danışanların aile, okul ve iş yaşamlarında daha başarılı olmalarına yönelik sonuçlar elde etmek şeklinde üç maddede sıralanabilir (White, 2012). Macera terapisinin psikoterapötik temelleri ise terapi sürecinde grup üyelerinin bireysel güçleri ve kendilerine yönelik algıladıkları sınırlıklarını değerlendirmek, genel geçerliliği olan diğer psikoterapi yöntemleri ile bütünleştirilmiş grup içerisinde etkili müdahaleler içeren aktiviteler planlamak, bireyin değişimine yardımcı olan belirleyici faktörlerin farkına varmasını sağlayacak etkinlikler planlayarak gelişimine katkıda bulunmaktır (Hanna, 2012). Macera terapisinin hedefi, şimdi ile gelecek hakkında bilgi toplayarak danışanların fonksiyonel olmayan davranışlarının değişebileceğini fark etmelerini sağlamaktır (Degges-White ve Davis, 2011). Terapi sürecinde danışanların kazandıkları farkındalıklar sonrası kendilerini sorgulamaları ve kendilerini daha iyi tanımaları ile davranış değişimi gerçekleşmektedir (Herbert, 1996). Macera terapisi modeli, temel olarak danışanların doğa ortamında karakter gelişimlerini, liderlik becerilerini, sosyal sorumluluk görevlerini ve kişiler arası ilişkilerini geliştirmeyi hedeflemektedir. Danışanlar, bu model ile kendilerini geliştirmenin yanında hayatta kalmaya dair içsel becerilerini fark ederek kullanmayı öğrenirler. Macera terapisi, danışanların var olan sınırlıklarının üstesinden gelerek benlik saygılarının gelişmesine katkıda bulunmaktadır (Mitten, 2004). Danışanların kendine yönelik güven duygusunu geliştirerek, yaşamlarında karşılaştıkları belirsizlikleri tehdit olarak görmek yerine üstesinden gelinecek bir sorun veya meydan okuma olarak görmelerini sağlar (Taylor, 1989; Newes ve Bandoroff, 2004).

Macera terapisi farklı alanlarda farklı yaş gruplarına hem klinik vakalara hem de toplumdaki her bireye uygulanabilecek bir terapi türüdür (Schell ve ark., 2012). Ancak yapılan araştırmalara göre macera terapisinin en etkili olduğu danışan grubu ergenlerdir (Williams, 2000). Literatürde, ebeveynler ile ergen çocuklarının veya çiftlerin birlikte katıldığı macera temelli aile terapisi örnekleri mevcuttur (Gillis ve Gass, 1993). Ayrıca macera terapisinin uygulandığı madde bağımlılığı tedavisi gören (Gass ve McPhee, 1990; Davis-Berman ve ark., 1994), travmatik geçmişi olan (Mitten, 2004), davranış bozukluğu (Pommier, 1994), kişiler arası ilişki problemleri ve güven sorunu olan, problem çözme ve baş etme becerilerinde sorun yaşayan, depresyon ve kaygı yaşayan bireylerle (Williams, 2000) yapılan çalışmalar da bulunmaktadır. Ergen danışanlar ile yapılan çalışmalarda ise kilo problemi yaşayan ergenlerin kilo vermelerini sağlamada (Jelalian ve ark., 2006), alkol sorunu olan gençlerde alkole dönüşü azaltmada (Bennett, 1998), kişiler arası ilişki sorunları yaşayan ergenlerde ruhsal sağlık durumlarıyla ilgili semptomların hafiflemesinde (Norton ve ark., 2014), duygusal ve davranışsal problemlerinin azalmasında (Dobud, 2016) etkili bir yöntem olduğu görülmüştür. Kanser hastası ergenlerle yapılan çalışmalarda ise iyimserlik düzeylerinin ve bireysel güçlülüklerinin geliştiği (Keats ve ark., 1999), pozitif tutumları ile ait olma, kabul edilme ve anlaşılmış hissetme düzeylerinde artış görüldüğü, diğer gençlerle birlikte uzmanlardan destek ve rehberlik görmenin macera terapisinde kolaylaştırıcı etkenler olduğu bulgulanmıştır (Martins ve ark., 2017). Eğitsel amaçlı yapılan macera terapisinin çocuk ve ergenlerin farkındalıkları, kişisel gelişimleri, kendi sınırlıklarına meydan okumaları, biricik olduklarını keşfetmeleri, başkalarına yönelik güven duymaları ve grup etkileşimini birlikte kurmaları yönünde gelişim sağladığı belirlenmiştir (Human, 2012). Bu alanda yapılan araştırma sonuçlarına göre macera terapisi programlarının psikolojik, duygusal, davranışsal ve kişiler arası ilişkiler alanlarında olumlu yönde etkisi olduğu ve bu etkilerin bireylerin hayatında uzun vadede devam ettiği görülmektedir. (Bowen ve Neill, 2013).

Ülkemizde macera terapisi yeterli düzeyde tanınırlığa sahip olmamakla birlikte uygulamasına rastlanmamaktadır. Yurt dışında ise macera terapisi farklı terapi yöntemlerinin yanında veya tek başına bir terapi yöntemi olarak kullanılmaktadır. Bu alanda yapılan birçok araştırma uluslararası literatürde mevcuttur (Baştemur, 2019). Ülkemizin coğrafi, fiziki koşulları ve doğal güzellikleri göz önünde bulundurularak macera terapisi alanında uzmanlaşmış psikolojik danışmanların yetişmesinin çocuk ve ergenlere yönelik hem önleyici hem de müdahale edici çalışmalarda oldukça faydalı olacağı düşünülmektedir. Bu alanda uzmanlaşan psikolojik danışmanların özellikle okullarda çocuk ve ergenlere yönelik kapsayıcı, önleyici ve müdahale edici psikolojik destek verebileceği öngörülmektedir.

Özet

Amerikan Okul Psikolojik Danışmanları Derneğinin (American School Counselors Association, ASCA) oluşturduğu "Ulusal Model"e (ASCA, 2005) göre okul psikolojik danışmanlarının en önemli sorumluklarından birisi, öğrencilerin uyumlu, üretken ve sağlıklı bireyler olarak yetişmeleri amacıyla kişisel/sosyal, eğitsel/akademik ve mesleki/kariyer şeklinde gruplara ayrılan üç gelişimsel alanda yardımcı olmaktır. Ülkemizde de okullardaki psikolojik danışma ve rehberlik hizmetlerine yönelik hedefler bu üç gelişimsel alan dikkate alınarak oluşturulmuştur (MEB, 2019). Gerek okullarda gerek bireysel psikolojik danışmanlık süreçlerinde çocuk ve ergenlerin psikolojik iyi oluşlarını artırmaya yönelik gelişimsel alanlarda destek verirken psikolojik danışma alanındaki yeniliklerin takip edilmesi, çağın gereklerine göre yöntem ve tekniklerin gözden geçirilerek güncellenmesi, her çocuk ve ergenin biricik olduğu düşünülerek bireye yönelik terapi yöntemlerinin uygulanması tedavi sürecinde büyük önem taşımaktadır. Psikolojik danışmanların çocuk ve ergenlere yönelik yeni yaklaşımlara açık olması, lisans ve yüksek lisans düzeyindeki ders müfredatlarının psikoloji ve psikolojik danışmanlık alanındaki yeniliklere göre düzenlemesi, alanda yetişen öğrenci ve uzmanların yenilikleri takip ederek kendilerini geliştirmeleri tedavi sürecine sağlayacağı katkılar açısından önem arz etmektedir.

Kaynakça

Ahmadi, E., Razini, H. H., & Hatami, M. (2006). The effectiveness of Group therapy of mindfulness-based stress reduction (MBSR) on test anxiety and assertiveness of Dysthymia students. *International Academic Journal of Humanities, 3*(7), 18-27.

American Counseling Association (2020). Counseling in a time of COVID-19: Mental health, professional counseling and emergency preparedness. retrieved from https://www.counseling.org/knowledge-center/mental-health resources/traumadisaster/mental-health-professional-counseling-and-emergency-preparedness

American School Counselor Association (2005). The ASCA national model: A framework for school counseling programs (2nd ed.). Alexandria, VA: Author.

Akgün, E., & Karaman Benli, G. (2019). Okul öncesi dönem çocuklarla bibliyoterapi: Bir uygulama örneği. *Psikiyatride Güncel Yaklaşımlar-Current Approaches in Psychiatry, 11*(1), 100-111 doi:10.18863/pgy.392346

Astin, J. A. (1997). Stress reduction through mindfulness meditation: Effects on psychological symptomology, sense of control, and spiritual experiences. *Psychother Psychosom, 66,* 97-106.

Atalay, Z., Aydın, U., Taylan, R. D., Bulgan, G., & Özgülük, S. B. (15.05.2017). Bilinçli-farkındalık (mindfulness) temelli psiko-eğitim programının öğrencilerin matematik kaygısı, tutumları ve öz yeterlikleri üzerindeki etkisi. TÜBİTAK SOBAG Proje; 2017. Proje No: 115K450.

Baer, R. A. (2003). Mindfulness training as a clinical intervention: A conceptual and empirical review. *Clinical Psychology: Science and Practice, 10,* 125-143.

Barak, A. (1999). Applied and preventive psychology. Cambridge University Press. *8,* 231-245 Printed in the USA.

Barron, I. G., Bourgaize, C., Lempertz, D., Swinden, C., & Darker-Smith, S. (2019). Eye movement desensitization reprocessing for children and adolescents with posttraumatic stress disorder: A systematic narrative review. *Journal of EMDR Practice and Research, 13,* 270-283. doi: 10.1891/1933-3196.13.4.270

Beer, R. (2018). Efficacy of EMDR therapy for children with PTSD: A review of the literature. *Journal of EMDR Practice and Research, 12,* 177-195. doi: 10.1891/1933-3196.12.4.177

Bennett, L. (1998). Effects of a therapeutic camping program on addiction recovery. The algonquin haymarket relapse prevention program. *Journal of Substance Abuse Treatment, 15*(5), 469-474.

Billari, F., Giuntella, O., & Stella, L. (2018). Broadband internet, digital temptations, and sleep. *Journal of Economic Behavior and Organization,* http://dx.doi.org/10.1016/j. jebo.2018.07.001.

Booth, P. B., & Jernberg, A. M. (2010). *Theraplay: Helping parents and children build better relationships through attachment-based play.* John Wiley & Sons.

Booth, P. B., & Jernberg, A. M. (2021). *Theraplay.* İstanbul: Yenikapı Yayınları.

Botella, C., Garcia-Palacios, A., Baños, R. M., & Valencia, U. D. (2009). Cybertherapy: Advantages, limitations, and ethical issues. *PsychNology Journal, 7*(1), 77-100.

Bowen, D. J., & Neill, J. T. (2013). A meta-analysis of adventure therapy outcomes and moderators. *Open Psychol Journal, 6,* 28-53.

Bulut, S. (2010a). Yetişkinlerle yapılan psikolojik danışmada bibliyoterapi yönteminin kullanılması. *Türk Psikolojik Danışmanlık ve Rehberlik Dergisi, 4*(33), 46-56.

Bulut, S. (2010b). Bibliyoterapi yönteminin okullarda psikolojik danışmanlar ve öğretmenler tarafından kullanılması. *Elektronik Sosyal Bilimler Dergisi, 9*(34).

Caldin, C. (2009). Reading and Therapy. SantaCatarina. Universidade Federal de Santa Catarina.

Carey, M., & Russell, S. (2003). Re-Authoring: Some answers to commonly asked questions. *The International Journal of Narrative Therapy and Community Work, 3,* 60-71.

Carlson, R. (2001). Therapeutic use of story in therapy with children. *Guidance & Counseling, 16*, 92-99.

Cashin, A., Browne, G., Bradbury, J., & Mulder, A. (2013). The effectiveness of narrative therapy with young people with autism. *J Child Adolesc Psychiatr Nurs*, *26*, 32-41.

Catalano, A. (2008). Making a place for bibliotherapy on the shelves of a curriculum materialscenter: The case for helping pre-service teachers use developmental bibliotherapy in the classroom. *Education Libraries:Childrens Resources, 31*(3), 17-22.

Karadag, M., Gokcen, C., & Sarp, A. S. (2019). EMDR therapy in children and adolescents who have post-traumatic stress disorder: A six-week follow-up study. International *Journal of Psychiatry in Clinical Practice, 24,* 1-6. doi:10.1080/1365150 1.2019.1682171

Chen, R., Gillespie, A., Zhao, Y., Xi, Y., Ren, Y., & McLean, L. (2018). The Efficacy of Eye Movement Desensitization and Reprocessing in Children and Adults Who Have Experienced Complex Childhood Trauma: A Systematic Review of Randomized Controlled Trials. *Frontiers in psychology, 9,* 534. https://doi.org/10.3389/fpsyg.2018.00534.

Chester, A., & Glass, C. A. (2006). Online counselling: A descriptive analysis of therapy services on the internet. *British Journal of Guidance and Counselling, 34*(2), 145-160.

Christiani, Y., & Setiawan, A. (2018). Internet-based treatment of depression in Indonesia, *The Lancet Psychiatry, 5*(9), 688-689.

Cohen, J. A., Mannarino, A. P., & Deblinger, E. (2017). Treating trauma and traumatic grief in children and adolescents. The Guilford Press.

Corr, C. A. (2004). Pet loss in death related literature for children. *Omega:Journal of Death and Dying, 48,* 399-414.

Crenshaw, D. A. & Stewart, A. L. (2017). *Oyun Terapisi Kapsamlı Teori ve Uygulama Rehberi.* İstanbul: APAMER Psikoloji Yayınları.

Creswell, J. D., Way, B. M., Eisenberger, N. I., & Lieberman, M. D. (2007). Neural correlates of dispositional mindfulness during affect labeling. *Psychosomatic Medicine, 69,* 560-565.

Çelik, H. (2017). Psikoterapide yeni soluk: Öyküsel terapi. *e-Kafkas Eğitim Araştırmaları Dergisi, 4*(1), 34-50.

Dallos, R. (2004). Attachment narrative therapy: integrating ideas from narrative and attachment theory in systemic family therapy with eating disorders. *J Fam Ther, 26*, 40-65.

Damcı, T. (2016). Bir yol var: Mindfulness ile yaşam biçimini değiştirmek. İstanbul: Doğan Novus.

Davidson, R. J., Kabat-Zinn, J., Schumacher, J., Rosenkranz, M., Muller, D., Santorelli, S. et al. (2003). Alterations in brain and immune function produced by mindfulness meditation. *Psychosom Med*, *65,* 564-570.

Davis-Berman, J., Berman, D. S., & Capone, L. (1994). Therapeutic wilderness programs: A national survey. *Journal of Experiential Education, 17,* 49-53.

Degges-White, S., & Davis, N. L. (2011). Integrating the expressive arts into counseling practice. New York, Springer.

Demir, V. (2017). Bilinçli farkındalık temelli bilişsel terapi programının üniversite öğrencilerinin kaygı düzeylerine etkisi. *OPUS- Uluslararası Toplum Araştırmaları Dergisi*, *7*(12), 98-118.

Dobud, W. (2016). Exploring adventure therapy as an early intervention for struggling adolescents. *Journal of Outdoor and Environmental Education, 19*(1), 22-41.

Duımstra, L. (2003). Teaching and name-calling: Using boks to studens cope. *Teacher Librarian, 31*(2), 8-11.

Duncan, L. G., & Bardacke, L. (2010). Mindfulness-based childbirth and parenting education: promoting family mindfulness during the perinatal period. *J Child Fam Stud, 19,* 190-202.

Dundas, I., Thorsheim, T., Hjeltnes, A., & Binder, P. E. (2016). Mindfulness Based Stress Reduction for academic evaluation anxiety: A naturalistic longitudinal study. *Journal of college student psychotherapy, 30*(2), 114-131.

Dyck, T. (2000). Narrative therapy with individual adults. (Master Thesis), University of Manitoba Winnipeg, Faculty of Social Work, Monitoba Canada.

Eisenberg, S. (2014). What works in therapy: further thoughts on improving clinical practice for children with language disorders. *Lang Speech Hear Serv Sch, 45,* 117-126.

Fernandez, I. (2007). EMDR as treatment of post-traumatic reactions: A field study of child victims of an earthquake. *Educational and Child Psychology, 24,* 65-72.

Flynn, J. (2020). Online Play Therapy Techniques. https://www.youtube.com/watch ?v=wlCKzB31z0Y&ab_channel=JackieFlynn Erişim tarihi: 30.01.2023.

Forgan, J. W. (2002). Using Bıblıotherapy to teach problem solvıng. *Intervention in School and Clinic, 38,* 75-82.

Gass, M., & McPhee, P. (1990). Emerging for recovery: A descriptive analysis of adventure therapy for substance abusers. *Journal of Experiential Education, 13,* 29-35.

Gilbert, P. (2005). Compassion and cruelty: A biopsychosocial approach. In P. Gilbert (Ed.), Compassion: Conceptualizations, research and use in psychoNynaponika Therapy (s. 9-74). Hove: Routledge.

Gillis, H. L., & Gass, M. A. (1993). Bringing adventure into marriage and family therapy: An innovative experiential approach. *J Marital Fam Ther, 19,* 273–286.

Goodyear-Brown, P. (2010). Play therapy with traumatized children: A prescriptive approach. John Wiley & Sons.

Goodyear-Brown, P. (2019). Trauma and play therapy: Helping children heal. Routledge. https://doi.org/10.4324/9781351216869

Gould, R. A., & Clum, G. A. (1993). A meta-analysis of self-help treatment approaches. *Clinical Psychology Review, 13,* 169-186.

Greenwald, R., & Rubin, A. (1999). Assessment of posttraumatic symptoms in children. Development and preliminary validation of parent and child scales. *Res Soc Work Pract, 9,* 61-75.

Güldal, Ş. (2019). Bilinçli farkındalık temelli ergenlere yönelik psikoeğitim programının karakter güçleri, bilinçli farkındalık ve akademik başarı gelişimine etkisinin incelenmesi. (Doktora Tezi), Marmara Üniversitesi, Eğitim Bilimleri Enstitüsü, İstanbul.

Hanna, L. (2012). A psychotherapeutic foundation for adventure therapy. In Adventure Therapy:Theory, Research, and Practice (Eds MA Gass, A Michael, HL Gillis, KC Russell, C Keith), 69-92. New York, Taylor and Francis.

Heath, M. A., Sheen, D., Leavy, D., Young, E., & Money, K. (2005). Bibliotherapy: Are source to facilitate emotional healing and growth. *Sch Psychol Int, 26,* 563–580.

Hick, S. F. (2008). Cultivating therapeutic relationships: The role of Mindfulness (Edt. Hick, S. F. ve Bien, T.) Mindfulness and the therapeutic relationship. New York: The Guilford Press.

Hoffman, K. T., Marvin, R. S., Cooper, G., & Powell, B. (2006). Changing toddlers' and preschoolers' attachment classifications: The circle of security intervention. *Journal of Consulting and Clinical Psychology, 74*(6), 1017-1026.

Homeyer, L. E. (2020). *Kum Tepsisi Terapisi.* (H. Kahyaoğlu Çakmakçı ve S. Karakoç Demirkaya, Çev.). İstanbul: Apamer Yayıncılık.

Human, L. (2012). Adventure-based experiences during professional training in psychology: a follow up study. *South African Journal of Psychology, 42*(4), 586-597.

Işık-Terzi, Ş., Ergüner-Tekinalp, B. (2013). *Psikolojik Danışmada Güncel Kuramlar.* Ankara, Pegem.

Jelalian, E., Mehlenbeck, R., Lloyd-Richardson, E. E., Birmaher, V., & Wing, R. R. (2006). "Adventure therapy" combined with cognitive-behavioral treatment for overweight adolescents. *International Journal of Obesity, 30*, 31-39.

Kabat-Zinn, J. (2003). Mindfulness-based interventions in contex: Past, present and future. Clinical Psychology Science Practice, *10*(2), 144-156.

Kabat-Zinn, J. (2009). Full Catastrophe Living: Using the Wisdom of Your Body and Mind to Face Stress, Pain, and Illness, New York, Bantam Dell Publishing.

Kabat-Zinn, J. (2013). Full catastrophe living: Using the wisdom of your mind and body to face stress, pain, and illness. New York: Delacorte.

Kalff, D. M. (1991). Introduction to sandplay therapy. *Journal of Sandplay Therapy, 1*(1), 7-15.

Karaırmak, Ö., & Bugay, A. (2016). "Postmodern diyalog: Öyküsel psikolojik danışma". *Türk Psikolojik Danışma ve Rehberlik Dergisi* 4/33 (2016) 24-36.

Kavakçı, Ö. (2014). Ruhsal Travma Tedavisi İçin EMDR. Ankara: HYB Yayıncılık.

Kavakçı, Ö., Yıldırım, O., & Kuğu, N. (2010). EMDR for post travmatic stress disorder and test anxiety: a case report. *Turkish Journal of Clinical Psychiatry, 13(1)*, 42-47.

Keats, M. R., Courneya, K. S., & Danielsen S. (1999). Leisure-timephysical activity and psychosocial well-being in adolescents after cancer diagnosis. *Journal of Pediatric Oncology Nursing, 16,* 180-188.

Kestly, T. (2020). *Ergen Kum Tepsisi Terapisi.* C. E. Schafer ve L. Gallo-Lopez (Ed.), *Ergenler ile Oyun Terapisi içinde.* İstanbul: Yenikapı Yayınları.

Kielty, M., Gilligan, T., Staton, R., & Curtis, N. (2017). Cultivating mindfulness with third grade students via classroom-based interventions. *Contemporary School Psychology, 21*(4), 317-322.

King, R., Bambling, M., Reid, W., & Thomas, I. A. N. (2006). Telephone and online counselling for young people: A naturalistic comparison of session outcome, session impact and therapeutic alliance. *Counselling and Psychotherapy Research, 6*(3), 175-181.

Koca, M. (2018). Narrative terapi temelli grupla psikolojik danışma programının ergenlerin irade ve kaygı düzeylerine etkisi. (Yüksek lisans tezi), Hasan Kalyoncu Üniversitesi, Gaziantep.

Kurkjian, C., & Livingston, N. (2005). The right book for the right child for the right situation. *Read Teach, 58,* 786-795.

Leana-Taşcılar, M. Z. (2012). Üstün zekâlı ve yetenekli öğrencilerin de bulunduğu sınıflarda bibliyoterapi kullanımı: Model önerisi. *Türk Üstün Zeka ve Eğitim Dergisi, 2,* 118-136.

Lee, J., Semple, R. J., Rosa, D., & Miller, L. (2008). Mindfulness-based cognitive therapy for children: Results of a pilot study. *Journal of Cognitive Psychotherapy, 22*(1), 15.

Looyeh, Y. M., Kamalı, K., & Ghasemi, A. (2014). Treating social phobia in children through group narrative therapy. *Arts Psychother, 41*, 16-20.

March, S., Spence, S. H., & Donovan, C. L. (2009). The efficacy of an internet-based cognitive-behavioral therapy intervention for child anxiety disorders. *Journal of Pediatric Psychology, 34*(5), 474-487.

Martins, A., Taylor, R. M., Morgan, S., & Fern, L. A. (2017). Being normal, not vulnerable: Case study of a 2 day residential programme for young adults with cancer. *BMJ Open, 7,* 1-10. Doi: 10.1136/bmjopen-2016-015309.

McCarthy, H., & Chalmers, L. (1997). Bibliotherapy intervention and prevention. *Teaching Exceptional Children, 29,* 12-17.

McCulliss, D., & Chamberlain, D. (2013). Bibliotherapy for youth and adolescents-school-based application and research. *J Poet Ther, 26,* 13-40.

Miller, B. J., Cardona, J. R. P., & Hardin, M. (2006). The use of narrative therapy and internal family systems with survivors of childhood sexual abuse: examining issues related to loss and oppression. *J Fem Fam Ther, 18*, 1-27.

Millî Eğitim Bakanlığı Özel Eğitim ve Rehberlik Hizmetleri (2019). Hedef listesi https://orgm.meb.gpv.tr/meb_iys_dosyalar/2019_09/10160422_HEDEF_LYSTESY_YE NY.pdf

Mitchell-Kamalie, L. (2002). The application of bibliotherapy with primary school children living in a violent society (Thesis for Magister Bibliothecologiae). Bellville, University of the Western Cape.

Mitten, D. (2004). Adventure Therapy as a Complementary and Alternative Therapy in S. Bandoroff and S. Newes (Eds.) *Coming of Age: The evolving field of adventure therapy*, 240 – 257, Boulder, CO: Association of Experiential Education.

Mohammadi, P. K., Zargar, N. A., & Shahidi, M. A. (2018). The Efficacy of Mindfulness Therapy on Mindfulness Attention Awareness and Perception of Disease in Women with Breast Cancer. *Indian Journal of Public Health Research & Development, 9*(3), 157-161.

Morris-Smith, J., & Silvestre, M. (2014). EMDR for the Next Generation. 2nd edition. Academic Publishing International Limited, Reading UK.

Myers, C. D. (2012). Bibliotherapy for adopted children: A path way to healthier adoptive identity and self esteem (Master's thesis). Prescott, AZ, Prescott College.

Napoli, M., Krech, P. K., & Holley, L. C. (2005). Mindfulness trainingfor elementary school students: The Attention Academy. *Journal ofApplied School Psychology, 21,* 99–125.

Newes, S., & Bandoroff, S. (2004). What is adventure therapy? In Adventure therapy: Coming of Age (Eds S Bandoroff, S Newes):1-30. Boulder, CO, Association of Experiential Education.

Nicholson, J. I., & Pearson, Q. M. (2003). Helping children cope with fears: Using children's Literature in classroom guidance. *Professional School Counseling, 7,* 5-19.

Norton, C. L., Tucker, A., Russel, K. R., Bettman, J. E., Gass, M. A., Gillis, H. L., & Behrens, E. (2014). Adventure therapy with youth. *Journal of Experiential Education, 37*(1), 46-59.

Norton, E. B. & Norton-Crowell C. (2022). *Deneyimsel Oyun Terapisi ile Çocuklara Ulaşmak.* Görünmez Adam Yayıncılık.

OECD (2017). PISA 2015 Results (Volume III): Students' Well-Being, PISA, *OECD Publishing*, Paris, http://dx.doi. org/10.1787/9789264273856-en.

Omizo, M. M., & Omizo, S. A. (1992). Promoting wellness among elementary school children. *Journal o f Counseling and Development, 71*(2), 194-199.

Öğretir, A. D. (2008). Oyun ve oyun terapisi. *Gazi Üniversitesi Endüstriyel Sanatlar Eğitim Fakültesi Dergisi, 22,* 94-100.

Özdemir, B. (2020). Mindfulness Temelli Stres Azaltma (MBSR) Programı'nın bilişsel ve duygusal süreçlere etkisi: Bilinçli farkındalık, duygulanım ve algılanan stres değişimi. (Yüksek Lisans Tezi), Ufuk Üniversitesi, Sosyal Bilimler Enstitüsü, Ankara.

Özer, M. (2020). Educational policy actions by the ministry of national education in the times of COVID-19. *Kastamonu Education Journal, 28*(3), 1124-1129. doi: 10.24106/kefdergi.722280.

Özyeşil, Z. (2011). Üniversite öğrencilerinin öz-anlayış düzeylerinin bilinçli farkındalık kişilik özellikleri ve bazı değişkenler açısından incelenmesi. (Yayımlanmamış Doktora Tezi), Selçuk Üniversitesi, Eğitim Bilimleri Enstitüsü, Konya.

Pardeck, J. T. (2013). Using Books in Clinical Social Work Practice: A Guide to Bibliotherapy. Second edition. New York, Routledge Press.

Pickard, K. E., Wainer, A. L., Bailey, K. M., & Ingersoll, B. R. (2016). A mixed-method evaluation of the feasibility and acceptability of a intervention for children with autism spectrum disorder. *Autism, 20*(7), 845-855.

Pollak, S. M, Pedulla, T., & Siegel, R. D. (2014). Sitting together: Essential skills for mindfulness-based psychotherapy. New York: The Guilford Press.

Pommier, J. H. (1994). Experiential adventure therapy plus family training: Outward Bound School's efficacy with status offenders (Doctoral thesis). Texas, Texas A&M University.

Robbins, J. M., & Perhson, D. E. (2009). Anorexia nervosa: A synthesis of poetic and narrative therapies in the outpatient treatment of young adult women. *J Creat Ment Health, 4*, 42-56.

Rooksby, M., Elouafkaoui, P., Humphris, G., Clarkson, J., & Freeman, R. (2015). Internet-assisted delivery of cognitive behavioural therapy (cbt) for childhood anxiety: Systematic review and meta-analysis. *Journal of Anxiety Disorders*, *29,* 83-92.

Salzburg, S. (2007). Narrative therapy pathways fob re-authoring with parents of adolescents coming-out as lesbian, gay, and bisexual. *Contemp Fam Therapy*, *29,* 57-69.

Schaefer, C. E. (2013). *Oyun terapisinin temelleri.* (B. T. Özkaya, Çev.) Ankara: Nobel Yayıncılık.

Schell, L., Cotton, S., & Luxmoore, M. (2012). Outdoor adventure for young people with a mental illness. *Early Interv Psychiatry, 6,* 407-414.

Schlarb, A. A., & Brandhorst, I. (2012). Mini-KiSS online: An internet-based intervention program for parents of young children with sleep problems-influence on parental behavior and children's sleep. *Nature and Science of Sleep*, *4*, 41-52.

Scott, N., Hanstock, L. T., & Patterson-Kane, L. (2013). Using narrative therapy to treat eating disorder not otherwise specified. *Clin Case Stud*, *12*, 307-321.

Shapiro, F. (2001). Eyemovement desensitization and reprocessing: Basic principles, protocols, and procedures. 2. Baskı. New York: Guilford Press.

Shapiro, F. (2016). EMDR: Göz Hareketleriyle Duyarsızlaştırma ve Yeniden İşleme. (1. Baskı). İstanbul: Okuyan Us Yayınevi.

Shapiro, F. (2021). EMDR Terapisi Teknikleri ile Acı Anıları Silmek (13. Baskı). İstanbul: Kuraldışı Yayıncılık.

Simpson, S. G., & Reid, C. L. (2014). Therapeutic alliance in videoconferencing psychotherapy: A review. *Australian Journal of Rural Health*, *22*(6), 280-299 doi:10.1111/ajr.12149.

Snel, E. (2013). Sitting still like a frog: Mindfulness exercises for kids (and their parents). Boston, MA: Shambhala Publications, Inc.

Spencer, T. D., & Slocum, T. A. (2010). The effect of a narrative intervention on story retelling and personal story generation skills of preschoolers with risk factors and narrative language delays. *J Early Interv, 32*, 178-199.

Suler, J. R. (2000). Psychotherapy in cyberspace: A 5-dimensional model of online and computer-mediated psychotherapy. *CyberPsychology & Behavior, 3*(2), 151-159.

Taşören, A. B. (2022). Çocukluk döneminde travma ile çalışmak: TravmaOyun modeli. *Dokuz Eylül Üniversitesi Sosyal Bilimler Enstitüsü Dergisi, 24*(2), 707-726.

Taylor, F. (1989). The influence of an outdoor adventure recreation class on personality type, locus of control, self-esteem, and selected issues of identity development of college students (Doctoral thesis). San Francisco, University of San Farncisco.

Teber, M. (2015). Gençlik, oyun ve oyun terapisi. *Gençlik Araştırmaları Dergisi, 3*(3), 1-22.

Teber, M. (2021). Çocuklarla Online Terapi. 1. Basım. Yenikapı Yayınları.

Teber, M. ve Akat, N. (2021). *Online Kum Oyunu ve Kum Tepsisi Terapisi.* M. Teber (Ed.), *Çocuklarla Online Terapi içinde.* İstanbul: Yenikapı Yayınları.

Terzi, Ş. & Tekinalp, B. (2013). Psikolojik danışmada güncel kuramlar. Ankara: Pegem Yayınları.

Tussing, H. L., & Valentine, D. P. (2001). Helping adolescents cope with the mental illness of a parent through bibliotherapy. *Child and Adolescent Social Work Journal, 18*(6), 455-469.

UNICEF (2017). How does the time children spend using digital technology impact their mental well-being, social relationships and physical activity? An evidence-focused literature review. https://www.unicef-irc.org/publications/pdf/Children-digital-technology wellbeing.pdf.

Uzun, B. (2019). *Mindfulness becerilerinin psikoterapide kullanımı* (Çev Edt) Pollak, S. M, Pedulla, T. Siegel, R. D. (2014). Sitting together: Essential skills for mindfulness-based psychotherapy. İstanbul: Apamer Yayınları.

Wade, S. L., Carey, J. A., & Wolfe, C. R. (2006). An online family intervention to reduce parental distress following pediatric brain injury. *Journal of Consulting and Clinical Psychology, 74*(3), 445-454.

Wagner, B., & Lange, A. (2008). Internetbasierte Psychotherapie, In S. Bauer ve H. Kordy (Hrsg.), *E-mental health,* 105-120. Heidelberg: Springer Medizin Verlag.

Wall, R. B. (2005). Tai Chi and mindfulness-based stress reduction in a Boston Middle School. *Journal of Pediatric Health Care, 19*, 23–237.

White, W. (2012). A history of adventure therapy. In Adventure Therapy: Theory, Research, and Practice (Eds MA Gass, A Michael, HL Gillis, KC Russell, C Keith), 19-47. New York, Taylor and Francis.

Williams, B. (2000). The treatment of adolescent populations: An institutional vs. a wilderness setting. *Journal of Child and Adolescent Group Therapy, 10,* 47-56.

Williams, M., & Penman, D. (2015). Farkındalık: Çılgın bir dünyada huzur bulmak için pratik bir rehber. İstanbul: Pegasus.

Wolter, J. A., Dilollo, A., & Apel, K. (2006). A narrative therapy approach to counseling: a model for working with adolescent and adults with language-literacy deficits. *Lang Speech Hear Serv Sch, 37*, 168-177.

Woods, K., & Hannen, E. (2012). Narrative therapy with an adolescent who self-cuts: a case example. *Educ Psychol Pract, 28*, 187-214.

World Health Organization (n.d.).What is the WHO definition of health? https:/ / www.who.int/about/who-we-are / frequently-asked-questions

Yaşar, A. B. (2021). EMDR terapisi ile beyinde değişim (1. Baskı). İstanbul: Psikonet Yayıncılık.

Yazgan, Y. (2020). Terapistler için online terapi rehberi. http://www.yankiyazgan.com/wp-content/uploads/2020/12/Terapistler-I%CC%87c%CC%A7in-Online-Terapi-Rehberi.pdf.

Yazıcı, B. (2018). Naratif terapi temelli grupla psikolojik danışma programının ergenlerin psikolojik dayanıklılık düzeylerine etkisi. (Yayımlanmamış Yüksek Lisans Tezi), Maltepe Üniversitesi, İstanbul.

Yıldırım Kurtuluş, H., & Kurtuluş, E. (2022). Çocuk gözünden göç hikayesinin öyküsel terapi odağında incelenmesi: Suriyeli mülteci çocuklar. *Humanitas, 10*(19), 318-348.

YAZAR ÖZ GEÇMİŞLERİ

Prof. Dr. Fatma Ebru İkiz

1992 yılında İzmir Bornova Anadolu Lisesinden, 1997 yılında Orta Doğu Teknik Üniversitesi Eğitim Fakültesi Eğitim Bilimleri Bölümü Psikolojik Danışma ve Rehberlik Ana Bilim Dalından mezun olmuştur. 1997-2001 yılları arasında özel okullarda psikolojik danışman olarak çalışmıştır. 2001 yılında araştırma görevlisi olarak göreve başladığı Dokuz Eylül Üniversitesi Buca Eğitim Fakültesi Eğitim Bilimleri Bölümü Psikolojik Danışma ve Rehberlik Ana Bilim Dalında 2006 yılında doktorasını tamamlamıştır. Hâlen öğretim üyesi olarak görev yapan İkiz, aynı zamanda DEÜ Rehberlik ve Psikolojik Danışmanlık Uygulama ve Araştırma Merkezi Müdürüdür. Akademisyenliğin yanı sıra yazar ve editör olan İkiz'in alan eğitimine ve etiğine yön veren 20'den fazla kitap eseri, 50'den fazla makalesi ve bildirisi bulunmaktadır. Türk Psikolojik Danışma ve Rehberlik Derneği Üyesi ve Etik Kodlar Koordinatörüdür ve editöryel ekip hâlinde *TPDR Derneği Psikolojik Danışmada Etik Kodlar*'ı 2021 de yazmıştır. CİSED İzmir Şube Yönetim Kurulu Üyesi ve eğitmenidir. Akademik çalışma alanları arasında ruh sağlığı, uyum, uyum sorunları, travma, etkin ebeveynlik, bağımlılık, duygusal öz yeterlik, anlaşmazlık çözümü kavramları yer almaktadır. Psikolojik danışmanlık alanında etik ve değerler, danışma becerileri, bilişsel ve yenilikçi yaklaşımlar, okul ve aile pdr hizmetlerinde ilişki ve anlaşmazlık yönetimi, ara buluculuk çalışmalarını sürdürmektedir. Evlilik Terapisi, Cinsel Terapi, Temel Psikoterapi, Kısa Süreli Dinamik Psikoterapi, Kısa Süreli Çözüm Odaklı Bütüncül Psikoterapi, Entegratif Duygu Odaklı Psikoterapi, Mindfulness ve Kabul Temelli Psikoterapi ve EMDR uzmanıdır. Aile danışmanıdır. Evlilik Terapisi, Çocuk ve Ergen Ruh Sağlığı Eğitimi, Etkin Ebeveynlik Eğitimi, Bilişsel Terapiler, Temel Psikoterapi Eğitimi, Eğitim ve Psikolojik Hizmetlerde İlişki Yönetimi ve Ara Buluculuk, Duygu Odaklı Terapi, Kısa Süreli Çözüm Odaklı Terapi, Meslek Etiği, Bağımlılık ve Bağımlılıkla Mücadele, Yas ve Kriz Danışmanlığı eğitimleri vermektedir.

Doç. Dr. Asude Özdemir

Doç. Dr. Asude Özdemir, 1979 yılında İstanbul'da doğmuştur. Hacettepe Üniversitesi Rehberlik ve Psikolojik Danışmanlık Yüksek Lisans Programını tamamlamış ve Marmara Üniversitesi Rehberlik ve Psikolojik Danışmanlık Doktora Programını bitirmiştir. Uzmanlık ve doktora eğitimi sırasında ve sonrasında Gestalt Terapi Workshop'una katılmış; Kısa Yoğun Acil Psikoterapi ve Çözüm Odaklı Terapi eğitimlerini almıştır. Bunun yanında bireysel ve grup çalışmaları yürütmüştür. Virginia Satir Dönüşümsel Sistemik Aile Terapisi, Duygu Odaklı Bireysel ve Çift Terapisi, Şema Terapi temel eğitimlerini tamamlamıştır. Hacettepe Üniversitesi, İstanbul Medipol Üniversitesi ve Trakya Üniversitesinde akademisyen olarak çalışmıştır. Şu anda Medipol Üniversitesi Rehberlik ve Psikolojik Danışmanlık alanında öğretim üyesi olarak görev yapmaktadır. Ulusal ve uluslararası dergilerde makaleleri yer almaktadır.

Doç. Dr. Eda Ermağan Çağlar

Doç. Dr. Eda Ermağan Çağlar, lisans derecesini İstanbul Üniversitesi Psikolojik Danışmanlık ve Rehberlik Bölümünden onur derecesiyle aldı. Yüksek lisans ve doktora eğitimlerini TÜBİTAK lisansüstü başarı bursu ile İstanbul Üniversitesi Adli Tıp Enstitüsü Sosyal Bilimler Ana Bilim Dalında tamamladı. Doktora sonrası çalışmaları kapsamında King's College London'da sosyal bilimlerde nitel araştırma yöntemleri; Oxford Üniversitesi ve British Mindfulness Institute'de bilinçli farkındalık eğitim ve çalışmalarına katıldı. Akademi alanındaki çalışmalarının yanı sıra bilinçli farkındalık, çözüm odaklı terapi, aile ve ilişki danışmanlığı, somatik deneyimleme ve EMDR yöntem ve teknikleri ile terapi çalışmalarını sürdürmektedir.

Doç. Dr. Esra Asıcı

Lisans eğitimini 2009 yılında Çukurova Üniversitesi Rehberlik ve Psikolojik Danışmanlık Ana Bilim Dalında tamamlamıştır. 2013 yılında Dokuz Eylül Üniversitesi Rehberlik ve Psikolojik Danışmanlık yüksek lisans, 2018 yılında da doktora programlarından mezun olmuştur. 2009-2011 yılları arasında Millî Eğitim Bakanlığında rehber öğretmen olarak, 2011-2018 yılları arasında Dokuz Eylül Üniversitesi Buca Eğitim Fakültesinde araştırma görevlisi olarak, 2018-2023 yılları arasında Kilis 7 Aralık Üniversitesi Muallim Rıfat Eğitim Fakültesinde öğretim üyesi olarak görev yapan yazar, şu an İzmir Demokrasi Üniversitesi Eğitim Fakültesinde çalışmaktadır. Çalışma alanları arasında önleyici rehberlik, internet bağımlılığı ve pozitif psikoloji konuları yer almaktadır.

Doç. Dr. Oya Onat Kocabıyık

Tekirdağ Namık Kemal Üniversitesi Fen Edebiyat Fakültesi Psikoloji Bölümü öğretim üyesidir. Lisans eğitimini 2001 yılında Trakya Üniversitesi, yüksek lisans eğitimini 2004 yılında Trakya Üniversitesi Sosyal Bilimler Enstitüsü, doktora eğitimini 2011 yılında Marmara Üniversitesi Rehberlik ve Psikolojik Danışma Programında tamamladı. 2002 yılında Trakya Üniversitesi Eğitim Bilimleri Bölümünde araştırma görevlisi olarak göreve başladı. 2005-2011 yılları arası Marmara Üniversitesinde çalışmaya devam etti. 2011-2019 yılları arasında Trakya Üniversitesi Eğitim Fakültesi Eğitim Bilimleri Bölümü Rehberlik ve Psikolojik Danışmalık Ana Bilim Dalında Dr. Öğr. Üyesi olarak çalıştı. 2019 yılından itibaren Tekirdağ Namık Kemal Üniversitesi Psikoloji Bölümünde Dr. Öğr. Üyesi olarak çalışmaya başladı. 2021 yılında doçent ünvanını alarak aynı üniversitede öğretim üyesi olarak görev yapmaya devam etmekte, lisans ve lisansüstü düzeyde dersler vermektedir. Akademik çalışma alanları arasında, ahlaki kimlik, bilişsel duygu düzenleme, benlik kurgusu, nitel araştırma yöntemleri, sosyal medya bağımlılığı ve çevrim içi psikolojik danışma yer almaktadır.

Doç. Dr. Seda Donat Bacıoğlu

1975 Denizli doğumludur. 1998'de ODTÜ-Rehberlik ve Psikolojik Danışma Ana Bilim Dalı Lisans Programından mezun olmuştur. 1998-2001 yılları arasında özel sektörde; 2001-2014 yılları arasında ise MEB'e bağlı ilk ve orta dereceli okullarda rehber öğretmen olarak çalışmıştır. 2004-2011 yılları arasında Dokuz Eylül Üniversitesi Eğitim Bilimleri Enstitüsü Rehberlik ve Psikolojik Danışmanlık Programında yüksek lisans ve doktora yapmıştır. Doktora programını bitirdikten sonra bir süre daha Edirne il merkezindeki devlet okullarında rehber öğretmen olarak çalışırken, 2014 yılı Mart ayında Trakya Üniversitesi Eğitim Fakültesi Eğitim Bilimleri Bölümü Rehberlik ve Psikolojik Danışma Ana Bilim Dalında öğretim üyesi olarak göreve başlamıştır ve hâlen devam etmektedir. Lisans programında test dışı teknikler, psikolojik danışma ilke ve teknikleri, çocuk ve ergenlerle psikolojik danışma, önleyici rehberlik ve psikolojik danışma, travma sonrası psikolojik danışma derslerini vermektedir. Aynı zamanda TÜ Psikolojik Danışma ve Rehberlik Uygulama ve Araştırma Merkez Müdürlüğü görevini yürütmektedir. Çalışma konuları, çocuk ve ergenlerde şiddet ve saldırganlığı önlenme, üniversite öğrencilerine yönelik önleyici PDR hizmetleri, okul psikolojik danışmanlığı eğitimi olarak sıralanabilir. İlgi duyduğu ve aldığı eğitimler arasında Sanat Terapisi, Yaratıcı Drama, BDT, Mindfulness Temelli Bilişsel Terapi, Çocuk ve Ergenlerde Yeme ve Beslenme Bozuklukları bulunmaktadır.

Doç. Dr. Tuğba Türk Kurtça

2010 yılında İstanbul Üniversitesi Psikolojik Danışmanlık ve Rehberlik Bölümünden mezun olmuştur. 2010-2015 yılları arasında çeşitli orta öğretim kurumlarında psikolojik danışmanlık yaptıktan sonra 2016 yılında Trakya Üniversitesi Eğitim Fakültesi Eğitim Bilimleri Bölümüne araştırma görevlisi olarak atanmıştır. 2013 yılında İstanbul Üniversitesi Sosyal Bilimler Enstitüsü Eğitimde Psikolojik Hizmetler alanında yüksek lisansı, 2017 yılında İstanbul Üniversitesi Adli Tıp Enstitüsü Sosyal Bilimler alanında ikinci yüksek lisansını tamamlamıştır. 2018 yılında ise Marmara Üniversitesi Eğitim Bilimleri Enstitüsü Psikolojik Danışmanlık ve Rehberlik alanında doktor programından mezun olmuştur. 2022 yılında önce doktor öğretim üyesi, sonra ise doçent ünvanı almıştır. Hâlen Trakya Üniversitesi Eğitim Fakültesi Eğitim Bilimleri Bölümü Rehberlik ve Psikolojik Danışmanlık Ana Bilim Dalında akademisyen olarak çalışmaktadır. Yazarın çeşitli ulusal ve uluslararası dergilerde yayınlanan makaleler ve kitap bölümleri bulunmaktadır.

Doç. Dr. Zöhre Kaya

1992-1996 yılları arasında lisans eğitimini Dokuz Eylül Üniversitesi Buca Eğitim Fakültesi Rehberlik ve Psikolojik Danışmanlık Ana Bilim Dalında tamamladı. Dokuz Eylül Üniversitesi Eğitim Bilimleri Enstitüsü Rehberlik ve Psikolojik Danışmanlık Bilim Dalında 2001 yılında yüksek lisans, 2011 yılında doktora eğitimini tamamladı. 2008-2015 yılları arasında Millî Eğitim Bakanlığına bağlı okullarda psikolojik danışman ve yönetici olarak görev yaptı. 2015 yılında Van Yüzüncü Yıl Üniversitesi Rehberlik ve Psikolojik Danışmanlık Ana Bilim Dalında öğretim üyesi olarak başladığı görevini hâlen devam ettirmektedir. Akademik çalışma alanları arasında bağımlılık, okul psikolojik danışmanlığı ve önleyici rehberlik ve psikolojik danışmanlık yer almaktadır.

Dr. Ayşe Devrim Masalcı Burçak

1975 Aydın doğumludur. İlk ve orta öğrenimini Aydın ve Afyon'da tamamladıktan sonra 1997 yılında Hacettepe Üniversitesi Psikolojik Danışma ve Rehberlik Bölümünden mezun oldu. Dokuz Eylül Üniversitesinde aynı bölümde yüksek lisans ve doktorasını tamamladı. 2007-2010 yılları arasında Bütüncül Psikoterapi eğitimi, sonrasında Hipnoz, Aile Danışmanlığı, EMDR, Kısa Süreli Dinamik Terapi, Bilişsel Davranışçı Terapi, Deneyimsel Oyun Terapisi, Duygu Odaklı Bireysel Terapi; Duygu Odaklı Çift Terapisi, Kabul ve Adanmışlık Terapisi (ACT) eğitimlerini aldı. Masterson, Vamık Volkan, Kernberg atölye çalışmalarına katıldı. Bireysel terapi çalışmalarının yanı sıra Dokuz Eylül Üniversitesi Eğitim Fakültesinde alanıyla ilgili dersler vermiştir. Ayrıca çeşitli kuruluşlarca düzenlenen eğitimlere eğitimci olarak katılmıştır. Psikoterapi Enstitüsü eğitmen kadrosundadır. Psikoterapi Enstitüsü Derneği İzmir şubesi kurucu başkanıdır. Psikoterapi Enstitüsü Derneği, Türk Psikolojik Danışma Derneği, Kognitif Davranışçı Terapiler Derneği, Hipnoz Derneği, Society for the Exploration of Psychotherapy Integration (SEPI) üyesidir. Evli ve bir çocuk annesidir.

Dr. Öğr. Üyesi Berke Kırıkkanat

Dr. Öğr. Üyesi Berke Kırıkkanat, 2010 yılında Boğaziçi Üniversitesi Fen-Edebiyat Fakültesi Psikoloji Ana Bilim Dalında lisans derecesini elde etmiştir. Uygulamalı Psikoloji Yüksek Lisans Programından 2012 yılında mezun olduktan sonra 2016 yılında Marmara Üniversitesi Rehberlik ve Psikolojik Danışmanlık Doktora Programını başarıyla tamamlamıştır. 2016-2023 yılları arasında Yeditepe Üniversitesi Eğitim Fakültesi Rehberlik ve Psikolojik Danışmanlık Bölümünde öğretim üyesi olarak görev yapmış, 2023 yılının Temmuz ayında aynı Üniversitenin Psikoloji Bölümüne atanmıştır. Dr. Berke Kırıkkanat; Çağdaş Psikolojik Danışma Kuramları, Psikopatoloji, Bireyle Psikolojik Danışma Uygulaması gibi uzmanlık alanıyla ilgili birçok ders vermektedir. Araştırma alanı pozitif psikolojidir. Özellikle üniversite öğrencilerinin akademik başarıları, stresle başa çıkma stratejileri, duygusal zekâ, bilişsel esneklik ve iyi oluş düzeyleri vb. konulardaki makaleleri çeşitli ulusal ve uluslararası hakemli dergilerde yayınlanmıştır.

Dr. Öğr. Üyesi Dilaram Billur Örnek

1983 yılında İzmir'de doğdu. Ege Üniversitesi Psikoloji Bölümünden ve Ege Üniversitesi Klinik Psikoloji Yüksek Lisans Programından mezun oldu. Çukurova Üniversitesi PDR Doktora Programında doktora eğitimini tamamladı. Mustafa Kemal Üniversitesinde akademik uzman ve İstanbul Medipol Üniversitesinde öğretim üyesi olarak çalıştı. Bunun yanı sıra Fatih Sultan Mehmet Üniversitesi ve İstanbul Kent Üniversitelerinde süpervizyon dersleri verdi. IF Weinheim Enstitüsü Sistemik Çift ve Aile Terapisi, Gottman Metodu Çift Terapisi, EMDR 1. Düzey, Bilişsel Davranışçı Terapi, Kabul ve Kararlılık Terapisi, Diyalektik Davranışçı Terapi, Dulwich Center Narrative Terapi, ISST onaylı Şema Terapi eğitimlerini tamamlamıştır. Şu an İstanbul Fabula Psikoloji'de psikoterapist olarak danışan kabul etmekte ve Yeditepe Üniversitesi Psikoloji Bölümünde öğretim üyesi olarak görev yapmaktadır. Evli ve bir çocuk annesidir.

Dr. Öğr. Üyesi Dilber Tezel

1998 yılında Orta Doğu Teknik Üniversitesi Eğitim Fakültesi Rehberlik ve Psikolojik Danışmanlık Bölümünden mezun olmuştur. Yüksek lisans eğitimini Marmara Üniversitesi Eğitim Bilimleri Enstitüsü Rehberlik ve Psikolojik Danışmanlık Bilim Dalında, doktora eğitimini Trakya Üniversitesi Sosyal Bilimler Enstitüsü Engelli Çalışmaları Bilim Dalında tamamlamıştır. 1999-2016 yılları arasında Trakya Üniversitesi Armağan Dönertaş Engelli Çocuklar Eğitim, Araştırma ve Uygulama Merkezinde ve Trakya Üniversitesi Devlet Konservatuvarında rehber öğretmen olarak çalışmıştır. Hâlen Trakya Üniversitesi Eğitim Fakültesi Özel Eğitim Bölümünde öğretim üyesi olarak görev yapmaktadır.

Dr. Psikolojik Danışman Ezgi Denizel Güven

2002 yılında Ege Üniversitesi Psikoloji Bölümünden lisans, 2008 yılında Pamukkale Üniversitesi Psikolojik Danışma ve Rehberlik Ana Bilim Dalından yüksek lisans, 2019 yılında Ege Üniversitesi Psikolojik Danışma ve Rehberlik Ana Bilim Dalından travma sonrası gelişme ve psikolojik sağlamlık konularını kapsayan tez çalışmasıyla doktora derecesini almıştır. Yürütmüş olduğu doktora çalışması Ege Üniversitesi Bilimsel Araştırmalar Destekleme Birimi tarafından fon desteği almıştır. 2004-2010 yılları arasında Pamukkale Üniversitesi Eğitim Fakültesinde akademisyen olarak çalışmıştır. 2010 yılında İzmir Millî Eğitim Müdürlüğü bünyesinde çeşitli kurum ve okullarda psikolojik danışman olarak görev yapmıştır. Millî Eğitim Bakanlığı bünyesinde görev yaptığı yıllarda çalıştığı ilçelerde travma ve krize müdahale ekiplerinde çalışmış ve il bünyesinde okullarda yaşanan travmatik olaylara müdahalelerde bulunmuştur. Hizmet içi eğitim bünyesinde Aile Danışmanlığı Kursu açmıştır. 2018 yılında Millî Eğitim Bakanlığındaki görevinden kendi isteğiyle ayrılmıştır. Hâlen özel bir kurumda psikolojik danışman olarak çocuklarla ve ailelerle birebir çalışmalarına; çocuk, ergen ve ailelerle bireysel terapilerine, çift danışmanlığına devam etmektedir. Ayrıca Ege Üniversitesi Eğitim Fakültesi bünyesinde misafir öğretim elemanı olarak ders vermekte, Kavram Meslek Yüksek Okulu Çocuk Gelişimi Programında sektör danışmanlığı yapmaktadır. Ulusal ve uluslararası kitaplarda bölüm yazarlığı yapmıştır. Akademik ve güncel dergilerde makaleleri yayınlanmıştır. EMDR terapisti olarak travma iyileştirme ekibinde gönüllü çalışmalarına devam etmektedir. Son yıllarda ağırlıklı olarak merkezî sinir sistemini düzenleme, dengeleme, stres farkındalığı ve duygu düzenleme becerileri konularında çalışmalarına devam etmektedir. Uluslararası Travma Uzmanlık Programında eğitimci olarak görev almıştır. Sinir Sistemi Entegrasyonu: Polivagal Terapi, Çözüm Odaklı Çift ve Aile Terapisi, Travma ve Yas Danışmanlığı, Stres Farkındalığı ve Duygu Düzenleme Teknikleri, Çocukları Resimler Aracılığıyla Anlama ve Tanıma, Öz Şefkat Temellik Bilinçli Farkındalık, Bilinçli Farkındalık Temelli Psikolojik Sağlamlık Programları, Öz Şefkat Temelli Ebeveynlik, Aile ve Çift Terapisinde Teknikler, Pozitif Disiplin, Pozitif Ergenlik konularında uzman ve ebeveyn eğitimleri vermektedir. Psikolog ve psikolojik danışmanlara süpervizyon hizmeti sunmaktadır. Evli ve üç çocuk annesidir.

Uzm. Psk. Danışman Ferdi Yağan

Lisans eğitimini 2008-2012 yılları arasında İzmir Dokuz Eylül Üniversitesi Rehberlik ve Psikolojik Danışmanlık Ana Bilim Dalında tamamladı. Yüksek lisansını 2019-2021 yılları arasında Van Yüzüncü Yıl Üniversitesi Eğitim Bilimleri Enstitüsü Rehberlik ve Psikolojik Danışmanlık alanında yaptı. Hâlen Yüzüncü Yıl Üniversitesi Eğitim Bilimleri Enstitüsü Rehberlik ve Psikolojik Danışmanlık Bölümünde doktoraya devam etmektedir. 2012-2016 yılları arasında Millî Eğitim Bakanlığına bağlı ilkokul ve ortaokullarda psikolojik danışman olarak görev yaptı. 2016-2021 yılları arasında Rehberlik ve Araştırma Merkezinde psikolojik danışman ve yöneticilik görevlerini yürüttü. 2021 yılından itibaren Yüksekova Bilim ve Sanat Merkezinde psikolojik danışman olarak görevine devam etmektedir. Akademik çalışmaları arasında okul psikolojik danışmanlığı, pozitif psikoloji ve kariyer psikolojik danışmanlık yer almaktadır.

Uzm. Psk. Danışman Özgür Tönbül

1984 yılında Silifke'de doğmuş ve ilk, orta ve lise öğrenimini aynı şehirde tamamlamıştır. 2002 yılında Silifke Anadolu Lisesinden mezun olduktan sonra aynı yıl Çukurova Üniversitesi Psikolojik Danışma ve Rehberlik Lisans Programını kazanmış ve lisans eğitiminden 2006 yılında mezun olmuştur. Daha sonra Dumlupınar Üniversitesinde 450 saatlik Aile Danışmanlığı sertifika programını tamamlamıştır. 2020 yılında Çanakkale Onsekiz Mart Üniversitesi Aile Danışmanlığı Tezli Yüksek Lisans Programından "Evli Bireylerin Erken Dönem Uyumsuz Şemaları ile Benlik Farklılaşma Düzeylerinin Evlilik İlişkisi İnançları Üzerindeki Etkisinin İncelenmesi" adlı teziyle mezun olarak bilim uzmanlığını almıştır. Eylül 2021 tarihinde İstanbul Medipol Üniversitesi Psikolojik Danışmanlık ve Rehberlik Doktora Programına başlamış olup doktora yeterlik sürecindedir. 2019 yılından itibaren aile danışmanlığı ve okul psikolojik danışmanlığı ile ilgili yedi makalesi yayınlanmıştır. Millî Eğitim Bakanlığına bağlı, kreş ve anaokullarında psikolojik danışman olarak çalıştıktan sonra şu anda Simya Psikolojik Danışma Merkezinde Uzman Aile Danışmanı olarak çalışmaktadır.

Güneş Gülaydın

Güneş Gülaydın, 2013 yılında Yeditepe Üniversitesi Psikolojik Danışmanlık ve Rehberlik Bölümünden onur derecesiyle mezun olmuştur. 2017 yılında Hasan Kalyoncu Üniversitesi Klinik Psikoloji Yüksek Lisans Programını Prof. Dr. Bengi Semerci danışmanlığında "Romantik İlişkisi Olan Yetişkin Bireylerin İlişki Doyumlarının Bağlanma Stilleri, Benlik Saygısı ve Kişilerarası İlişki Tarzları Açısından İncelenmesi" konulu teziyle onur derecesiyle tamamlayarak uzmanlığını almıştır. Mesleki kariyerine 2013 yılında başlamış olup Millî Eğitim Bakanlığı, kreş ve Eğitim Bakanlığında anaokulu ve ilkokul kademelerinde, bilim ve sanat merkezinde üstün yetenekli öğrenciler ve ebeveynleriyle çalışmıştır. 2017 yılından bu yana farklı terapi ekolleriyle çocuk, ergen ve yetişkin bireylerle psikoterapi çalışmalarını sürdürmektedir. Psikoloji alanında eğitmenlik ve kitap bölümü yazarlıkları yapmaktadır.